FINANCIAL

# 금융 계산

김준기 지음

CALCULATION

북스힐

# 머리말

금융은 현대사회를 살아가는데 피할 수 없는 문제다. 대부분의 사람들이 아무 생각없이 금융문제와 마주치는 것은 아마도 월급, 대출, 할부, 카드같은 것들이다. 미국 고속도로를 달리다 보면 "If you don't play, you can't win!"이 써있는 유혹적인 광고판을 보게되는 곳이 있다. 한마디로 "복권에 당첨되고 싶으면 먼저 복권을 사세요!"라는 말이고, 물론 틀린 말도 아니다. 우리나라에서도 매주 로또 복권에 당첨되는 사람이 여럿 있다. 심지어 당첨 가능성이 아주 높은 번호를 돈을 내고 사가라는 문자를 자주 받는다. 그런데 자신이 알고 있는 사람 중에서 로또 복권에 당첨된 사람이 있는가?

이 책은 우리가 금융생활에서 일반적으로 만나는 문제의 기초가 되는 금융계산에 대한 실용적인 수학책이다. 필요한 수학은 대학 과정의 미분적분학과 확률변수 개념을 기본으로 한다. 미분적분학에서 필요한 것은 합의기호, 지수함수 미분과 적분을 알고 있으면 충분하다. 금융계산의 어려운 부분은 확률적인 생각을 계산에 넣어야 하는 경우다. 그럼에도 금융계산에서 확률적인 생각은 필수적이다. "월급쟁이는 안정적이지만 큰 돈을 벌 수 없고, 큰 돈을 벌려면 사업을 해야 한다"는 말이 있다. 이것을 수학적으로 표현하면 "월급쟁이는 결정적이고, 사업은 확률적이다"고 할 수 있다.

이 책은 금융수학 책이 아니다. 이 책은 투자전략에 대한 책도 아니다. 수학의 한

분야로서 금융수학은 대학원 과정의 수학을 기본으로 쓰기 때문에 보통 사람들이 이해하기 어렵다. 또한가지 중요한 점은 어려운 수학을 써서 만든 금융상품도 시장 참여자의 판단을 결정적으로 알아 낼 수는 없다는 것은 과거 많은 대형 투자회사의 파산으로 확인할 수 있다. 이해하지 못하는 어려운 수학을 쓰는 금융계산은 입력된 자료가 어떻게 처리되는지 알 수 없기 때문에 항상 위험이 따른다. 이책은 그냥 휘리릭 넘겨보면 복잡한 수식과, 수와 그리고 가끔 SageMath를 실행한 화면을 캡쳐한 것이 있기 때문에 아주 어려운 수학책처럼 보인다. 그러나 자세히 보면 입력자료가 어떻게 처리되는지 모르는 그런 내용이 없는 어렵지 않은 책이다.

대분의 사람들이 다가오는 가까운 미래를 결절정으로 생각한다. 예를 들어 자신이 복권을 사면 당첨될 것 같은 그런 생각을 한다. 그러나 세상은 자신이 바라던 대로 되지는 않는다. 중요한 것은 좀 더 가능성이 높은 부분에 자신이 감당할 수 있는 위험을 평가하여 투자하는 것이다. 이 책은 간단한 수열의 합, 지수 함수, 확률변수 개념을 써서 금융상품을 이해하려 한다. 모든 보기와 연습문제에 해설을 달았고, 중요한 내용은 다시 나타나도록 했기 때문에 공부하는 재미를 느낄 수 있다. 금융계산에서 실용적인 문제는 간단한 수식으로 표현되는 결정적인 문제가 아니다. 금융계산에서 공부한 내용을 컴퓨터를 이용하여 해결하는 것은 내용을 이해했는지를 판단할 수 있는 리트머스 시험지다. 때문에 복잡한 계산은 무료로 사용할 수는 SageMath로 특별한 공부 없이 쓸 수 있도록 캡쳐 형식으로 책에 넣었다. 이 책을 공부하면서 공부의 즐거움과 금융계산의 튼튼한 이해를 바란다.

2021년 07월 28일
희망이 강물처럼 흐르는 춘천에서
김준기

# 차 례

# 1 합의기호 $\sum$, 등비급수, 지수함수 활용

## 1.1 합의기호, 등비급수

기초적인 금융계산에서 쓰는 수학은 고등학교 수준의 수학으로 시작할 수 있다. 그러나 이 책은 대학에서 미분적분학을 공부한 학생들을 주된 독자로 하기 때문에 합의기호의 성질은 모두가 익숙하다 생각한다. 자주 쓰는 성질만 정리하자.

**도움말 1.1** 합의 기호 $\sum$의 다음 성질은 자유롭게 사용한다:

1. $x, y$가 $k$에 관계 없는 수이면, $\sum(xa_k + yb_k) = x\sum a_k + y\sum b_k$.
2. $\sum_{k=0}^{n-1} v^k = \frac{1-v^n}{1-v} = \frac{1-v}{d}$ , $v \neq 1,\ d = 1-v$.
3. $\sum_{k=1}^{n} v^k = v\sum_{k=0}^{n-1} v^k = v\frac{1-v^n}{1-v} = \frac{1-v^n}{i}, \quad v \neq 1,\ i = \frac{v}{1-v}$.
4. $|v| < 1$이면, $\sum_{k=1}^{\infty} v^k = \frac{v}{1-v}$

많은 경우 합의 기호의 출발점의 바꿀 필요가 있다. $\sum_{k=m}^{n} x_k$라는 표현은

$$\sum_{k=m}^{n} x_k \equiv \sum_{k=m}^{k=n} x_k \equiv x_m + x_{m+1} + \cdots + x_{n-1} + x_n.$$

그렇지만 $\sum_{k=m}^{k=n} x_k$라고 쓰는 것은 $k$가 번잡하게 많이 나타나기 때문에, 간단한 $\sum_{k=m}^{n} x_k$ 꼴을 즐겨 쓴다. 합의기호 출발점을 변경할 때는 $\sum_{k=m}^{n} x_k \equiv \sum_{k=m}^{k=n} x_k$를 약속한 것이 편리하다. 예를 들어

$$\sum_{k=n}^{m} x_k y_k \equiv \sum_{k=m}^{k=n} x_k y_k = \sum_{k+\ell=m}^{k+\ell=n} x_{k+\ell} y_{k+\ell} = \sum_{k=m-\ell}^{k=n-\ell} x_{k+\ell} y_{k+\ell} = \sum_{k=n-\ell}^{n-\ell} x_{k+\ell} y_{k+\ell}$$

$\sum_{k=n}^{m} x_k y_k$를 $\sum_{k=n-\ell}^{n-\ell} x_{k+\ell} y_{k+\ell}$처럼 표현하는 것을 **합의기호 출발점 바꾸기**라 한다.

**보기 1.1** *주어진 조건 아래서 다음 합의 값을 구하여라.*

1. $\sum_{k=1}^{100} a_k = 25,\ \sum_{k=1}^{100} b_k = 35$ 일 때 $\sum_{k=1}^{100}(3a_k + 2b_k)$.
2. $\sum_{n=1}^{\infty} \frac{2^n - 3^n}{2^n 3^n}$
3. $|x| < 1$ 일 때, $1 + x^2 + x + x^4 + x^2 + x^6 + x^3 + \cdots$
4. $\sum_{k=1}^{100}(1 - a_k) = 200$ 일 때 $\sum_{k=1}^{100}(2a_k)$
5. $\sum_{n=k}^{100} a_n = 1, k = 1, 2, \cdots, 100$ 일 때, $\sum_{k=1}^{100} k a_k$.

**풀이.**

1. $3\sum_{k=1}^{100} a_k + 2\sum_{k=1}^{100} = 3 \times 25 + 2 \times 35 = 145$
2. $\sum_{n=1}^{\infty} \frac{2^n-3^n}{2^n3^n} = \sum_{n=1}^{\infty}\left(\frac{1}{3^n} - \frac{1}{2^n}\right) = \sum_{n=1}^{\infty}(\frac{1}{3})^n - \sum_{n=1}^{\infty}(\frac{1}{2})^n = \frac{1}{2} - 1 = -\frac{1}{2}$.
3. $S = 1 + x^2 + x + x^4 + x^2 + x^6 + x^3 + \cdots = 1 + \sum_{k=1}^{\infty}(x^{2k} + x^k)$
   $= 1 + \sum_{k=1}^{\infty}(x^2)^k + \sum_{k=1}^{\infty} x^k = 1 + \frac{x^2}{1-x^2} + \frac{x}{1-x} = \frac{1+x+x^2}{1-x^2}$.
4. $\sum_{k=1}^{100}(1 - a_k) = \sum_{k=1}^{100} 1 - \sum_{k=1}^{100} a_k = 100 - \sum_{k=1}^{100} a_k = 200$.
   따라서 $\sum_{k=1}^{100} 2a_k = 2\sum_{k=1}^{100} = 2 \times (-100) = -200$.
5. 사실 조건을 만족시키는 $a_k$는 $a_k = 0, k < 100$; $a_{100} = 1$이다. 그러나 완전히 형식적으로

$$\begin{aligned}\sum_{k=1}^{100} k a_k &= a_1 + 2a_2 + 3a_3 + \cdots + 100a_{100} \\ &= (a_1 + a_2 + \cdots + a_{100}) + (a_2 + a_3 + \cdots + a_{100}) \\ &\quad + (a_{98} + a_{99} + a_{100}) + (a_{99} + a_{100}) + a_{100} \\ &= \sum_{k=1}^{100}\Big(\sum_{n=k}^{100} a_k\Big) = \sum_{k=1}^{100} 1 = 100\end{aligned}$$

**보기 1.2** *다음 합의기호 표현을 제시한대로 바꾸어라.*

1. $\sum_{k=8}^{n} \frac{x^{k-5}}{(k-4)^2}$ 를 $\sum c_k x^k$ 꼴
2. $\sum_{k=1}^{100}(2k-1)^2$ 의 출발점을 3
3. $\sum_{k=1}^{200}(4k - 100)$ 을 $c\sum k$ 꼴
4. $\sum_{k=1}^{\infty} k \times Pr[X = k+1]$ 에서 $Pr[X = k]$ 꼴

**풀이.** *풀이에서 유한합의 경우, 합의 기호 시작점과 끝점의 변화에 주의하자.*

1. $x$의 지수 $k-5$ 를 $k$로 바꾸려면 $k$ 대신에 $k+5$를 대입하면 된다.

$$\sum_{k=8}^{n} \frac{x^{k-5}}{(k-4)^2} = \sum_{k+5=8}^{k+5=n} \frac{x^{k+5-5}}{(k+5-4)^2} = \sum_{k=3}^{n-5} \frac{x^k}{(k+1)^2}$$

2. *k 대신에 $k-2$를 대입하면 된다.*

$$\sum_{k=1}^{100}(2k-1)^2 = \sum_{k-2=1}^{k-2=100}\left(2(k-2)-1\right)^2 = \sum_{k=3}^{102}(2k-5)$$

3. *k 대신에 $k+25$ 를 대입하면 된다.*

$$\sum_{k=1}^{200}(4k-100) = \sum_{k+25=1}^{k+25=200}\left(4(k+25)-100\right) = \sum_{k=-24}^{175}4k = 4\sum_{k=-24}^{175}k$$

4. *k 대신에 $k-1$ 을 대입한다.* $\sum_{k=2}^{\infty}(k-1)Pr[X=k]$.

**보기 1.3** *다음 합의기호 표현을 제시한대로 바꾸어라.*

1. $\sum_{k=4}^{100}\frac{x^{k-2}}{(k-1)^2}$, 출발점 0
2. $\sum_{k=1}^{100}(k^2-10k+25)^2x^{k-5}$ 를 $\sum_{k=a}^{n}c_kx^k$ 꼴
3. $\sum_{k=0}^{n}p^kq^{n-k}$ 를 $\sum p^{n-k}q^k$ 꼴

**풀이.**

1. $\sum_{k=0}^{96}\frac{x^{k+2}}{(k+3)^2}$
2. $\sum_{k=-4}^{95}k^2x^k$
3. $\sum_{k=0}^{n}p^kq^{n-k} = \sum_{n-k=0}^{n-k=n}p^{n-(n-k)}q^{n-k} = \sum_{k=n}^{0}p^{n-k}q^k = \sum_{k=0}^{n}p^{n-k}q^k$

**보기 1.4** $\sum_{k=1}^{n}k^2$*의 출발점을 바꾸는 방법을 이용하여,* $\sum_{k=1}^{n}k$*의 값을* $n$*의 식으로 써라.*

**풀이.** $\sum_{k=1}^{n}k^2 = \sum_{k+1=1}^{k+1=n}(k+1)^2 = \sum_{k=0}^{n-1}\left(k^2+2k+1\right) = \sum_{k=0}^{n-1}k^2 + 2\sum_{k=0}^{n-1}k + n$
$= \left(-n^2+\sum_{k=1}^{n}k^2\right) + 2\left(-n+\sum_{k=1}^{n}k\right) + n$
$= \sum_{k=1}^{n}k^2 + 2\sum_{k=1}^{n}k - \left(n^2+n\right)$. 따라서 $\sum_{k=1}^{n}k = \frac{n(n+1)}{2}$.

같은 방식으로 $\sum_{k=1}^{n}k^2, \sum_{k=1}^{n}k^3$의 합을 $n$의 식으로 쓰면

$$\sum_{k=1}^{n}k^2 = \frac{n(n+1)(2n+1)}{6}, \quad \sum_{k=1}^{n}k^3 = (\frac{n(n+1)}{2})^2$$

**보기 1.5** $\sum_{k=1}^{20} k(k-1)(k-2)$의 값을 구하여라.

**풀이.** 합의기호 출발점을 0으로 바꾸자.

$$\sum_{k=1}^{20} k(k-1)(k-2) = \sum_{k=0}^{19}(k+1)k(k-1) = \sum_{k=1}^{19}(k^3-k) = \sum_{k=1}^{19} k^3 - \sum_{k=1}^{19} k$$
$$= (\frac{19\cdot 20}{2})^2 - \frac{19\cdot 20}{2} = 35910$$

**보기 1.6** 합의 기호를 조작하여, $\sum_{n=1}^{\infty} \dfrac{n}{6^n}$의 값을 구하여라.

**풀이.** $S = \sum_{n=1}^{\infty} \dfrac{n}{6^n}$라 두면

$$S = \frac{1}{6} + \sum_{n=2}^{\infty} \frac{n}{6^n} = \frac{1}{6} + \sum_{n=1}^{\infty} \frac{n+1}{6^{n+1}} = \frac{1}{6} + \frac{1}{6}\sum_{n=1}^{\infty} \frac{n}{6^n} + \frac{1}{6}\sum_{n=1}^{\infty} \frac{1}{6^n}$$
$$= \frac{1}{6} + \frac{1}{6}S + \frac{1}{6}\cdot\frac{\frac{1}{6}}{1-\frac{1}{6}}$$

따라서 $6S = 1 + S + \frac{1}{5}$. 정리하면 $S = \dfrac{6}{25}$.

**보기 1.7** 합의 기호를 조작하여, $\sum_{n=1}^{\infty} \dfrac{n}{7^n}$의 값을 구하여라.

**풀이.** $S = \sum_{n=1}^{\infty} \dfrac{n}{7^n}$라 두면

$$S = \frac{1}{7} + \sum_{n=2}^{\infty} \frac{n}{7^n} = \frac{1}{7} + \sum_{n=1}^{\infty} \frac{n+1}{7^{n+1}} = \frac{1}{7} + \frac{1}{7}\sum_{n=1}^{\infty} \frac{n}{7^n} + \frac{1}{7}\sum_{n=1}^{\infty} \frac{1}{7^n} = \frac{1}{7} + \frac{1}{7}S + \frac{1}{7}\cdot\frac{\frac{1}{7}}{1-\frac{1}{7}}$$

정리하면 $S = \dfrac{7}{36}$.

**보기 1.8** *1.* $\sum_{n=1}^{\infty} \dfrac{1}{n^2} = \dfrac{\pi^2}{6}$이다. $1 + \frac{1}{3^2} + \frac{1}{5^2} + \frac{1}{7^2} + \cdots$의 값을 구하여라.

*2.* $\sum_{n=1}^{\infty} \dfrac{1}{n^4} = \dfrac{\pi^4}{90}$이다. $1 + \frac{1}{3^4} + \frac{1}{5^4} + \frac{1}{7^4} + \cdots$의 값을 구하여라.

**풀이.**

1. $S=\sum_{n=1}^{\infty}\frac{1}{n^2}$ 이라 두면

$$\begin{aligned} S &= 1+\frac{1}{2^2}+\frac{1}{3^2}+\frac{1}{4^2}+\cdots = (1+\frac{1}{3^2}+\frac{1}{5^2}+\cdots)+(\frac{1}{2^2}+\frac{1}{4^2}+\frac{1}{6^2}+\cdots) \\ &= (1+\frac{1}{3^2}+\frac{1}{5^2}+\cdots)+\sum_{n=1}^{\infty}\frac{1}{(2n)^2} = (1+\frac{1}{3^2}+\frac{1}{5^2}+\cdots)+\frac{1}{4}\sum_{n=1}^{\infty}\frac{1}{n^2} \\ &= (1+\frac{1}{3^2}+\frac{1}{5^2}+\cdots)+\frac{1}{4}S \end{aligned}$$

따라서 $(1+\frac{1}{3^2}+\frac{1}{5^2}+\cdots)=\frac{3}{4}S=\frac{\pi^2}{8}$.

2. $\sum\frac{1}{n^2}$ 의 경우와 꼭 같은 방식으로 $\frac{\pi^4}{96}$.

**보기 1.9** *합의기호를 조작하여, $\sum_{k=1}^{n}kv^k$ 의 값을 구하여라.*

**풀이.** $S=\sum_{k=1}^{n}kv^k$ 라 두자.

$$\begin{aligned} S &= \sum_{k=1}^{n}kv^k = \sum_{k+1=1}^{k+1=n}(k+1)v^{k+1} = \sum_{k=0}^{n-1}(k+1)v^{k+1} = \sum_{k=0}^{n-1}kv^{k+1}+\sum_{k=0}^{n-1}v^{k+1} \\ &= v\sum_{k=0}^{n-1}kv^k+\frac{v-v^{n+1}}{1-v} = v(S-nv^n)+\frac{v-v^{n+1}}{1-v} \end{aligned}$$

정리하면 $S=\frac{v}{1-v}\left(\frac{1-v^n}{1-v}-nv^n\right)=\frac{1}{i}\left(\frac{1-v^n}{d}-nv^n\right),\quad d=1-v, i=\frac{1-v}{v}$.

## 1.2 변화율, 지수함수

금융계산에서 수학의 역할은 물리학이나 공학에서와는 강조하는 점이 다르다. 그러나 변화율 개념은 금융계산에서도 필요하다. 이것은 관리하는 돈의 양이 시간에 따라 변하는 것을 받아들이는 것으로부터 출발한다.

계정에 있는 돈의 시각 $t$일 때의 양을 $A=A(t)$라 표현해 보자. 다음은 몇가지 종류의 $A=A(t)$의 그래프이다. 그림 1.1에서 4개의 그래프는 모두 다르다. 공통적인 것은 모두 증가함수의 그래프인 것이다. 그러나 눈으로 봐도 증가하는 정도는 다르다. 증가하는 정도를 구별할 필요가 있다. 수학에서 증가하는 정도를 구별하는 대표적인 방법으로 **미분**이 있다. 다음 용어는 많은 사람들에게 익숙하다.

- 미분하다 = differentiate = 구별하다 = 변화율을 구하다.

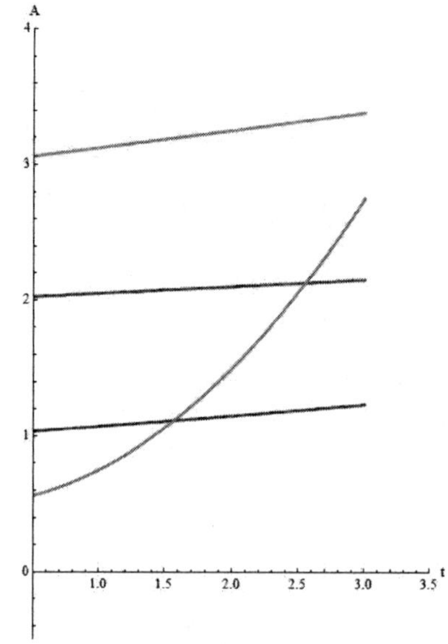

그림. 1.1: $A = A(t) = \exp(0.07t), 2 + 0.05t, 0.5(1 + \frac{1}{2}t^2), 3\exp(0.04t)$의 그래프

- 미분 = differentiation = 구별 = 변화율 , 미분계수
- 미분량 = differential
- 도함수 = derivative = 주어진 함수의 변화율을 대응시키는 함수

구체적으로 함수 $A = A(t) = 2 + t + \frac{1}{3}t^2$로 개념을 익히자. 그림 1.2는 구간 $[-4, 2]$에서 이 함수의 그래프를 그린 것이다. 그래프로 알 수 있는 것은 $t$가 $-4$에서 2까지 증가할 때, 함수값 $A(t)$

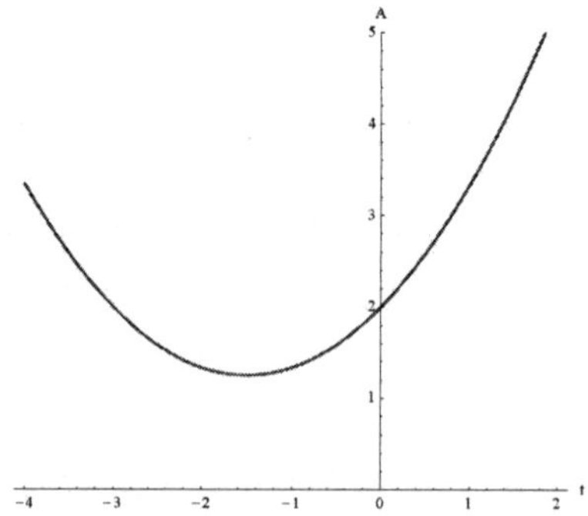

그림. 1.2: $A = A(t) = 2 + t + \frac{1}{3}t^2$, $-4 \le t \le 2$의 그래프.

는 감소 했다가 다시 증가한다. 또 구간 $[-4, 2]$에서 함수 $A(t)$는 최소값을 갖는다. 다음과 같은 질문은 모두 미분개념으로 대답할 수 있다.

- 함수 $A(t)$의 변화율은 얼마인가?

- 함수 $A(t)$가 최소값을 갖게되는 $t$의 값은 무엇인가?
- 함수 $A(t)$의 최소값과 최댓값은 무엇인가?

## 1.3 미분의 이해

함수 $A = A(t)$를 생각하자. $A(t)$는 $t$의 변화에 따라 변한다. 어떤 순간 $t$에서 $t$가 변화한 양을 보통 $\Delta t$로 나타낸다. 사람에 따라서는 $\Delta t$라는 기호가 싫어서 $t$의 변화량을 새로운 기호, 예를 들어 $h$로 나타내는 것을 선호하는 경우도 있다. 그러나 변수가 $x, y, z, u, v, w, \cdots$ 처럼 여러개가 나타나면 각각의 변수에 새로운 기호를 대응시키는 것이 대단히 번거롭다. 이런 이유로 변해가는 것이 무엇이 되었건, 그것의 변화량을 $\Delta$를 붙여 표현하는 것은 의미가 있다. 함수 $A = A(t)$에서 변수 $t$의 변화량을 $\Delta t$로 나타내자. 기호 $\Delta t$의 의미는 $\Delta$에 $t$를 곱한 것이 아니다. $\Delta t$ 전체가 $t$의 변화량은 나타낸다. $A = A(t)$의 값은 $t$에 따라 변하므로, $t$가 $\Delta t$ 만큼 변했을 때 함수값의 변화량을 나타낼 필요가 있고

$$\Delta A = A(t + \Delta t) - A(t)$$

로 나타낸다.

> **도움말 1.2** $\Delta A$의 값은 $t$와 $\Delta t$에 의해 결정되기 때문에, 엄밀하게는
>
> $$\Delta A(t, \Delta t) := A(t + \Delta t) - A(t) \tag{1.1}$$
>
> 로 표현해야 맞다. 그러나 식 (1.1)은 엄밀한 표현인 것은 맞지만 대단히 거추장스럽다. 특별히 강조할 필요가 없는 경우 $\Delta A$를 어떻게 계산해야 하는지는 문맥에 따라 알 수 있는 것이기 때문에, $\Delta A(t, \Delta t)$라 쓰지 않고 간단하게 $\Delta A$로 쓴다.

함수 $A = A(t) = 2 + t + \frac{1}{3}t^2$에 대하여

$$\Delta A = A(t + \Delta t) - A(t) \tag{1.2}$$
$$= \left(2 + (t + \Delta t) + \frac{1}{3}(t + \Delta t)^2\right) - \left(2 + t + \frac{1}{3}t^2\right) \tag{1.3}$$
$$= \left(1 + \frac{2}{3}t\right)\Delta t + \frac{1}{3}(\Delta t)^2 \tag{1.4}$$

식 (1.4)는 $\Delta t$에 대한 2차식이다. 그런데 $\Delta t$는 아주 작은 값인 경우를 생각하기 때문에, 예를 들어 $\Delta t = \frac{1}{100}$이면 $(\Delta t)^2 = \frac{1}{10000}$이 되어 아주 미세한 값이 되어 거의 의미가 없는 값이다. 이 경우 $(\Delta t)^2$을 비유적으로 말하면 10000원과 1원에 해당한다. 따라서 계산하기 번거로운 $(\Delta t)^2$ 항을

없앨 필요가 있는데, 이 방법이

$$\frac{\Delta A}{\Delta t} = 1 + \frac{2}{3}t + \frac{1}{3}\Delta t \tag{1.5}$$

를 만들고 $\Delta t \to 0$ 경우를 생각하는 것이다. 직접 $\Delta t = 0$라 하지 않는 이유는 식 (1.5)에서 $\Delta t$가 분모에 있기 때문이다. 지금 경우는 식 (1.5)으로부터

$$\lim_{\Delta t \to 0} \frac{\Delta A}{\Delta t} = \lim_{\Delta t \to 0} \frac{\Delta A}{\Delta t}(t, \Delta t) = \lim_{\Delta t \to 0} \left(1 + \frac{2}{3}t + \frac{1}{3}\Delta t\right) = 1 + \frac{2}{3}t$$

**도움말 1.3** 함수 $A = A(t)$에 대하여, 극한값 $\lim_{\Delta t \to 0} \dfrac{\Delta A}{\Delta t}$이 실수값으로 존재하면,

- 함수 $A = A(t)$는 $t$에서 미분가능하다 하고
- 극한값 $\lim_{\Delta t \to 0} \dfrac{\Delta A}{\Delta t}$를 $A'(t)$ 또는 $\dfrac{dA}{dt}$로 나타낸다.

$A(t) = 2 + t + \frac{1}{3}t^2$인 경우는

$$\frac{\Delta A}{\Delta t} = \begin{cases} 1 + \frac{2}{3}t + \frac{1}{3}\Delta t, & \Delta t \neq 0 \\ \text{정의 되지 않음}, & \Delta t = 0 \end{cases}$$

이므로 비교적 간단한 함수다. 설명을 위해서 함수

$$A(t) = \begin{cases} t^2, & t < 0, \\ -t^2, & 0 \leq t < 1, \\ 2 - t, & t \geq 1 \end{cases} \tag{1.6}$$

를 생각하자. 이 함수의 그래프는 실수집합을 3개의 구간

$$(-\infty, 0), \quad [0, 1), \quad [1, \infty)$$

로 나누어 그리면 된다. 지금 경우 함수 $A = A(t)$는 $t = 1$에서 불연속이고, 이 성질은 함수 $A$의 그래프에 나타난다. 이제 함수 $\frac{\Delta A}{\Delta t}$의 그래프를 그려보자. $\frac{\Delta A}{\Delta t}$는 $t$의 값과 $\Delta t$의 값을 알아야 결정된다:

$$\frac{\Delta A}{\Delta t} = \frac{\Delta A}{\Delta t}(t, \Delta t)$$

연습으로 $t = 1$인 경우를 그려보자. 즉, 함수

$$\Delta t \mapsto \frac{A(1 + \Delta t) - A(1)}{\Delta t} = \frac{A(1 + \Delta t) - 1}{\Delta t}$$

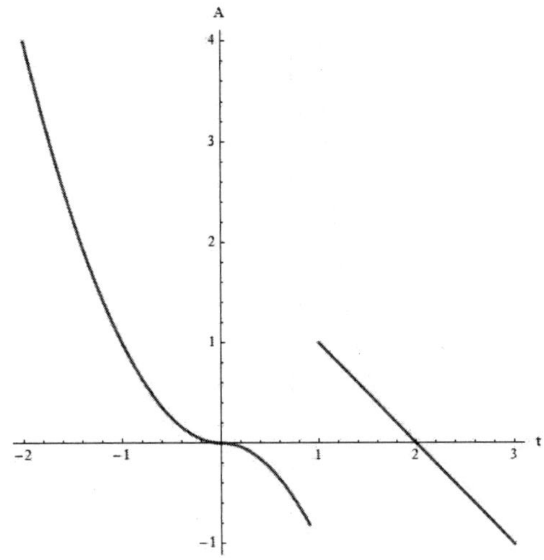


그림. 1.3: $t<0$일 때 $A(t)=t^2$; $0\le t<1$일 때 $A(t)=-t^2$; $t\ge 1$일 때 $A(t)=2-t$인 함수 $A(t)$의 그래프. 함수 $A$가 $t=1$에서 불연속인 것이 그래프에 반영되어 있다.

의 그래프를 그려보자. 문제가 되는 부분은 $A(1+\Delta t)$의 값을 계산하는 일이다. 이것을 위해서는 함수 $A$의 정의 (1.6)을 잘 이해해야 한다.

$$A(1,\Delta t)=\begin{cases}(1+\Delta t)^2, & 1+\Delta t<0,\\ -(1+\Delta t)^2, & 0\le 1+\Delta t<1,\\ 2-(1+\Delta t), & 1+\Delta t\ge 1\end{cases}$$
$$=\begin{cases}(1+\Delta t)^2, & \Delta t<-1,\\ -(1+\Delta t)^2, & -1\le \Delta t<0,\\ 2-(1+\Delta t), & \Delta t\ge 0\end{cases}$$

정리하면

$$\frac{\Delta A}{\Delta t}(1,\Delta t)=\frac{A(1+\Delta t)-A(1)}{\Delta t}=\frac{A(1+\Delta t)-1}{\Delta t}$$
$$=\begin{cases}2+\Delta t, & \Delta t<-1,\\ -2-\Delta t-\frac{2}{\Delta t}, & -1\le \Delta t<0,\\ -1, & \Delta t>0\end{cases}$$

식 (1.6)로 주어진 함수 $A(t)$는 $t\neq 1$인 모든 곳에서 미분가능하다. $t=1$일 때 함수 $\Delta t\mapsto \frac{\Delta A}{\Delta t}(1,\Delta t)$의 그래프는 그림 1.4에 있다. $A=A(t)$가 $t=1$에서 미분 불가능한 것은 $\Delta t$가 0에 가까울 때 그래프 모양으로 나타난다.

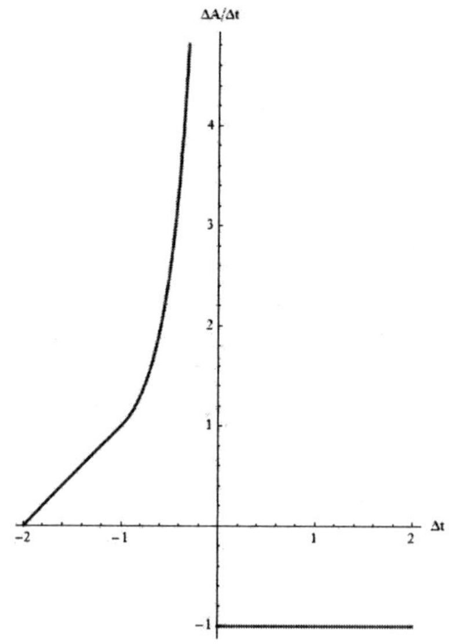


그림. 1.4: $\frac{\Delta A}{\Delta t}(1,\Delta t)$, $\Delta t \in (-2,0)\cup(0,2)$의 그래프. 지금 경우는 $\lim_{\Delta t\to 0}\frac{\Delta A}{\Delta t}(1,\Delta t)$는 존재하지 않는다. 따라서 $A'(1)$은 존재하지 않는다. $\frac{\Delta A}{\Delta t}$를 그래프를 보는 핵심은 $0<|\Delta t|$가 0에 아주 가까울 때를 보는 것이다.

**도움말 1.4** [ 미분계수의 정의] 점 $a$의 이웃에서 정의된 함수 $f$가 있다. 함수 $f$가 점 $a$에서 미분가능하다는 것은 극한값

$$\lim_{\Delta t\to 0}\frac{\Delta f}{\Delta t} = \lim_{\Delta t\to 0}\frac{f(a+\Delta t)-f(a)}{\Delta t}$$

가 존재하는 것을 말한다. $f$가 $a$에서 미분가능하면 이 극한값을 $f'(a)$로 표시한다.

미분계수의 정의는 아주 간단하지만 미분적분학의 핵심이다. 정의를 잘 이해해보자.

1. 표현 $\frac{\Delta f}{\Delta t} := \frac{f(a+\Delta t)-f(a)}{\Delta t}$의 의미:

   - 가장 중요한 것은 $\Delta t \neq 0$ 인 것이다. $\frac{\Delta f}{\Delta t}$는 다음과 같은 함수다.

   $$\frac{\Delta f}{\Delta t} := \begin{cases} \frac{f(a+\Delta t)-f(a)}{\Delta t}, & \Delta t \neq 0 \\ \text{정의되지 않았다}, & \Delta t = 0 \end{cases}$$

   - 구체적으로 $f(x)=x^2$인 경우를 생각하면

   $$\frac{f(a+\Delta t)-f(a)}{\Delta t} = \frac{(a+\Delta t)^2-a^2}{\Delta t} = \frac{\Delta t(2a+\Delta t)}{\Delta t} = 2a+\Delta t,\ \Delta t \neq 0$$

   이므로 정리하면

$$\frac{\Delta f}{\Delta t} := \frac{f(a+\Delta t)-f(a)}{\Delta t} = \begin{cases} 2a+\Delta t & ,\Delta t \neq 0 \\ \text{정의 되지 않았음}, & \Delta t = 0 \end{cases}$$

그런데 오른쪽 $2a+\Delta t$는 모든 $\Delta t$에 대해서 정의되어 있다. 따라서 다음과 같이 정의하는 것은 의미가 있다.

$$\frac{f(a+\Delta t)-f(a)}{\Delta t} = \begin{cases} 2a+\Delta t & ,\Delta t \neq 0 \\ 2a, & \Delta t = 0 \end{cases}$$

중요한 점은 $\Delta t = 0$일 때 $\frac{\Delta f}{\Delta t}$의 함수값을 의미있게 정의한 것이다.

2. 그러나 $g(t) = \sin t$의 경우에는

$$\frac{\Delta g}{\Delta t}(0,\Delta t) := \begin{cases} \frac{g(0+\Delta t)-g(0)}{\Delta t}, & \Delta t \neq 0 \\ \text{정의되지 않았다}, & \Delta t = 0 \end{cases}$$

$$= \begin{cases} \frac{\sin \Delta t}{\Delta t}, & \Delta t \neq 0 \\ \text{정의되지 않았다}, & \Delta t = 0 \end{cases}$$

지금 경우는 $\Delta t = 0$일 때 $\frac{\Delta g}{\Delta t}$의 값을 정의할 겉으로 들어나는 방법이 보이지 않는다.

**도움말 1.5** 미분계수의 정의에서 극한값

$$\lim_{\Delta t \to 0} \frac{\Delta f}{\Delta t} = \lim_{\Delta t \to 0} \frac{f(t+\Delta t)-f(t)}{\Delta t}$$

이 존재한다는 것을 요구하는 것은, $t$의 이웃에서, $\Delta t \neq 0, t+\Delta t \in \operatorname{dom} f$에만 정의된 함수

$$\frac{\Delta f}{\Delta t} := \begin{cases} \frac{f(t+\Delta t)-f(t)}{\Delta t}, & \Delta t \neq 0 \\ \text{정의되지 않았다}, & \Delta t = 0 \end{cases}$$

를 $\Delta t = 0$일 때에도 정의된 연속함수로 확장하기 위한 것이다.

**도움말 1.6** [미분가능성과 연속성] 함수 $f$가 $a$에서 미분가능하면, $f$는 $a$에서 연속이다.

미분계수를 구하는 것은 아주 어려운 일처럼 보인다. 그러나 우리가 만나는 거의 모든 함수는 간단한 함수를 더하고, 빼고, 곱하고, 나누고, 합성함수를 만들고, 역함수를 만들어 얻어진다. 가장 근본적인 함수는 상수함수 1과, 항등함수 $x : \mathbb{R} \to \mathbb{R}, x(r) = r, \forall r \in \mathbb{R}$을 생각할 수 있다. $1, x$를

이용하여 다항식함수, 분수함수등이 얻어진다. 다항식 함수는 아니지만 무한합으로 표시되는

$$e^x := 1 + x + \frac{x^2}{2!} + \frac{x^3}{3!} + \cdots = \sum_{n=0}^{\infty} \frac{x^n}{n!}$$

$$\sin x := x - \frac{x^3}{3!} + \frac{x^5}{5!} - \frac{x^7}{7!} + \cdots = \sum_{n=0}^{\infty} (-1)^{n+2} \frac{x^{2n+1}}{(2n+1)!}$$

같은 중요한 함수가 있다. 그러나 모든 함수를 1과 $x$만으로 표현하는 것은 대단히 불편하기 때문에, 기억해야 하는 기본함수로 다음과 같은 것을 생각하자.

- 다항식 함수: $P(x) = a_0 + a_1 x + a_2 x^2 + \cdots + a_n x^n$.
- 지수함수: $e^x \equiv \exp(x), a^x, a > 0, a \neq 1$.
- 로그함수(지수함수의 역함수) $\ln\big(\exp(x)\big) \equiv x, \forall x, \quad \exp\big(\ln x\big) = x, \forall x > 0$.
- 삼각함수 $\sin x, \cos x, \tan x$

거의 모든 함수가 기본함수를 더하고, 빼고, 곱하고, 나누고, 역함수를 만들고, 합성함수를 만드는 함수의 연산으로 얻어지기 때문에, 미분계수를 구하는 것이, 함수의 연산과 어울리는 지를 아는 것은 중요하다.

**도움말 1.7** [미분계수의 성질] 두 함수 $f, g$가 모두 $a$에서 미분계수 $f'(a), g'(a)$를 갖으면

1. $(f+g)'(a) = f'(a) + g'(a)$
2. $(f-g)'(a) = f'(a) - g'(a)$
3. $(fg)'(a) = f'(a)g(a) + f(a)g'(a)$
4. $(\frac{f}{g})'(a) = \frac{f'(a)g(a) - f(a)g'(a)}{g(a)^2}, g(a) \neq 0$
5. 함수 $h$가 $f(a)$에서 미분계수를 갖으면 $(h \circ f)'(a) = h'\big(f(a)\big)f'(a)$.

미분계수의 의미와, 기본함수의 미분계수를 반사적으로 아는 것은, 미분공식을 증명하는 것보다 더 중요하다. 삼각함수는 금융계산에서 자주 나타나는 함수는 아니지만, 기본함수로 생각하면 기억할 의미가 있다.

1. $\frac{d}{dx} x^k = kx^{k-1}$
2. $\frac{d}{dx} e^x = e^x$
3. $\frac{d}{dx} \ln x = \frac{1}{x}$
4. $\frac{d}{dx} \sin x = \cos x$
5. $\frac{d}{dx} \cos x = -\sin x$
6. $\frac{d}{dx} \tan x = \sec^2 x = \frac{1}{\cos^2 x}$
7. $(f+g)' = f' + g'$
8. $c$가 상수이면 $(cf)' = cf'$
9. $(fg)' = f'g + fg'$

10. $(\frac{f}{g})' = \frac{f'g - fg'}{g^2}$

11. $(f \circ g)' = (f' \circ g)g'$

12. $f'(x) = \lim_{h\to 0} \frac{f(x+h) - f(x)}{h}$

13. $\lim_{x\to 0} \frac{\sin x}{x} = 1$

**도움말 1.8** [지수함수] 금융계산에서 항상 쓰는 함수는 지수함수다.
지수함수 $f(x) = a^x, a > 0, a \neq 1$의 특징은

- $f'(x) = a^x \ln(a)$, $\int a^x dx = \frac{a^x}{\ln a}$.
- 특히 $a = e$인 경우는 $a^x = e^x \equiv \exp(x)$로 나타내고, $\frac{d}{dx}e^x = e^x$.
- 테일러 정리를 생각하면

$$(1+y)^t = 1 + yt + \frac{t(t-1)}{2!}y^2 + \cdots = 1 + yt + O(y^2t^2)$$

  따라서 $|yt|$가 작으면 $(1+y)^t \approx 1 + yt$
- $\int (1+i)^t dt = \int e^{\delta t} = \frac{e^{\delta t}}{\delta} = \frac{(1+i)^t}{\ln(1+i)}$, $\quad \delta = \ln(1+i)$.

좀 더 구체적으로 $y = 0.1$인 경우 두 함수 $f(t) = (1+0.1)^t, g(t) = 1 + (0.1) \times t$를 $0 \leq t \leq 1.5$ 범위에서 $t \mapsto g(t) - f(t)$의 그래프는 그림 1.6과 같다.

## 1.4 결정적인 모델(deterministic model)과 이자계산

"하나를 보면 열을 안다"는 속담이 있다. 여기에 해당하는 수학적 모델이 결정적인 모델이다. 이것은 현재상태와 그 상태가 진행되는 규칙에 따라 과거와 미래의 모든 상태가 결정되는 모델이다. 말은 어렵지만 가장 간단하고 대표적인 것이 등비수열, 등차수열이다. 예를 들어 등차수열을 생각하자. 지금 상태가 $a_0$이고, 공차가 $d$라면, $a_n = a_0 + dn, n \in \mathbb{Z}$가 성립한다. 좀 복잡한 것이 미분방정식의 초기값 문제다. 예를 들어 $y(0) = 1$이고, 상태가 변해가는 규칙이 $y' = y$라면 $y(t) = e^t$가 된다.

이런 결정적이 모델의 실용적인 응용으로 이자 계산이 있다. 기호가 복잡하지만, 모두 등비수열, 등차수열, 지수함수, 수열의 합의 응용이다. 이자 계산에서 기본 시간단위는 1년이다. 그런데 문제마다 년을 붙이는 것은 불편하고, 기본 시간단위를 예를 들어 2년으로 잡아도, 아니면 3개월로 잡아도 근본적인 계산이 달라지는 것은 없기 때문에, 기간에 단위를 붙이지 않고 사용한다.

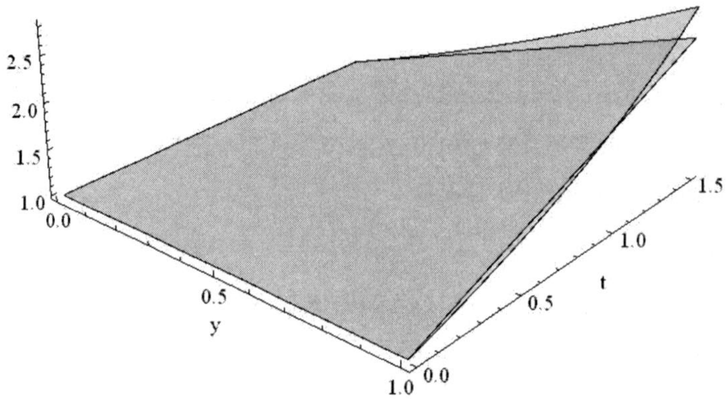


그림. 1.5: 두변수 함수 $f(y,t) = (1+y)^t, g(y,t) = 1+yt$의 그래프.

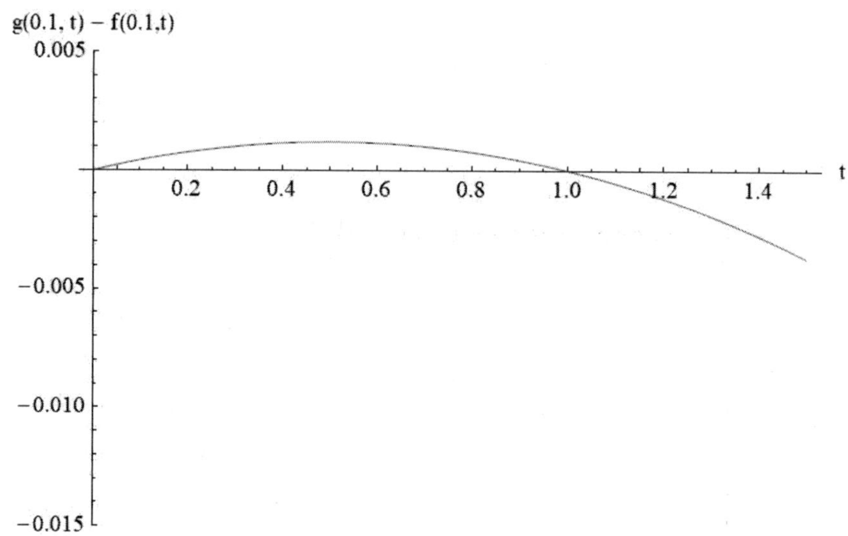


그림. 1.6: 함수 $t \mapsto g(0.1,t) - f(0.1,t)$의 그래프.

같은 이유로 화폐의 단위도 생략한다. 단위가 빠진 수가, 돈을 말하는지, 아니면 시간을 말하는 지는 말하는 상황을 보고 판단할 수 있어야 한다. 이자를 말할 때는 항상 이자를 계산하는 기간과, 이자를 계산하는 회수를 분명히 해야 한다.

**도움말 1.9** [ 이자(interest), 이자율(interest rate)] $A$가 정해진 기간 $T$ 후에 $B$가 되었다면

- 이 기간 $T$ 동안의 이자는 $B-A$
- 이 기간 $T$ 동안의 이율은 $\frac{B-A}{A}$

기간 $T$동안의 이자율 $i=\frac{B-A}{A}$의 의미는 $B=A(1+i)$라는 의미다.

이자율은 보통 %로 나타낸다. 예를 들어 100만원을 빌려 1년 후에 110만원을 갚았다면, 년 이자율은

$$i=\frac{110\text{만}-100\text{만}}{100\text{ 만}}=0.1 \tag{1.7}$$

이지만, 이것을 0.1 로 표시하는 것은 일상 생활에서는 불편하기 때문에 100을 곱한 $10=0.1\times 100$을 쓰는 것이 편리하다. 예를 들어 $0.1=10\%$ .

정해진 기간 $T$ 동안 이자율을 $i$라 하자. 정해진 기간동안 이자를 $p$번 계산하는 것을 생각할 수 있다. 이것은 정해진 기간 $T$를 $p$ 등분하여

$$\frac{T}{p},2\frac{T}{p},3\frac{T}{p},\cdots,(p-2)\frac{T}{p},(p-1)\frac{T}{p},p\frac{T}{p}=T$$

마다 이자를 계산한다는 것이다. 명목상 이율을 이해하기 위해서 다음을 생각하자. 기간 $\frac{T}{p}$ 동안의 이자율을 $i_p$라 두면, $t=0$일 때 원금 1은 $p$ 단계를 거쳐 $t=T$일 때, $(1+i_p)^p$가 된다.

$$1\to(1+i_p)\to(1+i_p)^2\to(1+i_p)^3\to\cdots\to(1+i_p)^{p-1}\to(1+i_p)^p$$

그런데 $p$ 등분하지 않았다면 $t=T$일 때 $1+i$가 되어야 한다. 이 두 값이 같아야 한다. 이 조건은 $(1+i_p)^p=1+i$. 이것을 풀면 $i_p=(1+i)^{\frac{1}{p}}-1$ 이 된다. 이것을 다시 한번 강조하면 기간 $\frac{T}{p}$ 동안의 이자율을 $i_p$라 둘 때, 주어진 기간에 이자율이 변하지 않는다면

$$(1+i_p)^p=1+i,\qquad i_p=\left(1+i\right)^{\frac{1}{p}}-1<\frac{i}{p}$$

**도움말 1.10 [ 명목상 이율 $i^{(p)}$ ]** 전체 기간 $T$ 동안의 이자율이 $i$이면 기간 $\frac{T}{p}$ 동안의 이자율은 $\frac{i}{p}$가 되는 것이 더 직관적이다. 그러나 기간 $\frac{T}{p}$ 동안의 이자율을 $i_p$라 둘 때, $i_p < \frac{i}{p}$이므로 이렇게 하는 것은 불공정하다. 이런 점을 고려하여

$$i^{(p)} := p \times i_p = p\big((1+i)^{\frac{1}{p}} - 1\big)$$

이라 정의하면, 기간 $\frac{T}{p}$ 동안의 이자율은 기대하는 대로 $\frac{i^{(p)}}{p}$가 된다. $i^{(p)}$를 기간 $T$ 동안의 **명목상 이율(nominal interest rate)**라 한다. 명목상 이율 $i^{(p)}$와 실질이율 $i$ 의 관계는

$$i^{(p)} := p \times i_p = p\Big((1+i)^{\frac{1}{p}} - 1\Big), \qquad (1+\frac{i^{(p)}}{p})^p = (1+i_p)^p = 1+i, \qquad i^{(p)} < i$$

**도움말 1.11** 기간 $T$ 동안의 명목상 이율 $i^{(p)}$가 주어지면

- 나뉘어진 한 개의 기간 $\frac{T}{p}$ 동안의 이자율은 $\dfrac{i^{(p)}}{p} = i_p$로 계산한다.
- 기간 $T$ 동안의 실질이율(effective interest rate) $i$ 는 $i = \big(1+\dfrac{i^{(p)}}{p}\big)^p - 1$ 이고 $i > i^{(p)}$.

**보기 1.10** *$i = 5\%$ 일 때 다음 값을 구하여라.*

*1.* $i^{(2)}$ *2.* $i^{(4)}$ *3.* $i^{(9)}$ *4.* $i^{(\frac{1}{2})}$

**풀이.** *임의의 $m,n$에 대해서* $\big(1+\dfrac{i^{(n)}}{n}\big)^n = 1+i = \big(1+\dfrac{i^{(m)}}{m}\big)^m$.

*1.* 0.0493902 *2.* 0.0490889 *3.* 0.0489227 *4.* 0.05125

**보기 1.11** $i^{(6)} = 5\%$ *일 때 다음 값을 구하여라.*

1. $i^{(2)}$
2. $i^{(4)}$
3. $i^{(9)}$
4. $i^{(\frac{1}{2})}$

**풀이.** *임의의* $m,n$*에 대해서* $\left(1+\frac{i^{(n)}}{n}\right)^n = 1+i = \left(1+\frac{i^{(m)}}{m}\right)^m$.

1. 0.0504178
2. 0.050104
3. 0.0499308
4. 0.0523565

**보기 1.12** 5000*을* 5*년 맡겼더니* 7000*이 되었다. 이자율은 변하지 않는다 하자.*

1. *년 이자율* $i$ *은 얼마인가?*
2. $i^{(12)}$*는 얼마인가?*
3. $i^{(4)}$*는 얼마인가?*

**풀이.**

1. *연 이율을* $i$*라 하면* $5000(1+i)^5 = 7000$ *이 되어야 한다. 따라서* $1+i = \left(\frac{7000}{5000}\right)^{\frac{1}{5}}$ *로부터*
   $i = 1.06961 - 1 = 0.06961 = 6.961\%$
2. $\left(1+\frac{i^{(12)}}{12}\right)^{12} = 1+i$*로부터* $i^{(12)} = 12\left((1+i)^{\frac{1}{12}} - 1\right) \approx 0.0674835.$
3. $\left(1+\frac{i^{(4)}}{4}\right)^4 = 1+i = 1+0.0696104$*로부터* $1+\frac{i^{(4)}}{4} = (1.0696104)^{\frac{1}{4}} = 1.01697.$
   *따라서* $i^{(4)} = 4(1.01697-1) = 0.06786.$

최초 금액 $A(0)$로 어떤 투자계정을 개설했다 하자. 시간 $t$에 이 계정의 잔고(amount)를 $A = A(t)$로 표시하자. 이 함수 $A : [0,\infty) \to \mathbb{R}$를 잔고함수(amount function)이라 한다. 표현을 간결하게 하기 위하여 $A_t$와 $A(t)$를 같은 의미로 쓰자. 어떤 표현이 더 이해하기 쉬운 지는 그때 그때 상황에 따라 결정할 일이다.

**도움말 1.12** 1. 최초의 투자금액 $A(0)$를 원금(principal)이라 한다.

2. 시간 $s$에서의 잔고 $A(s)$와 시간 $t$, $t > s$,일 때의 잔고 $A(t)$의 차이를 기간 $[s,t]$ 에서의 이자(interest)라 한다. 이것은 물론 $A(t) - A(s)$이다.
3. 잔고함수 $A(t)$는 수시로 돈을 넣고, 뺄 수가 있기 때문에 일반적으로 연속함수가 아니다. 그렇지만 $A(t) = \lim_{s \downarrow t} A(s)$가 성립하는 함수다. 이런 함수를 **오른쪽 연속함수(right continuous function)**라 한다.

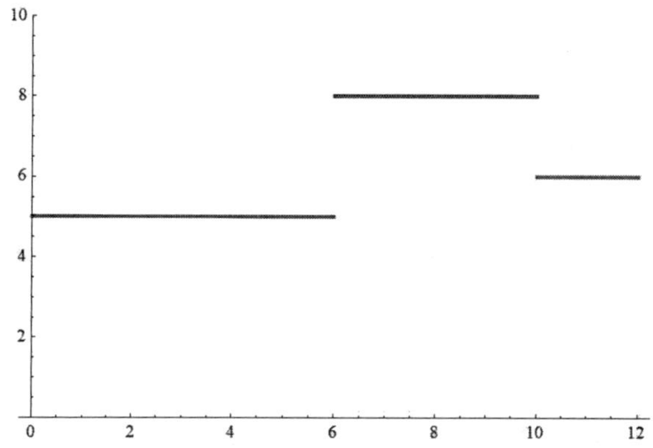


그림. 1.7: *이자율이 0인 계정에 $t = 0$ 일 때 5, $t = 6$일 때 3을 넣고, $t = 10$일 때 2를 뺀다면 잔고함수 $A = A(t)$의 그래프는 계단모양이다.*

**도움말 1.13** 1. 투자계정의 시간 $t$에 따른 잔고 $A = A(t)$를 **잔고함수(amount function)**라 한다. $A(t)$는 오른쪽 연속함수(right continuous function)이다.

2. 잔고함수는 금융상품에 따라 결정된다. 같은 금융상품인 경우에는 최초 투자금에 따라 달라지기 때문에, $t = 0$일 때, 1을 투자했을 때 잔고함수를 **잔고증가율함수(accumulation function)**라 한다. $a = a(t)$가 만족해야 할 조건은

- $a(0) = 1$
- $a = a(t)$는 연속인 증가함수

그러나 대부분의 경우 $a = a(t)$는 구간별로 미분가능함수를 잡는 것이 보통이다.

3. 잔고증가율함수 $a(t)$의 가장 중요한 역할은 $t = t_1$에 $X$를 투자했을 때, $t = t_2$일 때 잔고 $Y$는 다른 거래가 없었다면

$$Y = X\frac{a(t_2)}{a(t_1)} \quad , \quad X = Y\frac{a(t_1)}{a(t_2)} \quad \text{또는} \quad \frac{Y}{a(t_2)} = \frac{X}{a(t_1)}$$

**보기 1.13** *잔고함수가* $A(t) = 100(1+t+t^2)$ *일 때,* $t = 1$ *에서* $t = 3$*까지 얻은 이자는 얼마인가?*

**풀이.** $A(3) - A(1) = 1000$

**보기 1.14** *어떤 계정의 잔고증가율함수(accumulation)는* $a(t) = \alpha t^2 + \beta$ *이다.*
$t = 0$ *일 때* $X$*를 투자했더니,* $t = 4$ *일 때* $500$*이 되었고,* $t = 10$ *일 때* $920$*이 되었다.*
$\alpha, \beta, X$*는 얼마인가?*

**풀이.** *주어진 조건에서* $a(0) = \beta = 1$. *따라서*

$$\begin{cases} Xa(4) & = 16\alpha X + X = 500 \\ Xa(10) & = 100\alpha X + X = 920 \end{cases}$$

*따라서* $\alpha = \frac{1}{84}, \beta = 1, X = 420$.

**보기 1.15** $a(t) = \dfrac{10}{10-t}$ *이다.* $t = 2$ *일 때 잔고가* $1200$*이다.* $t = 5$ *일 때* $X$*를 찾았더니,*
$t = 7$ *일 때 잔고가* $2000$*이 되었다. 다른 거래가 없었다면* $X$*는?*

**풀이.** *계산 결과가 양수가 나오면, 돈을 입금한 것, 음수가 나오면 돈을 찾은 것으로 이해하면 된다. 공부를 위해서 시점을* $t=2, t=5, t=7$ *일 때 계산해보자.*

- $t=2$*에서 생각할 때:*

$$1200+\frac{X}{a(5)}a(2)=\frac{2000}{a(7)}a(2)$$

*로부터* $X=-720$. *이것의 의미는* $-720$*을 넣은 것, 즉* $720$*을 찾은 것을 말한다. 그러나 거래가 있기 이전을 시점으로 잡는 것은 대단히 조심해야 한다. 왜냐하면 식을 잘 못 세울 위험이 크기 때문이다.*

- *만일* $t=5$*에서 계산할 때: 거래* $X$*가 있은 직후를 계산해야 한다.*

$$\frac{1200}{a(2)}a(5)+X=\frac{2000}{a(7)}a(5)$$

*로부터* $X=-720$.

- $t=7$*에서 계산할 때.* $2000=\dfrac{1200}{a(2)}a(7)+\dfrac{X}{a(5)}a(7)$ *에서* $X=-720$.

*지금 경우 시간구간* $[2,7]$*에서* $A(t)$*의 그래프를 그려보면 다음과 같다.* $A=A(t)$*의 식은*

$$A(t)=\begin{cases}2000\frac{a(t)}{a(2)}, & 2\le t<5,\\ \left(2000\frac{a(5)}{a(2)}-720\right)\frac{a(t)}{a(5)}, & 5\le t<7\end{cases}$$

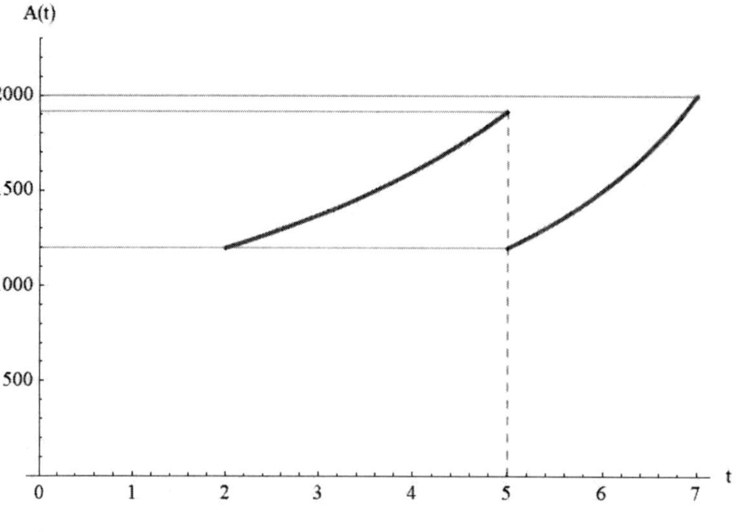


그림. 1.8: $A=A(t)$의 그래프. 출금 거래가 있는 $t=5$일 때, 불연속인 것을 이해하자.

**도움말 1.14 [ 이자율 세기( 이력, Force of Interest)]** 투자계정의 잔고함수 $A(t)$가 미분가능하고, 도함수 $A'(t)$는 적분가능하다 하자. 그러면 기간 $[0,n]$동안 얻은 이자는

$$A(n) - A(0) = \int_0^n A'(t)dt$$

가 되는 것을 알고있다. $A(t) > 0$인 경우 식을 다시 쓰면

$$A(t) - A(s) = \int_t^s A'(u)du = \int_t^s A(u)\frac{A'(u)}{A(u)}du = \int_s^t A(u)\delta_u du$$

여기서 $\delta_t \equiv \delta(t) := \frac{A'(t)}{A(t)} \equiv \frac{a'(t)}{a(t)}$를 이자율 세기(이력, force of interest)라 한다.
이 식의 의미는 기간 $[s,t]$동안 얻은 이자는 이 기간의 시간 $u$일 때의 잔고 $A(u)$에 이자율 세기 $\delta_u$ 를 곱해서 적분하여 얻어진다는 것이다.

**보기 1.16** *다음 함수를 1. – 6.은 미분하고, 7. –12는 적분하여라.*

1. $f(x) = \ln(x^2 + x + 1)$
2. $f(t) = \ln(1 + 2t)$
3. $f(t) = \ln a(t)$
4. $f(x) = \frac{1}{1+x}$
5. $f(x) = c^x, c > 0$는 상수
6. $f(x) = 3^x$
7. $f(x) = \frac{1}{1+x}$
8. $f(t) = \frac{2x+4}{x^2+4x+5}$
9. $f(t) = e^{2t}$
10. $f(x) = 2xe^{x^2}$
11. $f(x) = c^x, c > 0$는 상수
12. $f(x) = 3^x$

**풀이.** *로그함수 미분의 기본은* $\frac{d}{dt}\ln\triangle = \frac{\triangle'}{\triangle}$, *지수 함수의 적분의 기본은* $\int a^x dx = \frac{a^x}{\ln a}$ *이다.*

1. $f'(x) = \frac{2x+1}{x^2+x+1}$
2. $f'(t) = \frac{2}{1+2t}$
3. $f'(t) = \frac{a'(t)}{a(t)}$
4. $f'(x) = -\frac{1}{(1+x)^2}$
5. $f'(x) = c^x \ln c$
6. $f'(x) = 3^x \ln 3$
7. $\ln(1+x)$
8. $\ln(x^2 + 4x + 5)$
9. $\frac{1}{2}e^{2t}$
10. $e^{x^2}$
11. $\dfrac{c^x}{\ln c}$
12. $\dfrac{3^x}{\ln 3}$

금융상품을 개발한다는 것은 $\delta_t$를 결정하는 것이다. 따라서 많은 경우에 해야 할 일은 이자의 세기 $\delta_t = \dfrac{a'(t)}{a(t)}$가 주어지면 $a(t)$를 계산하는 일이다. 계산이 쉬운 경우는

• $\delta_t \equiv \delta$ 상수일 때.

• $\delta_t = \dfrac{i}{1+it}$ 일 때.

그러나 원칙대로 $\delta_t$가 주어지고, 이것을 이용해서 $a(t)$를 구하는 것은 대단히 번거로운 일이다. 이런 이유로 $a = a(t)$를 주는 경우가 많다.

**도움말 1.15** 잔고증가율함수 $a = a(t)$를 계산하기 편한 경우로 다음 2가지 경우가 있다.

1. $\delta_t \equiv \delta$, 상수인 경우: $a(t) = e^{\delta t} = (1+i)^t, \quad i = e^{\delta} - 1$
2. $\delta_t = \frac{i}{1+it}$인 경우: $a(t) = 1 + it$

**해설.**

1. $\delta_t \equiv \delta$, 상수, 라면 $\int_{s=0}^{t} \delta_s ds = \int_{s=0}^{t} \delta dt = \delta t$. 다른 한편으로, $a(0) = 1$인 것에 주의하여 다음 계산을 하면,

$$\int_{s=0}^{t} \delta_s ds = \int_{s=0}^{t} \frac{a'(s)}{a(s)} ds = \left[\ln a(s)\right|_{s=0}^{t} = \ln a(t) \tag{1.8}$$

따라서 식 (1.8)에 주의하면 $a(t) = e^{\delta t} = (1+i)^t, \quad i = e^{\delta} - 1$.

2. $\delta_t = \dfrac{i}{1+it}$이면

$$\int_{s=0}^{t} \delta_s ds = \int_{s=0}^{t} \frac{i}{1+is} ds = \left[\ln(1+is)\right|_{s=0}^{t} = \ln(1+it) \tag{1.9}$$

다른 한편으로, $a(0) = 1$인 것에 주의하여 다음 계산을 하면,

$$\int_{s=0}^{t} \delta_s ds = \int_{s=0}^{t} \frac{a'(s)}{a(s)} ds = \left[\ln a(s)\right|_{s=0}^{t} = \ln a(t) \tag{1.10}$$

따라서 식 (1.9), (1.10)에 주의하면, $a(t) = 1 + it$ .

**도움말 1.16 [복리(compound interest), 단리(simple interest)]** 투자계정의 잔고증가율함수 (accumulation function) $a(t)$를 생각하자.

1. 이자율 세기 $\delta_t$가 상수함수, 즉 $\delta_t = \delta$, 상수, 인 계정을 **복리계정**이라 한다. 이 경우

$$a(t) = (1+i)^t, \ i = e^{\delta} - 1 \geq 0$$

2. $\delta_t = \frac{i}{1+i}$인 계정을 **단리계정**이라 한다. 이 경우 $a(t) = 1 + it$.

복리계정의 특징은 이자율 세기 $\delta(t)$가 상수함수인 것이다:

$$\delta_t := \frac{A'(t)}{A(t)} = \frac{a'(t)}{a(t)} = \delta, \text{ 상수}$$

그러나 단리계정의 이자율 세기는 시간이 갈 수록 약해진다:

$$\delta_t := \frac{A'(t)}{A(t)} = \frac{a'(t)}{a(t)} = \frac{i}{1+it}$$

**특별한 말이 없으면 이자계산은 복리로 계산하고, 이자율을 변하지 않는 것으로 가정한다.**

**도움말 1.17** [년복리(Annual Compound Interest)] 원금 $A_0$를 연이율 $i$로 $t$년 맡길 때, 원금과 이자의 합(amount value)은 $A_t = A_0(1+i)^t = A_0e^{\delta t}, \quad 1+i = e^{\delta}$.

예를 들어 연이율 10% 의 복리로 계산한다면 $A(t) = A_0(1+0.1)^t$가 된다. 그러나 이자율이 % 로 표현된 경우, 예를 들어 이자율이 10%라면, $10\% = 0.1 \neq 10$이므로
$A(t) = A_0(1+0.1)^t \neq A_0(1+10)^t$인 것에 주의하자.

**도움말 1.18** [출금, 입금] 잔고증가율함수 $a(t)$가 주어진 계정이 있다.

1. $t = 0$에 $A_0$를 투자했다면, $A(t) = A_0a(t),\ t \geq 0$
2. $t = 0$에 $A_0$를 투자하고, $t = t_1$에 $X$를 투자했다면

$$A(t) = A_0\ a(t) + X\frac{a(t)}{a(t_1)},\ t \geq t_1$$

3. $t = t_1$일 때 최초로 $X$를 투자하고, $t = t_2$에 $Y$를 출금했다면

$$A(t) = X\frac{a(t)}{a(t_1)} - Y\frac{a(t)}{a(t_2)},\ t > t_1, t_2$$

**해설.** 잔고함수 $A(t)$는 일반적으로 연속함수가 아니다. 그 이유는 특정한 시간에 돈을 빼내는 경우도 있고, 돈을 넣은 경우도 있기 때문이다.

1. 잔고함수 $A(t)$와 잔고증가율함수 $a(t)$의 정의에 따라 즉시 알 수 있다.
2. $0 \leq t < t_1$일 때 잔고는 $A_0a(t)$이다. $t = t_1$에 $X$가 입금되기 때문에, 잔고함수는 여기서 불연속이 되고 $t = t_1$일 때는 $A_0\ a(t_1) + X$가 된다. 즉 $0 \leq t \leq t_1$인 경우

$$A(t) = \begin{cases} A_0 a(t), & t < t_1 \\ A_0 \ \ a(t_1) + X, & t = t_1 \end{cases} \tag{1.11}$$

여기서

$$A_0 \ \ a(t_1) + X = \big(A_0 + \frac{X}{a(t_1)}\big) a(t_1) \tag{1.12}$$

인 것에 주의하면, 식 (1.11)은

$$A(t) = a(t) \begin{cases} A_0, & 0 \le t < t_1 \\ A_0 + \frac{X}{a(t_1)}, & t \ge t_1 \end{cases} \tag{1.13}$$

꼴로 이해하면 좋다.

3. 설명을 편하게 하기 위하여 $0 \le t < t_2 < t$인 경우를 생각하자. 주어진 조건에 따라

$$A(t) = \begin{cases} 0, & t < t_1 \\ f(t), & t = t_1 \end{cases} \tag{1.14}$$

꼴이다. 여기서 $f : [t_1, t_2) \to \mathbb{R}$은 일단 $f(t_1) = X$를 만족해야 한다. 특히 $t_1 < t < t_2$일 때,

$$A(t) - A(t_1) = \int_{t=t_1}^{t} A(s)\delta_s ds, \quad \frac{A'(t)}{A(t)} = \frac{f'(t)}{f(t)} = \delta_t = \frac{a'(t)}{a(t)}$$

로부터 $f(t) = ca(t)$가 성립하고, 특히 $f(t_1) = X$인 것에 주의하면 $c = \dfrac{X}{a(t_1)}$. 정리하면

$$A(t) = \begin{cases} 0, & t < t_1 \\ \frac{X}{a(t_1)} a(t), & t \ge t_1 \end{cases}$$

같은 논리로 다음과 정리할 수 있다.

$$A(t) = \begin{cases} 0, & t < t_1, \\ X\frac{a(t)}{a(t_1)}, & t_1 \le t < t_2, \\ \big(X\frac{a(t_2)}{a(t_1)} - Y\big)\frac{a(t)}{a(t_2)}, & t \ge t_2 \end{cases}$$

특히 마지막 거래가 있은 $t_2$ 이후의 잔고는

$$A(t) = \big(X\frac{a(t_2)}{a(t_1)} - Y\big)\frac{a(t)}{a(t_2)} = X\frac{a(t)}{a(t_1)} - Y\frac{a(t)}{a(t_2)}$$

**보기 1.17** $a(t) = (1+i)^t = e^{\delta t}$ *일 때 다음 각각의 경우 잔고를 계산하여라.*

1. $i = 3\%$ *이고,* $t = 1$ *일 때* 500 *투자했다.* $t = 3$ *일 때는 잔고는?*
2. $\delta = 3\%$ *이고,* $t = 1$ *일 때* 500*을 투자했다.* $t = 3$ *일 때 잔고는?*
3. $i = 5\%$ *이다.* $t = 0, 1, 2$ *에 각각* 1*을 투자했다.* $t = 3$ *일 때 잔고는?*
4. $\delta = 5\%$ *이다.* $t = 0, 1, 2$ *에 각각* 1*을 투자했다.* $t = 7$ *일 때 잔고는?*
5. $i = 4\%$ *이다.* $t = 0$*부터* 4*개월 단위로* 3*회* 1*씩 투자했다.* $t = 1$ *일 때 잔고는?*
6. $\delta = 4\%$ *이다.* $t = 0$*부터* 2*개월 단위로* 6*회* 1*씩 투자했다.* $t = 1$ *일 때 잔고는?*

**풀이.** *계산하는 시점은, 마지막 거래가 있은 후를 잡는 것이 안전하다.*

1. $500\frac{a(3)}{a(1)} = 530.45$
2. $500\frac{a(3)}{a(1)} = 530.918$
3. $\frac{a(3)}{a(0)} + \frac{a(3)}{a(1)} + \frac{a(3)}{a(2)} = 3.31013$
4. $\frac{a(7)}{a(0)} + \frac{a(7)}{a(1)} + \frac{a(7)}{a(2)} = 4.05295$
5. $\frac{a(1)}{a(0)} + \frac{a(1)}{a(1/3)} + \frac{a(1)}{a(2/3)} = 3.07965$
6. $\sum_{k=0}^{5} \dfrac{a(1)}{a(\frac{2k}{12})} = 6.14204$

**보기 1.18** *$a(t) = 1 + it$일 때 다음 각각의 경우 잔고를 계산하여라.*

1. *$i = 3\%, t = 1$일 때 500 투자. $t = 3$일 때는 잔고는?*
2. *$\delta = 3\%$일 때 $t = 1$일 때 투자한 500은 $t = 3$일 때 잔고는?*
3. *$i = 5\%$이다 $t = 0,1,2$에 각각 1을 투자했다. $t = 3$일 때 잔고는?*
4. *$\delta = 5\%$이다 $t = 0,1,2$에 각각 1을 투자했다. $t = 7$일 때 잔고는?*
5. *$i = 4\%$이다. $t = 0$부터 4개월 단위로 3회 1씩 투자했다. $t = 1$일 때 잔고는?*
6. *$\delta = 4\%$이다. $t = 0$부터 2개월 단위로 6회 1씩 투자했다. $t = 1$일 때 잔고는?*

**풀이.** *보기 1.17와 풀이가 똑 같은 것에 주의하자.*

1. $500\frac{a(3)}{a(1)} = 529.126$
2. $500\frac{a(3)}{a(1)} = 529.554$
3. $\frac{a(3)}{a(0)} + \frac{a(3)}{a(1)} + \frac{a(3)}{a(2)} = 3.29069$
4. $\frac{a(7)}{a(0)} + \frac{a(7)}{a(1)} + \frac{a(7)}{a(2)} = 3.88403$
5. $\frac{a(1)}{a(0)} + \frac{a(1)}{a(1/3)} + \frac{a(7)}{a(2/3)} = 3.0793$
6. $\sum_{k=0}^{5} \dfrac{a(1)}{a(\frac{2k}{12})} = 6.14125$

**보기 1.19** *1. $i = 5\%$인 복리계정이 있다. $t = 0$에 1500을 넣고, $t = 1$에 500 을 찾았다. $t = 2$일 때 잔고는?*

2. *$i = 6\%$인 단리계정에, $t = 1$에 1000을 넣고, $t = 3$에 $X$를 찾았다. $t = 5$에 잔고가 500이라면, $X$는?*
3. *$a(t) = \dfrac{5}{5-t}$이다. $t = 1,2,3$에 각각 1,2,3을 찾아 $t = 3$일 때 잔고를 0으로 하려 한다. $t = 0$에 얼마를 넣어 두어야 하는가?*

**풀이.**

1. $1500\frac{a(2)}{a(0)} - 500\frac{a(2)}{a(1)} = 1128.75$
2. $1000\frac{a(5)}{a(1)} - X\frac{a(5)}{a(3)} = 500$이 되어야 한다. $X = 641.208$
3. $X\frac{a(3)}{a(0)} - \frac{a(3)}{a(1)} - 2\frac{a(3)}{a(2)} - 3\frac{a(3)}{a(3)} = 0$이 되어야 한다. $X = \frac{16}{5}$. 위 식을 잘 보면

$$X = \frac{a(0)}{a(1)} + 2\frac{a(0)}{a(2)} + 3\frac{a(0)}{a(3)} = \frac{16}{5}$$

*즉 $t = 1,2,3$일 때 각각 $1,2,3$을 지불하는 것에 대비하려면, 지불할 금액의 $t = 0$일 때 가격을 계산하면 된다.*

**보기 1.20** *$t = 0$일 때 $M$이, $t = 2$일 때 $N$이 되었다.*

1. *이자율은 상수라 할 때, 단위기간 1동안의 이자율 $i$를 $M,N$의 식으로 표현하여라.*
2. *$\delta_t = t$일 때 $N$을 $M$의 식으로 표현하여라.*

**풀이.**

1. $t = 0$에서 $t = 2$ 까지 2개의 단위기간이 있다. 따라서 $M(1+i)^2 = N$.
   그러므로 $i = \sqrt{\frac{N}{M}} - 1$
2. 먼저 $a(t)$를 구하자. $\delta_t = \frac{a'(t)}{a(t)} = \frac{d}{dt}\ln a(t), a(0) = 1$인 것에 주의하면

$$\ln a(t) = \int_{s=0}^{t} \frac{d}{ds}\ln a(s)ds = \int_{s=0}^{t} \delta_s ds = \int_{s=0}^{t} s ds = \frac{1}{2}t^2$$

   따라서 $a(t) = \exp(\frac{1}{2}t^2)$. 이것으로부터 $N = \frac{M}{a(0)}a(2) = Me^2$.

**보기 1.21** *투자계정의 잔고증가율함수가 $a(t) = 1 + t + \frac{1}{9}t^2, 0 \le t \le 5$라 하자.*

1. *$\delta_t$를 구하여라.*
2. *$t = 0$일 때 225를 입금하고, $t = 2$일 때 310을 출금했다.*
   *$t = 5$일 때 잔고는 얼마인가?*

**풀이.**

1. $\delta_t = \dfrac{a'(t)}{a(t)} = \frac{9+2t}{9+9t+t^2}$.
2. $A(5) = 225\frac{a(5)}{a(0)} - 310\frac{a(5)}{a(2)} = 225 \times \frac{79}{9} - 310 \times \frac{79}{31} = 1185$

## 1.5 $\delta$ 함수

지금 이 절에서 말하는 $\delta$와, 이자율의 세기를 말하는 $\delta$는 문맥에 따라 구별하자. 계정에 돈을 넣거나 뺄 수 있기 때문에 $A = A(t)$는 오른쪽 연속함수가 된다. 예를 들어

$$A(t) = \begin{cases} 10+\frac{1}{2}t^2, & 0 \le t < 2, \\ -3+t+t^2, & t \ge 2 \end{cases}$$

는 $t=2$에서 오른쪽 연속이고, $t=2$에서 연속은 아니다.

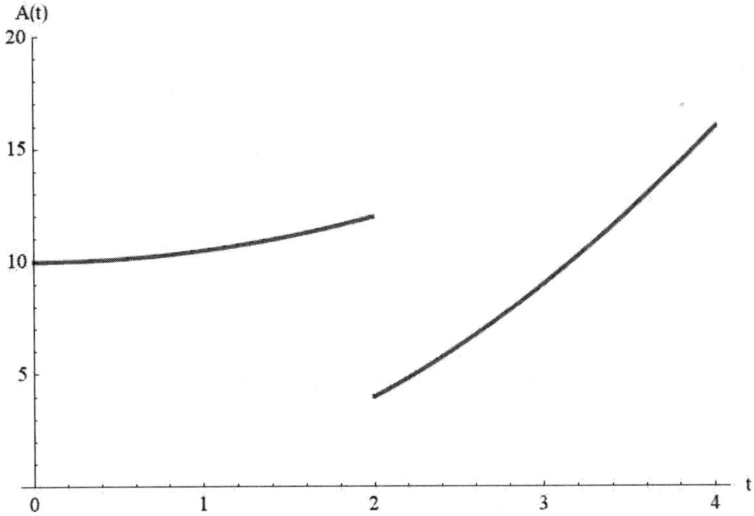


그림. 1.9: $A(t) = 10+\frac{1}{2}t^2, 0 \le t < 2, A(t) = -3+t+t^2, t \ge 2$의 그래프.

$t=2$에서 불연속이기 때문에, $t=2$에서는 전통적인 의미로 미분이 불가능하다. 그럼에도

$$A'(t) = c\delta_2 + \begin{cases} t, & 0 \le t < 2 \\ 1+2t, & t > 2 \end{cases}, \quad c = \lim_{t\to 2^+} A(t) - \lim_{t\to 2^{-1}} A(t) = 3-12 = -9$$

위 식에서 $\delta_2$는 보통의 함수가 아니고, $t=2$ 이웃에서 연속인 임의의 함수 $\phi = \phi(t)$에 대하여

$$\int \phi\delta_2 dt = \phi(2)$$

가 되게 하는 것으로 이해하면 충분하다. 이 약속에 따르면 $t>2$일 때

$$\begin{aligned} A(t)-A(0) &= \int_{s=0}^{t} A'(t)dt \\ &= \int_{s=0}^{t} c\delta_2 dt + \int_{s=0}^{2} sds + \int_{s=2}^{t} (1+2s)ds \\ &= c+2+\left[s+s^2\right|_{s=2}^{t} \\ &= -9+2+(t+t^2-6) \\ &= -13+t+t^2 \end{aligned}$$

따라서 $A(t) = A(0)-13+t+t^2 = -3+t+t^2, t>2$를 얻는다.

이렇게 미분을 이해하면 우리가 고등학교 때부터 알던 대표적인 미분 불가능한 함수

$$f(x) = |x|$$

함수도 미분가능한 함수이고

$$f'(x) = c\delta_0 + \begin{cases} -1, & x < 1 \\ 1, & x > 1 \end{cases} = \begin{cases} -1, & x < 1 \\ 1, & x > 1 \end{cases}, \quad c = \lim_{x \to 0^+} |x| - \lim_{x \to 0^{-1}} |x| = 0$$

따라서 이자율의 세기 $\delta_t$가

$$\delta_t = \begin{cases} i_1, 0 \le t < c \\ i_2, t > c \end{cases}$$

로 주어졌다면

$$a(t) = \begin{cases} e^{i_1 t}, & 0 \le t < c \\ e^{ci_1} e^{i_2(t-c)}, & t \ge c \end{cases}$$

$t = c$에서 $\delta_t$ 값이 정의 되었거나 , 정의되지 않은 것은 $a = a(t)$를 계산할 때 적분을 쓰기 때문에 문제가 되지 않는다. 물론

$$\delta_t := \frac{a'(t)}{a(t)} = \begin{cases} i_1, & 0 \le t < c \\ i_2, & t > c \end{cases} \tag{*}$$

식 (*)에 나타나는 $\delta_t$는 물론 델타함수가 아니고, 이자율의 세기 인것은 문맥에 따라 판단한다.

**도움말 1.19** 이자율 세기 $\delta_t$가 상수인 경우를 생각하자.

1. 기간 $0 \le t \le T$ 동안 이자율 세기가 상수 $\delta$라면,$1 + i = e^{\delta}$라 두고,

$$a(t) = e^{\delta t} = (1+i)^t, \quad 0 \le t \le T$$

2. 기간 $0 \le t < T$ 동안 이자율 세기는 상수 $c_1$이고, 기간 $T \le t < S$ 동안의 이자율 세기는 상수 $c_2$라면 , $1 + i_1 = e^{c_1}, \quad 1 + i_2 = e^{c_2}$로 두고,

$$a(t) = \begin{cases} e^{c_1 t}, & 0 \le t < T, \\ e^{c_1 T + c_2(t-T)}, & T \le t < S \end{cases}$$
$$= \begin{cases} (1+i_1)^t, & 0 \le t < T, \\ (1+i_1)^T (1+i_2)^{t-T}, & T \le t < S \end{cases}$$

**해설.** 2.만 조사하자. 이자율 세기(force of interest)의 정의에 따라 $a(0) = 1$이고 $\frac{d}{dt} \ln a(t) = \delta_t$. 따라서

$$\ln a(t) = \begin{cases} \int_{s=0}^{t} c_1 ds, & 0 \le t < T \\ c_1 T + \int_{s=T}^{t} c_2 ds, & T \le t < S \end{cases} = \begin{cases} c_1 t, & 0 \le t < T \\ c_1 T + c_2(t-T), & T \le t < S \end{cases} \tag{1.15}$$

따라서

$$a(t) = \begin{cases} e^{c_1 t}, & 0 \le t < T, \\ e^{c_1 T + c_2(t-T)}, & T \le t < S \end{cases} \tag{1.16}$$

여기서 $1+i_1 = e^{c_1}$, $1+i_2 = e^{c_2}$를 적용하면 바라던 식을 얻는다.

식 (1.16)으로 표현된 잔고증가율함수 $a = a(t)$는 복잡하게 보인다. 상수 $c_1, c_2$값을 일부러 크게 잡아 상징적인 그래프를 그려보는 것은 상황을 이해하는데 도움이 된다.

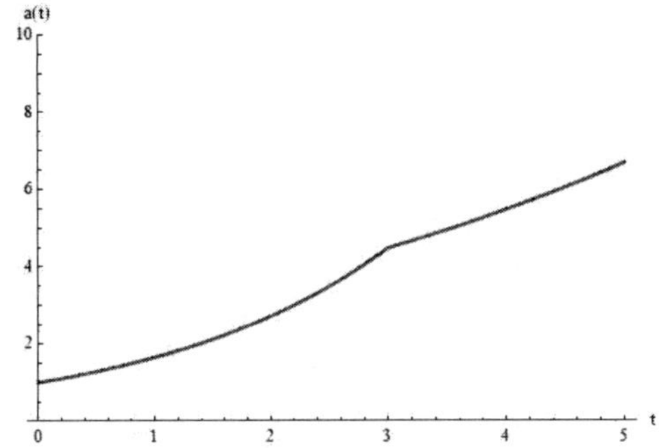


그림. 1.10: *$c_1 = 0.5, c_2 = 0.2, T = 3, S = 5$인 경우 식 (1.16)로 주어진 잔고증가율함수 $a = a(t)$의 그래프*

**보기 1.22** *기간 $0 \le t < 2$인 때는 이자율 세기가 $\delta = 5\%$이고,*
*기간 $2 \le t < 5$인 때는 이자율 세기가 $\delta = 3\%$인 계정이 있다.*

1. *이 계정의 $a(t)$를 구하여라.*
2. *이 계정에 $t = 0$에 5, $t = 2$에 3을 투자했다. $t = 4$일 때의 잔고를 구하여라.*

**풀이.** *잔고증가율함수 $a(t)$를 구하는 것이 가장 중요하다.*

1. *$a(0) = 1$인 것과, $\frac{a'(t)}{a(t)} = \delta_t$인 것에 주의하여 공부를 위하여 적분형식으로 표현하자. $\delta$가 상수인 경우는 적분이 필요가 없고, 아무런 계산 없이 직접 식 (1.17)를 쓸 수 있다.*

$$\ln a(t) = \begin{cases} \int_{s=0}^{t} 0.05 ds, & 0 \le t < 2 \\ \int_{s=0}^{2} 0.05 ds + \int_{s=2}^{t} 0.03 ds, & 2 \le t < 5 \end{cases}$$
$$= \begin{cases} (0.05)t, & 0 \le t < 2 \\ 0.1 + (0.03)(t-2), & 2 \le t < 5 \end{cases}$$

*따라서*

$$a(t) = \begin{cases} e^{(0.05)t}, & 0 \le t < 2 \\ e^{0.1+(0.03)(t-2)}, & 2 \le t < 5 \end{cases} \tag{1.17}$$

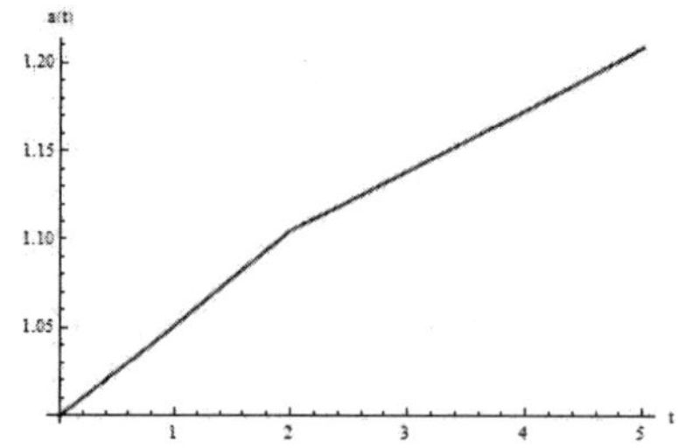


그림. 1.11: $0 \le t < 2$*일 때* $a = a(t) = \exp((0.05)t)$ *이고,* $2 \le t < 5$*일 때* $a = a(t) = \exp(0.1 + (0.03)(t-2))$*. 지수함수의 그래프이지만* 0.05, 0.03*이 작은 수이기 때문에 그래프가 직선처럼 보인다.*

2. $a(t)$*를 구했기 때문에* $A(4) = \frac{5}{a(0)}\, a(4) + \frac{3}{a(2)}\, a(4) = 9.05306.$

## 1.6 할인

연이율 20%로 1000을 1년간 대출하는 것을 생각하자. 보통은 1000을 받고, 1년 뒤에 $1000(1+0.20) = 1200$을 갚는 것을 생각한다. 그런데 돈을 빌려주는 사람이 1000의 1년 이자 $1000 \times 0.20 = 200$을 미리 내고, 800을 받은 후, 1년 뒤에 1000을 갚을 것을 제시한다. 이것은 년 대출이율 20%로 공정한가? 이런 방식으로 하면 년이율은 $\frac{1000}{800} - 1 = \frac{1}{4} = 0.25 = 25\%$. 이것은 불공정하다. 따라서 이렇게 이자를 미리 내야 한다면 이자율 $i$에 합당한 할인율 $d$는 $(1-d)(1+i) = 1$가 성립해야 한다. 지금 경우 $d = \frac{i}{1+i} = \frac{1}{6}$가 되고, $1000(1-d) = \frac{2500}{3} \approx 833.33$을 받아야 정당하다.

**도움말 1.20** [할인(discount) $d$, 명목상 할인율(nominal discount rate) $d^{(p)}$ ] 이자를 미리 계산하는 것을 할인이라 한다. 정해진 기간의 이자율이 $i$일 때, $i$에 대응하는 할인율을 $d$라 하자. 그러면

1. 이자율 $i$와 할인율 $d$와의 관계는

$$(1+i)(1-d)=1, \qquad 1-d=\frac{1}{1+i} \qquad d=\frac{i}{1+i}, \qquad i=\frac{d}{1-d},$$

2. 잔고증가율함수 $a(t)$는 $(1+i)^t(1-d)^t=1^t=1$로부터

$$a(t)=(1+i)^t=(1-d)^{-t}$$

3. 정해진 기간에 이자를 $p$번 계산한다면 $\frac{1}{p}$기간 동안의 이자율은 $\frac{i^{(p)}}{p}$, 할인율은 $\frac{d^{(p)}}{p}$.

$$a(t)=\left(1+\frac{i^{(p)}}{p}\right)^{pt}=(1+i)^t=\left(1-\frac{d^{(p)}}{p}\right)^{-pt}$$

여기서 $i^{(p)}$는 명목상 이자율(nominal interest rate)이고, $d^{(p)}$는 명목상 할인율(nominal discount rate)이다.

단리계정의 잔고증가함수는 $a(t)=1+it$이다. 따라서 복리의 경우와 같은 생각으로 $(1+it)d(t)\equiv 1$을 만족시키는 $d=d(t)$를 생각하면

$$a(t)=1+it=\frac{1}{d(t)}$$

가 성립해야 한다. 이것을 만족키기는 함수는 $d(t)=\frac{1}{1+it}$인데, 이 경우는 단리와 표현을 맞추기 위하여

$$d(t)=\frac{1}{1+it}=1-dt$$

가 성립하는 상수 $d$가 있으면 좋겠다. 이렇게 되기 위해서는 $\frac{1}{1+it}=1-dt$가 성립하는 상수 $d$가 있어야 하는데, 이런 상수 $d$는 없다. 왜냐하면

$$d=\frac{i}{1+it}\leq\frac{i}{1+i}$$

따라서 단리의 경우는 $d$는 상수가 아니므로 $\frac{i}{1+it}$와 비슷하게 되도록 정한다. 현실적으로는 $i$가 작은 값이기 때문에, $d=i$로 잡는다. 왜냐하면

$$\frac{i}{1+it}=i\left(1-it+(it)^2-(it)^3+\cdots\right)=i-i^2t+i^3t^2-i^4t^3+\cdots\approx i$$

**도움말 1.21** [단리의 경우 할인율 $d$] 단리의 경우 할인율 $d$는 $(1+it)(1-dt) \equiv 1$이 성립하는 상수 $d$가 없기 때문에, 주어진 기간에 적용할 수 있는 단리 할인율 $d$를 정해준다. $i$가 작은 값이면 $d = i$라 정하는 것이 보통이다.

도움말 1.10에서 주어진 기간에 이자를 여러 번 계산하는 경우를 생각했다. 이것을 지금 공부한

$$a(t) = \big(1+\frac{i^{(p)}}{p}\big)^{pt} = (1+i)^t = \big(1-\frac{d^{(p)}}{p}\big)^{-pt}$$

를 이용하여 다시 생각해보자. 예를 들어 $\frac{1}{p}$ 마다 이자를 계산한다는 것은, 기간 1동안에 $p$번 이자를 계산하는 것이다. 따라서 기간 $\frac{1}{p}$ 동안의 이자율은 이 기간동안 이자율 세기(force of interest)가 일정하다 가정하면 $a(t) = (1+i)^t$이므로

$$a(\frac{1}{p}) - 1 = \big(1+i\big)^{\frac{1}{p}} - 1 := i_p$$

그런데 이 값은 $\frac{i}{p}$ 보다 작다. 따라서 기간 $\frac{1}{p}$동안의 이자율을 $\frac{i}{p}$으로 쓰면 돈을 받는 사람은 유리하고, 돈을 내는 사람을 불리하다. 그럼에도 $\frac{i}{p}$은 계산이 간단하기 때문에 끌리는 점이 있다. 이런 이유로 단위기간에 이자를 $p$번 계산하는 경우, 기간 $\frac{1}{p}$의 이자를 쉽게 계산할 수 있도록 $p\big((1+i)^{\frac{1}{p}}-1\big) := p \times i_p = i^{(p)}$ 을 제시하는 경우가 있다.

**도움말 1.22** [명목상 이율(nominal interest rate)] 단위기간의 이자율이 $i$일 때, $i^{(p)}$를 단위기간 동안 **명목상이율(nominal interest rate)**라 한다:

$$\big(1+\frac{i^{(p)}}{p}\big)^p = (1+i_p)^p = 1+i, \quad i^{(p)} := p \times i_p = p\big((1+i)^{\frac{1}{p}}-1\big)$$

단위기간의 명목상 이율 $i^{(p)}$이 주어지면 기간 $\frac{1}{p}$ 동안의 이자율은 $\frac{i^{(p)}}{p} := i_p$이다.
$i$와 $i^{(p)}$ 사이의 관계에 따라 $a(t) = (1+i)^t = \Big(\big(1+\frac{i^{(p)}}{p}\big)^p\Big)^t = \big(1+\frac{i^{(p)}}{p}\big)^{pt} = (1+i_p)^{pt}$.

**도움말 1.23** [명목상 할인율(nominal discount rate)] 단위기간의 할인율을 $d$일 때, $(1+i)(1-d)=1$이고, 다음과 같이 정해지는 $d^{(p)}$

$$\Big(1-\frac{d^{(p)}}{p}\Big)^{-p}=(1-d_p)^{-p}=(1-d)^{-1},\quad d_p=1-(1-d)^{\frac{1}{p}}$$

$$d^{(p)}:=p\times d_p=p\big(1-(1-d)^{\frac{1}{p}}\big)=p\big(1-(1+i)^{-\frac{1}{p}}\big)$$

을 단위기간의 **명목상 이할인율(nominal discount rate)**라 한다. 명목상 할인율 $d^{(p)}$이 주어지면 기간 $\frac{1}{p}$ 동안의 할인율은 간단히 $\frac{d^{(p)}}{p}$이다. $d$와 $d^{(p)}$ 사이의 관계에 따라

$$a(t)=(1-d)^{-t}=\Big(1-\frac{d^{(p)}}{p}\Big)^{-pt}=(1-d_p)^{-pt}$$

이자율 세기(force of interest)가 일정할 때, $i,d,i^{(p)},d^{(p)}$을 하나의 식으로 정리하면

$$a(t)=(1+i)^t=\Big(1+\frac{i^{(p)}}{p}\Big)^{pt}=\Big(1-\frac{d^{(p)}}{p}\Big)^{-pt}=(1-d)^{-t}=a(t) \tag{1.18}$$

특별한 말이 없으면 이자의 세기(force of interest)는 상수라 가정한다. 따라서 다음 식을 얻는다

$$(1+i)(1-d)=1,\quad \Big(1+\frac{i^{(p)}}{p}\Big)\Big(1-\frac{d^{(p)}}{p}\Big)=1$$

식 (1.18)에서 특히 $t=1$인 경우를 생각하면 다음 여러 등식을 얻는다. 이 등식에서 한 값이 주어지면 다른 값을 쉽게 구할 수 있다.

$$1+i=\Big(1+\frac{i^{(p)}}{p}\Big)^p,\qquad 1+i=\Big(1-\frac{d^{(p)}}{p}\Big)^{-p},$$

$$1+i=(1-d)^{-1},\qquad 1+\frac{i^{(p)}}{p}=\Big(1-\frac{d^{(p)}}{p}\Big)^{-1}$$

**보기 1.23**

*1. $i$와 $i^{(4)}$는 어떤 관계가 있나?*

*2. $i=\frac{1}{4}$이면 $d$는 얼마인가?*

*3. $d^{(4)}=\frac{1}{14}$이면 $i^{(4)}$는 얼마인가?*

*4. $i^{(3)}=\frac{1}{8}$이면 $d^{(6)}$는 얼마인가?*

**풀이.**

*1.* $\Big(1+\frac{i^{(4)}}{4}\Big)^4=1+i$

2. $(1+i)(1-d) = (1+\frac{1}{4})(1-d) = 1$ 이므로 $d = \frac{1}{5}$
3. $(1+\dfrac{i^{(4)}}{4})(1-\dfrac{d^{(4)}}{4}) = (1+\dfrac{i^{(4)}}{4})(1-\frac{1}{56}) = 1$ 이므로 $i^{(4)} = \frac{4}{55}$ .
4. $(1+\dfrac{i^{(3)}}{3})^3 = 1+i = (1-\dfrac{d^{(6)}}{6})^{-6}$ 로부터 $d^{(6)} = 6(1-\frac{2\sqrt{6}}{5}) \approx 0.121225.$

**보기 1.24** *$i = 4\%$ 일 때 다음 값을 구하여라.*

1. $i^{(5)}$ 2. $d^{(2)}$ 3. $i^{(\frac{1}{2})}$ 4. $d^{(\frac{1}{3})}$

**풀이.**

1. 0.0393749 2. 0.0388386 3. 0.0408 4. 0.0370012

**보기 1.25** *단위기간의 할인율이 $d = 5\%$ 인 계정이 있다. 지금은 $t = 0$ 이다. $t = 20$ 에 5000을 만들려면 지금 얼마를 넣어야 할까?*

**풀이.** *지금 넣어야 할 돈을 $X$ 라 하자.* $a(t) = (1-0.05)^{-t}$ *를 이용하면*

$$\frac{X}{a(0)} = \frac{5000}{a(20)},$$
$$X = 5000\frac{a(0)}{a(20)} = \frac{5000}{a(20)}$$
$$= 1972.43$$

**보기 1.26** *단위기간 할인율이 $d = 3\%$ 일 때, 1년 뒤에 10,000을 만들려 한다. $t = \frac{1}{3}$ 일 때 5000을 투자했다면 $t = \frac{5}{6}$ 일 때 얼마를 넣어야 하나?*

**풀이.** 단순할인율이므로 잔고증가함수는 $a(t) = (1-d)^{-t}$, $d = 0.03$. $t = \frac{5}{6}$ 일 때 넣어야 할 돈을 $X$ 라 면 $10000 = \dfrac{5000}{a(\frac{1}{3})}a(1) + \dfrac{X}{a(\frac{5}{6})}a(1), \quad X = 4872.63.$

**보기 1.27** *$0 \le t < 1$ 일 때 $i^{(2)} = 4\%$, $1 < t < 4$ 일 때는 $d^{(4)} = 4\%$ 로 주어진 계정이 있다.*

1. $t=0$일 때 2를, $t=1$일 때 5를 투자하면, $t=3$일 때 잔고는?
2. $t=\frac{1}{2}$일 때 2를 $t=2$일 때, 5를 투자하면, $t=3$일 때 잔고는?

**풀이.** $t=3$일 때의 잔고를 $X$라 하고, $a(t)=\big(1+\frac{i^{(2)}}{2}\big)^{2t}$, $b(t)=\big(1-\frac{d^{(4)}}{4}\big)^{-4t}$라 두자.

1. 공부를 위해서 3가지 방법으로 계산해보자.

- $t=0$에서 계산할 때
$$2+5\frac{a(0)}{a(1)}=X\frac{b(0)}{b(2)}\frac{a(0)}{a(1)}$$
이것을 풀면 $X=7.67363$
- 이것을 $t=3$에서 계산하면
$$X=2\frac{a(1)}{a(0)}\frac{b(2)}{b(0)}+5\frac{b(2)}{b(0)}$$
이것을 풀면 $X=7.67363$
- 잔고증가율함수를 하나의 식으로 표현하려면, 앞에서 말한 $a(t),b(t)$를 결합해야 한다. 결합한 것을 $c(t)$라 두면
$$\begin{aligned}c(t)&=\begin{cases}a(t), & 0\le t<1,\\ a(1)b(t-1), & 1\le t<4\end{cases}\\&=\begin{cases}\big(1+\frac{i^{(2)}}{2}\big)^{2t}, & 0\le t<1,\\ \big(1+\frac{i^{(2)}}{2}\big)^{2}\big(1-\frac{d^{(4)}}{4}\big)^{-4(t-1)}, & 1\le t<4\end{cases}\end{aligned}$$
예를 들어 이렇게 정의한 잔고증가율 함수를 이용하여 $t=3$일 때 잔고 $X$는
$$X=2c(3)+\frac{5}{c(1)}c(3)$$
위 식에서 $c(3)=1.12751, c(1)=1.0404$을 적용하면
$$X=\frac{2+\frac{5}{1.0404}}{1.12751}=7.67366$$

2. 앞에서 계산한 $c=c(t)$를 이용하자.
$$X=\frac{2}{c(\frac{1}{2})}+\frac{5}{c(2)}=7.4159$$

## 1.7 수열의 합의 금융계산적 표현

**도움말 1.24** [현재가격(Present Value)] 잔고증가율함수 $a(t)$가 주어진 계정이 있다.

1. 지금을 $t = 0$라 할 때, $t = n$일 때의 가격 $M_n$의 현재가격 $M_0$는

$$M_0 \times a(n) = M_n$$

가 성립하는 $M_0$를 말한다.

2. 일반적으로 잔고증가율함수 $a(t)$가 주어진 계정에서 $t = t_2$일 때 $M_2$의, $t = t_1$ 일 때의 가격을 $M_1$라 하면

$$\frac{M_1}{a(t_1)} = \frac{M_2}{a(t_2)}$$

**해설.** 보통은 $a(t) = (1+i)^t$가 되는 복리, 또는 $a(t) = 1+it$가 되는 단리인 경우를 많이 생각한다. 예를 들어 복리의 경우 $t = n$일 때 $M_n$의 현재가격 $M_0$는

$$\frac{M_0}{1} = \frac{M_n}{(1+i)^n} = M_n v^n, \quad v = \frac{1}{1+i} \tag{1.19}$$

이고, 단리인 경우는 $\frac{M_0}{1} = \frac{M_n}{1+i \times n}$.

**보기 1.28** *년이율은 4%이다. 지금은 $t = 0$이다.*

1. *지금으로부터 3년 뒤에 200을 받는다. 이것의 현재가격은?*
2. *지금으로부터 5년 4개월 뒤에 200을 받는다. 이것의 현재가격은?*

**풀이.** *잔고증가율 함수 $a(t) = (1+0.04)^t$. 단위기간은 년이다.*

1. *현재가격* $= \dfrac{200}{a(3)} = \dfrac{200}{(1+0.04)^3} = 177.799$
2. *4개월은 $\frac{1}{3}$년이다. 현재가격* $= \dfrac{200}{a(5+\frac{1}{3})} = 162.25$

**도움말 1.25** 다음은 금융계산에서 자주 사용되는 기호다. $v=\frac{1}{1+i}$, $d=\frac{i}{1+i}$라 두자.

1. $(1+i)(1-d)=1$
2. $a_{\overline{\infty}|,i}:=v+v^2+\cdots=\sum_{n=1}^{\infty}v^n=\frac{v}{1-v}=\frac{1}{i}$
3. $\ddot{a}_{\overline{\infty}|,i}:=1+v+v^2+\cdots=\sum_{n=0}^{\infty}v^n=1+\frac{1}{i}=\frac{1}{d}$
4. $a_{\overline{n}|,i}=v+v^2+\cdots+v^n=\frac{1}{i}-v^n a_{\overline{\infty}|,i}=\dfrac{1-v^n}{i}$
5. $\ddot{a}_{\overline{n}|,i}=1+v+v^2+\cdots+v^{n-1}=\ddot{a}_{\overline{\infty}|,i}-v^n\ddot{a}_{\overline{\infty}|,i}=\dfrac{1-v^n}{d}$
6. $s_{\overline{n}|,i}=1+(1+i)+(1+i)^2+\cdots+(1+i)^{n-1}=(1+i)^n\big(v+v^2+\cdots+v^n\big)$
   $=(1+i)^n a_{\overline{n}|,i}=\dfrac{(1+i)^n-1}{i}$
7. $\ddot{s}_{\overline{n}|,i}=(1+i)+(1+i)^2+\cdots+(1+i)^n=(1+i)^n\big(1+v+v^2+\cdots+v^{n-1}\big)$
   $=(1+i)^n\ddot{a}_{\overline{n}|,i}=\dfrac{(1+i)^n-1}{d}.$

**해설.** 복리 경우를 생각하자. 단위기간을 $T$라 하자. $T$는 1년일 수도 있고, 6개월일 수도 있다. 주어진 상황에 따라 정하는 것이다. 기간 $T$동안의 이자율을 $j$라 하자. 따라서 지금 경우는 잔고증가율함수는

$$a(t)=(1+j)^{\frac{t}{T}} \tag{1.20}$$

표현을 간단하게 하기 위하여 $d=\frac{j}{1+j}$, $v=\frac{1}{1+j}$, $d=1-v$라 두자.

1. $a_{\overline{\infty}|,j}$는 $t=T,2T,3T,\cdots$에 1씩 받게되는 돈의 현재가격. 연금이라 생각하면 편리하다. 이론상 무한히 받게되는 것을 가정해야 한다.

$$a_{\overline{\infty}|,j}=\frac{1}{a(T)}+\frac{1}{a(2T)}+\cdots=v+v^2+\cdots=\frac{v}{1-v}=\frac{1}{j}$$

2. $\ddot{a}_{\overline{\infty}|,j}$는 $t=0,T,2T,3T,\cdots$에 1씩 받게 되는 돈의 현재가격. 이것은 보험회사에서 고객에게서 받게되는 보험료의 현재가격이라 생각하면 좋다. 무한히 받게되는 경우를 가정한다.

$$\ddot{a}_{\overline{\infty}|,j}=1+\frac{1}{a(T)}+\frac{1}{a(2T)}+\cdots=1+v+v^2+\cdots=1+\ddot{a}_{\overline{\infty}|,j}=1+\frac{1}{j}=\frac{1}{d}$$

3. $a_{\overline{n}|,j}$은 $t=T,2T,3T,\cdots,nT$에 1씩, 모두 $n$회 받게되는 돈의 현재가격 ($t=0$에서 가격).

$$\begin{aligned}a_{\overline{n}|,j}&=\frac{1}{a(T)}+\frac{1}{a(2T)}+\cdots+\frac{1}{a(nT)}\\&=v+v^2+\cdots+v^n=a_{\overline{\infty}|,j}-v^n a_{\overline{\infty}|,j}\\&=\frac{1}{j}-v^n\frac{1}{j}=\frac{1-v^n}{j}\end{aligned}$$

4. $\ddot{a}_{\overline{n}|,j}$는 $t=0,T,2T,3T,\cdots,(n-1)T$에 1씩 모두 $n$회 받게되 돈의 현재가격. 이것은 보험회사가 고객으로부터 $n$회 받게 되는 보험료의 현재가격이라 생각하면 좋다.

$$\begin{aligned}\ddot{a}_{\overline{n}|,i}&=1+\frac{1}{a(T)}+\frac{1}{a(2T)}+\cdots+\frac{1}{a\big((n-1)T\big)}\\&=1+v+v^2+\cdots+v^{n-1}=\ddot{a}_{\overline{\infty}|,j}-v^n\ddot{a}_{\overline{\infty}|,j}\\&=\frac{1}{d}-v^n\frac{1}{d}=\frac{1-v^n}{d}\end{aligned}$$

5. $t=T,2T,3T,\cdots,nT$에 1씩, 모두 $n$ 투자할 때, $t=nT$일 때 잔고는

$$\begin{aligned}
s_{\overline{n}|,j} &= \frac{a(nT)}{a(T)}+\frac{a(nT)}{a(2T)}+\cdots+\frac{a(nT)}{a((n-1)T)}+\frac{a(nT)}{a(nT)} \\
&= 1+(1+j)+(1+j)^2+\cdots+(1+j)^{n-1} = (1+j)^n\left(v+v^2+\cdots+v^n\right) \\
&= (1+j)^n a_{\overline{n}|,j} = (1+j)^n\frac{1-v^n}{j} \\
&= \frac{(1+j)^n-1}{j}
\end{aligned}$$

이것은 물건 가격을 $n$회 균등상환하는 것을 생각하면 좋다. 돈은 다음달 부터 1개월 마다 모두 $n$회 내는 것을 생각하자.

6. $t=0,T,2T,3T,\cdots,(n-1)T$에 1씩 모두 $n$회 투자할 때 , $t=nT$일 때 잔고는

$$\begin{aligned}
\ddot{s}_{\overline{n}|,j} &= \frac{a(nT)}{a(0)}+\frac{a(nT)}{a(T)}+\cdots+\frac{a(nT)}{a((n-1)T)} \\
&= (1+i)+(1+j)^2+\cdots+(1+j)^n = (1+j)^n\left(1+v+v^2+\cdots+v^{n-1}\right) \\
&= (1+j)^n\ddot{a}_{\overline{n}|,j} = (1+j)^n\frac{1-v^n}{d} \\
&= \frac{(1+j)^n-1}{d}
\end{aligned}$$

이것은 $t=nT$에 목돈을 마련하기 위하여 , 지금부터 $T$간격으로 일정한 금액을 저금하는 것을 생각하면 좋다.

7. $(1+j)^{-n}s_{\overline{n}|,j}=v^n s_{\overline{n}|,j}=a_{\overline{n}|,j}$, $(1+j)^{-n}\ddot{s}_{\overline{n}|,j}=v^n s_{\overline{n}|,j}=\ddot{a}_{\overline{n}|,j}$

**보기 1.29** *지금은 $t=0$이다. $t=T,2T,2T,\cdots,nT$에 각각 1씩, 모두 $n$회 지급된다. 단위기간 $T$ 동안의 이자율을 $j$라 할 때, 이런 현금흐름의 현재가격은?*

**풀이.** *단위 기간 $T$ 동안의 이자율을 $j$라 하면 $a(t)=(1+j)^{\frac{t}{T}}$.*

$$\begin{aligned}
A_0 &= \frac{a(0)}{a(T)}+\frac{a(0)}{a(2T)}+\cdots+\frac{a(0)}{a(nT)} = \frac{1}{1+j}+\frac{1}{(1+j)^2}+\cdots+\frac{1}{(1+j)^n} \\
&= v+v^2+\cdots+v^n = a_{\overline{n}|,j} = \frac{1-v^n}{j}, \quad v=\frac{1}{1+j}
\end{aligned}$$

*그러나 한눈에 $A_0=a_{\overline{n}|,j}$로 쓸 수 있도록 하자.*

**보기 1.30** $j=0.05$*이고* $a_{\overline{n}|,j}=12.08532$*이다. 다음 값을 구하여라.*

*1.* $n$ *2.* $\ddot{a}_{\overline{n}|,j}$ *3.* $s_{\overline{n}|\cdot j}$ *4.* $\ddot{s}_{\overline{n}|,j}$

**풀이.** *모든 것이 근사값이고, $n$은 정수로 생각한다.*

1. $a_{\overline{n}|,j} = \dfrac{1-v^n}{j}$ 로부터 $n = \dfrac{\ln\left(1 - j \times \ddot{a}_{\overline{n}|,j}\right)}{\ln(v)} = 19$
2. $\ddot{a}_{\overline{n}|,j} = \frac{1}{v} a_{\overline{n}|,j} = 12.6896$
3. $s_{\overline{n}|,j} = (1+j)^n a_{\overline{n}|,j} = 30.539$
4. $\ddot{s}_{\overline{n}|,j} = (1+j)^{n+1} a_{\overline{n}|,j} = 32.066$

**보기 1.31** $j = 6\%$ 이고 $a_{\overline{n}|,j} = 10.1059$ 이다. $a_{\overline{2n}|,j}$ 는 얼마인가?

**풀이.** 모든 것이 근사값이고, $n$은 정수로 생각한다.

$$
\begin{aligned}
a_{\overline{2n}|,j} &= v + v^2 + \cdots + v^{2n} \\
&= v + v^2 + \cdots + v^n + v^{n+1} + v^{n+2} + \cdots + v^{2n} \\
&= \left(v + v^2 + \cdots + v^n\right) + v^n\left(v + v^2 + \cdots + v^n\right) \\
&= a_{\overline{n}|,j} + v^n a_{\overline{n}|,j} \\
&= (1 + v^n) a_{\overline{n}|,j}
\end{aligned}
$$

$a_{\overline{n}|,j} = \dfrac{1-v^n}{j} = 10.1059$ 로부터 $n = 16$ . 그러므로 $a_{\overline{2n}|,j} = 14.084$.

**보기 1.32** 지금은 $t = 0$ 이다. 년이율 5%를 적용한다.

1. $t = k, k = 1, 2, \cdots, 10$ 에 4씩, 10 회 받는 연금이 있다. 연금의 현재가격은?
2. 만일 1년마다 4를 받는 대신에, 6개월마다 2씩, 총 20회를 받는 것을 생각하자. 즉 $t = \frac{1}{2}k,\ k = 1, 2, \cdots, 20$ 에 2씩 받는다면 현재가격은?

**풀이.**

1. $i = 5\% = 0.05$ 이고, 현재가격은 $4a_{\overline{10}|,i} = 30.8869$.
2. 받는 사람에게 유리한 상황이므로 현재가격은 당연히 클 것이다. 각 회에 받는 돈은 반으로 줄지만, 받는 간격은 반으로 짧아지고, 받는 회수는 2배로 늘어난다. 가장 먼저 해야 할 일은 6개월 이자율을 계산하는 것이다. 6개월 이자율을 $i_2$ 라 하면, $(1+i_2)^2 = 1+i$ 에서

$$i_2 = (1 + 0.05)^{\frac{1}{2}} - 1 = 0.0246951.$$

따라서 이 경우 현재가격은 $2a_{\overline{2\times 10}|,i_2} = 2 \times a_{\overline{20}|,i_2} = 31.2683$.

**보기 1.33** *지금은 $t=0$이다. 연금이 $t=m$부터 $t=m+n-1$까지 매회 1씩, 모두 $n$회 지급된다. 이 연금의 현재가격은?*

**풀이.** *이것은 연금을 기간 $m$ 후에 받는 것에 해당한다. $t=m$일 때 가격은 $\ddot{a}_{\overline{n}|,i}$이다. 따라서 구하는 $t=0$에서의 현재가격을 $X$라 두면*

$$X(1+i)^m = \ddot{a}_{\overline{n}|,i} \iff X = (1+i)^{-m}\ddot{a}_{\overline{n}|,i} = v^m \ddot{a}_{\overline{n}|,i}$$

*이것은 또 연금을 지금부터 받는 것으로 생각하고, 다음과 같이 계산해도 된다.*

$$X = \ddot{a}_{\overline{m+n}|,i} - \ddot{a}_{\overline{m}|,i} = \frac{1-v^{m+n}}{d} - \frac{1-v^m}{d} = \frac{v^m - v^{m+n}}{d} = v^m \ddot{a}_{\overline{n}|,i}$$

*이 식의 의미는 $t=m$ 부터 $n$회 받는 연금의 현재가격은 $t=0$부터 $m+n$회 받는 연금의 현재가격에서, $t=0$부터 $m$회 받는 연금의 현재가격을 뺀 것과 같다는 것이다.*

**도움말 1.26** [ $_{m|}\ddot{a}_{\overline{n}|,i}$] $t=m, m+1, \cdots + m+n-1$에 각각 1씩, $n$회 받게되는 연금의 현재가격은 $_{m|}\ddot{a}_{\overline{n}|,i}$로 나타내고, 이 값은

$$_{m|}\ddot{a}_{\overline{n}|,i} = \ddot{a}_{\overline{m+n}|,i} - \ddot{a}_{\overline{m}|,i} = \frac{1-v^{m+n}}{d} - \frac{1-v^m}{d} = \frac{v^m - v^{m+n}}{d} = v^m \ddot{a}_{\overline{n}|,i}$$

모든 학문이 자신의 영역에서 자주 사용하는 표현이 있다. 지금까지 만난 계산은 모두 수열, 특히 등비수열의 합 뿐이다. 그렇지만 금융계산적 표현에 익숙해지는 것은 의미 있다.

**도움말 1.27** 단위기간에 1씩 지급하던 연금을 단위기간에 $p$ 회 지급한다는 것은, $\frac{1}{p}$ 기간마다 $\frac{1}{p}$ 씩 $p$회, 모두 $\frac{1}{p}\times p = 1$을 지급한다는 말이다. 이것은 1년에 120을 지급하는 대신에 1개월마다 10을 지급하는 상황을 생각하면 좋다. 이렇게 지급되는 연급의 현재가격은 $a^{(p)}_{\overline{n}|,i}$로 나타낸다.

$$a^{(p)}_{\overline{n}|,i} = \frac{1-v^n}{i^{(p)}} = \frac{1}{p}a_{\overline{np}|,i_p}, \quad i_p = \frac{i^{(p)}}{p}, \quad i^{(p)} = p\left((1+i)^{\frac{1}{p}} - 1\right)$$

**해설.** 가장 중요한 점은 돈이 지급되는 간격이 $\frac{1}{p}$인 것이다. 따라서 $\frac{1}{p}$ 기간동안의 이자율을 계산해야 한다. $\frac{1}{p}$ 기간동안의 이자율을 $i_p$라 두면 $(1+i_p)^p = 1+i$로부터 $i_p := \left(1+i\right)^{\frac{1}{p}} - 1$. 보통 이 값을 $\dfrac{i^{(p)}}{p}$로 표시한다. 즉

$$i_p := \left(1+i\right)^{\frac{1}{p}} - 1 = \frac{i^{(p)}}{p}, \quad i^{(p)} = p \times i_p$$

따라서 잔고함수증가율함수(accumulation function)는

$$a(t) = (1+i)^t = \left(1+\frac{i^{(p)}}{p}\right)^{pt} = \left(1+i_p\right)^{pt}$$

이렇게 기간 1을 $p$ 등분하여, $\frac{1}{p}$ 기간마다 $\frac{1}{p}$ 씩, 총 $np$회 지급되는 연금의 현재가격은

$$\frac{1}{p} a_{\overline{np}|,i_p} \equiv a^{(p)}_{\overline{n}|,i} \tag{1.21}$$

$v_p = \frac{1}{1+i_p}$라 두고 이 값을 계산하면, $v_p^{np} = v^n$이고,

$$a^{(p)}_{\overline{n}|,i} = \frac{1}{p} \cdot a_{\overline{np}|,i_p} = \frac{1}{p} \cdot \frac{1-v_p^{np}}{i_p} = \frac{1-v^n}{i^{(p)}} \tag{1.22}$$

**도움말 1.28** 단위기간 $T$동안의 이자율이 $i$이다. 단위기간 $T$마다 1 씩 $n$회 지급하던 연금을, $\dfrac{T}{p}$마다 $\dfrac{1}{p}$씩, 모두 $np$회 지급하는 연금의 현재가격은 $a^{(p)}_{\overline{n}|,i}$로 나타내고, 그 값은

$$a^{(p)}_{\overline{n}|,i} = \frac{1}{p} \cdot a_{\overline{np}|,i_p} = \frac{1-v^n}{i^{(p)}}$$

위 식에서 $i_p := \left(1+i\right)^{\frac{1}{p}} - 1 = \dfrac{i^{(p)}}{p}, \quad i^{(p)} = p \times i_p$.

**보기 1.34** *$t = 1,2,\cdots,n$에 3이 지급되고, $t = n+1, n+2, \cdots, 2n$에 4가 지급되는 연금의 현재가격은 31.5382이다. $t = 1,2,\cdots,n$에 3이 지급되고, $t = n+1, n+2, \cdots, 2n$에 1이 지급되는 연금의 현재가격은 24.7722이다. $a_n$은 얼마인가? 소수점 이하 2자리까지 써라.*

**풀이.** $4a_{2n} - a_n = 31.5382$. $2a_{2n} + a_n = 24.7722$로부터 $-3a_n = -18.0062$.
따라서 $a_n = 6.00$

**보기 1.35** *$k=1,2,\cdots,10$에 $k$ 씩 받는 연금의 현재가격은 36.7549이다. $k=1,2,\cdots,10$에 $11-k$ 씩 받는 연금의 현재가격은 43.862이다.*
*$k=1,2,\cdots,10$에 7씩 받는 연금의 현재가격은 얼마인가? 소수 첫째자리까지 써라.*

**풀이.** $\sum_{k=1}^{10} kv^k = 36.7549$. $\sum_{k=1}^{10}(11-k)v^k = 43.862$. 따라서

$$\sum_{k=1}^{10} kv^k + \sum_{k=1}^{10}(11-k)v^k = 11\sum_{k=1}^{10} v^k = 36.7549+43.862 = 80.6169$$

이것으로부터 $\sum_{k=1}^{10} 7v^k = \frac{7}{11}\times 80.6169 \approx 51.3$.

**보기 1.36** *$t=4,7,9$에 모두 3회, 각각 5000을 넣고, $t=1,2,\cdots,9$에 모두 9회 각각 $X$씩 넣으면 $t=10$에 20000을 주는 상품이 있다. 이자율이 $i=4.4\%$로 일정하다 가정하면, $X$는 얼마인가?*

**풀이.** $v=\dfrac{1}{1+i}=\dfrac{1}{1+0.044}$으로 두고 방정식

$$20000v^{10} = 5000(v^4+v^7+v^9)+X a_{\overline{9}|,i}$$

를 풀면 $X=232.97$.

미래의 100보다 현재의 100이 더 가치있다. 예를 들어 5명이 $t=1,2,3,4,5$마다 일정한 돈을 내고, 미리 정한 순서에 따라 돈 $M$을 타는 것을 생각하자. 각자가 내야할 돈은 얼마인가? 이것은 돈을 타는 순서에 관계가 있다. 즉 $k, k=1,2,3,4,5$ 번째 타는 사람이 내야할 돈을 $X_k$라 할 때, $X_k$ 값은 계산하지 않아도 $X_1>X_2>X_3>X_4>X_5$가 되어야 한다. 계산의 편의를 위해서 자기가 돈을 탈 순서에도 돈을 내는 것으로 한다. 구체적인 금액을 각자의 현재가격이 0이 되는 것으로 판단할 수 있다.

**보기 1.37** *[계] 자주 들어봤던 "계"에 대해 생각보자. 5명이 계를 한다 하자.*
*방법은 다음과 같다.*

- *이자율은 $i$이다. 이 이자율은 시중 은행 이율이 아니라 그 계에서 정한 이율이다.*
- *5명이 순서를 정해서 일정한 간격으로 자기 순서에 다른 계원이 낸 돈을 받는다.*
- *계를 관리하는 계주에 대한 비용은 없다 생각하자. 이것은 단순히 계산을 줄이기 위함이다.*

- *각 계원은 돈을 타는 순서에 합당한 미리 약정한 돈을, 맨 마지막 사람이 계를 탈 때까지 낸다.*

*관리비용을 생각하지 않을 때,* $k, k = 1,2,3,4,5$ *번째 계를 타는 사람이 내야 할 돈은 얼마가 적절한가?*

**풀이.** *계산의 핵심은 관리비용을 생각하지 않을 때, 각자가 내는 돈과 받는 돈의 현재가격 합이* $0$*이어야 하는 것이다. 타는 돈을* $M$*이라 하자. 지금은* $t = 0$*이고, 계는* $T, 2T, 3T.4T, 5T$*에 열린다. 이자율이* $i$*라는 것은 시간* $T$ *동안의 이자율을 말하는 것이다 따라서* $a(t) = (1+i)^{\frac{t}{T}}$.

- *첫번째 계를 타는 사람은* $t = T$*에 타게 되고,*
  *내는 돈을* $X_1$ *이라 하면* $Mv = X_1 a_{\overline{5}|,i}$.
- *같은 생각으로 2번째 타는 사람이 내는 돈을* $X_2$*라 하면,*
  *돈을* $t = 2T$*에 타기 때문에* $Mv^2 = X_2 a_{\overline{5}|,i}$.
- *따라서* $k$ *번째 타는 사람이 내야 할 돈을* $X_k$*라 하면,*
  *돈을* $t = kT$*에 타기 때문에* $Mv^k = X_k a_{\overline{5}|,i}$

*따라서* $k$*번째에 계를 타는 사람이 내야할 돈은* $X_k = \dfrac{Mv^k}{a_{\overline{5}|,i}}$, $k = 1,2,3,4,5$. *각각이 낸 돈의 합이* $M$*이 되는지를 확인하면*

$$X_1 + X_2 + X_3 + X_4 + X_5 = \frac{M}{a_{\overline{5}|,i}}\left(v + v^2 + v^3 + v^4 + v^5\right) = \frac{M}{a_{\overline{n}|,i}} \cdot a_{\overline{n}|,i} = M, \quad n = 5$$

**보기 1.38** *지금* $t = 0$*에 6명이 1200만원 계를 하기로 했다. 계는 6개월마다 열기로 했다. 6개월 동안의 이자를 12%로 정했다면,* $k$*-번째 타는 사람이 내야할 돈은 얼마인가?*

**풀이.** *지금 모임을 6개월 간격으로 갖는다. 6개월 동안의 이자율을* $i = 12\%$*라 두면* $1200v^k = X_k a_{\overline{6}|,i}$, $k = 1,2,3,4,5,6$; $v = \frac{1}{1+i} = 0.892857$. *예를 들어 첫번째 타는 사람이 내야 할 돈은* $X_1 = 260.599$*이고, 이자로* $6X_1 - 1200 = 363.594$*를 내게 된다. 6번째 타는 사람이 내는 돈은* $X_6 = 147.871$*이고, 이자로* $6X_6 - 1200 = -312.775$*, 값이 음수인 것은 312.775를 이자로 받게 되는 것을 말한다.*

**보기 1.39** $t = 0$*에* $M$*을 투자해, 서* $t = 4$*에* $N$ *을 벌 수 있는 사업이 있다. 이 사업을 할 것인가?*

**풀이.** *이 문제에서는 단위기간 동안의 이자율이 주어지지 않았다. 투자한 돈은 음수로 계산한다. 현재 시중 이율을 $i$라 해서 현재가격을 계산하면*

$$PV = -M + \frac{N}{(1+i)^4} = -M + Nv^4, \quad v = \frac{1}{1+i}$$

*다음 경우로 분류할 수 있다.*

1. $M > Nv^4$ *인 경우: 현재가격이 음수가 된다. 이 경우는 $M$을 투자해서 시중 이자많큼도 벌지 못한다는 것이다. 이런 사업은 당연히 추진할 이유가 없다.*
2. $M = Nv^4$ *인 경우: 현재가격이 0이다. 이 경우는 $M$을 투자해서 시중 이자많큼 번다는 말이다. 차라리 은행에 맡기고 노는 것이 낫다.*
3. $M < Nv^4$ *인 경우: 현재가격이 양수다. 이 경우는 $M$을 시중 이자보다는 많이 번다는 말이다. 그러나 얼마나 많이 버는가가 중요하다.*

보기 1.39에서 중요한 점을 다음과 같이 정리하자.

**도움말 1.29** 지금( $t = 0$ ) $M$을 투자해서, $t = n$에 $N$을 벌 수 있는 사업이 있다. 이 사업을 추진할 것인가는 현재가격 계산이 판단에 도움이 된다:

$$PV := -M + \frac{N}{(1+x)^4} = 0$$

를 만족시키는 $x$를 계산해서, $x$와 시중이율 $i$를 비교한다.

- $x < i$이면 시중이율 만큼도 벌지 못한다. 무조건 버려야 한다.
- $x = i$이면 시중이율 만큼 번다. 은행에 맞기고 노는 것이 낫다. 때문에 이 사업은 접는 것이 낫다.
- $x > i$이면 시중이율보다는 높다. 그러나 얼마나 높은가를 봐야 한다. 자신의 투자 성향에 따라 판단할 문제다.

**보기 1.40** *시중 연이율은 3% 이다. 지금 $t = 0$에 1000을 투자해서, 4년 뒤, $t = 4$에 2000을 벌 수 있는 사업이 있다. 그런데 사업 유지를 위하여 $t = 2$에 200이 더 필요하다.*
*다른 사업비용이 없다고 가정할 때, 이 사업을 추진해야 할까?*

**풀이.** *이 사업에서 자신이 기대하는 수익율을 $x$라 하자. 기대수익률 $x$는 시중 이율보다는 커야 사업을 추진할 동력이 있다. 기대 수익율을 $x$라 하고 현재가격을 계산하면*

$$PV(x) := -1000 + \frac{-200}{(1+x)^2} + \frac{2000}{(1+x)^4}$$

*$PV = PV(x)$의 그래프는 그림 1.12와 같다. 그림에서 $PV(x) = 0$이 되는*

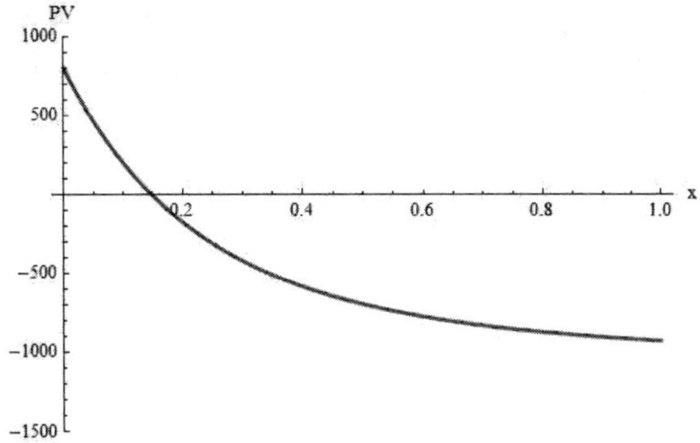


그림. 1.12: $PV(x) = -1000 + \frac{-200}{(1+x)^2} + \frac{2000}{(1+x)^4}$

*$x, 0 < x < 1$ 값은 $x \approx 0.14793$이고, 이 값은 $3\% = 0.03$보다 훨씬 크다. 따라서 이 사업은 추진하는 것이 좋다. 예를 들어 $t = 0$에 1000을 $t = 2$에 200을 이률이 3% 계정에 투자하면 $t = 4$일 때*

$$1000(1+0.03)^4 + 200(1+0.03)^2 = 1337.69,$$
$$1000(1+0.14793)^4 + 200(1+0.14793)^2 = 2000$$

*SageMath를 이용하여 $x$를 구하면 그림 1.13와 같다: $x = 0.1479$.*

```
var('x')
# 0과 1 사이의 근을 구한다.
find_root(-1000-200/(1+x)^2 +2000/(1+x)^4 ==0, 0,1)
```

```
0.14793061108927347
```

그림. 1.13: *SageMath를 이용한, 0과 1 사이에 있는, 방정식* $-1000 + \frac{-200}{(1+x)^2} + \frac{2000}{(1+x)^4} = 0$*의 해 구하기*

## 1.8 등비수열의 합과 연금, 상환

등비수열의 합의 중요한 응용으로 연금의 현재가격 결정이 있다. 단위기간 $T$동안의 이자율이 $j$일 때 , $T, 2T, 3T, \cdots, nT$에 각각 1씩 지금되는 돈의 현재가격($t=0$)일 때의 가격은

$$a_{\overline{n}|,j} := v + v^2 + \cdots + v^n = \frac{1-v^n}{j}, \quad v = \frac{1}{1+j}$$

그런데 단위기간과 이자율은 문맥에 따라 판단할 수 있다. 때문에 오해가 없으면 $a_{\overline{n}|,j}$ 대신에 간단하게 $a_{\overline{n}|}$으로 표현하는 경우도 많다. 이 책에서는 되도록 $a_{\overline{n}|,i}$로 표시하자. 기호 $a_{\overline{n}|,i}, \ddot{a}_{\overline{n}|,i}, s_{\overline{n}|,i}, \ddot{s}_{\overline{n}|,i}$는 금융계산에서 자주 나타나기 때문에 익숙에져야 한다.

**보기 1.41** *$d = 0.05$ 일 때 $a_{\overline{12}|,i}$는 얼마인가?*

**풀이.** *$d$로부터 $i$ 값을 알아야 한다. $i, d, v$의 관계*

$$(1+i)(1-d) = 1, \ v = \frac{1}{1+i} = 1-d$$

로부터 $v = 1-d$, $i = \frac{d}{1-d}$. 따라서 $a_{\overline{12}|,i} = \dfrac{1-v^{12}}{i} = 8.73316$. 또는

$$a_{\overline{12}|,i} = \frac{1-v^{12}}{i} = \frac{1-(1-d)^{12}}{\frac{d}{1-d}} = 8.73316$$

**보기 1.42** *$t = 0$에 5000을 투자했다. 지금부터 6개월 뒤에 시작해서, 6개월 마다 $X$씩 꺼내, $t = 20$에 마지막 돈을 꺼냈을 때 잔고를 0으로 하고 싶다. $X$ 값은? 이 기간동안의 이자율은 상수 $i^{(2)} = 0.06$로 한다.*

**풀이.** *$i^{(2)}$에서 2의 의미는 단위기간에 이자를 2번 계산한다는 의미다. 특별한 말이 없으면, 단위기간은 1년이다. 6개월 부터 $X$ 씩 인출하는 돈의 현재가격을 5000으로 맞추면 된다. 6개월 동안의 이자는*

$$i_2 = \frac{i^{(2)}}{2} = \frac{0.06}{2} = 0.03$$

총 $2 \times 20 = 40$회 꺼내야 한다. 따라서

$$5000 = X a_{\overline{40}|,0.03} = X \frac{1-v_2^{40}}{i_2} = X \times 23.1148, \ i_2 = 0.03, \ v_2 = \frac{1}{1+i_2}$$

따라서 $X = 216.312$. 이 값은 물론, 1년에 $2X$ 씩 꺼내는 것에 주의하면

$$X a_{\overline{40}|,i_2} = 2X \times a^{(2)}_{\overline{20}|,i} = 2X\frac{1-v^{20}}{i^{(2)}}, \quad v = \frac{1}{1+i}, \quad (1+i) = (1+\frac{i^{(2)}}{2})^2$$

*를 이용하여 계산해도 좋다.*

**보기 1.43** *4억짜리 집을 사기 위해 부족한 2억을 $t=0$에 20년간 대출했다. 대출기간동안 이자율은 변하지 않고 $i^{(12)} = 6\%$ 라 하자.*

1. *지금부터 1개월 뒤부터, 240회 일정한 금액으로 이자와 원금을 갚으려 한다면 월 납입금은 얼마인가?*
2. *10년이 지나서, 이자율이 $i^{(12)} = 8\%$로 올라 새로운 이자율을 적용한다면 그때부터 월 납입금은 얼마가 되는가?*
3. *주택가격이 매년 3%씩 상승했다면, $t=10$일 때 남은 대출금과 주택가격의 비율은?*
4. *주택가격이 매년 1%씩 하락했다면, $t=10$일 때 남은 대출금과 주택가격의 비율은?*

**풀이.**

1. *월 납입금을 $X$라 하면, 일정한 기간 단위가 1개월인 것에 주의하자. 따라서 모두 240회를 납입해야 하고, 1개월 이자율은 $i_{12} = \frac{i^{(12)}}{12} = 0.005$. 따라서 월 납입금을 $X$라 두면*

$$2 = X a_{\overline{240}|,i_{12}} = X\frac{1-v_{12}^{240}}{i_{12}}, \quad i_{12} = \frac{i^{(12)}}{12} = 0.005, \ v_{12} = \frac{1}{1+i_{12}} = 0.995025$$

*따라서 $X = \frac{2}{a_{\overline{240}|,i_{12}}} = \frac{2}{139.581} = 0.0143286$. 월 납입금은 약 1,432,860원.*

2. *10년이 되는 때까지 120회를 납입했다. 이때 대출계좌의 잔고는, 1개월 이자율은 $i_{12} = \frac{i^{(12)}}{12} = 0.005$. 따라서 120회 납부한 직후의 잔고는*

$$2\times(1+\frac{i^{(12)}}{12})^{120} - X\times s_{\overline{120}|,i_{12}} = 1.29063, \quad X = 0.0143286$$

*아직도 약 1억 2천 9백만원 정도가 남아있다. 이 금액을 바뀐 이자율 $i^{(12)} = 8\%$ 로 갚아야 한다. 중요한 점은 1개월 이자율을 다시 계산하는 것이다. $i_{12} = \frac{i^{(12)}}{12} = \frac{0.08}{12} = 0.00666667$. 월 납입금을 $Y$라 하면*

$$1.29063 = Y a_{\overline{120}|,j} = Y\frac{1-v^{120}}{j} = Y\times 82.4215, \quad j = \frac{i^{(12)}}{12} = \frac{0.08}{12}, \ v = \frac{1}{1+j}$$

*따라서 할부금은 $Y = 0.0156589$. 약 1,565,890원.*

3. *집값은 $4\times(1+0.03)^{10} = 5.37567$. 따라서 남은 대출금과 주택가격 비율은*

$$\frac{1.29063}{5.37567} = 0.24 = 24\%$$

4. 집값은 $4\times(1-0.03)^{10}=2.9497$. 따라서 남은 대출금과 주택가격 비율은

$$\frac{1.29063}{2.9497}=0.437546\approx 44\%$$

**보기 1.44** 단위기간은 1년이다. 연율은 5%이다. $t=0$에 100을 5년간 대출했다. 매월 일정한 금액으로 지금부터 1개월 뒤부터 60회에 원금과 이자를 상환하려 한다.

1. 월 상환금액을 얼마인가?
2. 전체 상환금액 중 이자는 얼마인가?
3. $1,3,5,\cdots,59$째 달에 상환되는 이자의 총합은?
4. $2,3,4,\cdots,60$째 달에 상환되는 이자의 총합은?

**풀이.** 이자율이 $i=0.05$이므로, 잔고증가율함수 $a(t)=(1+i)^t$를 생각하자. 여기서 $t$는 년인 것에 주의하자.

1. 월 상환금액을 $X$라 하자.
   월 이자율은 $i_{12}=a(\frac{1}{12})-1=(1+i)^{\frac{1}{12}}-1=0.00407412$.

$$100=Xa_{\overline{60}|,i_{12}}=X\times 53.1338$$

   따라서 $X=1.88204$.
2. $60X-100=112.922-100=12.9224$.
3. 단위기간이 2개월인 것에 주의하자. 2개월 간의 이율은 $i_2=a(\frac{2}{12})-1=(1+0.05)^{\frac{2}{12}}-1=0.00816485$. 따라서 상환되는 이자는 월 상환금액이 $X=1.88204$인 것에 주의하면

$$30X-(1+i_{12})Xa_{\overline{30}|,i_2}=6.35955$$

4. 이 경우도 단위기간은 2개월이다.

$$30X-Xa_{\overline{30}|,i_2}=56.4612-49.8984=6.56284$$

전체 부담하는 이자는, 1개월 이자율이 $i_{12}=a(\frac{1}{12})-1=\left(1+0.05\right)^{\frac{1}{12}}-1=0.00407412$ 인 것에 주의하면, 전체 부담하는 이자는 $60X-100=112.922-100=12.9224$ 이고, 이것은 물론 짝수 번째 달에 상환하는 이자와, 홀수 번째 상환하는 이자의 합과 같다: $12.9224=6.35955+6.56284$.

## 1.9 입금과 출금

각 계정마다 고유한 잔고증가율함수 $a(t)$가 있다. 이 계정에 돈을 투자하는 것, 돈을 인출하는 것은 시기와 금액을 함께 생각해야 한다. 입금은 양수, 인출은 음수로 계산한다. 각각의 거래를 독립적인 거래로 생각하면 된다.

**도움말 1.30** 잔고증가율함수가 $a(t)$로 주어진 계정에서 $t = t_1 > 0$일 때 최초로 $M$을 입금하고, $t = t_2 > t_1$에 $N$을 출금했다 하자. 다른 거래가 없다면 잔고함수 $A = A(t)$는

$$A(t) = \begin{cases} M\frac{a(t)}{a(t_1)}, & t_1 \le t < t_2 \\ M\frac{a(t)}{a(t_1)} - N\frac{a(t)}{a(t_2)}, & t_2 \le t \end{cases}$$

**해설.** 이 식은 물론 $A(t) = A_0(t)a(t)$ 꼴로 표현할 수 있다. 여기서

$$A_0(t) = \begin{cases} 0, & 0 \le t < t_1 \\ \dfrac{M}{a(t_1)}, & t_1 \le t < t_2 \\ \dfrac{M}{a(t_1)} - \dfrac{N}{a(t_2)}, & t \ge t_1 \end{cases}$$

**보기 1.45** *연이율 5%인 단리계정이 있다. $t = 0$에 500을 입금하고, $t = 2$일 때 200을 출금했다. 다른 거래가 없다면 $t > 2$일 때 잔고는 얼마인가?*

**풀이.** *단리계정이므로 $a(t) = 1 + it, i = 0.05$이다. 먼저 최초 $t = 0$일 때의 거래 이후 $0 \le t < 2$까지의 잔고함수는 $A(t) = 500a(t)$, $0 \le t < 2$. 따라서 마지막 거래가 있었던 $t = 2$ 직후의 잔고는 $A(2) = 500a(2) - 200$. 따라서 $2 \le t$ 일 때의 잔고함수는*

$$A(t) = \frac{A(2)}{a(2)}a(t) = \left(500a(2) - 200\right)\frac{a(t)}{a(2)}$$

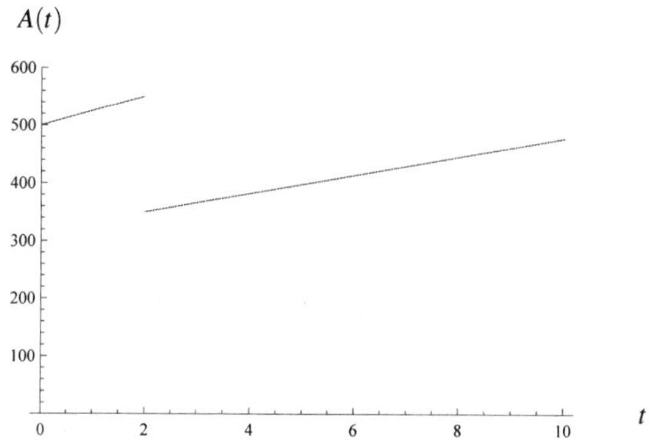


그림. 1.14: *보기 1.45의 잔고함수 $A(t)$. 거래가 일어난 $t = 2$에서 불연속이다.*

**보기 1.46** *연이율 5%인 복리계정이 있다. $t = 0$에 500을 투자하고, $t = 2$일 때 200을 출금했다. $t > 2$일 때 잔고는 얼마인가?*

**풀이.** *복리계정이므로 잔고증가율함수 $a(t) = (1+i)^t, i = 5\% = 0.05$.*
*따라서*

$$A(t) = \left(500a(2) - 200\right)\frac{a(t)}{a(2)},\ t \geq 2$$

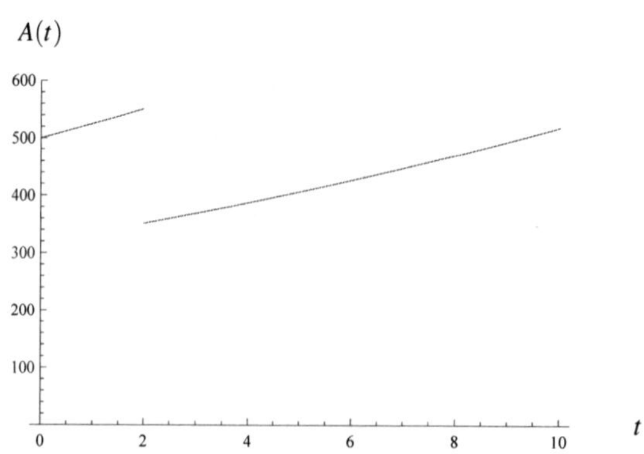


그림. 1.15: *보기 1.46의 잔고함수 $A(t)$. 거래가 일어난 $t = 2$에서 불연속이다. $i$와 $t$가 작으면 $(1+i)^t \approx 1+it$이기 때문에 단리계정일 때와 그래프가 같은 것처럼 보인다.*

**도움말 1.31** 잔고증가율함 $a(t)$가 주어진 계정에서 $t = t_1, t_2, \cdots, t_n$일 때 거래 $M_1, M_2, \cdots, M_n$가 있었을 때, $t \geq t_k$ 일 때의 잔고함수 $A(t)$는

$$A(t) = \sum_{k=1}^{n} M_k \frac{a(t)}{a(t_k)} = \Big(\frac{M_1}{a(t_1)} + \frac{M_2}{a(t_2)} + \cdots + \frac{M_n}{a(t_n)}\Big)a(t)$$

이 표현에서 입금은 양수, 출금은 음수로 생각한다.

**보기 1.47** *$t = 0$에 A는 100, B는 110으로 동시에 통장을 개설했다. 각 통장의 이자율은 같다. 6년차에 A가 번 이자와, 3년차에 B가 번 이자는 X로 같다. X는 얼마인가?*
*이자율은 상수로 생각한다.*

**풀이.** *이 문제에서 이자율은 구체적으로 무엇인지 주어지지 않았다. 특별한 말이 없기 때문에 모두 복리계정으로 계산한다. 또 n년차는 t가 $[n-1, n)$인 것에 주의하자. 공통된 이자율은 모두 i로 같다고 하자. A의 잔고함수를 $A(t)$, B의 잔고함수를 $B(t)$라 두면*

$$A(t) = 100(1+i)^t, \quad B(t) = 110(1+i)^t.$$

*주어진 조건은*

$$A(6) - A(5) = B(3) - B(2) = X$$

*따라서 이자율은*

$$100\big((1+i)^6 - (1+i)^5\big) = 110\big((1+i)^3 - (1+i)^2\big)$$

*이것으로부터 $(1+i)^3 = \frac{11}{10}$를 얻고, 따라서 $i = (\frac{11}{10})^{\frac{1}{3}} - 1 \approx 0.0322801$이고,*

$$X = B(3) - B(2) = 3.78375$$

**도움말 1.32** 금융회사에서 대출금 $M$, 대출기간 $n$인 상품을 개발했다. 고객에게 제시한 년이율은 $r$%이다. 조건을 다음과 같다.

- 대출 원금 $M$은 $t = 1,2,\cdots,n$에 각각 $X_k$ 씩 상환한다.
- 남은 대출원금에 대한 이자는 $t = 1,2,\cdots,n$에 상환한다.

금융회사가 이 상품으로 년수익 $y$%를 올리려면, $t = 0$일 때 판매가격은

$$\sum_{k=1}^{n} X_k v^k + \frac{r}{y}\big(M - \sum_{k=1}^{n} X_k v^k\big), \quad v = \frac{1}{1+y} \tag{1.23}$$

고객에게 제시하는 이율 $r$과, 회사가 생각하는 수익율 $y$가 있는 것에 주의하자. 식 (1.23)의 계산은 지끔까지 한 계산중에서 가장 복잡하다.

**해설.** 무엇보다도 먼저 $M = \sum_{k=1}^{n} X_k$이다. 다음으로 금융회사가 볼 때, 고객이 상환하는 원금의 현재가격은

$$\sum_{k=1}^{n} X_k v^k, \quad v = \frac{1}{1+y}$$

다음으로 남겨진 원금에 대하여 고객이 내는 이자의 현재가격은 $\sum_{k=1}^{n}\big(\sum_{m=k}^{n} X_m\big) r v^k$. 이것을 다듬는 것은 합의기호의 순서를 바꾸는 방법인데, 처음에는 이해하기가 어렵다. 계산이 어려운 이유는 이자는 남겨진 원금이 달라지면 달라지기 때문이다. 이 식을 다음과 같이 다듬을 수 있다: 합의 순서를 바꾸어

$$\begin{aligned}
\sum_{k=1}^{n}\big(\sum_{m=k}^{n} X_m\big) v^k &= r\sum_{k=1}^{n}\sum_{m=k}^{n} X_m v^k = r\sum_{m=1}^{n} X_m \sum_{k=1}^{m} v^k \\
&= r\sum_{m=1}^{n} X_m \frac{v - v^{m+1}}{1-v} \\
&= \frac{rv}{1-v}\sum_{m=1}^{n} X_m - \frac{rv}{1-v}\sum_{m=1}^{m} X_m v^m = \frac{r}{y}\big(M - \sum_{k=1}^{n} X_k v^k\big)
\end{aligned}$$

따라서 금융회사의 판매가격은

$$\sum_{k=1}^{n} X_k v^k + \frac{r}{y}\big(M - \sum_{k=1}^{n} X_k v^k\big), \quad v = \frac{1}{1+y}$$

이 식을 끌어내기는 어렵지만, 이해하는 것은 자연스럽다. 왜냐하면 판매가격은 상환하는 원금의 현재가격과, 상환하는 이자의 현재가격의 합인데, 상환하는 원금의 현재가격은 계산하기가 쉽기 때문이다.

**보기 1.48** *은행에서 다음과 같은 대출상품을 개발했다. 대출원금은 1000이다. 이 상품을 구매한 고객은*

- *$t = 4$에 400, $t = 10$에 600을 입금하여 대출 원금을 상환하다.*
- *이자는 $t = 1,2,\cdots,10$에 모두 10회에 거쳐 납입한다.*
- *구매자에게 제시한 년이율은 8%이다.*

*은행은 이 상품을 판매하여 10%의 수익을 얻으려 한다. 다음 질문에 답하여라.*

1. *구매자가 상환하는 원금의 현재가격을 은행은 얼마로 평가하는가?*
2. *구매자가 상환하는 이자의 현재가격을 은행은 얼마로 평가하는가?*
3. *년 10%의 수익을 내기 위하여 은행은 이 상품의 판매가격을 얼마로 결정해야 하는가?*

**풀이.**

*1.* $y = 10\%$*로 하여 상환하는 원금의 현재가격을 계산하면* $v_y = \frac{1}{1+y}$*로 하여*

$$400v_y^4 + 600v_y^{10} = 504.531$$

2. *고객이 내는 이자는 조심해서 계산해야 한다.*

- *먼저* $t = 1,2,3,4$*는 원금* $1000$*에 대한 이자* $1000 \times 0.08 = 80$*을 내게 된다.*
- $t = 5,6,7,8,9,10$ *에는* $t = 4$*에* $400$*은 냈기 때문에, 나머지 금액* $600$*에 대한 이자* $600 \times 0.08 = 48$*을 내게 된다.*

*따라서 은행은 고객이 내는 이자의 현재가격을 다음과 같이 평가한다:*

$$80a_{4,0.1} + 48 \times \left(a_{\overline{10}|,0.1} - a_{\overline{4}|,0.1}\right) = 396.375$$

*3.* $504.531 + 396.375 = 900.906.$ 이 값을 식 (1.23)을 이용하여 계산하면 간단하다.

$$400v_y^4 + 600v_y^{10} + \frac{0.08}{0.1}\left(1000 - 400v_y^4 - 600v_y^{10}\right) = 900.906$$

*이 상품의 의미는, 고객이 이 상품을* $900.906$*에 구입하고,* $t = 4$*에* $400$*,* $t = 10$*에* $600$*,* $t = 1,2,3,4$*에 각각* $80$*,* $t = 5,6,7,8,9,10$*에 각각* $48$*을 납입하면, 고객은 대출금을 완전히 상환한 것이다.*
*고객이 납입한 돈의 총 합은*

$$400 + 600 + 80 \times 4 + 48 \times 6 = 1608$$

*그러나 은행이 고객에게 제시한 이율은* $8\%$ *였다. 당연한 일이지만 고객의 입장에서 계산한 현재가격을 다음과 같이 평가한다:*

$$400(1+0.08)^{-4} + 600(1+0.08)^{-10} + 80a_{\overline{4}|,0.08} + 48\left(a_{\overline{10}|,0.08} - a_{\overline{4}|,0.08}\right) = 1000$$

**보기 1.49** *은행에서 다음과 같은 대출상품을 개발했다. 대출원금은 1000이다. 이 상품을 구매한 고객은*

- *$t = 3$에 300, $t = 10$에 700을 입금하여 대출 원금을 상환하다.*
- *이자는 $t = 1, 2, \cdots, 10$에 모두 10회에 거쳐 납입한다.*
- *구매자에게 제시한 년이율을 $r = 10\%$이다.*

*은행은 이 상품을 판매하여 $y = 12\%$의 수익을 얻으려 한다. 판매가격을 얼마로 결정해야 하는가? 도움말 1.32의 식 (1.23)를 이용하여 풀어라.*

**풀이.** *은행 입장에서 볼 때 상환하는 원금의 현재가격은 $300v_y^3 + 700v_y^{10} = 438.915$. 여기서 $y = 12\%$이고, $v_y = \frac{1}{1+y}$. 도움말 1.32의 식 (1.23)를 적용하면 판매가격은 다음과 같이 간단하게 계산된다.*

$$438.915 + \frac{0.10}{0.12}\big(1000 - 438.915\big) = 906.486$$

## 1.10 적분과 연속 이자계산(continuous compounding)

컴퓨터가 보편화 되기 전에는 이자계산은 년마다, 달마다 계산하는 것이 일반적인 일이었다. 그러나 컴퓨터의 발달로 요즘에는 이자를 매 순간마다 계산하는 것이 일반적이다. 이것은 아주 큰 $n$에 대해서 $i^{(n)}$을 계산하는 것이 아주 쉬운 일이 되었기 때문이다. 주어진 양수 $i$에 대해서 지수함수

$$f(t) = (1+i)^t = e^{t\ln(1+i)}$$

를 생각하자. 지수함수의 미분에 주의하면 $f'(t) = \ln(1+i) \times e^{t\ln(1+i)}$이다. 표현을 간단하게 하게 위하여 $\delta := \ln(1+i)$라 두면

$$f(t) = (1+i)^t = e^{t\ln(1+i)} = e^{\delta t}, \quad \delta = \ln(1+i)$$

$\delta = \ln(1+i)$는 다음과 같은 의미가 있다.

**도움말 1.33** $i^{(n)} = n\big(e^{\frac{\delta}{n}} - 1\big)$. 여기서 $i$는 년이율이고, $\delta = \ln(1+i)$.

**해설.** $\delta = \ln(1+i)$의 정의와 식 $(1+\dfrac{i^{(n)}}{n})^n = 1+i$ , 임의의 양수 $a$에 대하여 $a^b = e^{b\ln a}$인 것에 주의하면

$$1+\frac{i^{(n)}}{n} = (1+i)^{\frac{1}{n}} = \exp\big(\frac{1}{n}\ln(1+i)\big) = e^{\frac{\delta}{n}}, \qquad i^{(n)} = n\big(e^{\frac{\delta}{n}}-1\big)$$

$\delta$의 중요성을 다음과 같이 요약하자.

**도움말 1.34** 년이율을 $i$라 하자. $i, i^{(n)}, d^{(n)}, \delta$ 사이에 다음 관계가 있다.

$$(1+i_n)^n = 1+i, \qquad i^{(n)} = n\times i_n,$$
$$(1+i)^t = e^{\delta t} = \big(1+\frac{i^{(n)}}{n}\big)^{nt} = \big(1-\frac{d^{(n)}}{n}\big)^{-nt} = e^{\delta t}$$
$$\lim_{n\to\infty} i^{(n)} = \ln(1+i) := \delta = \lim_{n\to\infty} d^{(n)}$$

**해설.** 정의에 따라 모든 양수 $n$에 대하여 $(1+\frac{i^{(n)}}{n})^n = 1+i$ 가 성립한다. 따라서,

$$i^{(n)} = n\big((1+i)^{\frac{1}{n}}-1\big) = \frac{(1+i)^{\frac{1}{n}}-1}{\frac{1}{n}} = \frac{f(\frac{1}{n})-f(0)}{\frac{1}{n}}, \quad f(x) = (1+i)^x$$

$\lim_{n\to\infty} i^{(n)} = f'(0)$이고, $f'(x) = (1+i)^x\ln(1+i)$ 인 것에 주의하면, $\lim_{n\to\infty} i^{(n)} = \ln(1+i)$.

연속이자계산에 가장 적합한 수학은 적분이다. 다음 표현을 다시 보자.

$$(1+i)(1-d) = 1, \quad v = \frac{1}{1+i}, \quad d = \frac{i}{1+i}, \quad i = \frac{d}{1-d}$$
$$(1+i_m)^m = 1+i, \quad i^{(m)} = m\times d_m$$
$$v_m = \frac{1}{1+i_m}, \quad d_m = 1-v_m = \frac{i_m}{1+i_m}$$
$$\big(1+\frac{i^{(m)}}{m}\big)\big(1-\frac{d^{(m)}}{m}\big) = 1, \quad \frac{d^{(m)}}{m} = \frac{\frac{i^{(m)}}{m}}{1+\frac{i^{(m)}}{m}}$$
$$(1-d_m)^m = 1-d, \quad d^{(m)} = m\times d_m$$
$$d_m := \frac{d^{(m)}}{m} = \frac{\frac{i^{(m)}}{m}}{1+\frac{i^{(m)}}{m}} = \frac{i_m}{1+i_m}$$

복리계정에서 $t = 0,1,2,\cdots,n-1$에 각각 1 씩 지급되는 돈의 현재가격은

$$\begin{aligned}\ddot{a}_{\overline{n}|} &:= \frac{1}{a(0)} + \frac{1}{a(1)} + \cdots + \frac{1}{a(n-1)} = 1 + v + v^2 + \cdots + v^{n-1} = \frac{1-v^n}{1-v} \\ &= \frac{1-v^n}{d}\end{aligned}$$

로 표시했다. 여기서 $v = \frac{1}{1+i} = e^{-\delta}$. 만일 단위기간을 $m$ 등분하여, 기간 $\frac{1}{m}$ 마다 $\frac{1}{m}$씩 지급해서 단위기간에 총 $n \times \frac{1}{n} = 1$이 지급되는 경우는, 기간 $n$동안에는 총 $n \times m$회가 지급되고, 이것은 $\ddot{a}^{(m)}_{\overline{n}|}$으로 표시했고, 이 값은 , 기간 $\frac{1}{m}$ 동안의 이자율이 $e^{\frac{\delta}{m}} - 1 = i_m$인 것에 주의하면

$$\ddot{a}^{(m)}_{\overline{n}|} = \frac{1}{m}\sum_{k=0}^{mn-1} v_m^k = \frac{1}{m}\ddot{a}_{\overline{mn}|, i_m}, \quad v_m = \frac{1}{1+i_m} = e^{-\frac{\delta}{m}}$$

따라서

$$\ddot{a}^{(m)}_{\overline{n}|} = \frac{1}{m}\ddot{a}_{\overline{mn}|, i_m} = \frac{1}{m}\frac{1-v_m^{mn}}{d_m} = \frac{1}{m}\frac{1-e^{-\delta n}}{d_m} = \frac{1-v^n}{d^{(m)}}, \quad d_m = 1 - v_m$$

위 식에서 $\left(1 - \frac{d^{(m)}}{m}\right)^{-m} = e^{\delta}$인 것에 주의하면, $\lim_{m\to\infty} d^{(m)} = \delta$. 따라서

$$\lim_{m\to\infty} \ddot{a}^{(m)}_{\overline{n}|} = \frac{1-v^n}{\delta} = \frac{1-e^{-\delta n}}{\delta}$$

단위기간에 1을 저금하는 대신에, 단위기간의 $\frac{1}{m}$마다 $\frac{1}{m}$을 저금하는 경우를 생각하면, $\ddot{s}^{(m)}_{\overline{n}|} = (1+i)^n \ddot{a}^{(m)}_{\overline{n}|}$. 이것으로부터

$$\lim_{m\to\infty} \ddot{s}^{(m)}_{\overline{n}|} = (1+i)^n \frac{1-v^n}{\delta} = \frac{(1+i)^n - 1}{\delta} = \frac{e^{\delta n} - 1}{\delta}$$

**도움말 1.35** 단위기간에 이자를 $m$번 계산하는 경우를 생각할 때, $m \to \infty$라는 것은 이자를 연속으로 계산하는 것에 해당한다.

- $\bar{a}_{\overline{n}|, i} := \lim_{m\to\infty} \ddot{a}^{(m)}_{\overline{n}|, i} = \lim_{m\to\infty} \frac{1-v^n}{d^{(m)}} = \frac{1-v^n}{\delta} = \frac{1-e^{-\delta n}}{\delta}$
- $\bar{s}_{\overline{n}|, i} := \lim_{m\to\infty} \ddot{s}^{(m)}_{\overline{n}|, i} = \lim_{m\to\infty} (1+i)^n \ddot{a}^{(m)}_{\overline{n}|. i} = \frac{e^{\delta n} - 1}{\delta}$

단위기간에 이자를 $m$번 계산하고, $m \to \infty$를 생각하는 대신에, 직접 적분을 이용하자. 표현을 간단하게 하기 위하여 $\bar{a}_{\overline{n}|, i}$의 표현에서, 문맥에 따라 $i$를 판단할 수 있기 때문에 $\bar{a}_{\overline{n}|, i}$와 $\bar{a}_{\overline{n}|}$을 같은 표현으로 이해하는 것에 익숙해지자. $\bar{a}_{\overline{n}|}, \bar{s}_{\overline{n}|}$과 같은 표현은 일반적인 잔고증가율함수 $a = a(t)$에 대해서도, 적분을 이용하여 표현할 수 있는 장점이 있다.

**도움말 1.36** [연속이자 계산]

1. $a(t) = e^{\delta t}$인 복리계정을 생각하자.

   - 시간구간 $[0,n]$의 모든 $t$에 대하여 1의 비율로 지급되는 돈의 현재가격은 $\bar{a}_{\overline{n}|}$으로 표시하고, $\bar{a}_{\overline{n}|} = \lim_{m\to\infty} \ddot{a}^{(m)}_{\overline{n}|} = \dfrac{1-v^n}{\delta}$이다.
   - 모든 $t$에 대하여 1의 비율로 지급되는 돈의 현재가격은

$$\bar{a}_{\overline{n}|} := \int_{t=0}^{n} \frac{dt}{a(t)} = \int_0^n e^{-\delta t}dt = [-\frac{e^{-\delta t}}{\delta}|_{t=0}^{n} = \frac{1-e^{-\delta n}}{\delta} = \frac{1-v^n}{\delta}$$

   - 모든 $t$에 대하여 1의 비율로 입금될 때, 잔고함수 $A(t)$는

$$A(t) = \int_{s=0}^{t} ds\frac{a(t)}{a(s)} = \int_{s=0}^{t} e^{\delta(t-s)}ds = e^{\delta t}\int_{s=0}^{t} e^{-\delta s}ds = \frac{e^{\delta t}-1}{\delta} := \bar{s}_{\overline{t}|}$$

   이 경우 $A(n) = \dfrac{e^{\delta n}-1}{\delta} = \lim_{m\to\infty} \ddot{s}^{(m)}_{\overline{n}|} := \bar{s}_{\overline{n}|} = \bar{a}_{\overline{n}|} \times a(n)$.

2. 시각 $t$에 $f(t)$의 비율로 $[0,T]$에 돈이 지급되는 계정의 잔고함수를 $A = A(t)$라 두면

$$A(0) = \int_{t=0}^{T} \frac{f(t)}{a(t)}dt, \qquad A(t) = \int_{s=0}^{t} \frac{f(s)}{a(s)}a(t)ds = A(0)a(t),\ 0 \le t \le T$$

**해설.**

1. 시간구간 $[0,n]$의 모든 $t$에 대하여 1의 비율로 지급한다는 것은 예를 들어 시간구간 $[t,t+dt]$에 지급되는 돈이 $1 \times dt = dt$라는 말이다.
   - 이 돈 $dt$의 현재가격은 $\frac{dt}{a(t)}$이고, 따라서

$$\bar{a}_{\overline{n}|} = \int_{t=0}^{n} \frac{dt}{a(t)} = \int_{t=0}^{n} e^{-\delta t}dt = \frac{1-v^n}{\delta}$$

   - 시간구간 $[s,s+ds]$ 입금되는 돈은 $1 \times ds = ds$이고, 이 돈의 $t$일 때 가격은 $ds\frac{a(t)}{a(s)}$. 복리의 경우이므로 $a(t) = (1+i)^t = e^{\delta t}, e^{\delta} = 1+i$에 주의하면

$$\begin{aligned} A(t) &= \int_{s=0}^{t} ds\frac{a(t)}{a(s)} = \int_{s=0}^{t} e^{(t-s)\delta}ds = e^{\delta t}\int_{s=0}^{t} e^{-\delta s}ds \\ &= \frac{e^{\delta t}-1}{\delta} := \bar{s}_{\overline{t}|,i} = \bar{a}_{\overline{t}|} \times a(t) \end{aligned}$$

2. 의미가 분명하다. 중요한 점은 지금 상황에서 $A(0) = \int_{t=0}^{T} \frac{f(t)}{a(t)}dt$를 계산했다면 $A(t), 0 \le t \le T$는 따로 계산할 필요가 없고, $A(t) = A(0)a(t), 0 \le t \le T$가 성립하는 것을 아는 것이다.

연속이자 계산은 수도꼭지에서 나오는 물을 받는 것으로 비유하면 이해하기 쉽다. 예를 들어 수도꼭지에서 초당 $20ml$의 물이 나온다 하자. $500ml$을 받는데 걸리는 시간은 $\frac{500ml}{20ml/s} = 25s$이다.

이것을 다음가 같이 해석할 수 있다. 시각 $t$일 때 컵에 받은 물의 양을 $A(t)ml$로 나타낸다면

$$A(0) = 0, A(25) = 500, A'(t) = 20 \tag{1.24}$$

이것을 미분적분학의 기본정리를 이용하여 적분으로 표현하면

$$A(25) = A(25) - A(0) = \int_{t=0}^{25} A'(t)dt \tag{1.25}$$

여기서 다시 이자율의 세기(force of interest) $\delta_t$의 의미를 생각해보자. $A(t)$를 물이 아니라 돈으로 생각한다면 $A'(t)$는 시각 $t$일 때 돈이 늘어나는 비율인데, 돈이 늘어나는 것은 단지 비율만 중요한 것이 아니라 그 순간의 돈의 양이 중요하다. 예를 들어 100에서 10%가 늘어나는 것과, 100,000에서 10%가 늘어나는 것은 10%만 중요한 것이 아니기 때문이다. 이것을 고려하여 생각한 것이 이자율의 세기

$$\delta_t := \frac{A'(t)}{A(t)}$$

이다. 즉 그 순간의 양 $A(t)$와 증가율 $A'(t)$를 동시에 생각하는 것이다. 이런 생각으로 식 (1.25)를 다시 쓰면

$$\begin{aligned} A(25) = A(25) - A(0) &= \int_{t=0}^{25} A'(t)dt = \int_{t=0}^{25} A(t)\frac{A'(t)}{A(t)}dt \\ &= \int_{t=0}^{25} A(t)\delta_t dt, \quad \delta_t \equiv \delta(t) := \frac{A'(t)}{A(t)} \end{aligned}$$

일정하게 초당 $20ml$씩 나오는 물을 생각하는 경우에는 $A'(t) = 20$이고, $A(t) = 20t$가 되어

$$\delta_t = \frac{A'(t)}{A(t)} = \frac{20}{20t} = \frac{1}{t},\ t > 0 \tag{1.26}$$

식 (1.26)의 의미를 말해보자. $\delta_t$는 $t$가 커지면 값이 작아지는 $t$에 대한 감소함수이다. 어떤 것이 시간당 일정한 양으로 들어온다면, 들어오는 양은 그 시간까지 들어온 양 전체와 비교하면 그 비율은 감소한다는 의미다. 이것은 100일 때 10이 들어오면 전체 양의 10%가 들어온 것이지만, 1000일 때 10이 들어오는 것은 전체 양 1000의 1%에 지나지 않는 것을 생각하면 쉽게 이해된다.

**도움말 1.37** 잔고증가율함수 $a = a(t)$, $0 \le t \le T$, 가 주어진 계정에서 각 순간 $t$에 $f(t)$의 비율로 돈이 입급된다 하자. 이 말의 의미는 $dt$가 충분히 작을 때, 시간구간 $[t, t+dt]$에 입급된 돈은 $f(t)dt$라는 뜻이다.

1. $[0,T]$동안 입금될 돈의 현재가격은 $A(0) := \int_{t=0}^{T} \frac{f(t)}{a(t)} dt$
2. 시각 $t, 0 \le t \le T$일 때의 잔고는 $A(t) = \left(\int_{s=0}^{t} \frac{f(s)}{a(s)} dt\right) a(t) = A(0)a(t)$

**해설.**

1. 시간구간 $[t, t+dt]$ 동안에 입금된 돈은 $f(t)dt$의 현재가격은 $\frac{f(t)dt}{a(t)}$.
   따라서 현재가격은 $A(0) := \int_{t=0}^{T} \frac{f(t)}{a(t)} dt$.
2. 현재가격을 계산했기 때문에 $A(t) = A(0)a(t)$.

**보기 1.50** $a(t) = e^{\delta t}$ *인 복리계정이 있다.*

1. *시간구간 $[0,2]$ 동안에, $t$일 때 $t$의 비율로 지급되는 돈의 현재가격을 구하여라.*
2. *시간구간 $[0,2]$ 동안에, $t$일 때 $t$의 비율로 돈을 넣을 때,*
   *잔고함수 $A(t), 0 \le t \le 2$를 구하여라.*

**풀이.**

1. *시간구간 $[t, t+dt]$에 들어오는 돈은 $tdt$이고, 이 돈의 현재가격은 $\frac{tdt}{a(t)}$.*
   *지급되는 돈의 현재가격은*

$$\int_{t=0}^{2} \frac{tdt}{a(t)} = \int_{t=0}^{2} te^{-\delta t} dt = \frac{1-(1+2\delta)e^{-2\delta}}{\delta^2}$$

2. *시간구간 $[s, s+ds]$에 들어오는 돈은 $sds$이므로*

$$\int_{s=0}^{t} \frac{sds}{a(s)} = \int_{s=0}^{t} se^{\delta(t-s)} ds = \frac{e^{\delta t} - 1 - \delta t}{\delta^2}$$

*이렇게 계산할 수도 있다. 시간구간 $[0,t]$동안 넣은 돈의 현재가격은*

$$\int_{s=0}^{t} \frac{sds}{a(s)} = \frac{1}{\delta^2}\left(1-(1+\delta t)e^{-\delta t}\right)$$

*그러므로* $A(t) = \frac{1}{\delta^2}\left(1-(1+\delta t)e^{-\delta t}\right) \times a(t) = \frac{e^{\delta t} - 1 - \delta t}{\delta^2}$.

**보기 1.51** *$a(t) = e^{\delta t}, \delta = 0.05$인 복리계정이 있다.*

1. *$[0,10]$ 동안에, $t$일 때 $5+t$의 비율로 돈을 넣을 때, $t = 10$일 때 잔고는 얼마인가?*
2. *다른 거래가 없을 때, $t = 20$일 때의 잔고는 얼마인가?*
3. *$t = 21, 21, \cdots, 30$에 일정한 금액 $X$를 꺼내, $t = 30$일 때 잔고를 0으로 하려 한다. $X$는 얼마인가?*

**풀이.**

1. *시간구간 $[t, t+dt]$에 들어오는 돈은 $(5+t)dt$ 이다. 이 돈의 현재가격은 $\frac{(5+t)dt}{a(t)}$. 따라서 $[0,10]$동안 입금된 돈의 현재가격은*

$$\int_{t=0}^{10} \frac{(5+t)dt}{a(t)} = \int_0^{10} (5+t)e^{-\delta t} dt = \frac{1}{\delta^2}\big(1 + 5\delta - (1+15\delta)e^{-10\delta} \approx 75.4285$$

2. $75.4285 \times a(20) = 75.4285 \times e^{20\delta} = 205.036$
3. *$t = 21, 22, 23, \cdots, 30$에 $X$씩, 모두 10회 꺼내는 돈의 $t = 20$일 때 가격이, $t = 20$일 때의 잔고와 같아야 한다. 따라서*

$$X a_{\overline{10}|,i} = 205.036 = X \times 7.67429, \quad i = e^{\delta} - 1 = 0.0512711$$

*따라서 $X = 26.7173$.*

**보기 1.52** *잔고증가율함수가 $a(t) = e^{\delta t}$인 계정이 있다. 이 계정에 시간구간 $[0,4]$ 동안에, 시각 $t$에 $t$의 비율로 돈이 입금될 예정이다.*

1. *입금될 돈의 현재가격은 얼마인가?*
2. *구체적으로 $\delta = 0.05$라 하자. $t = 4$일 때 잔고는 얼마인가?*

**풀이.** *시간구간 $[t, t+dt]$에 입금되는 돈은 $tdt$이고, 현재가격은 $\dfrac{tdt}{a(t)}$*

1. 
$$\int_0^4 \frac{t}{a(t)} dt = \int_0^4 te^{-\delta t} dt = \frac{1}{\delta^2}\big(1 - (1+4\delta)e^{-4\delta}\big)$$

2. *$\delta = 0.05$라면 현재가격은 구체적으로 $\frac{1}{\delta^2}\big(1 - (1+4\delta)e^{-4\delta}\big) \approx 7.01$. 따라서*

$$A(4) = 7.01 \times a(4) = 7.01 \times e^{4\delta} \approx 8.56$$

**보기 1.53** $\delta_t = \begin{cases} 0.05, & 0 \le t < 2, \\ 0.06, & 2 \le t \le 6 \end{cases}$ *인 계정이 있다. 이 계정에, 시각 $t$에 $t$의 비율로 돈이 입금될 예정이다.*

1. *입금될 돈의 현재가격은 얼마인가?*
2. *$t = 6$일 때 잔고는 얼마인가?*

**풀이.** *제일 먼저 잔고증가율함수 $a(t)$를 계산해야 한다. 지금 경우는 $\delta_t$가 구간에 따라 다른 식으로 주어지는 것에 주의하자. $\delta_t = \frac{a'(t)}{a(t)}$로 부터*

$$a(t) = \exp\left(\delta_s ds\right) = \begin{cases} \exp(0.05t), & 0 \le t < 2 \\ \exp(0.1)\exp\left(0.06(t-2)\right), & 2 \le t \le 6 \end{cases}$$

*이렇게 되는 것은 $0 \le t \le 2$인 경우는 $\delta_t = 0.05$이므로*

$$\int_{s=0}^{t} \delta_s ds = 0.05t$$

*이고, $2 \le t \le 6$인 경우는 $\delta_t = 0.06$이므로*

$$\int_{s=0}^{t} \delta_s ds = \int_{s=0}^{2} \delta_s ds + \int_{s=2}^{t} \delta_s ds = \int_{0}^{2} 0.05 ds + \int_{s=2}^{t} 0.06 ds = 0.1 + 0.06(t-2)$$

*이기 때문이다.*

1. *$a(t)$가 구간에 따라 다른 식으로 주어지는 것에 주의해야 한다.*

$$\begin{aligned} \int_{t=0}^{6} \frac{t}{a(t)} dt &= \int_{t=0}^{2} te^{-0.05t} dt + \int_{t=2}^{6} te^{-0.1} e^{-0.06(t-2)} dt \\ &= \int_{t=0}^{2} te^{-0.05t} dt + e^{-0.1} \int_{t=0}^{4} (t+2) e^{-0.06t} dt \\ &= 1.87154 + 12.614 \\ &= 14.4855 \end{aligned}$$

2. *현재가격을 알기 때문에 $14.4855 \times a(6) = 14.4855 \times 1.40495 = 20.3514$*

**보기 1.54** $\delta_t = \dfrac{2t}{9+t^2}, 0 \le t \le 3$*로 주어진 계정이 있다. 이 계정에 시각 $t$에 1의 비율로 돈이 입금될 예정이다.*

1. *입금될 돈의 현재가격은 얼마인가?*
2. *$t = 3$일 때 잔고는 얼마인가?*

3. *이 계정에 돈이 연속으로 입금되지 않고,* $t = 0,1,2,3$*에 각각 1씩 입금된다면,* $t = 3$*일 때 잔고는 얼마인가?*

**풀이.** $a(t)$*를 계산하면*

$$a(t) = \exp\Big(\int_{s=0}^{t} \delta_s ds\Big) = \exp\big(\ln(9+t^2) - \ln 9\big) = 1 + \frac{t^2}{9}$$

*시간 구간* $[t, t+dt]$*에 입금되는 돈은* $1 \times dt = dt$*인 것에 주의하자.*

1. $\int_{t=0}^{3} \frac{dt}{a(t)} dt = \int_0^3 \frac{1}{1+\frac{t^2}{9}} dt = \big[3\tan^{-1}(\frac{t}{3})\big|_{t=0}^{3} = \frac{3\pi}{4}$
2. *현재가격을 알기 때문에* $\frac{3\pi}{4} \times a(3) = \frac{3\pi}{2}$*. 또는 직접*

$$A(3) = \int_{t=0}^{3} \frac{a(3)}{a(t)} dt = \int_0^3 \frac{18}{9+t^2} dt = \frac{3\pi}{2}$$

3. $\frac{a(3)}{a(0)} + \frac{a(3)}{a(1)} + \frac{a(3)}{a(2)} + \frac{a(3)}{a(3)} = \frac{402}{65} \approx 6.18$

**보기 1.55** $\delta_t = \frac{1}{8+t}, 0 \le t \le 4$*로 주어진 계정이 있다.*

1. $0 \le t \le 2$*일 때에만,* $1 + \frac{t}{8}$*의 비율로 돈이 입금될 예정이다.*
   *잔고함수* $A(t), 0 \le t \le 4$*를 구하여라.*
2. $2 \le t \le 4$*일 때에만* $2 + \frac{t}{4}$*의 비율로 돈이 입금될 예정이다.*
   *잔고함수* $A(t), 0 \le t \le 4$*를 구하여라.*
3. $0 \le t \le 2$*일 때는,* $1 + \frac{t}{8}$*의 비율로 돈이 입금될 예정이다.* $2 \le t \le 4$*일 때는* $2 + \frac{t}{4}$*의 비율로 돈이 입금될 예정이다. 잔고함수* $A(t), 0 \le t \le 4$*를 구하여라.*

**풀이.** $\delta_t = \frac{a'(t)}{a(t)}$*로부터* $a(t) = 1 + \frac{t}{8}$.

1. $[s, s+ds], 0 \le s < 2,$*에 입금되는 돈은* $(1 + \frac{s}{8}) \times ds$*. 이 돈의 현재가격은* $\frac{(1+\frac{s}{8})ds}{a(s)} = ds$*.*
   *따라서* $[0,t]$*에 입금된 돈의 현재가격은*

$$\int_{s=0}^{t} (1 + \frac{s}{8}) \frac{1}{a(s)} ds = t, \quad 0 \le t \le 2$$

   $t \ge 2$*에는 입금되는 돈이 없다. 따라서*

$$A(t) = \begin{cases} ta(t) = t(1+\frac{t}{8}), & 0 \le t < 2 \\ 2a(2)\frac{a(t)}{a(2)} = 2a(t) = 2 + \frac{t}{4}, & t \ge 2 \end{cases} \tag{1.27}$$

*2.* $[s,s+ds], 2 \le s < 4,$*에 입금되는 돈은* $(2+\frac{s}{4}) \times ds$. *이 돈의 현재가격은* $\frac{(2+\frac{s}{4})ds}{a(s)} = 2ds$.
*따라서* $[0,t]$*에 입금된 돈의 현재가격은*

$$\begin{cases} 0, & 0 \le t \le 2, \\ \int_{s=2}^{t}(2+\frac{s}{4})\frac{1}{a(s)}ds = \int_{s=2}^{t} 2ds = 2(t-2), & t \ge 2 \end{cases}$$

*따라서*

$$A(t) = \begin{cases} 0, & 0 \le t < 2 \\ 2(t-2)a(t) = \ 2(1+\frac{t}{8})(t-2), & 2 \le t \le 4 \end{cases} \tag{1.28}$$

*3.* $[0,t]$*동안 입금될 돈의 현재가격은*

$$0 \le t < 2 \text{ 일 때}, \int_{s=0}^{t}(1+\frac{s}{8})\frac{1}{a(s)}ds = t$$
$$2 \le t \le 4 \text{ 일 때}, \int_{s=0}^{2}(1+\frac{s}{8})\frac{1}{a(s)}ds + \int_{s=2}^{t}(2+\frac{s}{4})\frac{1}{a(s)}ds = 2+2(t-2)$$

*따라서*

$$A(t) = \begin{cases} t(1+\frac{t}{8}), & 0 \le t < 2 \\ (2t-2)a(t) = 2(1+\frac{t}{8})(t-1), & 2 \le t \le 4 \end{cases} \tag{1.29}$$

*이 식은 물론 식 (1.27), (1.28)를 합해서 얻어진다.*

**보기 1.56** $t=0$*에 200 이 들어가고,* $t=1$ *에 100이 들어간다.* $3 \le t \le 13$*에는 3의 비율로 돈이 나오고,* $t=13$*에 600이 나온다. 투자금 유치 이율이 3%라 하자.*
*이 사업을 추진해야 하는지를 결정하여라.*

**풀이.** *이 사업의 손익을 가르는 이율을 i라 하자.* $t=0,1$*에 들어가는 돈의 현재가격은*

$$200+100e^{-\delta}, \quad \delta = \ln(1+i) \tag{1.30}$$

*다음으로* $3 \le t \le 13$*에 연속으로 나오는 30의 현재가격은*

$$\int_{t=3}^{13} \frac{30dt}{e^{\delta t}}dt = \int_{t=3}^{13} 30e^{-\delta t}dt = \frac{30}{\delta}\left(e^{-3\delta} - e^{-13\delta}\right)$$

$t=13$*에 나오는 60의 현재가격은* $60e^{-13\delta}$. *따라서 손익을 나타내는 함수는*

$$L(\delta) := 60e^{-13\delta} + \frac{30}{\delta}\left(e^{-3\delta} - e^{-13\delta}\right) - \left(200+100e^{-\delta}\right)$$

*$L(\delta) = 0$가 성립하는 $\delta$는 $\delta \approx 0.02173388$.*
*따라서 $i = e^{0.02173388} - 1 = 0.02197 \approx 2.2\% < 3\%$. 3%로 돈을 빌렸다면, 투자금도 회수하지 못하기 때문에 사업을 추진하지 말아야 한다.*

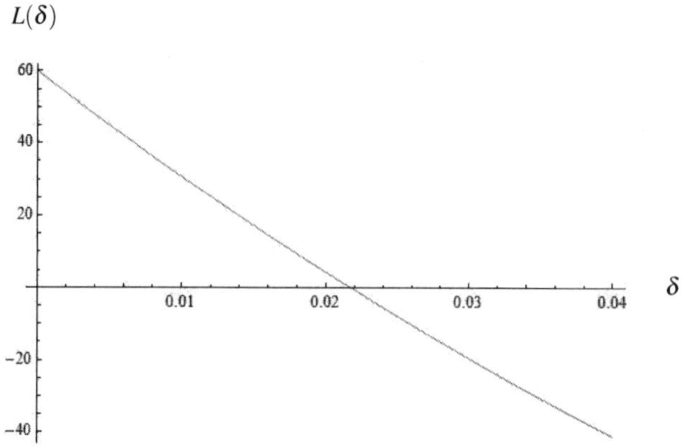


그림. 1.16: 손익함수 $L(\delta) = 300e^{-13\delta} + \frac{3}{\delta}\left(e^{-3\delta} - e^{-13\delta}\right) - \left(200 + 100e^{-\delta}\right)$

$L(\delta) = 0$이 되는 $\delta$ 값을 SageMath를 이용하여 구하면 그림 1.17와 같다. $\delta - 0.0217$.

```
var('dlt')

find_root( 60*exp(-13*dlt) +30/dlt *( exp(-3*dlt) -exp( -13*dlt) )+
        -(200+100*exp(-dlt) )==0, 0,1 )
```

```
0.02173388088673117
```

그림. 1.17: *SageMath를 이용하여 0과 1 사이의 해 찾기.* $300e^{-13\delta} + \frac{3}{\delta}\left(e^{-3\delta} - e^{-13\delta}\right) - \left(200 + 100e^{-\delta}\right) = 0$. *손익함수에서 $\delta$을* `dlt`*로 표시했다.*

**보기 1.57** *공장을 운영하는데 $t = 0$에 1,000, $t = 10$에 300이 들어간다.*
*$0 \le t \le 10$동안에, 10의 비율로 연속으로 제품을 생산할 수 있고 ,*
*200의 비율로 운영비가 들어간다. 제품 1단위당 가격을 $X$라 하자.*

- *$t = 0$에 들어가는 돈 1000을 년 $i = 12\%$로 대출하고, 대출금은 수익으로 연속으로 상환할 때 $T_0 (T_0 < 10)$에 상환이 끝난다.*

- *$T_0$ 부터 10까지 수익을 연속으로 투자하면 $t = 10$에 300이 된다.*
  *이 투자계정의 이율은 $y = 10\%$ 이다.*

*$T_0$와 $X$를 구하여라.*

**풀이.**

1. *걸리는 시간을 $T_0$라 하면 $\delta = \ln(1+0.12) = 0.113329$로 하고 $a(t) = e^{\delta t}$라 두자. 시각 $t = T_0$에서 계산하면*

$$1000(1+0.12)^{T_0} = \int_{t=0}^{T_0} \frac{10X-200}{a(t)} a(T_0)dt = (10X-200)\int_{t=0}^{T_0} e^{(T_0-t)\delta}dt$$
$$= (10X-200)\frac{e^{\delta T_0}-1}{\delta}$$

2. *기간 $[0, 10-T_0]$ 동안 $y = 10\%$로 연속으로 저축하는 것을 생각하면 된다.*
   *$\delta_1 = \ln(1+0.1) = 0.0953102$로 해서*

$$300 = (10X-200)\int_{t=T_0}^{10} \frac{\exp(10\delta_1)}{\exp(\delta_1 t)}dt$$
$$= (10X-200)\frac{\exp\left(\delta_1(10-T_0)\right)-1}{\delta_1}$$

3. *먼저 $T_0$를 구하자. 두 식에서 $10X-200$을 소거하면*

$$\frac{1000(1+0.12)^{T_0}}{300} = \frac{\delta_1}{\delta} \times \frac{\exp(\delta T_0)-1)}{\exp\left(\delta_1(10-T_0)\right)-1}$$

   *이 방정식의 해 $T_0$를 SageMath를 이용하여 구하면 $T_0 \approx 8.480502$. 이 $T_0$ 값을 이용하면*

```
var('T0')

# T0에 대한 방정식이 복잡하므로  중간단계를 두자.

dl=ln(1+0.12)
dl1=ln(1+0.1)

x1=1000*(1+0.12)^T0
x2=dl1* ( exp(dl* T0)-1)
x3=dl* ( exp( dl1*(10-T0) ) -1     )

# 0< T0 < 10 범위에서 해를 구한다.
find_root( x1/300 == x2/x3, 0,10)
```

```
8.48077995250543
```

그림. 1.18: *SageMath를 이용한 방정식 $\frac{1000(1+0.12)^{T_0}}{300} = \frac{\delta_1}{\delta} \times \frac{\exp(\delta T_0)-1)}{\exp\left(\delta_1(10-T_0)\right)-1}$의 해 $T_0$을 0과 10 사이에서 구하기. $\delta = \ln(1+0.12)$, $\delta_1 = \ln(1+0.1)$의 해. 변수* `x1` , `x2`, `x3` *속에 $T_0$가 있다.*

$$300 = (10X - 200) \times 1.63468$$

$X = 38.3522$. *이 식의 의미는 1단위당 가격이* 38.3522 *이상이 되어야 이익이 발생하기 시작한다는 것이다.*

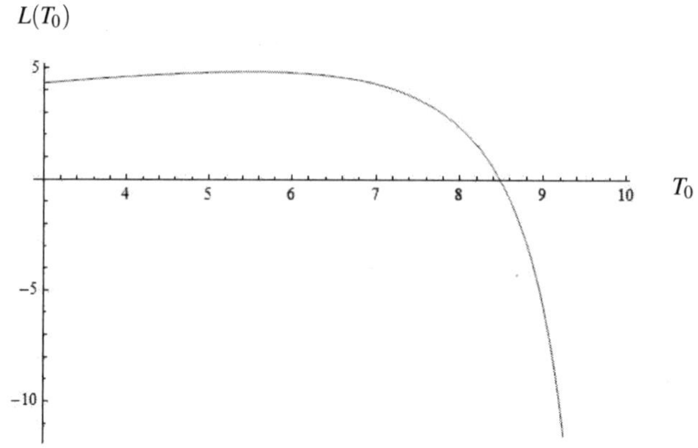


그림. 1.19: *상환시간함수* $L(T_0) = \frac{1000(1+0.12)^{T_0}}{300} - \frac{\delta_1}{\delta} \times \frac{\exp(\delta T_0)-1)}{\exp\left(\delta_1(10-T_0)\right)-1}$.
$\delta = \ln(1+0.12)$, $\delta_1 = \ln(1+0.1)$

**보기 1.58** *공장을 운영하는데* $t=0$*에* 1000, $t=10$*에* 300*이 들어간다.*
$0 \le t \le 10$*일 때, 10의 비율로 연속으로 제품을 생산할 수 있고, 200의 비율로 운영비가 들어간다. 이 공장의 자본조달 이율이 년* 12%, *제품 1단위당 가격은* $X$, 1000*을* 12%*로 대출하여 중도상환 없이, 공장 운영에서 나오는 수익을 10년간 연속으로 저축하여,* $t=10$*에 한꺼번에 갚기로 할 때, 손익분기점이 되는* $X$ *값은?*
*(단, 예금이자는* 10%*로 한다)*

**풀이.** $t=10$*에 갚아야 할 돈은* $1000(1+0.12)^{10}+300 = 3405.85$. $t$*에 저축할 수 있는 비율은* $10X-200$*이므로 이것을* $[0,10]$*동안 저축하면,* $\delta = \ln(1+0.1) = 0.0953102$*로 계산하면*

$$(10X-200)\int_{t=0}^{10} \frac{\exp(10\delta)}{\exp(\delta t)}dt = (10X-200)\frac{e^{10\delta}-1}{\delta} = 16.7216 \times (10X-200)$$

*따라서* $16.7216 \times (10X-200) = 1000(1+0.12)^{10}+300 = 3405.85$*가 성립하는* $X$*를 구하면,* $X = 40.3679$. *이 값은 보기 1.57에서처럼 되도록 빨리 중도상환하는 경우* 38.3522*보다 높기 때문에 불리하다.*

## 1.11 연습문제

**1.1** *일정한 기간 $T$ 동안의 명목상 이자율을 $i^{(6)} = 0.06$라 하자.*

1. *기간 $2T$ 동안의 이자율은?*
2. *기간 $3T$ 동안의 이자율은?*
3. *기간 $\frac{T}{6}$ 동안의 이자율은?*
4. *기간 $\frac{T}{3}$ 동안의 이자율은?*
5. *기간 $\frac{T}{2}$ 동안의 이자율은?*
6. *기간 $\frac{4}{5}T$ 동안의 이자율은?*

**1.2** *1.* $i^{(2)} = 2\%$*이다, 여기에 대응되는* $d^{(2)}$*는 얼마인가?*

2. $i^{(12)} = 12\%$*이다. 지금부터 2개월 뒤부터 2개월마다 3 씩 12년간,*
   *모두* $12 \times 6 = 72$*번 받는 연금의 현재가격은?*

**1.3** *계정 $B$의 accumulation function은 $b(t) = 1 + \frac{1}{64}t^2$이다.*
*계정 $B$에 $t = 0, 1, 2$일 때 각각 13를 입급하고,*
*$t = 2, 3$일 때, 각각 $X$을 출금했다.*
*$t = 4$ 일 때 잔고가 18 이었다, $X$에 가장 가까운 정수는 얼마인가?*

**1.4** *다음 값을 구하여라. 년이율 $i = 5\%$를 적용하자.*

1. $i^{(12)}$, $i^{(2)}$.
2. $50a^{(2)}_{\overline{10}|,i}$
3. $60\ddot{s}^{(12)}_{\overline{2}|,i}$
4. $Xa_{\overline{n}|,i} = 12$*이고,* $X\ddot{s}^{(2)}_{\overline{n}|,i} = 23.4729$*일 때* $n$
5. $\ddot{a}^{(6)}_{\overline{15}|,i}$

**1.5** *신형 휴대전화를 구입하는데 $t = 0$에 600,000을 대출받았다. 이자율은 년 3%다.*

1. *할부금을 월말에 한번씩 12번에 갚기로 했다면 할부금을 얼마인가?*
2. *대리점에서 600,000의 3%는 18,000이므로 원금과 이자의 합은*
   $600,000 + 18,000 = 618,000$. *따라서 매월* $\frac{618000}{12} = 51500$*을 1년에 갚을 것을 권해서 받아들였다면 실질 년대출이자율(effective annual interest rate)는 얼마인가?*
3. *매월 말에 일정한 금액 $M$을 내서 36회에 대출금을 다 갚으려 한다. 월 할부금 $M$은 10000원을 넘지 않도록 하려면 $t = 0$에 얼마를 선불금(down payment)으로 얼마 이상 내야 하는다.*

**1.6** *1000을 년 5%로 6년간 대출했다. 다음 각각의 경우 이자를 구하여라.*

1. *6년 후에 한꺼번에 원금과 이자를 갚는다.*
2. *매월 발생하는 이자를 갚고, 마지막 달에는 원금과 이자를 갚는다.*
3. *매월 일정한 금액으로 원금과 이자를 72회로 나누어 갚는다.*

**1.7** *$i^{(12)} = 6\%$이인 계정에 $t = 0$에 10000을 투자했자. 앞으로 10년간 매월 150씩 출금해서, 마지막 출금할 때 잔고를 0으로 하고 싶다. 이자율이 변하지 않는다면 60회 출금 직후 얼마를 더 입금해야 하나?*

**1.8** *$i = 0.08$이다. 매년 말 300씩, 20년간(20회) 지급되는 연금이 있다.*

1. *$t = 2, 4, \cdots, 20$ 에 지급되는 연금의 현재가격은?*
2. *$t = 1, 3, 5, \cdots, 19$에 지급되는 연금의 현재가격은?*
3. *이 연금의 현재가격은?*

**1.9** *$t = 0, 1, 2, \cdots, 3n-1$ 까지 각각 2씩, 모두 $3n$회 받게되는 연금의 현재가격은 29.3959이다. $\ddot{a}_{\overline{n}|,i} = 6.11454$일 때 $v^n$을 구하여라. $v = \frac{1}{1+i}$.*

**1.10** *$a_{\overline{n}|} = x, a_{\overline{2n}|} = y$일 때, $d = \frac{i}{1+i}$를 $x, y$의 식으로 표현하여라.*

**1.11** *다음 식을 말로 설명하여라.*

1. $s_{\overline{m+n}|} = s_{\overline{m}|} + (1+i)^m s_{\overline{n}|}$
2. $a_{\overline{m+n}|} = a_{\overline{m}|} + v^m a_{\overline{n}|}$

**1.12** *년 이율은 $i = 0.06$. 지금부터 3개월 뒤부터 3개월 마다 200씩, 12년간 총 48회 지급되는 연금의 현재가격은?*

**1.13** 10년동안 10,000을 모으려 한다. 지금부터 1개월 뒤부터 1개월 마다 총 120회 납입하려 한다. 처음 5년간 50을 납입하고, 나중 5년은 $50+X$를 납입할 계획이다. $i=5\%$라면 $X$는 얼마가 되어야 하는가?

**1.14** $a_{\overline{2n}|,i}=15.159$이고 $a_{\overline{n}|,i}=10$ 이다. 정수 $n$과, $v^n$은 얼마인가?

**1.15** $a_{\overline{2n}|,i}=M$이고, $a_{\overline{n}|,i}=N$ 이다. 지금은 $t=0$이다. $2n$회 돈이 지급되는데, $t=1,2,\cdots,n$에는 1씩 지급되고, $t=n+1,n+2,\cdots,2n$ 에는 5씩 지급된다. 이렇게 지급되는 돈의 현재가격을 $M,N$의 식으로 표현하라.

**1.16** 정해진 기간 $T$ 동안의 이자율은 $i=0.03$이다. $T,2T,3T,\cdots,60T$에 각각 $M=24$씩 들어오는 돈이 있다.

1. 시간 $T,4T,7T,\cdots,58T$에 들어오는 돈의 현재가격은?
2. 시간 $2T,5T,8T,\cdots,59T$에 들어오는 돈의 현재가격은?
3. 시간 $3T,6T,9T,\cdots,60T$에 들어오는 돈의 현재가격은?
4. 전체 연금의 현재가격은?

**1.17** 지금은 $t=0$이다. $t=T,2T,3T,\cdots,2nT$에 $M$씩 들어오는 돈이 있다.
기간 $T$ 동안의 이자율은 $i$라 하자.

1. $T,3T,5T,\cdots,(2n-1)T$ 에 들어오는 돈의 현재가격은?
2. $2T,4T,6T,\cdots,2nT$에 들어오는 돈의 현재가격은?

**1.18** 단위기간은 1년이다. 1년 이율은 $i$이다. 자금 $M$이 있다.

1. 지금부터 1년 후부터, 1년 간격으로 20회, 일정한 금액 $X$를 인출했을 때 잔고를 0으로 하고 싶다. $X$의 값은?
2. 지금부터 1개월 뒤부터, 1개월 간격으로 20년 동안 일정금액 $Y$를 인출하여 마지막으로 $Y$를 인출했을 때 잔고를 0으로 하고 싶다. $Y$ 값을 얼마로 해야 하나?

**1.19** *계정 A의 accumulation functions은* $a(t) = \frac{12+t}{12}$ *이다. 계정 A에* $t = 0$*일 때 3800을 투자했다.*
$t = 4, 6, 8, 10$*에* $X$*를 입금하여* $t = 12$ *일 때 잔고를 9291로 하려 한다.*
$X$*를 구하는 식을 쓰고,* $X$*를 구하라.*

**1.20** $t = 2, 4, 6, 8, \cdots, 20$*에 각각 1씩 10회 투자했다. 이 계정의 년이율은* $i$*이다.*
$t = 21$*일 때 잔고의 8배와,* $t = 11$*일 때 잔고의 17배가 같다. 즉,* $8A(21) = 17A(11)$. $i$*를 구하여라.*

**1.21** $0 \le t < 3$ *동안의 년 이자율은 5%이고,* $3 \le t < 8$*일 때의 이자율은 2%인 계정이 있다.*
*이 계정에* $t = 0, 2, 4$*에 각각 200, 300, 400을 투자했다.* $t = 6$*일 때 잔고는?*

**1.22** *년이율은 변하지 않고* $i^{(12)} = 3\%$*라 하자.* $t = 0, \frac{1}{2}, 1, \frac{3}{2}, 2, \frac{5}{2}, 3, \frac{7}{2}$*에 각각 300씩 대출받았다.*
$t = 6 + \frac{1}{12}$*부터 시작해서 1달 간격으로, 즉* $\frac{1}{12}$ *간격으로,* $X$*씩 상환하여 120회에 모두 상환하려 한다. 즉, 마지막 120회차* $X$*를 내는 순간 잔고를 0으로 하려 한다.*
$X$*를 구하는 식을 쓰고,* $X$*를 구하여라.*

**1.23** *이자율은* $i = 3.6\%$*이다. 1년 뒤에 1,000을 갚을 것이 있고, 3년 뒤에 3,000을 갚을 것이 있다. 지금* $X$*를 넣어 예정된 금액을 모두 갚으려 한다.* $X$*는 얼마인가?*

**1.24** *500을 지금 투자하면 30년 후에 4,000으로 자라는 상품이 있다. 이 상품의 이자율로 계산할 때, 20년 후에 받는 10,000의 현재가격은 얼마인가? 이자율은 상수이다.*

**1.25** *년이율 3.5%인 상품* $M$*과, 년이율 3.75%인 상품* $N$*가 있다. 2000년 1월 1일 상품* $M$*에 있는 돈이 상품* $N$*에 있는 돈의 2배가 되었는데, 그 이후 두 상품에 더이상 추가 투자를 하지 않았다.*
*2015년 1월 1일에 두 상품에 있는 돈의 합은 100,000이다.*
*그렇다면 2000년 1월 1일에 상품* $N$*이 있었던 돈은 얼마인가?*

**1.26** *년이율은* $i$*이다. 다음 세 값이 같다:*

- *8년 후에 받는 14,221의 현재가격*
- $t$*년 후에 받는 6494.67의 현재가격과,* $4t$ *년 후에 받는 6494.67의 현재가격의 합*
- *지금 현재의 10,000.*

*이때, $2t$ 년에 받게 되는 20,000의 현재가격은?*

**1.27** *5년 후에 자동차를 사려 한다. 현재 사려는 자동차 값은 20,000 이다. 그런데 인플레이션은 년 2% 이다.*

1. *인플레이션에 따른 5년 후의 자동차 가격 $M$ 은 얼마인가?*
2. *1개월 뒤 부터 5년동안 매월 일정한 금액 $X$를 투자해서 $M$을 모으려 한다. $X$는?*
   *(투자상품의 이율은 연 3.5%라 계산하자.)*

**1.28** *신형 휴대전화를 600을 3년간 대출받아 구입하려한다. 이자율은 3.7%이다. 두가지 선택이 있다. 대리점에서 다음 두 가지 방법을 제시했다.*

1. *600의 3년간 이자는* $600 \times (1+0.037)^3 = 669.095$*이므로*
   *매년 말에* $\frac{669.095}{3} = 223.032$*를 갚는다.*
2. *600의 3년간 이자는* $600 \times (1+0.037)^3 = 669.095$*이므로*
   *매년 초에* $\frac{669.095}{3} = 223.032$*를 갚는다.*
3. *600의 3년간 이자는* $600 \times (1+0.037)^3 = 669.095$*이고, 기간은* $3 \times 12 = 36$*개월이므로, 매월* $\frac{669.095}{3\times 12} = 18.586$*를 1개월 뒤부터 갚는다.*

*각각의 경우 고객이 지불하는 실제이자는 얼마인가?*

**1.29** *이자율은 $i$이다. 1년 후부터 매년 100씩 $n$년 동안 받게 되는연금의 현재가격은 4,000이고, 1년 후부터 매년 100씩 $3n$년 동안 받게되는 연금의 현재가격은 7,000이라 하자. 1년후부터 $2n$년 동안 $2n$회, 매년 100씩 받게 되는 연금의 현재가격은?*

**1.30** *1억을 빌렸다. 다음 각각의 경우에 답하여라.*

1. $i^{(12)} = 6\%$ *이다. 1개월 후부터 매월 일정한 금액 $M$으로 60회에 갚으려 한다면 $M$은 얼마인가?*
2. $i^{(12)} = 7\%$ *이다. 1개월 후부터 매월 일정한 금액 $M$으로 60회에 갚으려 한다면 $M$은 얼마인가?*
3. $i^{(12)} = 6\%$ *이다. 1개월 뒤부터 매월 50만원씩 갚으려 한다.*
   *잔금이 50만원 이하로 떨어지는데 몇개월이 걸리나?*
4. $i^{(12)} = 6\%$*일 때 1개월 뒤 부터 매월 100만원씩 갚기 시작했다.*
   *잔금이 100만원 이하로 떨어지는데 몇 개월이 걸리나?*

**1.31** *1.* $d^{(3)} = \frac{1}{12}$이면 $i^{(6)}$는 얼마인가?

2. $d^{(3)} = \frac{1}{12}$이다. 지금 1000을 대출했다면 1개월 뒤에 얼마를 갚아야 하는가?
3. $i = 12\%$이다. $\ddot{a}_{\overline{10}|,i}$와 $\ddot{s}^{(12)}_{\overline{2}|,i}$ 는 얼마인가?

**1.32** 단위기간 동안의 이자율은 $i$이다. $t = 0,1,2,\cdots,14$에 각각 $X$ 씩 모두 15회 지급되는 돈의 현재가격은 처음 5회, 즉 $t = 0,1,2,3,4$에 받는 돈의 현재가격의 $\frac{5}{2}$ 배이다. $v^5$는 얼마인가?

**1.33** 2000을 2년 동안 대출했다. $i^{(6)} = 24\%$이다. 1개월 뒤부터 1달 간격으로 일정한 금액 $X$로 상환하려 한다. $X$는 얼마인가?

**1.34** 지금은 $t = 0$이다. 이자율은 6%라 하자. 오늘( $t = 0$)부터 $X$를 1개월 간격으로 10년간 120회 투자한 후, 그로부터 10년간 기다린 뒤에, $t = 20$ 부터 1년 간격으로 600씩 20년간 출금해서, 마지막 출금과 동시에 잔고를 0으로 만들려 한다. $X$는 얼마로 해야 하나?

**1.35** 잔고증가율함수(accumulation function)이 $a(t) = \dfrac{12}{12+t}$인 계정이 있다. $t = 0$일 때 3800을 투자했다. $t = 4,6,8,10$에 $X$를 출금하여 마지막 출금과 동시에 잔고를 0을 하려 한다. $X$를 구하여라.

**1.36** 잔고증가율함수(accumulation function)이 $b(t) = 1 + \frac{1}{72}t^2$인 계정이 있다. $t = 0,2,4$일 때 각각 $X$를 입급하고, $t = 6,9,12$일 때, 각각 170을 출금했더니 $t = 15$ 일 때 잔고가 1353 이었다. $X$는 얼마인가?

**1.37** 잔고증가율함수(accumulation function)이 $a(t) = \frac{120}{120-t}$, $0 \le t < 100$인 계정이 있다.

1. $t = 10k, k = 1,2,3,4$일 때, 각각 $C_k = 10k, k = 1,2,3,4$가 입금되는 돈의 현재가격은?
2. $t = 10k, k = 1,2,3,4$일 때, 각각 $C_k = 10k, k = 1,2,3,4$가 입금되는 돈의 $t = 60$일 때 가격은?
3. $t = 0$에 49500을 대출했다. 원금은 $t = 30$에 21500, $t = 60$에 28,000을 상환한다. 상환될 이자의 현재가격은?

**1.38** $\ddot{a}_{\overline{n}|;i} = \frac{1-v^n}{1-v}$을 나타낸다. $\ddot{a}_{\overline{2n}|,i} = M$이고, $\ddot{a}_{\overline{n}|,i} = N$ 이다. 지금은 $t = 0$이다. $2n$회 돈이 지급되는데, $t = 0,2,4,\cdots,2n-2$에는 2씩 지급되고,

$t = 1,3,5,\cdots,2n-1$ 에는 1 씩 지급된다. 이렇게 지급되는 돈의 현재가격이 $\frac{25}{16}M$ 이다.
$v$는 얼마인가?

**1.39** *지금($t=0$) 1억원을 $i^{(12)} = 3\%$로 대출했다.*
*대출금은 $t = \frac{1}{12}$부터 $\frac{1}{12}$ 간격으로 남은 대출금에 대한 이자의 2배를 갚아나간다. 남은 대출금이 10만원보다 작아지면 다음 달에 원금과 이자를 한꺼번에 상환한다.*
*대출금이 100만원보다 작아지는 것은 언제인가?*

**1.40** *계정 A의 년실질이율은 8%이다. 계정 B 은 년실질이율은 10%이다.*
*$t=0$에 계정 A에 825 를 투자했다. $t = k, k = 1,2,\cdots,15$일 때, 계정 A에서 $t = k-1$일 때 잔고 때문에 얻은 이자와 함께 55를 출금해서 즉시 계정 B에 투자한다.*

1. *$t = 11$에 계정 B에 입금되는 돈은 X는 얼마인가?*
2. *$t = 15$일 때 계정 B의 잔고는 얼마인가?*

**1.41** *이자율 세기(force of interest)가 $\delta_t = 1 - \frac{t}{8}, 0 \le t \le 8$로 주어졌다.*
*이 계정에 $t = 1$ 에 200을 투자하고, $t = 3$에 100을 출금했다. 다른 거래는 없다 하자.*

1. *$t = 3$일 때 100을 출금한 순간, 계정에 있는 돈은 얼마인가?*
2. *$t = 5$일 때 계정에 있는 돈은?*
3. *이 계정에 $t = 0,1,2,3$에 2 씩 지급될 예정이 돈의 $t = 0$일 때 가격은?*
4. *이 계정에 $t = 0,1,2,3$에 2 씩 지급될 예정이 돈의 $t = 7$일 때 가격은?*
5. *$[0,4]$동안 시각 $t$에 $1 - \frac{t}{8}$씩 돈이 들어온다. $t = 4$일 때 잔고는 얼마인가?*

**1.42** *이자율이 $0 \le t < 2$일 때는 5%이고, $2 \le t < 6$일 때는 3%이다.*

1. *이 투자계정이 잔고증가율함수(accumulation function) $a(t), 0 \le t < 6$을 구하여라.*
2. *이 계정에 $t = 0$에 5를 투자했다. $t = 4$일 때 잔고는 얼마인가?*
3. *$t = 5$일 때 100의 현재가격은?*
4. *시간구간 $[1,4]$ 동안 이 계정에 단위시간당 1씩 돈이 유입된다 하자. 다른 거래가 없을 때 $t = 5$일 때의 잔고는?*
5. *이 계정에 시각 $t \in [1,4]$일 때 $2t$의 비율로 돈이 유입된다. 다른 거래가 없다면 $t = 0$일 때 가격은?*

6. 이 계정에 시각 $t \in [1,4]$일 때 $2t$의 비율로 돈이 유입된다. 다른 거래가 없다면 $t=4$일 때 가격은?

**1.43** 지금은 $t=0$이다. $t=1$부터 $t=8$까지 시각 $t$에 $t$씩 지급받는 상품이 있다. $t=0$에서 현재가격은 얼마인가? 년이율은 4%이다.

**1.44** $\delta_t = \dfrac{2t}{10+t^2}$이다.

1. 잔고증가율함수(accumulation function) $a(t)$를 구하여라.
2. $\ddot{a}_{\overline{4}|}$를 구하여라. 즉 이 계정에 $t=0,1,2,3$에 1 씩 지급될 예정인 돈의 현재가격을 구하여라.
3. $\bar{a}_{\overline{4}|}$를 구하여라. 즉 이 계정에 $[0,4)$ 동안 $t$일 때 1의 비율로 연속으로 지급될 예정인 돈의 현재가격을 구하여라.
4. $\bar{s}_{\overline{4}|}$를 구하여라. 즉 이 계정에 $[0,4)$ 동안 $t$일 때 1의 비율로, 연속으로 넣은 돈의 $t=4$일 때 가격을 구하여라.
5. $\ddot{s}_{\overline{2}|}$를 구하여라. 즉 이 계정에 $t=0,1$일 때 1씩 넣은 돈의 $t=2$일 때의 가격을 구하여라.

**1.45** $\delta_t = \frac{1}{8+t}, 0 \le t \le 4$로 주어진 계정이 있다. 이 계정에 시간구간 $[0,2]$일 때는, $t$일 때, $1+\frac{t}{8}$의 비율로 돈이 입금될 예정이다. 시간구간 $[2,4]$일 때는 $t$일 때 $2+\frac{t}{4}$의 비율로 돈이 입금될 예정이다.

1. 입금될 돈의 현재가격은 얼마인가?
2. $t=4$일 때 잔고는 얼마인가?

**1.46** 은행에서 다음과 같은 대출상품을 개발했다. 대출원금은 1000이다. 이 상품을 구매한 고객은

- $t=6$에 400, $t=10$에 600을 입금하여 대출 원금을 상환한다.
- 이자는 $t=1,2,\cdots,10$에 모두 10회에 거쳐 납입한다.
- 구매자에게 제시한 년이율을 7%이다.

은행은 이 상품을 판매하여 10%의 수익을 얻으려 한다. 다음 질문에 답하여라.

1. 구매자가 상환하는 원금의 현재가격을 은행을 얼마로 평가하는가?
2. 구매자가 상환하는 원금에 대한 이자의 현재가격은 은행은 얼마로 평가하는가?
3. 년 10%의 수익을 올리려면, 은행은 판매가격을 얼마로 결정해야 하는가?

**1.47** *은행에서 다음과 같은 대출상품을 개발했다. 대출원금은 1000이다. 이 상품을 구매한 고객은*

- $t = 6$*에 400,* $t = 10$*에 600을 입금하여 대출 원금을 상환하다.*
- *이자는* $t = 1, 2, \cdots, 10$*에 모두 10회에 거쳐 납입한다.*
- *구매자에게 제시한 년이율을 7%이다.*

*은행은 이 상품을 판매하여 10%의 수익을 얻으려 한다. 이번에는 도움말 1.32를 이용하여 판매가격을 결정하여라.*

## 1.12 연습문제 해설

해설 1.1 $(1+\frac{i^{(6)}}{6})^6 = 1+i$에 주의하자. 따라서 $i = 0.0615202$.

1. $(1+i)^2 - 1 = 0.126825$
2. $(1+i)^3 - 1 = 0.196147$
3. $\frac{i^{(6)}}{6} = 0.01$
4. $\frac{T}{3} = 2\times\frac{T}{6}$이므로 $\left(1+\frac{i^{(6)}}{6}\right)^2 - 1 = 0.0201$
5. $\frac{T}{2} = 3\times\frac{T}{6}$이므로 $\left(1+\frac{i^{(6)}}{6}\right)^3 - 1 = 0.030301$
6. $\frac{4}{5}T = \frac{24}{5}\times\frac{T}{6}$이므로

$$\left(1+\frac{i^{(6)}}{6}\right)^{\frac{24}{5}} = (1+i)^{\frac{4}{5}} - 1 = 0.0489206$$

해설 1.2

1. $(1+\frac{i^{(2)}}{2})^2 = (1-\frac{d^{(2)}}{2})^{-2}$로부터 $(1+i)(1-d) = 1$ 처럼

$$\left(1+\frac{i^{(2)}}{2}\right)\left(1-\frac{d^{(2)}}{2}\right) = 1$$

가 성립한다. 따라서 $d = \frac{i}{1+i}$처럼

$$\frac{d^{(2)}}{2} = \frac{\frac{i^{(2)}}{2}}{1+\frac{i^{(2)}}{2}} \iff d^{(2)} = \frac{2i^{(2)}}{2+i^{(2)}} = 0.019802$$

2. 2개월 이자율은 $i_2 = (1+\frac{i^{(12)}}{12})^{12\times\frac{2}{12}} - 1 = 0.0201$. 따라서 구하는 값은

$$3a_{\overline{12\times6}|,i_2} = 3\times\frac{1-(1+i_2)^{-72}}{i_2} = 113.638$$

만일 $a^{(p)}_{\overline{n}|,i}$를 이용하려 한다면 1년에 18을, 2개월 마다 3씩, 6회 지급하는 것에 해당한다. 따라서 $i^{(6)} = 6\left((1+\frac{0.12}{12})^2 - 1\right) = 0.1206$인 것을 이용하면

$$18a^{(6)}_{\overline{12}|,i} = 18\frac{1-v^{12}}{i^{(6)}} = 113.638$$

해설 1.3 $t = 4$일 때 가격을 계산하면

$$18 = 13\sum_{k=0}^{2}\frac{b(4)}{b(k)} - X\sum_{k=0}^{1}\frac{b(4)}{b(2+k)}$$

따라서 $X = \frac{146657}{11280} = 13.0015$. 손으로 푸는 것은 다소 번거롭다. 다음과 같이 SageMath를 이용할 수 있다.

```
var('k,X')
b(t)=1+t^2/64

solve( 13*sum([b(4)/b(k) for k in range(0,3)]) -X*sum([b(4)/b(2+k) for k in range(0,2)])== 18, X)
```

```
[X == (146657/11280)]
```

해설 1.4

1. $i^{(12)} = 12\left((1+0.05)^{\frac{1}{12}} - 1\right) = 0.0488895$. $i^{(2)} = 2\left((1+0.05)^{\frac{1}{2}} - 1\right) = 0.0493902$.
2. $a^{(2)}_{\overline{10}|,i} = \frac{1-v^{10}}{i^{(2)}}$. 식 $\left(1+\frac{i^{(2)}}{2}\right)^2 = 1+i$로부터 $i^{(2)} = 2\left((1+i)^{\frac{1}{2}} - 1\right) = 0.0493902$. $v = \frac{1}{1+i} = 0.952381$.

$$50a^{(2)}_{\overline{10}|,i} = 50\frac{1-v^{10}}{i^{(2)}} = 50\times 7.81708 = 390.854$$

이것을 이렇게 생각할 수도 있다. 1년에 2회 $\frac{50}{2}=25$ 씩 지급받는 연금으로 생각하면 6개월 이자율은 $i_2 := \frac{i^{(2)}}{2} = 0.0246951$이고, 10년동안 모두 20회를 지급받기 때문에 $v=\frac{1}{1+i}$로 해서,

$$50a^{(2)}_{\overline{10}|,i} = 25a_{\overline{20}|,i_2} = 25\frac{1-v_2^{20}}{i_2} = 25\frac{1-v^{10}}{i_2} = 390.854, \quad v_2 = \frac{1}{1+i_2}$$

3. $\ddot{s}^{(12)}_{\overline{2}|,i} = \frac{(1+i)^2-1}{d^{(12)}}$. 식 $\left(1-\frac{d^{(12)}}{12}\right)^{-12} = 1+i$ 로부터

$$d^{(12)} = 12\left(1-(1+i)^{-\frac{1}{12}}\right) = 0.0486911$$

따라서 $60\ddot{s}^{(12)}_{\overline{2}|,i} = 60\frac{(1+i)^2-1}{d^{(12)}} = 60\times 2.10511 = 126.306.$

이렇게 생각할 수도 있다. 1년에 12회, 1회에 5회 저축하는 것으로 생각하면, $i_{12} = (1+0.05)^{\frac{1}{12}}-1.$

$$60\ddot{s}^{(12)}_{\overline{2}|,i} = 5\ddot{s}_{\overline{24}|,i_{12}} = 5(1+i_{12})s_{\overline{24}|,i_{12}} = 5(1+i_{12})\frac{(1+i_{12})^{24}-1}{i_{12}} = 5(1+i_{12})\frac{(1+i)^2-1}{i_{12}} = 126.306$$

4. 조건에서 $X$를 소거하자.

$$\frac{\ddot{s}^{(2)}_{\overline{n}|,i}}{a_{\overline{n}|,i}} = \frac{23.4729}{12} = 1.95607$$

그런데 $v(1+i)=1$ 에 주의하여 정리하면

$$1.95607 = \frac{\ddot{s}^{(2)}_{\overline{n}|,i}}{a_{\overline{n}|,i}} = \frac{(1+i)^n-1}{d^{(2)}}\frac{i}{1-v^n} = \frac{i(1+i)^n}{d^{(2)}}$$

여기서 $d^{(2)} = 2\left(1-(1+i)^{-\frac{1}{2}}\right) = 0.0481999$인 것에 주의하면

$$(1+i)^n = \frac{1.95607\times d^{(2)}}{i} = 1.88565$$

따라서 $n = \frac{\ln(1.88565)}{\ln(1+0.05)} = 13.$

5. 1을 $\frac{1}{p}$씩, $\frac{1}{p}$ 간격으로, $p$회 받는 것을 나타낸다. 때문에 $\frac{1}{p}$동안의 이자율 $i_p := (1+i)^{\frac{1}{p}}-1$을 쓰면

$$\ddot{a}^{(p)}_{\overline{n}|,i} := \frac{1}{p}\ddot{a}_{\overline{np}|,i_p} = \frac{1}{p}\frac{1-v_p^{np}}{d_p} = \frac{1-v^n}{pd_p}, d_p = \left(1-(1-d)^{\frac{1}{p}}\right) = \left(1-(1+i)^{-\frac{1}{p}}\right)$$

지금 경우는 $\ddot{a}^{(6)}_{\overline{15}|,i} = 10.6803$

해설 1.5

1. 1개월 동안의 이자율을 알아야 한다. 1개월 동안의 이자율을 $i_{12}$라 하면 $(1+i_{12})^{12} = 1+0.03$ 에서 $i_{12} = 0.00246627$. 따라서 할부금을 $X$, $v_{12} = \frac{1}{1+i_{12}}$로 두면

$$600,000 = Xa_{\overline{12}|,i_{12}} = X\frac{1-v_{12}^{12}}{i_{12}} = 11.8098\times X$$

그러므로 $X = 50,805.2$

그러나 $\ddot{a}^{(12)}_{\overline{1}|,i}$를 이용하는 경우는 조심해야 한다. 1개월 할부금이 $X$라는 것은 $12X$를 $X$씩 12회 나누어 내는 것이기 때문에, 올바른 식은 $600,000 = X\ddot{a}^{(12)}_{\overline{1}|,i}$가 아니고, $600,000 = 12X\ddot{a}^{(12)}_{\overline{1}|,i}$인 것에 주의하자.

2. 만일 매월 말에 51,500을 12회 저금했다면, 마지막 돈을 넣을 때 잔고는

$$51,500s_{\overline{12}|,i_{12}} = 51,500\frac{(1+i_{12})^{12}-1}{i_{12}} = 51,500\frac{(1+i)-1}{i_{12}} = 626,452$$

따라서 실질이율은

$$\frac{626,452-600,000}{600,000} = 0.0440867 = 4.4\%$$

3. 1개월 이자율은 $i_{12} = (1+0.03)^{\frac{1}{12}} - 1 = 0.00246627$. 그런데 $M = 10000$이라면 할부금의 현재가격은 $10000a_{\overline{36}|,i_{12}} = 344076$. 따라서 $600000 - 344076 = 255924$ 이상을 선불금으로 내야한다.
이것을 $a^{(12)}_{\overline{3}|,i}$을 용한다면, 1년에 $12M$ 을 12로 나누어 $M$씩 내는 것에 해당하기 때문에, 할부금의 현재가격은 $12Ma^{(12)}_{\overline{3}|,i} = 344076$.

해설 1.6 6년은 72개월이다. 잔고증가율 함수는 $a(t) = (1+0.05)^t$.

1. $1000(1+0.05)^6 = 1340.1$. 이 경우는 실제 지불한 이자는 340.1 이다.
2. 매월 발생하는 이자는 $1000 \times \left[(1+0.05)^{\frac{1}{12}} - 1\right] = 4.07412$. 따라서 총 이자는 $4.07412 \times 72 = 293.337$
3. 1개월 이자율은 $i_{12} = a(\frac{1}{12}) - 1$. 월 상환금액 $X$는 현재가격이 같아야 하므로

$$1000 = Xa_{\overline{72}|,i_{12}} = X\frac{1-v_{12}^{72}}{i_{12}}, \quad v_{12} = \frac{1}{1+i_{12}}$$

위 식은 지금부터 1개월 뒤부터, 1개월 간격으로 $X$씩 지급되는 돈의 현재가격이 1000이 되어야 한다는 뜻이다. 이제 $i_{12} = a(\frac{1}{12}) - 1 = 0.00407412$, $v_{12} = \frac{1}{1+i_{12}} = 0.995942$.
따라서 월 납입금은 $X = \frac{1000}{a_{\overline{72}|,i_{12}}} = 16.0535$. 그러므로 이자는 $16.0535 \times 72 - 1000 = 155.85$

3가지 방법을 비교합면 매월 원금과 발생하는 이자를 상환하는 것이 이자를 가장 적게 낸다.

해설 1.7 1개월마다 거래가 일어나므로, 1개월 이자율을 알아야 한다. $i_{12} = \frac{i^{(12)}}{12} = 0.005$.
$5 \times 12 = 60$회 출금 직후 계정에 남은 돈은 $t = 5$일 때의 가격이다.

$$1000\big(1+\frac{i^{(12)}}{12}\big)^{60} - 150 \times s_{\overline{60}|,j} = 13488.5 - 10465.5 = 3023.$$

이제 남은 기간동안 매월 150씩 출금하는 돈의 $t = 5$에서 현재가격은

$$150a_{\overline{60}|,j} = 7758.83$$

이므로 더 입금해야 할 금액은 부족한 금액이다.

$$7758.83 - 3023. = 4755.83$$

해설 1.8 짝수, 홀수의 간격이 2이므로, 2년간의 이자율을 생각할 필요가 있다. 2년동안의 이율을 $j_2$라 하면, $j_2 = (1+i)^2 - 1 = 0.1664$

1. $300a_{\overline{10}|,j_2} = 1416.08$
2. $(1+i) \times 300a_{\overline{10}|,j_2} = 1529.37$
3. $300a_{\overline{20}|,i} = 2945.44$. 물론 이것은 짝수번째 받는 연금과 홀수번째 받는 연금의 합이다.

$$2945.44 = 1416.08 + 1529.37$$

해설 1.9 $2\ddot{a}_{\overline{3n}|,i} = 29.3959$. 그런데

$$\ddot{a}_{\overline{3n}|,i} = 1 + v + v^2 + \cdots + v^{3n-1} = \ddot{a}_{\overline{n}|,i} + v^n\ddot{a}_{\overline{n}|,i} + v^{2n}\ddot{a}_{\overline{n}|,i}$$

여기서 $\ddot{a}_{\overline{3n}|,i}, \ddot{a}_{\overline{n}|,i}$의 값이 주어졌기 때문에 이것은 $v^n$에 대한 2차방정식이다. 따라서 $v^n = 0.78599$.

해설 1.10 $a_{\overline{2n}|} = a_{\overline{n}|} + v^n a_{\overline{n}|} = (1+v^n)a_{\overline{n}|}$에서 $y = x + v^n x = (1+v^n)x$. 따라서 $\frac{y}{x} = 1 + v^n$.
다음으로 $i = \frac{d}{1-d}$인 것에 주의하면

$$a_{\overline{n}|} = \frac{1-v^n}{i} \iff ia_{\overline{n}|} = 1 - v^n \iff x\frac{d}{1-d} = 1 - v^n = 2 - \frac{y}{x}$$

따라서 $d = \dfrac{2x-y}{x^2+2x-y}$.

해설 1.11

1. $s_{\overline{m+n}|}$을 일정한 간격으로 1씩 $m+n$이 저축했을 때, 마지막 $m+n$ 회 입금 후 계정에 있는 돈을 말한다.
   - 임금한 돈을 처음 $n$번째 임금한 돈과, 나머지 $m$ 회 임금한 돈으로 구별하면 $(1+i)^m s_{\overline{n}|} + s_{\overline{m}|}$.
   - 처음 $m$회 입금한 돈과, 나머지 $n$ 회 입금한 돈으로 나누면 $(1+i)^n s_{\overline{m}|} + s_{\overline{n}|}$.
2. $s_{\overline{m+n}|}$과 같은 생각으로
   - 처음 $m$회 받는 돈과, 나머지 $n$회 받는 돈으로 나누면 $a_{\overline{m}|} + v^m a_{\overline{n}|}$.
   - 처음 $n$회 받는 돈과, 나머지 $m$회 받는 돈으로 나누면 $a_{\overline{n}|} + v^n a_{\overline{m}|}$.

해설 1.12 기본단위를 3개월로 해야 한다. 3개월간의 이자율은, 1년에 $\frac{12}{3}=4$회 이자를 계산하는 것에 해당하기 때문에 $i_4 = (1+0.06)^{\frac{1}{4}} - 1 = 0.0146738 = 1.46783\%$. 따라서 현재가격은 $200a_{\overline{48}|,i_4} = 200 \times 34.2808 = 6856.15$.

해설 1.13 일정한 기간이 1개월 이므로 1개월 이자율을 계산해야 한다. 1개월 이자율을 $i_{12}$라 하면

$$i_{12} = (1+0.05)^{\frac{1}{12}} - 1 = 0.00407412 = 0.407412\%$$

따라서 $10,000 = 50s_{\overline{60}|,i_{12}} \times (1+i_{12})^{60} + (50+X)s_{\overline{60}|,i_{12}}$. 여기서 $(1+i_{12})^{60} = (1+i_{12})^{12\times 5} = (1+i)^5 = 1.27628$. 그러므로 $X = 33.6487$.

해설 1.14

$$\begin{aligned} a_{\overline{2n}|,i} &= v+v^2+\cdots+v^n+v^{n+1}+v^{n+2}+\cdots+v^{2n} = a_{\overline{n}|,i} + v^n\big(v+v^2+\cdots+v^n\big) = a_{\overline{n}|,i} + v^n a_{\overline{n}|,i} \\ &= (1+v^n)a_{\overline{n}|,i} \end{aligned}$$

따라서 $v^n = \frac{a_{\overline{2n}|,i}}{a_{\overline{n}|,i}} - 1 = \frac{15.159}{10} - 1 = 0.515898$. 다음으로 $a_{\overline{n}|,i} = \dfrac{1-v^n}{i} = 10$으로부터 $i = 0.04841$.
따라서 $n = -\frac{\ln(0.515859)}{\ln(1+0.04841)} = 14$.

해설 1.15

$$\begin{aligned} &v+v^2+\cdots+v^n+5v^{n+1}+5v^{n+2}+\cdots+5v^{2n} \\ &\quad = 5\big(v+v^2+\cdots+v^n+v^{n+1}+\cdots+v^{2n}\big) - 4\big(v+v^2+\cdots+v^n\big) \\ &\quad = 5a_{\overline{2n}|,i} - 4a_{\overline{n}|,i} = 5M - 4N. \end{aligned}$$

해설 1.16 돈이 들어오는 간격은 $3T$이다. 기간 $3T$ 동안의 이자를 $j_3$라 하면 $j_3 = (1+i)^3 - 1$.

1. $(1+i)^2 M a_{\overline{20}|,j_3} = 227.98$
2. $(1+i) M a_{\overline{20}|,j_3} = 221.34$
3. $M a_{\overline{20}|,i_3} = 214.893$
4. $M a_{\overline{60}|,i} = 664.214$. 이 값은 물론 $664.214 = 227.98 + 221.34 + 214.893$와 같다.

해설 1.17

1. 돈이 들어오는 간격이 $2T$. 기간 $2T$ 동안의 이자율을 $j_2$라 하면

$$(1+i)Ma_{\overline{n}|,j_2} = (1+i)M\frac{1-v_2^n}{j_2}, \quad v_2 = \frac{1}{1+j_2},\ j_2 = (1+i)^2 - 1$$

2. 돈이 들어오는 간격이 $2T$. 기간 $2T$ 동안의 이자율을 $i_2$라 하면

$$Ma_{\overline{n}|,j_2} = M\frac{1-v_2^n}{j_2}, \quad v_2 = \frac{1}{1+j_2}$$

해설 1.18

1. $M(1+i)^{20} = Xs_{\overline{20}|}$. 또는 $M = Xa_{\overline{20}|,i}$. $X = \frac{M}{a_{\overline{20}|,i}}$.
2. 1개월 동안의 이자율을 계산해야 한다. 1개월은 $\frac{1}{12}$이므로 1개월 이자는

$$i_{12} = (1+i)^{\frac{1}{12}} - 1$$

$v_{12} = \frac{1}{1+i_{12}}$라 두자. 총 $12 \times 20 = 240$회 인출한다. 따라서

$$M = Ya_{\overline{240}|,i_{12}}, \quad Y = \frac{M}{a_{\overline{240}|,i_{12}}} = \frac{M}{\frac{1-v^{20}}{i_{12}}}$$

이것을 이렇게 해석할 수도 있다.년 $12Y$을 1개월에 $Y$씩 지급한다. 이렇게 보면 $M = 12Ya_{\overline{20}|,i}^{(12)}$. 물론

$$12a_{\overline{20}|,i}^{(12)} = 12\frac{1-v^{20}}{i^{(12)}} = \frac{1-v^{20}}{\frac{i^{(12)}}{12}} = \frac{1-v^{20}}{i_{12}} = a_{\overline{20\times12}|,i_{12}} = a_{\overline{240}|,i_{12}}$$

당연히 어떤 방법을 쓰더라도 같은 값 $Y$를 얻는다.

해설 1.19 $t=12$일 때 가격을 구하면 $9291 = 3800a(12) + X\sum_{k=0}^{3}\frac{a(12)}{a(4+2k)}$. 따라서 $X = 330$.

해설 1.20 2 동안의 이율을 $j_2$라 하면 $(1+i)\times 17s_{\overline{5}|,j} = (1+i)\times 8s_{\overline{10}|,j_2}$. 따라서

$$17\frac{(1+j_2)^5-1}{j_2} = 8\frac{(1+j_2)^{10}-1}{j_2},$$
$$17 = 8\big((1+j_2)^5+1\big),$$
$$(1+j_2)^5 = \frac{9}{8}$$

여기 $1+i = (1+j_2)^{\frac{1}{2}}$이므로, 서 $1+i = \big((1+j_2)^5\big)^{\frac{1}{10}} = 1.0.0118479$. 따라서 $i = 0.0118479$.

해설 1.21 $200(1+0.05)^3(1+0.02)^3 + 300(1+0.05)(1+0.02)^3 + 400(1+0.02)^2 = 996.137$

해설 1.22 6개월 동안, 즉 $\frac{1}{2}$동안, 이율을 $i_2$, 1개월 동안 이율을 $i_{12}$라 두고, $t=6$일 때 잔고를 계산하자. 구하려는 $X$는, 6개월 간격으로 8회 대출받을 것으로 해석해서 계산하면

$$300\ddot{s}_{\overline{8}|,i_2}(1+i_2)^4 = Xa_{\overline{120}|,i_{12}}$$

이제 $i^{(12)} = 3\%$이므로 $i_{12} = \frac{i^{(12)}}{12} = 0.0025, i_2 = (1+\frac{i^{(12)}}{12})^6 - 1 = 0.0150941$. 따라서

$$X = \frac{300\ddot{s}_{\overline{8}|,i_2}(1+i_2)^4}{a_{\overline{120}|,i_{12}}} = 26.3373$$

만일 마지막 $X$를 상환한 순간의 잔고를 이용하여 계산한다면, 잔고증가율 함수를 $a(t) = (1+\frac{i^{(12)}}{12})^{12t}$를 하여

$$-300\sum_{k=0}^{7}\frac{a(16)}{a(\frac{1}{2}k)} + X\sum_{k=1}^{120}\frac{a(16)}{a(6+\frac{1}{12}k)} = 0$$

에서 $X = 26.3373$.

해설 1.23 주어진 조건으로부터 $X = 1000v + 3000v^3 = 3663.25$.

해설 1.24 이자율 $i$을 알아내야 한다. 조건에서 $4,000 = 500(1+i)^{30}$ 따라서 구하려는 현재가격은

$$\frac{10,000}{(1+i)^{20}} = 10,000(\frac{1}{(1+i)^{30}})^{\frac{2}{3}} = 10,000(\frac{500}{4,000})^{\frac{2}{3}} = 2,500.$$

해설 1.25 상품 $M$의 잔고증가율함수를 $a(t) = (1+0.035)^t$, 상품 $N$의 잔고증가율함수는 $b(t) = (1+0.0375)^t$라 하자. 각각의 잔고함수를 $A(t), B(t)$라 하면, 주어진 조건은 2000년 1월 1일을 $t = t_0$라 두면 2000년 1월 1일에 상품 $N$에 있었던 돈을 $B$라 하자. 2015년 1월 1일은 $t_0$로부터 15년 뒤이므로

$$2B\frac{a(t_0+15)}{a(t_0)} + B\frac{b(t_0+15)}{b(t_0)} = 2Ba(15) + Bb(15) = 100000$$

따라서 $B = 19654.9$.

해설 1.26 먼저 이자율 $i$을 구하자. $a(t) = (1+i)^t$라 두면 $10000a(8) = 14221$에서 $i = 0.045$. 다음에 $t$를 구하자.

$$6494.67a(-t) + 6494.67a(-4t) = 10000$$

에서 $t = 2.5$. 따라서 $2t = 5$년 뒤에 받게 되는 20,000의 현재 가격은 $2000(1+0.045)^{-5} = 16049$.

해설 1.27 $s_{\overline{n}|,i}^{(p)} = \frac{1}{p}s_{\overline{np}|,i_p}$, $i_p = \frac{i^{(p)}}{p} = (1+i)^{\frac{1}{p}} - 1$인 것도 이용해보자. 따라서

$$s_{\overline{n}|,i}^{(p)} = \frac{1}{p}s_{\overline{np}|,i_p} = \frac{1}{p}\frac{(1+i_p)^{pn}-1}{i_p} = \frac{(1+i)^n-1}{i^{(p)}}$$

$s_{\overline{n}|,i}^{(p)}$은 1년에 1을 저금하는 대신에 , 1년을 $p$등분하여 $\frac{k}{p}, k = 1,2,\cdots,np$에 $\frac{1}{p}$ 씩 투자할 때 $t = n$ 일 때의 가격을 나타낸다.

1. $20000(1+0.02)^5 = 22,081.6$
2. 1개월 동안의 이자율은 $i_{12} = (1+0.035)^{\frac{1}{12}} - 1 = 0.0028709$. 따라서 $Xs_{\overline{60}|,i_{12}} = M = 22081.6$로부터 $X = 337.766$. 이것을 이렇게 생각할 수도 있다. 1개월에 $X$ 씩, 매년 $12X$를 저금하면 $12Xs_{\overline{5}|,i}^{(12)} = M = 22081.6$에서 $X = 337.766$

해설 1.28

1. 매년 223.032를 3년간 낸다면 $223.032s_{\overline{3}|,0.037} = 694.158$. 따라서 고객이 지불하는 실제 이자율 $i$는 $600(1+i)^3 = 694.158$ 로부터 $i = 5\%$
2. $223.032(1+0.037)s_{\overline{3}|,0.037} = 719.842$. 따라서 고객이 지불하는 실제 이자율 $i$는 $600(1+i)^3 = 719.842$ 로부터 $i = 6.3\%$
3. 매월 18.586을 36개월 동안 갚는 경우는, 1개월 동안의 이자를 계산해야 한다. 이것은

$$i_{12} = \left((1+0.037)^{\frac{1}{12}} - 1\right) = 0.00303225$$

따라서 이경우, 매월 18.586을 저금했다 생각하면 $18.586s_{\overline{36}|,j_{12}} = 705.852$ 이고, 년이율은 $600(1+i)^3 = 705.852$에서 $i = 0.0556523 \approx 5.6\%$.

해설 1.29 주어진 조건에서

$$\begin{cases} 100a_{\overline{n}|,i} &= 4000 \\ 100a_{\overline{3n}|,i} &= 7000 \end{cases}$$

따라서 $\frac{a_{\overline{3n}|,i}}{a_{\overline{n}|,i}} = \frac{7}{4}$를 얻는다. 여기서

$$a_{\overline{3n}|,i} = v + v^2 + \cdots + v^{3n} = (v + \cdots + v^n) + v^n(v + \cdots + v^n) + v^2(v + \cdots + v^n) = a_{\overline{n}|,i} + v^n a_{\overline{n}|,i} + v^{2n} a_{\overline{n}|,i}$$

에 주의하면, $1+v^n+v^{2n}=\frac{7}{4}$ 를 얻는다. 이것은 $v^n$에 대한 2차방정식이므로 $v^n=\frac{1}{2}$. 따라서

$$100a_{\overline{2n}|,i}=100\big(a_{\overline{n}|,i}+v^n a_{\overline{n}|,i}\big)=100a_{\overline{n}|,i}(1+v^n)=40000(1+\frac{1}{2})=6000$$

해설 1.30

1. $i^{(12)}=6\%$이므로 한 달 이자율은 $i_{12}:=\frac{i^{(12)}}{12}=0.005$. 갚아야 할 돈을 $M$이라 하고, 저금하는 것으로 생각하면,

$$10000000\times(1+0.005)^{60}=Ms_{\overline{60}|,i_{12}}=M\frac{(1+0.005)^{60}-1}{0.005}=M\times 69.77$$

따라서 $M=1,433,280$. 이렇게 계산할 수도 있다.
60 개월은 5년이이고, $(1+0.005)^{12}=1.06168$이므로 $i=0.06168$ 이므로

$$10000000(1+0.06168)^5=12Ms^{(12)}_{\overline{5}|,i}=12M\times\frac{(1+0.06168)^5-1}{i^{(12)}}=M\times 69.77$$

조심해야 할 점은 한 달에 $M$을 내기 때문에 1년에는 $12M$을 내게 된다. 또는 1년에 내는 12M을 한 달에 $M$ 씩 나누어 내는 것으로 생각한다.

2. 이자율만 달라졌다. 한 달 이자율은 $i_{12}:=\frac{0.07}{12}=0.0058333$.

$$100000000(1+0.005833)^{60}=Ms_{\overline{60}|,i_{12}}=M\times\frac{(1+0.005833)^{60}-1}{0.005833}=M\times 71.5929$$

$M=1,980,120$. 이자율이 높아지면 할부금도 커진다.

3. 한 달 이자율은 $\frac{i^{(12)}}{12}=0.005=j$이다. 그런데 이 이율로 1억의 한 달 이자가 1억 $\times$ 0.005 =50만원 이므로, 겨우 이자만 갚은 상황. 언제나 1억이 남아있다.

4. 한 달 이자율은 $\frac{i^{(12)}}{12}=0.005=i_{12}$이다. 달 마다 잔고는

$$X\to X(1+i_{12})-100\to X(1+i_{12})^2-100(1+i_{12})-100\to\cdots$$

따라서 $X(1+i_{12})^n-100s_{\overline{n}|,i_{12}}<100$. 이 되는 $n$을 구하는 문제다. 단위를 만원으로 하면, $X=10000$이므로

$$10000(1+0.005)^n-100<100s_{\overline{n}|,i_{12}}=100\frac{(1+0.005)^n-1}{0.005}$$

가 성립하는 가장 작은 $n$을 찾는 문제. 정리하면 $n>\frac{\ln(\frac{199}{100})}{\ln(1+0.05)}\approx 137.97$
$n=138$개월을 납부하면 잔고가 97만원 정도가 된다. 10년이 더 걸린다.

해설 1.31

1. $(1-\frac{d^{(6)}}{6})(1+\frac{i^{(6)}}{6})=1$로부터 $d^{(6)}$를 구하면 편리하다. $d^{(3)}=\frac{1}{12}$이므로 $(1-\frac{d^{(6)}}{6})^2=1-\frac{d^{(3)}}{3}=\frac{35}{36}$. 따라서 $d^{(6)}=1-\frac{\sqrt{35}}{6}$이고, 따라서 $i^{(6)}=6\big(\frac{6}{\sqrt{35}}-1\big)$
2. 할인율 $d^{(12)}$를 알면 좋다. $(1-\frac{d^{(12)}}{12})^4=1-\frac{d^{(3)}}{3}$이므로 $1-\frac{d^{(12)}}{12}=(\frac{35}{36})^{\frac{1}{4}}$ . 따라서 갚아야 할 돈은 $1000(\frac{35}{36})^{-\frac{1}{4}}=1007.07$.
3. $\ddot{a}_{\overline{10}|,i}=\frac{1-v^6}{d}=6.32825$. 다음으로 1개월 이자율을 $i_{12}$라 두면 $(1+i_{12})^{12}=1+0.12$에서 $i_{12}=(1+0.12)^{\frac{1}{12}}-1=0.00948879$ . 따라서 $\ddot{s}^{(12)}_{\overline{2}|,i}=\frac{1}{12}\ddot{s}_{\overline{24}|,i_{12}}=\frac{1}{12}\times 27.065=2.25541$

해설 1.32 $\ddot{a}_{\overline{15}|,i}=\big(\ddot{a}_{\overline{5}|}+v^5\ddot{a}_{\overline{5}|}+v^{10}\ddot{a}_{\overline{5}|}\big)=\frac{5}{2}\ddot{a}_{\overline{5}|}$. 따라서 $1+v^5+v^{10}=\frac{5}{2}$. 이것은 $v^5$에 대한 2차방정식이므로 해를 구할 수 있다. $v^5=\frac{1}{2}(-1+\sqrt{7})$.

해설 1.33 총 $2\times 12=24$회 입금한다. 입금하는 돈을 1개월마다 받는 돈으로 생각하면 편하다. 1개월 이자율을 $i_{12}$라 하면, $2000=Xa_{\overline{24}|,i_{12}}$. 이제 $(1+i_{12})^{12}=\big(1+\frac{i^{(6)}}{6}\big)^6$로부터 $i_{12}=0.0198039$. 따라서 $X=105.507$.

해설 1.34 투자하는 동안은 1개월 이자율을 계산해야 한다. $(1+i_{12})^{12}=1+i, i=6\%$로부터, $i_{12}=(1+0.06)^{\frac{1}{12}}-1=0.00486755$. $t=10$일 때 잔고는

$$X(1+i_{12})+\cdots+(1+i_{12})^{120})=X\ddot{s}_{\overline{120}|;i_{12}}$$

$t=20$ 일 때 잔고는 $X\ddot{s}_{\overline{120}|;i_{12}}(1+i)^{10}$. 그러므로 $X$는 다음 식을 만족시킨다:

$$X\ddot{s}_{\overline{120}|;i_{12}}(1+i)^{10}=600\ddot{a}_{\overline{20}|;i}$$

여기서 $\ddot{s}_{\overline{120}|;i_{12}}=163.264$, $(1+i)^{10}=1.79085$, $\ddot{a}_{\overline{20}|;i}=12.1581$ 이므로 $X=24.9498$

해설 1.35 $t=0$에서 계산하면 $3800=X\sum_{k=0}^{3}\frac{1}{a(4+2k)}$. 따라서 $X=600$.

해설 1.36 $t=15$일 때 계산하면 $1353=X\big(\frac{b(15)}{b(0)}+\frac{b(15)}{b(2)}+\frac{b(15)}{b(4)}\big)-170\big(\frac{b(15)}{b(6)}+\frac{b(15)}{b(9)}+\frac{b(15)}{b(12)}\big)$.
따라서 $X=209$.

해설 1.37

1. $\sum_{k=1}^{4}10k\frac{a(0)}{a(10k)}=\frac{10}{12}\sum_{k=1}^{4}(12-k)k=75$.
2. 앞에서 현재가격을 계산했다. 따라서 $75\times a(60)=150$.
3. 상환되는 원금의 현재가격은 $21500\dfrac{a(0)}{a(30)}+28000\dfrac{a(0)}{a(60)}=30125$.
   따라서 상환되는 이자의 현재가격은 $49500-30125=19375$.

해설 1.38

$$2(1+v^2+v^4+\cdots v^{2n-2})+(v+v^3+v^5+\cdots+v^{2n-1})=\frac{25}{16}M=\frac{25}{16}\ddot{a}_{\overline{2n}|,i}$$

합을 계산하면

$$2\frac{1-v^{2n}}{1-v^2}+\frac{v-v^{2n}}{1-v^2}=\frac{2+v}{1+v}\frac{1-v^{2n}}{1-v}=\frac{2+v}{1+v}M$$

따라서 $\frac{2+v}{1+v}=\frac{25}{16}$이고, $v=\frac{7}{9}$

해설 1.39 $t=\frac{k}{12}, k=1,2,\cdots$ 일 때의 잔고를 $X_k$라 하면 $X_0=1$억,
$X_k=X_{k-1}(1+\frac{0.03}{12})-2X_{k-1}\frac{0.03}{12}=X_{k-1}(1-\frac{0.03}{12}), k\geq 1$. 따라서 $X_k=10^8(1-\frac{0.03}{12})^k, k\geq 1$. 이제 $10^8(1-\frac{0.03}{12})^k<10^6$ 가 성립하는 $k$를 구하면 $k=1839.76$.

$k$는 정수인 것을 생각하면 지금부터 1840 개월이 지나야 한다. 153년 4개월에 남은 원금은 약 999,411이 된다.

해설 1.40

1. $t=k$에 계정 $A$의 잔고를 $X_k$라 하면 $X_0=825$이고 $X_k=X_{k-1}(1+0.08)-X_{k-1}\times 0.08-55$.
   정리하면 $X_k=825-55k,\ k=1,2,\cdots,15$. 따라서$t=11$에 $B$에 입금되는 돈은 $X_{10}\times 0.08+55=77$.
2. $\sum_{k=1}^{15}\big(X_{k-1}\times 0.08+55\big)(1+0.1)^{15-k}=3106.48$.

해설 1.41 무엇보다도 먼저 $\frac{a'(t)}{a(t)}=\delta_t=1-\frac{t}{8}, a(0)=1$로 부터 $a(t)=\exp(t-\frac{t^2}{16})$.

1. $A(3)=\frac{a(3)}{a(1)}200-100=200e^{\frac{3}{2}}-100$
2. $A(5)=\frac{a(5)}{a(3)}A(3)=200e^{\frac{5}{2}}-100e=2164.67$
3. $\sum_{k=0}^{3}\dfrac{2}{a(k)}=3.30552$
4. $\sum_{k=0}^{3}\dfrac{2}{a(k)}a(7)=169.541$. 이 가격은 물론 $3.30552\frac{a(7)}{a(0)}$과 같다.
5. $\int_{t=0}^{4}\frac{1-\frac{t}{8}}{a(t)}a(4)dt=-1+e^3\approx 19.0855$.

해설 1.42

1.

$$a(t) = \begin{cases} (1+0.05)^t, & 0 \le t < 2 \\ (1+0.05)^2(1+0.03)^{t-2}, & 2 \le t < 6 \end{cases} \tag{1.31}$$

이자율 세기(force of interest)가 구간별로 상수인 경우, 잔고증가율함수 $a(t)$는 (1.31)과 같은 식으로 자연스럽게 쓸 수 있도록 준비하자.

2. 앞에서 구한 $a(t)$를 이용하면 $\frac{5}{a(0)}a(4) = 5a(4) = 5(1+0.05)^2(1+0.03)^2 = 5.84821$. 그러나 이렇게 이자율이 바뀌는 것은 일상생활에서 차를 갈아타는 것으로 이해하면 좋다. 즉 5를 $t = 0$에 4년간 투자하는 것은, 먼저 2년간 투자하고, 2년 후에 얻는 원금과 이자를 모두 새로운 이율로 투자하는 것으로 이해하면 $a(t)$를 구하는 부담이 없다. 이렇게 생각하면

$$5 \longrightarrow 5(1+0.05)^2 \longrightarrow 5(1+0.05)^2 \times (1+0.03)^2 = 5.84821$$

3. $\frac{100}{a(5)}a(0) = 83.006$. 또는 $100 \to 100(1+0.03)^{-3} \to 100(1+0.03)^{-3} \times (1+0.02)^{-2} = 83.006$.

4. 연속이자계산이다. 이 경우는 항상 적분을 해야 하는 것을 준비하자. $dt$가 아주 작을 때 시간구간 $[t, t+dt]$에 들어오는 돈은 $1 \times dt = dt$. 이것을 $dt$가 아주 작기 때문에 시각 $t$일 때 입금된 돈으로 이해하는 것이 편리하다. 이 돈의 시각 $t = 5$일 때 가격은

$$\frac{dt}{a(t)}a(5)$$

이제 $t = 2$를 중심으로 이자율이 바뀌는 것에 주의하면

$$\begin{aligned} \int_{t=1}^{4} \frac{dt}{a(t)}a(5) &= a(5)\int_{t=1}^{2} \frac{1}{a(t)}dt + a(5)\int_{t=2}^{4} \frac{1}{a(t)}dt \\ &= a(5)\int_{t=1}^{2} e^{-\delta_1 t}dt + a(5)\int_{t=2}^{4} e^{-2\delta_1}e^{-\delta_2(t-2)}dt \\ &= a(5)\big[-\frac{1}{\delta_1}e^{-\delta_1 t}\big|_{t=1}^{2} + a(5)e^{-2\delta_1}\big[-\frac{1}{\delta_2}e^{-\delta_2(t-2)}\big|_{t=2}^{4} \\ &= 3.24193 \end{aligned}$$

5. 앞에서 한 것과 같은 생각으로 계산하자, 달라지는 점은 시간구간 $[t, t+dt]$에 들어오는 돈은 $2tdt$로 근사하는 것이다.

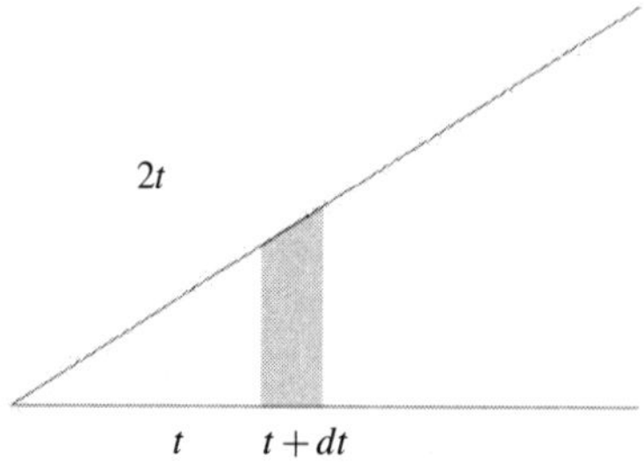


그림. 1.20: $2t$의 비율로 돈이 들어올 때, 시간구간 $[t.t+dt]$에 들어오는 돈은 그림자로 표현된 영역의 넓이인데, 이 넓이를 $2tdt$로 근사한다.

$$\int_{t=1}^{4} \frac{2t}{a(t)}a(0)dt = 13.3152$$

6. 시간구간 $[t, t+dt]$에 들오는 돈은 $2tdt$이다. 이것을 시각 $t$일 때의 돈으로 생각하면 된다. 따라서 $t = 4$일 때 가격은 $\frac{2tdt}{a(t)}a(4)$. 따라서 들온 돈 모두의 $t = 4$일 때 가격은

$$\int_{t=1}^{4} \frac{2tdt}{a(t)}a(4) = 15.574$$

여기서 5. 에서 계산한 이런 현금흐름의 현재가격이 13.3152인 것을 알았는데, 이런 현금흐름의 $t=4$일 때의 가격 15.574와 관계는 물론 $13.3152 \times a(4) = 13.3152 \times (1+0.05)^2(1+0.03)^4 = 15.574$ 인 것도 주의하자.

해설 1.43 $\delta = \ln(1+0.04) = 0.0392207$. $\int_{t=1}^{8} te^{-\delta t}dt = 25.545$.

해설 1.44 주어진 조건에서 $\ln a(t) = \int_{s=0}^{t} \delta_s ds = 1 + \frac{t^2}{10}$이다.

1. $a(t) = 1 + \frac{t^2}{10}$
2. $\ddot{a}_{\overline{4}|} = \sum_{k=0}^{3} \frac{a(0)}{a(k)} = 3.14969$
3. $\bar{a}_{\overline{4}|} = \int_{t=0}^{4} \frac{a(0)}{a(t)}dt = 2.85184$
4. $\bar{s}_{\overline{4}|} = a(4)\bar{a}_{\overline{4}|} = (1+\frac{4^2}{10}) \times 2.85184 = 7.41479$. 물론 직접 계산할 수도 있겠다. $\bar{s}_{\overline{4}|} = \int_{t=0}^{4} \frac{a(4)}{a(t)}dt = 7.41479$.
5. $\ddot{s}_{\overline{2}|} = \sum_{k=0}^{1} \frac{a(2)}{a(k)} = 2.67273$

해설 1.45 $\ln a(t) = \int_{t=0}^{1} \delta_s ds = \ln(1+\frac{t}{8})$에서 $a(t) = 1+\frac{t}{8}$. 시각 $t$에 입금되는 현금을 $f(t)$라 두자. 따라서

$$f(t) = \begin{cases} 1+\frac{t}{8}, & 0 \le t < 2, \\ 2+\frac{t}{4}, & 2 \le t < 4 \end{cases}$$

1. $\int_{t=0}^{4} f(t)\frac{a(0)}{a(t)}dt = \int_{t=0}^{2} dt + \int_{t=2}^{4} 2dt = 6$
2. $6 \times a(4) = 9$. 물론 $\int_{t=0}^{4} f(t)\frac{a(4)}{a(t)}dt = 9$.

해설 1.46

1. $j = 10\%$로 하여 상환하는 원금의 현재가격을 계산하면 $v_j = \frac{1}{1+j}$로 하여

$$400v_j^6 + 600v_j^{10} = 457.116$$

2. 고객이 내는 이자는 조심해서 계산해야 한다.
   - 먼저 $t = 1,2,3,4,5,6$는 원금 1000에 대한 이자 $1000 \times 0.07 = 70$을 내게 된다.
   - $t = 7,8,9,10$ 에는 $t=6$에 400은 냈기 때문에, 나머지 금액 600에 대한 이자 $600 \times 0.07 = 42$을 내게 된다.

   따라서 은행은 고객이 내는 이자의 현재가격을

$$70a_{6,0.1} + 42 \times \left(a_{\overline{10}|,0.1} - a_{\overline{6}|,0.1}\right) = 380.019$$

3. $457.116 + 380.019 = 837.135$.

이 상품의 의미는, 고객이 이 상품을 837.135에 구입하고, $t=6$에 400, $t=10$에 600, $t=1,2,3,4,5,6$에 각각 70, $t=7,8,9,10$에 각각 42을 납입하면, 고객을 대출금을 완전히 상환한 것이다. 고객이 납입한 돈의 총 합은

$$400 + 600 + 70 \times 6 + 42 \times 4 = 1588$$

그러나 은행이 고객에게 제시한 이율은 7% 였다. 당연한 일이지만 고객의 입장에서 계산한 현재가격은

$$400(1+0.07)^{-6} + 600(1+0.07)^{-10} + 70a_{\overline{6}|,0.07} + 42\left(a_{\overline{10}|,0.07} - a_{\overline{6}|,0.07}\right) = 1000$$

해설 1.47 은행 입장에서 볼 때 상환되는 원금의 현재가격은 $400v_j^6 + 600v_j^{10} = 457.116$. 이때 도움말 1.32를 쓰면 판매가격은 간단하게

$$457.116 + \frac{0.07}{0.1}(1000 - 457.116) = 837.135$$

# 2 결정적 모델(Deterministic Model) 활용

## 2.1 채권(bond)

투자는 항상 위험이 따른다. 더 높은 수익을 얻기 위하여 감수해야 할 위험을 분산시키는 방법으로 사전에 약정된 기간동안 약정된 이자를 주는 상품이 필요한데, 대표적인 것이 연금, 채권등이 있다. 채권은 회사에서 자금을 모으기 위해 즐겨 사용하는 방법이다. 그런데 자금을 모으는 것은 투자자의 입장에서 보면 회사가 투자할 가치가 있어야 한다. 예를 들어 위험이 없는 이자율이 $i$ 라면, 투자자는 자신의 수익률 $y$와 채권을 발행하는 회사가 제시하는 이율 $i$를 비교한다.

**도움말 2.1** [발행회사 입장에서 본 채권의 구조] 이자를 년 1회 지급하는 경우를 생각하자. 지금부터 $t = T$년 후에 $M$을 지급하고, $t = 1,2,3,\cdots,T$에 이자 $C = Mr$을 지급하는 금융상품을 생각하자. 이 상품을 발행한 회사의 계산은 다음과 같다. $v = \frac{1}{1+r}$라 두면

$$
\begin{aligned}
M(\frac{1}{1+r})^T + \sum_{k=1}^{T} C(\frac{1}{1+r})^k &= Mv^T + Mr \times a_{\overline{T}|,r}, \ v = \frac{1}{1+r} \\
&= M\ v^T + Mr\frac{1-v^T}{r} \\
&= M
\end{aligned}
$$

이 식의 의미는 발행회사가 이 상품을 투자자에게 $M$에 팔 수 있다면, 회사는 년이율 $r$로 투자금을 대출받는 것에 해당하고, 약속대로 상환할 의무가 생긴다.

이런 이유로 발행회사는 이런 금융상품의 가격을 $M$으로 제시한다.

이자를 1년에 $p$회 지급하는 경우를 생각하자. 지금부터 $t = T$년 후에 $M$을 지급하고, $t = \frac{k}{p}, k = 1,2,\cdots,Tp-1,Tp$에, 1년 이자 $C = Mr^{(p)}$를 매회 $C_p = M\frac{r^{(p)}}{p}$씩 , 1년에 $p$회 지급하

는 금융상품을 생각하자. 이것은 발행회사가 명목상 연이율 $r^{(p)}$를 생각하고 있는 것이다. $r^{(p)}$가 주어질 때, 이것에 해당하는 실질이율 $i$는

$$(1+\frac{r^{(p)}}{p})^p = 1+i$$

로부터, $\frac{1}{p}$동안의 이자율은 $\dfrac{r^{(p)}}{p} = \left((1+i)^{\frac{1}{p}}\right) - 1 := i_p$인 것을 기억하자.

**도움말 2.2** [발행회사 입장에서 본 채권의 구조] 이자를 1년에 $p$회 지급하는 경우는, $\frac{1}{p}$ 동안 이자를 쉽게 계산할 수 있도록 $r^{(p)}$를 준다. $r_p = \frac{r^{(p)}}{p}$, $v_p = \frac{1}{1+r_p}$라 두면

$$\begin{aligned} Mv_p^{Tp} + \sum_{k=1}^{T} C_p v_p^k &= Mv_p^{Tp} + C_p \sum_{k=1}^{Tp} v_p^k = Mv_p^{Tp} + Ca_{\overline{T}|,r_p}^{(p)} = Mv_p^{Tp} + M\frac{r^{(p)}}{p} \times \frac{v_p - v_p^{Tp+1}}{1-v_p} \\ &= Mv_p^{Tp} + M\frac{r^{(p)}}{p} \times \frac{v_p}{1-v_p} \times (1-v_p^{Tp}) \\ &= Mv_p^{Tp} + M\left(1-v_p^{Tp}\right) = M \end{aligned}$$

이런 이유로 발행회사는 이런 금융상품의 가격을 $M$으로 제시한다. **표현상의 이유로 $r^{(p)}$라는 표현대신에, 그냥 $r$로 쓰고, 대신에 1년에 이자를 $p$회 지급한다고** 말한다. 익숙한 기호 $a_{\overline{T}|,i}^{(p)}$를 쓰면

$$Mv^T + Mr^{(p)}a_{\overline{T}|,r}^{(p)} = M, \quad (1+\frac{r^{(p)}}{p})^p := 1+r$$

그러나 채권은 투자자가 사는 것이므로 발행사가 제시한 금액에 팔리는 것은 아니다. 투자자는 기대 수익율, 발생사가 제시한 이율 $r^{(p)}$, 발행사의 위험성을 보고 투자를 결정한다.

**도움말 2.3** 다음 기호에 익숙해지자.

- $i^{(m)} = m \times i_m, \ i_m = (1+i)^{\frac{1}{m}} - 1$
- $a_{\overline{n}|,i}^{(m)} = \frac{1}{m}\sum_{k=1}^{mn} v^{\frac{k}{m}} = \frac{1}{m}a_{\overline{mn}|,i_m} = \frac{1-v^n}{i^{(m)}} = \frac{i}{i^{(m)}}a_{\overline{n}|,i}$
- $s_{\overline{n}|,i}^{(m)} = (1+i)^n a_{\overline{n}|,i}^{(m)} = \frac{(1+i)^n-1}{i^{(m)}} = \frac{i}{i^{(m)}}s_{\overline{n}|,i}, \ a_{\overline{n}|,i}^{(m)} = \frac{1-v^n}{i^{(m)}}$

**도움말 2.4** [투자자 입장에서 본 채권의 구조] 이자를 1년에 $p$회 지급하는 경우를 생각하자. 지금부터 $t = T$년 후에 $M$을 지급하고, $t = \frac{k}{p}, k = 1, 2, \cdots, Tp-1, Tp$에 1년 이자 $C = Mr^{(p)}$를, 매회 $C_p = M\frac{r^{(p)}}{p}$씩 , 1년에 $p$회 지급하는 금융상품을 생각하자. 이것은 발행회사가 명목상 연이율 $r^{(p)}$를 생각하고 있는 것이다. 이 상품의 발행한 회사가 제시한 가격은 앞에서 본 것처럼 $M$이다. 이제 투자자의 기대수익율을 $y$%라 하자. 표현을 간단하게 하기 위하여 다음 표현을 쓰자:

$$(1+y_p)^p = 1+y,\ v = \frac{1}{1+y},\ v_p = \frac{1}{1+y_p}, \quad C = Mr^{(p)},\ C_p = M \times \frac{r^{(p)}}{p}$$

그러면 투자자가 생각한 채권의 가격은

$$Mv^T + \sum_{k=1}^{Tp} C_p v_p^k = Mv_p^{Tp} + C_p \sum_{k=1}^{Tp} v_p^k = Mv^T + Ca_{\overline{T}|,y_p}^{(p)} \tag{2.1}$$

$$= Mv^T + Mr^{(p)}\frac{1}{p} \times \frac{v_p - v_p^{Tp+1}}{1-v_p} \tag{2.2}$$

$$= Mv^T + Mr^{(p)}\frac{1}{p} \times \frac{v_p}{1-v_p} \times (1-v_p^{Tp}) \tag{2.3}$$

$$= Mv^T + \frac{r^{(p)}}{y^{(p)}}\left(M - Mv^T\right), \quad y^{(p)} = p \times y_p \tag{2.4}$$

**해설.** $p=1$인 경우는, 즉 이자를 1년에 1회 지급하는 경우는, 식 ( 2.4)은 , $r^{(1)} \equiv r,\ y^{(1)} \equiv y$인 것을 생각하면

$$Mv^T + \frac{r}{y}\left(M - Mv^T\right)$$

도움말 2.3을 적극 활용하여 도움말 2.4에서 나타나는 식을 다시 계산하면

$$Mv^T + \sum_{k=1}^{Tp} C_p v_p^k = Mv^T + M\frac{r^{(p)}}{p}\sum_{k=1}^{Tp} v_p^k \tag{2.5}$$

$$= Mv^T + M\frac{r^{(p)}}{p} a_{\overline{Tp}|,y_p} \tag{2.6}$$

$$= Mv^T + Mr^{(p)}\frac{1}{p} a_{\overline{Tp}|,y_p} \tag{2.7}$$

$$= Mv^T + Mr^{(p)} a_{\overline{T}|,y}^{(p)} \tag{2.8}$$

$$= Mv^T + Mr^{(p)}\frac{y}{y^{(p)}}\frac{1-v^n}{y} \tag{2.9}$$

$$= Mv^T + \frac{r^{(p)}}{y^{(p)}}(M - Mv^n), \quad v = \frac{1}{1+y} \tag{2.10}$$

**보기 2.1** *액면가 $M = 100$, 만기 $T = 5$, coupon rate $r = 4\%$, 이자는 1년에 $p = 2$회 지급하는 채권이 있다. 수익율 $y = 8\%$로 기대하는 투자자는
이 채권을 얼마로 평가하는가?*

**풀이.** $y^{(p)} = p \times \big((1+y)^{\frac{1}{p}} - 1\big) = 0.078461$. *도움말 2.4에서 제시된 식 (2.4)을 이용하면* $M\big(v^T + \frac{r^{(p)}}{y^{(p)}}(1 - v^T)\big) = 84.3424$.

*식 (2.4)을 쓰지 않고 직접 계산하면*

$$C_p = Mr\frac{1}{p} = 2,\ v = \frac{1}{1+y} = 0.925926,\ y_p = (1+y)^{\frac{1}{2}} - 1 = 0.0392305.$$
$$Mv^T + C_p \times a_{\overline{Tp}|,y_p} = 100v^5 + 2\frac{1-v^5}{y_p} = 84.3424$$

**보기 2.2** *은행에서 다음과 같은 대출상품을 개발했다.*

- *대출원금은 8000이고, 이율은 $r^{(6)} = 8\%$, 대출기간은 8년이다. $r^{(6)} = 8\%$이므로 이자는 2개월마다 계산되고, 2 개월 이자율은 $\frac{r^{(6)}}{6} = \frac{0.08}{6}$.*
- *대출원금은 $t = 2,4,6,8$에 가각 2000을 납입하여 상환한다.*

*은행의 기대 수익율이 $y = 10\%$라면 이 상품을 얼마에 팔아야 하는가?*

**풀이.** *먼저 2000씩 상환하는 대출원금의 현재가격은 상환간격이 2년이므로
2년 이자율 $y_2 = (1+y)^2 - 1, v_2 = \frac{1}{1+y_2}$라 두면 $y_2 = 0.21$이고,*

$$2000\sum_{k=1}^{4} v_2^k = 2000a_{\overline{4}|,y_2} = 5080.88$$

*이자의 현재가격 계산은 원금을 나누어 상환하기 때문에 것은 조심해야 한다. 또 이자는 2개월마다(즉, 연 6회) 상환하는 것에 주의하자. $y = 1.0 = 10\%$에 해당하는 $y^{(6)}$는 $\big(1 + \frac{y^{(6)}}{6}\big)^6 = 1 + y$ 로부터*

$$y^{(6)} = 6\big((1+y)^{\frac{1}{6}}] - 1\big) = 0.0960712$$

*그러면 이자의 현재가격은, $r^{(6)} = 8\%$인 것에 주의하면*

$$\sum_{k=0}^{3}(\frac{1}{1+y_2})^k(8000-2000k)\frac{r^{(6)}}{6}a_{\overline{12}|,y_6}, y_6=\frac{y^{(6)}}{6}$$
$$=\sum_{k=0}^{3}v_2^k(8000-2000k)\frac{r^{(6)}}{6}\frac{1-v^2}{y_6}$$
$$=\frac{r^{(6)}}{y^{(6)}}(1-v^2)\sum_{k=0}^{3}v_2^k(8000-2000k)$$
$$=2430.8$$

*따라서 이 상품의 현재가격은* $5080.88+2430.8=7511.68$.

그런데 식 (2.4)을 이용하면 상품의 가격은 다음과 같이 간단하게 계산된다.

$$5080.88+\frac{r^{(6)}}{y^{(6)}}\big(8000-5080.88\big)=7511.68$$

*예를 들어 은행에서 이 상품을* $7511.68$*에 팔았다면, 이 상품을 산 사람은* $t=2,4,6,8$*에 각각* $2000$*을 상환하고,* $[k,k+2]$ *2년동안, 2개월마다 이자* $(8000-2000k)\frac{0.08}{6}$*을 내고 대출금* $7511.68$*을 상환하는 형식이다. 이렇게 하면 은행은 이 대출상품으로* $y=10\%$*의 수익을 올린다.*

**보기 2.3** *년이율* $r$*로 발행한 채권에 투자하는 것은 투자자의 자금운용능력* $y$*가 판단 기준이 된다. Coupon rate는 년이율* $r=4\%$*이고, 6개월 마다 쿠폰을 지급하는* $T=5$*년 만기 채권을 액면가* $M=1000$*에 발행했다 하자. 투자자의 기대수익율이* $y=5\%$*라 하자. 투자자는 이 채권의 가격을 얼마로 평가할까?*

**풀이.** *쿠폰을 6개월 마다 지급하므로, 년* $p=2$*회 지급한다. 따라서 지금 경우는 채권발행 이율이* $r^{(2)}=4\%$*에 해당한다. 투자자가 평가한 가격은* $y_p=p\times((1+y)^{\frac{1}{p}}-1)=0.0246951$*를 적용하여*

$$M(1+y)^{-T}+M\frac{r^{(p)}}{p}a_{\overline{Tp}|,y_p}=958.844,\quad y_2=(1+0.05)^{\frac{1}{2}}-1,\ M=1000$$

$y^{(p)}=p\times\big((1+y)^{\frac{1}{p}}-1\big)=0.0493902$. *식 (2.4)을 이용하면*

$$Mv^5+\frac{r^{(2)}}{y^{(2)}}\big(M-Mv^5\big)=958.844,\quad M=1000$$

*회사가 생각한 가격은 물론*

$$M\frac{r^{(p)}}{p}a_{\overline{Tp}|,r_p}+1000(1+\frac{r^{(p)}}{p})^{-Tp}=1000,\ r_p=\frac{r^{(p)}}{p}, T=5$$

*회사보다 높은 수익을 낼 수 있는 투자자는 회사가 제시한 가격을 비싸다 판단한다.*

채권에서 자주 사용되는 용어를 살펴보자.

1. 순수 할인율(zero rate)
채권 중에서 중간에 이자를 지급하지 않고, 만기에 원금과 이자를 한꺼번에 지급하는 것이 있다. 이것을 보통 $n$-year-zero rate-coupon bond( $n$-년 제로쿠본 채권, $n$-년 순수할인채권)라 한다. 제로쿠폰채권의 이자율은 보통 $n$-year-zero coupon interest rate 이라 부르는데, 예를 들어 $n$-year-zero coupon rate(간단히 zero rate)가 $r$ 라는 것은 지금 $P$를 투자했다면 $n$년 후에, $P(1+r)^n$을 지급하는 방식이다. 예를 들어 5년 만기 순수할인채( 5-year zero coupon bond)이 년이율이 $r = 5\%$로 발행됐다면, 1000을 투자하면, 5년 뒤에 $1000(1+0.05)^5 = 1276.28$을 얻을 수 있다.

2. 채권 가격 결정하기
만기에 $M$을 지급하는 순수할인채 가격을 얼마로 하는 것이 적절한가? 당연한 것은 $M$보다 싸게 팔아야 한다. 즉 할인해서 팔아야 하는데, 연이율이 $r$로 고시된 순수할인채 할인율이 $d$라 하면, 부수비용을 무시하면

$$M(1-d)^n(1+r)^n = M$$

이 되어야 한다. 따라서 $(1-d)^n(1+r)^n = 1$ 이 성립해야 하므로 $d = \frac{r}{1+r}, \quad r = \frac{d}{1-d}$. 이런 이유로 $M(1-d)^n, d = \frac{r}{1+r}$로 파는 것이 적절하다.
그러나 채권이 고객에게 인기가 있으려면, 예를 들어 6개월마다 이자를 지급하는 방법이 있다. 이것을 쿠폰(coupon)이라 하는데, 예전에는 실제로 채권에 쿠폰이 붙어 있어 이것을 떼어가서 이자를 받던 시절이 있었다. 이런 쿠폰 본드의 가격을 결정해보자. 예를 들어 다음과 같은 채권이 있는데, 명목상 년이율 $r^{(2)} = 6\%$의 쿠폰을 6개월 마다 지급한다 하자. 투자자가 이 채권에 투자할지를 결정하는 판단 기준은 투자자의 자금운용 능력과 투자정책에 달려있다. 왜냐하면 채권에 투자한다는 것은 다른 금융상품에 투자할 기회를 버리는 것이기 때문에, 결국 기회비용의 문제다. 판단기준을 점검하기 위하여 안정된 국가에서 발행하는 채권의 이율이 다음과 같다 하자.

표 2.1: *가상의 국채 이율*

| 만기 | zero rate (% ) |
|---|---|
| 0.5 | 5.5 |
| 1 | 6.4 |
| 1.5 | 7.0 |
| 2 | 7.5 |

2년 만기 액면가(par value) 100인 쿠폰본드의 가격을 구해보자. 우선 $r^{(2)} = 6\%$이므로, 6개월 이율은 $\frac{r^{(2)}}{2} = 3\%$이다. 그러므로 6개월 마다 $100 \times 3\% = 3$의 쿠폰을 지급받는다. 만기가 되는 2년 차에는 $100+3$을 지급받는다. 즉 2년 만기 액면가 100인 쿠폰본드의 현재가격을 구하는 것인데, 이것은 결국 기회비용(opportunity cost)에 따라 결정된다. 이 채권을 사기로 한 돈은

다른 곳에 쓸 수 없기 때문이다. 따라서 국채 이율을 판단기준으로 할 때 적절한 채권가격은

$$\frac{3}{(1+0.055)^{0.5}}+\frac{3}{(1+0.064)^{1}}+\frac{3}{(1+0.070)^{1.5}}+\frac{100+3}{(1+0.075)^{2}} \tag{2.11}$$
$$=97.58 \tag{2.12}$$

식의 의미는, 지금 97.58이 있다면 국채에 다음과 같이 투자하면 6개월마다 쿠폰 3을 지급하고, 만기에 추가로 100을 지급할 수 있다는 것이다.

표 2.2: *가상의 국채에 97.58의 투자 배분*

| 만기 | zero rate (% ) | 투자금 |
|---|---|---|
| 0.5 | 5.5 | $3(1+0.055)^{-0.5}=2.92075$ |
| 1 | 6.4 | $3(1+0.064)^{-1}=2.81955$ |
| 1.5 | 7.0 | $3(1+0.070)^{-1.5}=2.71048$ |
| 2 | 7.5 | $103(1+0.075)^{-2}=89.1293$ |

3. 채권 수익율(bond yield rate)

표 2.2의 가상의 국채 이율을 보자. 액면가 $M=100$, 만기 $T=2$, 명목상 년이율 $r^{(2)}=6\%$의 쿠폰을 6개월 마다 지급하는 채권의 가격을 97.58로 평가했다. 이제 이 채권의 수익율을 $y$라 하고, $y$에 해당하는 6개월 이자율을 $y_2$라 하자. 다음 식이 성립해야 한다.

$$97.58=3a_{\overline{4}|,y_2}+\frac{100}{(1+y_2)^4}=3\frac{1-v_2^4}{y_2}+100v_2^4,\ v_2=\frac{1}{1+y_2} \tag{2.13}$$

이 값은 간단한 계산기로 구하기 어렵다. 그림 2.1처럼 SageMath를 쓰면 $y=0.074568$.

```
M=100; T=2; r=0.06; p=2; n=20

C=M*r/p  # 쿠폰

var('y')
i2=(1+y)^(1/2)-1
nu2=1/(1+i2)

find_root( C* (1-nu2^(T*p))/i2 +M*(1+y)^(-T) ==97.58, 0,1)
```

```
0.07456803756396028
```

그림. 2.1: *식 (2.13)의 해를 SageMath를 이용한 계산. 0과 1 사이의 y값을 찾는다.*

4. Par Yield

액면가 $M=100$인 채권이 연 $r=6\%$의 쿠폰을 지급한다면, 이것은 1년 단위로 6씩 지급한다는 것이다. 그런데 이것을 6 개월 마다 지급한다면, 년이율 $r=6\%$에 해당하는 6 개월

이자율은 $r_2 = (1+0.06)^{\frac{1}{2}} - 1 = 0.029563$이므로

$$C_2(1+r_2)+C_2 = 6$$

이 성립하는 $c$ 값을 주는 것이 정당하다. 이값은 $c = 2.9563$이 되어 3보다 작다. 그렇지만 이것이 정당하다 하더라고 채권을 사는 사람의 입장에서 생각하면 기분 좋은 일은 아니다. 때문에 년 이율 $r\%$ 이고 6개월마다 쿠폰을 지급한다은 말은 $r^{(2)} = 6\%$로 이해한다. 그러면 6개월마다 지급되는 쿠폰은 $C_2 = 1000 \times \frac{r^{(2)}}{2} = 3$이 된다.

Par Yield 란 채권가격이 액면가와 같아지는 그런 이자율이다. 식 (2.11)에서 생각하면

$$\frac{c}{2}\frac{1}{(1+0.055)^{0.5}} + \frac{c}{2}\frac{1}{(1+0.064)^{1}} + \frac{c}{2}\frac{1}{(1+0.070)^{1.5}} + \frac{100+\frac{c}{2}}{(1+0.075)^{2}} = 100$$

이 식에서 $c$를 구하면 $Mr^{(p)} = c = 7.31439$. 즉 이 채권을 액면가 그대로 100에 판매하려면 $r^{(2)} = 7.31439\%$의 쿠폰을 지급해야 한다는 말이다.

5. 제로 쿠폰 이율: 디폴트 위험이 없는 국채 가격을 이용해서 제로쿠폰 이율을 정해보자.

표 2.3: *액면가 1000인 가상의 국채 가격*

| 만기 | 매년 지급되는 쿠폰 | 가격 |
|---|---|---|
| 0.5 | 0 | 947.867 |
| 1 | 0 | 939.85 |
| 1.5 | 0 | 934.579 |
| 2 | 40 | 930 |

쿠폰을 6개월 마다 20씩 지급한다면 2년 제로쿠폰 이율은 얼마가 적절한가? 우선 0.5, 1, 1.5 년짜리 순수채권 이율은 각각 5.5%, 6.4%, 7.0%인 것을 계산할 수 있다. 따라서 2년 제로쿠폰 이율을 $r$라 하면

$$20(1+0.055)^{-0.5} + 20(1+0.064)^{-1} + 20(1+0.070)^{-1.5} + (1000+20)(1+r)^{-2} = 930$$

위 식에서 $r$를 구하면 $r = 8\%$

6. 기대 수익율:
6개월 마다 10을 지급하고 만기가 5년인 액면가 1000인 채권을 900에 판매한다면 이것을 살 것인가? 이 채권일 수익율을 계산해보자. 6개월 이율을 $y_2$라 두면

$$\frac{10}{1+y_2} + \frac{10}{(1+y_2)^2} + \cdots + \frac{10}{(1+y_2)^{10}} + \frac{1000}{(1+y_2)^{10}} = 10a_{\overline{10}|,y_2} + \frac{1000}{(1+y_2)^{10}} = 900$$

SageMath를 이용하면 $i_2 = 0.0212028 \approx 2.12\%$. 년율은 $y_2 = (1+y)^2 - 1 = 0.0428552 \approx 4.3\%$. 자신이 $y = 4.3\%$ 보다 더 많은 수익을 낼 수 있으면, 이 채권을 살 경제적인 이유는 없다.

보통 계산기로 이 값을 구하려면 $10a_{\overline{10}|,y_2} + \frac{1000}{(1+y_2)^{10}} = 900$ 을 좀 간단하게

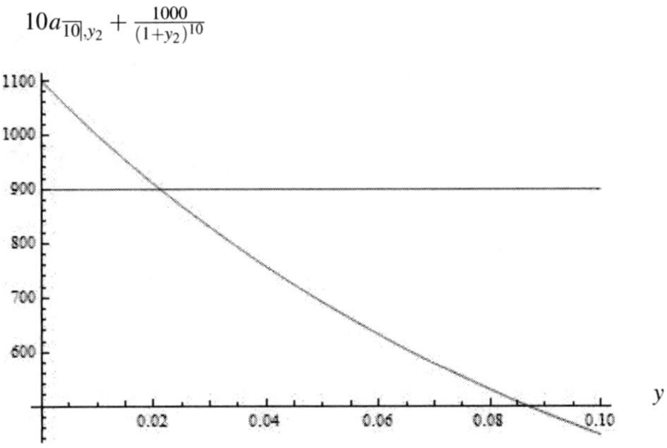


그림. 2.2: *6개월 이자율* $y_2$, $10a_{\overline{10}|,y_2} + \frac{1000}{(1+y_2)^{10}} = 900$.

$$a_{\overline{10}|,y_2} + \frac{100}{(1+y_2)^{10}} = 90 \implies \frac{1-v_2^{10}}{y_2} + 100v^{10} = 90$$
$$\implies \frac{v_2(1-v_2^{10})}{1-v_2} + 100v_2^{10} = 90$$

SageMath를 이용하면 $v_2 = 0.9792373965130955$. 따라서 $y_2 = \frac{1}{v_2} - 1 =$이고, $y = (1+y_2)^2 - 1 = 0.0428552$.

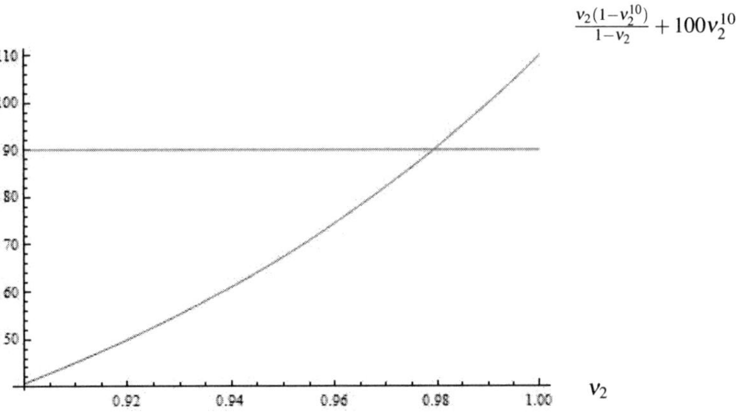


그림. 2.3: *6 개월 할인계수* $v_2$ . $\frac{v_2(1-v_2^{10})}{1-v_2} + 100v_2^{10} = 90$

**도움말 2.5** $t = 1, 2, 3, \cdots, n$에 쿠폰 $C$를 지급하고, 액면가 $M$인 채권이 있다. 이 채권의 기대 수익률 $y$에 따른 $t = 0$일 때 가격 $V$ 는

$$V = C \times a_{\overline{n}|,y} + M \times v^n, \quad v = \frac{1}{1+y}, \ a_{\overline{n}|,y} = \sum_{k=1}^{n} v^k = \frac{1-v^n}{y}$$

이 값 $V$는 물론 다음 식도 만족시킨다.

$$V(1+i)^n = C \times s_{\overline{n}|,y} + M$$

이 식은 잔고를 $t = n$일 때 계산한 것이다.

그림. 2.4: *채권 보기. 현재는 2021년05월31일다*

그림 2.4은 어떤 채권에 대한 정보다. 그림에서 알 수 있는 것은

- 만기가 2년.
- 표면금리는 4.400%이다.
- 이자 지급주기는 3개월, 표면금리는 명목상 이율이라 생각하면 된다. 이자 지급주기가 3개월이므로 5월 3일, 8월 3일, 11월 3일, 2월 3일에 이자가 지급되는 것으로 이해한다.
- 액면가는 나타나 있지 않지만, 기본이 1개당 10000이다.
- 이 채권의 현재가격은 10252로 액면가보다 높다.

현재 위험부담이 없는 시중은행 년이율을 1.35%라 가정하자. 우리의 관심은 이 채권에 투자할 것인가이다. 일단 채권에 제시된 이율이 시중은행 이율보다 높기 때문에, 은행에 저금하는 것보다 유리하다 생각된다. 이렇게 채권 이율이 시중은행 이율보다 높은 것은, 이 채권을 발행한 회사가 발행할 때 약속을 이행하지 못할 위험도 있기 때문에, 위험부담비용이라 생각하면 좋다.

이 채권을 지금 5월 31일에, 액면가 10000보다 높은 10252에 구매하려는 투자자가 기대하는 수익율 $y$%는 얼마일까? 우선 5월 3일에 지급된 쿠폰(coupon, 약정된 이자)는 지나갔고, 받지 못했다. 약정된 이자는

$$C_4 = 10000 \times \frac{0.043}{4} = 107.5$$

계산의 편의를 위하여, 지금이 2021년 6월 3일이라 생각하고 현재가격을 구하는 식을 쓰자. 남은 쿠폰은 7개이다. 쿠폰이 3개월마다 지급되기 때문에, 1년에 4번 지급된다. 만기일 까지는 20개월 남았다. $y$%를 기대 수익률이라 하고, $(1+y_4)^4 = 1+y$라 하자. 따라서 $y_4$는 3개월 이자율이다. 현금 흐름의 현재가격은

$$10252 = (1+y)^{\frac{1}{12}} \times C_4 \times a_{\overline{7}|,y_4} + 10000(1+y)^{-\frac{20}{12}}, \quad C_4 = 107.5 \tag{2.14}$$

이것을 만족하는 $y$ 값을 구하면,$y = 0.030950978948918$.

이 투자자는 3%의 수익률을 기대하고 있다. 현재 시중은행 예금 이율이 1.35% 인 것을 생가하면, 보수적으로 투자할만 하다.

이제 어떤 투자자의 기대 수익률이 $y = 0.04$라 하자. 이 투자자는 지금 6월3일 첫번째 쿠폰이 지급된 직후의 가격을

$$(1+y)^{\frac{1}{12}} \times C_4 \times a_{\overline{7}|,y_4} + 10000(1+y)^{-\frac{20}{12}}, \quad C_4 = 107.5, \quad (1+y_4)^4 = 1+y, \quad y = 0.04$$

로 평가한다. 이 값은 10093.3으로 10252보다 낮다. 이 투자자는 채권 가격이 적정 가격보다 높게 책정되었다 생각한다.

또 다른 투자자는 기대수익률이 $y = 0.02$라 한다면, 이 투자자는 지금 6월3일 첫번째 쿠폰이 지급된 직후의 가격을

```
c=107.5
var('x,y')

ans=solve([(1+x)^4==1+y,10252==(1+y)^(1/12)*c*((1-(1+x)^(-7))/x) +10000*(1+y)^(-20/12)],(x,y))
ans
```

```
[[x == 0.007649523364622414, y == 0.030950978948918], [x == (-0.2135425144123679 - 1.027679878944969*I), y ==
(-3.421417518816818 + 1.414753853946006*I)], [x == (-2.044658675054578 - 0.03418135086109401*I), y == (0.18331
50868276292 + 0.1557058664609549*I)], [x == (-2.044658675054578 + 0.03418135086109401*I), y == (0.183315086827
6135 - 0.1557058664609621*I)], [x == (-0.2135425144123679 + 1.027679878944969*I), y == (-3.42141751881684 - 1.
414753853945952*I)]]
```

```
for em in ans:
    print(em)
```

```
[x == 0.007649523364622414, y == 0.030950978948918]
[x == (-0.2135425144123679 - 1.027679878944969*I), y == (-3.421417518816818 + 1.414753853946006*I)]
[x == (-2.044658675054578 - 0.03418135086109401*I), y == (0.1833150868276292 + 0.1557058664609549*I)]
[x == (-2.044658675054578 + 0.03418135086109401*I), y == (0.1833150868276135 - 0.1557058664609621*I)]
[x == (-0.2135425144123679 + 1.027679878944969*I), y == (-3.42141751881684 - 1.414753853945952*I)]
```

그림. 2.5: *식( 2.14)의 해를 SageMath를 이용한 계산. 해가 복잡해서 한쌍 한쌍 출력했다.*

$$(1+y)^{\frac{1}{12}} \times C_4 \times a_{\overline{7}|,y_4} + 10000(1+y)^{-\frac{20}{12}}, \quad C_4 = 107.5, \quad (1+y_4)^4 = 1+y, \quad y = 0.02$$

로 평가한다. 이 값은 10414.3으로 10252보다 높다. 이 투자자는 채권 가격이 적정 가격보다 낮게 책정되었다 생각한다.

이렇게 채권의 가격은 발행회사가 결정하는 것이 아니라, 발행회사가 제시한 표면금리에 대한, 투자자의 기대 수익률로 결정된다. 투자자에 따라 기대 수익률이 달라지는 것이 채권 거래가 가능하게 한다. 채권의 가격은 발행사가 제시한 이율(coupon rate), 투자자의 기대 수익율(yield rate) 을 이용한 현재가격을 계산하는 일이다. 때문에 개념 이해를 위하여 채권 발행일을 간단히 1월 1일이라 생각하자. 이자 지급 주기는 3개월(1년에 4회)을 기본으로 하자.

**도움말 2.6** 발행일이 오늘이고, 만기(maturity date)가 지금부터 $n$년 뒤인 채권을 생각하자.

- 액면가(Par value)는 $M$
- 표면금리(명목상 이율,coupon rate)가 $r$
- 이자는 1년에 $p$회. 따라서 이자지급주기는 $\frac{12}{p}$개월. 이자 $C_p = M \times \frac{r}{p}$가 1년에 $p$ 회 지급된다. 이것은 $r^{(p)} = r$이라는 말이다.
- 만기환급률(redemption price)은 $R$. 이것은 만기에 액면가 $M$의 $R$배, 즉 $M \times R$을 투자자에게 돌려준다는 말이다. $R = 1$이면 원금을 돌려주는 것(redeemable at par), $R > 1$이면 원금보다 많은 금액을 돌려주고(redeemable above par, redeemable at a preminum), $R < 1$이면 원금보다 적은 금액을 돌려준다(redeemable below par, redeemable at a discount)고 한다.

계산의 편의를 위하여 특변한 말이 없으면 $R = 1$인 경우로 가정한다. 채권 가격의 핵심은 투자자의 기대수익률(yield rate)이다. 투자자의 기대 수익률을 $y$라 하면 지금 계산한 이 채권 가격은 $(1+y_p)^p = 1+y$를 써서

$$C_p \times a_{\overline{np}|,y_p} + M(1+y)^{-n} = C_p \sum_{k=1}^{np} v_p^k + M \times v^n, \quad v = \frac{1}{1+y}, \ v_p = \frac{1}{1+y_p} \tag{2.15}$$

$$= C_p p \times \frac{1}{p} \times \sum_{k=1}^{np} v_p^k + M\ v^n = C_p p \times \frac{1}{p} \times \sum_{k=1}^{np} v^{\frac{k}{p}} + M v^n \tag{2.16}$$

$$= M \times r \times a_{\overline{n}|,y}^{(p)} + M\ v^n,\ C_p = M \times \frac{r}{p} \tag{2.17}$$

$$= M v^n + C a_{\overline{n}|,y}^{(p)}, \quad C = M r^{(p)} \tag{2.18}$$

$$= M v^n + \frac{r^{(p)}}{y^{(p)}} \left(1 - v^n\right) \tag{2.19}$$

**해설.** 도움말 2.6의 계산을 대단히 복잡하게 보인다. 그러나 아주 간단하고, 이미 공부했던 내용이다. 왜냐하면

$$M v^n + C a_{\overline{n}|,y}^{(p)} = M v^n + M r^{(p)} \times \frac{y}{y^{(p)}} \frac{1-v^n}{y} = M v^n + \frac{r^{(p)}}{y^{(p)}} \left(1 - v^n\right)$$

**보기 2.4** *액면가 $M = 1000$, coupon rate $r = 10\%$, 이자 지급 회수 $p = 1$회, 만기 $n = 14$년짜리 채권에 투자하려 한다. 만기까지 이 채권을 보유하고, 기대수익율 (yield to matyrity, YTM)을 $y = 5\%$로 잡자. 이 채권의 가격은 얼마로 평가되는가?*

**풀이.** $v = \frac{1}{1+y}$로 하여 $Mv^n + \frac{r}{y}\left(M - Mv^n\right) = 1494.93$.

**보기 2.5** 액면가 $M = 1000$, coupon rate $r = 10\%$, 쿠폰 지급 회수 $p = 4$회, 만기 $n = 14$년짜리 채권에 투자하려 한다. 만기까지 이 채권을 보유하고, 기대수익율 (yield to maturity, YTM)을 $y = 5\%$로 잡자. 이 채권의 가격은 얼마로 평가되는가?

**풀이.** 쿠폰 지급회수가 $p = 4$이므로 $r^{(p)} = 10\% = 0.1$이라는 말이다. $y = 5\%$이므로 $y^{(p)} = p\left((1+y)^{\frac{1}{p}} - 1\right) = 0.0490889$. 채권 가격은

$$Mv^n + \frac{r^{(p)}}{y^{(p)}}\left(M - Mv^p\right) = 1513.3$$

다른 방식으로 계산하자.
매회 지급되는 구폰은 $C_p = M\frac{r^{(4)}}{p} = 1000 \times \frac{0.1}{4} = 25$이고, 일년에 $p = 4$회 지급된다. 따라서 기대 수익률을 $y = 5\%$로 잡으면

$$1000v^{14} + 25a_{\overline{np}|,y_p} = 1000v^n + 25\frac{1 - v^n}{y_4} = 1513.3$$

위 식에서

$$n = 14, p = 4, v = \frac{1}{1+y}, y_p = (1+y)^{\frac{1}{p}} - 1 = p \times y^{(p)} = 0.0122722$$

**보기 2.6** 지금은 1월 1일이다. Copon rate $r = 8\%$, 이자는 년 $p = 2$회 지급, 만기는 지금으로부터 $T = 6$년 뒤, 액면가 $M = 1000$인 채권이 있다. 쿠폰은 4월 1일, 10월 1일에 지급하고, 만기에는 액면가(par value)의 100%, 즉 액면가 $M = 1000$을 상환한다. 지금 이 상품에 투자하려 한다. 년 10%의 수익(yield to maturity)을 내려면, 액면가 $M = 1000$인 이 금융상품을 얼마에 구입해야 하나?

**풀이.** 이자는 6개월 간격으로 지급되는데, 첫 쿠폰이 4월 1일에 지급되므로, 지금으로부터 3개월 뒤다. 따라서 받게되는 쿠폰의 현재가격은 $t = -\frac{3}{12}$에서 계산한 다음, $\frac{3}{12}$만큼 저축하는 것으로 생각하면 계산하기 편리하다. $y = 10\%$이고, 이자는 년 $p = 2$회 지급되기 때문에 쿠폰은 $C_p = M \times \frac{r^{(p)}}{p} = 1000 \times \frac{0.08}{2} = 40$. $y = 10\% = 0.1$에 대응하는 6개월 이자율 $y_2$는

$$(1+y_2)^2 = 1 + y = 1 + 0.1$$

로부터 $y_2 = (1+0.1)^{\frac{1}{2}} - 1$. 따라서 $Tp = 6 \times 2 = 12$회 받게되는 쿠폰의 현재가격은

$$(1+y)^{\frac{3}{12}} \times C_p \times a_{\overline{Tp}|,y_2} = (1+0.1)^{\frac{3}{12}} \times 40a_{\overline{12}|,y_2} = 365.531$$

만기는 지금으로부터 $T=6$년 뒤이므로, 상환되는 액면가 $M=1000$의 현재가격은 $1000(1+0.1)^{-6}=564.474$. 따라서 $y=10\%$ 수익을 기대하는 투자자가 생각한 가격은

$$(1+y)^{\frac{3}{12}}\times C_p\times a_{\overline{Tp}|,y_2}+Mv^T=365.531+564.474=930.005,\quad v=\frac{1}{1+y}$$

도움말 2.6를 이용한 다음 계산도 이해해보자.

$$Mv^T+(1+y)^{\frac{3}{12}}\times\frac{r^{(p)}}{y^{(p)}}\left(M-Mv^T\right)=930.005$$

**보기 2.7** 지금은 1월 1일이다. Coupon rate $r=8\%$, 이자는 년 $p=2$회 지급, 만기는 지금으로부터 $T=6$년 뒤, 액면가 $M=1000$인 채권이 있다. 이자는 4월 1일, 10월 1일에 지급하고, 만기 $T=6$에는 액면가(par value)의 100%, 즉 액면가 $M=1000$을 상환한다. 7월 1일에, 즉 지금으로부터 6개월 뒤인 $t=\frac{6}{12}$에 이 상품에 투자하려 한다. 년 10%의 수익(yield to maturity)을 내려면, 액면가 $M=1000$인 이 금융상품을
$t=\frac{6}{12}$에 얼마에 구입해야 하나?

**풀이.** $p=2$이므로 $r^{(p)}=r=8\%=0.08$이다. 4월 1일에 지급된 쿠폰은 받지 못한다. 첫 쿠폰은 2개월 뒤에 지급된다. 따라서 $Tp-1=6\times2-1=11$회 받게되는 쿠폰의 현재가격은 시점 4월 1일 ($t=\frac{3}{12}$)에서 계산한 후에 3개월($\frac{3}{12}$) 저축하는 것으로 생각하면 편리하다. 매회 지급되는 쿠폰은 $C_p=M\times\frac{r}{p}=1000\times\times\frac{0.08}{2}=40$. 따라서 쿠폰의 가격은, $y_p=(1+y)^{\frac{1}{p}}-1$로 하여,

$$(1+y)^{\frac{3}{12}}\times C_p\times a_{\overline{Tp-1}|,y_p}=(1+0.1)^{\frac{3}{12}}\times 40a_{\overline{11}|,y_p}=342.407$$

만기는 7월 1일($t=\frac{6}{12}$)로부터 $6-\frac{6}{12}$년 뒤이므로, 상환되는 액면가 $M=1000$의 현재가격은 $Mv^{T-\frac{6}{12}}=1000(1+0.1)^{-6+\frac{6}{12}}=592.025$. 따라서 현재가격은 $342.407+592.025=934.432$.

도움말 2.6를 이용한 다음 계산도 이해해보자: 시점을 $t=\frac{3}{12}$으로 잡고, $\frac{3}{12}$만큼 저축하는 것으로 생각한다.

$$(1+y)^{\frac{3}{12}}\left(Mv^{T-\frac{3}{12}}+\frac{r^{(p)}}{y^{(p)}}\left(M-Mv^{\frac{3}{12}}v^{T-\frac{3}{12}}\right)\right)=934.432$$

**보기 2.8** 발행일 오늘 1월 1일이고, 액면가(par value) $M=1000$, 만기 $T=8$, 쿠폰 rate $r=5\%$, 6월 30일, 12월 31일에 쿠폰이 지급되고(즉, 6개월 마다 쿠폰이 지급된되는 것으로 이해하자), 만기에

*액면가의 110%가 상환되는 채권(bond)이 있다. 수익률(yield to maturity)을 $y = 4\%$로 할 때, 이 채권의 현재가격은?*

**풀이.** *쿠폰이 6개월마다 지급되므로 1년에 $p = 2$회 지급된다. 모든 것이 계산하게 편리하게 제시되었다. 현재가격은 $(1+y_p)^p = 1+y$에서 $(1+y_p)^2 = 1+0.04$. 만기에 액면가의 110%를 상환하므로 상환율(redemption price)은 $R = 1.1$이다.*

$$Mr\frac{1}{p} \times a_{\overline{Tp}|,y_p} + MR(1+y)^{-T} = 25 \times a_{\overline{16}|,y_p} + 1000 \times 1.1 \times (1+0.04)^{-8} = 1143.7298$$

*도움말 2.6를 이용한 다음 계산도 이해해보자:*

$$(M + 0.1 \times M)v^T + \frac{r^{(p)}}{y^{(p)}}\left(M - Mv^T\right) = 1143.73$$

채권을 대출금을 상환하는 방법으로 이용할 수도 있다. 다음 보기처럼 간단한 가상의 경우를 생각해보자. 계산을 간편하기 하기 위하여 투자한 채권은 중간에 팔지 않고, 만기까지 보유하는 것으로 가정하자.

**보기 2.9** *지금은 $t = 0$이다. $t = 1$에 2000, $t = 2$에 3000을 갚아야 한다.*

- *$i^{(2)} = 4\%$인 투자계정*
- *액면가 $M_1 = 1000$, 만기 $T_1 = 1$, coupon rate $r_1 = 6\%$,*
  *6월 30일, 12월 31일에 쿠폰이 지급되는 채권 I*
- *액면가 $M_2 = 2000$, 만기 $T_2 = 2$, coupon rate $r_2 = 8\%$,*
  *6월 30일, 12월 31일에 쿠폰이 지급되는 채권II*

*를 이용하여 다음 방법으로 빚을 상환하려 한다. 채권 I, 채권 II의 기대수익율은 모두 한번은 $y = 5\%$로 , 다른 한번은 $y = 10\%$로 하자.*

1. *$t = 0$에 입출금이 자유로운 $i^{(2)} = 4\%$인 투자계정에 $X$를 넣어,*
   *더이상 신경쓰지 않고 빚을 상환하려 한다면 $X$는 얼마인가?*
2. *$t = 0$에 채권I을 $a$, 채권II를 $b$ 만큼 사서,*
   *남지도 모자라지도 않게 빚을 상환하려 한다. $a,b$는 얼마인가?*

**풀이.**

1. *6개월 이율은 $i_2 = \dfrac{i^{(2)}}{2} = 0.02$라 두면,*

$$X = \frac{2000}{(1+i_2)^2} + \frac{3000}{(1+i_2)^4} = 4693.87384$$

2. 먼저 2년 뒤에 갚아야 하는 3000은 만기가 2년이 채권 *II*를 *b*개 사서 해결하자. 채권 *II*의 *coupon rate*는 $r_2 = 8\%$이고, 6개월마다 쿠폰 $2000 \times \frac{0.08}{2} = 80$이 지급된다. 따라서

$$b \times (2000 + 80) = 3000$$

로부터 $b = 1.44231$.

다음으로 $t = 1$에 갚아야 할 2000을 생각하자. 채권 *I* 의 개수 *a*를 구해보자.

받은 쿠폰을 $i^{(2)} = 4\%$이 계정에 넣어 저축하는 것을 고려한다. 그러면 채권 *I*은 6개월마다 $1000 \times \frac{0.06}{2} = 30$의 쿠폰을 받고, 채권 *II*는 6개월마다 쿠폰 80을 받는 것을 생각하면

$$(30a + 80b) \times (1 + 0.02) + a(1000 + 30) + 80b = 2000, b = 1.44231$$

따라서 $a = 1.68182$. 이렇게 하기 위한 초기 비용은 수익율을 5%로 계산한 채권*I*, 채권*II*의 가격을 생각해야 한다. 이 값은 각각 $1010.23, 2115.24$이고, 따라서 초기비용은

$$1010.23 \times a + 2115.24 \times b \approx 4749.85$$

기대 수익율을 $y = 10\%$로 하여 똑 같은 계산을 하면 $a, b$는 물론 같고, 각각의 채권이 현재가격이 달라진다. 채권 $I = 964.968$, 채권 $II = 1937.36$. 따라서 이 경우 초기 투자금은

$$964.968 \times a + 1937.36 \times b \approx 4417.17$$

**보기 2.10** 지금은 2021년 1월 1일이다. 만기가 2040년 12월 31일이고, 액면가 $M = 1000$, 표면금리는 년 $r = 6\%$이고, 이자는 4월 1일, 10월 1일에 지급하고, 만기에는 액면가 $M = 1000$을 상환하는 2021년 1월 1일에 발행된 금융상품을 생각하자.

1. 만기까지 년 $y = 8\%$의 수익를 내려한다. 2021년 1월 1일에 이 금융상품에 투자하려 한다면, 얼마에 사야 하는가?
2. 2021년 7월 1일에 이 금융상품을 1170에 샀다면, 만기까지 수익율은 얼마가 되는가?

**풀이.** 만기는 $T = 20$년이다. 쿠폰은 년 $p = 2$회 지급된다. 투자 시점이 쿠폰 지급시점과 일치하지 않는 것에 주의하자. 이런 경우는 현재가격을 결정하는 시점을 바꾸어 계산을 쉽게 하는 것이 중요하다.

1. *시점을 4월 1일로 계산한 다음에, 3개월 끌어 내리는 방식으로 생각하는 것이 편리하다. 1년에* $p=2$*회 지급하는 쿠폰은* $C_p = M\frac{r}{p} = 1000 \times \frac{0.06}{2} = 30$*. 기대수익율(yield to maturity) 은* $y = 8\%$*. 따라서 현재가격은,* $(1+y_p)^2 = 1+0.08$*로 계산하면, 쿠폰은 모두* $2\times T = 40$*회 받는다.*

$$(1+y)^{-\frac{3}{12}}\left(C_p\ddot{a}_{\overline{40}|,y_p} + Mv^{20-\frac{3}{12}}\right) = 826.861$$

*도움말 2.6를 이용한 다음 계산도 이해해보자:*

$$Mv^T + (1+y)^{\frac{3}{12}}\frac{r^{(p)}}{y^{(p)}}\left(M - Mv^T\right) = 826.861$$

2. *이 문제는 계산 시점을 4월 1일으로 하고, 7월 1일까지 3개월 저축하는 형식으로 계산하는 것이 편하다. 쿠폰은* $2\times 20 - 1 = 39$*개가 남았다. 만기까지는* $T - \frac{3}{12}$*가 남았다.*
*기대 수익율은* $y$*에 대한 방정식의 해로 주어진다.*

$$(1+y)^{\frac{3}{12}}\left(C_p a_{\overline{39}|,y_p} + Mv^{T-\frac{3}{12}}\right) = 1170$$

*이 방정식은 손으로 깨끗하게 풀리는 방정식이 아니기 때문에 SageMath를 이용하자. 그런데* $a_{\overline{T}|,j}$*을 직접 넣으면 계산하지 못하기 때문에*

$$a_{\overline{T}|,j} = \frac{1-v^T}{j}, \quad v = \frac{1}{1+j}$$

*를 쓰자. 이렇게 하면 다음 그림 2.6를 얻는다. Yield to maturity 4.78%를 얻는다.*

```
M=1000; T=20; r=0.06;  p=2

Cp=M*r/p
var('y')
nu=1/(1+y)

y2=(1+y)^(1/2)-1
nu2=1/(1+y2)

find_root( (1+y)^(3/12)*( M*nu^(T-3/12) +Cp*( 1-nu2^(T*p-1)  )/y2 )-1170 , 0, 1)
```

```
0.04782355463611565
```

그림. 2.6: *SageMath를 이용한 보기 2.10의 2. 채권 수익률 계산.*

## 2.2 할인가, 액면가, 프리미엄

액면가 $M$, 만기 $T$, 발행이율 $r$인 채권을 생각하자. 기대수익율이 $y$인 투자자가 계산한 이 채권의 가격은

$$K = Mv^T + \frac{r}{y}\left(M - Mv^T\right), \quad v = \frac{1}{1+y}$$

가 되는 것을 보았다. $t = 1, 2, \cdots, T$에 지급되는 쿠폰은 $C = Mr$이라 하면

$$K(1+y)^n = C \times s_{\overline{T}|,y} + M$$

인 것을 확인할 수 있다. 특히

- $y < r$이면 $K > M$인 경우 **프리미엄(premium)** 가격이라 한다.
- $y = r$이면 $K = M$인 경우 **액면가격(par)**이라 한다.
- $y > r$이면 $K < M$인 경우 **할인가격(discount)**이라 한다.

채권을 할인가로 살 때, 액면가로 살 때, 프리미엄을 주고 살 때를 살펴보자.

### *2.2.1* 액면가로 살 때

채권 발행 이율 $r$과, 투자자의 기대 수익율 $y$가 같을 때는, 채권 가격 $K$는 액면가 $M$과 같다:

$$K = Mv^T + \frac{r}{y}\left(M - Mv^T\right) = Mv^T + \left(M - Mv^T\right) = M, \quad r = y$$

다음 표는 $M = 1000$, $T = 10$, $r = y = 0.1$인 경우를 투자자 입장에서 상황을 정리한 표이다.

**액면가 . 쿠폰이율** $r = 0.1$**, 수익율** $y = 0.1$

| $k$ | $K(1+y)^k$ | $C = Mr$ | $Cs_{\overline{k}\|,y}$ | Redeem | $Cs_{\overline{k}\|,y}$ +Redeem |
|---|---|---|---|---|---|
| 0 | 1000. | 0 | 0 | 0 | 0 |
| 1 | 1100. | 100. | 100. | 0 | 100. |
| 2 | 1210. | 100. | 210. | 0 | 210. |
| 3 | 1331. | 100. | 331. | 0 | 331. |
| 4 | 1464.1 | 100. | 464.1 | 0 | 464.1 |
| 5 | 1610.51 | 100. | 610.51 | 0 | 610.51 |
| 6 | 1771.56 | 100. | 771.561 | 0 | 771.561 |
| 7 | 1948.72 | 100. | 948.717 | 0 | 948.717 |
| 8 | 2143.59 | 100. | 1143.59 | 0 | 1143.59 |
| 9 | 2357.95 | 100. | 1357.95 | 0 | 1357.95 |
| 10 | 2593.74 | 100. | 1593.74 | 1000 | 2593.74 |

$K(1+y)^k = Redeem + Cs_{\overline{k}|,y}$, $1 \le k \le 10$인 것에 주의하자.

이제 채권발행기관의 입정에서 정리하면 $M$을 대출하여, 이자만 갚다가 만기에 원금 $M$을 갚는 구조다.

| $k$ | $-M(1+r)^k + Cs_{\overline{k}\rvert,r}$ | 이자 | 상환 | 대출잔고 |
|---|---|---|---|---|
| 0 | $-M$ | 0 | 0 | 0 |
| 1 | $-M$ | $-C$ | $C$ | $-M$ |
| 2 | $-M$ | $-C$ | $C$ | $-M$ |
| 3 | $-M$ | $-C$ | $C$ | $-M$ |
| 4 | $-M$ | $-C$ | $C$ | $-M$ |
| 5 | $-M$ | $-C$ | $C$ | $-M$ |
| 6 | $-M$ | $-C$ | $C$ | $-M$ |
| 7 | $-M$ | $-C$ | $C$ | $-M$ |
| 8 | $-M$ | $-C$ | $C$ | $-M$ |
| 9 | $-M$ | $-C$ | $C$ | $-M$ |
| 10 | $-M$ | $-C$ | $C+M$ | 0 |

### 2.2.2 프리미엄을 주고 사는 경우

채권을 프리미엄을 주고 사는 경우는 투자자의 기대 수익율 $y$가, 채권 발행이율보다 낮은 경우다. 예를 들어 $M = 1000$, $T = 10$, $r = 0.1$, $y = 0.05$인 경우 투자가가 생각하는 채권가격은

$$K = Mv^T + \frac{r}{y}\left(M - Mv^T\right) = 1386.09$$

| $k$ | $K(1+y)^k$ | $C = Mr$ | $Cs_{\overline{k}\rvert,y}$ | Redeem | $Cs_{\overline{k}\rvert,y}$ +Redeem |
|---|---|---|---|---|---|
| 0 | 1386.09 | 0 | 0 | 0 | 0 |
| 1 | 1455.39 | 100. | 100. | 0 | 100. |
| 2 | 1528.16 | 100. | 205. | 0 | 205. |
| 3 | 1604.57 | 100. | 315.25 | 0 | 315.25 |
| 4 | 1684.8 | 100. | 431.013 | 0 | 431.013 |
| 5 | 1769.04 | 100. | 552.563 | 0 | 552.563 |
| 6 | 1857.49 | 100. | 680.191 | 0 | 680.191 |
| 7 | 1950.36 | 100. | 814.201 | 0 | 814.201 |
| 8 | 2047.88 | 100. | 954.911 | 0 | 954.911 |
| 9 | 2150.28 | 100. | 1102.66 | 0 | 1102.66 |
| 10 | 2257.79 | 100. | 1257.79 | 1000 | 2257.79 |

표에서 $K(1+y)^T = 2257.79 = Cs_{\overline{T}\rvert,y} + M$인 것에 주의하자. 다음으로 채권 발행사 입장에서 정리하며, $K$를 대출하여 이자율 $y$로 상환하는 것에 해당한다.

투자자의 자금 운용능력 $y$보다 , 회사의 자금운용 능력 $r$이 크기 때문에, $k, k = 1, 2, \cdots, T$에서 갚아야 하는 이자 $y \times X_{k-1}$보다 $C = Mr$이 더 큰 것에 주의하자. 때문에 이자를 갚고도 돈이 남는데 이것이 프리미엄(premium)이다. 임시로 $k$-단계에서 프리미엄을 $P_k$로 표시하자. 우선

표 2.4: 발행사가 본 프리미엄 본드: $M = 1000, T = 10, r = 0.1, y = 0.05$

| $k$ | 대출잔고 $X_k := -K(1+y)^k + Cs_{\overline{k}\rceil,y}$ | 이자: $y \times X_{k-1}$ | 이자+ C | Redeem | 프리미엄 합 |
|---|---|---|---|---|---|
| 0 | -1386.09 | | | 0 | 0 |
| 1 | -1355.39 | -69.3043 | 30.6957 | 0 | 30.6957 |
| 2 | -1323.16 | -67.7696 | 32.2304 | 0 | 62.9261 |
| 3 | -1289.32 | -66.158 | 33.842 | 0 | 96.7681 |
| 4 | -1253.78 | -64.4659 | 35.5341 | 0 | 132.302 |
| 5 | -1216.47 | -62.6892 | 37.3108 | 0 | 169.613 |
| 6 | -1177.3 | -60.8237 | 39.1763 | 0 | 208.789 |
| 7 | -1136.16 | -58.8649 | 41.1351 | 0 | 249.924 |
| 8 | -1092.97 | -56.8081 | 43.1919 | 0 | 293.116 |
| 9 | -1047.62 | -54.6485 | 45.3515 | 0 | 338.468 |
| 10 | -1000. | -52.381 | 47.619 | 1000 | 386.087 |

$$K = Mv^T + \frac{r}{y}\left(M - Mv^T\right) = Mv^T + \frac{1}{y}(C - Cv^T)$$

를 기억하자. 그러면

$$\begin{aligned} P_k &= yX_{k-1} + Mr = y\left(-K(1+y)^{k-1} + Cs_{\overline{k-1}\rceil,y}\right) + C \\ &= -\left(Mv^T + \frac{1}{y}(C - Cv^T)\right)y(1+y)^{k-1} + C\left((1+y)^{k-1} - 1\right) + C \\ &= \left(C - My\right)v^{T-k+1} \end{aligned}$$

지금 경우 프리미엄의 총 합은

$$\sum_{k=1}^{T} P_k = (C - My)\sum_{k=1}^{T} v^{T-k+1} = (C - My)\sum_{k=1}^{n} v^k = 386.087$$

특히 $K = 1386.09 = M + 386.087$에 주의하자.

**도움말 2.7** [발행사가 본 $k$-번째 프리미엄] 액면가 $M$, 만기 $T$, 채권발행 이율 $r$인 채권이 있다. 기대수익율이 $y$인 투자자가 이 채권을 프리미엄을 주고 샀다 하자.

$$K = Mv^T + \frac{r}{y}(M - Mv^T) = Mv^T + \frac{1}{y}(C - Cv^T), \quad X_k = -K(1+y)^k + Cs_{\overline{k}|,y}, \ 1 \le k \le T$$

라 두면

1. $k$-번째 쿠폰에서 이자부분은 $y \times X_{k-1}$, $1 \le k \le T$ 이다.
2. $k$-번째 쿠폰에서 프리미엄 부분은

$$P_k = yX_{k-1} + C = (C - My)v^{T-k+1}, \quad v = \frac{1}{1+y}$$

3. 프리미엄의 총 합은

$$\sum_{k=1}^{T} P_k = (C - My)\sum_{k=1}^{T} v^{T-k+1} = (C - My)\sum_{k=1}^{n} v^k = (C - My)a_{\overline{T}|,y}$$

특히 채권 가격 $K$는 액면가 $M$ 에 프리미엄을 더한 것임을 알자. 즉

$$K = Mv^T + \frac{r}{y}(M - Mv^T) = Mv^T + Ca_{\overline{T}|,y} = M + \big(C - My\big)a_{\overline{T}|,y}$$

**보기 2.11** *액면가 $M$, 만기 $T = 10$, 발행이율 $r$인 채권을 기대수익율이 $y$인 투자자가 프리미엄을 주고 샀다. 도움말 2.7을 이용하여 이 채권의 프리미엄을 계산하여라.*

- *3번째 쿠폰에서 프리미엄 부분은 33.842이다.*
- *8번째 쿠폰에서 프리미엄 부분은 43.1919이다.*

**풀이.** *표 2.6를 참고하면 도움이 된다. 주어진 조건에서*

- $P_3 = (C - My)v^{10-3+1} = (C - My)v^8 = 33.842$
- $P_8 = (C - My)v^{10-8+1} = (C - My)v^3 = 43.1919$

*따라서*

$$v^5 = \frac{P_3}{P_8} = \frac{33.842}{43.1919} = 0.783527, \quad y = 0.05$$

*이것으로 부터 이 채권의 프리미엄은*

$$\sum_{k=1}^{10}(C-My)v^{10-k+1} = (C-My)a_{\overline{10}|,y} = (C-My)\frac{1-v^{10}}{y}$$
$$= (C-My)v^3\frac{1-v^{10}}{y\times v^3}$$
$$= 43.1919\frac{1-v^{10}}{y\times v^3} = 386.086$$

### 2.2.3 디스카운트

채권 발행이율 $r$보다 투자자의 기대수익율이 높으면, 즉 투자자의 자금 운용 능력 $y$가 발행사의 발행이율 $r$ 보다 크면, 이 투자자는 할인된 가격으로 채권을 사려한다. 예를 들어

예를 들어 $M = 1000, T = 10, r = 0.1, y = 0.15$인 경우 투자가가 생각하는 채권가격은

$$K = Mv^T + \frac{r}{y}\left(M - Mv^T\right) = 749.062$$

할인 받은 금액은

$$M - K = 250.938$$

이 상황을 투자자의 입장에서 다음 표로 정리하자.

표 2.5: 투자자가 본 디스카운트 본드: $M = 1000, T = 10, r = 0.1, y = 0.15$

| $k$ | $K(1+y)^k$ | $C = Mr$ | $Cs_{\overline{k}\|,y}$ | Redeem | $Cs_{\overline{k}\|,y}$ +Redeem |
|---|---|---|---|---|---|
| 0 | 749.062 | 0 | 0 | 0 | 0 |
| 1 | 861.421 | 100. | 100. | 0 | 100. |
| 2 | 990.634 | 100. | 215. | 0 | 215. |
| 3 | 1139.23 | 100. | 347.25 | 0 | 347.25 |
| 4 | 1310.11 | 100. | 499.337 | 0 | 499.337 |
| 5 | 1506.63 | 100. | 674.238 | 0 | 674.238 |
| 6 | 1732.62 | 100. | 875.374 | 0 | 875.374 |
| 7 | 1992.52 | 100. | 1106.68 | 0 | 1106.68 |
| 8 | 2291.4 | 100. | 1372.68 | 0 | 1372.68 |
| 9 | 2635.11 | 100. | 1678.58 | 0 | 1678.58 |
| 10 | 3030.37 | 100. | 2030.37 | 1000 | 3030.37 |

표를 보면 $K = 749.062$인 것과, $K(1+y)^T + Cs_{\overline{T}|,y} + Redeem = 3030.37$인 것을 확인할 수 있다.

다음으로 발행사 입장에서 이 디스카운트 채권을 다음과 같이 정리하자. 이것은 발행사가 자신의 자금운용 능력 $r$보다, 비싼 이자율 $y$로 대출받은 $K$를 갚아나가는 것에 해당한다. 대출금을 강조하기 위하여 음수를 썼다.

표에서 $K = 749.062$인 것과, $-K(1+y)^T + Cs_{\overline{T}|,y} + Redeem + M = 0$인 것을 알 수 있다.

표 2.6: 발행사과 본 디스카운트 본드: $M = 1000, T = 10, r = 0.1, y = 0.15$

| $k$ | 대출잔고 $X_k := -K(1+y)^k + Cs_{\overline{k}\|,y}$ | 이자: $y \times X_{k-1}$ | 이자+ C | Redeem | 디스카운트 합 |
|---|---|---|---|---|---|
| 0 | -749.062 | 0 | 0 | 0 | 0 |
| 1 | -761.421 | -112.359 | -12.3592 | 0 | -12.3592 |
| 2 | -775.634 | -114.213 | -14.2131 | 0 | -26.5724 |
| 3 | -791.979 | -116.345 | -16.3451 | 0 | -42.9174 |
| 4 | -810.776 | -118.797 | -18.7969 | 0 | -61.7143 |
| 5 | -832.392 | -121.616 | -21.6164 | 0 | -83.3307 |
| 6 | -857.251 | -124.859 | -24.8588 | 0 | -108.19 |
| 7 | -885.839 | -128.588 | -28.5877 | 0 | -136.777 |
| 8 | -918.715 | -132.876 | -32.8758 | 0 | -169.653 |
| 9 | -956.522 | -137.807 | -37.8072 | 0 | -207.46 |
| 10 | -1000. | -143.478 | -43.4783 | 1000 | -250.938 |

**도움말 2.8** [발행사가 본 $k$-번째 디스카운트] 액면가 $M$, 만기 $T$, 채권발행 이율 $r$인 채권이 있다. 기대수익율이 $y$인 투자자가 이 채권을 디스카운트를 받고 샀다 하자.

$$K = Mv^T + \frac{r}{y}(M - Mv^T) = Mv^T + \frac{1}{y}(C - Cv^T), \quad X_k = -K(1+y)^k + Cs_{\overline{k}|,y}, \ 1 \le k \le T$$

라 두자. 여기서 디스카운트는 음수로 표시했다.

1. $k$-번째 쿠폰에서 이자부분은 $y \times X_{k-1}, \ 1 \le k \le T$ 이다.
2. $k$-번째 쿠폰에서 디스카운트 해준 부분은

$$P_k = yX_{k-1} + C = (C - My)v^{T-k+1}, \quad v = \frac{1}{1+y}$$

3. 디스카운트의 총 합은

$$\sum_{k=1}^{T} P_k = (C - My) \sum_{k=1}^{T} v^{T-k+1} = (C - My) \sum_{k=1}^{n} v^k = (C - My) a_{\overline{T}|,y}$$

특히 채권 가격 $K$는 액면가 $M$ 에 디스카운트를 더한 것임을 알자. 즉

$$K = Mv^T + \frac{r}{y}(M - Mv^T) = Mv^T + Ca_{\overline{T}|,y} = M + \big(C - My\big) a_{\overline{T}|,y}$$

**해설.** 계산에서 디스카운트는 음수가 나오는 것을 빼고는 도움말 2.6과 똑같다.

**보기 2.12** *만기가 $T=40$인 채권을 할인된 가격으로 샀다.*

- *15회차 쿠폰을 받았을 때 할인해준 금액은 251.716이다.*
- *20회차 쿠폰을 받았을 때할인해준 금액은 405.392이다.*

*투자자에게 할인해준 금액의 총 합은 얼마인가?*

**풀이.** *채권 액면가 $M$, 채권 발행이율 $r$, 투자자의 수익율을 $y$가 주어지지 않았다. 이것이 주어졌다면 할인해준 금액의 총 합은 물론*

$$K-M, \quad K=Mv^T+\frac{r}{y}(M-Mv^T), \quad T=40$$

*그러지만 주어진 조건은 $T=40, C=Mr, v=\frac{1}{1+y}$로 하여*

- $P_{15}=(C-My)v^{T-15+1}=(C-My)v^{26}=-251.716.$
- $P_{20}=(C-My)v^{T-20+1}=(C-My)v^{21}=-405.392$

*따라서*

$$v^5=\frac{P_{15}}{P_{20}}=\frac{251.716}{405.392}=0.62092$$

*이것으로 부터 $y=v^{-1}-1=(0.62092)^{-\frac{1}{5}}-1=0.1$. 이제 할인해준 금액의 총 합은*

$$\begin{aligned}
\sum_{k=1}^{T}P_k &= (C-My)a_{\overline{T}|,y}\\
&=(C-My)\frac{1-v^T}{y}\\
&=(C-My)v^{21}\frac{1-v^{40}}{yv^{21}}\\
&=-405.392\times\frac{1-v^{40}}{yv^{21}}\\
&=-29337.3
\end{aligned}$$

## 2.3 Macaulay Duration

현재가격이 같은 금융상품이라도 같은 금융상품은 아니다. 시간이 중요한 문제다. 예를 들어 이자율이 년 2%로 고정되었다 생각하고, 지금부터 1개월 뒤부터, 매달 30만원씩, 50년간 지급되는 상품이 있다 하자. 이 상품의 현재가격은

$$360a^{(12)}_{\overline{50}|,0.02}\approx 11415.8$$

약 1억 1천 4백만원 정도가 된다. 문제는 지금 11415.8과, 매달 30만원씩 50년간을 선택하는 것은 비록 현재가격이 같더라도, 단지 현재가격만으로 결정할 문제는 아니다. 둘의 차이는 돈을 받게 되는 시간이다. 따라서 이런 시간을 고려한 지표를 생각할 필요가 있다. 새로운 지표는 시간을 들어오는 돈으로 가중치를 주어 평균하는 것이다. 지금 경우는 년이율 $2\% = 0.02$에 대응하는 1개월 이율 $i_{12}$, $(1+i_{12})^{12} = 1+0.02$를 써서

$$D := \frac{1}{12}\frac{30v_{12}}{A} + \frac{2}{12}\frac{30v_{12}^2}{A} + \cdots = \sum_{k=1}^{50\times 12} \frac{k}{12}\cdot\frac{30v_{12}^k}{A},\ A = 360a_{\overline{50}|,0.02}^{(12)},\ v_{12} = \frac{1}{1+i_{12}} \tag{2.20}$$

이렇게 계산한 $D$의 값은 $D = 20.982$. 손으로 계산할 수 있지만, 당장은 복잡하니 SageMath를 이용하자. 물론 지금 당장 $A$를 받는다면 $D = 0\times\frac{A}{A} = 0$가 된다. 따라서 $D$가 길면 길 수록 호감이

```
n=50
p=12
i=0.02
j=(1+0.02)^(1/p)-1
nu=1/(1+j)

A= ( 1-nu^(n*p))/j
C=30

lst=[k/12* nu^k/A for k in range(1,n*p+1)]
sum(lst)
```

```
20.9820036591227
```

그림. 2.7: *SageMath를 이용한 식 (2.20) 계산. 시간을 현금흐름으로 가중치를 주어 평균한 값. 현금의 회수하는데 걸리는 시간이라 생각하면 좋다.*

떨어지는 것으로 해석하면 좋다.

**도움말 2.9** [Macaulay Duration] 시간 $t_k$에 들어오는 돈의 $C_k$라 하자. 이런 현금흐름의 현재 가격($t = 0$일 때 가격)은, 년이율을 $i$라 하면,

$$A = \sum_{k=1}^{n} C_k v^{t_k}, \quad v = \frac{1}{1+y}$$
$$= C_1 v^{t_1} + C_2 v^{t_2} + \cdots + C_n v^{t_n}$$

이제 관점을 돈이 아니라 시간으로 돌려보자. 돈이 들어오는 시간을 그 시간에 들어오는 돈으로 가중치를 준 평균값은

$$D := t_1 \frac{C_1 v^{t_1}}{A} + t_2 \frac{C_2 v^{t_2}}{A} + \cdots + t_n \frac{C_n v^{t_n}}{A} = \sum_{k=1}^{n} t_k \frac{C_k v^{t_k}}{A} = \frac{1}{A} \sum_{k=1}^{n} t_k C_k v^{t_k}$$

이 값 $D$를 주어진 현금 흐름의 Macaulay duration이라 한다.

**보기 2.13** *$t = 1,2,3\cdots,10$에 각각 $C_k, k = 1,2,\cdots,10$가 들어온다. 다음 상황에서 현금흐름의 Macaulay duration를 구하여라. $i = 5\%$로 계산한다.*

1. $C_k = 1$
2. $C_k = k$
3. $C_k = k^2$

**풀이.** $v = \frac{1}{1+y}$라 두자.

1. $A = \sum_{k=1}^{10} v^k = 7.72173$. *Macaulay duration* $D = \sum_{k=1}^{10} k\frac{v^k}{A} = 5.09909$.
2. $A = \sum_{k=1}^{10} kv^k = 39.3738$. *Macaulay duration* $D = \sum_{k=1}^{10} k\frac{kv^k}{A} = 6.69775$.
3. $A = \sum_{k=1}^{10} k^2 v^k = 263.716$. *Macaulay duration* $D = \sum_{k=1}^{10} k\frac{k^2 v^k}{A} = 7.65008$.

**보기 2.14** *다음 표와 같은 현금흐름을 생각하자.*

| 시간 | 들어오는 돈 |
|---|---|
| 1 | 5000 |
| 2 | 4000 |
| 3 | 3000 |
| 4 | 2000 |
| 5 | 1000 |

*이러 현금흐름의 duration(Macaulay duration)을 구하여라. 수익율은 $y = 6\%$로 한다.*

**풀이.** $v = \frac{1}{1+y} = 0.943396$. $A = 5000v + 4000v^2 + 3000v^3 + 2000v^4 + 1000v^5 = 13127.3$.
*Macaulay Duration* $D = 1 \times \frac{5000v}{A} + 2 \times \frac{4000v^2}{A} + 3 \times \frac{3000v^2}{A} + 4 \times \frac{2000v^4}{A} + 5 \times \frac{1000v^5}{A} = 2.24468.$

이제 Macaulay duration을 일정한 간격으로 쿠폰을 지급하는 채권에 적용해보자. 개념 이해가 목적이므로 $t = 1, 2, \cdots, n$에 쿠폰 $C$ 가 들어오고, 만기 $T = n$에는 액면가 $M$이 상환된다 하자. 이자율은 $i$이고, 늘 하던대로 $v = \frac{1}{1+y}$라 두자.

$$A = \sum_{k=1}^{n} Cv^k + Mv^n = Ca_{\overline{n|},i} + Mv^n$$

$$\begin{aligned} D &= \sum_{k=1}^{n} k\frac{Cv^k}{A} + n \times \frac{Mv^n}{A} \\ &= \frac{C\sum_{k=1}^{n} kv^k + nv^nM}{A}, \quad A = C\sum_{k=1}^{n} v^k + v^nM \end{aligned}$$

그런데 $y$에 관한 함수

$$A = A(y) = C\sum_{k=1}^{n} v^k + v^nM, \quad v = \frac{1}{1+y}$$

를 생각하자. $C$와 $M$에는 $i$가 포함되어 있지 않다. 합성함수 미분법을 적용하면

$$\begin{aligned} A'(y) &= \left(C\sum_{k=1}^{n} kv^{k-1} + nv^{n-1}M\right) \times \frac{-1}{(1+y)^2}, v = \frac{1}{1+y} \\ &= -\frac{1}{1+y}\left(C\sum_{k=1}^{n} kv^k + nv^nM\right) \\ &= -\frac{1}{1+y} \times A \times \text{Macaulay Duration} \\ &= -v \times A \times D, \quad D\text{는 Macaulay Duration} \end{aligned}$$

**도움말 2.10** Macaulay Duration과 이자율에 따른 채권가격] $h$가 작으면 $A(y+h)$는 Macaulay Duration $D$를 이용하여 다음과 같이 근사할 수 있다:

$$\begin{aligned} A(y+h) &\approx A(y) + A'(y)h \\ &= A(y) - vADh \end{aligned}$$

**보기 2.15** *액면가* $M = 1000$, *만기* $T = n$*년짜리 채권을 할인된 가격* 779.961 *에 샀다. 이때* Macaulay Duration*은* $D = 6.84424$ *였고, 기대수익률은* $y = 7.8\%$ *였다. 기대 수익률이* 8%*로 높아졌을 때, 이 채권의 가격을 얼마로 예상되는가?*

**풀이.** $A(0.078) = 799.961$ *이다. 따라서*

$$A(0.08) \approx A(0.078) - v \times A(0.078) \times D = 778.97, \quad v = \frac{1}{1+0.078}, h = 0.002$$

**도움말 2.11** [ $(Ia)_{\overline{n}|,i}, (Da)_{\overline{n}|,i}$ ] Macaulay duration을 계산하는 과정에서 $\sum_{k=1}^{n} kv^k$ 꼴의 합이 나타난다. $v = \frac{1}{1+i}$, $d = 1 - v = \frac{i}{1+i}$를 써서

- $$(Ia)_{\overline{n}|,i} := \sum_{k=1}^{n} kv^k = v + 2v^2 + 3v^3 + \cdots + nv^n = \frac{\ddot{a}_{\overline{n}|,i} - nv^n}{i}$$

- $$(Da)_{\overline{n}|,i} = \sum_{k=1}^{n} (n+1-k)v^k = \frac{n - a_{\overline{n}|,i}}{i}$$

여기서

$$\ddot{a}_{\overline{n}|,i} = \sum_{k=0}^{n-1} v^k = (1+i)\sum_{k=1}^{n} v^k = (1+i)a_{\overline{n}|,i}$$

**해설.** $v(1+i) = 1$에 주의하자.

$$\begin{aligned}
(1+i)(Ia)_{\overline{n}|,i} &= (1+i)\sum_{k=1}^{n} kv^k = \sum_{k=1}^{n} kv^{k-1} \\
&= \sum_{k=0}^{n-1}(k+1)v^k = \sum_{k=0}^{n-1} kv^k + \sum_{k=0}^{n-1} v^k = \sum_{k=1}^{n-1} kv^k + \ddot{a}_{\overline{n}|,i} \\
&= (Ia)_{\overline{n}|,i} - nv^n + \ddot{a}_{\overline{n}|,i}
\end{aligned}$$

정리하면

$$(Ia)_{\overline{n}|,i} = \frac{\ddot{a}_{\overline{n}|,i} - nv^n}{i}$$

이제

$$(Da)_{\overline{n}|,i} = \sum_{k=1}^{n}(n+1-k)v^k = (n+1)\sum_{k=1}^{n} v^k - (Ia)_{\overline{n}|,i}$$

특히 $(Ia)_{\overline{n}|,i} + (Da)_{\overline{n}|,i} = (n+1)a_{\overline{n}|,i}$.

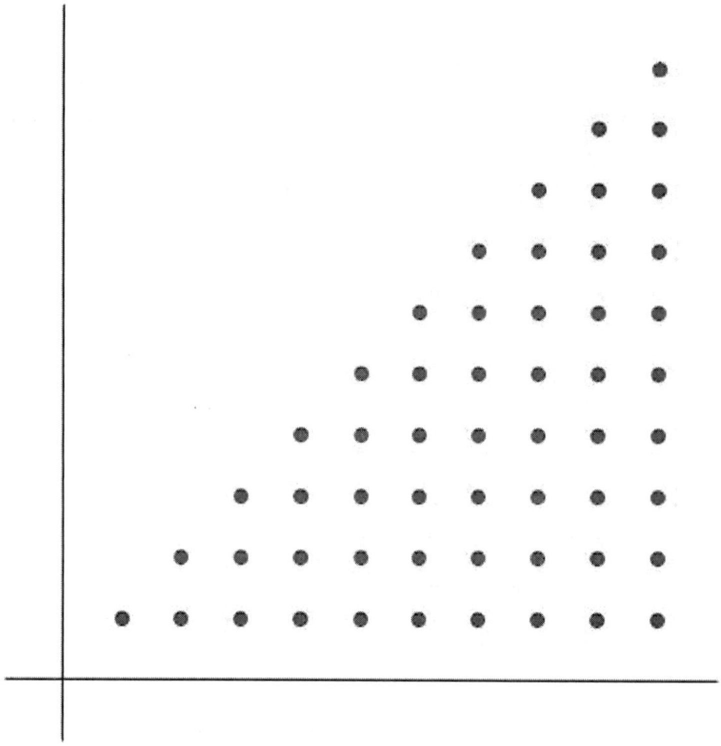

그림. 2.8: $(Ia)_{\overline{n}|,i}$을 그림으로 이해하기. 그림은 $n=10$인 경우다.

**도움말 2.12** [$(Ia)_{\overline{n}|,i}$의 표현] 그림 2.8를 보면 $(Ia)_{\overline{n}|,i}=\sum_{k=1}^{n}kv^k$를 다음이 모두 같은 값을 갖는 것을 알 수 있다.

$$\begin{aligned}(Ia)_{\overline{n}|,i} &= \sum_{k=1}^{n} kv^k = \frac{\ddot{a}_{\overline{n}|,i}-nv^n}{i} \\ &= \sum_{k=1}^{n} v^k \ddot{a}_{\overline{n+1-k}|,i} = \sum_{k=1}^{n} v^{k-1} a_{\overline{n+1-k}|,i} \\ &= (n+1)a_{\overline{n}|,i} - (Ia)_{\overline{n}|,i}\end{aligned}$$

## 2.4 Money-Weighted Investment Return

투자계정의 이율이 투자 실적으로 판단되는 경우가 많다. 이런 경우 이율을 계산하는 것은 손으로 쉽게 풀 수 없고 컴퓨터를 사용해야 한다. 예를 들어 $t = 0,2,5,6$에 각각 $100,300,200,500$을 입금하고, $t = 3,8$에 각각 $100,300$을 출금했다 하자. 다른 거래가 없을 때 $t = 10$일 때 잔고가 950이 되었다면, 이 투자계정의 수익율은 얼마인지 결정하는 문제를 생각하자.

1. 년이율 $y$인 복리로 생각할 때: 이것은 $a(t) = (1+y)^t$라 두고, 방정식

$$950 = \frac{100}{a(0)}a(10) + \frac{300}{a(2)}a(10) + \frac{200}{a(5)}a(10) + \frac{500}{a(6)}a(10) - \frac{100}{a(3)}a(10) - \frac{300}{a(8)}a(10)$$

을 만족시키는 $y$를 구하는 문제다. 그런데 이것은 지수함수 $(1+y)^t$를 포함하는 복잡한 방정식이어서 손으로 풀 수가 없다. SageMath를 이용하면 $y = 0.04293463843598297$.

```
var('v ,y, t')

a(t)=(1+y)^t
A1=950

find_root( A1==  100*a(10) + 300/a(2)*a(10) + 200/a(5) *a(10)+
        + 500/a(6) *a(10) - 100/a(3) * a(10) -300/a(8)*a(10), 0,1)
```

```
0.04293463843598297
```

2. 년이율 $y$인 단리로 생각할 때: 이것은 $a(t) = 1 + yt$라 두고, 방정식

$$950 = \frac{100}{a(0)}a(10) + \frac{300}{a(2)}a(10) + \frac{200}{a(5)}a(10) + \frac{500}{a(6)}a(10) - \frac{100}{a(3)}a(10) - \frac{300}{a(8)}a(10)$$

을 만족시키는 $y$를 구하는 문제다. 그런데 이것은 일차함수 $1 + yt$를 포함하는 복잡한 방정식이어서 손으로 풀 수는 있지만 대단히 번거롭다.
SageMath를 이용하면 $y = 0.05659994998243338$.

```
var('v ,y, t')

a(t)=1+y*t
A1=950

find_root( A1==  100*a(10) + 300/a(2)*a(10) + 200/a(5) *a(10)+
        + 500/a(6) *a(10) - 100/a(3) * a(10) -300/a(8)*a(10), 0,1)
```

```
0.05659994998243338
```

3. Money-Weithted Investment Return 방법을 쓸 때: 이것은 $a(t) = (1+y)^t$라 두고, 방정식

$$950 = \frac{100}{a(0)}a(10) + \frac{300}{a(2)}a(10) + \frac{200}{a(5)}a(10) + \frac{500}{a(6)}a(10) - \frac{100}{a(3)}a(10) - \frac{300}{a(8)}a(10)$$

을 만족시키는 $y$를 구하는 문제다. 그런데 이것은 지수함수 $(1+y)^t$를 포함하는 복잡한 방정식이어서 손으로 풀 수가 없다. 이 단계에서 컴퓨터를 이용하는 대신에, 좀 쉬운 형태로 다듬자. 계산이 어려운 것은 $a(t) := (1+y)^t$가 지수함수이기 때문이다. 그런데

$$(1+y)^t = 1+ty+\frac{t(t-1)}{2}y^2+\cdots = 1+ty+O(ty^2) \approx 1+ty$$

이므로, 주어진 방정식은

$$\begin{aligned}
950 &= \frac{100}{a(0)}a(10)+\frac{300}{a(2)}a(10)+\frac{200}{a(5)}a(10)+\frac{500}{a(6)}a(10)+ \\
&\quad -\frac{100}{a(3)}a(10)-\frac{300}{a(8)}a(10) \\
&= 100(1+y)^{10}+300(1+y)^8+200(1+y)^5+500(1+y)^4+ \\
&\quad -100(1+y)^7-300(1+y)^2 \\
&\approx (100+300+200+500-100-300)+ \\
&\quad 100(1\times 10+3\times 8+2\times 5+5\times 4-1\times 7-3\times 2)y
\end{aligned}$$

이것을 $y$에 대한 1차식이므로 쉽게 풀린다. $y = \frac{5}{102} = 0.0490196.$

지금 경우 지수함수 $(1+y)^t$를 그대로 이용하여 컴퓨터를 이용해서 푼 값고, 주어진 방정식을 단순하게 변형시켜 간단하게 얻은 값의 차이는
$\left|0.04293463843598297-\frac{5}{102}\right| = 0.00608497 < 6.1\times 10^{-3}$. 더구나 기간이 10년이나 되는 것을 생각하면 Money-Weighted Investment Return 방법은 대단히 유용한 방법이다.

**도움말 2.13** [ Money-Weighted Investment Return] 투자기간 $[0,T]$을 생각하자. $0 < t_1 < t_2 < \cdots < t_{n-1} < t_n = T$에 각각 $C_1, C_2, \cdots, C_{n-1}, C_n$의 거래가 있었다. 이때 $t_n = T$일 때 잔고를 $A$라 하자. $t = 0$일 때 잔고 $C_0$를 초기 투자금이라 생각하자. 이 계정의 년이율 $y$는 $a(t) = (1+y)^t$로 하여 방정식

$$A = \sum_{k=0}^{n} C_k \frac{a(T)}{a(t_k)} = \sum_{k=0}^{n} C_k (1+y)^{T-t_k}$$

를 만족시키는 $y$이다. 이 방정식은 지수함수 $(1+y)^t$를 포함하는 복잡한 것이어서 손으로 풀 수 없다. $yT$가 충분히 작으면 근사식 $a(t) = (1+y)^t = 1 + yt + O(yt^2)$을 이용하여 $y$에 대한 1차방정식

$$A = C_n + \sum_{k=0}^{n-1} C_k (1+y)^{T-t_k} = \sum_{k=0}^{n} C_k + y \sum_{k=0}^{n-1} C_k (T - t_k) \qquad (*)$$

을 풀어서 $y$의 근사값을 구할 수 있다. 이것을 Money-Weighted Investment Return 방법이라 하고,

$$y = \frac{A - \sum_{k=0}^{n} C_k}{\sum_{k=0}^{n-1} C_k (T - t_k)}$$

**해설.** 식 $(*)$를 다음처럼 정리하자:

$$\frac{A - \sum_{k=0}^{n} C_k}{T} = y \sum_{k=0}^{n-1} C_k \frac{T - t_k}{T}$$

여기서 $\frac{T-t_k}{T}$는 $C_k$가 시간구간 $[0,T]$에 머무는 시간이다. 그러므로 $\sum_{k=0}^{n-1} C_k \frac{T-t_k}{T}$ 거래된 돈의 가중치 평균이다.

**보기 2.16** *$t = 0, \frac{1}{7}\frac{3}{7}, \frac{4}{7}, \frac{6}{7}$에 각각 $300, -200, 400, 300, -200$의 금융거래가 있었고, $t = 1$일 때 잔고는 $A = 615$이었다. 이 계정의 이율을 Money-Weighted Investment Return 방법으로 구하여라.*

**풀이.** *$t = 1$일 때는 거래가 없기 때문에 표현의 일관성을 위해서 $C_n = 0$라 생각하면 된다.* $\sum_{k=0}^{n} C_k = 300 - 200 + 400 + 300 - 200 = 600.$ $\sum_{k=0}^{n-1} C_k (T - t_k) = \frac{3200}{7}.$

*따라서* $y = \frac{A - \sum_{k=0}^{n} C_k}{\sum_{k=0}^{n-1} C_k (T - t_k)} = \frac{21}{640} = 0.0328125.$

*$yT$가 작기 때문에 지금 문제를 방정식*

$$300(1+y)-200(1+y)^{1-\frac{1}{7}}++400(1+y)^{1-\frac{3}{7}}+300(1+y)^{1-\frac{4}{7}}-200(1+y)^{1-\frac{6}{7}}=615$$

*을 SageMath를 써서 구해도 차이가 크지 않다.* $y=0.0329556$.

**보기 2.17** *$t=0,\frac{1}{7}\frac{3}{7},\frac{4}{7},\frac{6}{7},1$에 각각 $300,-200,400,300,-200,100$의 금융거래가 있었고, $T=1$일 때 잔고는 $A=750$이었다. 이 계정의 이율을 Money-Weighted Investment Return 방법으로 구하여라.*

**풀이.** *지금 경우는 $n=5$이고 $t_5=1$에 거래 100이 있다.*
$\sum_{k=0}^{n} C_k=300-200+400+300-200+100=700.$ $\sum_{k=1}^{n} C_k(1-t_k)=\dfrac{3200}{7}.$
*따라서* $y=\dfrac{A-\sum_{k=0}^{n} C_k}{\sum_{k=0}^{n-1} C_k(T-t_k)}=\frac{7}{64}=0.109375.$

*지금 경우 SageMath를 써서 방정식*

$$300(1+y)^2-200(1+y)^{2-\frac{1}{7}}+400(1+y)^{2-\frac{3}{7}}+300(1+y)^{2-\frac{4}{7}}-200(1+y)^{2-\frac{6}{7}}+100(1+y)^{2-1}=750$$

*을 풀어서 $y$를 구하면* $y=0.110938$.

## 2.5 Time-Weighted Investment Return

앞에서 생각한 $t=0,2,5,6$에 각각 $100,300,200,500$을 입금하고, $t=3,8$에 각각 $100,300$을 출금했다 하자. 다른 거래가 없을 때 $t=10$일 때 잔고가 950이 되었다면, 이 투자계정의 수익율은 얼마인지 결정하는 문제를 다시보자. 년이율이 $y$인 복리를 생각하면 $a(t)=(1+y)^t$이므로 구하는 $y$는 식

$$\begin{aligned}950&=\frac{100}{a(0)}a(10)+\frac{300}{a(2)}a(10)+\frac{200}{a(5)}a(10)+\frac{500}{a(6)}a(10)+\\&\quad-\frac{100}{a(3)}a(10)-\frac{300}{a(8)}a(10)\\&=100(1+y)^{10}+300(1+y)^8+200(1+y)^5+500(1+y)^4+\\&\quad-100(1+y)^7-300(1+y)^2\end{aligned}$$

을 만족시키는 것임을 보았다. 이 복잡한 지수 방정식을 손으로 풀리지 않기 때문에

$$(1+y)^t\approx 1+yt,\qquad |ty|\text{가 충분히 작을 때}$$

를 이용해서 $y$를 구하는 방법이 Money-Weighted Rate of Return이었다.

그러나 투자계정을 생각하면 다음과 같은 경우를 만난다.

- $t=0$에 300을 투자했다.
- $t=\frac{3}{12}$에 잔고가 310이 되었다. 이것을 확인하고 즉시 200을 더 넣었다.
- $t=\frac{7}{12}$에 보니 잔고가 500 이 되었다. 이것을 확인하고 150을 출금했다.
- $t=1$에 보니 잔고가 360이 되었다.

이런 투자계정의 년수익율은 얼마인가? 이런 문제를 답하는 방법은 거래가 일어난 시간구간의 이자율을 계산하여 곱하는 방법이 있다. 이런 방법을 **Time-Weighted Rate of Return**이라 한다. 지금 경우 Time-Weithted Rate of Return를 계산해보자.

- 구간 $[0,\frac{3}{12}]$에서:
$$310=300(1+i_1)^{\frac{3}{12}}$$
- 구간 $[\frac{3}{12},\frac{7}{12}]$에서:
$$500=(310+200)(1+i_2)^{\frac{7}{12}-\frac{3}{12}}=510(1+i_2)^{\frac{4}{12}}$$
- 구간 $[\frac{7}{12},1]$에서:
$$360=(500-150)(1+i_3)^{1-\frac{7}{12}}=350(1+i_3)^{\frac{5}{12}}$$

따라서 $t=0$에 1 을 투자했다면 $t=1$일 때

$$1\to(1+i_1)^{\frac{3}{12}}\to(1+i_1)^{\frac{3}{12}}(1+i_2)^{\frac{4}{12}}\to(1+i_1)^{\frac{3}{12}}(1+i_2)^{\frac{4}{12}}(1+i_2)^{\frac{5}{12}}=\frac{31}{30}\frac{50}{51}\frac{36}{35}=(1+y)^1=1.04202$$

따라서 이 투자계정의 **time-weighted rate of return** 방식으로 계산한 수익율은 $y=0.04202$.
특히 실제 계산에서는 복잡한 지수계산이 없는 것에 주의하자.

**도움말 2.14** [Time-Weighted Rate of Return] 수시로 잔고를 확인하고, 인출하거나, 출금하는 펀드계정을 생각하자. 예를 들어 $0 = t_0 < t_1 < t_2 < \cdots < t_{n-1} < t_n = T$에 금융거래가 있고,

- $t = t_k, k = 0, 1, 2, \cdots, n$일 때 잔고는 $V_k$.
- $t = t_k, k = 1, 2, \cdots, n-1$일 때 $c_k$의 금융거래( 입금 또는 출금)이 있다.

그러면 이 펀드계정의 Time-Weighted Rate of Return을 $y$라 하면,

$$(1+y)^T = (1+i_1)^{t_1-t_0}(1+i_2)^{t_2-t_1}\cdots(1+t_{n-1})^{t_{n-1}-t_{n-2}}(1+t_n)^{T-t_{n-1}} \qquad (*)$$

위 식에서, 편의상 $c_0 = 0$라 두면

$$(1+i_k)^{t_k-t_0} = \frac{V_k}{V_{k-1}+c_{k-1}}, \quad k = 1, 2, 3, \cdots, n$$

따라서

$$(1+y)^T = \frac{V_1}{V_0} \times \frac{V_2}{V_1+c_1} \times \cdots \times \frac{V_{n-1}}{V_{n-2}+c_{n-2}} \times \frac{V_n}{V_{n-1}+c_{n-1}}$$

**해설.** $y$를 time-weighted rate of return이라 부르는 이유는 식 $(\star)$의 로그 값을 보면 알 수 있다:

$$\ln(1+y) = \frac{t_1-t_0}{T}\ln(1+i_1) + \frac{t_2-t_1}{T}\ln(1+i_2) + \cdots + \frac{T-t_{n-1}}{T}\ln(1+i_n)$$

위 식은 $\ln(1+y)$가 $\ln(1+i_1), \ln(1+i_2), \cdots, \ln(1+i_2)$를 시간가중치

$$\frac{t_1-t_0}{T}, \frac{t_2-t_1}{T}, \cdots, \frac{T-t_{n-1}}{T}, \quad \sum_{k=1}^{n}\frac{t_n-t_{n-1}}{T} = 1$$

를 적용한 평균이다.

**보기 2.18** *투자계정의 2020년 7월 1일 잔고는 150,000이다. 2021년 7월 1일에 30,000을 넣고, 2022년 7월 1일에 40,000을 넣었다. 이 계정의 2021년 6월 30일 잔고는 175,000 이었고, 2022년 6월 30일 잔고는 225,000 이었다. 2023년 1월 1일 잔고가 280,000이라 하자.*

1. *2020년 7월 1일부터 2023년 1월 1일까지 이 계정의 년 수익율을 time-weighted rate of return 방식으로 구하여라.*
2. *2020년 7월 1일부터 2023년 1월 1일까지 이 계정의 년 수익율을 money-weighted rate of return 방식으로 구하여라.*

**풀이.** *구하려는 이율을 y라 하자.*

1. *전체 기간은 2.5년이다. 돈의 입금, 출금 시기는 중요하지 않다. 따라서*

$$(1+y)^{2.5} = \frac{175000}{15000} \times \frac{225000}{175000+30000} \times \frac{280000}{225000+40000} = 1.35297$$

   *따라서* $y = (1.35297)^{\frac{1}{2.5}} - 1 = 0.128535.$

2. *지금 경우는 돈의 입금, 출금시기가 중요하다.*

$$150000(1+y)^{2.5} + 30000(1+y)^{1.5} + 40000(1+y)^{0.5} = 280000$$

   *이것을 SageMath 를 써서 풀면* $y = 0.12581$. *지금 경우는* $2.5y$*가 충분히 작은 값이 아니기 때문에 근사식* $(1+y)^t \approx 1+ty$*를 이용하면 오차가 크기 때문에 적적하지 않다. 실제로 근사식* $(1+t)^t \approx 1+yt$*를 쓰면*

$$150(1+2.5y) + 30(1+1.5y) + 40(1+0.5y) = 280$$

   *따라서*

$$y = \frac{280-150-30-40}{150\times 2.5 + 30\times 1.5 + 40\times 0.5} = 0.136364$$

## 2.6 Amortization

지금 1을 년이율 $i$로 $n$년간 대출하는 경우를 생각하자. 이것을 상환하는 방법으로

1. $0 \le t < n$일 때는 아무 일도 하지 않다가, $t = n$일 때 원금과 이자를 한꺼번에 상환한다.
2. $t = 1, 2, \cdots, n-1$에 원금 1 대한 이자만 내고,
   마지막 $t = n$일 때는 원금 1에 대한 이자와 원금 1을 상환한다.
3. $t = 1, 2, \cdots, n$에 일정한 금액 $X$씩 상환한다.

위 세가지 방법을 비교해보자.

**경우 1.** $t = n$에 갚아야 할 돈은 $1 \times (1+i)^n$이다. 이자 부담은 $(1+i)^n - 1$.

**경우 2.** 발생할 이자를 갚기 때문에 $t = 1, 2, \cdots, n$에 남은 대출금은 1이다. 발생한 이자를 갚는데 나간 돈은 $i \times n$이다. 때문에 대출금을 상환하는데 나간 돈은 마지막 $t = n$에 대출원금 1을 갚아야 하기 때문에 $i \times n + 1$. 그러므로 이자로 나간 돈은

$$(1+ni) - 1 = ni < \left(1+i\right)^n - 1$$

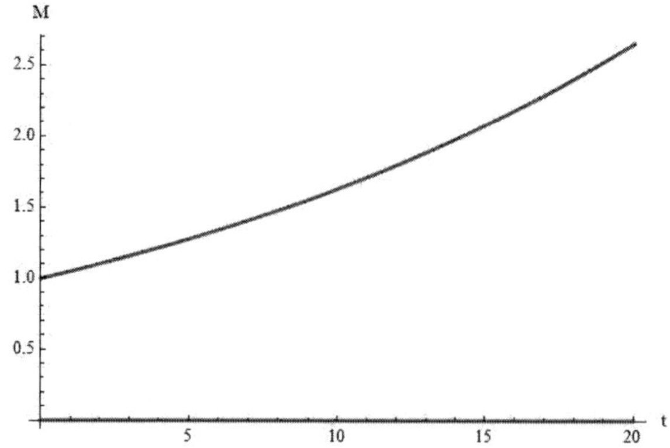


그림. 2.9: *갚아야 할 돈과, 갚은 돈의 시간에 따른 변화를* $i = 0.05, n = 20$*인 경우. 이자 부담은* $(1+i)^n - 1 \approx 1.6533$.

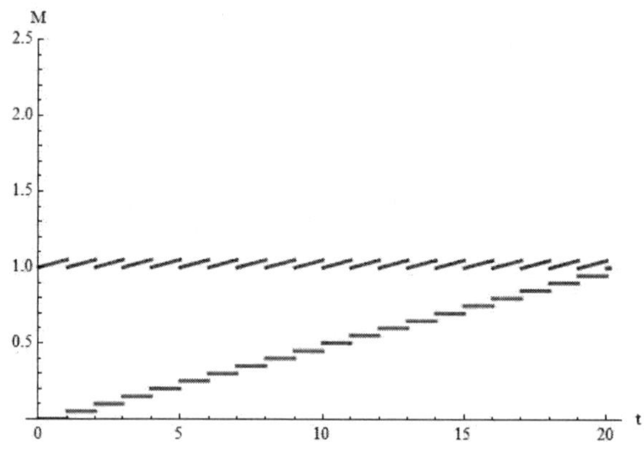


그림. 2.10: *갚아야 할 돈과, 갚은 돈의 시간에 따른 변화를* $i = 0.05, n = 20$*인 경우. 이자 부담은* $(1+ni) - 1 = ni = 1$.

**경우 3.** 일정하게 내야 할 돈 $X$는

$$1 = X a_{\overline{n}|,i}, \quad a_{\overline{n}|,i} = \frac{1 - v^n}{i}$$

를 만족시켜야 하고, 따라서

$$X = \frac{i}{1 - v^n} > i$$

$X$가 단위 기간에 발생한 이자보다 크기 때문에, 원금은 점점 줄어든다. 돈을 갚는데 나간 돈은 $nX$이다. 따라서 이자 부담은

$$\begin{aligned} nX-1 &= \frac{ni}{1-v^n}-1 \\ &= ni(1+v^n+v^{2n}+\cdots)-1 \\ &= ni+niv^n\big(1+v^n+v^{2n}+\cdots\big)-1 \\ &= ni-\big(1-\frac{niv^n}{1-v^n}\big) \\ &= ni-\big(1-\frac{ni}{(1+i)^n-1}\big) \end{aligned}$$

여기서 $0<n$이고, $0<i$이면

$$\frac{ni}{(1+i)^n-1}<\frac{ni}{1+ni-1}=1$$

인 것에 주의하면 $nX-1<ni$.

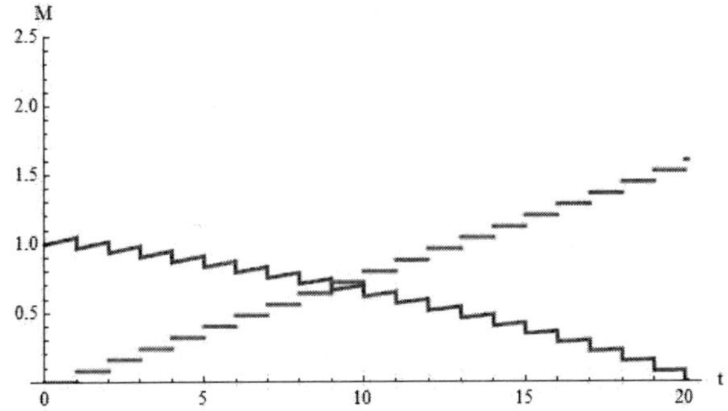

그림. 2.11: *갚아야 할 돈과, 갚은 돈의 시간에 따른 변화를* $i=0.05, n=20$*인 경우. 이자 부담은* $nX-1=0.60485$.

종합하면 3번의 경우가 이자를 가장 적게 낸다.

이제 원금에 대한 이자보다 더 많은 돈을 내어 원금을 줄여가는 방법으로 대출금을 상환하는 방법을 더 자세히 보자. $M$월 $n$년가 대출하고, $t=1,2,3,\cdots,n$에 일정한 금액 $X$를 낸다면, $t=k$일 때, $X$를 낸 직후 갚아야 할 돈을 $P_k$라 두면

$$\begin{aligned} P_0 &= M \\ P_1 &= P_0(1+i)-X = M(1+i)-X \\ P_2 &= P_1(1+i)-XP_0(1+i)^2-\big(X+(1+i)X\big) = M(1+i)^2-\big(X+(1+i)X\big) \\ \vdots &= \vdots \end{aligned}$$

이런 생각으로 다음을 알 수 있다.

$$\begin{aligned} P_0 &= M, \\ P_k &= M(1+i)^k - \left(X + X(1+i) + X(1+i)^2 + \cdots + X(1+i)^{k-1}\right), k \geq 1 \\ &= M(1+i)^k - X s_{\overline{k|},i},\ k \geq 1 \end{aligned}$$

물론 위 식은 $P_k \geq 0$ 경우가 의미가 있다. 따라서 $k = 1, 2, \cdots, n$에 $X$른 납입하여 $t = n$에 마지막 돈 $X$를 내고, 대출금을 완전 상환하려면

$$0 = P_n = M(1+i)^n - X s_{\overline{n|},i},\ n \geq 1$$

가 성립하면 된다. 따라서

$$X = M\frac{(1+i)^n}{s_{\overline{n|},i}} = \frac{M}{a_{\overline{n|},i}}$$

복잡하게 말을 했지만, 기호의 의미를 생각하면 아무런 계산 없이 즉시 알 수 있다. 다음과 같이 정리하자.

**도움말 2.15** [할부금 상환] $t = 0$에 $M$을 대출하여, $t = 1, 2, 3, \cdots, n$에 일정한 금액 $X$로 상환하려 할 때, $X$의 값은

$$M = X \times a_{\overline{n|},i}$$

를 만족시켜야 한다. $i$는 대출이자다.

여기서 기호의 의미를 다시 한번 기억하자. 늘 쓰던 대로 $v = \frac{1}{1+i}, d = 1 - v = \frac{i}{1+i}$.

$$\begin{aligned} s_{\overline{n|},i} &:= 1 + (1+i) + (1+i)^2 + \cdots + (1+i)^{n-1} = \frac{(1+i)^n - 1}{i} \\ \ddot{s}_{\overline{n|},i} &= (1+i)s_{\overline{n|},i} = \frac{(1+i)^n - 1}{d} \\ a_{\overline{n|},i} &= v + v^2 + \cdots + v^n = \frac{v - v^{n+1}}{1-v} = \frac{1-v^n}{i} \\ \ddot{a}_{\overline{n|},i} &= 1 + v + v^2 + \cdots + v^{n-1} = (1+i)a_{\overline{n|},i} = \frac{1-v^n}{d} \\ s_{\overline{n|},i} &= (1+i)^n a_{\overline{n|},i} \\ a_{\overline{n|},i} &= v^n s_{\overline{n|},i} \\ (Ia)_{\overline{n|},i} &:= \sum_{k=1}^{n} k v^k = \frac{\ddot{a}_{\overline{n|},i} - n v^n}{i} \end{aligned}$$

거의 단순한 수학적 호기심으로, 상환액을 점점 증가시키는 경우를 생각할 수 있다. 예를 들어 대출금 $M$은 $t = 1, 2, \cdots, n$에 원금과 이자를 함께 상환하는 문제를 생각하자. 더욱 $t = k+1$일 때 상환금이 $t = k$보다 1크다 하자. 이경우$t = k$일 때, $Y + k$를 상환한다 하자. $Y$ 값으로 적당한 값은 무엇인가? 이것은 다음 식을 만족시키는 값이다:

$$M = \sum_{k=1}^{n} (Y + k) v^k$$

이 식을 더 정리하면

$$M = Y \sum_{k=1}^{n} v^k + \sum_{k=1}^{n} k v^k = Y a_{\overline{n}|,i} + (Ia)_{\overline{n}|,i}$$

따라서 $Y = \dfrac{M - (Ia)_{\overline{n}|,i}}{a_{\overline{n}|,i}}$.

**보기 2.19** 12345을 10년간 년이율 $r^{(12)} = 6\%$ 로 대출받았다. *다음 각각의 경우에 할부금을 구하여라.*

1. *매월 말에 즉* $t = \frac{k}{12}, k = 1, 2, \cdots, 120$*에* $X$ *씩 상환한다.*
2. *2년 후부터 매년 말에 상환한다. 즉* $t = 2 + k, k = 0, 1, \cdots, 8$*에* $Y$ *씩 상환한다.*
3. *매월 말에, 처음 5년차 까지는* $Z$*를 상환하고, 5년차 이후부터는* $2Z$*를 상환한다.*

**풀이.**

1. *매월 상환해야 하므로 1개월 이자율을 아는 것이 좋다. 주어진 조건에서 1개월 이자율은* $i = \frac{r^{12}}{12} = \frac{0.06}{12}$. *따라서* $X$*는 다음 식을 만족시켜야 한다:*

$$12345 = X a_{\overline{120}|,i}, \quad X = \frac{12345}{a_{\overline{120}|,i}} = 137.055$$

*이렇게 할 수도 있다. 1개월에* $X$*를 내기 때문에 1년에* $12X$*를 낸다.* $r^{(12)} = 0.06$*에 대한 년실질이율* $j$*를 구하면,* $j = \left(1 + \frac{r^{(12)}}{12}\right)^{12} - 1 = 0.0616778$. *따라서*

$$12345 = 12X \times a^{(12)}_{\overline{10}|,j}, \quad X = \frac{12345}{12 a^{(12)}_{\overline{10}|,j}} = 137.055$$

*지금 경우는* $X$*가 아니라* $12X$*를 써야 하는 것고, 년 실질이율* $j = \left(1 + \frac{r^{(12)}}{12}\right)^{12} - 1$*에 주의하자. 기회에 다음 식도 기억하자.*

$$a^{(p)}_{\overline{n}|,i} = \frac{1}{p} a_{\overline{np}|,i_p} = \frac{i}{i^{(p)}} a_{\overline{n}|,i}, \quad (1 + i_p)^p = 1 + i, \quad i^{(p)} = p \times i_p$$

2. *계산하지 않더라도* $Y > X$ *인 것을 안다. 지금 경우도 년 실질이율* $j = \left(1+\frac{r^{(12)}}{12}\right)^{12} - 1$*가 필요하다. 다음 식을 잘 이해하자. 시점을* $t = 2$*에서 계산한 다음* $t = 0$*로 끌어 내린다:*

$$12345 = Y \times \left(v^2 \times \ddot{a}_{\overline{9}|,j}\right), \quad Y = \frac{12345}{v^2 \ddot{a}_{\overline{9}|,j}} = 1941.03$$

*년 1941.03을 내기 때문에 단순하게 12로 나눠보면* $\frac{Y}{12} = 161.752 > 137.055 = X$.

3. *처음* $12 \times 5 = 60$*회차 까지는* $Z$, 61 *회차 이후는* $2Z$*를 낸다는 말이다. 다음 2가지 방법을 이해하자. 매월 상환하야 하므로 1개월 이자율을 아는 것이 좋다. 주어진 조건에서 1개월 이자율은* $i = \frac{r^{12}}{12} = \frac{0.06}{12}$. $v = \frac{1}{1+j}$.

   - $12345 = Za_{\overline{60}|,i} + v^5 \times 2Xa_{\overline{60}|,i}$. *따라서* $Z = \frac{12345}{(1+2v^5)a_{\overline{60}|,i}} = 96.1289$
   - $12345 = 2Za_{\overline{120}|,i} - Za_{\overline{60}|,i}$. *따라서* $Z = \frac{12345}{2a_{\overline{120}|,i} - a_{\overline{60}|,i}} = 96.1289$.
   - $12345 = 24Za^{(12)}_{\overline{10}|,j} - 12Za^{(12)}_{\overline{5}|,j}$. *따라서* $Z = \frac{12345}{24a^{(12)}_{\overline{10}|,j} - 12a^{(12)}_{\overline{5}|,j}} = 96.1289$

**보기 2.20** *대출 이자율* $r^{(12)} = 12\%$, *대출원금 10000, 만기 5년이 다음과 같은 금융상품을 개발했다.*

- *원금은* $t = 2, 5$*에 각각* $7000, 3000$*을 납부하여 상환한다.*
- *이자는 매월 말에 납부한다.*

*수익율을* $y = 10\%$*로 할 때, 이 상품을 얼마에 팔아야 하는가?*

**풀이.** $t = t_k$ *일 때 내는 이자는* $t = t_{k-1}$ *일 때 대출잔고에 따라 결정된다. 공부를 위하여 2가지 방법으로 해결하자. 고객에게 제시한 이자율* $r^{(12)} = 12\%$*와, 금융상품 개발자의 수익율* $y = 10\%$*를 헷갈리지 말자.*

1. *상환하는 대출원금의 금융상품 개발자가 계산한 현재가격은* $v = \frac{1}{1+y} = \frac{1}{1+0.1} = 0.909091$*로 하여*

   $7000v^2 + 3000v^5 = 7647.89$

   *고객은 납부하는 이자는 한 달 간격으로 납부한다. 이자는 남은 원금에 대한 것임에 주의하자. 고객에게 제시한 1개월 이자율은* $i_{12} := \frac{r^{(12)}}{12}$ *이므로, 1개월 이자는, 처음 24회차는* $C_1 := 100000 \times \frac{r^{(12)}}{12}$, *25회차부터 60회차까지는* $t = 2$*에 원금 7000을 갚았기 때문에* $C_2 := (10000 - 7000) \times \frac{r^{(12)}}{12}$ *이다. 따라서 고객이 납부하게 되는 이자를 금융상품 개발자가 계산한 현재가격은,* $y_{12} = (1+y)^{\frac{1}{12}} - 1 = 0.00797414$*에 주의하면*

$$C_1 \times a_{\overline{24}|,y_{12}} + v^2 C_2 \times a_{\overline{36}|,y_{12}} = 2949.47$$

*금융상품 개발자가 계산한 납부하는 이자의 현재가격은 이렇게 표시할 수도 있다:*

$$12C_1 \times a^{(12)}_{\overline{2}|,y} + v^2 \times 12C_2 \times a^{(12)}_{\overline{3}|,y} = 2949.67$$

*따라서 이 상품을* $7647.89 + 2949.67 = 10597.6$ *를 받고 팔아야 한다. 대출을 받은 사람은* $10597.6$*를 받고,* $(0,2]$*에는 1개월 간격으로* $10000 \times \frac{0.12}{12} = 100$ *씩 내고,* $t = 2$*에* $7000$*을 내고,* $(2,5]$*에 1개월 간격으로* $(10000 - 7000) \times \frac{0.12}{12} = 30$*을 내고, 마지막* $t = 5$*에* $3000$*을 내어 대출금을 상환하는 형식이다.*

**2.** *도움말 2.4에 있는 식 (2.4)을 이용해보자.*
*상환하는 대출원금의 금융상품 개발자가 계산한 현재가격은* $v = \frac{1}{1+y} = \frac{1}{1+0.1} = 0.909091$*로 하여*
$7000v^2 + 3000v^5 = 7647.89$

*이제 금융상품 개발자가 계산한 현재가격은* $y^{(12)} = 12y_{12} = 12\big((1+y)^{\frac{1}{12}} - 1\big) = 0.0956897$*을 써서*

$$7647.89 + \frac{r^{(12)}}{y^{(12)}}\big(10000 - 7647.89\big) = 7647.89 + \frac{0.1}{0.0956897} \times 2352.11 = 10597.6$$

## 2.7 Sinking Fund

년실질이율 10%로 $T = 10$년간 $M = 10,000$를 대출해준 경우를 생각해보자. 대출금은 회수 방식은 매년 말에, 즉 $t = 1,2,3,4,5,6,7,8,9,10$에, 각각 일정한 금액 1,627.45을 받는 것이다. 그런데 문제는 돈을 빌려간 사람이 돈을 갚지 못하는 경우가 생길 수 있는 것이다. 돈을 빌려간 사람이 더 적극적으로 대출금을 상환하는 방식으로 예를 들어 약각 높은 이율의 적금을 들게 하는 방법이 있다. 이것은 대출기관의 자금운용 능력이 대출이율 10%보다 큰 경우 가능하다.

예를 들어 년실질이율 14%인 sinking fund (감채기금)방식으로 매년 말에,
즉 $t = 1,2,3,4,5,6,7,8,9,10$에 각각 일정한 금액을 내어 대출금을 상환하는 생각해보자.

- 먼저 1627.45는 왜 나왔나?
  매년 말에 일정한 금액 $P$를 넣어, 원금과 이자를 상환한다면 $P$의 값은

$$10,000 = P \times a_{\overline{10}|,i}, \quad i = 10\%$$

  가 성립해야 한다. 따라서 $v_i = \dfrac{1}{1+i} = 0.909091$

$$P = \frac{10000}{a_{\overline{10}|,i}} = 10000 \times \frac{i}{v^{10}-1} \approx 1627.45$$

- 왜 sinking fund?
  대출금을 받지 못하면 은행은 손실을 본다. 손실을 줄이고, 대출금을 갚을 의욕이 생기도록 대출자에게 이자가 좀 높은 적금을 들게 하는 방식이다.

- 대출자가 납입하는 원리금 1627.45 중에서, 대출금 10000의 1년 10% 이자는 $10000 \times 0.1 = 1000$이다. 따라서 sinking fund에 매년 말에 은행이 넣어주는 돈은 $1627.45 - 1000 = 627.45$이고, $M = 1000$에 대한 이자는 은행이 가져간다.
- 년 이울 14%로 매년 말에 627.45 씩 10년간 넣으면 $t = 10$일 때 잔고는
  $j = 14\% = 0.14$로 하여

$$627.45 \times s_{\overline{10}|,j} = 627.45 \times \frac{(1+j)^{10}-1}{j} \approx 12133.2$$

- 지금 상황은 매달 대출원금에 대한 이자 1000만 상환했기 때문에, 대출원금은 처음 그대로 10,000이 남아있다. 물론 매년 말에 이자를 1000은 냈기 때문에 늘어나지도 않고 그대로 10,000 이다. 따라서 은행은 $t = 10$에 대출금 원금 $10,000$만 가져가면 되고, 나머지

$$12133.2 - 10000 = 2133.2$$

돈을 빌려간 사람에게 돌려주는 방식이다. 형식적으로 보면 돈을 대출받은 사람은 대출금을 성실히 상환하면, 완납과 동시에 2133.2를 선물처럼 받는다. Sinking Fund 상황을 다음과 같이 도움말로 정리하자.

**도움말 2.16** [대출은행이 본 Sinking Fund] 대출은행은 Sinking Fund를 채권처럼 본다. 지금 경우는 $M = 10000$, 쿠폰 rate $r = 10\%$, 만기 $T = 10$인 채권으로 본다. 은행은 자금운용 능력이 $y = 14\%$이므로, 은행은 돈을 빌려간 사람이 상환하는 원리금 1627.45 중에서 1000을 챙긴다는 것은 쿠폰 $Mr = 10000 \times 0.1 = 1000$을 받는 것에 해당한다. 따라서 은행이 생각한 이 대출상품의 가격은

$$M \times (1+0.14)^{-10} + \frac{0.1}{0.14}\left(M - M(1+y)^{-10}\right) = 7142.86$$

따라서 $M - 7142.86 = 10000 - 7142.86 = 2587.14 > 2133.2 =$ 고객에게 돌려주는 돈.

## 2.8 연습문제

**2.1** *지금은 1월 1일이다. 1년 뒤에 100을 주고, 4월 1일, 10월 1일에 각각 3을 준다.*

1. *수익율 $y = 5\%$를 기대하는 투자자는, 1월 1일에 이 상품의 현재가격을 얼마로 평가하는가?*
2. *1월 1일에 이 상품을 100에 샀다면, 수익율은 얼마인가?*

**2.2** *계정에 $t = 0, \frac{1}{12}, \frac{3}{12}$에 각각 500, 200, 300을 넣고, $\frac{7}{12}$에 400을 찾았더니 $t = 1$일 때, 650이 되었다. 이 계정이 이자율은 얼마인가? 다음 3가지 방법으로 계산하여라.*

1. *년이율 $i$인 복리로 계산할 때.*
2. *년이율 $i$인 단리로 계산할 때.*
3. *Money-Weighted Investment Return 방법을 쓸 때.*

**2.3** *지금은 2월 1일이다. 지금 발행된 액면가(par value) $M = 1000$, 만기 $T = 3$, 쿠폰 rate $r = 5\%$, 4월 1일, 10월 1일에 이자가 지급되고(즉, 6개월마다 이자가 지급된다),*
*만기에 액면가의 110%가 상환되는 채권(bond)이 있다.*

- *yield rate를 $y = 8\%$라 할 때, 투자자는 이 채권의 2월 1일 가격을 얼마가 적정가격이라 생각하는가?*
- *yield rate를 $y = 8\%$라 할 때, 이 채권의 Macaulay duration은 몇 년인가?*

**2.4** *기대 수익율이 $y\%$인 투자자가 다음과 같은 상품에 투자하려 한다.*

- *투자기간은 $n$이고, 만기에 $M$를 지급한다.*
- *Coupon rate는 $r^{(p)}\%$이고, 1년에 $p$회 쿠폰을 지급한다.*

*다음 질문에 답하여라.*

1. *투자자는 만기에 지급하는 $M$의 현재가격을 얼마로 평가하는가?*
2. *투자자의 이자소득은 얼마인가?*
3. *이자가 coupon rate $r^{(p)}\%$로 1년에 $p$회로 나누어 지급된다면, 이자소득의 현재가격은 얼마인가?*
4. *이자소득에 대한 소득세율이 $t_x\%$라면, 투자자는 이 상품의 현재가격을 얼마로 평가하는가?*

**2.5** 만기 $T = 10$년, *coupon rate* $r^{(4)} = 3\%$, 이자는 1년에 $p = 4$회인 금융상품이 있다. 만기에는 액면가 $M = 100$의 $R = 110\%$를 지급한다. 20%의 이자소득세를 내야하는 투자자가 년 $y = 5\%$의 수익률을 기대한다면, 이 상품을 얼마로 평가할까?

**2.6** 은행에서 다음과 같은 대출상품을 개발했다.

- 대출금 7500, 대출기간 $T = 20$년.
- 대출이율은 $r^{(4)} = 8\%$이고, 이자는 1년에 4회 계산한다.
- 대출금 원금은 $t = 5, 6, \cdots, 19$에 각각 일정한 금액 5000로 15회로 나누어 상환한다.

발행은행의 기대 수익율이 다음과 같을 때, 발행은행은 이 상품을 얼마에 팔아야 하는가?

1. $y = 10\%$
2. $y^{(2)} = 10\%$

**2.7** 다음과 같은 투자상품을 개발했다.

- 상환율을 $R = 1.05$이다,
- 투자원금은 10000, 이자율은 $r^{(12)} = 10\%$이다.
- 투자원금의 $R$배, 즉 $10000R$은 $4, 8, 12, 16, 20$에 가각 $2000 \times R$씩 상환된다.

이 투자상품에 투자하여 $y = 8\%$의 수익을 내려면 얼마에 사야 하는가?

**2.8** 10000을 10년간 년이율 $r^{(12)} = 6\%$ 로 대출받았다. 대출금은 2년차부터 매달 말에 상환한다. 따라서 첫번째 대출금은 1년 1개월 뒤에 납입하게 된다. 대출금 상환은 6년차 까지는 $X$을 납입하고, 7년차부터는 $2X$를 납입한다. $X$ 값으로 얼마가 적절한가?

**2.9** 대출 이자율 $r^{(12)} = 12\%$, 대출원금 10000, 만기 5년이 다음과 같은 대출상품을 개발했다.

- 원금은 $t = 2, 5$에 각각 $3000, 7000$을 납부하여 상환한다.
- 이자는 매월 말에 납부한다.

수익율을 $y = 10\%$로 할 때, 이 상품을 얼마에 팔아야 하는가?

**2.10** 대출원금 1500, 대출이율 $r^{(12)} = 8\%$인 다음과 같은 대출상품을 개발했다.

- 대출원금은 $t=1,3,5,\cdots,19$에 각각 50을, $t=2,4,6,\cdots,20$에 각각 100을 납부하는 방식으로 갚는다.
- 이자는 매달 말에 갚는다.

1. 대출을 받은 사람이 10년차, 즉 $(9,10]$에, 매달 내야하는 이자는 얼마인가?
   마지막 20년차에 매달 내야하는 이자는 얼마인가?
2. $y=5\%$의 수익을 내려면, 가격을 얼마로 해야 하는가?

**2.11** 액면가 $M=1000$, 만기 $T=5$, 발행이율 $r=10\%$이 채권을 발행했다. 쿠폰은 매년 말에 지급한다.

1. 이 채권을 900에 팔았다. 이 채권을 사간 사람의 수익율은 얼마인가?
2. 이 채권을 900에 팔았을 때, 네 번째 쿠폰에서 구매자에게 할인해준 금액은 얼마인가?

**2.12** 액면가 $M=1000$, 만기 $T=5$, 발행이율 $r=10\%$이 채권을 발행했다. 쿠폰은 매년 말에 지급한다.

1. 이 채권을 1200에 팔았다. 이 채권을 사간 사람의 수익율은 얼마인가?
2. 이 채권을 1200에 팔았을 때, 네 번째 쿠폰에서 구매자에게서 받은 프리미엄은 얼마인가?

**2.13** $t=0$에 $M=33000$을 년이율 $r=4\%$로 대출했다. 대출금은 다음 방법으로 갚는다:

- $t=1,3,5,\cdots,9$에 각각 100
- $t=2,4,6,\cdots,10$에 각각 $X$

$X$는 얼마인가?

**2.14**

- $t=k$마다 지급된고, 각각의 $t=k$에 지급되는 금액은 $P_k$는

$$P_k=\begin{cases} k, & 1\le k\le 20,\\ 28, & k\ge 21\end{cases}$$

- 년실질율은 지급기간 동안 변하지 않는 상수 $r=8\%$이다.
  이렇게 지급되는 돈의 현재가격은 얼마인가?

**2.15** 지금은 $t=0$이고, 년실질이자율은 $i=4.7\%$이다.

- $t = k, k = 1, 2, \cdots, 10$에 각각 $k$씩 받는 연금의 현재가격은 40.1367이다.
- $t = k, k = 1, 2, \cdots, 10$ 에 각각 $11 - k$ 씩 받은 연금의 현재가격은 $X$이다.

$X$는 얼마인가?

## 2.9 연습문제 해설

해설 2.1

1. 4월 1일은 1월 1일로부터 3개월 뒤다. 따라서 $v = \frac{1}{1+y}$로 해서 $v^{\frac{3}{12}}\left(3+3v^{\frac{6}{12}}\right)+100v = 101.239$
2. 아직 정해지지 않은 $v$에 대한 방정식

$$100 = v^{\frac{3}{12}}\left(3+3v^{\frac{6}{12}}\right)+100v$$

의 해를 구하는 문제다. SageMath를 이용하면 $v = 0.9417666523423157$이고, $i = 0.061834$.

```
var('v')

tmp=find_root(100== v^(3/12) *(3+ 3 *v^(6/12)) +100*v, 0,1)

[tmp, 1/tmp -1]
```

```
[0.9417666523423157, 0.061834157657684186]
```

해설 2.2

1. $a(t) = (1+y)^t$라 하자. 다음 식을 만족시키는 $y$를 구하는 문제다:

$$650 = \frac{500}{a(0)}a(1)+\frac{200}{a(\frac{1}{12})}a(1)+\frac{300}{a(\frac{3}{12})}a(1)-\frac{400}{a(\frac{7}{12})}a(1)$$

손으로 푸는 것이 의미 없기 때문에 SageMath를 이용하면 $y = 0.06734155453858896$
2. $a(t) = 1+yt$로 하고, 다음 방정식을 만족시키는 $y$를 구하는 문제다.

$$650 = \frac{500}{a(0)}a(1)+\frac{200}{a(\frac{1}{12})}a(1)+\frac{300}{a(\frac{3}{12})}a(1)-\frac{400}{a(\frac{7}{12})}a(1)$$

$y = 0.06727513886568252$
3. $a(t) = (1+y)^t$라 하자. 다음 식을 만족시키는 $y$를 구하는 문제

$$\begin{aligned}650 &= \frac{500}{a(0)}a(1)+\frac{200}{a(\frac{1}{12})}a(1)+\frac{300}{a(\frac{3}{12})}a(1)-\frac{400}{a(\frac{7}{12})}a(1)\\ &= 500a(1)+200a(1-\frac{1}{12})+300a(1-\frac{3}{12})-400a(1-\frac{7}{12})\end{aligned}$$

꼴의 식이 계산이 어려운 것은 $a(t) := (1+y)^t$가 지수함수이기 때문이다. 그런데

$$(1+y)^t = 1+ty+\frac{t(t-1)}{2}y^2+\cdots = 1+ty+O(ty^2)$$

이므로

$$\begin{aligned}650 &= 500a(1)+200a(1-\frac{1}{12})+300a(1-\frac{3}{12})-400a(1-\frac{7}{12})\\ &= (500+200+300-400)+500y+200y(1-\frac{1}{12})+300y(1-\frac{3}{12})-400y(1-\frac{7}{12})\end{aligned}$$

이것은 $y$에 대한 1차함수이므로 쉽게 풀린다. $y = \frac{6}{89} = 0.0674157$.

$a(t) = (1+y)^t$와 컴퓨터를 써서 아주 어렵게 계산한 것고, Money-Weighted Investment Return으로 아주 쉽게 계산한 것과 차이는 $\left|0.06734155453858896-\frac{6}{89}\right| = 0.0000741.. < 8\times10^{-5}$이므로, 기간이 1년이면 수익율을 계산할

때 Money-Weighted Investment Return 방법이 쓸모가 있다. 일반적으로 Money-Weighted Investment Return 방법으로 필요한 만큼 정확한 해가 구해지는 경우에는, 컴퓨터를 사용한 다른 방법으로 풀어도 지금 이 문제의 경우처럼 비슷한 결과가 얻어진다.

해설 2.3

1. $y = 0.05$로 하여, 시점에 주의하면, $C = Mr\frac{1}{p} = 1000 \times 0.05 \times \frac{1}{2} = 25$. 만기에 액면가의 110%를 받기 때문에 환급률은 $R = 1.1$. 이제 $(1+y_2)^2 = 1+y$라 두면, 적정 가격은, 쿠폰을 2월 1일부터 2개월 뒤인 4월 1일에 받기 때문에
$$(1+y)^{-\frac{2}{12}} \times C \times \ddot{a}_{\overline{p}|,y_2} + M \times R \times (1+y)^{-T} = 1008.01$$
2. 앞에서 채권 가격을 $B = 1.008.01$로 평가했했다. 지속기간은, 최초의 쿠폰이 2개월 뒤에 지급되는 것에 주의하면 ,
$v = \frac{1}{1+y}$, $v_2 = \frac{1}{1+y_2}$, $y_2 = (1+y)^{\frac{1}{2}} - 1$,
$$\sum_{k=0}^{Tp-1} (\frac{2}{12} + \frac{k}{2}) \times \frac{Cv_2^{\frac{2}{12}+\frac{k}{2}}}{B} + T \times \frac{M \times R \times v^T}{B} = 2.7946$$

해설 2.4 기대 수익율은 $y$라 했다.

1. $n$년째 받게 되는 돈은 $M$ 이므로 현재가격은 $Mv^n$, $v = \frac{1}{1+y}$이다.
2. $M$의 현재가격은 $Mv^n$이다. 여기서 $v = \frac{1}{1+y}$. 따라서 이자소득은 $M - Mv^n = M(1-v^n)$.
3. 이자로 버는 돈 $M(1-v^n)$을 1년에 $p$번으로 나누어 받을 때, coupon rate를 $r^{(p)}$%라 하면,
한 번에 $M\dfrac{r^{(p)}}{p}$ 씩 받는 것이기 때문에, 이자소득의 현재가격은 $Mr^{(p)} \times a^{(p)}_{\overline{n}|,y}$.
4. 세율 $t_x$의 소득세를 내야 한다면, 이 상품의 현재가격은
$$\begin{aligned} Mv^n + (1-t_x)Mr^{(p)}a^{(p)}_{\overline{n}|,y} &= Mv^n + r^{(p)}(1-t_x)Ma^{(p)}_{\overline{n}|,y} = M\Big(v^n + r^{(p)}(1-t_x)a^{(p)}_{\overline{n}|,y}\Big) \\ &= M\Big(v^n + r^{(p)}(1-t_x)\frac{1-v^n}{y^{(p)}}\Big) \\ &= M\Big(v^n + (1-t_x)\frac{r^{(p)}}{y^{(p)}}(1-v^n)\Big) \end{aligned}$$

해설 2.5 만기 $T = 10$에 지급되는 돈은 $M \times R = 100 \times 1.1 = 110$이다. 매회 지급되는 쿠폰은 $C = M \times \frac{r^{(4)}}{4} = 0.75$. 투자자의 기대수익율은 $y = 4\%$이고, $y_4$를 $(1+y_4)^4 = 1+y$라 두면, 평가액은, 이자소득세율 $t_x = 20\%$를 생각하면
$$(1-t_x) \times C \times a_{\overline{Tp}|,y_4} + M \times R \times v^T = 94.0678, \quad v = \frac{1}{1+y}$$

해설 2.6

1. 먼저 15로 나누어 상환하는 대출원금 할부금의 현재가격은 $y = 10\%$, $v = \frac{1}{1+y} = 0.909091$으로 하여
$$5000\sum_{k=5}^{19} v^k = 5000v^4 a_{\overline{15}|,y} = 25975.3$$
이자 수입의 현재가격을 계산하는 일은 지금 경우는 조심해야 한다. 왜냐하면 $t = 5, 6, \cdots, 19$에 5000씩 상환하기 때문에, 대출원금이 줄어들기 때문이다. 이것을 생각하면 이자의 현재가격은,
$r^{(p)} = 8\%$, $y = 10\%$, $v = \frac{1}{1+y}$, $p = 4$로 하여,

$$\begin{aligned}
&75000\times r^{(4)}a^{(p)}_{\overline{5}|,y}+\sum_{k=1}^{14}v^{4+k}(75000-5000k)r^{(p)}\times a^{(p)}_{\overline{1}|,y}\\
&=75000\times 0.08\times 3.93012+r^{(p)}a^{(p)}_{\overline{1}|,y}5000v^4\sum_{k=1}^{14}v^k(15-k)\\
&=23580.7+377.002\sum_{k=1}^{14}v^k(15-k)\\
&=23580.7+377.002\times 66.3331=40661.3
\end{aligned}$$

따라서 이 상품의 현재가격은 $25975.3+40661.3=66636.6$

*지금처럼 대출금 상환에 변형이 있는 경우는 도움말 2.4에 있는 식 (2.4) 대단히 쓸모가 있다. 왜냐하면 $y^{(4)}=4\big((1+y)^{\frac{1}{4}}-1\big)=p\times y_p=0.09645475633778045$이므로, 현재가격은 쉽게 구해진다:*

$$25975.3+\frac{r^{(4)}}{y^{(4)}}\big(75000-25975.3\big)=25975.3+\frac{0.08}{0.09645475633778045}\big(75000-25975.3\big)=66636.6$$

2. $y^{(2)}=10\%$인 경우는, 이것에 해당하는 실질이율 $y$는 $(1+\frac{y^{(2)}}{2})^2=1+y$로부터 $y=0.1025$.
   또한 $(1+\frac{y^{(2)}}{2})^2=(1+\frac{y^{(4)}}{4})^4$인 것에 주의하면 $y^{(4)}=0.0987803$. 앞에서와 같은 계산을 하면 현재가격은

$$25377.3+\frac{0.08}{0.0987803}(75000-25377.3)=65565.6$$

해설 2.7 $y=8\%, r^{(12)}=10\%$. 투자상품의 현재가격을 계산하자, 상환간격이 4년이므로, 4년 동안의 이율을 계산하는 것이 편리하다. $j=(1+y)^4-1=0.360489$. $R$배를 상환하고, 모두 5회인 것에 주의하면,

$$2000\times R\times a_{\overline{5}|,j}=4575.59$$

다음으로 이자의 현재가격을 계산하자. 이자는 1년에 $p=12$회 계산하는 것에 주의하자. 주의할 것은 이자는 $R$배가 아닌 것이다. 이자는 남은 대출금의 $r^{(p)}$배이다. 따라서, $v_j=\frac{1}{1+j}=0.73503$로 해서

$$\sum_{k=0}^{4}v_j^k(10000-2000k)r^{(p)}a^{(p)}_{\overline{4}|,y}=7307.88,\quad y^{(p)}=p\big((1+y)^{\frac{1}{p}}-1\big)=0.0772084$$

이자의 현재가격은 7307.88. 따라서 이 상품의 현재가격은 $4575.59+7307.88=11883.5$.

지금 경우 도움말 2.4에 있는 식 (2.4)을 이용하려면 대출금을 상환할 때 $R=1.05$배를 상환하는 것을 고려해야 한다. 왜냐하면 이자는 남은 대출금의 $r^{(p)}$배를 $p$ 등분해서 내는 것이기 때문에 $R$배가 되지 않는다. 따라서 올바른 식은

$$4575.59+\frac{1}{R}\frac{r^{(p)}}{y^{(p)}}\big(10000R-4575.59\big)=4575.59+\frac{r^{(p)}}{y^{(p)}}\big(10000-\frac{4575.59}{R}\big)=11883.5$$

당연히 $\frac{4575.59}{R}=2000\times a_{\overline{5}|,j}$.

해설 2.8 공부를 위해서 2가지 방법으로 해결해보자.

- $r^{(12)}=6\%$이므로 년 실질이율은 $i=\big(1+\frac{r^{(12)}}{12}\big)^{12}-1=0.0616778$. 따라서 $(1+i)^{\frac{1}{12}}=1+\frac{r^{(12)}}{12}$이고, 특히 $i^{(12)}=r^{(12)}$. 그러면 $v=\frac{1}{1+i}$로 하여, $X$가 만족시켜야할 식은

$$10000=v\times X\times a^{(12)}_{\overline{5}|,i}+v^6\times 2X\times a^{(12)}_{\overline{4}|,i}$$

  $a^{(12)}_{\overline{n}|,i}=\frac{1-v^n}{i^{(12)}}=\frac{1-v^n}{r^{(12)}}$인 것을 생각하면, $X=1109.18$.
- $10000=X\big(2a^{(12)}_{\overline{10}|,i}-a^{(12)}_{\overline{6}|,i}-a^{(12)}_{\overline{1}|,i}\big)$로부터 $X=1109.18$.

해설 2.9 2가지 방법으로 해결하자.

- 상환하는 대출원금의 현재가격은 $v = \frac{1}{1+y} = \frac{1}{1+0.1} = 0.909091$로 하여 $3000v^2 + 7000v^5 = 6825.79$.

  납부하는 이자는 한 달 간격으로 납부한다. 이자는 남은 원금에 대한 것임에 주의하면 납부하는 이자의 현재가격은 $[10000r^{(12)}a^{(12)}_{\overline{2}|,y} + v^2(10000-3000)r^{(12)}a^{(12)}_{\overline{3}|,y} = 3980.63$.

  따라서 이 상품을 $6825.79+3980.63 = 10806.4$ 를 받고 팔아야 한다. 대출을 받은 사람은 10804.4를 받고, $(0,2]$에는 1개월 간격으로 $10000 \times \frac{0.12}{12} = 100$ 씩 내고, $t=2$에 3000을 내고, $(2,5]$에
  1개월 간격으로 $(10000-3000) \times \frac{0.12}{12} = 70$을 내고, 마지막 $t=5$에 7000을 내어 대출금을 상환하는 형식이다.
- 도움말 2.4에 있는 식 (2.4)을 이용하면, 현재가격은 $y^{(12)} = 12\big((1+y)^{\frac{1}{12}}-1\big) = 0.0956897$을 써서

$$3980.63 + \frac{r(12)}{y^{(12)}}(10000-3980.63) = 3980.63 + \frac{0.1}{0.0956897}(10000-3980.63) = 10806.4$$

해설 2.10

1. $t=10$ 까지 갚은 원금은 $50\times5+100\times5 = 750$. 따라서 10년차에 내는 월 납입이자는 $(1500-750)\frac{r^{(12)}}{12} = 7.5$. 20년차는 원금 100이 남았기 때문에, 매월 내는 이자는 1이다.
2. 먼저 납부하는 원금의 현재가격을 계산하자. 홀수차, 짝수차에 내는 돈이 다르기 때문에, 2년 동안의 이자 $j_2 = (1+y)^2-1 = 0.1025$. 따라서 현재가격은 $(1+y)50a_{\overline{10}|,j_2} + 100a_{\overline{10}|,j_2} = 927.067$.

   다음으로 납부하는 이자의 현재가격을 구해보자. 계산이 복잡한 것은 원금을 갚아 나가기 때문에 이자가 점점 줄어들기 때문이다. $M=1500, p=12, v=\frac{1}{1+y}$로 하여

$$1500r^{(12)}a^{(12)}_{\overline{1}|,y} + \sum_{k=1}^{9} v^{2k-1}\big(M-50k-100(k-1)\big)r^{(p)}a^{(p)}_{\overline{1}|,y} + \sum_{k=1}^{9} v^{2k}\big(M-(50+100)k\big)r^{(p)}a^{(p)}_{\overline{1}|,y} = 934.432$$

   따라서 이 상품의 현재가격은 $927.067+934.432 = 1864.58$.

   도움말 2.4에 있는 식 (2.4)을 이용하면 $p=12, y^{(p)} = p\big((1+y)^{\frac{1}{p}}-p\big) = 0.0488895$를 이용하녀

$$927.067 + \frac{r^{(p)}}{y^{(p)}}\big(15000-927.067\big) = 927.067 + \frac{0.08}{0.0488895}\times 572.933 = 1864.58$$

해설 2.11 도움말 2.8을 참고하자. 구매자의 이 채권 구입가격은 $K=900$으로 주어졌다.

1. 구매자의 기대수익률을 $y$하면, $v=\frac{1}{1+y}$로 하여

$$K = 900 = Mv^5 + \frac{r}{y}(M - Mv^T), \quad M=1000, r=0.1, T=5$$

   위 조건을 만족시키는 $y$을 SageMath 를 이용해서 구하면 $y = 0.128315 \approx 12.83\%$.

2. 발행사 입장에서 보면 100을 할인해서 팔았다. 이것은 발행사가 년이율 $y=0.128315$로 $K=900$을 대출한 것에 해당한다. 대출을 강조하기 위하여 음수를 사용하면 $t=k$일 때 대출금은 $-K(1+y)^k$으로 늘어난다. 발행사에서 준비한 것은 $t=k$일 때, 쿠폰 $Mr=100$과 만기 때, $M$이다. 받은 쿠폰을 저축하는 것으로 생각하면 $t=k$일 때, 대출잔고는

$$X_k := -K(1+y)^k + Cs_{\overline{k}|,y}, k=0,1,2,3,4,5$$

   예를 들어 $X_3 = -952.664$이고, 따라서 네번째 쿠폰 100이 지급될 때, 직전 단계에서 발생한 대출금의 이자는 $X_3\times y = -122.241$. 따라서 네 번째 쿠폰 100에서 할인해준 금액은

$$P_4 = X_3\times y + 100 = -22.2411$$

   다음 표를 참고하자. 일반적으로 $k$-번째 쿠폰을 받았을 때 할인 받은 금액은

$$P_k = (C-My)v^{T-k+1}, \quad T=5, y=0.128315, \ v=\frac{1}{1+y}$$

따라서 $k$-번째 쿠폰을 받았을 때까지 할인 받은 금액의 합은

$$\sum_{j=1}^{k} P_j = (C-My)v^{T-k}a_{\overline{k}|,y}$$

특히 할인받은 금액의 총 합은

$$(C-My)a_{\overline{T}|,y} = (Mr-My)\frac{1-v^T}{y} = K-M = 900-1000 = -100$$

이것을 마지막 $\sum_{j=1}^{k} P_j = (C-My)v^{T-k}a_{\overline{k}|,j}$ 열의 마지막 행에 나타나 있다. 다음 표의 의미를 잘 이해하자.

| $k$ | $-K(1+y)^k$ | $C=Mr$ | $C\times s_{\overline{k}|,y}$ | $X_k := -K(1+y)^k + C\times s_{\overline{k}|,y}$ | $X_{k-1}\times y$ | $P_k$ | Redeem | $\sum_{k=1}^{k} P_j$ |
|---|---|---|---|---|---|---|---|---|
| 0 | -899.999 | 0 | 0 | -899.999 | 0 | 0 | 0 | 0 |
| 1 | -1015.48 | 100. | 100. | -915.482 | -115.483 | -15.4833 | 0 | -15.4833 |
| 2 | -1145.78 | 100. | 212.831 | -932.952 | -117.47 | -17.4701 | 0 | -32.9534 |
| 3 | -1292.8 | 100. | 340.141 | -952.664 | -119.712 | -19.7118 | 0 | -52.6652 |
| 4 | -1458.69 | 100. | 483.786 | -974.905 | -122.241 | -22.2411 | 0 | -74.9063 |
| 5 | -1645.86 | 100. | 645.863 | -1000. | -125.095 | -25.0949 | 1000 | -100.001 |

해설 2.12 도움말 2.8을 참고하자. 구매자의 이 채권 구입가격은 $K = 1200$으로 주어졌다.

1. 구매자의 기대수익률을 $y$하면, $v = \frac{1}{1+y}$로 하여

$$K = 1200 = Mv^5 + \frac{r}{y}(M - Mv^T), \quad M = 1000, r = 0.1, T = 5$$

위 조건을 만족시키는 $y$을 SageMath 를 이용해서 구하면 $y = 0.0533734 \approx 5.34\%$.

2. 발행사 입장에서 보면 프리미엄 200을 붙여서 팔았다. 이것은 발행사가 년이율 $y = 0.0533734$로 $K = 1200$을 대출한 것에 해당한다. 대출을 강조하기 위하여 음수를 사용하면 $t = k$일 때 대출금은 $-K(1+y)^k$으로 늘어난다. 발행사에서 준비한 것은 $t = k$일 때, 쿠폰 $Mr = 100$과 만기 때, $M$이다. 받은 쿠폰을 저축하는 것으로 생각하면 $t = k$일 때, 대출잔고는

$$X_k := -K(1+y)^k + Cs_{\overline{k}|,y}, k = 0,1,2,3,4,5$$

예를 들어 $X_3 = -1086.29$이고, 따라서 네번째 쿠폰 100이 지급될 때, 직전 단계에서 발생한 대출금의 이자는 $X_3 \times y = -57.9787$. 따라서 네 번째 쿠폰 100에서 받은 프리미엄은

$$P_4 = X_3 \times y + 100 = -57.9787 + 100 = 42.0213$$

다음 표를 참고하자. 일반적으로 $k$-번째 쿠폰을 받았을 때 받은 프리미엄은

$$P_k = (C-My)v^{T-k+1}, \quad T = 5, y = 0.128315, \ v = \frac{1}{1+y}$$

따라서 $k$-번째 쿠폰을 받았을 때까지 받은 프리미엄의 합은

$$\sum_{j=1}^{k} P_j = (C-My)v^{T-k}a_{\overline{k}|,y}$$

특히 프리미엄을 총 합은 $C = Mr$에 주의하면

$$(C-My)a_{\overline{T}|,y} = (Mr-My)\frac{1-v^T}{y} = K-M = 1200-1000 = 200$$

이것을 마지막 $\sum_{j=1}^{k} P_j = (C-My)v^{T-k}a_{\overline{k}|,j}$ 열의 마지막 행에 나타나 있다. 다음 표의 의미를 잘 이해하자.

| $k$ | $-K(1+y)^k$ | $C=Mr$ | $C\times s_{\overline{k}\|,y}$ | $X_k := -K(1+y)^k + C\times s_{\overline{k}\|,y}$ | $X_{k-1}\times y$ | $P_k$ | Redeem | $\sum_{k=1}^{k} P_j$ |
|---|---|---|---|---|---|---|---|---|
| 0 | -1200. | 0 | 0 | -1200. | 0 | 0 | 0 | 0 |
| 1 | -1264.05 | 100. | 100. | -1164.05 | -64.0481 | 35.9519 | 0 | 35.9519 |
| 2 | -1331.51 | 100. | 205.337 | -1126.18 | -62.1292 | 37.8708 | 0 | 73.8227 |
| 3 | -1402.58 | 100. | 316.297 | -1086.29 | -60.1079 | 39.8921 | 0 | 113.715 |
| 4 | -1477.44 | 100. | 433.179 | -1044.26 | -57.9787 | 42.0213 | 0 | 155.736 |
| 5 | -1556.3 | 100. | 556.299 | -1000. | -55.7359 | 44.2641 | 1000 | 200. |

해설 2.13 거래가 2년 간격으로 일어나기 때문에, 2년 이율 $j_2$를 계산하는 것이 좋다:

$$j_2 = (1+r)^2 - 1 = 0.0816$$

이제 $M, X$이 만족시켜야 할 식은

$$M = (1+r)\times 100 \times a_{\overline{5}|,j_2} + X \times a_{\overline{5}|,j_2} = \big(X + 100(1+r)\big)a_{\overline{5}|,j_2}$$

정리하면 $X = 3882$.

해설 2.14 $v = \frac{1}{1+r}$.

$$\sum_{k=1}^{20} kv^k + \sum_{k=21}^{\infty} 28v^k = (Ia)_{\overline{20}|,r} + 28v^{20}a_{\overline{\infty}|,r} = \frac{\ddot{a}_{\overline{20}|,r} - 20v^{20}}{r} + 28v^{20}\frac{1}{r} = 154.$$

해설 2.15 $i = 4.7\% = 0.047$. 계산하기도 전에 $X > 40.1376$이 되어야 한다.

- $40.1367 = \sum_{k=1}^{10} kv^k = (Ia)_{\overline{10}|,i} = \dfrac{\ddot{a}_{\overline{10}|,i} - 10v^{10}}{i}$
- $X = \sum_{k=1}^{10}(11-k)v^k = (Da)_{\overline{10}|,i} = 11a_{\overline{10}|,i} - (Ia)_{\overline{10}|,i}$

따라서

$$X = 11 \times \frac{1-v^{10}}{i} - 40.1357 = 46.0536$$

# 3 확률과 생존모델

보험수학을 이해하는 핵심은 데이터를 보고 생명모델을 만들고, 만들어진 생명모델에 따라 생명표를 만들 수 있는 것이다. 실제 상황과 비슷한 생존모델은 간단한 함수로 표현되지 않기 때문에 컴퓨터를 활용한 계산이 필요한데, 이 책에서는 필요한 계산을 주로 SageMath를 이용한다. 공부한 내용을 컴퓨터를 이용해서 구현하는 것은 공부한 것을 확인하는 리트머스 시험지다.

## 3.1 확률개념과 생존모델

그림 3.1은 통계청이 발표한 2019 대한민국 인구통계 자료다. 그림을 보고 알 수 있는 것은 거의 50년간 한 해 태어나는 사람 수가 지속적으로 줄어들고 있는 것이다. 또 하나는 60이 넘으면 사망율이 급격히 높아진가는 것이다.

보험회사 입장에서 볼 때 중요한 표본공간은 당연히 자기 회사 보험에 가입한 고객이다. 그러나 여기서는 개념 이해를 위해여 우리나라 사람 전체를 생각하자:

$$\Omega = \{\omega \mid \ \omega\text{는 대한민국 국민}\}.$$

중요한 점은 고객의 생존, 죽음이고, 이것은 고객의 나이와 밀접한 관계가 있기 때문에, 사람을 나이로 분류하는 것은 의미가 있다. 이것을 졸업과 입학년도가 밀접한 관계가 있기 때문에, 대학생들을 학번으로 분류하는 것과 같은 생각이다. 태어난 후 나이가 $t$인 사람 전체를 간단하게 $(t)$로 나타내면

$$(t) = \{\omega \in \Omega \mid \ \omega\text{는 나이가 } t\ \}.$$

이렇게 사람을 나이에 따라 분류하면

$$\Omega = \bigcup_{t \geq 0} (t)$$

| 연령별 | 2019 | | | | | | | |
|---|---|---|---|---|---|---|---|---|
| | 총인구(명) | 총인구_남자(명) | 총인구_여자(명) | 총인구_성비 | 내국인(명) | 내국인_남자(명) | 내국인_여자(명) | 내국인_성비 |
| 합계 | 51,779,203 | 25,952,070 | 25,827,133 | 100.5 | 50,000,285 | 24,934,662 | 25,065,623 | 99.5 |
| 0~4세 | 1,881,548 | 965,211 | 916,337 | 105.3 | 1,841,730 | 944,850 | 896,880 | 105.3 |
| 5~9세 | 2,276,617 | 1,168,966 | 1,107,651 | 105.5 | 2,251,185 | 1,156,094 | 1,095,091 | 105.6 |
| 10~14세 | 2,234,015 | 1,152,447 | 1,081,568 | 106.6 | 2,219,036 | 1,144,862 | 1,074,174 | 106.6 |
| 15~19세 | 2,637,341 | 1,371,661 | 1,265,680 | 108.4 | 2,595,613 | 1,352,018 | 1,243,595 | 108.7 |
| 20~24세 | 3,413,656 | 1,806,316 | 1,607,340 | 112.4 | 3,203,741 | 1,690,943 | 1,512,798 | 111.8 |
| 25~29세 | 3,612,505 | 1,938,641 | 1,673,864 | 115.8 | 3,343,423 | 1,771,185 | 1,572,238 | 112.7 |
| 30~34세 | 3,304,679 | 1,745,076 | 1,559,603 | 111.9 | 3,029,678 | 1,573,520 | 1,456,158 | 108.1 |
| 35~39세 | 3,999,744 | 2,070,152 | 1,929,592 | 107.3 | 3,791,256 | 1,939,621 | 1,851,635 | 104.8 |
| 40~44세 | 3,855,403 | 1,974,200 | 1,881,203 | 104.9 | 3,707,290 | 1,884,344 | 1,822,946 | 103.4 |
| 45~49세 | 4,449,226 | 2,263,200 | 2,186,026 | 103.5 | 4,307,141 | 2,182,319 | 2,124,822 | 102.7 |
| 50~54세 | 4,322,368 | 2,170,535 | 2,151,833 | 100.9 | 4,191,706 | 2,101,302 | 2,090,404 | 100.5 |
| 55~59세 | 4,285,702 | 2,143,941 | 2,141,761 | 100.1 | 4,167,929 | 2,084,851 | 2,083,078 | 100.1 |
| 60~64세 | 3,689,408 | 1,816,973 | 1,872,435 | 97.0 | 3,604,994 | 1,775,178 | 1,829,816 | 97.0 |
| 65~69세 | 2,492,232 | 1,199,690 | 1,292,542 | 92.8 | 2,450,215 | 1,179,719 | 1,270,496 | 92.9 |
| 70~74세 | 1,926,601 | 896,925 | 1,029,676 | 87.1 | 1,911,438 | 890,402 | 1,021,036 | 87.2 |
| 75~79세 | 1,595,168 | 676,049 | 919,119 | 73.6 | 1,588,073 | 673,589 | 914,484 | 73.7 |
| 80~84세 | 1,075,010 | 396,231 | 678,779 | 58.4 | 1,070,623 | 394,900 | 675,723 | 58.4 |
| 85세이상 | 727,980 | 195,856 | 532,124 | 36.8 | 725,214 | 194,965 | 530,249 | 36.8 |
| 85~89세 | 511,197 | 148,298 | 362,899 | 40.9 | 509,347 | 147,716 | 361,631 | 40.8 |
| 90~94세 | 173,427 | 38,990 | 134,437 | 29.0 | 172,793 | 38,783 | 134,010 | 28.9 |
| 95~99세 | 38,482 | 7,760 | 30,722 | 25.3 | 38,255 | 7,683 | 30,572 | 25.1 |
| 100세이상 | 4,874 | 808 | 4,066 | 19.9 | 4,819 | 783 | 4,036 | 19.4 |
| 15세미만 | 6,392,180 | 3,286,624 | 3,105,556 | 105.8 | 6,311,951 | 3,245,806 | 3,066,145 | 105.9 |
| 15~64세 | 37,570,032 | 19,300,695 | 18,269,337 | 105.6 | 35,942,771 | 18,355,281 | 17,587,490 | 104.4 |
| 65세이상 | 7,816,991 | 3,364,751 | 4,452,240 | 75.6 | 7,745,563 | 3,333,575 | 4,411,988 | 75.6 |
| 평균연령 | 42.4 | 41.2 | 43.6 | - | 42.5 | 41.3 | 43.7 | - |
| 중위연령 | 43.3 | 41.9 | 44.7 | - | 43.7 | 42.4 | 45.0 | - |

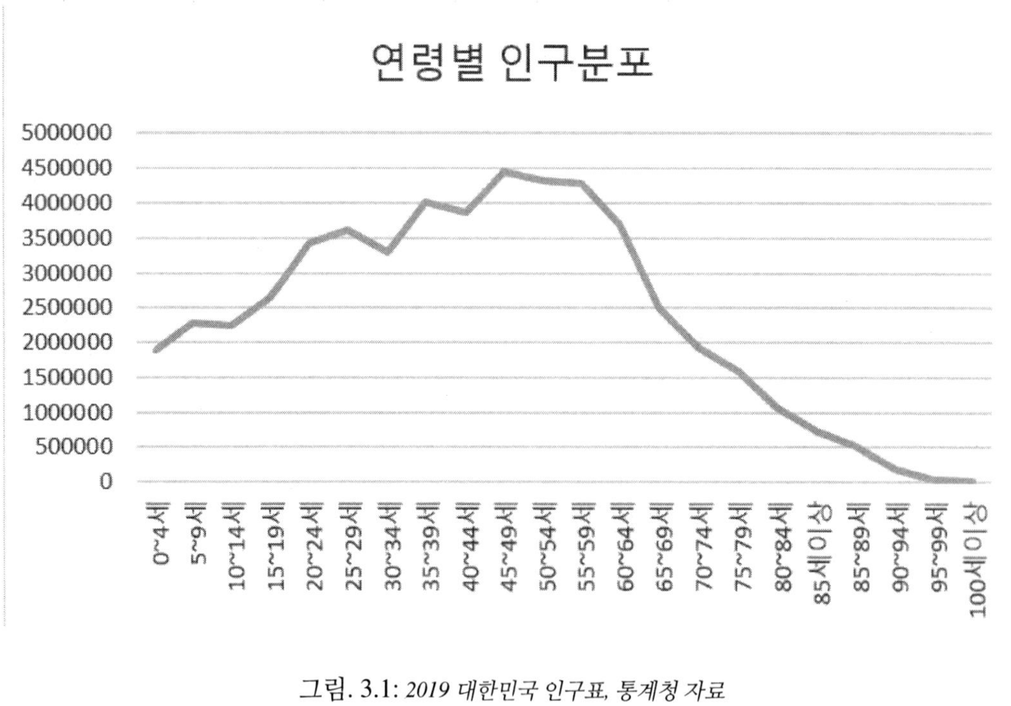


그림. 3.1: *2019 대한민국 인구표, 통계청 자료*

그런데 표현의 시각적인 효과를 위해서 $\Omega_x := (x)$, 즉 $\Omega_x$로 나이가 $x$인 사람들의 집합을 나타내자. 정의로부터 당연히 $s \neq t$이면 $\Omega_s \cap \Omega_t = \emptyset$. 예를 들어 $\Omega_1 \cap \Omega_2 = \emptyset$이다. 그렇지만 보험수학을 쉽게 이해하는 방법은 인구를 어떤 해에 태어난 사람 전체를 시간에 따른 변화로 이해하는 것이다. 즉 시간 관계를 무시하고, $s < t$이면 나이가 $s$인 사람이 시간이 $t-s$만큼 흘러 나이가 $t$가 되는 경우로 생각하는 것이다. 즉 $\Omega_s \subset \Omega_t, s < t$로 이해하는 것이다. 이렇게 생각하면 나이가 $x$인 사람 전체의 집합을 $\Omega_x$로 나타내고, $\Omega_x$에 속하는 사람 전체 수를 $\ell_x$로 나타내면

$$[0,\infty) \ni x \mapsto \ell_x := \#(\Omega_x) \in [0,\infty)$$

는 감소함수가 된다. 나이가 $x$인 사람은 나이가 $x$보다 많은 어떤 때에 죽는다. 이 생존기간을 알

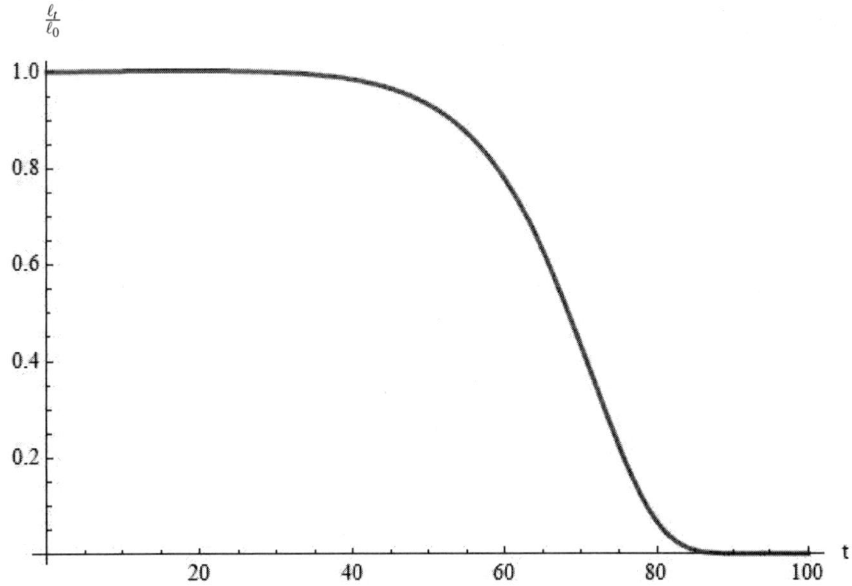


그림. 3.2: $\frac{\ell_t}{\ell_0} = \exp\left(At - \frac{Bc^{20}}{\ln c}(c^t - 1)\right)$*의 그래프.* $A = 0.00022, B = 2.7 \times 10^{-6}, c = 1.124$*를 적용한 모델이다.*

수 없기 때문에 이것을 확률변수 $T_x$로 나타내자.

**도움말 3.1** [남은 생명 확률변수] $\omega \in \Omega$에 대하여 $T(\omega)$를 $\omega$의 남은 수명이라 하자. $\omega$에 남은 수명을 대응시키는 함수

$$T : \Omega \to [0, \infty) \subset \mathbb{R}$$

를 남은 생명 확률변수(future life time random variable)라 한다. 나이가 $x$인 사람의 생존기간에 특별한 관심이 있으면 함수 $T : \Omega \to [0, \infty)$를 나이가 $x$인 사람들의 집합으로 제한한 함수

$$T_x := T\big|_{\Omega_x} : \Omega_x \to [0, \infty), T_x(\omega) := T(\omega), \quad \omega \in \Omega_x$$

는 나이가 $x$인 사람의 남은 생존기간을 나타내는 확률변수이다. 즉 $T_x$는 나이가 $x$인 사람의 남은 생명을 대응시키는 확률변수(함수)이다.

**보기 3.1** *$x + T_x$의 의미는 무엇인가?*

**풀이.** *$x + T_x$는 함수*

$$x + T_x : \Omega_x \to [0, \infty)$$

*이고, 나이가 $x$인 사람 $\omega \in \Omega_x$가 사망할 때의 나이를 대응시키는 함수이다. 즉*

$$(x + T_x)(\omega) = x + T_x(\omega) = \text{ 나이가 } x \text{인 사람 } \omega \text{의 사망할 때 나이}$$

*확률변수를 이해하는 방법은 사람의 체온을 재는 체온계라 생각하는 것이 도움이 된다. 체온계가 나타내는 값은 어떤 사람의 체온을 측정하는가에 달려있다. 체온 대신에 사람의 잔여수명을 생각하면 좋다.*

보험회사 입장에서 중요한 것은 남은 생명 확률변수 $T$의 함수값의 분포이다. 구체적으로 나이가 $x$인 사람들 집합 $\Omega_x$에 $T$를 제한할 때의 $T_x$의 함수값 $\{T_x(\omega) \mid \omega \in \Omega_x\}$의 분포이다. 이것을 알아보기 위해서 새로운 함수 $F_x$를 정의하자.

**도움말 3.2** [생존분포함수(Survival distribution function)] 함수 $F_x : [0,\infty) \to [0,1]$를

$$F_x(t) := Pr\big[T_x \le t\big],$$

라 정의하자. $\{T_x \le t\}$는 나이가 $x$ 인 사람들 중 잔여수명이 $t$와 같거나 작은 사람들 집합이다.

$$F_x(t) \equiv {}_tq_x := Pr[T_x \le t] := \frac{\#\{T_x \le t\}}{\#(\Omega_x)}.$$

다른 말로 표현하면 $P[T_x \le t]$은 나이가 $x$인 사람이, 나이가 $x+t$ 이내에 죽을 확률이다. $F_x$는 나이가 $x$인 사람들의 생존분포함수( survival distribution function)라 이해하자.

**도움말 3.3** 기호를 $\ell_x := \#(\Omega_x)$는 나이가 $x$인 사람들( 또는 만들어진 지 $x$년이 된 제품) 전체의 수를 나타낸다. $\ell_x$를 이용하면

$${}_tp_x := Pr[T_x > t] = 1 - Pr[T_x \le t] = \frac{\ell_{x+t}}{\ell_x}, \qquad {}_tq_x := F_x(t) = Pr[T_x \le t] = \frac{\ell_x - \ell_{x+t}}{\ell_x}$$

정의에 따라 ${}_tp_x + {}_tq_x \equiv 1$.

그러면 나이가 $x$이 사람이 적어도 $t$년 이상 생존할 확률은 무엇인가? 이것은 $Pr[T_x > t] \equiv {}_tp_x = 1 - F_x(t)$이다. 이것을 $\Omega_x$를 다음과 같이 분해하면 자연스럽게 이해된다:

$$\Omega_x = \{\omega \mid T_x(\omega) \le t\} \cup \{\omega \in \Omega \mid T_x(\omega) > t\} = \{T_x \le t\} \cup \{T_x > t\}$$

사람은 $t$년 이내에 죽거나, $t$년 이상 살거나 둘 중 한가지 경우만 가능하기 때문에 $\{T_x \le t\} \cap \{T_x > t\} = \emptyset$. 따라서

$$1 = \frac{\#(\Omega)}{\#(\Omega)} = \frac{\#\{T_x \le t\}}{\#(\Omega)} + \frac{\#\{T_x > t\}}{\#(\Omega)} = Pr[T_x \le t] + Pr[T_x > t] = F_x(t) + Pr[T_x > t]$$

가 성립하기 때문다.

**도움말 3.4** [생존함수(survival function)] 나이가 $x$인 사람이 $t$년 이상 생존할 확률을 $S_x(t)$로 나타내자. 보험수학에서는 $S_x(t)$를 ${}_tp_x$로 나타낸다.

$$ {}_tp_x \equiv S_x(t) := Pr[T_x > t] = 1 - F_x(t) = \frac{\ell_{x+t}}{\ell_x}, \quad t \geq 0 $$

$S_x(t) \equiv {}_tp_x$를 생존함수라 부른다. 생존함수의 간단한 성질은

$$ S_x(t) = 1 - F_x(t), \text{ 또는 } F_x(t) = 1 - S_x(t), \text{ 또는 } S_x(t) + F_x(t) = 1 $$

로 상황에 맞게 표현한다.

**도움말 3.5** 보험수학에서는 다음 표현을 자주 쓴다.

- ${}_tp_x$: 나이 $x$이 것이 $t$년 이상 생존할 확률
- $p_x$ : 나이 $x$인 것이 1년 이상 생존할 확률. 즉 $p_x \equiv {}_1p_x$
- $q_x$ : 나이 $x$인 것이 1년 이내에 사망할 확률. 즉 $q_x \equiv {}_1q_x$
- ${}_tq_x$: 나이 $x$인 것이 $t$년 이내에 사망할 확률
- ${}_{u|t}q_x$: 나이 $x$인 것이 $u$년 이상 생존하고, 그로부터 $t$년 이내에 사망할 확률.

## 3.2 Amount Function $A_t \equiv A(t)$, Life Function $\ell_t \equiv \ell(t)$

어떤 시간에 태어난 살아있는 생명체의 수를 추적 조사하는 것, 어떤 시간에 만들어진 작동하는 제품 수를 추적 조사하는 것과, 금융계산에서 잔고함수(amount function)를 계산하는 것과 본질적으로 같은 점이 있다. 다른 점은 어떤 시간에 태어난 살아있는 생명체의 수 또는 작동하는 물건의 수는 결정적인 것이 아니고, 확률적인 점이 다르다. 잔고함수는 오해가 없으면 $A = A(t)$로 나타내고, 생명체의 수나, 작동하는 물건의 수는 longevity 또는 living 를 생각해서 $\ell = \ell_t$로 표현한다 생각하자.

안전한 금융상품이라는 것은 투자금이 증가하는 경우를 말한다. 즉 안전한 금융상품에 투자했을 때 시각 $t$일 때 투자계정의 잔고를 $A = A(t)$라 하면 $A = A(t)$는 증가함수라는 것이다. 잔고 $A(t)$는 최초 투자금액 $A(0)$에 따라 달라지므로 최초 투자금액을 표준화 할 필요가 있는데, 이것이 잔고증가율 함수(accumulation) $a = a(t)$이다. 즉

$$a(t) := \frac{A(t)}{A(0)}$$

그런데 금융상품의 평가는 시각 $t$일 때 잔고 $A(t)$에 비교하여 얼마나 빨리 늘어나는 가로 판정하므로

$$\delta_t := \frac{A'(t)}{A(t)} = \frac{a'(t)}{a(t)}$$

를 생각할 필요가 있었는데, 이것이 이자율 세기(force of interest)였다.

나이가 $t$인 사람(또는 생산된 지 $t$년이 된 제품) 전체를 $\Omega_t$로 나타낼 때, 중요한 것은 살아있는 것(또는 작동하는 것)이다. 살아있는 것들의 수를 $\ell_t = \#(\Omega_t)$라 하면, 돈 계산 문제와 다음과 같이 연관시킬 수가 있다. 그림 3.3에서 $\ell_t'$와 ${}_tp_0'$의 의미는

| 돈 | 사람 |
|---|---|
| 잔고함수 $A(t)$ | 생명함수 $\ell_t$ |
| 잔고증가율 함수 $a(t) = \frac{A(t)}{A(0)}$ | $t$년 이상 생존할 확률 ${}_tp_0 := \frac{\ell_t}{\ell_0}$ |
| 이자율 세기 $\delta_t := \frac{a'(t)}{a(t)}$ | 사망율 세기 $\mu_t := -\frac{\ell_t'}{\ell_t} = -\frac{{}_tp_0'}{{}_tp_0}$ |

그림. 3.3: *Force of interest* $\delta_t$ , *Force of mortality* $\mu_t$

$$\ell_t' \equiv \frac{d}{dt}\ell_t, \quad {}_tp_0' \equiv \frac{d}{dt}{}_tp_0$$

사망율 세기(Force of Mortality) $\mu_t$에 음의 부호 $-$가 붙은 것은 $\ell_t$가 감소함수이기 때문에 $\ell_t' \leq 0$이고, 사람들에게 음수는 익숙하지 않기 때문에, 이것을 양수로 바꾸기 위한 것이다. 그러므로

$$\mu_t = -\frac{\ell_t'}{\ell_t} = -\frac{{}_tp_0'}{{}_tp_0} \geq 0$$

Force of Mortality는 다음 절에서 다시 공부하기로 하고, 여기서는 개념에 익숙해지자.

**보기 3.2** *이자율 세기* $\delta_t$*와 사망율 세기* $\mu_t$*가 모두 상수인 경우를 생각해보자.*
$a(t)$ *와* ${}_tp_0$*의 그래프를 그려라.*

**풀이.** $\delta_t \equiv c, \mu_t \equiv c$*라 하자. 정의와 가정으로부터*

$$\delta_t = \frac{a'(t)}{a(t)} \equiv c, \quad \mu_t = -\frac{{}_tp_0'}{{}_tp_0} \equiv c$$

*따라서* $a(0) = 1, {}_0p_0 = 1$ *인 것에 주의하면*

$$a(t) = a(0)e^{ct} = e^{ct}, \quad {}_tp_0 = {}_0p_0 e^{-ct} = e^{-ct}$$

*$\delta_t = c, \mu_t = c$가 상수인 경우 $a(t)$와 ${}_tp_0$의 상징적인 그래프는 그림 3.4이다.*

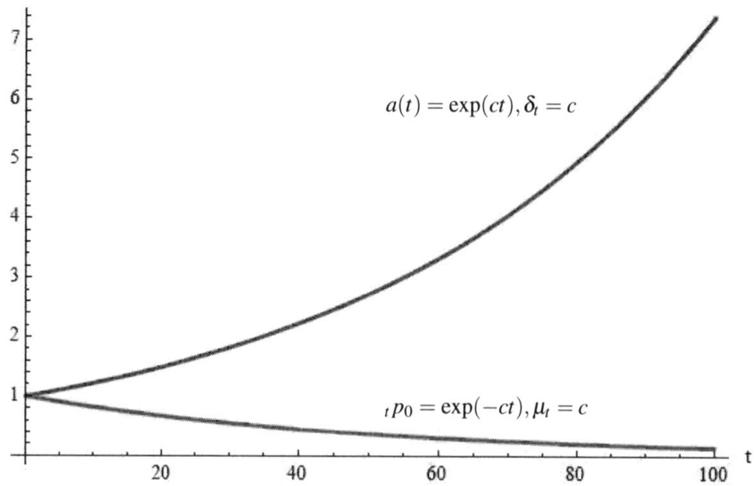


그림. 3.4: *$\delta_t = c, \mu_t = c$가 상수일 때, $a(t) = e^{ct}, {}_tp_0 = e^{-ct}$의 그패프. 그래프는 $c = 0.02$인 경우. $a(t)$는 한 없이 커질 수 있지만, $0 \leq {}_tp_0 \leq 1$.*

생명함수와 돈 계산는 본질적으로 같고, 다만 부호를 조심해야 한다. 사망율 세기(Force of mortality) $\mu_t$가 상수 $\mu$라는 것은 ${}_tp_0 = e^{-\mu t}$ 이것을 말한다. 이것은 돈 계산에서 복리(compound interest ) $\delta$일 때 잔고증가율 함수 $a(t) = e^{\delta t}$에 해당한다. 부호가 돈 계산의 경우는 $+$, 생존확률을 계산할 때는 $-$인 것만 주의하면 된다. 돈계산에서 $a(t) = e^{\delta t} \approx 1 + \delta t + o(t^2)$ 을 이용한 근사식 $a(t) = 1 + \delta t$를 사용하는 경우를 단리(simple interest)라 했다.

**도움말 3.6** [de Moivre 모델과 단리(simple interest)] 생존함수의 경우에도 ${}_tp_0 = e^{-\mu t}$의 근사식 ${}_tp_0 = e^{-\mu t} = 1 - \mu t + o(t^2)$ 을 생각해서,

$$ {}_tp_0 = \begin{cases} 1 - \mu t, & 0 \leq t < \frac{1}{\mu} \\ 0, & t \geq \frac{1}{\mu} \end{cases} $$

인 생존모델을 생각할 수 있는데, 이러한 생존모델을 de Moivre 모델이라 한다. 돈 계산의 단리(simple interest)에 해당한다.

${}_tp_0$는 태어나서 $t$년 이상 생존할 확률이다. 계산을 위해서는 잔고증가율 함수 $a(t)$를 생각하는 것이 좋지만, 점점 독자적으로 ${}_tp_0$는 태어나서 $t$년 이상 생존할 확률, ${}_tp_x$는 태어나 나기가 $x$가 되었을 때, 그로부터 $t$년 이상 생존할 확률로 이해하도록 하자.

$$ {}_tp_0 = \frac{\ell_t}{\ell_0}, \quad {}_tp_x = \frac{\ell_{x+t}}{\ell_x}, \quad \ell_t = \#(\Omega_t) $$

**보기 3.3** *$\ell_x$가 다음 식으로 주어졌다.*

$$ \ell_x = \begin{cases} 100000\left(1 - \frac{x}{120}\right)^{\frac{1}{2}}, & 0 \le x \le 120, \\ 0, & x > 120 \end{cases} $$

1. *태어나 20 이상 생존할 확률은 얼마인가?*
2. *태어나 30 이상 생존할 확률은 얼마인가?*
3. *태어나 나이가 20이 되었을 때, 그로부터 10 이상 생존할 확률은 얼마인가?*
4. *태어나 나이가 60이 되었을 때, 그로부터 10 이내에 사망할 확률은?*

**풀이.** *지금 태어난 것은 20 년 후에 나이 20이 된다. 20 년 후에 나이 20이 되는 지금 태어난 것들은, 집합으로 보면, 지금 나이 20인 것들과 공통인 원소가 없다. 그러나 생명표를 이해하는 것은 나이를 제한된 넓이를 갖는 영역으로 보고, 시간이 지나 그 영역으로 들어가는 사람은 생존하는 것으로 보고, 그 영영으로 들어가지 못하는 것은 죽는 것으로 이해하면 편리하다. 이것은 $s \le t$ 이면 $\Omega_s \subset \Omega_t$ 로 이해하는 것과 같다.*

1. *$\ell_0 = 100000$이다. $\ell_{20} = 100000(1 - \frac{20}{120})^{\frac{1}{2}} = 91287.1$. 이것은 나이 20인 영역이 나이 0인 영역보다 좁다. 이 좁은 영역에 들어가는 것들이 20년 이상 생존할 수 있다. 이 확률은 ${}_{20}p_0$으로 표시하고, 지금 경우는*
$$ {}_{20}p_0 = \frac{\ell_{0+20}}{\ell_0} = \frac{91287.1}{100000} \approx 0.912871 $$
2. *같은 생각으로 ${}_{30}p_0 = \frac{\ell_{0+30}}{\ell_0} = 0.866025$*
3. *이 경우는 나이가 20인 것들만 생각하면 충분하다. 이 확률은 기호로 ${}_{10}p_{20}$으로 나타내고*
$$ {}_{10}p_{20} = \frac{\ell_{20+10}}{\ell_{20}} = 0.948683 $$
4. *${}_{10}q_{60} = 1 - {}_{10}p_{60} = 0.0871291$*

**보기 3.4** *어떤 제품의 생명표에서* $\ell_{20} = A, \ell_{21} = B, \ell_{22} = C$*로 주어졌다.*

1. *각 정수구간에서 사망률 세기를 상수로 가정할 때, 각 구간에서 사망률의 세기와,* $\ell_x, 20 \le x \le 22$*를 결정하여라.*
2. *각 정수구간에서* de Moivre *모델을 적용할 때,* $\ell_x, 20 \le x \le 22$*를 결정하여라.*

**풀이.**

1. *정수구간에서 사망율 세기(force of mortality)* $\mu$*를 상수라 가정하면 구간* $[20,21]$*에서* $\mu_t = -\frac{\ell_t'}{\ell_t} \equiv \mu, \ell_{20} = A, \ell_{21} = B$*. 우선* $\ell_t = Ae^{-\mu(t-20)}, 20 \le t \le 21$ *을 얻는다.* $\ell_{21} = B$*가 성립해야 하므로*

$$\ell_{21} = Ae^{-\mu(21-20)} = B$$

*로부터* $\mu = \ln(\frac{A}{B})$*. 정리하면 구간* $[20,21]$*에서는*

$$\mu = \ln\frac{A}{B}, \ell_t = Ae^{-\mu(t-20)},\ 20 \le t \le 21$$

*같은 방식으로 구간* $[21,22]$*를 다룰 수 있다. 종합하면*

$$\ell_t = \begin{cases} Ae^{-\mu_1(t-20)},\ \mu_1 = \ln\frac{A}{B}, 20 \le t \le 21 \\ Be^{-\mu_2(t-21)},\ \mu_2 = \ln\frac{B}{C}, 21 \le t \le 22 \end{cases}$$

2. *정수구간에서 de Moivre 모델을 적용하면, 각 구간에서 생명함수* $\ell_t$*은* $t$*에 대한 1차식이다. 따라서 아주 쉽게 계산된다.*

$$\ell_t = \begin{cases} A + \frac{B-A}{1}(t-20), & 20 \le t \le 21 \\ B + \frac{C-B}{1}(t-21), & 21 \le t \le 21 \end{cases}$$

*de Moivre 모델에서는 생명함수는 직선으로 간단하지만, 사망율 세기(force of mortality)는 상수가 아닌 것에 주의하자.*

$$\mu_t = \begin{cases} -\frac{\ell_t'}{\ell_t} = -\frac{B-A}{A+(B-A)(t-20)}, & 20 \le t \le 21 \\ -\frac{\ell_t'}{\ell_t} = -\frac{C-B}{B+(C-B)(t-21)}, & 21 \le t \le 22 \end{cases}$$

**도움말 3.7** [조건에 따른 확률(conditional probability)] 두 사건 $A,B$를 생각하자.

- 사건 $B$가 일어났을 때 사건 $A$가 일어날 확률을 $Pr[A \mid B]$로 표시하고

$$Pr[A \mid B] := \frac{Pr[A \cap B]}{Pr[B]}$$

- 만일 $Pr[A \mid B] = Pr[A]$ 라면 사건 $B$가 사건 $A$에 대해서 아무런 정보를 주지 못하는 것을 말한다. 이런 경우 두 사건 $A,B$는 서로 독립(independent)이라 한다.

**보기 3.5** *두 개의 주사위를 던지는 시행에서 $A$를 눈 수 합이 7인 사건, $B$를 두 눈 수 중 6이 있는 사건이라 하자. 각각의 눈이 나올 확률이 같다고 할 때*
*$Pr[A \mid B]$와 $Pr[B \mid A]$를 구하여라.*

**풀이.** *주사위가 2 개이므로 하나를 $D_1$ 다른 하나를 $D_2$라 하자. $D_1$이 나온 눈의 수가 $i$, $D_2$가 나온 눈의 수를 $j$라 하면 $A = \{(1,6),(2,5),(3,4),(4,3),(5,2),(6,1)\}$*
*$B = \{(1,6),(6,1),(2,6),(6,2),(3,6),(6,3),(4,6),(6,4),(5,6),(6,5),(6,6)\}$이다. 따라서*

$$Pr[A \mid B] = \frac{Pr[A \cap B]}{Pr[B]} = \frac{\#(A \cap B)}{\#(B)} = \frac{2}{11}, \quad Pr[B \mid A] = \frac{2}{6} = \frac{1}{3}$$

*그런데 $Pr[A] = \frac{\#(A)}{36} = \frac{6}{36} = \frac{1}{6}$, $Pr[B] = \frac{\#(B)}{36} = \frac{11}{36}$인 것을 생각하면, $A$와 $B$는 서로 독립인 사건은 아니다.*

생존분포함수 $F_x(t) := Pr[T_x \leq t]$의 성질을 알아보자. $F_x(t)$는 태어나 나이가 $x$가 된 사람(또는 물건)이, 그로부터 $t$ 이내에 사망할 확률은 나타낸다. 정의로부터

$$\begin{aligned} Pr[T_x \leq t] = Pr[T_0 \leq x+t \mid T_0 > x] &= \frac{Pr\big[\{T_0 \leq t+x\} \cap \{T_0 > x\}}{Pr[T_0 > x]} \\ &= \frac{Pr[x < T_0 \leq x+t]}{Pr[T_0 > x]} \end{aligned}$$

그런데 나이 $x$인 것들 전체의 수를 $\ell_x$로 나타내면, 나이는 건너 뛸 수 있는 것이 아니기 때문에

$$F_x(t) := Pr[T_x \leq t] = \frac{\ell_x - \ell_{x+t}}{\ell_x} = 1 - \frac{\ell_{x+t}}{\ell_x} = 1 - S_x(t)$$

이제 $Pr[T_x \leq t]$를 정보가 주어진 확률로 이해하면

$$\begin{aligned} F_x(t) = Pr[T_x \le t] &= \frac{Pr[x < T_0 \le x+t]}{Pr[T_0 > x]} = \frac{F_0(x+t) - F_0(x)}{S_0(x)} \\ &= \frac{F_0(x+t) - 1 + 1 - F_0(x)}{S_0(x)} = \frac{S_0(x) - S_0(x+t)}{S_0(x)} \\ &= 1 - \frac{S_0(x+t)}{S_0(x)} \end{aligned}$$

특히 $S_x(t) = 1 - F_x(t)$인 것에 주의하면 $S_x(t) = \frac{S_0(x+t)}{S_0(x)} = \frac{\ell_{x+t}}{\ell_x}$.

**도움말 3.8** 나이 $x$인 사람의 남은 생명 확률변수 $T_x$의 분포함수를 $F_x(t) := Pr[T_x \le t]$라 두자. 그러면 나이 $x$ 인 사람이, 그로부터 $t$년 이상 생존할 확률은

$$S_x(t) := Pr[T_x > t] := 1 - Pr[T_x \le t] = 1 - F_x(t).$$

따라서 다음 중요한 관계가 성립한다.

$$S_x(t) = \frac{S_0(x+t)}{S_0(x)}, \qquad S_0(x+t) = S_0(x)S_x(t), \qquad F_x(t) + S_x(t) = 1,\ t \ge 0.$$

두 사건 $A, B$가 동시에 일어나는 사건은 $A \cap B$로 표현하는 것이 맞다. 그러나 표현을 간단하게 하기 위하여 $A \cap B \equiv AB$로 쓰는 것이 편리한 경우가 많다. 그러면

$$Pr[B \mid A] = \frac{Pr[AB]}{Pr[A]} \iff Pr[AB] = Pr[B]Pr[A \mid B] = Pr[A]Pr[B \mid A]$$

**보기 3.6** *식 $S_0(x+t) = S_0(x)S_x(t)$을 말로 표현해보자.*

**풀이.** *$S_0(x+t)$는 지금 태어난 사람이 $x+t$ 년 생존할 확률이다. 만일 다음 세 사건*

- *$A :=$ 태어나서 $x$년 이상 생존한다*
- *$B :=$ 태어나 나이가 $x$가 된 후 $t$년 더 생존한다*
- *$C :=$ 태어나 $x+t$년 이상 생존한다*

*를 생각하면 $C = A \cap B := AB$이다. $Pr[A] = S_0(x)$, $Pr[B] = S_x(t)$, $Pr[C] = S_0(x+t)$. 따라서 식 $S_0(x+t) = S_0(x)S_x(t)$은*

$$S_0(x+t) = Pr[C] = Pr[AB] = \frac{Pr[AB]}{Pr[A]} \cdot Pr[A] = Pr[B \mid A] \cdot Pr[A] = S_x(t)S_0(x)$$

즉 태어나서 $x+t$ 년 이상 살기 위해서는, 먼저 태어나 $x$ 년을 살고, 그로부터 $t$ 년 이상 살면 된다.

**보기 3.7** *다음 식을 말해보자.*

1. $S_0(x+t+u) = S_0(x)S_x(t+u)$
2. $S_0(x+t+u) = S_0(x+t)S_{x+t}(u)$
3. $S_0(x)S_x(t+u) = S_0(x)S_x(t)S_{x+t}(u)$

**풀이.**

1. *태어나서 $x+t+u$ 년 이상 생존할 확률은, 태어나서 $x$ 년 이상 생존할 확률과, 태어나 $x$ 년이 되었을 때, $t+u$ 년 이상 더 생존할 확률의 곱이다.*
2. *태어나서 $x+t+u$ 년 이상 생존할 확률은, 태어나서 $x+t$ 년 이상 생존할 확률과, 태어나서 $x+t$ 년이 되었을 때, $u$ 이상 더 생존할 확률의 곱이다.*
3. *태어나서 $x+t+u$ 년 이상 생존할 확률은, 태어나서 $x$ 년 이상 생존할 확률과, 태어나 $x$ 년이 되었을 때, $t$ 년 이상 더 생존할 확률과, 태어나 $x+t$ 년이 되었을 때, $u$ 이상 더 생존할 확률을 곱이다.*

**보기 3.8** *생존함수의 다음 성질을 설명하여라.*

$$S_x(t+u) = S_x(t)S_{x+t}(u) = S_x(u)S_{x+u}(t) \tag{3.1}$$

**풀이.** *나이 $x$ 에 따른 사람 수를 $\ell_x$ 라 두자.*

$$\begin{aligned} S_x(t+u) &= \frac{\ell_{x+t+u}}{\ell_x} \\ &= \frac{\ell_{x+t+u}}{\ell_{x+t}} \cdot \frac{\ell_{x+t}}{\ell_x} \\ &= S_{x+t}(u)S_x(t) \end{aligned}$$

*같은 방식으로 $S_x(t+u) = S_x(u)S_{x+u}(t)$ 도 얻는다. 수식의 증명보다 더 중요한 것은 이 식의 의미다. 이 식 (3.1)을 말로 증명하면 $x$ 인 사람이 $t+u$ 이상 생존할 확률은 $t$ 이상 생존한 후, 다시 $u$ 이상 생존하는 것이다. 따라서 $S_x(t+u) = S_x(t)S_{x+t}(u) = S_x(u)S_{x+u}(t)$*

**보기 3.9** *다음을 말로 표현해보자.*

1. $S_x(0) = 1$
2. $\lim_{t\to\infty} S_x(t) = 0$
3. $t_1 < t_2$ *이면* $S_x(t_1) \geq S_x(t_2)$

**풀이.**

1. *현재 나이 $x$인 사람이 지금 현재 살있는 확률은 1이다.*
2. *나이 $x$인 사람이 영원히 살아있을 확률은 0이다.*
3. $t_1 < t_2$ *이면, 나이 $x$인 사람이 $t_1$ 이상 생존할 확률은, $t_2$ 이상 생존할 확률보다 작지 않다.*

$S_x$는 수학적으로 다루기 편한 성질을 갖는 것으로 가정하자. 예를 들어

- $S_x$는 미분가능하다
- $\lim_{t\to\infty} tS_x(t) = 0$
- $\lim_{t\to\infty} t^2 S_x(t) = 0$

## 3.3 Force of Mortality(사망률 세기, 사력)

어떤 계정의 잔고함수(Amount function) $A(t)$가 주어졌을 때, 이자가 연속으로 지급된다는 가정을 하면, 이자는 다음과 같은 방법으로 계산했다. 시간구간 $[t_1, t_2]$에서 얻은 이자는

$$\begin{aligned} A(t_2) - A(t_1) &= \int_{t_1}^{t_2} A'(s)ds \int_{t_1}^{t_2} A(s)\frac{A'(s)}{A(s)}ds \\ &= \int_{t_1}^{t_2} A(s)\delta_s ds, \quad \delta_s = \frac{A'(s)}{A(s)} \end{aligned}$$

이 경우에 $\delta_s = \delta(s)$를 이자율 세기( 이력, force of interest)이라 한다.

이제 $t = 0$에 있는 사람 전체의 수를 $\ell_0$라 하자. 시간 $t$ 일 때의 생존자 수를 $\ell_t \equiv \ell(t)$로 나타내자. 시간이 흐름에 따라 사람이 죽는다. 따라서 $\ell_t \equiv \ell(t)$는 $t$에 따른 감소함수다. 그러면 시간구간 $[t_1, t_2]$에 죽은 사람 수는

$$\begin{aligned}[t_1,t_2]\text{에 죽은 사람 수} &= -\Big(\ell(t_2)-\ell(t_1)\Big)\\ &= -\int_{s=t_1}^{t_2}\ell'(s)ds = -\int_{s=t_1}^{t_2}\ell(s)\frac{\ell'(s)}{\ell(s)}ds\\ &= \int_{s=t_1}^{t_2}\ell(s)(-\frac{\ell'(s)}{\ell(s)}ds\\ &= \int_{s=t_1}^{t_2}\ell(s)\mu_s ds, \quad \mu_s = -\frac{\ell'(s)}{\ell(s)}.\end{aligned}$$

수식을 보면 이자를 계산하는 것과 같다. 주어진 구간 $[t_1,t_2]$에 사망자가 주어진 구간 $[t_1,t_2]$에 벌은 이자에 대응된다. 사망자의 경우 $\mu_s \equiv \mu(s) := -\frac{\ell'(s)}{\ell(s)}$를 사망율 세기(force of mortality )라 한다. 정의에 $-$ 기호가 있는 것은 $\ell'(s) \le 0$ 이기 때문에, 음수가 아닌 수로 바꾸기 위한 것이다. Force of mortality 는 Force of interest에 그대로 대응된다. 정리하면

**도움말 3.9** 잔고함수 $A(t)$, 개체의 수를 나타내는 함수 $\ell(t)$, ,이자율 세기(이력, force of interest) $\delta_t$, 사망율 세기(사력, force of mortality) $\mu_t$, 죽은 개체수와 이자는 서로 대응되는 개념이다.

- 잔고 $A(t) \iff$ 생존자 $\ell(t)$
- 이자 $\iff$ 사망자
- Force of interest $\delta_t = -\frac{A'(t)}{A(t)} \iff$ Force of mortality $\mu_t = -\frac{\ell'(t)}{\ell(t)}$
- 원금 $A_0 \equiv A(0) \iff t=0$일 때의 사람 수 $\ell_0 \equiv \ell(0)$

돈 계산을 할 때 $t=0$일 때의 돈 $A_0 \equiv A(0)$를 원금이라 했다. 따라서

$$A(t) = A(0)\frac{A(t)}{A(0)} = A(0)a(t), \quad a(t) = \frac{A(t)}{A(0)}$$

여기서 $a(t) = \frac{A(t)}{A(0)}$를 잔고증가율함수(accumulation function)이라 했다. 사람 수의 경우에는

$$\ell(t) = \ell(0)\frac{\ell(t)}{\ell(0)} = \ell(0)S_0(t), \quad S_0(t) := \frac{\ell(t)}{\ell(0)} = {}_tp_0$$

**도움말 3.10** 사람의 경우에는 잔고함수 $A(t)$에 대응되는 것은 사람수 $\ell_t \equiv \ell(t)$이고, 잔고증가율 함수 $a(t) = \frac{A(t)}{A(0)}$에 대응되는 것은 생존함수 $S_0(t) = \frac{\ell(t)}{\ell(0)} = {}_tp_0$ 이다. 생존함수는 $t = 0$에 태어난 사람의 시간 $t$ 이상 생존할 확률을 나타낸다.

**도움말 3.11** [생존함수(survival function) ] 태어나서 $t$ 이상 생존할 확률을 **생존함수**라 하고

$$S_0(t) = \frac{\ell(t)}{\ell(0)}$$

로 나타낸다. 여기서 $\ell(t)$는 $t = 0$에 태어난 사람 중에서, 시간 $t$일 때 생존한 사람 수를 나타낸다. 생존함수 $S_0(t)$를 이용하여 사망율 세기(force of mortality)를 표현하면

$$\mu_t = -\frac{\ell'(t)}{\ell(t)} = -\frac{S_0'(t)}{S_0(t)}.$$

이 식은 이자의 세기 $\delta_t = -\frac{A'(t)}{A(t)} = -\frac{a'(t)}{a(t)}$에 대응되는 식이다.

생존분포함수 $F_0(t) := P[T_0 \le t]$는 $t = 0$에 태어난 사람이 시간 $t$와 같거나 작은 때에 사망할 확률을 나타낸다. 따라서 $F_0(t) + S_0(t) \equiv 1$. 따라서 사망율 세기(force of mortality)를 생존분포함수를 이용하여 표현하면

$$\mu_t = -\frac{S_0'(t)}{S_0(t)} = \frac{F_0'(t)}{S_0(t)} = -\Big(\ln S_0(x)\Big)'$$

여기서 ln는 베이스가 $e$인 자연로그(natural logarithm)을 나타낸다. 위 식에서 $\ln'(x) = \frac{1}{x}$인 것을 썼다. 합성함수 미분법에 따라 $\phi(x) = \ln\big(f(x)\big)$ 라면 $\phi'(x) = \frac{f'(x)}{f(x)}$ 인 것에 주의하자. 다시 정리하면

**도움말 3.12** 사망율 세기 $\mu_x$는 여러 방식으로 표현할 수 있다.

$$\mu_x = \frac{F_0'(x)}{S_0(x)} = -\frac{S_0'(x)}{S_0(x)} = -\Big(\ln S_0(x)\Big)'$$

도움말 3.12으로부터

$$-\int_{t=0}^{t=x} \mu_t dt = \int_{t=0}^{t=x} \Big(\ln S_0(t)\Big)' dt.$$

따라서 $-\int_{t=0}^{t=x} \mu_t dt = \Big[\ln S_0(t)\Big|_{t=0}^{x} = \ln S_0(x) - \ln S_0(0).$

그런데 $S_0(x)$의 의미는 무엇인가? $S_0(x) = 1 - F_0(x) = 1 - P[T_0 \le x]$ 이므로 $S_0(x)$의 의미는 어떤 사람이 태어나서 $x$년 생존할 확률이다. 따라서 $S_0(0) = 1$이다. 정리하면

$$\ln S_0(x) = -\int_{t=0}^{x} \mu_t dt \quad \text{또는} \quad S_0(x) = \exp\big(-\int_{t=0}^{x} \mu_t dt\big).$$

또한 $S_0(t+x) = S_0(x)S_x(t)$인 것에 주의하며

$$\begin{aligned} S_x(t) &= \frac{\ell_{x+t}}{\ell_x} = \frac{\frac{\ell_{x+t}}{\ell_0}}{\frac{\ell_x}{\ell_0}} = \frac{S_0(x+t)}{S_0(x)}, \quad S_0(x+t) = \frac{\ell_{x+t}}{\ell_0},\ S_0(x) = \frac{\ell_x}{\ell_0} \\ &= \frac{\exp(-\int_{u=0}^{x+t} \mu_u du)}{\exp(-\int_{u=0}^{x} \mu_u du)} \\ &= \exp(-\int_{u=x}^{x+t} \mu_u du) = \exp(-\int_0^t \mu_{x+u} du). \end{aligned}$$

**도움말 3.13** [ 사망율 세기( force of mortality)] 나이 $x$일 때 사망율 세기(force of mortality)를 $\mu_x$라 두면

$$\mu_x = -\frac{S_0'(x)}{S_0(x)} = -\frac{d}{dx}\ln S_0(x).$$

따라서 $S_0(x) = \exp\big(-\int_{t=0}^{x} \mu_t dt\big)$. 생존함수의 성질 $S_0(x+t) = S_0(x)S_x(t)$를 이용하면

$$S_x(t) = \frac{S_0(x+t)}{S_0(x)} = \exp\big(-\int_{u=0}^{x} \mu_{x+u} du\big) \tag{3.2}$$

식 ( 3.2)의 가장 중요한 의미는 사망율 세기 모델이 주어지면, 생존확률을 계산할 수 있고, 생명표가 만들어진다. 다음과 같은 표현에도 익숙해지자.

$$\ln S_0(x) = -\int_0^x \mu_t dt, \qquad \ln S_x(t) = -\int_0^t \mu_{x+u} du.$$

**보기 3.10** *잔여 생존년수분포함수가 다음과 같다.*

$$F_0(x) := P[T_0 \le x] = 1 - \big(1 - \frac{x}{120}\big)^{\frac{1}{6}}$$

1. $F_0$의 그래프의 모양의 의미를 말해보자.
2. $S_0$의 그래프의 모양을 그려라.
3. 사망율 세기(force of mortality ) $\mu_x$를 구해보자.
4. $S_{40}(t)$의 그래프를 그려보자.

**풀이.**

1. 생존분포함수 $F_0(x)$

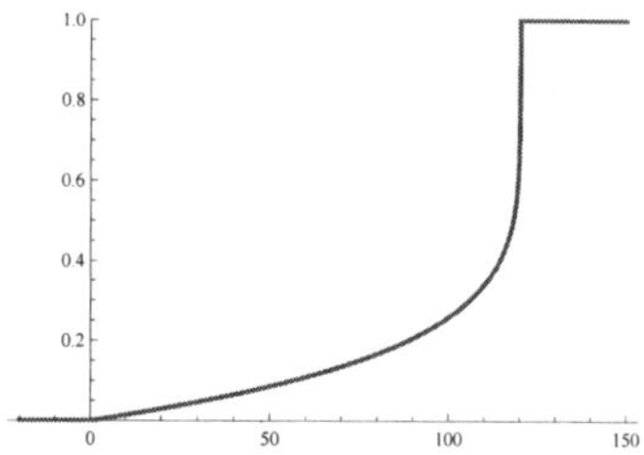

그림. 3.5: $F_0(x)$

2. $S_0(x) = 1 - F_0(x) = \left(1 - \frac{x}{120}\right)^{\frac{1}{6}}$

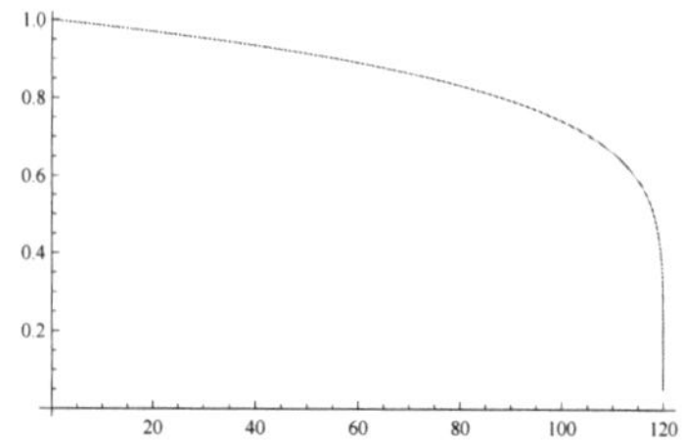

그림. 3.6: $S_0(x)$

3. 사망율 세기 $\mu(x) = -\frac{S_0'(x)}{S_0(x)} = \frac{1}{720-6x}$

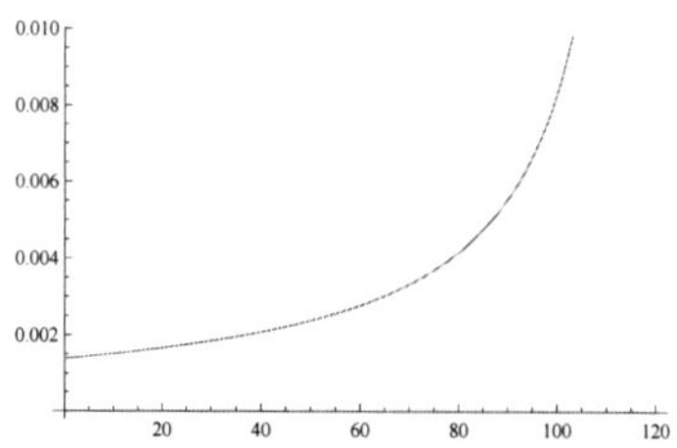

그림. 3.7: *Force of mortality* $\mu_x$

4. $S_{40}(t) = \frac{S_0(40+t)}{S_0(40)} = 2^{-\frac{2}{3}}\left(16 - \frac{t}{5}\right)^{\frac{1}{6}}$

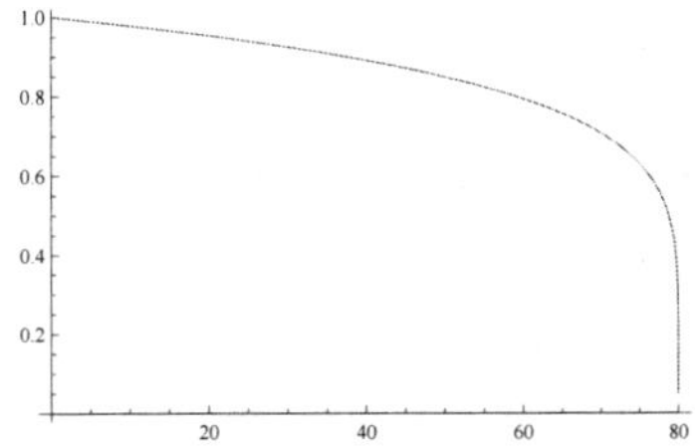


그림. 3.8: 생존함수 $S_{40}(t)$

나이가 $x$인 사람들의 집합 $\Omega_x$를 생각하자. 관심은 앞으로 얼마를 더 살 수 있는가, 또는 앞으로 얼마를 더 사용할 수 있는가이다.

> **도움말 3.14** 확률변수 $T_x : \Omega_x \to [0,\infty)$ 는 나이가 $x$인 사람의 잔여 수명을 나타낸다.

예를 들어 $T_x(\omega)$는 나이가 $x$인 사람 $\omega \in \Omega_x$의 남은 수명을 나타낸다. 이렇게 해석하면

$$\{T_x \le t\} := \{\omega \in \Omega_x \mid T_x(\omega) \le t\}$$

는 나이가 $x$인 사람 중에서 기대수명이 $t$년 이내인 사람들이다. 즉 태어나서 $x$년 산 사람 중에서 $x+t$년 이내에 죽는 사람들의 집합이다. 그런데 $T_x = 3$, 즉 태어나서 $x$년 산 사람중에서 정확하게 $x+3$년에 죽은 사람들을 생각하는 것은 큰 의미가 없다. 이런 이유로 $T_x \le u$ 와 같은 부등식이 즐겨 사용된다. 그럼에도 이론적인 면에서 임의의 양수 $h$에 대해서

$$\{t < T_x \le t+h\}$$

를 생각하고 싶다. 말로하면 태어나서 $x$년 산 사람 중에서 $t$와 $t+h$ 사이에 어떤 시점에 죽는 사람들의 집합이다. 더 중요한 것은 $\{t < T_x \le t+h\}$의 확률 $P[t < T_x \le t+h]$을 표현하는 일이다.

**도움말 3.15** [ 분포함수(distribution function)] 함수 $F:\mathbb{R}\to\mathbb{R}$가

- $F$는 증가함수, 즉 $x,y,\in\mathbb{R}, x\le y \implies F(x)\le F(y)$
- $F$는 오른쪽에서 연속, 즉 $F(x)=\lim_{h\downarrow 0}F(x+h)$

를 만족시키면 $F$를 분포함수라 한다.

가장 중요한 분포함수는 확률변수로부터 얻어지는 분포함수이다. 지금 우리의 경우는 확률변수 $T_x:\Omega_x\to[0,\infty)$로부터 얻어지는 분포함수

$$F_x(t):=P[T_x\le t]=P\big[\{\omega\in\Omega_x\mid T_x(\omega)\le t\}\big]$$

는 분포함수이다. $F_x$의 특징을 보면

- $t\le 0$이면 $F_x(t)=0$
- 사람의 경우를 생각한다면 $t\ge 200$이면 $F_x(t)=1$. 왜냐하면 태어나서 200년 이상 사는 사람 없다고 생각할 수 있기 때문이다.

이 분포함수 $F_x$를 이용하면 $\{T_x\le t+h\}=\{T_x\le t\}\cup\{t<T_x\le t+h\}$이고, $\{T_x\le t\}\cap\{t<T_x\le t+h\}=\emptyset$ 인 것에 주의하면

$$Pr[t<T_x\le t+h]=Pr[T_x\le t+h]-Pr[T_x\le t]=F_x(t+h)-F_x(t)$$

그러면 $F_x(t+h)-F_x(t)$를 보면 즉시 떠오르는 생각이 있다. 아주 좋은 경우를 생각하자.

**도움말 3.16 [확률밀도함수(probability density function)]** 확률변수 $X:\Omega\to\mathbb{R}$에 대응되는 분포함수 $F_X:\mathbb{R}\to[0,1],\quad F_X(t):=Pr[X\le t]$ 를 생각하자. 만일

$$F_X(t):=Pr[X\le t]=\int_{-\infty}^{t}f(x)dx$$

가 되는 함수 $f:\mathbb{R}\to[0,\infty)$이 있으면, 이 함수 $f$를 확률변수 $X$의 확률밀도함수라 한다.

우리는 나이가 $x$인 사람들의 남은 생존기간 $T_x$가 어떻게 생겼는지 모른다. 그렇지만 아무도 실제 상황에서 $F_x(t):=Pr\big[T_x\le t\big]$가 간단한 $x,t$의 함수로 겉으로 들어나게 표현되는 것은 기대하지도 않는다.

그러나 $\frac{d}{dt}F_x(t) = f_x(t)$가 되는 함수 $f_x(t)$가 있다는 생각은 이론 전개를 편하게 할 뿐 아니라 개념이해에 도움이 된다.

$$\begin{aligned} Pr[t < T_x \le t+h] &= Pr[T_x \le t+h] - Pr[T_x \le t] = F_x(t+h) - F_x(t) \\ &= \frac{F_x(t+h) - F_x(t)}{h}h \\ &\approx f_x(t)h \end{aligned}$$

자주 사용되는 기호를 정리하자. $t = 0$에 태어난 사람 수를 $\ell_0$로 나타내고, 이 사람들 중 시간 $t$에 살아있는 사람 수를 $\ell_t$ 로 나타내기로 한 것을 기억하자. 최대 생존기간을 $\omega$로 나타내자. $\omega$는 이미 표본공간 $\Omega$의 일반적인 원소를 표현하는 기호로 사용했지만, 의미를 바꾸어 사용해도 오해가 없다. 또한 사람의 생존기간 뿐 아니라 물건의 수명도 똑 같은 방식으로 생각할 수 있기 때문에 대상을 물건으로 이해하자.

**도움말 3.17**

- ${}_tp_x$: 나이 $x$이 것이 $t$년 이상 생존할 확률
- $p_x$ : 나이 $x$인 것이 1년 이상 생존할 확률. 즉 $p_x \equiv {}_1p_x$
- $q_x$ : 나이 $x$인 것이 1년 이내에 사망할 확률. 즉 $q_x \equiv {}_1q_x$
- ${}_tq_x$: 나이 $x$인 것이 $t$년 이내에 사망할 확률
- ${}_{u|t}q_x$: 나이 $x$인 것이 $u$년 이상 생존하고, 그로부터 $t$년 이내에 사망할 확률.

함수 $\ell$과 생존모델과의 관계는 $\frac{\ell_{x_0+t}}{\ell_{x_0}} := {}_tp_{x_0}$. 이 식의 의미는 나이가 $x_0$인 것이 $t$년 이상 생존할 확률은 ${}_tp_{x_0}$로 표시하기로 하자는 것이다. 이 약속에 따르면

**도움말 3.18** 최대 생존수명을 $\omega$라 하자. 임의의 $x_0 \le x \le x+t \le \omega$에 대해서 ${}_tp_x = \frac{\ell_{x+t}}{\ell_x}$.

식의 계산보다 수식의 이해가 더 중요하다. 이 수식의 의미는 나이가 $x$인 것이, $t$년 이상 생존할 확률은 ${}_tp_x$로 표시되는데, 이 값은 나이 $x$인 것들의 개수를 $\ell_x$라 하고, 나이가 $x+t$인 것들의 개수를 $\ell_{x+t}$라 하면 ${}_tp_x = \frac{\ell_{x+t}}{\ell_x}$. 이 식은 이렇게 쓸 수도 있다: $\ell_{x+t} = \ell_x \times {}_tp_x = \ell_x\, {}_tp_x$.

**도움말 3.19** 1. 나이 $x$인 것이 1년 이내에 사망할 확률은 $q_x$로 나타내고

$$q_x := 1 - p_x = 1 - \frac{\ell_{x+1}}{\ell_x} = \frac{\ell_x - \ell_{x+1}}{\ell_x}$$

2. $d_x := \ell_{x+1} - \ell_x$는 나이가 $x$인 것 중에서 1년 이내에 사망하는 것들의 개수를 나타낸다. 따라서 $q_x = \frac{d_x}{\ell_x}$. 이 약속에 따라 $d_x = \ell_x q_x$

**도움말 3.20** ${}_{u|t}q_x$는 다음과 같이도 표현되는 것을 이해하자.

$${}_{u|t}q_x = {}_u p_x \; {}_t q_{x+u} = \frac{\ell_{x+u}}{\ell_x} \times \frac{\ell_{x+u} - \ell_{x+u+t}}{\ell_{x+u}} = \frac{\ell_{x+u} - \ell_{x+u+t}}{\ell_x} = \frac{\ell_{x+u}}{\ell_x} - \frac{\ell_{x+u+t}}{\ell_x} = {}_u p_x - {}_{u+t} p_x$$

이 식을 순수한 수식으로 이해하는 것은 생명표의 이해에 도움이 되지 않는다. 수식을 모르더라도 차라리 다음과 같은 방식의 말로 이해하는 것이 중요하다.

**도움말 3.21** 1. ${}_{u|t}q_x = {}_u p_x - {}_{u+t} p_x$
나이 $x$인 것이 $u$년을 더 생존하고, 그로부터 $t$년 이내에 사망할 확률은, 나이 $x$인 것이 $u$ 년 이상 생존할 확률에서 $u+t$년 이상 생존할 확률을 뺀것이다.

2. ${}_{u|t}q_x + {}_{u+t} p_x = {}_u p_x$
나이 $x$인 것이 $u$년 이상 생존하고 그로부터 $t$년 이내에 사망할 확률과 (나이 $[x+u, x+u+t]$에 사망할 확률과), 나이 $x$ 인 것이 $u+t$년 이상 생존할 확률(즉 $[x+u+t, \infty)$에 사망할 확률)의 합은 나이 $x$인 것이 $u$ 년 이상 생존할 확률과 같다.

**보기 3.11** *다음은 모의 생명표의 일부다. 표를 이용하여 다음 값을 구하여라.*

| $x$ | $\ell_x$ | $d_x$ |
|---|---|---|
| 30 | 10000.00 | 34.78 |
| 31 | 9965.22 | 38.10 |
| 32 | 9927.12 | 41.76 |
| 33 | 9885.35 | 45.18 |
| 34 | 9839.55 | 50.26 |
| 35 | 9789.29 | 55.17 |
| 36 | 9734.12 | 60.56 |
| 37 | 9673.56 | 66.49 |
| 38 | 9607.07 | 72.99 |
| 39 | 9534.08 | 80.11 |

1. $\ell_{40}$
2. ${}_{10}p_{30}$
3. $q_{35}$
4. ${}_{5}q_{30}$
5. 현재 나이 30인 사람이 나이 35에서 36에 사망할 확률.

**풀이.** 먼저 표를 읽는 방법을 정하자. 이 표에서 $x = 32$가 되는 행을 보면 `32 9927.12 41.76` 이다. 이것의 의미는 다음과 같다. 32는 나이 $x$가 $32 \le x < 33$을 나타낸다. 9927.12는 나이 $x$가 $32 \le x < 33$인 사람 수이다. 사람 수가 어떻게 소수점이 되는가라고 생각할 수 있지만, 이것은 예를 들어어 사람 수를 0에서 10000 사이의 수로 표현하기 위한 방법이라 생각하면 좋다. 41.76은 나이 $x$가 $32 \le x < 33$인 사람 수에서 나이 $x$가 $33 \le x < 34$인 사람 수를 뺀 것을 나타낸다. 즉 나이 구간 [32,33)에서 죽은 사람 수를 나타낸다.

1. $\ell_{40}$은 나이 $x$가 $40 \le x < 41$인 사람 수를 나타낸다. 그런데 $x = 40$은 표에 없다. 그러나 표의 의미에 따라

$$\ell_{40} = \ell_{39} - d_{39} = 9534.08 - 80.11 = 9453.97$$

2. ${}_{10}p_{30}$ 은 현재 나이 30인 사람이 10년 이상 생존할 확률이다. 현재 나이 30인 사람은 나이구간 [30,31)에 있는 사람 수를 말한다. 이 중에서 일부가 나이구간 [40,41)에 들어간다. 따라서 앞에서 구한 $\ell_{40}$을 이용하면,

$${}_{10}p_{30} = \frac{\text{나이구간 } [40,41) \text{에 있는 사람 수}}{\text{나이 구간 } [30,31) \text{에 있는 사람 수}} = \frac{\ell_{40}}{\ell_{30}} = \frac{9453.97}{10000} = 0.9454$$

3. $q_{35}$는 나이구간 [35,36)에 있는 사람 중에서 나이구간 [36,37)에 들어가지 못하는 사람의 비율이다. 즉 나이구간 [35,36)에 사망하는 사람의 비율이다.

$$q_{35} = \frac{\text{나이구간 } [35,36) \text{에 사망하는 사람 수}}{\text{나이 구간 } [35,36) \text{에 있는 사람 수}} = \frac{d_{35}}{\ell_{35}} = \frac{55.17}{9789.29} = 0.00564$$

4. ${}_{5}q_{30}$

   이것은 현재나이 30인 사람이 5년이내에 사망할 확률이다. 이것은 나이구간 [30,31)에 있는

*사람 중에서 나이구간* $[35,36)$ *으로 들어가지 못하는 사람의 비율이다.*

$$ {}_5q_{30} = \frac{\ell_{30}-\ell_{35}}{\ell_{30}} = 0.02107 $$

*여기서 나이 30인 사람은 5년 이상 생존하거나, 아니면 5년 이내에 사망하거나 둘 중 어느 한 경우이므로* $1 = {}_5p_{30} + {}_5q_{30}$. *따라서 이렇게 생각할 수도 있다.*

$$ {}_5q_{30} = 1 - {}_5p_{30} = 1 - \frac{\ell_{35}}{\ell_{30}} = \frac{\ell_{30}-\ell_{35}}{\ell_{30}} = 0.02107 $$

5. *주어진 말을 기호로 표시하면* ${}_{5|1}q_{30}$. *여기서 중요한 점은 5년 이상 생존할 것이 필요한 것이다. 따라서*

$$ {}_{5|1}q_{30} = {}_5p_{30} \times q_{35} = \frac{\ell_{35}}{\ell_{30}} \times \frac{d_{35}}{\ell_{35}} = \frac{d_{35}}{\ell_{30}} = \frac{55.17}{10000} = 0.005517 $$

**도움말 3.22**

1. ${}_1p_x$ 대신에 간단히 $p_x$로 표시한다.
2. ${}_1q_x$ 대신에 간단히 $q_x$로 표시한다.
3. ${}_{k|1}q_x$, 즉 나이 $x$인 사람이 $k$년을 생존하고, 나이가 $x+k$가 되어 1년 이내에 사망할 확률은 표현에 혼동을 줄이기 위하여 ${}_{k|}q_x$로 표시한다.

계산하기 편한 생존모델을 생각해보자. 대표적인 것이

- ${}_tp_x = 1 - \frac{t-x}{\omega-x}$ 로 주어지는 De Moivre 모델
- 제한된 구간에서 사망율 세기 (force of mortality)를 상수로 가정하는 CFM( Constant Force of Mortality)
- 제한된 구간에서 $\ell_x$가 1차함수라 가정하는 UDD( Uniform Distribution of Death). 이것을 제한된 구간에 de Moivre 모델을 적용하는 것과 같다.

사람들을 나이로 분류하자. $\Omega_x$를 나이가 $x$인 사람들의 집합으로 이해했다. 같은 생각으로 $D_x := \Omega_x \setminus \Omega_{x+1}$는 나이가 $x$인 사람 중에서 나이가 $x+1$이 되기 전에 죽은 사람들로 이해하자.

**도움말 3.23**

1. $\ell_x$는 나이가 $x$인 사람들의 수 = $\#(\Omega_x)$
2. $\ell_{x+t}$는 나이가 $x+t$인 사람들의 수 = $\#(\Omega_{x+t})$
3. $d_x = \ell_x - \ell_{x+1}$는 나이 $x$인 사람 중에서 1년이내에 사망한 사람들의 수 = $\#(D_x)$

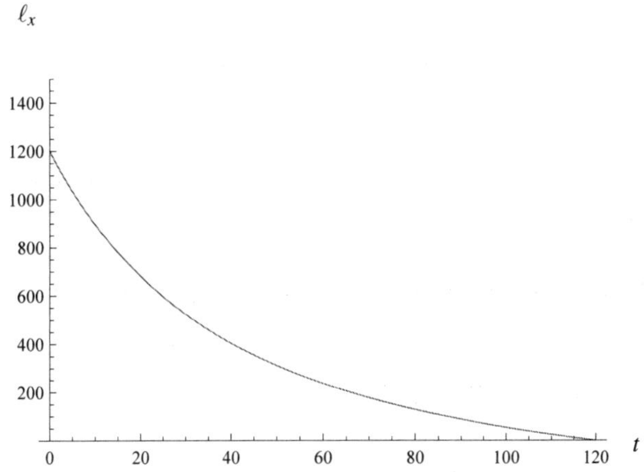


그림. 3.9: $\ell_x$

각각의 해에 태어나는 사람 수가 다르기 때문에, 이 그래프를 표준화 할 필요가 있다. 이것을 표준화하는 방법은 예를 들어 나이가 $x$ 이상인 사람에 관심 있을 때, 나이 $x+t$인 사람들을 나이 $x$인 사람들의 비율로 표시하는 것이다. 즉 ${}_tp_x := \frac{\ell_{x+t}}{\ell_x}$를 쓰는 것이다. 예를 들어 ${}_tp_0 = \frac{\ell_t}{\ell_0}$ 이기 때문에 그림 3.9와 그림 3.10는 닮았다. ${}_tp_x$는 단위가 없는 순수한 수이다. 수순한 수란 의미는 예를 들어 "속력이란 단위 시간단 이동한 거리"로 정의하기 때문에

$$속력 = \frac{이동한\ 거리}{시간} = 순수한\ 수\mathrm{m/s}$$

여기서 m/s는 속력의 단위다. 그러나 ${}_tp_x$는

$${}_tp_x := \frac{\ell_{x+t}\ 명}{\ell_x\ 명} = \frac{\ell_{x+t}}{\ell_x}$$

로 분모, 분자에 있는 단위 명이 소거 되기 때문에 순순한 수이다. ${}_tp_x, {}_tq_x$의 의미를 이해하는 것이 무엇보다도 중요하다. 가장 중요한 일을 ${}_tp_x$를 수식으로 이해하는 것이 아니라 그림과 느낌으로 이해하는 것이다.

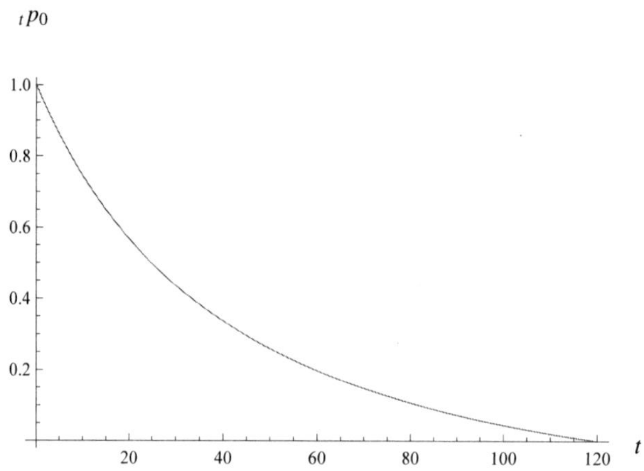


그림. 3.10: $_tp_0$

**도움말 3.24**

1. $_tp_x$는 나이가 $x$인 사람이 $t$년 이상 생존할 확률을 나타낸다.
2. $_tp_x = \frac{\ell_{x+t}}{\ell_x}$
3. $_tq_x$는 나이가 $x$인 사람이 $t$년 이내에 사망할 확률을 나타낸다.
4. $d_x = \ell_x - \ell_{x+1}$는
   나이 $x$인 사람 중에서 1년 이내에 사망한 사람들의 수
5. $_tq_x = \frac{\ell_x - \ell_{x+t}}{\ell_x} = 1 - {}_tp_x = \frac{d_x}{\ell_x}$
6. 모든 $x,t$에 대하여 $_tp_x + {}_tq_x \equiv 1$
7. $_{u|t}q_x$는 나이 $x$인 사람이 $u$년 을 생존해서, 나이가 $x+u$가 되고,
   그로부터 $t$년 이내에 사망할 확률.

수식이 복잡해지는 것을 피하기 위해서 $t = 1$인 경우는

$$_1p_x \equiv p_x, \quad _1q_x \equiv q_x, \quad _{t|1}q_x \equiv {}_{t|}q_x$$

즉

- $p_x$는 나이가 $x$인 사람이 1년 이상 생존할 확률을 나타내고,
- $q_x$는 나이가 $x$인 사람이 1년 이내에 사망할 확률을 나타낸다.
- $_{t|}q_x$는 나이가 $x$인 사람이 $t$년 이상 생존하고, 나이가 $x+t$가 되어 1년 이내에 사망할 확률

**보기 3.12** *${}_tp_x$의 다음 성질을 말로 표현하고, 수식으로 확인하여라. 말로 이해하는 것이 수식으로 이해하는 것 만큼 중요하다.*

1. ${}_{u|t}q_x = {}_up_x - {}_{u+t}p_x$
2. ${}_{u+t}p_x = {}_tp_x\ {}_up_{x+t} = {}_up_x\ {}_tp_{x+u}$

**풀이.**

1. *나이 $x$인 사람이 $u$년 이상 생존하고, 나이가 $x+u$가 되어 그로부터 $t$년 이내에 사망할 확률은, 나이가 $x$인 사람이 $u$년 이상 생존할 확률에서 나이가 $x$인 사람이 $u+t$년 이상 생존할 확률을 뺀 것과 같다. 수식으로 쓰면*

$$ {}_{u|t}q_x = \frac{\ell_{x+u} - \ell_{x+u+t}}{\ell_x} = \frac{\ell_{x+u}}{\ell_x} - \frac{\ell_{x+u+t}}{\ell_x} = {}_up_x - {}_{u+t}p_x $$

2. *나이가 $x$인 사람이 $u+t$ 년 이상 생존할 확률은, 먼저 $u$년 이상 생존하고, 나이가 $x+u$가 되어 $t$년 이상 생존하면 된다. 또는 먼저 $t$년 이상 생존하고, 나이가 $x+t$가 되어 $u$년 이상 생존하면 된다.*

$$ {}_{u+t}p_x = \frac{\ell_{x+u+t}}{\ell_x} = \frac{\ell_{x+u}}{\ell_x}\frac{\ell_{x+u+t}}{\ell_{x+u}} = {}_up_x\ {}_tp_{x+u} $$

*같은 방법으로* ${}_{u+t}p_x = \dfrac{\ell_{x+u+t}}{\ell_x} = \dfrac{\ell_{x+t}}{\ell_x}\dfrac{\ell_{x+t+u}}{\ell_{x+t}} = {}_tp_x\ {}_up_{x+t}$

중요한 문제 중 하나는 지금 나이가 $x$인 사람이 몇 년을 더 살 수 있는 가이다. 몇 년을 더 살 수 있는가라는 잔여생명 문제는 사람마다 다르기 때문에, 실제 데이터에 기반을 둔 확률에 의존할 수 밖에 없다. 그런데 개념적으로 보면 ${}_tp_x$는 나이 $x$인 사람이 $t$년 이상 생존할 확률이므로 당연한 것은

- ${}_0p_x = \frac{\ell_{x+0}}{\ell_x} = 1$
- $t \mapsto {}_tp_x$는 $[x,\infty)$에서 감소함수
- 어떤 한계 수명 $\omega$가 있어 ${}_tp_x \equiv 0, \quad t \geq \omega - x.$

${}_tp_x$의 모형을 그려보면 다음 모양이다. $t$의 단위는 년이다. 그러나 ${}_tp_x = \frac{\ell_{x+t}\text{명}}{\ell_x\text{명}} = \frac{\ell_{x+t}}{\ell_x}$는 단위가 없다. 따라서 그림자 진 영역의 넓이의 단위는 년이다.

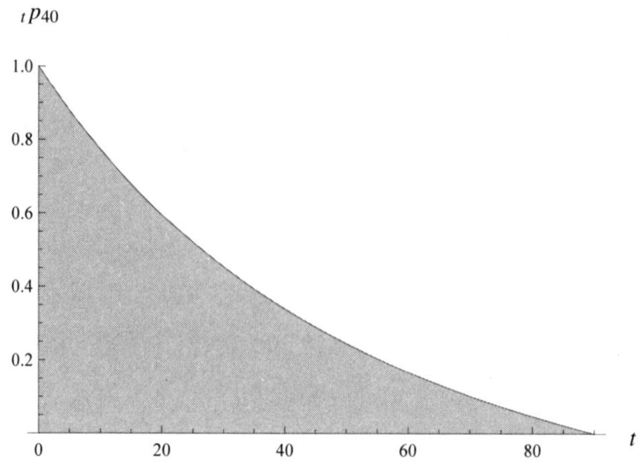


그림. 3.11: $_tp_{40}$

## 3.4 기대수명

**도움말 3.25** [미분적분학의 기본정리(Fundamental Theorem of Calculus)] 적분가능한 함수 $f:[a,b]\to\mathbb{R}$ 를 생각하자. 예를 들어 연속함수는 적분가능하다. 연속함수가 아니더라도 증가함수(감소함수)는 다 적분가능하다. 사실 불연속점들이 유한개이거나 가산인 무한(countably infinite)이면 적분가능하다. 적분을 이용해서 함수 $F:[a,b]\to\mathbb{R}$를

$$F(x) := \int_{t=a}^{x} f(t)dt$$

로 정의하면

1. $F$는 연속함수이다.
2. $f$가 연속인 점 $c\in[a,b]$에서는 $F$는 미분가능하고 $F'(c)=f(c)$.

**도움말 3.26** [부분적분법(integration by parts) 여러가지 적분법 중에서 가장 쓸모가 있는 것은 부분적분법과 치환적분법이다. 부분적분법은 적분하려는 함수가 2개의 함수 $f, g$의 곱으로 표현되고, 특히 $g$의 부정적분 $G, G' = g$를 쉽게 알 수 있으면, 이것을 이용하여 다음과 같은 방법으로 적분하는 것이다.

$$\int fgdx = \int fdG = fG - \int Gdf = fG - \int Gf'dx$$

위 식에서 $dG = G'dx = g(x)dx$를 나타낸다.

**도움말 3.27** [Riemann-Stieltjes 합] 유계함수 함수 $f, \alpha : [a,b] \to \mathbb{R}$에 대하여

$$S(P, f, \alpha) = \sum_{k=1}^{n} f(t_k)\Delta a_k, \quad P = \{a = x_0 < x_1 < x_2 < \cdots < x_{n-1} < x_n = b\}$$

꼴의 수를 Riemann-Stielties 합이라 한다. 여기서 $t_k$는 구간 $[x_{k-1}, x_k]$에 있는 임의의 수이다.

**해설.** $S(P, f, \alpha)$는 사실 수가 아니라, 분할 $P = \{a = x_0 < x_1 < \cdots < x_{n-1} < x_n = b\}$가 정해지더라도 $t_k \in [x_{k-1}, x_k]$의 선택이 무수히 많기 때문에, 함수 $f, \alpha$와 구간 $[a,b]$에 따라 결정되는 집합이다.

**도움말 3.28** [Riemann-Stieltjes 적분] 유계함수 함수 $f, \alpha : [a,b] \to \mathbb{R}$를 생각하자.
임의의 양수 $\varepsilon$에 대해서 구간 $[a,b]$의 부할 $P_\varepsilon$이 존재해서 $P \supset P_\varepsilon$인 구간 $[a,b]$의 임의의 분할 $P$에 대하여

$$S(P, f, \alpha) \subset \{x \in \mathbb{R} \mid A - \varepsilon < x < A + \varepsilon\} := (A - \varepsilon, A + \varepsilon)$$

이 성립하는 실수 $A \in \mathbb{R}$이 존재하면 $f$는 구간 $[a,b]$ 위에서 $\alpha$에 대해서 Riemann-Stieltjes 적분 가능하다 하고, $A$를

$$\int_a^b f d\alpha$$

로 나타낸다.

**해설.** 보험수학에서 필요한 것은 $\int_a^b f(x)d\alpha(x)$가 표현에 익숙해지는 것이다. 실제 계산에서는 $f(x)$는 좋은 함수고, 함수 $\alpha'$가 존재하는 경우가 많고, 좋은 상황에서는

$$\int_a^b f d\alpha = \int_{x=a}^b f(x)\alpha'(x)dx$$

처럼 계산하면 된다.

**보기 3.13** *최대정수 함수* $\alpha(x) := \lfloor x \rfloor$*에 대하여* $\int_{x=0}^{10} x^2 d\alpha(x) = \int_{x=0}^{10} x^2 d\lfloor x \rfloor$*를 계산하여라.*

**풀이.** $f(x) = x^2$*은 좋지만,* $\alpha(x) = \lfloor x \rfloor$*는 그리 좋지 않다. 부분적법을 쓰면*

$$\begin{aligned}
\int_{x=0}^{10} x^2 d\lfloor x \rfloor &= \left[x^2 \lfloor x \rfloor\right]\Big|_{x=0}^{10} - \int_{x=0}^{10} \lfloor x \rfloor dx^2 \\
&= 1000 - \int_{x=0}^{10} 2x\lfloor x \rfloor dx \\
&= 1000 - \sum_{k=0}^{9} \int_{x=k}^{k+1} 2kxdx \\
&= 1000 - 615 = 385
\end{aligned}$$

**보기 3.14** $\alpha = \alpha(x), \beta = \beta(x)$*가 다음과 같다.*

$$\alpha(x) = \begin{cases} 2-x, & x < 1 \\ x^2, & x \geq 1 \end{cases}, \qquad \beta(x) = \begin{cases} -x, & x < 1 \\ 3+x^2, & x \geq 1 \end{cases}$$

*적분* $\int_{x=-2}^{2} x^2 d\alpha(x)$, $\int_{x=-2}^{2} x^2 d\beta(x)$ *값을 구하여라.*

**풀이.** *부분적분법으로 계산할 수 있다. 그러나* $\delta$*함수를 이용해보자.* $\alpha$*는* $x = 1$*에서 연속이고,* $\beta$*는* $x = 1$*에서 연속이 아니다.*

$$\alpha'(x) = \begin{cases} -1, & x < 1 \\ 2x, & x > 1 \end{cases}, \qquad \beta'(x) = 5\delta_1 + \begin{cases} -1, & x < 1 \\ 2x, & x > 1 \end{cases} = 5\delta_1 + \alpha'(x)$$

*여기서* $5 = \lim_{x \to 1^+} \beta(x) - \lim_{x \to 1^-} \beta(x)$*. 이제*

$$\int_{x=-2}^{1} x^2 d\alpha(x) = \int_{x=-2}^{2} x^2 \alpha'(x)dx = \int_{x=-2}^{1} x^2 \cdot (-1)dx + \int_{x=1}^{2} x^2 \cdot 2xdx = \frac{9}{2}$$

$\beta'(x) = 5\delta_1 + \alpha'(x)$*이므로, 따라서*

$$\int_{x=-2}^{2} x^2 d\beta(x) = \int_{x=-2}^{2} x^2 \beta'(x)dx = 5 \times 1^2 + \int_{x=-2}^{2} x^2 \alpha'(x)dx = 5 + \frac{9}{2} = \frac{19}{2}$$

**도움말 3.29** [$K_x$, 남은 생명 년수 확률변수(Curtate Future Lifetime Random Variable)] 나이 $x$인 사람의 년 단위로 계산한 남은 생명을 $K_x$로 표시한다:

$$K_x : \Omega_x \to \mathbb{N}, \quad K_x = \lfloor T_x \rfloor$$

여기서 $\lfloor T_x \rfloor$는 $T_x$의 함수값의 정수부분을 나타낸다.

**도움말 3.30** [$\mathring{e}_x$, $e_x$] **완전 기대수명, 년단위 기대수명**:

- 확률변수 $T_x : \Omega_x \to [0,\infty)$의 평균값 $E[T_x]$를 나이가 $x$인 사람의 완전기대수명(Complets Expectation of Life)] 이라 한다:

$$\mathring{e}_x := E[T_x] = \int_{t=0}^{\infty} t dF_x(t) = \int_{t=0}^{\infty} t f_x(t) dt = \int_{t=0}^{\infty} {}_t p_x dt \tag{3.3}$$

- 확률변수 $K_x : \Omega_x \to \mathbb{N}, \quad K_x = \lfloor T_x \rfloor$의 평균값 $e_x := E[K_x]$을 나이 $x$인 사람의 년단위 기대수명(curtate expectation of life)이라 한다.

$$e_x := E[K_x] = \sum_{k=0}^{\infty} k \times Pr[K_x = k] = \sum_{k=1}^{\infty} k \times Pr[K_x = k] = \sum_{k=1}^{\infty} {}_k p_x$$

**해설.** $T_x$는 나이 $x$인 사람의 남은 생명을 나타내는 확률변수이므로 $Pr[T_x \geq M] = 0$이 되는 큰 양수 $M$이 있다 생각해도 좋다. 다르게 표현하면 $t \geq M$이면 $F_x(t) \equiv 1, {}_t p_x \equiv 0$ 가 성립하는 양수 $M$이 있다.

$$\begin{aligned}
E[T_x] &= \int_{t=0}^{\infty} t dF_x(t) = \int_{t=0}^{M} t dF_x(t) \\
&= \left[t F_x(t)\right|_{t=0}^{M} - \int_{t=0}^{M} F_x(t) dt \\
&= M - \int_{t=0}^{M} F_x(t) dt \\
&= \int_{t=0}^{M} \left(1 - F_x(t)\right) dt \\
&= \int_{t=0}^{\infty} {}_t p_x dx
\end{aligned}$$

생존한 완전한 년수의 기대값을 생각할 필요가 있다. 즉 $T_x$의 정수부분을 $K_x$라 둘 때, $E[K_x]$의 값을 알고 싶다. 합의 출발점을 바꾸는 방식을 생각하면

$$\begin{aligned}E[K_x] &= \sum_{k=0}^{\infty} k\times Pr[K_x=k] = \sum_{k=1}^{\infty} k\times Pr[K_x=k] = \sum_{k=1}^{\infty} k\left({}_kp_x - {}_{k+1}p_x\right)\\ &= \sum_{k=1}^{\infty} k\,{}_kp_x - \sum_{k=1}^{\infty} k\,{}_{k+1}p_x = \sum_{k=1}^{\infty} k\,{}_kp_x - \sum_{k=2}^{\infty}(k-1)\,{}_kp_x\\ &= {}_1p_x + \sum_{k=2}^{\infty} {}_kp_x = \sum_{k=1}^{\infty} {}_kp_x\end{aligned}$$

$T_x : \Omega \to [0,\infty)$의 분산(variance)를 계산하기 위하여 $E[T_x^2]$을 계산하여 보자. $F_x(t)+S_x(t)\equiv 1$인 것에 주의하면

$$\begin{aligned}E[T_x^2] &== \int_{t=0}^{\infty} t^2 dF_x(t) = -\int_{t=0}^{\infty} t^2 dS_x(t)\\ &= -\left[t^2 S_x(t)\right|_{t=0}^{\infty} + \int_{t=0}^{\infty} S_x(t)dt^2\\ &= \lim_{t\to\infty} t^2 S_x(t) + \int_{t=0}^{\infty} 2tS_x(t)dt\end{aligned}$$

사람은 영원히 살지는 않기 때문에 $\lim_{t\to\infty} t^2 S_x(t) = 0$라 생각해도 무리가 없다. 따라서

**도움말 3.31** $T_x : \Omega_x \to [0,\infty)$의 분산 $Var[T_x]$는 $F_x(t)+S_x(t)\equiv 1$인 것에 주의하면

$$\begin{aligned}Var[T_x] &= E[T_x^2] - E[T_x]^2 = 2\int_{t=0}^{\infty} tS_x(t)dt - \left(\int_{t=0}^{\infty} tdF_x(t)\right)^2\\ &= 2\int_{t=0}^{\infty} t\,{}_tp_x dt - \left(\int_{t=0}^{\infty} {}_tp_x dt\right)^2\end{aligned}$$

**보기 3.15** *제품의 $\ell_x$가 다음과 같다: $\ell_x = (20-x)^2, 0\le x\le 20;\ \ell_x = 0, x>20$. 다음 값을 구하라.*

1. $F_x(t)$.
2. $S_x(t)$
3. ${}_tp_x$
4. ${}_5p_{10}$
5. ${}_{u|t}q_x$
6. $E[T_5]$

**풀이.**

1. $F_x(t) = 1-\frac{\ell_{x+t}}{\ell_x} = 1-\frac{(20-x-t)^2}{(20-x)^2} = 1-\left(1-\frac{t}{20-x}\right)^2, 0\le t\le 20-x,$
   $F_x(t)\equiv 1, t>20-x.$

2. $S_x(t) = \frac{\ell_{x+t}}{\ell_x} = 1 - F_x(t) = \left(1 - \frac{t}{20-x}\right)^2, 0 \le t \le 20-x,\ S_x(t) \equiv 0, t > 20-x.$
3. ${}_tp_x = \frac{\ell_{x+t}}{\ell_x}$. 정리하면

$$
{}_tp_x = \frac{\ell_{x+t}}{\ell_x} = S_x(t) = \begin{cases} \frac{(20-x-t)^2}{(20-x)^2} = \left(1 - \frac{t}{20-x}\right)^2, & 0 \le t \le 20-x \\ 0, & t > 20-x \end{cases}
$$

4. ${}_5p_{10} = \frac{\ell_{15}}{\ell_{10}} = \frac{(20-15)^2}{(20-10)^2} = \frac{1}{4}$
5. ${}_{u|t}q_x = {}_up_x F_{x+u}(t) = \frac{\ell_{x+u}}{\ell_x} \times \left(1 - \frac{\ell_{x+u+t}}{\ell_{x+u}}\right), t < 20-x-u.$
6. $E[T_{10}] = \int_0^{10} {}_tp_{10}dt$. 계산하면

$$
E[T_5] = \int_0^{20-5} (1 - \frac{t}{20-5})^2 dt = \int_0^{15} (1 - \frac{t}{15})^2 dt = -15 \cdot \frac{1}{3}[(1 - \frac{t}{15})^3|_{t=0}^{15} = 5
$$

**보기 3.16** $F_0(t) := Pr[T_0 \le t]$가 다음과 같다.

$$
F_0(t) = \begin{cases} 1 - (1 - \frac{t}{120})^{\frac{1}{6}}, & 0 \le t \le 120, \\ 0, & t > 120 \end{cases}
$$

1. $E[T_x]$을 구하여라. $E[T_{30}]$을 구하여라.
2. $Var[T_x]$을 구하여라.

**풀이.** 지금 경우는 $\ell_x$가 주어지는 대신에 $F_0(t)$가 주어졌다.
만일 $\ell_x$를 알고있다면

$$
\begin{aligned}
F_x(t) &= 1 - \frac{\ell_{x+t}}{\ell_x} = 1 - \frac{\frac{\ell_{x+t}}{\ell_0}}{\frac{\ell_x}{\ell_0}} = 1 - \frac{1 - F_0(x+t)}{1 - F_0(x)} = 1 - \left(\frac{1 - \frac{x+t}{120}}{1 - \frac{x}{120}}\right)^{\frac{1}{6}} \\
&= 1 - \left(\frac{120 - x - t}{120 - x}\right)^{\frac{1}{6}}, \ 0 \le t \le 120 - x
\end{aligned}
$$

따라서 $t > 120 - x$이면 ${}_tp_x = 0$이고,

$$
{}_tp_x = S_x(t) = 1 - F_x(t) = \left(\frac{120 - x - t}{120 - x}\right)^{\frac{1}{6}} = \left(1 - \frac{t}{120 - x}\right)^{\frac{1}{6}}, \ 0 \le t \le 120 - x
$$

1. $E[T_x] = \int_{t=0}^{120-x} t\, dF_x(t) = \int_{t=0}^{120-x} {}_tp_x dt = \int_{t=0}^{120-x} \left(1 - \frac{t}{120-x}\right)^{\frac{1}{6}} dt$
$= -(120-x)\left[\frac{6}{7}\left(1 - \frac{t}{120-x}\right)^{\frac{7}{6}}\right|_{t=0}^{120-x}$
$= \frac{6}{7}(120-x)$. 특별히 $E[T_{30}] = \frac{6}{7}(120-30) = 77.1429$.

2. 우선 $F_x(t) = 1 - \left(\frac{120-x-t}{120-x}\right)^{\frac{1}{6}}, \ 0 \le t \le 120-x$ 이므로

$$
dF_x(t) = \frac{1}{6(120-x)}\left(1 - \frac{t}{120-x}\right)^{-\frac{5}{6}} dt
$$

다음으로 $Var[T_x] = E[T_x^2] - E[T_x]^2$. 그런데 $E[T_x]$는 이미 계산했기 때문에 $E[T_x^2]$을 계산하자.

$$\begin{aligned}
E[T_x^2] &= \int_{t=0}^{120-x} t^2\,dF_x(t) = \frac{1}{6(120-x)}\int_{t=0}^{120-x} t^2\big(1-\frac{t}{120-x}\big)^{-\frac{5}{6}}dt \\
&= \frac{(120-x)^2}{6}\int_{s=0}^{1} s^2(1-s)^{-\frac{5}{6}}ds, \quad t=(120-x)s \\
&= \frac{(120-x)^2}{6}\int_{0}^{1}(-1+1-s)^2(1-s)^{-\frac{5}{6}}ds \\
&= \frac{(120-x)^2}{6}\int_{0}^{1}\big(1-2(1-s)+(1-s)^2\big)(1-s)^{-\frac{5}{6}}ds \\
&= \frac{72}{91}(120-x)^2.
\end{aligned}$$

따라서

$$Var[T_x] = E[T_x^2]-E[T_x]^2 = \frac{72}{91}(120-x)^2 - \big(\frac{6}{7}(120-x)\big)^2 = \frac{36}{637}(120-x)^2.$$

특별히 $Var[T_{30}] = \frac{36}{637}(120-30)^2 = \dfrac{291600}{637} \approx 457.771.$

**보기 3.17** $F_0(t)$가 다음과 같다.

$$F_0(t) = \begin{cases} 0, & t \le 0 \\ \frac{1}{4}t^2, & 0 \le t \le 2 \\ 1, & t \ge 2 \end{cases}$$

1. $E[T_x]$를 구하여라.
2. $Var[T_x]$를 구하여라.

**풀이.** $F_x(t)$를 구해야 한다.

$$\begin{aligned}
F_x(t) &= 1-S_x(t) = 1-\frac{S_0(x+t)}{S_0(x)} = 1-\frac{\ell_{x+t}}{\ell_x} = 1-\frac{1-F_0(x+t)}{1-F_0(x)} \\
&= 1-\big(1-\frac{t}{2-x}\big)\big(1+\frac{t}{2+x}\big), \quad 0 \le t \le 2-x
\end{aligned}$$

따라서 ${}_tp_x = 1-F_x(t) = \big(1-\frac{t}{2-x}\big)\big(1+\frac{t}{2+x}\big),\ 0 \le t \le 2-x.$

1. $E[T_x] = \int_{t=0}^{2} t\,dF_x(t) = \int_{t=0}^{2-x} {}_tp_x dt = \int_{t=0}^{2-x}\big(1-\frac{t}{2-x}\big)\big(1+\frac{t}{2+x}\big)dt$
   $= (2-x)\int_{s=0}^{1}(1-s)\big(1+\frac{2-x}{2+x}s\big)ds$
   $= \frac{(2-x)(4+x)}{3(2+x)}.$
2. $Var[T_x] = E[T_x^2]-E[T_x]^2.$
   우선 $F_x(t) = 1-\big(1-\frac{t}{2-x}\big)\big(1+\frac{t}{2+x}\big), \quad 0 \le t \le 2-x$ 에서 $dF_x(t) = \frac{2(x+t)}{4-x^2}dt.$

$$E[T_x^2] = \int_{t=0}^{2} t^2\,dF_x(t) = \frac{2}{4-x^2}\int_{t=0}^{2-x} t^2(x+t)dt = \frac{(2-x)^2(6+x)}{6(2+x)}$$

그러므로

$$Var[T_x] = \frac{(2-x)^2(6+x)}{6(2+x)} - \Big(\frac{(2-x)(4+x)}{3(2+x)}\Big)^2 = \frac{(2-x)^2(4+8x+x^2)}{18(2+x)^2}$$

**도움말 3.32 [ 기대수명]** ${}_tp_x$의 그래프와 좌표축으로 둘어싸인 그림자진 영역의 넓이는, 나이가 $x$인 사람의 기대수명 $\mathring{e}_x := E[T_x]$를 나타낸다.

개념 이해를 위하여 간단한 생명함수 모형을 보자.

$$\ell_x = \begin{cases} 1200(1-\frac{x}{120})^2, & 0 \le x \le 120 \\ 0, & x > 120 \end{cases} \tag{3.4}$$

을 써서 계산하면, 그림. 3.11에서는 그림자진 영영의 넓이는

$$\mathring{e}_{40} := E[T_{40}] = \int_{t=0}^{\infty} {}_tp_{40}dt = \int_0^{80} {}_tp_{40}dt = \frac{80}{3} \approx 26.6667$$

나이 40인 사람의 남은 기대수명이 $\frac{80}{3}$이라는 것을 그림으로 표현하면 기대수명은 좌표축과 곡선

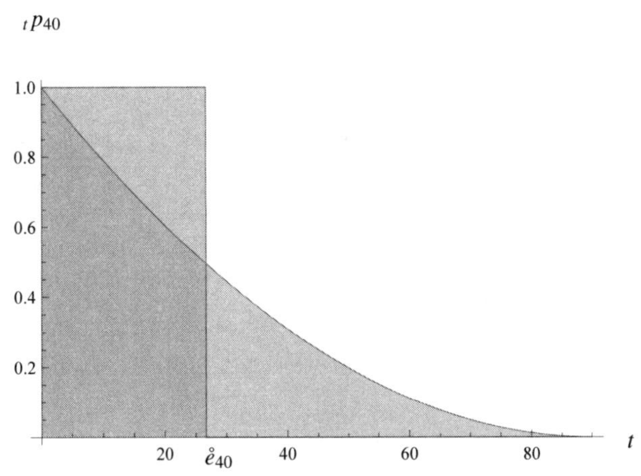


*그림. 3.12: ${}_tp_{40}$와 기대수명 $\mathring{e}_{40}$. 곡선 $t \mapsto {}_tp_{40}$과 좌표축으로 둘러싸인 도형의 넓이가 기대수명 $\mathring{e}_{40}$이다. 이 넓이는 가로가 $\mathring{e}_{40}$이고 높이가 1인 사각형의 넓이와 같다.*

${}_tp_x$로 둘러싸인 영역을 밑변의 길이가 1인 사각형과 같은 넓이가 되도록 할 때 높이를 말한다.

그림. 3.12을 보고 이해하자. 모형 생명함수

$$\ell_x = \begin{cases} 1200(1-\frac{x}{120})^2, & 0 \le x \le 120 \\ 0, & x > 120 \end{cases} \tag{3.5}$$

에 대하여, 나이 40인 사람의 완전한 생존년수의 기대값을 SageMath을 이용해서 계산하면

$$E[K_{40}] = \sum_{k=1}^{80} {}_kp_{40} = \frac{4187}{160} \approx 26.1688$$

```
def el(x,om):     #생명함수
    val=1200*(1-x/120)^2
    if x>om:
        return 0
    else:
        return val.n(digits=7)

def px(t,x, om):  #생명함수에 따른 생존함수
    if t<om-x:
        return el(x+t,om)/el(x,om)
    else:
        return 0

####  완전한 년수 기대 수명
sum([ px(k,40,120) for k in range(1,120-40)] )
```

```
26.16875
```

그림. 3.13: *SageMath를 이용한* $\sum_{k=1}^{80} {}_kp_{40}$ *계산*

**보기 3.18** *생존모델 (3.5) 에서*

1. *지금 나이 30인 사람이 60에서 70 사이에 죽을 확률을 구하여라.*
2. *지금 나이 30인 사람의 기대수명은 몇년인가?*

**풀이.**

1. ${}_{30}p_{30} - {}_{40}p_{30} = \frac{11}{81}$
2. $\mathring{e}_{30} = \int_0^{\infty} {}_tp_{30}dt = \frac{1}{90^2}\int_0^{90}(90-t)^2dt = 30.$

${}_tp_x$는 나이가 $x$인 사람이 $t$년 이상 생존할 확률을 나타낸다. 따라서 ${}_tp_x$는 $t$에 대한 감소함수다. 그림. 3.12 에서 눈으로 확인하자. 그러면 ${}_tp_x$의 그래프의 접선의 기울기 $\frac{d}{dt}{}_tp_x$는 어떤 의미를 갖는가? 표현을 분명하게 하기 위해서

- 먼저 나이가 $x$인 사람들의 집합을 $\Omega_x$로 표시하자.
- 확률변수 $T_x : \Omega_x \to [0,\infty)$는 각각의 사람에 남은 수명을 대응시키는 함수이다.

따라서 $\ell_x = \#(\Omega_x) =$ 나이가 $x$인 사람들의 수. 그러므로 ${}_tp_x = \dfrac{\#(\Omega_{x+t})}{\#(\Omega_x)} = \dfrac{\ell_{x+t}}{\ell_x}$.

**도움말 3.33** 확률변수 $T_x : \Omega \to [0,\infty)$의 정의에 따라

$$\{T_x \le t\} := \{\omega \mid T_x(\omega) \le t\} = \{\omega \mid \ \omega\text{의 남은 수명은 } t \text{ 년 이내 }\}.$$

따라서 나이가 $x$인 사람이 $t$년 이내에 사망할 확률 ${}_tq_x$와 , $t$ 년 이상 생존할 확률 ${}_tp_x$는

$${}_tq_x = \frac{\#(\{T_x \le t\})}{\#(\Omega_x)}, \qquad {}_tp_x = \frac{\#(\{T_x > t\})}{\#(\Omega_x)}$$

예를 들어 나이 $x$인 사람이 $x+t$와 $x+t+dt$에 죽으려면 다음 2가지 조건이 만족되어야 한다.

- 나이가 $x$인 사람은 먼저 $t$년 이상 생존해야 한다.
  이 사건은 $\{T_x > t\}$.
- $t$ 년을 생존해서 나이가 $x+t$가 되었을 때, $t+dt$년 이상 생존해서는 않된다.
  이 사건은 $\{t < T_x \le t+dt\} := \{\omega \in \Omega_x \mid t < T_x(\omega) \le t+dt\}$.

무엇보다도 먼저 $\{t < T_x \le t+dt\} \subset \{T_x > t\}$ 인 것에 주의하자. 따라서

**도움말 3.34** 나이가 $x$인 사람이 나이가 $x+t$가 된 후, $x+t$와 $x+t+dt$ 사이에 죽을 확률은

$$\frac{\#(\{t < T_x \le t+dt\})}{\#(\{T_x > t\})} = \frac{{}_tp_x - {}_{t+dt}p_x}{{}_tp_x} = -\frac{1}{{}_tp_x}\,\frac{{}_{t+dt}p_x - {}_tp_x}{dt}dt \approx -\frac{\frac{d}{dt}{}_tp_x}{{}_tp_x}dt := \mu_{x+t}\,dt$$

사망율 세기의 중요한 점은 $\frac{d}{dt}\ln\left({}_tp_x\right) = \frac{\frac{d}{dt}{}_tp_x}{{}_tp_x} = -\mu_{x+t}$.

**도움말 3.35** 1. $\mu_{x+t} := -\frac{\frac{d}{dt}{}_tp_x}{{}_tp_x}$. 그러므로 $dt$가 아주 작을 때, 나이 $x$인 사람이 나이가 $x+t$가 된 후, $x+t$와 $x+t+dt$에 죽을 확률은 $\mu_{x+t}dt$.

2. 따라서 $dt$가 아주 작을 때, 나이가 $x$인 사람이 $t$년을 더 살아 나이가 $x+t$가 되고, 나이가 $x+t$가 된 후 $x+t+dt$가 되기 전에 죽을 확률은 ${}_tp_x\ \mu_{x+t}dt$.
3. 사망율 세기 $\mu_{x+t}$을 알면 ${}_tp_x$를 구할 수 있다.

$$\ln\left({}_tp_x\right) = -\int_{s=0}^{t} \mu_{x+s}dx \quad \text{또는} \quad {}_tp_x = \exp\left(-\int_{s=0}^{t} \mu_{x+s}ds\right)$$

도움말 3.35 의 중요성은 일반적으로 $\mu_{x+t}$에 대해서는 인구자료를 보고 많는 가설을 세울 수 있기 때문이다. 더구나 ${}_tp_x = \frac{\ell_{x+t}}{\ell_x}$이므로 사망율 세기에 대한 가설은 실제 인구 자료와 비교하여 가설의 정당성을 검증할 수 있고, 이렇게 검증된 사망율 세기는 보험수학과 보험개발에 핵심적인 역할을 하기 때문이다. 자주 쓰이는 사망율 세기는 다음과 같은 것들이 있다.

**도움말 3.36 [UDD( Uniform Distribution of Death, de Moivre 모델) ]** UDD는 1년 정도의 짧은 나이구간 $[x, x+1]$에서 $\ell_{x+t} = \ell_x - d_xt,\ 0 \le t \le 1$라 가정하는 것이다.

- 여기서 $d_x = \ell_x - \ell_{x+1}$ 는 나이 $x$인 사람 중에서 1년 이내에 죽은 사람들이 수다. UDD 에서 사람 수는

$$\ell_{x+t} = \ell_x - d_xt = \ell_x\left(1 - \frac{d_x}{\ell_x}t\right),\ 0 \le t \le 1$$

  이므로, 이자 계산에서 할인율이 $\frac{d_x}{\ell_x}$인 단리(simplie interest)와 같은 개념이다.
- UDD 에서는 ${}_tp_x = \frac{\ell_{x+t}}{\ell_x} = 1 - \frac{d_x}{\ell_x}t, 0 \le t \le 1$. 이 식은 나이가 $x$이 사람을 대상으로 하고 있기 때문에 $\frac{d_x}{\ell_x}$는 $x$ 가 결정되면 결정된 수이고, $t$가 변해가는 것에 주의하자.
- UDD 에서는 $\ell_{x+t}$는 1차함수이고, 그래프는 직선이다. 그러나 $\mu_{x+t}$는 1차 함수가 아니다. 실제로

$$\mu_{x+t} = -\frac{\frac{d}{dt}\ell_{x+t}}{\ell_{x+t}} = \frac{d_x}{\ell_x - d_xt},\ 0 \le t \le 1$$

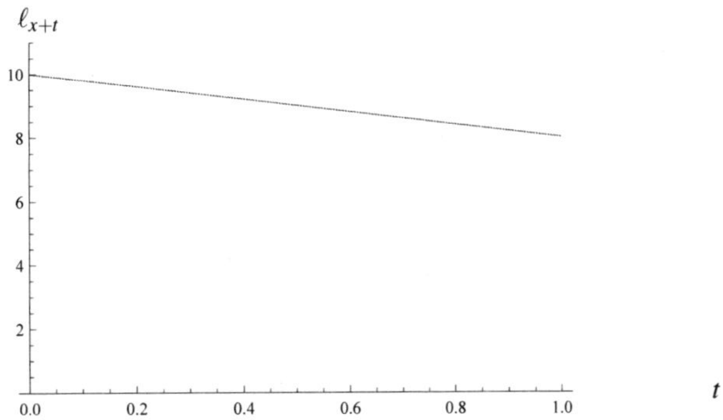


그림. 3.14: *UDD*

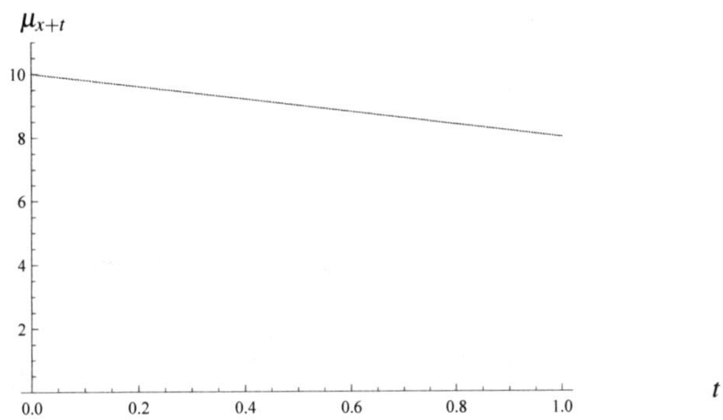


그림. 3.15: *UDD 일 때* $\mu_{x+t} = \frac{d_x}{\ell_x - d - x\,t}$. *t에 대한 분수함수이지만 짧은 구간이라 직선처럼 보인다.*

CFM(Constant Force of Mortality)는 이자율로 보면 복리( constant force of interest )에 해당한다. 조심할 점은 이자는 늘어나지만, 사람 수는 점점 줄어든다. 죽은 사람은 이자에 해당한다.

**도움말 3.37** [상수 사망율 세기( CFM, Constant Force of Mortality) ] 상수 사망률 세기란 constant force of interest 에 해당하고, 사람 수는 점점 줄어드는 것을 생각하면, 사망률 세기가 상수 $\mu$ 라면

$$\ell_{x+t} = \ell_x e^{-\mu t}.$$

양변을 $\ell_x$로 나누어 ${}_tp_x = \frac{\ell_{x+t}}{\ell_x} = e^{-\mu t}$.

이자의 세기가 상수( constant force of interest ) $\delta$인 경우, 잔고함수는 $A_{x+t} = A_x e^{\delta t}$ 이 경우와 비교하면, 상수 사망율 세기 $\mu$의 경우는, 지수에 음의 부호 − 가 붙은 것에 지나지 않는다.

> **도움말 3.38** [ de Moivre 모델 ] de Moivre 모델은 한계연령 $\omega$가 있어
>
> $$\mu_{x+t} = -\frac{\frac{d}{dt}\ell_{x+t}}{\ell_{x+t}} = \frac{1}{\omega - x - t}, 0 \leq t < \omega - x$$
>
> 라 생각하는 것이다. 특히 $\ell_{x+t} = \omega - x - t, 0 \leq t < \omega - x$.

UDD 처럼 de Moivre 모델에서도 $\ell_{x+t}$는 일차함수다. UDD와 다른 점은 $t$ 의 범위가 전 $\omega - x$로 UDD 보다 큰 것이다. $\ell_{x+t}$를 계산 없이 눈으로 보고 알 수 있기 때문에

$$_tp_x = \frac{\ell_{x+t}}{\ell_x} = \frac{\omega - x - t}{\omega - x} = 1 - \frac{1}{\omega - x}t,\ 0 \leq t < \omega - x.$$

물론 적분을 계산해도 된다:

$$\ln(_tp_x) = -\int_0^t \mu_{x+s} ds = \ln \frac{\omega - x - t}{\omega - x} \iff {}_tp_x = \frac{\omega - x - t}{\omega - x} = 1 - \frac{t}{\omega - x}$$

**보기 3.19** *생존함수가 de Moivre 법칙을 따른다고 가정하자. 한계연령 $\omega$가 100에서 120으로 늘어났다면, 나이가 30인 사람의 잔여수명은 얼마나 증가할까?*

**풀이.** *de Moiver 법칙을 따르므로 $_tp_x = 1 - \frac{t}{\omega - x}$. 지금 경우는 $_tp_{30}$을 생각하면 된다. 즉 $_tp_{30} = 1 - \frac{t}{70}$ 과 $_tp_{30} = 1 - \frac{t}{90}$과 비교하는 문제다.*

*잔여수명 차이는 그림자진 영역의 넓이다. 따라서 $\frac{1}{2} \times (90 - 70) \times 1 = 10$.*

**보기 3.20** *무한급수 $q_x + \sum_{k=1}^{\infty} {}_kp_x(1 + q_{x+k})$의 합을 구하라.*

**풀이.** *이 무한급수를 다듬으면*

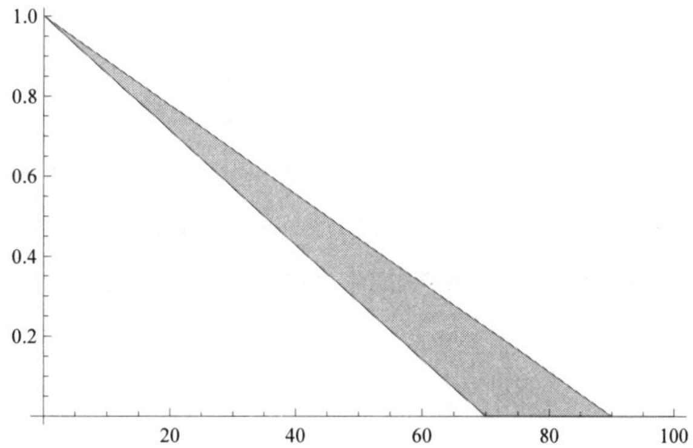


그림. 3.16: *De Moivre 모델:* $\omega = 120$

$$\begin{aligned} q_x + \sum_{k=1}^{\infty} {}_kp_x(1+q_{x+k}) &= q_x + \sum_{k=1}^{\infty} \left({}_kp_x + {}_kp_x q_{x+k}\right) = q_x + \sum_{k=1}^{\infty} \left({}_kp_x + {}_{k|}q_x\right) \\ &= q_x + \sum_{k=1}^{\infty} \left(2{}_kp_x - {}_{k+1}p_x\right) = q_x + 2\sum_{k=1}^{\infty} {}_kp_x - \sum_{k=1}^{\infty} {}_{k+1}p_x \\ &= q_x + 2\sum_{k=1}^{\infty} {}_kp_x - \sum_{k=2}^{\infty} {}_kp_x = q_x + {}_1p_x + \sum_{k=1}^{\infty} {}_kp_x \\ &= 1 + \sum_{k=1}^{\infty} {}_kp_x = 1 + E[K_x] \\ &= 1 + e_x. \end{aligned}$$

위 식에서 $e_x$는 확률변수 $K_x := \lfloor T_x \rfloor$의 평균값을 말한다.

$$\begin{aligned} E[K_x] := e_x = \sum_{k=0}^{\infty} kP[K_x = k] &= \sum_{k=1}^{\infty} k\left({}_kp_x - {}_{k+1}p_x\right) \\ = \sum_{k=1}^{\infty} k\,{}_kp_x - \sum_{k=1}^{\infty} k\,{}_{k+1}p_x &= \sum_{k=1}^{\infty} k\,{}_kp_x - \sum_{k=2}^{\infty} (k-1)\,{}_kp_x \\ = \sum_{k=1}^{\infty} {}_kp_x = e_x & \end{aligned}$$

**보기 3.21** $\ell_{60} = 14400, \ell_{61} = 3600$*이라 하자.*
*UDD 가정 하에서* $\ell_{60.5}$*와 CFM 가정 하에서* $\ell_{60.5}$ *값의 차이는?*

**풀이.** *UDD에서는* $\ell_t = \ell_{60} - t(\ell_{60} - \ell_{61})$. *특히* $\ell_{60.5} = 9000$. *CFM 가정에서는* $\ell_t = 14400e^{-\mu t}$. *특히* $\ell_1 = 14400e^{-\mu} = 3600$*인 것에 주의하면* $e^{-\mu} = \frac{36}{144}$. *따라서* $\ell_{0.5} = 14400e^{-\frac{1}{2}\mu} = 14400\frac{6}{12} =$ 7200. *따라서 두 값의 차이는* $9000 - 7200 = 1800$

**도움말 3.39** $[\mathring{e}_{x:\overline{n|}}, e_{x:\overline{n|}}]$ 나이 $x$인 사람이 보장기간이 $n$인 보험에 가입한 경우, 보험회사의 입장에서 보면 보장기간 $[x, x+n)$에 가입자가 생존하는 지에 관심이 있다. 두 실수 $a, b$에 대하여 $a \wedge b := \min\{a, b\}$라 약속하자. 이 약속에 따르면 $\min\{T_x, n\} := T_x \wedge n,\quad \min\{K_x, n\} := K_x \wedge n$.

1. $\mathring{e}_{x:\overline{n|}} := E\big[T_x \wedge n\big] = \int_{t=0}^{n} {}_tp_x dt$
2. $e_{x:\overline{n|}} := E\big[K_x \wedge n\big] = \sum_{k=1}^{n} {}_kp_x$

**도움말 3.40** $\mathring{e}_x = \mathring{e}_{x:\overline{n|}} + {}_np_x \mathring{e}_{x+n}$.

$$\begin{aligned}
\mathring{e}_x &= \int_{t=0}^{\infty} {}_tp_x dt = \int_{t=0}^{n} {}_tp_x dt + \int_{t=n}^{\infty} {}_tp_x dt = \int_{t=0}^{n} {}_tp_x dt + \int_{t=n}^{\infty} {}_np_x \times {}_{t-n}p_{x+n} dt \\
&= \int_{t=0}^{n} {}_tp_x dt + {}_np_x \int_{t=n}^{\infty} {}_{t-n}p_{x+n} dt \\
&= \int_{t=0}^{n} {}_tp_x dt + {}_np_x \int_{t=0}^{\infty} {}_tp_{x+n} dt \\
&= \int_{t=0}^{n} {}_tp_x dt + {}_np_x \, \mathring{e}_{x+n}
\end{aligned}$$

**보기 3.22** *사망율 세기(force of mortality)가*

$$\mu_x = \begin{cases} 0.1, & 0 < x \le 60, \\ 0.2, & x > 60 \end{cases}$$

*일 때, $\mathring{e}_{40}, \mathring{e}_{40:\overline{30|}}$의 값을 구하여라.*

**풀이.** *${}_tp_{40}$을 구해야 한다. 주어진 조건에서*

$$ {}_tp_0 = \begin{cases} \exp\left(-\frac{1}{10}t\right), & 0 \le t \le 60, \\ \exp\left(-\frac{1}{5}(t-30)\right), & 60 \le t \end{cases}$$

*${}_{t+40}p_0 = {}_tp_{40} \times {}_{40}p_0$ 이므로*

$$ {}_tp_{40} = \frac{{}_{40+t}p_0}{{}_{40}p_0} = \begin{cases} \exp\left(-\frac{1}{10}t\right), & 0 \le t \le 20, \\ \exp\left(-\frac{1}{5}(t-20)\right), & 20 \le t \end{cases}$$

$$\int_{t=0}^{20} {}_tp_{40}dt = 10 - \frac{10}{e^2}, \quad \int_{t=20}^{30} {}_tp_{40}dt = 5 + \frac{5}{e^2}, \quad \int_{t=20}^{\infty} {}_tp_{40}dt = 5$$

- $\mathring{e}_{40} = \int_{t=0}^{\infty} {}_tp_{40}dt = \int_{t=0}^{20} {}_tp_{40}dt + \int_{t=20}^{\infty} {}_tp_{40}dt = 15 - \frac{10}{e^2}$
- $\mathring{e}_{40:\overline{30}|} = \int_{t=0}^{30} {}_tp_{40}dt = \int_{t=0}^{20} {}_tp_{40}dt + \int_{t=20}^{30} {}_tp_{40}dt = 15 - \frac{15}{e^2}$

**보기 3.23** 모형

$$\ell_x = \begin{cases} 1200(1 - \frac{x}{100})^2, & 0 \le x \le 100 \\ 0, & x > 100 \end{cases} \tag{3.6}$$

에 대하여 $\mathring{e}_{80}, \mathring{e}_{80,\overline{5}|}, e_{80}, e_{80:\overline{5}|}$을 구하여라.

**풀이.** 먼저 ${}_tp_{80}$을 구하면

$${}_tp_{80} = \frac{\ell_{80+t}}{\ell_{80}} = \left(1 - \frac{t}{20}\right)^2, 0 \le t \le 80$$

물론 $t \ge 20$이면 ${}_tp_{80} = 0$. 따라서

- $\mathring{e}_{80} = \int_{t=0}^{\infty} {}_tp_{80}dt = \int_{t=0}^{20} {}_tp_{80}dt = \frac{20}{3}$
- $\mathring{e}_{80:\overline{5}|} = \int_{t=0}^{5} {}_tp_{80}dt = \frac{35}{6}$
- $e_{80} = \sum_{k=1}^{\infty} {}_kp_{80} = \sum_{k=1}^{20} {}_kp_{80} = \frac{247}{40}$
- $e_{80:\overline{5}|} = \sum_{k=1}^{5} {}_tp_{80} = \frac{123}{40}$

## 3.5 Makeham's Law of Mortality

인구모델은 보험 뿐 아니라 나라를 운영하는데 필수적인 요소다. 그러나 정확한 연령별 사람 수를 아는 것은 가능하지도 않고, 필요하지도 않다. 보험회사에서 중요한 사람들은 모든 사람들이 아니라 보험을 산 사람들이다. 그러므로 보험의 종류에 따라 사람들이 달라진다. 더구나 사람 뿐 아니라 물건도 보험을 들 수 있기 때문에 많은 경우에 적용할 수 있는 현실에 가까운 수학적 모형이 필요하다. 여기서는 대표적인 Makeham's Model를 소개하고, 앞으로 나타나는 문제들을 이 모델을 바탕으로 설명한다.

**도움말 3.41** [Makeham's Model] Makeham's Model은 사망율 세기(force of mortality)를

$$\mu_x = A + Bc^x$$

꼴을 이용하는 모델이다. 여기서 상수 $A, B, c$의 값은 대상에 따라 조절하는데, 여기서는

$$A = 0.00022,\ B = 2.7 \times 10^{-6},\ c = 1.124$$

을 쓰기로 하자.

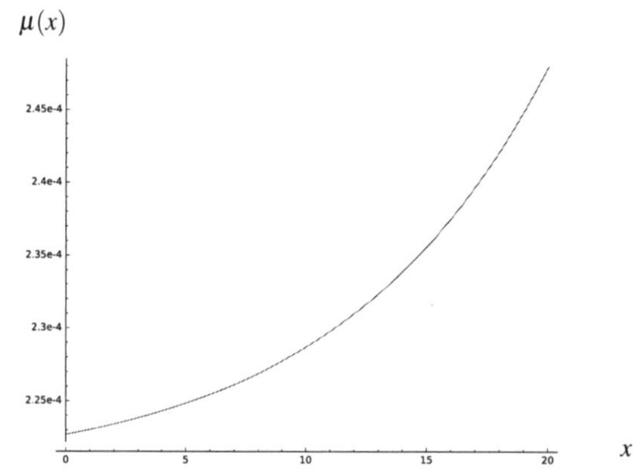


그림. 3.17: $\mu_x = A + Bc^x$. 여기서 $A = 0.00022,\ B = 2.7 \times 10^{-6},\ c = 1.124$

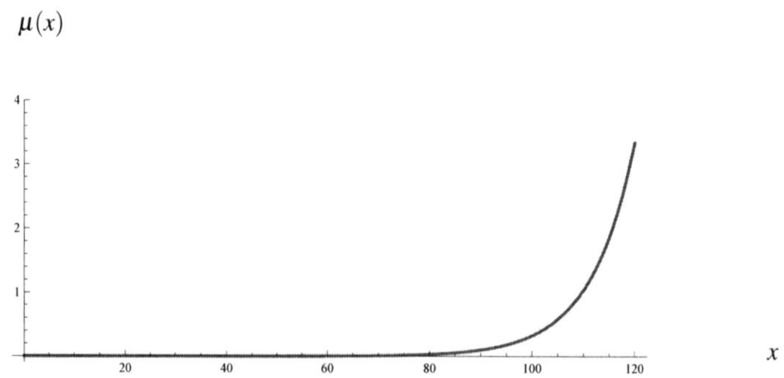


그림. 3.18: $\mu_x = A + Bc^x$. 여기서 $A = 0.00022,\ B = 2.7 \times 10^{-6},\ c = 1.124$

지금 나이 $x$인 사람의 $t$년 이상 생존할 확률을 ${}_tp_x$로 표시하면, $a, b, a < b$에 대해서 나이 $x$인 사람이 $a$년 이상 생존하지만, $b$년 이상을 생존하지 못할 확률은 $-\left({}_bp_x - {}_ap_x\right)$ 이다. 여기서 음의

부호 −를 쓴 이유는 ${}_tp_x$가 $t$에 대한 감소함수이기 때문이다. 만일 ${}_tp_x$가 $t$에 대해 미분가능하고, 또 도함수 $\frac{d}{dt}{}_tp_x$가 다시 적분가능하다면 미분적분학의 기본정리는

$$\begin{aligned}-\left({}_bp_x - {}_ap_x\right) &= -\int_{t=a}^{b} \frac{d}{dt}{}_tp_x\, dt = -\int_{t=a}^{b} {}_tp_x\left(\frac{\frac{d}{dt}{}_tp_x}{{}_tp_x}\right)dt \\ &= \int_{t=a}^{b} {}_tp_x\left(-\frac{\frac{d}{dt}{}_tp_x}{{}_tp_x}\right)dt \\ &= \int_{t=a}^{b} {}_tp_x\mu_{x+t}dt, \quad \mu_{x+t} = -\frac{\frac{d}{dt}{}_tp_x}{{}_tp_x}.\end{aligned}$$

**도움말 3.42** 나이 $x$이 사람이 $t$년 이상 생존할 확률을 ${}_tp_x$라 두면

$$-\frac{\frac{d}{dt}{}_tp_x}{{}_tp_x} = \mu_{x+t} \quad \text{또는} \quad \frac{d}{dt}\ln {}_tp_x = -\mu_{x+t}$$

무엇보다 중요한 점은 ${}_tp_x$를 이자계산에서 잔고증가율함수(accumulation function) $a(t)$와 같은 것으로 보는 것이 편리하다. 이자율 세기 $\delta_t$ 대신에 $\mu_t$를 쓰는 것으로 생각하자. 음의 부호가 붙은 것은 ${}_tp_x$가 $t$에 대한 감소함수이기 때문에 $\frac{d}{dt}{}_tp_x \le 0$가 되기 때문에, 이것을 음이 아닌 수로 바꾸기 위한 것이다.

Makeham's Model 의 장점은 많은 보험 모델에 적합한 점도 있지만, ${}_tp_x$를 더 손볼 필요 없는 닫힌 형태로 표현되는 것이다. 실제로

$$\ln\left({}_tp_x\right) = -\int_{s=0}^{t} \mu_{x+s}ds = -\int_{s=0}^{t} \left(A + Bc^{x+s}\right)ds = -At - \frac{Bc^x}{\ln c}\left(c^t - 1\right)$$

따라서 ${}_tp_x$는 다음과 같이 더 손볼 필요 없는 닫힌 형태로 표현된다.

**도움말 3.43** Makeham's Model에서 ${}_tp_x$는 다음과 같이 겉으로 들어나게 표현된다.

$${}_tp_x = \exp\left(-At - \frac{Bc^x}{\ln c}\left(c^t - 1\right)\right), \qquad A = 0.00022,\ B = 2.7\times 10^{-6},\ c = 1.124$$

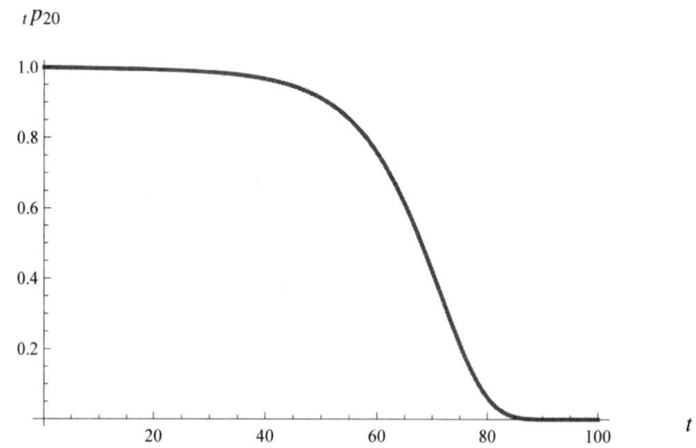


그림. 3.19: $_tp_{20} = \exp\left(-At - \frac{Bc^{20}}{\ln c}(c^t - 1)\right)$. 여기서 $A = 0.00022$, $B = 2.7 \times 10^{-6}$, $c = 1.124$

## 3.6 SageMath 활용, 생명표 만들기

도움말 3.43에서 주어진 $_tp_x$의 함수값을 계산하는 것은 손으로 할 수 있는 것은 아니고, 컴퓨터를 쓰는 것이 보통이다. 때문에 보험수학을 익히기 위해서는 각 나이 별 사람 수를 표로 표시하는 것이 도움이 된다. 이것을 생명표라 하는데, 직접 생명표를 만드는 것은 보험수학 전체를 이해하는데 중요한 단계이므로 다음과 같은 방식으로 독자 스스로 생명표를 만들 것을 권한다.

1. 보험회사는 처음 보험을 사는 사람은 수년간 특별히 관리한다. 이런 특별 관리기간이 지나면, 통상적인 그룹으로 넣는다. 특별히 관리하는 이유는 건강보험을 예를 들면, 보험회사는 손해를 줄이기 위하여 최초 가입자에게 건강검진을 요구하는 방식으로 가입자를 선별하기 때문이다. 이런 문제를 다루기 위해서 나이 $x$에 처음 보험을 사는 사람의 사망율 세기( force of mortality)를 , 전체적인 사망률 세기보다 작게 정한다. 예를 들어 특별 관리기간을 2년일 한다면

$$\mu_{[x]+s} := \begin{cases} \left(\frac{9}{10}\right)^{2-s}\mu_{x+s}, & 0 \le s < 2 \\ \mu_{x+s}, & s \ge 2 \end{cases} \tag{3.7}$$

   여기서 $[x]$는 $x$의 정수분을 나타내는 것이 아니고, 나이 $x$에 처음 보험을 산 사람을 나타낸다. 예를 들어 $[x+1]$는 나이 $x+1$에 처음 보험을 사는 사람이고, $[x]+1$는 나이 $x$에 보험을 사고, 1년이 경과한 것을 나타낸다. 정의로부터 $\mu_{[x]+s} \le \mu_{x+s}$.
2. 20세 인구를 100,000을 표준화하자.
3. 나이의 정수부분이 $x$인 특별관리가 필요하지 않은 사람 수를 $\ell_x$로 표현.
4. $\ell_{[x]}$는 나이 $x$인 사람 중에서 보험 가입 후 1년이 경과하지 않은 사람들 수.

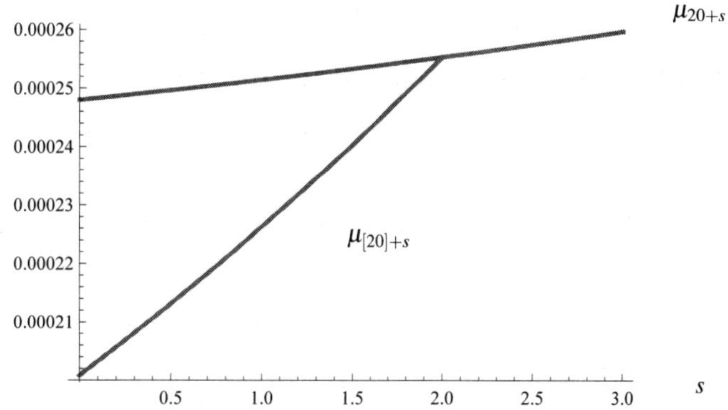


그림. 3.20: $\mu_{20+s}$와 $\mu_{[20]+s} = \left(\frac{9}{10}\right)^{2-s}\mu_{20+s}$. $0 \le s \le 2$이면 $\mu_{[20]+s} \le \mu_{20+s}$가 성립한다. 이것을 예를 들어 심사를 거쳐 보험에 가입한 사람들이 그렇지 않는 사람들보다 사망률 세기가 작을 것이라는 기대를 반영한 것이다. $s \ge 2$이면 $\mu_{[x]+s} \equiv \mu_{x+s}$.

먼저 특별관리가 필요하지 않은 일반적인 나이가 $x$인 사람 수를 생성하자. 이것은 ${}_tp_{20} = \dfrac{\ell_{20+t}}{\ell_{20}}$로부터, $\ell_{20} = 100{,}000$으로 표준화하면 $\ell_{20+t} = \ell_{20\,t}p_{20} = 100{,}000 \times \exp\left(-At - \frac{Bc^{20}}{\ln c}(c^t - 1)\right)$. 여기서 $A = 0.00022$, $B = 2.7 \times 10^{-6}$, $c = 1.124$. 따라서 `SageMath` 등을 써서 20세 이상의 사람 수를 생성할 수 있다. 처음 몇 개를 생성하면 그림 3.21와 같다.

```
A=0.00022
B=2.7*10^(-6)
c=1.124

def pxtx(t,x):
    return exp( -A*t-B*c^x/ln(c)*(c^t-1))

ell20=10^5

for yr in range(0,6):
    print(20+yr,"", n( ell20*pxtx(yr,20), digits=6 ) )
```

```
20  100000.
21  99975.0
22  99949.7
23  99924.0
24  99897.8
25  99871.1
```

그림. 3.21: *SageMath:* ${}_tp_{20} = \exp\left(-At - \frac{Bc^{20}}{\ln c}(c^t - 1)\right)$.
여기서 $A = 0.00022$, $B = 2.7 \times 10^{-6}$, $c = 1.124$. $\ell_{20} = 100000$으로 표준화했다.

다음으로 특별관리가 필요한 사람 수를 생성하기 위하여 ${}_tp_{[x]}, 0 \le t \le 2$를 계산해보자.

**도움말 3.44 [Standard Select Survival Model(SSSM)]**
$\mu_{[x]+s} := \left(\frac{9}{10}\right)^{2-s}\mu_{x+s},\ 0 \le s \le 2,$를 적용하여 계산하면 $0 \le t \le 2$일 때,

$${}_tp_{[x]} = \exp\Big(-\int_{s=0}^{t}\mu_{[x]+s}ds\Big) = \exp\Big(-(\frac{9}{10})^2(\frac{-1+(\frac{10}{9})^t}{\ln\frac{10}{9}}A + \frac{-1+c^t(\frac{10}{9})^t}{\ln(\frac{10}{9}c)}Bc^x)\Big)$$

${}_2p_{[x]} = {}_1p_{[x]+1} \times {}_1p_{[x]}$로부터 ${}_1p_{[x]+1} = \frac{{}_2p_{[x]}}{{}_1p_{[x]}}$. 지금 모델을 2년간만 특별관리하는 모델이다. 따라서 이 모델은 $\ell_{[x]}, \ell_{[x]+1}$만 따로 계산하고, $\ell_{[x]+2}$는 따로 계산하지 않고 $\ell_{x+2}$를 이용한다.

**도움말 3.45** Standard Select Survival Model(SSSM)에서

$$\mu_x = A + Bc^x,\ A = 0.00022,\ B = 2.7\times10^{-6},\ c = 1.124$$
$$\mu_{[x]+s} := (\frac{9}{10})^{2-s}\mu_{x+s}, 0 \le s \le 2$$

를 적용하면

$${}_tp_x = \exp\Big(-At - \frac{Bc^x}{\ln c}(c^t-1)\Big)$$
$${}_tp_{[x]} = \exp\Big(-\int_{s=0}^{t}\mu_{[x]+s}ds\Big),\ 0 \le t \le 2$$
$${}_1p_{[x]} = \exp\Big(-\int_{s=0}^{1}\mu_{[x]+s}ds\Big) = 0.99978673$$
$${}_2p_{[x]} := {}_1p_{[x]}\,{}_1p_{[x+1]}$$
$$\begin{aligned}{}_2p_{[x]} &= \exp\Big(-\int_{s=0}^{2}\mu_{[x]+s}ds\Big) = \exp\Big(-\int_{s=0}^{1}\mu_{[x]+s}ds - \int_{s=1}^{2}\mu_{[x]+s}ds\Big)\\ &= \exp\Big(-\int_{s=0}^{1}\mu_{[x]+s}ds\Big)\exp\Big(-\int_{s=1}^{2}\mu_{[x]+s}ds\Big)\\ &= {}_1p_{[x]}\exp\Big(-\int_{s=1}^{2}\mu_{[x]+s}ds\Big)\\ &= {}_1p_{[x]}\exp\Big(-\int_{s=0}^{1}\mu_{[x]+1+s}ds\Big) = 0.99954631\end{aligned}$$

**해설.** 여기서 $\ell_{[x]+2}=\ell_{x+2}$ 로 맞춘다. 이것의 핵심은 $\ell_{[x]}$를

$$ {}_2p_{[x]}\times\ell_{[x]}=\ell_{x+2} \tag{3.8}$$

가 성립하도록 $\ell_{[x]}$를 정하는 것이다. 이제

$$\mu_{[x+1]+s}=\big(\frac{9}{10}\big)^{2-s}\mu_{x+1+s}=\frac{9}{10}\big(\frac{9}{10}\big)^{2-(1+s)}\mu_{x+1+s}=\frac{9}{10}\mu_{[x]+1+s},\quad 0\le s\le 1$$

에 주의하면

$$\begin{aligned}
{}_2p_{[x]} &= {}_1p_{[x]}\Big({}_1p_{[x+1]}\Big)^{\frac{9}{10}}\\
{}_1p_{[x+1]} &= \Big(\frac{{}_2p_{[x]}}{{}_1p_{[x]}}\Big)^{\frac{10}{9}}=0.999784\\
{}_1p_{[x]+1} &:= \frac{{}_2p_{[x]}}{{}_1p_{[x]}}=\Big({}_1p_{[x+1]}\Big)^{\frac{9}{10}}=0.99976
\end{aligned}$$

이것을 바탕으로 다음과 같은 방법으로 $\ell_x,\ell_{[x]}$를 생성할 수 있다. 먼저

$${}_tp_x=\exp\Big(-At-\frac{Bc^x}{\ln c}(c^t-1)\Big),\quad {}_tp_x:=\frac{\ell_{x+t}}{\ell_x}$$

로부터 $\ell_{x+t}=\ell_x\ {}_tp_x$를 생성한다. 이것으부터 다음과 같은 방식으로 $\ell_{[x]},\ell_{[x]+1}$을 생성한다.

$$\begin{aligned}
{}_2p_{[x]} &= \frac{\ell_{x+2}}{\ell_{[x]}},\quad \ell_{[x]}=\frac{\ell_{x+2}}{{}_2p_{[x]}}\\
{}_1p_{[x]} &= \frac{\ell_{[x]+1}}{\ell_{[x]}},\quad \ell_{[x]+1}={}_1p_{[x]}\,\ell_{[x]}=\ell_{x+2}\frac{{}_1p_{[x]}}{{}_2p_{[x]}}
\end{aligned}$$

보기로 $\ell_{22}$에서 시작하면 , $A=0.00022,\ B=2.7\times10^{-6},\ c=1.124$ 를 적용하여,

$$\begin{aligned}
{}_1p_{[20]} &= 0.99978673\\
{}_2p_{[20]} &= 0.99954631\\
{}_1p_{[20]+1} &= \frac{{}_2p_{[20]}}{{}_1p_{[20]}}=\frac{0.99954631}{0.99978673}=0.99975954\\
\ell_{22} &= 100,000\times\exp\big(-2A-\frac{Bc^{20}}{\ln c}(c^2-1)\big)=99949.7\\
\ell_{[20]} &= \frac{\ell_{22}}{{}_2p_{[20]}}=\frac{99949.7}{0.99954631}=99995.1\\
\ell_{[20]+1} &= \ell_{22}\frac{{}_1p_{[20]}}{{}_2p_{[20]}}=99973.7
\end{aligned}$$

`SageMath`를 이용해서 가상의 생명표를 만들자. 필요한 함수를 이미 정리했기 때문에 한 곳에 모아 실행하기만 하면 된다.

```
# 생명표 만들기
A=0.00022
B=2.7*10^(-6)
c=1.124

#20세 인구  ell_20을 10만 명으로 표준하 하자.
ell20=10^5

def ell(x):
    val=ell20*exp( -A*(x-20)-B*c^20/ln(c)*(c^(x-20)-1))
    return val.n(digits=7)

#pxtsel  Standard Select Survival Model 적용한 pxtx

def pxtsel(t,x):
    val=(9/10)^2 *(( -1+ (10/9)^t )/ln(10/9)*A+(-1+c^t*(10/9)^t)/ln(10/9*c)*B*c^x)

    return exp(-val).n(digits=7)

## ell_22 부터 ell_30 까지 출력해보자.

for yr in range(22,31):
    print(yr-2, ell(yr)/pxtsel(2,yr-2),ell(yr)*pxtsel(1,yr-2)/pxtsel(2,yr-2),ell(yr),yr)
```

```
20 99995.08 99973.75 99949.71 22
21 99970.04 99948.41 99923.98 23
22 99944.63 99922.65 99897.79 24
23 99918.81 99896.43 99871.08 25
24 99892.52 99869.70 99843.80 26
25 99865.69 99842.38 99815.86 27
26 99838.28 99814.41 99787.20 28
27 99810.20 99785.70 99757.71 29
28 99781.36 99756.16 99727.29 30
```

그림. 3.22: *SageMath: Standard Select Survival Model(SSSM)을 이용한 생명표.* ${}_tp_{[x]} = \exp\left(-\int_{s=0}^{t}\mu_{[x]+s}ds\right)$. *여기서* $A = 0.00022,\ B = 2.7\times 10^{-6},\ c = 1.124.\ \ell_{20} = 100000$*으로 표준화했다.*

**도움말 3.46** 선택기간이 2년인 SSSM 모델에서 $\ell_{[x]}$는 $\ell_{[x]}\,{}_2p_{[x]} = \ell_{x+2}$가 성립하록 $\ell_{[x]}$를 정한다.

$$\ell_{[x]} := \frac{\ell_{x+2}}{{}_2p_{[x]}}, \quad \ell_{x+2} = \ell_{[x]}\,{}_2p_{[x]}$$

사망률 세기(force of mortality)를 수식으로 표현하면

$$\mu_{[x]+s} := \begin{cases} \left(\frac{9}{10}\right)^{2-s}\mu_{x+s}, & 0 \le s \le 2, \\ \mu_{x+s}, & s > 2 \end{cases} \tag{3.9}$$

물론 $\left(\frac{9}{10}\right)^{2-s},\ 0 \le s \le 2$은 고정된 것이 아니고, 다른 적절한 것으로 대체될 수 있다.

```
A=0.00022
B=2.7*10^(-6)
c=1.124

# mu_{[20]+s}, mu_{20+s} 의 그래프 비교, 0<=s <= 2

def mu(x):
    return ( A+ B*c^x)

def musel20(s):
    if s<=2:
        return (9/10)^(2-s)*mu(20+s)
    else:
        return mu(20+s)

var('s')
gr1=plot( mu(20+s),(s,0,3))
gr2=plot(musel20,(s,0,3))

(gr1+gr2).show()
```

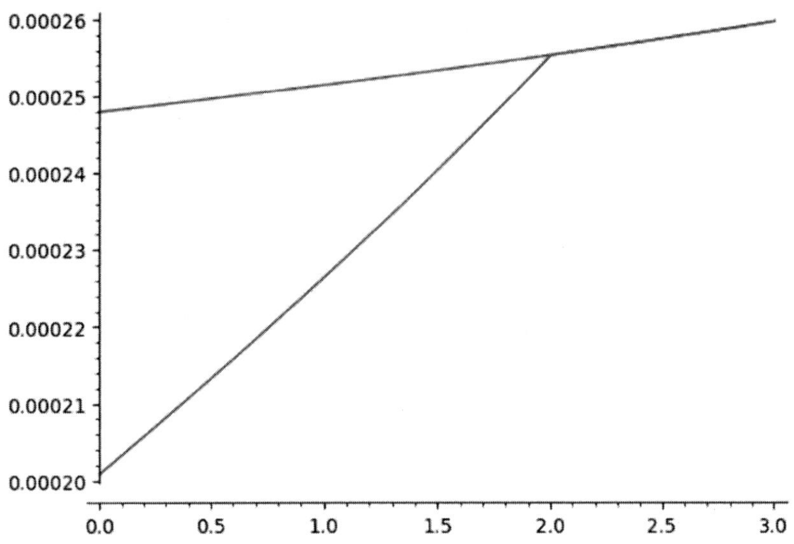


그림. 3.23: $x = 20$인 경우, $\mu_{[x]+s}, \mu_{x+s}, 0 \le s \le 3$의 그래프. $s \ge 2$이면 $\mu_{[x]+s} = \mu_{x+s}$이다.

**보기 3.24** *SSSM 사망율 세기 모델을 생각하자.*

$$
\begin{aligned}
\mu_x &= A + Bc^x,\ A = 0.00022,\ B = 2.7\times 10^{-6},\ c = 1.124\\
\mu_{[x]+s} &:= \begin{cases} \left(\frac{9}{10}\right)^{2-s}\mu_{x+s}, & 0\le s\le 2\\ \mu_{x+s}, & s>2\end{cases}\\
{}_tp_x &= \exp\Big(-\int_{s=0}^{t}\mu_{x+s}ds\Big) = \exp\Big(-At - \frac{Bc^x}{\ln c}(c^t-1)\Big)\\
{}_tp_{[x]} &= \exp\Big(-\int_{s=0}^{t}\mu_{[x]+s}ds\Big)\\
&= \begin{cases} \exp\Big(-(\frac{9}{10})^2(\frac{-1+(\frac{10}{9})^t}{\ln\frac{10}{9}}A + \frac{-1+c^t(\frac{10}{9})^t}{\ln(\frac{10}{9}c)}Bc^x)\Big), & 0\le t\le 2,\\ {}_2p_{[x]}\times{}_{t-2}p_{x+2}, & t>2\end{cases}
\end{aligned}
$$

1. $t \ge 2$*일 때에는* ${}_tp_{[x]} = {}_2p_{[x]}\ {}_{t-2}p_{x+2}$ *인 것을 보여라.*
2. $t \ge 2$*이면* $\ell_{[x]+t} = \ell_{x+t}$ *인 것을 보여라.*

**풀이.** *수식이 현란하다. 그러나 "보험수학은 쉬운 것을 어렵게 말한다"는 것을 기억하자.*

1. *고등학교 때부터 알고있는 적분을 성질을 생각하면*

$$
\begin{aligned}
{}_tp_{[x]} &= \exp\Big(-\int_{s=0}^{t}\mu_{[x]+s}ds\Big) = \exp\Big(-\int_{s=0}^{2}\mu_{[x]+s}ds - \int_{s=2}^{t}\mu_{[x]+s}ds\Big)\\
&= {}_2p_{[x]}\exp\Big(-\int_{s=2}^{t}\mu_{[x]+s}ds\Big)\\
&= {}_2p_{[x]}\exp\Big(-\int_{s=0}^{t-2}\mu_{[x]+2+s}ds\Big)\\
&= {}_2p_{[x]}\ {}_{t-2}p_{x+2}
\end{aligned}
$$

2. *다음으로* $t\ge 2$*이면* ${}_tp_x = {}_tp_{[x]}\ {}_{t-2}p_{x+2}$ *인 것과* $\ell_{[x]}$*을* $\ell_{[x]}\ {}_2p_{[x]} = \ell_{x+2}$*가 성립하도록 결정한 것에 주의하면*

$$
\ell_{[x]+t} = \ell_{[x]}\times{}_tp_{[x]} = \ell_{[x]}\times\Big({}_2p_{[x]}\times{}_{t-2}p_{x+2}\Big) = \ell_{x+2}\times{}_{t-2}p_{x+2} = \ell_{x+t}
$$

$\ell_{[x]+t}$와 $\ell_{x+t}$의 그래프를 그려보면 전체를 조망할 수 있다. 여기서 $\ell_{[20]+t}, \ell_{20+t}$의 그래프를 그려보자. 문제는 주어진 식은 수학적으로 의미가 분명하지만, SageMath는 이렇게 정의된 함수를 간단히 그릴 수 없다. 때문에 약간의 조작이 필요하다.

**보기 3.25** $x = 30$*인 경우를 생각하자. 선택기간이 2년인 SSSM 모델*

```
import numpy as  np
import matplotlib.pyplot as plt

A=0.00022
B=2.7*10^(-6)
c=1.124

var('t,x')
def pxtx(t,x):
    return exp( -A*t-B*c^x/ln(c)*(c^t-1))

def pxts(t,x):
    val=(9/10)^2 *(( -1+ (10/9)^t )/ln(10/9)*A+(-1+c^t*(10/9)^t)/ln(10/9*c)*B*c^x)
    return exp(-val).n(digits=10)

def pxtsel(t,x):
    if t<=2 :
        return pxts(t,x)
    else:
        return pxts(2,x)*pxtx(t-2,x+2)

lx20=10^5
lx22=lx20*pxtx(2,20)
lxsel20=lx22/pxts(2,20)

stp=0.03
tv=np.arange(0,3,stp)

yv1=[ lx20*pxtx(t, 20) for  t  in  tv]
yv2=[ lxsel20*pxtsel(t, 20) for  t  in  tv]

plt.plot(tv, yv1) +plt.plot(tv, yv2)
```

```
[<matplotlib.lines.Line2D object at 0x6ffef135e110>,
 <matplotlib.lines.Line2D object at 0x6ffef135e710>]
```

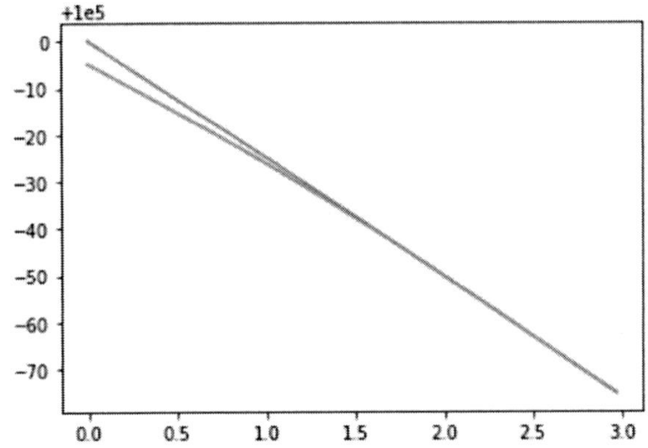


그림. 3.24: $x = 20$인 경우 $\ell_{[20]+t}$와 $\ell_{20+t}$의 그래프. $0 \le t \le 2$이면 $\ell_{[x]+t} \le \ell_{x+t}$이지만, $t \ge 2$이면 $\ell_{[x]+t} \equiv \ell_{x+t}$가 성립한다.

$$\mu_x = A + Bc^x,\ A = 0.00022,\ B = 2.7 \times 10^{-6},\ c = 1.124$$
$$\mu_{[x]+s} := \begin{cases} \left(\frac{9}{10}\right)^{2-s} \mu_{x+s}, & 0 \le s \le 2 \\ \mu_{x+s}, & s \ge 2 \end{cases}$$

를 적용하고, 수를 간단하게 하기 위하여 $\ell_{30} = 1000$으로 정하자. 다음 값을 구하여라.

1. $\ell_{[30]}$
2. ${}_2p_{[30]}$
3. ${}_1p_{[30]}$
4. ${}_1p_{[30]+1}$
5. ${}_1p_{[30+1]}$
6. ${}_2p_{[31]}$
7. ${}_4p_{[30]}$

**풀이.** 도움말 3.45을 보면, ${}_2p_{30} = 0.999357$, ${}_2p_{[30]} = 0.99942$. 따라서 $\ell_{30} = 1000$으로 표준화했을 때 $\ell_{32} = {}_2p_{30} \times \ell_{30} = 0.999357 \times 1000 = 999.357$. 그러므로

$$0.99942 = {}_2p_{[30]} = \frac{\ell_{[30]+2}}{\ell_{[30]}} = \frac{\ell_{32}}{\ell_{[30]}} = \frac{999.357}{\ell_{[30]}}$$

이것으로부터 $\ell_{[30]} = \frac{999.357}{0.99942} = 999.937$

1. 999.937
2. 0.99942
3. 0.99973
4. ${}_2p_{[30]} = {}_1p_{[30]}\,{}_1p_{[30]+1}$. 따라서
   $${}_1p_{[30]+1} = \frac{{}_2p_{[30]}}{{}_1p_{[30]}} = 0.999689$$
5. 무엇보다도 먼저
   ${}_1p_{[30]+1} \neq {}_1p_{[30+1]}$.
   ${}_1p_{[30+1]} = 0.99972$
6. ${}_2p_{[31]} = 0.999397$.
7. ${}_5p_{[30]} = {}_2p_{[30]} \times {}_3p_{[30]+2}$
   $= {}_2p_{[30]} \times {}_3p_{32} = 0.998352$

**보기 3.26** 다음과 같은 선택기간이 3년이 SSM(Selected Survival Model)을 생각하자.

$$\mu_x = \frac{1}{20-x},\ 0 \le x < 20$$
$$\mu_{[x]+s} := \begin{cases} \left(\frac{9}{10} + \frac{s}{30}\right)\mu_{x+s}, & 0 \le s \le 3, \\ \mu_{x+s}, & s > 3 \end{cases}$$

$\ell_5 = 1000$으로 표준화하자. 다음 값을 구하여라.

1. $\ell_8$
2. ${}_3p_{[5]}$
3. $\ell_{[5]}$
4. ${}_1p_{[5]}$
5. ${}_6p_{[5]}$

**풀이.** $\mu_x = -\frac{\ell_x'}{\ell_x}$ 이므로

$$\ell_x = \begin{cases} \ell_0(20-x), & 0 \le x < 20, \\ 0, & x \ge 20 \end{cases}$$

이것으로 부터

$$_tp_x = \frac{\ell_{x+t}}{\ell_x} = \begin{cases} 1 - \frac{t}{20-x}, & 0 \le t \le 20-x, \\ 0, & t \ge 20-x \end{cases}$$

$\mu_{[x]+s}$를 이용하여 $_tp_{[x]}$를 계산하자. 우선

$$\begin{aligned} \mu_{[x]+s} &= (\frac{9}{10} + \frac{s}{30})\mu_{x+s} = (\frac{9}{10} + \frac{s}{30}) \times \frac{1}{20-x-s}) \\ &= \frac{27+s}{30} \times \frac{1}{20-x-s} = \frac{1}{30}\frac{47+s-20}{20-s-x} \\ &= \frac{1}{30}(\frac{47-x}{20-x-s} - 1) \end{aligned}$$

$$\begin{aligned} _tp_{[x]} &= \exp\Big(-\int_{s=0}^{t} \mu_{[x]+s} ds\Big) \\ &= \begin{cases} (20-x)^{\frac{x-47}{30}}(20-x-s)^{\frac{47-x}{30}} \exp\big(\frac{s}{30}\big), & 0 \le s \le 3 \\ \Big(\frac{17-x}{20-x}\Big)^{\frac{47-x}{30}} \exp(\frac{1}{10})\ {}_{t-3}p_{x+3}, & s > 3 \end{cases} \end{aligned}$$

한 가지 더 기억할 것은 $t > 3$이면 $_tp_{[x]} = {}_3p_{[x]} \times {}_{t-3}p_{x+3}$.

1. $\ell_{5+3} = \ell_5 \times {}_3p_5 = 1000 \times \frac{4}{5} = 800.$
2. $_3p_{[5]} = 0.80864.$
3. $\ell_{[5]} = \frac{\ell_8}{_3p_{[5]}} = 989.315$
4. $_1p_{[5]} = 0.938702$
5. $_7p_{[5]} = {}_3p_{[5]} \times {}_4p_{[5]+3} = {}_3p_{[5]} \times {}_4p_{8+3} = 0.80864 \times 0.666667 = 0.539094$

**보기 3.27** *다음은 선택기간이 3년인 SSM(Selected Survival Model)의 생명표이다.*

| 나이 | $\ell_{[x]}$ | $\ell_{[x]+1}$ | $\ell_{[x]+2}$ | $\ell_{x+3}$ | 나이 |
|---|---|---|---|---|---|
| 25 | 14839.7 | 13930.1 | 12982.9 | 12000. | 28 |
| 26 | 13838.9 | 12929.8 | 11982.9 | 11000. | 29 |
| 27 | 12837.9 | 11929.5 | 10982.8 | 10000. | 30 |
| 28 | 11836.8 | 10929.1 | 9982.76 | 9000. | 31 |
| 29 | 10835.4 | 9928.64 | 8982.7 | 8000. | 32 |
| 30 | 9833.64 | 8928.05 | 7982.61 | 7000. | 33 |

*이 표에 따라 다음 값을 구하여라.*

*1.* ${}_{2}p_{[25]}$ *2.* ${}_{5}p_{[25]}$ *3.* ${}_{2}p_{30}$ *4.* ${}_{2}p_{[30]}$

**풀이.**

*1.* 0.874875 *2.* 0.673868 *3.* 0.8 *4.* 0.811766

Makeham's Model 에서 사망률 세기(force of mortality)를

$$\mu_x = A + Bc^x, A = 0.00022,\ B = 2.7 \times 10^{-6},\ c = 1.124$$

로 하고, 선택기간이 2년을 고려한 사망률 세기를

$$\mu_{[x]+s} := \begin{cases} \left(\frac{9}{10}\right)^{2-s} \mu_{x+s}, & 0 \le s < 2 \\ \mu_{x+s}, & s \ge 2 \end{cases}$$

잡아 SageMath를 이용하여 만든 생명표를 6장 부록에 정리했다.

## 3.7 연습문제

**3.1** *다음은 어떤 제품의 생명표 일부다.* $d_x = \ell_x - \ell_{x+1}$.

| $x$ | $\ell_x$ | $d_x$ |
|---|---|---|
| 20 | 96178 | 99 |
| 21 | 96079 | 103 |
| 22 | 95976 | 105 |
| 23 | 95871 | 108 |
| 24 | 95763 | 112 |
| 25 | 95651 | 116 |

*다음 값을 구하여라.*

1. ${}_5p_{20}$
2. $q_{24}$
3. ${}_{4|}q_{20}$
4. ${}_{2|2}q_{20}$

**3.2** *다음은 어떤 제품의 생명표 일부다.* $d_x = \ell_x - \ell_{x+1}$.
*정수구간에서 UDD(Uniform Distribution of Death)를 가정한다.*

| $x$ | $\ell_x$ | $d_x$ |
|---|---|---|
| 20 | 96178 | 99 |
| 21 | 96079 | 103 |
| 22 | 95976 | 105 |
| 23 | 95871 | 108 |
| 24 | 95763 | 112 |
| 25 | 95651 | 116 |

*다음 값을 구하여라.*

1. ${}_{0.27}p_{20}$
2. ${}_{0.7}q_{24}$
3. ${}_{2|}q_{20.3}$

**3.3** *다음은 어떤 제품의 생명표 일부다.* $d_x = \ell_x - \ell_{x+1}$.
*정수구간에서 CFM(Constant Force of Mortality)를 가정한다.*

| $x$ | $\ell_x$ | $d_x$ |
|---|---|---|
| 20 | 96178 | 99 |
| 21 | 96079 | 103 |
| 22 | 95976 | 105 |
| 23 | 95871 | 108 |
| 24 | 95763 | 112 |
| 25 | 95651 | 116 |

*다음 값을 구하여라.*

1. ${}_{0.27}p_{20}$ 2. ${}_{0.7}q_{24}$ 3. ${}_{2|}q_{20.3}$

**3.4** *선택기간 2년인 다음 생명표가 있다.*

| $x$ | $\ell_{[x]}$ | $\ell_{[x]+1}$ | $\ell_{x+1}$ | $x+2$ |
|---|---|---|---|---|
| 20 | 9907 | 9905 | 9901 | 22 |
| 21 | 9903 | 9900 | 9897 | 23 |
| 22 | 9899 | 9896 | 9892 | 24 |
| 23 | 9894 | 9891 | 9887 | 25 |

*이 표를 바탕으로 다음을 계산하여라.*

1. ${}_{2}q_{[21]}$ 2. ${}_{2}p_{[20]+1}$ 3. ${}_{1|2}q_{[21]+1}$

**3.5** $\mu = 0.01, x \geq 0$*일 때 다음 값을 구하여라.*

1. $\mathring{e}_x$ 2. $e_x$ 3. $Var[T_x]$

**3.6** *사망율 세기(force of mortality)가 다음과 같다 가정하자.*

$$\mu_x = \begin{cases} 0.04, & 0 \leq x < 40 \\ 0.05, & x \geq 40 \end{cases}$$

*다음 값을 구하여라.*

1. $\mathring{e}_{25}$ 2. $e_{25:\overline{25}|}$ 3. $e_{38}$ 4. $e_{38:\overline{4}|}$

**3.7** *생산된 후 시간* $t$ *이내에 작동불능이 되는 확률이* $F_0(t) := 1 - \max\{1 - \frac{t^2}{100^2}, 0\}$*이 되는 제품의 생각하자.*

1. 60 *이내에 작동불능이 될 확률은?*
2. 30 *까지 작동한 제품이* 70 *이상 작동할 확률은?*
3. 70*이상 작동하고,* 80*이내에 작동불능이 될 확률은?*
4. 20*까지 작동한 제품이* 70*에서* 80 *사이에 작동불능이 될 확률은?*
5. $\mu_{50}$*의 값은?*

**3.8** *생산된 후 시간* $t$ *이내에 작동불능이 되는 확률이*
$F_0(t) := 1 - \max\{1 - \frac{t^2}{100^2}, 0\}$ *이 되는 제품의 생각하자.*

1. *30에서 사망율 세기(force of mortality) 은 얼마인가?*
2. *이 제품의 기대수명은 얼마인가?*
3. *20까지 작동한 제품의 기대수명은?*
4. *20까지 작동한 제품의 년단위 기대수명(curtate expectation of life)는 얼마인가?*

**3.9** $\mu_x \equiv \lambda$ *가 상수라 하자.*

1. ${}_tp_x$*를 구하여라.*
2. $\mathring{e}_x$*를 구하여라.*
3. $e_x$*를 구하여라.*

**3.10** $p_x = 0.90, p_{x+1} = 0.85, {}_3p_{x+1} = 0.80, q_{x+3} = 0.02$*라 하자.*
*다음 값을 구하여라.*

1. $p_{x+3}$
2. ${}_2p_x$
3. ${}_2p_{x+1}$
4. ${}_3p_x$
5. ${}_1p_{x+2}$
6. ${}_{1|2}q_x$

**3.11** $p_{40} = 0.95$*일 때, 다음 가정 아래서* ${}_{0.4}q_{40.2}$*를 구하여라.*

1. $40 \le t < 50$*일 때 UDD*
2. $40 \le t < 50$*일 때 상수 사망율 세기* $\mu = 0.0512933$
3. $40 \le t < 50$*일 때,* $\omega = 60$*인 De Moivre Model*

**3.12** *다음 관계를 확인하여라.*

1. ${}_tp_x = p_x \times {}_{t-1}p_{x+1}$
2. ${}_{t|u}q_x = {}_tp_x \times {}_uq_{x+t}$
3. $\frac{d}{dx}{}_tp_x = {}_tp_x(\mu_x - \mu_{x+t})$

**3.13** $\mu_x = \frac{2x}{400-x^2}, 0 \le x < 20$이라 하자. 선택기간이 2년인 사망율 세기 모델

$$\mu_{[x]+s} = (\frac{9}{10} + \frac{s}{20})\mu_{x+s}, 0 \le s \le 2, x+s \le 20$$

을 생각하자. ${}_5p_{[5]}$를 구하여라.

**3.14** 상수사력 $\mu_x = 0.2$와 선별구간의 사망률 세기가 $\mu_{[x]+s} = (\frac{9}{10})^{2-s}\mu_{x+s}, 0 \le s \le 2$,로 주어진 생존모델을 생각하자.

1. ${}_tp_{[x]}$를 구하여라.
2. ${}_tp_{[x]+s}$를 구하여라.
3. $\ell_{20} = 1000$으로 할 때, 이 모델을 따르는 $\ell_{[20]}, \ell_{[20]+1}$을 계산하여라.

**3.15** 부록 표 6.1을 써서 다음을 계산하여라.

1. ${}_4p_{40}$
2. ${}_4p_{[38]+2}$
3. ${}_4p_{[40]}$
4. ${}_4p_{[39]+1}$
5. ${}_3q_{[50]+1}$
6. ${}_{2|}q_{[33]}$

**3.16** $x \ge 50$일 때 $p_{[x]} = 0.998, \quad p_{[x-1]+1} = 0.997, \quad p_{[x-2]+2} = 0.996$이고

| $\ell_{55}$ | $\ell_{56}$ | $\ell_{57}$ | $\ell_{58}$ | $\ell_{59}$ | $\ell_{60}$ |
|---|---|---|---|---|---|
| 97846.20 | 97651.21 | 97435.17 | 97195.56 | 96929.59 | 96634.14 |

가 성립하는 가상의 선별 생존모델을 생각하자. 다음 각각의 조건 아래서 나이 55인 사람이 나이 60 이상 생존할 확률을 구하여라.

1. 나이 52에 선별구간에 들어왔을 때
2. 나이 53에 선별구간에 들어왔을 때
3. 나이 54에 선별구간에 들어왔을 때
4. 나이 55에 선별구간에 들어왔을 때

## 3.8 연습문제 해설

해설 3.1

1. ${}_5p_{20} = \frac{\ell_{20+5}}{\ell_{20}} = \frac{95651}{96178} \approx 0.994521$
2. $q_{24} = \frac{d_{24}}{\ell 24} = \frac{112}{95763} \approx 0.00116955$
3. ${}_{4|}q_{20} = {}_4p_{20}q_{24} = \frac{\ell_{20+4}}{\ell_{20}}\frac{d_{24}}{\ell_{24}} = \frac{d_{24}}{\ell_{20}} = \frac{112}{96178} \approx 0.00116451$
4. ${}_{2|2}q_{20} = {}_2p_{20}{}_2q_{22} = \frac{\ell_{20+2}}{\ell_{20}}\left(1 - {}_2p_{22}\right) = \frac{\ell_{22}-\ell_{24}}{\ell_{20}} = \frac{263}{96178} \approx 0.00221464$

해설 3.2 정수구간 $[k,k+1]$에서 UDD를 가정한다는 것은 구간 $[k,k+1]$에서 $\ell_x$가 직선이란 말이다. 따라서

$$\ell_{k+t} = (1-t)\ell_k + t\ell_{k+1}, \quad 0 \le t \le 1$$

UDD의 경우

$${}_tq_k = 1 - {}_tp_k = t\frac{\ell_k - \ell_{k+1}}{\ell_k} = t_1q_k = tq_k, 0 \le t \le 1$$

1. ${}_{0.27}p_{20} = 1 - {}_{0.27}q_{20} = 1 - 0.27 \times q_{20} = 1 - 0.27 \times \frac{d_{20}}{\ell_{20}} = 1 - 0.27 \times \frac{99}{96178} \approx 0.999722.$
2. ${}_{0.7}q_{24} = 0.7 \times q_{24} = 0.7 \times \frac{d_{24}}{\ell_{24}} = 0.7 \times \frac{112}{95763} \approx 0.000818688$
3. ${}_{2|}q_{20.3} = {}_2p_{20.3} \times q_{22.3} = \frac{\ell_{22.3}}{\ell_{20.3}} \times \frac{\ell_{22.3}-\ell_{23.3}}{\ell_{22.3}} = \frac{\ell_{22.3}-\ell_{23.3}}{\ell_{20.3}} = \frac{(1-0.3)(\ell_{22}-\ell_{23})+0.3(\ell_{23}-\ell_{24})}{(1-0.3)\ell_{20}+0.3\ell_{21}} \approx 0.00110142$

해설 3.3 구간 $[a,b]$에서 CFM를 가정한다는 것은

$$\ell_x = \ell_a e^{-\mu(x-a)}, \quad \ell_b = \ell_a e^{-\mu(b-a)}$$

라는 말이다. 따라서 구간 $[a,b]$에서

$$\mu = -\frac{1}{b-a}\ln\frac{\ell_a}{\ell_b}$$

예를 들어 지금 경우는

$$\ell_x = \begin{cases} 100000e^{-\mu_1(x-20)}, & 20 \le x < 21 \\ 99700e^{-\mu_2(x-21)}, & 21 \le x < 22 \\ 99300e^{-\mu_3(x-22)}, & 22 \le x < 23 \\ 98800e^{-\mu_4(x-23)}, & 23 \le x < 24 \\ 98200e^{-\mu_5(x-24)}, & 24 \le < 25 \end{cases}$$

여기서 $\mu_1 = \ln\frac{1000}{997}, \mu_2 = \ln\frac{997}{993}, \mu_3 = \ln\frac{993}{988}, \mu_4 = \ln\frac{988}{982}, \mu_5 = \ln\frac{982}{975}.$

1. ${}_{0.27}p_{20} = 0.999189$
2. ${}_{0.7}q_{24} = 0.00499517$
3. ${}_{2|}q_{20.3} = 0.00530597$

해설 3.4

1. ${}_2q_{[21]} = 1 - {}_2p_{[21]} = 1 - \frac{\ell_{[21]+2}}{\ell_{[21]}}) = 1 - \frac{\ell_{23}}{\ell_{[21]}} = 1 - \frac{9897}{9903} = 0.000606$
2. ${}_2p_{[20]+1} = \frac{\ell_{[20]+1+2}}{\ell_{[20]+1}} = \frac{\ell_{23}}{\ell_{[20]+1}} = \frac{9897}{9905} = 0.999192$
3. ${}_{1|2}q_{[21]+1} = {}_1p_{[21]+1} \times {}_2q_{[21]+1+1} = \frac{\ell_{[21]+1+1}}{\ell_{[21]+1}} \times {}_2q_{[21]+1+1} = \frac{\ell_{[21]+2}-\ell_{[21]+4}}{\ell_{[21]+1}} = \frac{\ell_{23}-\ell_{25}}{\ell_{[21]+1}} = \frac{9897-9887}{9900} = 0.001010$

해설 3.5 Force of mortality가 상수$\mu = 0.01$ 므로 ${}_tp_x$는 $x$에 관계없이 ${}_tp_x = e^{-\mu t}$.

1. $\mathring{e}_x = \int_{t=0}^{\infty} {}_tp_x dt = \int_{t=0}^{\infty} \exp(-\mu t)dt = \frac{1}{\mu} = 100.$이
2. $e_x := \sum_{k=1}^{\infty} {}_kp_x = \sum_{k=1}^{\infty} \exp(-\mu k) = \frac{e^{-\mu}}{1-e^{-\mu}} = \frac{1}{e^{\mu}-1} = 99.5$
3. $Var[T_x] = E[T_x^2] - E[T_x]^2$.여기서 $F_x(t) = 1 - S_x(t) = 1 - {}_tp_x$이고 $\frac{d}{dt}{}_tp_x = -\mu \times {}_tp_x$인 것에 주의하면

$$E[T_x^2] = \int_{x=0}^{\infty} t^2 dF_x(t) = \mu\int_{t=0}^{\infty} t^2 e^{-\mu t}dt = \frac{2}{\mu^2}$$

따라서 $Var[T_x] = E[T_x]^2 - E[T_x^2] = \frac{2}{\mu^2} - \frac{1}{\mu^2} = \frac{1}{\mu^2} = 10000.$

해설 3.6 ${}_tp_{25}$와 ${}_tp_{38}$를 구하자.

$$-\frac{{}_tp_x'}{{}_tp_x} = \mu_{x+t}$$

인 것에 주의하면 $x < 40$일 때 $\mu_1 = 0.04, \mu_2 = 0.05$로 하여

$$\ln {}_tp_x - \int_{s=0}^{t} \mu_{x+s} ds = -\begin{cases} \int_{s=0}^{t} \mu_1 ds, & t < 40-x \\ \int_{s=0}^{40-x} \mu_1 ds + \int_{s=0}^{t-40} \mu_2 ds, & t \geq 40-x \end{cases} = -\begin{cases} \mu_1 t, & t < 40-x \\ \mu_1(40-x) + \mu_2(t-40+x), & t \geq 40-x \end{cases}$$

따라서

$${}_tp_x = \begin{cases} \exp\big(-\mu_1 t\big), & t < 40-x \\ \exp\big(-\mu_1(40-x)\big)\exp\big(-\mu_2(t-40+x)\big), & t \geq 40-x \end{cases}$$

1. $\mathring{e}_{25} = \int_{t=0}^{\infty} {}_tp_x dt = \int_{t=0}^{15} e^{-\mu_1 t} dt + \int_{t=15}^{\infty} e^{-15\mu_1} e^{-\mu_2(t-25)} dt = \frac{1-e^{-15\mu 1}}{\mu 1} + \frac{e^{-15\mu_1}}{\mu_2} = 22.2559.$
2. $\mathring{e}_{25:\overline{25|}} \int_{t=0}^{\infty} {}_tp_x dt = \int_{t=0}^{15} e^{-\mu_1 t} dt + \int_{t=15}^{25} e^{-15\mu_1} e^{-\mu_2(t-25)} dt = \frac{1-e^{-15\mu 1}}{\mu 1} + e^{-15\mu_1} \frac{1-e^{-15\mu_2}}{\mu_2} = 15.5985$
3. $e_{38} = \sum_{k=1}^{\infty} {}_kp_{38} = e^{-\mu_1} + e^{-2\mu_1} + e^{-2\mu_1} \frac{e^{-\mu_2}}{1-e^{-\mu_2}} = 19.8885$
4. $e_{38:\overline{4|}} = \sum_{k=1}^{4} {}_kp_{38} = e^{-\mu_1} + e^{-2\mu_1} + e^{-2\mu_1}\big(e^{-\mu_2} + e^{-2\mu_2}\big) = 3.59727$

해설 3.7 $S_0(t) := 1 - F_0(t)$라 하자. ${}_tp_x = \frac{S_0(x+t)}{S_0(x)}$.

1. $F_0(60) = 0.36$
2. ${}_{40}p_{30} = \frac{S_0(70)}{S_0(30)} = \frac{1-F_0(70)}{1-S_0(30)} = 0.56044$
3. $F_0(80) - F_0(70) = 0.15$
4. ${}_{50|10}q_{20} = {}_{50}p_{20} - {}_{60}p_{20} = 0.15625.$
5. $\mu_{50} = -\frac{S_0'(50)}{S_0(50)} = 0.01333$

해설 3.8 우선 $S_0(t) = 1 - F_0(t) = \max\{1 - \frac{t^2}{100^2}, 0\}$인 것에 주의하자.

1. $\mu_t = -\frac{S_0'(t)}{S_0(t)}$로부터 $\mu_{30} = 0.00659341$
2. $\mathring{e}_x := \int_0^{\infty} {}_tp_x dt$인 것을 기억하자.

$$\mathring{e}_0 = \int_0^{100} {}_tp_0 dt = \int_0^{100} S_0(t) dt = \int_0^{100} (1 - \frac{t^2}{100^2}) dt = \frac{200}{3}$$

3. $\mathring{e}_{20} = \int_0^{80} {}_tp_{20} dt = \int_0^{80} \frac{S_0(20+t)}{S_0(20)} dt = \frac{440}{9}.$
4. $e_x := E[K_x] = \sum_{k=1}^{\infty} {}_kp_x$인 것에 주의하자.

$$e_{20} = \sum_{k=1}^{80} {}_kp_{20} = \sum_{k=1}^{80} \frac{S_0(20+k)}{S_0(20)} = \frac{3871}{80} = 48.3875$$

이 합은 손으로 계산하기가 불편하기 때문에 SageMath를 이용해서 적분과 합을 계산하면

```
var('t,x,k')

el(x)=1-x^2/100^2

pxt(t,x)=el(x+t)/el(x)

va0=integrate(pxt(t,0),(t,0,100))
va1=integrate(pxt(t,20),(t,0,80))

va2=sum(pxt(k,20),k,1,80)

print(va0, " , ", va1," , ",va2, " ,", va2.n(digits=4))
```

```
200/3 , 440/9 , 3871/80 , 48.39
```

해설 3.9 사망율 세기(force of mortality)가 상수이므로 $\mu_t = -\frac{S_0'(t)}{S_0(t)}$로부터 $S_0(t) = e^{-\lambda t}$. 따라서

$$ {}_tp_x = \frac{S_0(x+t)}{S_0(t)} = e^{-\lambda t} $$

사망률 세기가 상수인 경우 ${}_tp_x$는 $x$에 의존하지 않는다.

1. ${}_tp_x = e^{-\lambda t}$. $x$에 관계 없다.
2. $\mathring{e}_x = \int_{t=0}^{\infty} {}_tp_x dt = \frac{1}{\lambda}$.
3. $$ e_x = E[K_x] := \sum_{k=0}^{\infty} kPr[K_x = k] = \sum_{k=0}^{\infty} k\left({}_kp_x - {}_{k+1}p_x\right) = \sum_{k=1}^{\infty} {}_kp_x = \frac{e^{-\lambda}}{1-e^{-\lambda}} = \frac{1}{e^{\lambda}-1} $$

해설 3.10

1. $p_{x+3} = 1 - q_{x+3} = 0.98$
2. ${}_2p_x = {}_1p_x\ {}_1p_{x+1} = p_x p_{x+1} = 0.765$
3. ${}_4p_x = {}_1p_{x3}p_{x+1}$, ${}_4p_x = {}_1p_{x2}p_{x+11}p_{x+3}$.
   따라서 ${}_2p_{x+1} = \frac{{}_3p_{x+1}}{{}_1p_{x+3}} = \frac{{}_3p_{x+1}}{1-q_{x+3}} = 0.816327$
4. ${}_4p_x = {}_3p_{x1}p_{x+3} = {}_3p_x(1-q_{x+3})$. ${}_3p_x = 0.734694$.
5. ${}_3p_{x+1} = {}_1p_{x+11}p_{x+2}$에서
   ${}_1p_{x+2} = p_{x+2} = 0.941176$
6. ${}_{1|2}q_x = {}_1p_{x2}q_{x+1} = {}_1p_x(1 - {}_2p_{x+1}) = 0.165306$

해설 3.11

1. UDD 이므로 $\ell_t = (1-t)A + tB, 0 \le t < 1$,으로 두자. $p_{40} = \frac{B}{A} = 0.95$. 이제

$$ {}_{0.4}q_{40.2} = 1 - {}_{0.4}p_{40.2} = 1 - \frac{\ell_{0.6}}{\ell_{0.2}} = \frac{2(A-B)}{4A+B} = 0.020202 $$

2. 사망률 세기가 상수인 것은 이자계산에서 이자율 세기가 상수인 복리를 생각하면 좋다.
   $\ell_{40} = A$라 두면, $\ell_{40+t} = Ae^{-\mu t}, 0 \le t < 1$.

$$ {}_{0.4}q_{40.2} = 1 - {}_{0.4}p_{40.2} = 1 - \frac{\ell_{40.6}}{\ell_{40.2}} = 1 - e^{0.4\times\mu} = 0.0203083 $$

3. $\omega = 60$인 De Moivre Model이므로 ${}_tp_x = 1 - \frac{t}{\omega - x} = 1 - \frac{t}{60-x}$.

$$ {}_{0.4}q_{40.2} = 1 - {}_{0.4}p_{40.2} = 1 - \left(1 - \frac{0.4}{60-40.2}\right) = 0.020202 $$

UDD Model 과 De Moivre Model이 같은 값을 준다. 이것을 De Moiver Model은 $\ell_t = \ell_0(1 - \frac{t}{\omega})$ 라 생각하는 것이기 때문이다. UDD Model은 생애 전체를 직선으로 보는 것이 아니라 일부분을 직선으로 본다.

해설 3.12 수식을 증명하기 전에 의미를 아는 것이 더 중요하다. 특히 개체 모델 $\ell_t$가 주어졌다 생각하면 쉽다.

- ${}_tp_x = \frac{\ell_{t+x}}{\ell_x}$는 나이 $x$인 사람이 $t$년 이상 생존할 확률을 나타낸다. $t$에 대한 감소함수이다.
- ${}_tq_x$는 나이 $x$인 사람이 $t$년 이내에 사망할 확률이다. 따라서 ${}_tp_x + {}_tq_x \equiv 1$. 특히 ${}_tq_x$는 $t$에 대한 증가함수이다.
  ${}_tq_x = 1 - \frac{\ell_{x+t}}{\ell_x}$
- ${}_{t|u}q_x$는 나이 $x$인 사람이 $t$년 이상 생존하고, 그로부터 $u$년 이내에 사망할 확률이다. ${}_{t|u}q_x = \frac{\ell_{x+t}}{\ell_x} \times \frac{\ell_{x+t} - \ell_{x+t+u}}{\ell_{x+t}}$.
- $\mu_x$는 $-\frac{d}{dt}\Big|_{t=0} {}_tp_x = \frac{d}{dt}\Big|_{t=0} {}_tq_x$. 음의 부호 $-$를 무시하고 $\mu_x$을 이자율 세기 $\delta_x$와 연관지어 이해하면 좋다.
  $\mu_x = -\frac{d}{dt}\Big|_{t=0} \frac{\ell_{t+x}}{\ell_x} = -\frac{\ell'(x)}{\ell(x)}$. 음의 부호를 무시하고, $\ell_x \equiv \ell(x)$를 잔고함수(amount function)으로 이해하면 쉽다.
  물론 $\mu_{x+t} := \mu_x(t) = \frac{d}{dt} {}_tq_x$.

1. 나이 $x$인 사람이 $t$년 이상 생존할 확률은 나이 $x$인 사람이 1년 생존하여 나이 $x+1$이 되고, 그로부터 $t-1$년 생존할 확률과 같다. 이것을 쉽게 이해하는 방법은 개체수 모델 $\ell_t$를 생각하는 것이다. 그러면 ${}_tp_x = \frac{\ell_{t+x}}{\ell_x}$.
   따라서

$$ {}_tp_x = \frac{\ell_{x+t}}{\ell_x} = \frac{\ell_{x+1}}{\ell_x} \times \frac{\ell_{x+t}}{\ell_{x+1}} = \frac{\ell_{x+1}}{\ell_x} \times \frac{\ell_{x+1+t-1}}{\ell_{x+1}} = {}_1p_x \times {}_{t-1}p_{x+1} = p_x \times {}_{t-1}p_{x+1} $$

2. 앞에서 설명한대로 ${}_{t|u}q_x = \frac{\ell_{x+t}}{\ell_x} \times \frac{\ell_{x+t}-\ell_{x+t+u}}{\ell_{x+t}} = {}_tp_x \times {}_uq_{x+t}$.
3. $t$가 아닌 $x$에 대한 변화율을 계산하는 것에 주의하자.

$$\frac{d}{dx}{}_tp_x = \frac{d}{dx}\frac{\ell_{t+x}}{\ell_x} = \frac{\ell'(x+t)\ell_x - \ell_{x+t}\ell'(x)}{\ell_x^2} = \frac{\ell_{x+t}}{\ell_x}\big(-\frac{\ell'(x)}{\ell_x} + \frac{\ell'(x+t)}{\ell_{x+t}}\big) = {}_tp_x\big(\mu_x - \mu_{x+t}\big)$$

해설 3.13 먼저 ${}_tp_0 = \exp\big(-\int_{s=0}^t \mu_s ds\big) = 1 - \frac{t^2}{400}$. 다음으로 ${}_tp_{[5]} = \exp\big(-\int_{s=0}^t \mu_{[5]+s}ds\big), 0 \le t \le 2$ 를 계산하자. $\mu_x = \frac{2x}{400-x^2}, 0 \le x < 20$이므로 , $t = 5$일 때,

$$\begin{aligned}
{}_tp_{[5]} &= \exp\big(-\int_{s=0}^t \mu_{[5]+s}ds\big) = \exp\big(-\int_{s=0}^2 \mu_{[5]+s}ds - \int_{s=2}^t \mu_{[5]+s}ds\big) \\
&= \exp(-\int_{s=0}^2 (\frac{9}{10} + \frac{s}{20})\mu_{x+s}ds)\exp\big(-\int_{s=2}^t \mu_{5+s}ds\big) \\
&= \exp(-\int_{s=0}^2 (\frac{9}{10} + \frac{s}{20})\frac{20(5+s)}{400-(s+5)^5}ds)\exp\big(-\int_{s=2}^t \mu_{5+s}ds\big) \\
&= \exp(-\int_{s=0}^2 (\frac{9}{10} + \frac{s}{20})\frac{20(5+s)}{400-(s+5)^5}ds)\exp\big(-\int_{s=0}^{t-2} \mu_{7+s}ds\big) \\
&= \exp(-\int_{s=0}^2 (\frac{9}{10} + \frac{s}{20})\frac{20(5+s)}{400-(s+5)^5}ds) \times {}_{t-2}p_7
\end{aligned}$$

이 적분은 가능하지만 대단히 복잡하다. SageMath를 이용하면

$${}_5p_{[5]} = {}_2p_{[5]} \times {}_3p_{5+2} = 0.938894 \times \frac{100}{117} = 0.802473$$

```
var('s,x')
mu(x)=2*x/(400-x^2)
p0(t)=1-t^2/400
pxt(t,x)=p0(x+t)/p0(x)
val=exp(-integrate( (9/10+s/20)*mu(5+s),(s,0,2) ) )
print(val.n(), ", ", pxt(3,7), " , ", val.n()*pxt(3,7) )
```

```
0.938893939713821 ,  100/117  ,  0.802473452746855
```

해설 3.14 무엇보다도 먼저 $\mu_{[x]+t} \equiv \mu_{x+t}$, $t \ge 2$인 것에 주의하자. 또 사망율 세기가 상수이므로 $\mu_x = 0.2$이므로 $\ell_t = \ell_0\exp(-\mu_x t)$. 예를 들어 $\ell_{20} = 100{,}000$으로 맞춘다면 $\ell_{20+t} = 100{,}000\exp\big(-0.2t\big)$가 된다. 따라서

$$\ell_{20+t} = 100{,}000\exp\big(-\mu_x t\big), \qquad {}_tp_x = \frac{\ell_{x+t}}{\ell_x} = \exp(-\mu_x t), \qquad {}_tp_{[x]} = \frac{\ell_{[x]+t}}{\ell_{[x]}}$$

1. ${}_tp_{[x]} = \exp\big(-\int_{s=0}^t \mu_{[x]+s}ds\big) = \exp\big(-\int_{s=0}^t (\frac{9}{10})^{2-s}\mu_{x+s}ds\big) = \exp\big(-\int_{s=0}^t (\frac{9}{10})^{2-s}\mu_x ds\big)$ $= \exp\Big(\frac{\mu_x a^{2-t}(1-a^t)}{\ln a}\Big), 0 \le t \le 2, \quad \mu_x = 0.2, \ a = \frac{9}{10}$. 지금처럼 $\mu_x = 0.2$가 상수인 경우 ${}_tp_{[x]}$는 $x$에 의존하지 않는다. 따라서

$${}_tp_{[x]} = \begin{cases} \exp\Big(\frac{\mu_x a^{2-t}(1-a^t)}{\ln a}\Big), & 0 \le t \le 2 \\ \exp\big(\frac{\mu_x(1-a^2)}{\ln a}\big) \times \exp\big(-\mu_x(t-2)\big), & t \ge 2 \end{cases}$$

2. 앞에서 ${}_tp_{[x]}$를 구했다. 그런데 $t > s+x$일 때 ${}_tp_{[x]} = {}_sp_{[x]} \times {}_tp_{[x]+s}$이므로 ${}_tp_{[x]+s} = \frac{{}_tp_{[x]}}{{}_sp_{[x]}}$.
3. $\ell_{[20]}, \ell_{[20]+1}$을 구하기 위하여 $\ell_{22}$가 필요하다. $\ell_{20} = 1000$으로 할 하면, $\ell_{22} = {}_2p_{20}\ell_{20} = 670.32$.

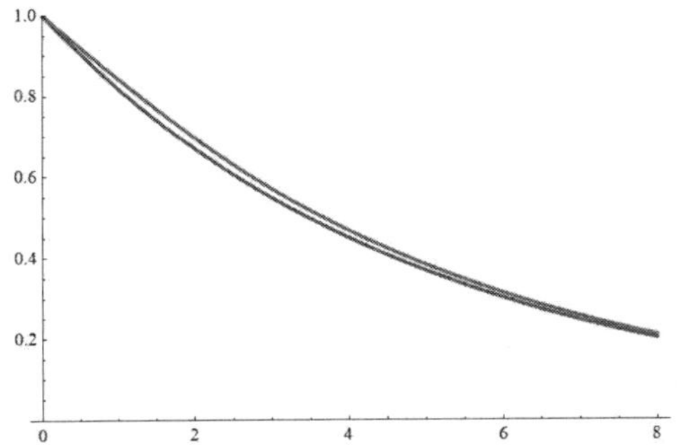


그림. 3.25: ${}_tp_{[x]}, {}_tp_x$의 그래프. ${}_tp_x$의 그래프는 언제나 ${}_tp_{[x]}$의 그래프보다 아래쪽에 있다. 왜냐하면 $\mu_{[x]+s} \le \mu_{x+s}$.

- ${}_2p_{[20]} = \frac{\ell_{22}}{\ell_{[20]}}$에서 $\ell_{[20]} = \frac{\ell_{22}}{{}_2p_{[20]}} = \frac{67032}{0.697212} = 961.43.$
- ${}_1p_{[x]+1} = \frac{\ell_{x+2}}{\ell_{[x]+1}}$로부터

$$\ell_{[20]+1} = \frac{\ell_{22}}{{}_1p_{[20]+1}} = \frac{670.32}{0.842955} = 795.203$$

해설 3.15 부록 표 6.1은 선택기간이 2년이다. 그러므로 $t > 2$이면 ${}_tp_{[x]} = {}_2p_{[x]\ t-2}p_{[x]+2} = {}_2p_{[x]\ t-2}p_{x+2}$가 성립하도록 만들어졌다.특히

$${}_tp_{[x]+2} = {}_tp_{x+2}, \quad \ell_{[x]+2+t} = \ell_{x+2+t}, \quad t > 0$$

에 주의하자. 부록 표 6.1를 쓰면

1. ${}_4p_{40} = \frac{\ell_{44}}{\ell_{40}} = \frac{99104.33}{99338.26} = 0.997645$
2. ${}_4p_{[38]+2} = {}_4p_{40} = 0.997645$
3. ${}_4p_{[40]} = \frac{\ell_{[40]+2}}{\ell_{[40]}}\frac{\ell_{44}}{\ell_{[40]+2}} = \frac{\ell_{44}}{\ell_{[40]}} = 0.997298,\ \ell_{[40]+2} = \ell_{42}.$
4. ${}_4p_{[39]+1} = \frac{\ell_{41}}{\ell_{[39]+1}}\frac{\ell_{44}}{\ell_{41}} = \frac{\ell_{44}}{\ell_{[39]+1}} = 0.997672$
5. ${}_3q_{[50]+1} = 1 - {}_3p_{[50]+1} = 1 - \frac{\ell_{54}}{\ell_{[50]+1}} = 0.0043503$
6. ${}_{2|}q_{[33]} = {}_2p_{[33]}\,q_{[33]+2} = {}_2p_{[33]}\,q_{35} = {}_2p_{[33]}(1 - p_{35}) = \frac{\ell_{35}}{\ell_{[33]}}(1 - \frac{\ell_{36}}{\ell_{35}}) = 0.000390977$

해설 3.16 무엇보다도 지금 문제는 선별기간이 3년인 것에 주의하자. 선별기간에 들어왔을 때 주어진 자료는 모두 ${}_1p_{[x]}, {}_1p_{[x]+1}$인 것도 주의하자.

1. 3년 전에 선별구간에 들어왔기 때문에, 일반구간에 편입된다. 따라서 ${}_5p_{55} = \frac{\ell_{60}}{\ell_{55}} = 0.987613$
2. 2년 전에 선별구간에 들어왔기 때문에, 아직 선별구간 앞에 있는 부분이 있다. 따라서 ${}_5p_{[53]+2} = {}_1p_{[53]+2} \times {}_4p_{[53]+3} = 0.996 \times {}_4p_{56} = 0.996\frac{\ell_{60}}{\ell_{56}} = 0.996 \times 0.990498 = 0.986536$
3. 1년 전에 선별구간에 들어왔기 때문에, 아직 선별구간 앞에 있는 부분이 있다. 따라서 ${}_5p_{[54]+1} = {}_1p_{[54]+1} \times {}_1p_{[54]+2} \times {}_3p_{[54]+3} = {}_1p_{[54]+1} \times {}_1p_{[54]+2} \times {}_3p_{57} = 0.997 \times 0.996 \times {}_3p_{57} = 0.984849$
4. 선별구간에서 시작했기 때문에 ${}_5p_{[55]} = {}_1p_{[55]} \times {}_1p_{[55]+1} \times {}_1p_{[55]+2}] \times {}_2p_{[55]+3} = 0.998 \times 0.997 \times 0.996 \times \frac{\ell_{60}}{\ell_{58}} = 0.985302$

# 4 확률적 모델, 확률변수

우리는 겉으로 보기에 복잡한 것들을 숨겨져 있는 간단한 것으로 이해하고 싶어한다. 예를 들어 모든 물질은 원자로 이루어져 있다 생각하는 식이다. 이런 생각을 수식으로 정리한 것 중에서 자주 보는 것들로 $F = ma, E = mc^2$ 같은 것들이 있다. 다음은 2022년 07년 28일로부터 지난 3년간 우리나라 KOSPI 변화다.

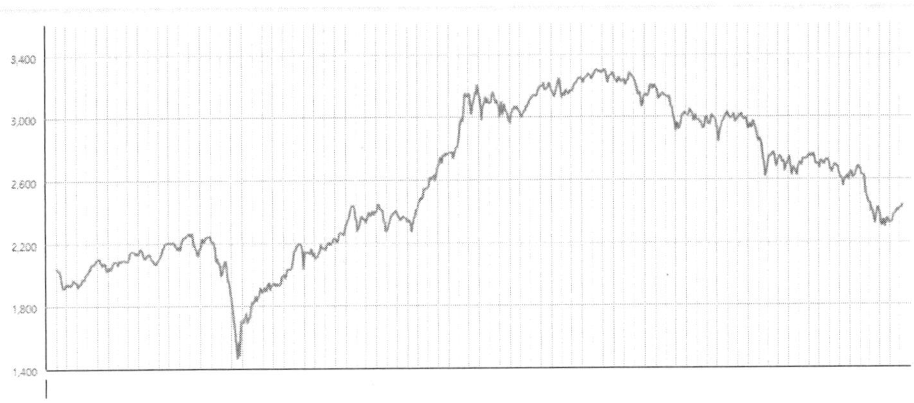


그림. 4.1: *2022년 07월 28일로부터 지난 3년간 KOSPI 변화. 한국거래소 자료*

그림을 보면 KOSPI를 어떤 함수의 그래프로 이해하고 싶고, 더 중요한 것은 이것으로부터 다가올 미래의 그래프를 그리고 싶은 것이다. 이것을 위해서는 KOSPI가 변해가는 법칙을 알아내야 하는데, 이것은 불가능하다. 왜냐하면 주식시장의 변화는 모든 참여자의 종합적인 판단에 의하여 결정되지만, 사람들의 경제활동은 많은 중요한 경우에 이성적이지 않다. 더 간단한 예로 요즘 아파트 가격이 10억이 넘는 것이 많다 한다. 우리가 0으로부터 10억을 모아서 집은 사는 것을 생각해보자. 투자 같은 것 생각하지 말고, 오로지 돈을 모으는 것만 생각하면 한달에 300만을 모을 수 있다면 얼마는 많은 시간이 걸릴까? $\frac{10\text{억}}{300\text{만}/\text{개월}} = \frac{1000}{3}\text{개월} = \frac{250}{9}\text{년} \approx 28\text{년}$. 보통 경제생활은 나이는 얼마인가? 질문은 10억짜리 아파트를 사려는 노력은 이성적인가? 가능한 일인가?

## 4.1 보험과 관련된 확률변수 표현

### 4.1.1 $T_x, K_x, T_x \wedge n := \min\{T_x, n\}, K_x \wedge n := \min\{K_x, n\}$

보험료 계산에서 가장 근본이 되는 확률변수다. 앞 장에서 다음을 공부했다.

1. $T_x : \Omega_x \to [0,\infty)$는 나이 $x$인 사람의 잔여생면을 나타내는 확률변수
2. $F_x(t) = Pr[T_x \leq t] = 1 - S_x(t) = {}_tq_x = 1 - {}_tp_x$.
3. $K_x = \lfloor T_x \rfloor$
4. $\mathring{e}_x := E[T_x] = \int_{t=0}^{\infty} {}_tp_x dt$
5. $e_x := E[K_x] = \sum_{k=0}^{\infty} kPr[K_x = k] = \sum_{k=0}^{\infty} k\big({}_kp_x - {}_{k+1}p_x\big) = \sum_{k=1}^{\infty} {}_kp_x$
6. $\mathring{e}_{x:\overline{n}|} := E\big[\min\{T_x, n\}\big] = \int_{t=0}^{n} {}_tp_x\, dt$
7. $e_{x:\overline{n}|} := E\big[\min\{K_x, n\}\big] = \sum_{k=1}^{n} {}_kp_x$
8. $Var[T_x] = E[T_x^2] - E[T_x]^2 = 2\int_{t=0}^{\infty} t\, {}_tp_x dt - E[T_x]^2$

### 4.1.2 $\ddot{a}_{\overline{K_x+1}|}$, $\ddot{a}_x$

나이 $x$인 사람이 지금부터 1을 받고, 살아있는 동안 1년 간격으로 1을 받는 영구연금의 현재가격을 계산할 때, 문제가 되는 것은 연금이 정확하게 얼마동안 받는지를 알 수 없는 것이다. 연금이 각각의 기간의 시작에 지급된다면, 현재가격을 나타내는 확률변수는

$$\ddot{a}_{\overline{K_x+1}|} := 1 + \nu + \nu^2 + \cdots + \nu^{K_x} = \frac{1 - \nu^{K_x+1}}{1-\nu} \tag{4.1}$$

위 식에서 $K_x$는 $T_x$의 정수부분을 나타낸다. 예를 들어 $T_x = 0.7$이면 $K_x = 0$이고, $T_x = 24.7$이면 $K_x = 24$이다. 이 확률변수의 평균은 $\ddot{a}_x$로 나타낸다.

### 4.1.3 $Z_x = \nu^{K_x+1}$, $A_x := E[Z_x]$

나이 $x$인 사람이 사망한 해 말에 1을 지급하는 보험금을 샀을 때, 받게 되는 보험금의 현재가격을 나타내는 확률변수다. 사망한 해 말에 보험금이 지급되기 때문에, 보험금이 지급되는 시기는 $K_x + 1$이다. 확률변수 $Z_x$의 평균값을 $A_x$로 나타낸다:

$$A_x := E\big[Z_x\big] = E\big[\nu^{K_x+1}\big]$$

기호 $A_x$를 이용하면

$$\ddot{a}_x := E\big[1 + \nu + \nu^2 + \cdots + \nu^{K_x}\big] \equiv E[\frac{1-\nu^{K_x+1}}{1-\nu}] = \frac{1 - E[\nu^{K_x+1}]}{1-\nu} = \frac{1-A_x}{1-\nu} = \frac{1-A_x}{d}$$

### 4.1.4 $A_x := E[v^{K_x+1}]$

확률변수 $Z_x = v^{K_x+1}$은 사망한해 말이 1을 받는 돈의 현재가격을 나타내는 확률변수다. 확률변수 $Z_x$의 평균은

$$A_x := E[Z_x] = E[v^{K_x+1}] = \sum_{k=0}^{\infty} v^{k+1} Pr[K_x = k] \tag{4.2}$$

$$= \sum_{k=0}^{\infty} v^{k+1}{}_{k|}q_x = \sum_{k=0}^{\infty} v^{k+1}\left({}_kp_x - {}_{k+1}p_x\right) \tag{4.3}$$

$$= v\sum_{k=0}^{\infty} v^k{}_kp_x - \sum_{k=0}^{\infty} v^{k+1}{}_{k+1}p_x \tag{4.4}$$

$$= v\sum_{k=0}^{\infty} v^k{}_kp_x - \sum_{k=1}^{\infty} v^k{}_kp_x \tag{4.5}$$

$$= 1-(1-v)\sum_{k=0}^{\infty} v^k{}_kp_x = 1-d\sum_{k=0}^{\infty} v^k{}_kp_x,\ d = 1-v \tag{4.6}$$

식 (4.6)에서 나타나는 $\sum_{k=0}^{\infty} v^k{}_kp_x$의 의미를 생각해보자. 우선 $v^k{}_kp_x$는 나이 $x$인 개체가 나이 $x+k$에 살아있을 때 받게되는 1의 현재가격이다. 이것을 모두 더한다는 의미는 나이 $x$인 개체가 $x+k, k=0,1,2,3,\cdots$에 받게되는 연금 1의 현재가격의 평균값을 계산하는 것이다. 또는 $x+k, k=0,1,2,3,\cdots$에 내야 하는 할부보험료의 현재가격의 평균값을 계산하는 것으로 이해할 수도 있다.

### 4.1.5 확률변수 $\ddot{a}_{\overline{K_x+1|}}$의 평균

확률변수 $\ddot{a}_{\overline{K_x+1|}} := 1+v+v^2+\cdots+v^{K_x} = \dfrac{1-v^{K_x+1}}{1-v} = \dfrac{1-Z_x}{1-v}$의 의미는 나이 $x$있는 사람이 살아있는 동안 매년 초(기간의 시작), 1의 받게되는 년금의 현재가격을 나타내는 확률변수다. 확률변수 $\ddot{a}_{\overline{K_x+1|}}$의 평균을 $A_x := E[Z_x]$를 이용하여 표현할 수 있다:

$$E\left[\ddot{a}_{\overline{K_x+1|}}\right] = E\left[\frac{1-Z_x}{1-v}\right] = \frac{1-E[Z_x]}{1-v} = \frac{1-A_x}{d}$$

확률변수 $\ddot{a}_{\overline{K_x+1|}} := 1+v+v^2+\cdots+v^{K_x} = \dfrac{1-v^{K_x+1}}{1-v}$의 평균의 다른 표현을 얻기 위하여, 합의 순서를 바꾸어 방법으로 직접 계산하면

$$
\begin{aligned}
\ddot{a}_x &:= E\left[\ddot{a}_{\overline{K_x+1}|}\right] = E\left[\frac{1-v^{K_x+1}}{1-v}\right] \\
&= \sum_{k=0}^{\infty} \left(\frac{1-v^{k+1}}{1-v}\right) {}_{k|}q_x \\
&= \frac{1}{1-v} \sum_{k=0}^{\infty} {}_{k|}q_x - \frac{1}{1-v} \sum_{k=0}^{\infty} v^{k+1} {}_{k|}q_x \\
&= \frac{1}{1-v} - \frac{1}{1-v} \sum_{k=0}^{\infty} v^{k+1} \left({}_kp_x - {}_{k+1}p_x\right) \\
&= \frac{1}{1-v} - \frac{1}{1-v} \left(\sum_{k=0}^{\infty} v^{k+1} {}_kp_x - \sum_{k=0}^{\infty} v^{k+1} {}_{k+1}p_x\right) \\
&= \sum_{k=0}^{\infty} v^k {}_kp_x
\end{aligned}
$$

지금까지 계산을 다음가 같이 정리하자:

$$
\ddot{a}_x = \frac{1-E[v^{K_x+1}]}{1-v} = \frac{1-A_x}{1-v} = \frac{1-A_x}{d} = \sum_{k=0}^{\infty} v^k {}_kp_x
$$

### 4.1.6 $A^1_{x:\overline{n}|} = E\left[Z_{x,n}\right]$

나이 $x$인 사람이 보장기간이 $n$인 보험을 산 경우를 생각하자. 특히 보장기간 $(x, x+n)$ 에 보험지급 사유가 발생하면, 사유가 발생한 해 말에 보험금 1을 지급하고, 보장기간 $(x, x+n)$에 보험지급 사유가 발생하지 않은 경우에는 아무 것도 지급하지 않는 보험을 생각하자. 이때 지급되는 보험금의 현재가격을 나타내는 확률변수는

$$
Z_{x,n} := \begin{cases} v^{K_x+1}, & K_x < n \\ 0, & K_x \geq n \end{cases}
$$

확률변수 $Z_{x,n}$의 평균값은 $A^1_{x:\overline{n}|}$으로 나타내고,

$$
A^1_{x:\overline{n}|} := E\left[Z_{x,n}\right] = \sum_{k=0}^{n-1} v^{k+1} {}_{k|}q_x
$$

### 4.1.7 ${}_nE_x, A_{x:\overline{n}|}^{\ \ \ 1}$

$x+n$에 축하금 1을 지급한다면, $x+n$에 지급되는 축하금(endowment)의 현재가격을 나타내는 확률변수는

$$
E_{x,n} := \begin{cases} 0, & K_x < n \\ v^n, & K_x \geq n \end{cases}
$$

이고, 축하금을 받기 위해서는 $n$년 이상 생존해야 한다. 따라서 확률변수 $E_{x,n}$의 평균값은 $E\left[E_{x,n}\right] = v^n{}_n p_x$이고, 이것을 ${}_nE_x$ 또는 $A_{x:\overline{n}|}^{\ \ 1}$으로 나타낸다:

$$A_{x:\overline{n}|}^{\ \ 1} \equiv {}_nE_x := E\left[E_{x,n}\right] = v^n\ {}_np_x$$

### 4.1.8 $A_{x:\overline{n}|} = E\left[Z_{x,n} + E_{x,n}\right] = E\left[v^{\min\{K_x+1,n\}}\right] = A^1_{x:\overline{n}|} + A_{x:\overline{n}|}^{\ \ 1}$

나이 $x$인 사람이 보장기간이 $n$인 보험을 산 경우를 생각하자. 특히 보장기간 $(x,x+n)$ 에 보험지급 사유가 발생하면, 사유가 발생한 해 말에 보험금 1을 지급하고, 보장기간 $(x,x+n)$에 보험지급 사유가 발생하지 않은 경우에는 $x+n$에 축하금 1을 지급하는 경우를 생각하자. 이 경우 지급되는 보험금의 현재가격을 나타내는 확률변수는

$$Z_{x,n} + E_{x,n} := \begin{cases} v^{K_x+1}, & K_x < n \\ v^n, & K_x \geq n \end{cases} = v^{\min\{K_x+1,n\}}$$

확률변수 $v^{\min\{K_x+1,n\}} = Z_{x,n} + E_{x,n}$의 평균값을 $A_{x:\overline{n}|}$으로 나타낸다:

$$A_{x:\overline{n}|} := E\left[v^{\min\{K_x+1,n\}}\right] = A^1_{x:\overline{n}|} + A_{x:\overline{n}|}^{\ \ 1} = \sum_{k=0}^{n-1} v^{k+1}{}_{k|}q_x + v^n{}_np_x$$

### 4.1.9 $\ddot{a}_{x:\overline{n}|} := E\left[\ddot{a}_{\overline{\min\{K_x+1,n\}}|}\right] = \dfrac{1 - A_{x:\overline{n}|}}{d}$

나이 $x$인 사람에게 , 살아 있는 동안 최대 $n$회 지급하는 연금의 현재가격을 나타내는 확률변수는

$$\begin{cases} 1 + v + v^2 + \cdots + v^{K_x}, & K_x < n \\ 1 + v + v^2 + \cdots + v^{n-1}, & K_x \geq n \end{cases} = \begin{cases} \dfrac{1 - v^{K_x+1}}{1 - v}, & K_x < n \\ \dfrac{1 - v^n}{1 - v}, & K_x \geq n \end{cases}$$

등비급수의 합 $\ddot{a}_{\overline{n}|} = 1 + v + v^2 + \cdots + v^{n-1} = \frac{1-v^n}{1-v}$을 생각하면 이것을

$$1 + v + \cdots + v^{\min\{K_x,n-1\}} = \frac{1 - v^{\min\{K_x+1,n\}}}{1 - v} := \ddot{a}_{\overline{\min\{K_x+1,n\}}|}$$

으로 표시하는 것이 자연스럽다. 확률변수 $\ddot{a}_{\overline{\min\{K_x,n-1\}}|}$의 평균값은 $\ddot{a}_{x:\overline{n}|}$으로 나타낸다:

$$\ddot{a}_{x:\overline{n}|} := E\left[\ddot{a}_{\overline{\min\{K_x,n-1\}}|}\right] = \frac{1 - E\left[v^{\min\{K_x+1,n\}}\right]}{1 - v} = \frac{1 - A_{x:\overline{n}|}}{1 - v} = \frac{1 - A_{x:\overline{n}|}}{d}$$

$\ddot{a}_{x:\overline{n}|}$의 다른 표현을 얻기 위하여 확률변수 $\ddot{a}_{\overline{\min\{K_x+1,n\}}|} = \dfrac{1 - v^{\min\{K_x+1,n\}}}{1 - v}$의 평균값을 직접 계산해보자.

$$
\begin{aligned}
E\left[\ddot{a}_{\overline{\min\{K_x+1,n\}|}}\right] &= \sum_{k=0}^{n-1}\Big(\frac{1-v^{k+1}}{1-v}\Big)_{k|}q_x + \Big(\frac{1-v^n}{1-v}\Big)\times {}_np_x \\
&= \frac{1}{1-v}\sum_{k=0}^{n-1}{}_{k|}q_x - \frac{1}{1-v}\sum_{k=0}^{n-1}v^{k+1}\big({}_kp_x - {}_{k+1}p_x\big) + \Big(\frac{1-v^n}{1-v}\Big)\times {}_np_x \\
&= \frac{1}{1-v}\big(1-{}_np_x\big) - \frac{1}{1-v}\Big(\sum_{k=0}^{n-1}v^{k+1}{}_kp_x - \sum_{k=0}^{n-1}v^{k+1}{}_{k+1}p_x\Big) + \Big(\frac{1-v^n}{1-v}\Big)\times {}_np_x \\
&= \sum_{k=0}^{n-1}v^k{}_kp_x
\end{aligned}
$$

복잡한 계산을 거쳐 $\ddot{a}_{x:\overline{n|}} := \sum_{k=0}^{n-1} v^k{}_kp_x$를 얻었다. 그러나 $t=x+k$일 때 연금 1을 받으려면 $t=x+k$일 때 생존해 있어야 한다. $t=x+k$일 때 살아 있을 확률이 ${}_kp_x := Pr[T_x \geq k]$인 것을 생각하면 다음 식은 계산 없이 자연스럽다.

$$
\ddot{a}_x = \sum_{k=0}^{\infty} v^k{}_kp_x, \qquad \ddot{a}_{x:\overline{n|}} = \sum_{k=0}^{n-1} v^k\ {}_kp_x
$$

## 4.2 보험금, 보험료의 평균값과 확률변수의 평균값

**도움말 4.1** [종신보험(Whole Life Insurance), 종신연금(Whole Life Annuity)]

1. 확률변수 $Z_x = v^{K_x+1}$와 $A_x := E\left[Z_x\right]$.

   $Z_x$는 나이 $x$이 사람이, 보험지급사유가 발생한 해 말에 보험금 1을 지급하는 종신보험에서 받게되는 보험금의 현재가격을 나타내는 확률변수다.

$$A_x := E[v^{K_x+1}] = \sum_{k=0}^{\infty} v^{k+1}{}_{k|}q_x = \sum_{k=0}^{\infty} v^{k+1}\left({}_kp_x - {}_{k+1}p_x\right) = 1-(1-v)\sum_{k=0}^{\infty} v^k{}_kp_x$$
$$= 1 - d\ddot{a}_x$$

2. $\ddot{a}_{\overline{K_x+1}|}$와 $\ddot{a}_x = E\left[\ddot{a}_{\overline{K_x+1}|}\right]$.
   $\ddot{a}_{\overline{K_x+1}|}$은 $x$인 사람에게 기간의 시작에 1을, 살아있는 동안 지급하는 종신연금의 현재가격을 나타내는 확률변수다.

$$\ddot{a}_{\overline{K_x+1}|} := 1 + v + v^2 + \cdots + v^{K_x} = \frac{1-v^{K_x+1}}{1-v} = \frac{1-Z_x}{d},$$

$$\ddot{a}_x = E\left[\ddot{a}_{\overline{K_x+1}|}\right] = \frac{1-E[v^{K_x+1}]}{1-v} = \frac{1-E[Z_x]}{d}$$
$$= \frac{1-A_x}{d} = \frac{1-\left(1-(1-v)\sum_{k=0}^{\infty} v^k{}_kp_x\right)}{1-v} = \sum_{k=0}^{\infty} v^k{}_kp_x$$

3. $\ddot{a}_x = \dfrac{1-A_x}{d}, \quad d = 1 - v = \frac{i}{1+i}$

4. $Pr[K_x = k] = {}_kp_x - {}_{k+1}p_x = {}_{k|}q_x$

$\ddot{a}_x$의 값 $\sum_{k=0}^{\infty} v^k{}_kp_x$를 수식으로 계산하는 것도 중요하지만, 더 중요한 일은 수식을 써서 계산하지 않고, 무엇을 해야 하는지를 아는 것이다. 예를 들어 연금은 연금 지급 시기에 살아있어야 받는 것이기 때문에 $k \geq 1$번째 연금을 $x+k-1$에 받게 되는데, 이것을 받을 확률은 ${}_kp_x$이다. 따라서 이런 식으로 받는 돈의 현재가격의 평균값은

$$\ddot{a}_x := 1 + v\,p_x + v^2\,{}_2p_x + v^3\,{}_3p_x + \cdots = \sum_{k=0}^{\infty} v^k\,{}_kp_x \tag{4.7}$$

**도움말 4.2** [보장기간 $n$인 보험($n$-year Term Life Insurance), 축하금(endowment), 보장기간 $n$인 축하금이 있는 연금( $n$-year Temporayr Life Annuity)]

1. $Z_{x,n} = \begin{cases} v^{K_x+1}, & K_x < n \\ 0, & K_x \geq n \end{cases}$, $\quad A^{1}_{x:\overline{n}|} := E\left[Z_{x,n}\right] = \sum_{k=0}^{n-1} v^{k+1}\,{}_{k|}q_x.$

   나이 $x$인 사람이 보장기간이 $n$이고, 구간 $(x, x+n)$에 보험금 지급사유가 발생하면, 발생한 해 말에 보험금 1을 지급하고, 그 이외의 경우에는 아무 것도 지급하지 않는 보험을 샀을 때, 받게 되는 보험금의 현재가격을 나타내는 확률변수는

   $$Z_{x,n} = \begin{cases} v^{K_x+1}, & K_x < n \\ 0, & K_x \geq n \end{cases}$$

   확률변수 $Z_{x,n}$의 평균값은 $A^{1}_{x:\overline{n}|} := E\left[Z_{x,n}\right] = \sum_{k=0}^{n-1} v^{k+1}\,{}_{k|}q_x.$

2. $E_{x,n} := v^{\min\{K_x, n-1\}} - Z_{x,n}$ , $\quad {}_nE_x := E\left[E_{x,n}\right] = A_{x:\overline{n}|}^{\;\;1} = v^n\,{}_np_x.$

   나이 $x$인 사람이 $n$년 이상 생존하면, 즉 $K_x \geq n$이면, 축하금 1을 주는 보험을 샀을 때, 받게되는 보험금의 현재가격을 나타내는 확률변수는

   $$E_{x,n} := v^{\min\{K_x+1, n\}} - Z_{x,n} = \begin{cases} 0, & K_x < n \\ v^n, & K_x \geq n \end{cases}$$

3. $v^{\min\{K_x+1,n\}} = Z_{x,n} + E_{x,n}.\quad A_{x:\overline{n}|} = E\left[v^{\min\{K_x+1,n\}}\right] = A^{1}_{x:\overline{n}|} + A_{x:\overline{n}|}^{\;\;1}.$

   나이 $x$인 사람이 보장기간 $(x, x+n)$에 보험지급 사유가 발생하면, 발생한 해 말에 보험금 1을 지급하고, 보장기간 $(x, x+n)$에 보험지급 사유가 발생하지 않으면, $x+n$에 축하금 1을 지급하는 보장기간 $n$, 보험금 1, 축하금 1인 보험의, 받게되는 보험금의 현재가격을 나타내는 확률변수는

   $$v^{\min\{K_x+1,n\}} = Z_{x,n} + E_{x,n} = \begin{cases} v^{K_x+1}, & K_x < n \\ v^n, & K_x \geq n \end{cases}$$

**해설.** 예를 들어, 보장기간 $n$, 보험금 $B_1$, 축하금 $B_2$인 보험의 받게되는 보험금의 현재가격을 나타내는 확률변수는

$$B_1 \times Z_{x,n} + B_2 \times E_{x,n} = \begin{cases} B_1 v^{K_x+1}, & K_x < n \\ B_2 v^n, & K_x \geq n \end{cases}$$

이고 평균값은 $B_1 A^1_{x:\overline{n}|} + B_2 A_{x:\overline{n}|}^{\;\;1}$이다.

> **도움말 4.3** $A_x = E\left[v^{K_x+1}\right]$는 다음과 같은 도미노 성질이 있다.
>
> $$A_x = vq_x + vp_xA_{x+1} = v\Big(q_x + p_xA_{x+1}\Big)$$
>
> 이 식의 의미는 현재가격은 계약 후 1년 후에 받는 보험금의 기대값과, 1년 이상 살고 받는 보험금의 기대값의 합을 1년 할인한 것이다.

**해설.** $A_x = E[v^{K_x+1}] = \sum_{k=0}^{\infty} v^{k+1}{}_{k|}q_x$로부터

$$\begin{aligned} A_x &= \sum_{k=0}^{\infty} v^{k+1}{}_{k|}q_x = \sum_{k=0}^{\infty} v^{k+1}{}_kp_xq_{x+k} = vq_x + \sum_{k=1}^{\infty} v^{k+1}p_x\,{}_{k-1}p_{x+1}q_{x+1+k-1} \\ &= vq_x + vp_x\sum_{k=0}^{\infty} v^k{}_kp_{x+1}q_{x+1+k} \\ &= vq_x + vp_xA_{x+1} \end{aligned}$$

$A_x$를 계산할 때, 무한급수의 합을 계산하는 것처럼 보이지만, 실제로는 그렇지 않다. 왜냐하면 사람의 수명은 길게 봐도 120을 넘지 않기 때문에, 예를 들어 $k \geq 120$이면 ${}_{k|}q_x = 0$.

> **도움말 4.4** [종신연금,보장기간 $n$인 연금]
>
> 1. $\ddot{a}_{\overline{K_x+1}|} = 1 + v + v^2 + \cdots + v^{K_x}$, $\quad \ddot{a}_x := E\left[\ddot{a}_{\overline{K_x+1}|}\right]$.
>
> 2. $\ddot{a}_{\overline{\min\{K_x+1,n\}}|} = 1 + v + v^2 + \cdots + v^{\min\{K_x,n-1\}}$. $\quad \ddot{a}_{x:\overline{n}|} := E\left[\ddot{a}_{\overline{\min\{K_x+1,n\}}|}\right] = \frac{1-A_{x:\overline{n}|}}{d}$.

**해설.** 연금을 살아 있어야 받는 것이다. 나이 $x$인 사람이 $x$부터 1년 간격으로, 살아있는 동안, 최대 $n$회 지급하는 연금을 보장기간 $n$인 연금($n$-**year Temporary Life Annuity**)라 한다. 이렇게 받는 연금의 현재 가격을 나타내는 확률변수는

$$\ddot{a}_{\overline{\min\{K_x+1,n\}}|} = 1 + v + v^2 + \cdots + v^{\min\{K_x,n-1\}} = \frac{1 - v^{\min\{K_x+1,n\}}}{1-v}$$

이고

$$\ddot{a}_{x:\overline{n}|} := E\left[\ddot{a}_{\overline{\min\{K_x+1,n\}}|}\right] = \frac{1-E\left[v^{\min\{K_x+1,n\}}\right]}{d} = \frac{1-A_{x:\overline{n}|}}{d}$$

**도움말 4.5** [유예기간 $n$년이 있는 보험 ${}_{n|}A_x$] 보험가입자의 도덕적 해이(moral hazard)를 줄이기 위하여 가입후 $n$년 이후에나 보험금을 지급하는 경우가 있다. 이 경우 사유가 발생한 해 말에 보험금 1이 지급된다면, 지급되는 보험금의 현재각격을 나타내는 확률변수는

$$D_{x,n} := v^{K_x+1} - Z_{x,n} = \begin{cases} 0, & K_x < n \\ v^{K_x+1}, & K_x \geq n \end{cases}$$

$D_{x,n}$의 평균값은 , 합의 기호의 출발점을 바꾸는 방법을 써서

$$\begin{aligned} {}_{n|}A_x &:= E\left[D_{x,n}\right] = \sum_{k=n}^{\infty} v^{k+1}{}_{k+n|}q_x = v^n{}_np_x \sum_{k=0}^{\infty} {}_{k|}q_{x+n} \\ &= v^n{}_np_x \times A_{x+n} \\ &= A_x - A^1_{x:\overline{n}|} \end{aligned}$$

**해설.** $n$-년 유예기간을 둔다는 것은 보험지급 사유가 $(x, x+n)$에 발생하는 경우에는 보험금을 지급하지 않는 것에 해당한다. 따라서 지급되는 보험금의 현재가격을 나타내는 확률변수는 $D_{x,n} := v^{K_x+1} - Z_{x,n}$이 되고, 이번에는 확률변수의 평균값의 성질을 써서

$${}_{n|}A_x := E\left[D_{x,n}\right] = E\left[v^{K_x+1} - Z_{x,n}\right] = E\left[v^{K_x+1}\right] - E\left[Z_{x,n}\right] = A_x - A^1_{x:\overline{n}|}$$

도덕적 해이(Moral Hazard)를 줄이는 방법으로 보험금이 해마다 증가하는 경우를 생각할 수 있다. 연금의 경우에는 상품의 가치를 높이기 위해 돈이 많이 필요한 지금에 돈을 만이 주고, 해마다 지급액을 줄이는 것을 생각할 수 있다.

**도움말 4.6** [지급액이 증가하거나 감소하는 경우] 지급사유가 발생한 $T_x$일 때 , 사유가 발생한 해는 $K_x$이다. 이때 $K_x+1$에 보험금 $K_x+1$을 지급하는 보험을 생각하자. 보험금은 해마다 증가한다.

1. $(IA)x := E\left[(IZ)_x\right]$ . $(IZ)_x := (K_x+1)v^{K_x+1}$.
2. $(IA)^1_{x:\overline{n}|} = E\left[(IZ)_{x,n}\right]$. $(IZ)_{x,n} := \begin{cases}(K_x+1)v^{K_x+1}, & K_x < n\\ 0, & K_x \ge n\end{cases}$
3. $(IA)_{x:\overline{n}|} := (IA)^1_{x:\overline{n}|} + n\times A_{x:\overline{n}|}^{\;\;1} = E\left[(IZ)_{x,n} + n\times E_{x,n}\right]$
4. $(DA)^1_{x:\overline{n}|} = E\left[(n+1)Z_{x,n} - (IZ)_{x,n}\right] = (n+1)A^1_{x:\overline{n}|} - (IA)^1_{x:\overline{n}|}$

**해설.** 정의와 의미에 따라 계산하면

1. $(IA)x = \sum_{k=0}^{\infty}(k+1)v^{k+1}{}_{k|}q_x = \sum_{k=0}^{\infty}(k+1)v^{k+1}{}_kp_x\, q_{x+k}$
2. $(IA)\overset{1}{x}:\overline{n}| = \sum_{k=0}^{n-1}(k+1)v^{k+1}{}_{k|}q_x = \sum_{k=0}^{n-1}(k+1)v^{k+1}{}_kp_x\, q_{x+k}$
   이것은 보험금이 해마다 증가하고, 보장기간이 $n$, 축하금이 없는 순수보장성 보험인 경우에 해당한다.
3. $(IA)x:\overline{n}| = (IA)\overset{1}{x}:\overline{n}| + nv^n{}_np_x$ .
   이것은 보험금이 해마다 증가하고, 보장기간이 $n$, 축하금이 $n$인 보험인 경우에 해당한다. 만일 축하금이 $n$이 아니고, 축하금이 $B$인 보험이었다면, 평균값은
   $$E\left[(IZ)_{x,n} + B\times E_{x,n}\right] = (IA)\overset{1}{x}:\overline{n}| + B\times A_{x:\overline{n}|}^{\;\;1} = (IA)\overset{1}{x}:\overline{n}| + B\times v^n{}_np_x$$
4. $(DA)\overset{1}{x}:\overline{n}| = (n+1)A^1_{x:\overline{n}|} - (IA)\overset{1}{x}:\overline{n}| = \sum_{k=0}^{n-1}(n-k)v^{k+1}{}_{k|}q_x = \sum_{k=0}^{n-1}(n-k)v^{k+1}{}_kp_x\, q_{x+k}$ .

## 4.3 $A_x, A_{x:\overline{n}|}, A^1_{x:\overline{n}|}, A_{x:\overline{n}|}^{\;\;1}, \ddot{a}_x, \ddot{a}_{x:\overline{n}|}$ 계산

**보기 4.1** *다음과 같은 간단한 생명표가 주어졌다.* $v = \frac{1}{1+i} = \frac{4}{5}$*로 계산한다.*

| $x$ | 90 | 91 | 92 | 93 | 94 |
|---|---|---|---|---|---|
| $\ell_x$ | 100 | 72 | 39 | 19 | 0 |
| $d_x$ | 28 | 33 | 20 | 19 | * |

*이것을 바탕을 다음을 계산하여라.*

1. $A_{90}$
2. $A^1_{90:\overline{1}|}$
3. $A_{90:\overline{1}|}$
4. ${}_{1|}A_{90}$

**풀이.** *이 표는* $\ell_x \equiv 0, x \ge 93$*인 것도 말한다.*

1. $A_{90} = \sum_{k=0}^{\infty} v^{k+1}{}_{k|}q_{90} = v\frac{28}{100} + v^2\frac{33}{100} + v^3\frac{20}{100} + v^4\frac{19}{100} = \frac{9616}{15625}$
2. $A^1_{90:\overline{1}|} = \sum_{k=0}^{1-1} v^{k+1}{}_{k|}q_{90} = v\frac{28}{100} = \frac{28}{125}$

3. $A_{90:\overline{1}|} = A^{\ 1}_{90:\overline{1}|} + v\,p_{90} = \frac{28}{125} + v\frac{72}{100} = \frac{28}{125} + \frac{72}{125} = \frac{4}{5}$
4. ${}_{1|}A_{90} = A_{90} - A^{\ 1}_{90:\overline{1}|} = \frac{9616}{15625} - \frac{28}{125} = \frac{6116}{15625}$. 직접 계산한다면

$$ {}_{1|}A_{90} = v_{90}p_{\times}A_{91} = \frac{4}{5}\cdot\frac{72}{100}\left(\frac{4}{5}\cdot\frac{33}{72} + (\frac{4}{5})^2\cdot\frac{20}{72} + (\frac{4}{5})^3\cdot\frac{19}{72}\right) = \frac{6116}{15625} $$

**보기 4.2** *다음과 같은 간단한 생명표가 주어졌다.* $v = \frac{1}{1+i} = \frac{4}{5}$*로 계산한다.*

| $x$ | 90 | 91 | 92 | 93 | 94 |
|---|---|---|---|---|---|
| $\ell_x$ | 100 | 72 | 39 | 19 | 0 |
| $d_x$ | 28 | 33 | 20 | 19 | * |

*이것을 바탕을 다음을 계산하여라.*

1. $(IA)_{90}$
2. $(IA)^{\ 1}_{90:\overline{1}|}$
3. $(IA)_{90:\overline{1}|}$
4. $(DA)^{\ 1}_{90:\overline{1}|}$

**풀이.** *기호 익히기 문제다.*

1. $(IA)_{90} = \sum_{k=0}^{\infty}(k+1)v^{k+1}{}_{k|}q_{90} = v\frac{28}{100} + 2v^2\frac{33}{100} + 3v^3\frac{20}{100} + 4v^4\frac{19}{100} = \frac{19764}{15625}$
2. $(IA)^{\ 1}_{90:\overline{1}|} = v_{0|}q_{90} = vq_{90} = \frac{28}{125}$
3. $(IA)_{90:\overline{1}|} = (IA)^{\ 1}_{90:\overline{1}|} + 1\cdot v^1 p_{90} = \frac{28}{125} + \frac{72}{125} = \frac{4}{5}$
4. $(DA)^{\ 1}_{90:\overline{1}|} = 1\times v^1{}_{0|}q_{90} = vq_{90} = \frac{4}{5}\times\frac{7}{25} = \frac{28}{125}$

**보기 4.3** $\ell_x = (10-x)^2, 0 \le x < 10$*라 하자.* $\ell_x \equiv 0, x \ge 10$. $v = \frac{4}{5}$ *로 하여, 다음 값을 계산하여라.*

1. $A_6$
2. $A^{\ 1}_{6:\overline{2}|}$
3. $A_{6:\overline{2}|}$
4. ${}_{2|}A_6$
5. $(IA)_6$
6. $(IA)^{\ 1}_{6:\overline{2}|}$
7. $(IA)_{6:\overline{2}|}$
8. $(DA)_{6:\overline{2}|}$

**풀이.**

1. $A_6 = \frac{1679}{2500}$
2. $A^{\ 1}_{6:\overline{2}|} = \frac{11}{20}$
3. $A_{6:\overline{2}|} = \frac{71}{100}$
4. ${}_{2|}A_6 = \frac{76}{625}$
5. $(IA)_6 = \frac{2851}{2500}$
6. $(IA)^{\ 1}_{6:\overline{2}|} = \frac{3}{4}$
7. $(IA)_{6:\overline{2}|} = \frac{107}{100}$
8. $(DA)^{\ 1}_{6:\overline{2}|} = \frac{9}{10}$

## 4.4 $A_x^{(m)}, \ddot{a}_x^{(m)}$ : 단위 기간에 $m$번 계산하는 경우

보험료는 가입과 동시에 한꺼번에 내야 하는 것도 있지만, 많은 가입자를 모으기 위해서는 일정한 간격으로 내게 하는 것이 유리하다. 예를 들어 연금을 지급부터 $\frac{1}{m}$ 간격으로 지급한다면, 1년에 $m$ 회 지급하는 것이고, 지급되는 시기는 $\frac{k}{m}, k = 0, 1, 2, 3, \cdots$ 꼴이다:

$$0, \frac{1}{m}, \frac{2}{m}, \cdots, \frac{m-1}{m}, 1, 1+\frac{1}{m}, 1+\frac{2}{m}, \cdots, 1+\frac{m-1}{m}, 2, 2+\frac{1}{m}, \cdots$$

**도움말 4.7** [확률변수 $K_x(m)$ ] 보험금 지급시기, 또는 보험료 납입 시기가 $\frac{k}{m}, k = 0, 1, 2, 3, \cdots$ 인 경우를 생각하자. 예를 들어 $\frac{k}{m} \le T_x < \frac{k}{m} + \frac{1}{m}$라면 보험금은 $\frac{k}{m} + \frac{1}{m}$에 지급되는 경우를 생각하자. 이때 $T_x$와 정수 $k$ 사이의 관계는

$$\frac{k}{m} \le T_x < \frac{k}{m} + \frac{1}{m} \iff k \le m \times T_x < k+1$$

따라서 $k = \lfloor mT_x \rfloor$. 보험금 지급시기는 $\frac{1}{m}\lfloor mT_x \rfloor + \frac{1}{m}$. 확률변수 $K_x^{(m)}$을 다음과 같이 정의하자.

$$K_x^{(m)} := \frac{1}{m}\lfloor m \times T_x \rfloor$$

확률변수 $K_x^{(m)}$을 쓰면 보험금 지급시기는 $K_x^{(m)} + \frac{1}{m}$.

종신보험에서 사망한 해 말 $K_x + 1$에 보험금 1을 지급하는 대신에 $K_x^{(m)} + \dfrac{1}{m}$에 보험금 1을 지급할 때, 이것의 현재가격을 타나내는 확률변수 $Z_x^{(m)}$ 으로 나타내자.

$$Z_x^{(m)} := v^{K_x^{(m)} + \frac{1}{m}}$$

종신연금에서 연급지급시기가 $\frac{1}{m}$ 간격이 경우를 생각하자. 즉 연금 1을 $\frac{1}{m}$ 간격으로 살아있는 동안 $\frac{1}{m}$ 씩 나누어 지급하는 방식이다. 이렇게 지급되는 연금의 현재가격을 나타내는 확률변수는

$$\ddot{a}_{\overline{K_x^{(m)} + \frac{1}{m}|}}^{(m)} := \frac{1}{m} + \frac{1}{m}v^{\frac{1}{m}} + \frac{1}{m}v^{\frac{2}{m}} + \cdots + \frac{1}{m}v^{K_x^{(m)}} = \frac{1}{m}\,\frac{1 - v^{K_x^{(m)} + \frac{1}{m}}}{1 - v^{\frac{1}{m}}}$$

**도움말 4.8** [ $A_x^{(m)}$, $\ddot{a}_x^{(m)}$ ] 기간 $\frac{1}{m}$ 동안의 이자율을 $i_m = (1+i)^{\frac{1}{m}} - 1$, $v_m = \frac{1}{1+i_m} = v^{\frac{1}{m}}$이라 두자. $d_m = 1 - v_m$이고, $d^{(m)} = m \times d_m$.

1. $A_x^{(m)} := E\left[Z_x^{(m)}\right] = E\left[v^{K_x^{(m)}+\frac{1}{m}}\right] = \sum_{k=0}^{\infty} v_m^{k+1} \,_{\frac{k}{m}}p_x \,_{\frac{1}{m}}q_{x+\frac{k}{m}}$.
2. 확률변수 $\ddot{a}^{(m)}_{\overline{K_x^{(m)}+\frac{1}{m}}|}$을 $d^{(m)}$을 이용해서 정리하면

$$\ddot{a}^{(m)}_{\overline{K_x^{(m)}+\frac{1}{m}}|} = \frac{1 - v^{K_x^{(m)}+\frac{1}{m}}}{d^{(m)}}$$

3. $\ddot{a}_x^{(m)} := E\left[\ddot{a}^{(m)}_{\overline{K_x^{(m)}+\frac{1}{m}}|}\right] = \frac{1 - A_x^{(m)}}{d^{(m)}}$

**해설.**

$$\begin{aligned} A_x^{(m)} &= \sum_{k=0}^{\infty} v^{\frac{k+1}{m}} \,_{\frac{k}{m}|\frac{1}{m}}q_x = \sum_{k=0}^{\infty} v^{\frac{k+1}{m}} \left(\,_{\frac{k}{m}}p_x - \,_{\frac{k}{m}+\frac{1}{m}}p_x\right) = \sum_{k=0}^{\infty} v^{\frac{k+1}{m}} \,_{\frac{k}{m}}p_x - \sum_{k=0}^{\infty} v^{\frac{k+1}{m}} \,_{\frac{k}{m}+\frac{1}{m}}p_x \\ &= v^{\frac{1}{m}} \sum_{k=0}^{\infty} v^{\frac{k}{m}} \,_{\frac{k}{m}}p_x - \sum_{k=1}^{\infty} v^{\frac{k}{m}} \,_{\frac{k}{m}}p_x \\ &= 1 - (1 - v^{\frac{1}{m}}) \sum_{k=0}^{\infty} v^{\frac{k}{m}} \,_{\frac{k}{m}}p_x. \end{aligned}$$

따라서

$$\ddot{a}_x^{(m)} = \frac{1}{m} \frac{1 - E[v^{K_x^{(m)}+\frac{1}{m}}]}{1 - v^{\frac{1}{m}}} = \frac{1}{m} \sum_{k=0}^{\infty} v^{\frac{k}{m}} \,_{\frac{k}{m}}p_x.$$

이제 $(1+\frac{i^{(m)}}{m})^m = (1-\frac{d^{(m)}}{m})^{-m} = 1+i, \quad v = \frac{1}{1+i}$으로부터

$$d^{(m)} = \frac{\frac{i^{(m)}}{m}}{1+\frac{i^{(m)}}{m}}, \quad v^{\frac{1}{m}} = 1 - \frac{d^{(m)}}{m}.$$

따라서

$$A_x^{(m)} = 1 - (1 - v^{\frac{1}{m}}) \sum_{k=0}^{\infty} v^{\frac{k}{m}} \,_{\frac{k}{m}}p_x = 1 - \frac{d^{(m)}}{m} \sum_{k=0}^{\infty} v^{\frac{k}{m}} \,_{\frac{k}{m}}p_x = 1 - d^{(m)} \ddot{a}_x^{(m)}.$$

확률변수 $v^{K_x^{(m)}+\frac{1}{m}}$의 평균값은 $A_x^{(m)}$으로 표시하고, 계산이 $\frac{1}{m}$ 간격으로 하는 것에 특별히 주의하면

$$A_x^{(m)} := E[v^{K_x^{(m)}+\frac{1}{m}}] = \sum_{k=0}^{\infty} v^{\frac{k}{m}+\frac{1}{m}} \,_{\frac{k}{m}|\frac{1}{m}}q_x = \sum_{k=0}^{\infty} v^{\frac{k+1}{m}} \,_{\frac{k}{m}}p_x \,_{\frac{1}{m}}q_{x+\frac{k}{m}}, \quad \,_{\frac{k}{m}|\frac{1}{m}}q_x = \,_{\frac{k}{m}}p_x \,_{\frac{1}{m}}q_{x+\frac{k}{m}}$$

같은 생각으로 지금 $\frac{1}{m}$을 지급하고, $\frac{1}{m}$ 간격으로 생존하는 동안 $\frac{1}{m}$ 씩 지급하는 연금의 현재가격을 나타내는 확률변수는

$$\frac{1}{m} + \frac{1}{m} v^{\frac{1}{m}} + \frac{1}{m} v^{\frac{2}{m}} + \cdots \frac{1}{m} v^{K_x^{(m)}} \tag{4.8}$$

간격 $\frac{1}{m}$으로 계산하는 것을 강조하여 다음 표현을 쓴다.

$$\ddot{a}_{\overline{K_x^{(m)}+\frac{1}{m}|}}^{(m)} := \frac{1}{m} + \frac{1}{m}v^{\frac{1}{m}} + \frac{1}{m}v^{\frac{2}{m}} + \cdots \frac{1}{m}v^{K_x^{(m)}} = \frac{1}{m}\frac{1-v^{K_x^{(m)}+\frac{1}{m}}}{1-v^{\frac{1}{m}}} \tag{4.9}$$

이 확률변수를 $v_m = v^{\frac{1}{m}}, d_m = 1 - v_m, d^{(m)} = m \times d_m$를 써서 표시하면

$$\ddot{a}_{\overline{K_x^{(m)}+\frac{1}{m}|}}^{(m)} := \frac{1}{m}\frac{1-v^{K_x^{(m)}+\frac{1}{m}}}{1-v^{\frac{1}{m}}} = \frac{1-v_m^{[mT_x]+1}}{d^{(m)}} \tag{4.10}$$

확률변수 4.10의 평균값은 $\ddot{a}_x^{(m)}$으로 표시한다.

$$\ddot{a}_x^{(m)} = E\left[\ddot{a}_{\overline{K_x^{(m)}+\frac{1}{m}|}}^{(m)}\right] = \frac{1-E[v^{K_x^{(m)}+\frac{1}{m}}]}{d^{(m)}} = \frac{1-A_x^{(m)}}{d^{(m)}}$$

**도움말 4.9** $A_x^{(m)}, \ddot{a}_x^{(m)}$은 다음 도미노 현상이 성립한다.

$$A_x^{(m)} = v^{\frac{1}{m}} {}_{\frac{1}{m}}q_x + v^{\frac{1}{m}} {}_{\frac{1}{m}}p_x \, A_{x+\frac{1}{m}}^{(m)}, \quad \ddot{a}_x^{(m)} = \sum_{k=0}^{\infty} \frac{1}{m} v^{\frac{k}{m}} \, {}_{\frac{k}{m}}p_x = \frac{1-A_x^{(m)}}{d^{(m)}}$$

**해설.** $\ddot{a}_x^{(m)} = \sum_{k=0}^{\infty} \frac{1}{m} v^{\frac{k}{m}} \, {}_{\frac{k}{m}}p_x = \frac{1-A_x^{(m)}}{d^{(m)}}$ .
종신연금 지금 시기를 1년에 $m$회로 한 것이다. 즉 1년에 1을 지급하는 것이 아니라 $\frac{1}{m}$ 간격으로 $\frac{1}{m}$ 씩 1년에 $m \times \frac{1}{m} = 1$을 지금하는 방식이다. 달라지는 것은 짧아진 기간동안의 이자율과, 연금지급 회수가 많아지는 것이다. 나뉘어진 기간 동안의 할인율은

$$i_m = (\frac{1}{1+i})^{\frac{1}{m}} = v^{\frac{1}{m}}$$

또 연금을 살아있는 동안만 지급되기 때문에

$$\ddot{a}_x^{(m)} = \sum_{k=0}^{\infty} \frac{1}{m} v^{\frac{k}{m}} \, {}_{\frac{k}{m}}p_x = \frac{1}{m} \sum_{k=0}^{\infty} v^{\frac{k}{m}} \, {}_{\frac{k}{m}}p_x$$

여기서 ${}_{\frac{k}{m}}p_x = {}_{\frac{k}{m}|\frac{1}{m}}q_x + {}_{\frac{k+1}{m}}p_x$ 인 것에 주의하면

$$\begin{aligned}
\ddot{a}_x^{(m)} &= \sum_{k=0}^{\infty} \frac{1}{m} v^{\frac{k}{m}} \, {}_{\frac{k}{m}}p_x = \frac{1}{m} \sum_{k=0}^{\infty} v^{\frac{k}{m}} \, {}_{\frac{k}{m}}p_x = \frac{1}{m} \sum_{k=0}^{\infty} v^{\frac{k}{m}} \left( {}_{\frac{k}{m}|\frac{1}{m}}q_x + {}_{\frac{k+1}{m}}p_x \right) \\
&= \frac{1}{m}\left( v^{-\frac{1}{m}} \sum_{k=0}^{\infty} v^{\frac{k+1}{m}} \, {}_{\frac{k}{m}|\frac{1}{m}}q_x + \sum_{k=0}^{\infty} v^{\frac{k}{m}} \, {}_{\frac{k+1}{m}}p_x \right) \\
&= v^{-\frac{1}{m}} A_x^{(m)} + v^{-\frac{1}{m}} \left( \ddot{a}_x^{(m)} - 1 \right)
\end{aligned}$$

위 식에서 $m$에 조심하자. 이제

$$v^{-\frac{1}{m}} = (1+i)^{\frac{1}{m}} = \left(1 - \frac{d^{(m)}}{m}\right)^{-1}$$

인 것에 주의하면 $v^{\frac{1}{m}} = 1 - \frac{d^{(m)}}{m}$. 정리하면

$$\left(1 - \frac{d^{(m)}}{m}\right)\ddot{a}_x^{(m)} = A_x^{(m)} + \ddot{a}_x^{(m)} - 1 = A_x^{(m)} - 1 + \ddot{a}_x^{(m)}$$

따라서 $\ddot{a}_x^{(m)} = \frac{1-A_x^{(m)}}{d^{(m)}}$

단위기간의 시작에 1을 지급하는 연금을 단위기간을 $m$등분하여 , 각각의 등분된 구간의 시작에 $\frac{1}{m}$을 지급하는 경우, 시작할 때 $\frac{1}{m}$을 받는 종신연금의 경우, 현재가격을 나타내는 확률변수는, 연금은 생존기기간 동안만 지급되기 때문에

$$\ddot{a}^{(m)}_{\overline{K_x^{(m)}+\frac{1}{m}}|} := \frac{1}{m} + \frac{1}{m}v^{\frac{1}{m}} + \frac{1}{m}v^{\frac{2}{m}}\,{}_{\frac{1}{m}}p_x q_{x+\frac{1}{m}} + \cdots + \frac{1}{m}v^{K_x^{(m)}} = \frac{1}{m}\frac{1-v^{K_x+\frac{1}{m}}}{1-v^{\frac{1}{m}}}$$

이 확률변수의 평균값은 $\ddot{a}_x^{(m)} = \dfrac{1}{m}\dfrac{1-E[v^{K_x^{(m)}+\frac{1}{m}}]}{1-v^{\frac{1}{m}}}$로 나타낸다.

도움말 4.8에서 $A_x^{(m)} = E\left[v^{K_x^{(m)}+\frac{1}{m}}\right]$으로 정한 것을 생각하면 $\ddot{a}_x^{(m)} = \dfrac{1}{m}\dfrac{1-A_x^{(m)}}{1-v^{\frac{1}{m}}}$.
여기서 $(1-\frac{d^{(m)}}{m})^{-m} = 1+i = v^{-1}$인 것에 주의하면 $v^{\frac{1}{m}} = 1 - \frac{d^{(m)}}{m}$. 따라서

$$\ddot{a}_x^{(m)} = \frac{1}{m}\frac{1-A_x^{(m)}}{1-v^{\frac{1}{m}}} = \frac{1-A_x^{(m)}}{d^{(m)}}. \tag{4.11}$$

다른 각도에서 보면 연금을 살아있으면 받는 것이기 때문에

$$\ddot{a}_x^{(m)} = \frac{1}{m} + \frac{1}{m}v^{\frac{1}{m}}\,{}_{\frac{1}{m}}p_x + \frac{1}{m}v^{\frac{2}{m}}\,{}_{\frac{2}{m}}p_x + \cdots = \sum_{k=0}^{\infty}\frac{1}{m}v^{\frac{k}{m}}\,{}_{\frac{k}{m}}p_x. \tag{4.12}$$

**도움말 4.10** $\ddot{a}_m^{(m)} := E\left[\ddot{a}^{(m)}_{\overline{K_x^{(m)}+\frac{1}{m}}|}\right]$의 여러가지 표현.

1. $\ddot{a}_x^{(m)} = \frac{1}{m}\frac{1-A_x^{(m)}}{1-v^{\frac{1}{m}}} = \frac{1-A_x^{(m)}}{d^{(m)}}$
2. $\ddot{a}_x^{(m)} = \frac{1}{m} + \frac{1}{m}v^{\frac{1}{m}}\,{}_{\frac{1}{m}}p_x + \frac{1}{m}v^{\frac{2}{m}}\,{}_{\frac{2}{m}}p_x + \cdots$
3. $\ddot{a}_x^{(m)} = \sum_{k=0}^{\infty}\frac{1}{m}v^{\frac{k}{m}}\,{}_{\frac{k}{m}}p_x$.

**해설.**

$$\begin{aligned} A_x^{(m)} &= \sum_{k=0}^{\infty} v^{\frac{k+1}{m}} {}_{\frac{k}{m}|\frac{1}{m}}q_x = \sum_{k=0}^{\infty} v^{\frac{k+1}{m}} \left( {}_{\frac{k}{m}}p_x - {}_{\frac{k}{m}+\frac{1}{m}}p_x \right) = \sum_{k=0}^{\infty} v^{\frac{k+1}{m}} {}_{\frac{k}{m}}p_x - \sum_{k=0}^{\infty} v^{\frac{k+1}{m}} {}_{\frac{k}{m}+\frac{1}{m}}p_x \\ &= v^{\frac{1}{m}} \sum_{k=0}^{\infty} v^{\frac{k}{m}} {}_{\frac{k}{m}}p_x - \sum_{k=1}^{\infty} v^{\frac{k}{m}} {}_{\frac{k}{m}}p_x \\ &= 1 - (1 - v^{\frac{1}{m}}) \sum_{k=0}^{\infty} v^{\frac{k}{m}} {}_{\frac{k}{m}}p_x. \end{aligned}$$

따라서

$$\ddot{a}_x^{(m)} = \frac{1}{m} \frac{1 - E[v^{K_x^{(m)} + \frac{1}{m}}]}{1 - v^{\frac{1}{m}}} = \frac{1}{m} \sum_{k=0}^{\infty} v^{\frac{k}{m}} {}_{\frac{k}{m}}p_x.$$

이제 $(1 + \frac{i^{(m)}}{m})^m = (1 - \frac{d^{(m)}}{m})^{-m} = 1 + i, \quad v = \frac{1}{1+i}$으로부터

$$d^{(m)} = \frac{\frac{i^{(m)}}{m}}{1 + \frac{i^{(m)}}{m}}, \quad v^{\frac{1}{m}} = 1 - \frac{d^{(m)}}{m}.$$

따라서

$$A_x^{(m)} = 1 - (1 - v^{\frac{1}{m}}) \sum_{k=0}^{\infty} v^{\frac{k}{m}} {}_{\frac{k}{m}}p_x = 1 - \frac{d^{(m)}}{m} \sum_{k=0}^{\infty} v^{\frac{k}{m}} {}_{\frac{k}{m}}p_x = 1 - d^{(m)} \ddot{a}_x^{(m)}.$$

확률변수의 평균값을 아는 것은 댐을 관리할 때 평균강수량을 아는 것과 같다. 평균 강수량은 댐 관리에 필수적인 것이지만, 충분한 것은 아니다. 전혀 예상하지 못한 폭우가 내린다면 댐은 위험해진다. 이런 점을 다소 보충하는 것이 확률변수의 분산(variance)을 하는 것이다. 분산을 확률변수가 평균값으로부터 어는 정도 변화할 수 있는가를 재는 편리한 수이고, 확률변수 $X$의 분산은

$$Var[X] := E\left[ \left( E - E[X] \right)^2 \right] = E[X^2] - E[X]^2$$

으로 결정되는 음수가 아닌 수이다.

**도움말 4.11** [ 확률변수 $Z_x := v^{K_x+1}$의 분산] 확률변수 $Z_x := v^{K_x+1}$는 나이가 $x$인 사람이. 보험금 1, 보험기간 종신, 보험금 지급시기는 $K_x+1$, 즉 보험금을 사망한 해 말에 지급하는 경우, 받게되는 보험금의 현재가격을 나타내는 확률변수다. 년실질이율을 $i, v = \frac{1}{1+i}$로 하여

1. $A_x := E\left[v^{K_x+1}\right] = \sum_{k=0}^{\infty} v^{k+1}{}_{k|}q_x = vq_x + v^2{}_{1|}q_x + v^3{}_{2|}q_x + \cdots$

2. 확률변수 $Z_x = v^{K_x+1}$의 분산은

$$\begin{aligned} Var[Z_x] &= E\left[(Z_x - E[Z_x])^2\right] = E\left[\left(v^{K_x+1}\right)^2\right] - \left(A_x\right)^2 = \sum_{k=0}^{\infty} v^{2(k+1)}{}_{k|}q_x - \left(A_x\right)^2 \\ &= {}^2A_x - \left(A_x\right)^2 \end{aligned}$$

위 식에서 ${}^2A_x := E\left[\left(v^{K_x+1}\right)^2\right] = \sum_{k=0}^{\infty} v^{2(k+1)}{}_{k|}q_x$.

**도움말 4.12** [확률변수 $\ddot{a}_{\overline{K_x+1}|}$의 분산] 지금($t=0$)부터 각 기간 시작마다 1씩, 생존기간 동안 지급되는 연금의 현재가격을 나타내는 확률변수 $\ddot{a}_{\overline{K_x+1}|}$로 나타내고,

- $\ddot{a}_{\overline{K_x+1}|} := 1 + v + v^2 + \cdots + v^{K_x}$.
- $\ddot{a}_{\overline{K_x+1}|}$의 평균은 $E\left[\ddot{a}_{\overline{K_x+1}|}\right] := \ddot{a}_x$
- $\ddot{a}_{\overline{K_x+1}|}$의 분산은 $Var\left[\ddot{a}_{\overline{K_x+1}|}\right] = \dfrac{{}^2A_x - A_x^2}{d^2}$
- 여기서 ${}^2A_x := \sum_{k=0}^{\infty} v^{2(k+1)}{}_{k|}q_x$이고, $A_x = E[v^{K_x+1}] = \sum_{k=0}^{\infty} v^{k+1}{}_{k|}q_x = A_x$.

**해설.** 일반적으로 확률변수 $X$가 주어지면, 임의의 실수 $\alpha, \beta$에 대해서

$$Var[\alpha X + \beta] = \alpha^2 Var[X]$$

이고, $Var[X] = E\left[(X - E[X])^2\right] = E[X^2] - E[X]^2$. 따라서 $\ddot{a}_{\overline{K_x+1}|} = \dfrac{1 - v^{K_x+1}}{d}$인 것을 생각하면

$$Var\left[\ddot{a}_{\overline{K_x+1}|}\right] = Var\left[\frac{1 - v^{K_x+1}}{d}\right] = \frac{Var[v^{K_x+1}]}{d^2} = \frac{{}^2A_x - A_x^2}{d^2}.$$

## 4.5 보험금을 $T_x$에 지급하는 경우

확률변수 $T_x$의 분포함수(distribution function)에 대해서는 다음과 같은 표현을 사용했다.

$$F_x(t) := Pr[T_x \le t], \quad S_x(t) = 1 - F_x(t) = 1 - Pr[T_x \le t] = Pr[T_x > t], \quad {}_tp_x = S_x(t)$$

그런데 실제 상황에서는 $T_x$는 어떤 수식으로 주어지는 것이 아니라, 표로 주어지는 경우가 대부분이다. 때문에 표를 보고 $T_x$를 계산해야 한다. 확률변수 $T_x$와 관련된 또다른 확률변수는

$$T_x \wedge n := \min\{T_x, n\} : \Omega_x \to [0, n]$$

이다. 이런 확률변수가 필요한 이유는 보장기간이 $n$으로 한정된 경우는 보험금은 $[x, x+n)$에 일어난 지급사유에 해당하는 사건에 대해서만 지급된다. 예를 들어 $T_x(u) = n+2$이면 보험금 지급사유에 해당되지 않는다. 즉 $T_x < n$인지, 아니면 $T_x \ge n$인지가 중요하기 때문이다. 보험기간 동안 보험회사가 자금을 운용하여 얻을 수 있는 수익율을 $i$라 하며면, 보험금 1인 보험가입자에게 지급해야 할 보험금의 현재가격은

$$\overline{Z}_x := \left(\frac{1}{1+i}\right)^{T_x} \equiv \nu^{T_x}, \quad \nu = \frac{1}{1+i}$$

가 된다. $T_x$가 확률변수이기 때문에, 보험금의 현재가격을 나타내는 $\overline{Z}_x := \nu^{T_x}$도 확률변수다, 보험의 안정적인 운용을 위해서는 각각의 경우보다는, 예를 들어 확률변수 $\overline{Z}_x := \nu^{T_x}$의 **평균**과 **분산**이 중요한 역할을 한다. 확률변수 $T_x$와 관련된 다음 기호를 다시 보자.

$$\begin{aligned} F_x(t) &:= Pr[T_x \le t] \\ S_x(t) &= 1 - F_x(t) = 1 - Pr[T_x \le t] = Pr[T_x > t] \\ {}_tp_x &:= S_x(t) \end{aligned}$$

그런데 실제 상황에서는 $T_x$는 어떤 수식으로 주어지는 것이 아니라, 표로 주어지는 경우가 대부분이다. 때문에 표를 보고 $T_x$를 계산해야 한다.

**도움말 4.13** [ $\bar{A}_x, \bar{a}_x$: 사유발생과 동시에 지급하는 경우 ]

1. $\bar{A}_x := E[\overline{Z}_x] = E[v^{T_x}]$: 나이 $x$인 사람이, 보험금 1, 보장기간 종신, 사망과 동시에 1이 지급되는 보험금의 현재가격을 나타내는 확률변수의 평균값:

$$\overline{Z}_x := v^{T_x} = e^{-\delta T_x} : \Omega_x \to \mathbb{R}$$

2. 나이 $x$인 사람이, 보장기간 $n$, 보험금 1, 보험금 지급시는 사망과 동시인 보험을 샀을 때:

2-1 . $\bar{A}^{1}_{x:\overline{n}|} := E[\overline{Z}_{x,n}]$: 보장기간 $(x, x+n)$ 동안 보험금 지급사유가 발생하지 않은 경우, 보장기간이 끝나면 아무런 혜택이 없는 순수보장성 보험의 경우는

$$\overline{Z}_{x,n} = \begin{cases} v^{T_x}, & T_x < n \\ 0, & T_x \geq n \end{cases}$$

2-2 . $\bar{A}_{x:\overline{n}|} = E[\overline{Z}_{x,n} + E_{x,n}]$: 보장기간 $(x, x+n)$ 동안 보험금 지급사유가 발생하지 않은 경우, 보장기간이 끝나는 $x+n$에 축하금(endowment) 1을 지급하는 축하금이 있는 보험인 경우

$$\overline{Z}_{x,n} + E_{x,n} = v^{\min\{T_x, n\}} = \begin{cases} v^{T_x}, & T_x < n \\ v^{n}, & T_x \geq n \end{cases} \tag{4.13}$$

확률변수 $\bar{A}_x, \bar{A}^{1}_{x:\overline{n}|}, \bar{A}_{x:\overline{n}|}, \overline{Z_x}, \overline{Z}_{x,n}$ 처럼 위에 첨자 $^-$를 붙여 둔 것을 보험금을 사유발생 순간에 지급하는 모델을 생각하기 위한 것이다. 이런 모델의 특징을 합을 계산하는 것이 아니라 적분을 계산해야 한다.

**해설.** 사망과 동시에 보험금을 지급하는 것은 당연히 현실적이지 않다. 왜냐하면 보험금 지급을 위해서 준비할 사무적인 일이 따르기 때문이다. 보험을 이해하기 위하여 확률변수 개념을 확고하게 이해하는 것이 중요하다.

$$\bar{A}_x = E[\overline{Z}_x] := E[e^{-\delta T_x}] = \int_{t=0}^{\infty} e^{-\delta t} dF_x(t) dt = -\int_{t=0}^{\infty} e^{-\delta t} d({}_t p_x)$$

식 (4.13)에서 $\min\{T_x, n\}$은 $T_x$와 $n$ 중 크지 않은 것을 나타내는 기호이다. 예를 들어 $n = 20$이고, 어떤 보험가입자가 $\omega_1$가 $T_x(\omega_1) = 17.3$ 인 경우에는 $\min\{T_x, 20\}(\omega_1) = \min\{T_x(\omega_1), 20\} = \min\{17.3, 20\} = 17.3$.

$$\bar{A}^{1}_{x:\overline{n}|} := E[\overline{Z}_{x,n}] = \int_{t=0}^{n} e^{-\delta t} dF_x(t), \quad \bar{A}_{x:\overline{n}|} = \bar{A}^{1}_{x:\overline{n}|} + A_{x:\overline{n}|}^{\ \ 1} = \bar{A}^{1}_{x:\overline{n}|} + v^n {}_n p_x$$

예를 들어 보장기간 $(x, x+n)$일 때는 보험금 $B_1$, 보장기간 이후에는 축하금 $B_2$가 있는 보험인 경우 보험금의 현재가격을 나타내는 확률변수와 그 평균값은

$$B_1 \overline{Z}_{x,n} + B_2 Z^{e}_{x,n}, \quad E[B_1 \overline{Z}_{x,n} + B_2 E_{x,n}] = B_1 \times \bar{A}^{1}_{x:\overline{n}|} + B_2 \times A_{x:\overline{n}|}^{\ \ 1}$$

보험금의 현재가격을 나타내는 확률변수는 사람에 따라 값이 달라지기 때문에, 보험회사에게 중요한 정보는 확률변수의 평균값, 변동성을 나타내는 확률변수의 분산이다. 사망과 동시에 1을 지급하는 보험의 지불준비금 $\bar{A}_x := E\left[\overline{Z}_x\right]$는 확률변수

$$\overline{Z}_x := \nu^{T_x} = e^{-\delta T_x} : \Omega_x \to [0,\infty)$$

의 평균값( 기대값)이다. 좀 더 안정적인 경영을 위해서는 지불준비금의 분산을 아는 것이 중요하다. 정확한 표현은 확률변수 $e^{-\delta T_x}$의 분산이지만, 오해가 없으면 지불준비금의 분산이라 부르자.

> **도움말 4.14** 종신보험에서 보험금의 현재가격을 나타내는 확률변수의 분산은 연속으로 계산하는 경우
>
> $$Var[\overline{Z}_x] = E\left[\left(\overline{Z}_x - E[\overline{Z}_x]\right)^2\right] = E[\overline{Z}_x^2] - E[\overline{Z}_x]^2 = {}^2\bar{A}_x - \left(\bar{A}_x\right)^2$$
>
> $${}^2\bar{A}_x = E[(e^{-\delta T_x})^2] = E[e^{-(2\delta)T_x}] = \int_{t=0}^{\infty} e^{-(2\delta)t} dF_x(t)$$

**해설.** $Var[\overline{Z}_x] = E\left[\left(\overline{Z}_x - E[\overline{Z}_x]\right)^2\right] = E[\overline{Z}_x^2] - E[\overline{Z}_x]^2 = \int_{t=0}^{\infty} e^{-(2\delta)t} dF_x(t) - \left(\bar{A}_x\right)^2 = {}^2\bar{A}_x - \left(\bar{A}_x\right)^2$.

기호 ${}^2\bar{A}_x$를 쓰는 것을 정당화 하면 $\overline{Z}_x^2 = \left(e^{-\delta T_x}\right)^2 = e^{-(2\delta)T_x}$ 이므로 평균값 $E[\overline{Z}_x^2]$을 계산할 때, $E[\overline{Z}_x] := \bar{A}_x = \int_{t=0}^{\infty} e^{-\delta t} dF_x(t)$를 계산할 때와 다른 점은 $\delta$가 $2\delta$로 바뀐 것 밖에 없다. 때문에

$$E[\overline{Z}_x^2] = \int_{t=0}^{\infty} e^{-(2\delta)t} dF_x(t) := {}^2\bar{A}_x$$

로 표현하는 것이 자연스럽다.

## 4.6 SageMath 활용, 연금표 만들기

실제 상황에서는 $T_x : \Omega_x \to [0,\infty)$가 간단한 수식으로 표현도되는 것을 기대할 수 없다. 대부분의 이산적인 데이터로 주어진다. 때문에 실제 문제를 수학적으로 다룰 때에는 적합한 수학적 모델을 만든다. 이렇게 만든 모델이 계산이 간단하리라 기대할 수도 없기 때문에, 계산을 컴퓨터를 활용한다.

**도움말 4.15** [생존모델] 자주 사용되는 생존모델로 다음과 같은 것들이 있다. 모두 사망율 세기(force of mortiality)을 수학적으로 다루기 편리하고, 실제 모델에 적합한 것들을 선택한 것이다. 사망율 세기는 이자계산에서 이자율 세기(force of interest)와 같은 역할을 한다. 다만 음의 부호 −가 있는 것에 주의하자.

$$\mu_t = -\frac{S_0'(t)}{S_0(t)}, \quad S_0(t) := Pr\big[T_0 > t\big] \tag{4.14}$$

1. Makeham 모델: $\mu_t = A + Bc^t$
2. De Moivre Model: $\mu_t = \frac{1}{\omega - t}$
3. CFM(Constant force of Mortality): $\mu_t = \mu$, 상수
4. Gompertz: $\mu_t = Bc^t$
5. Weibull: $\mu_t = kt^n$
6. UDD(Uniform Distribution of Death)

**해설.** 생존모델이 주어지면, 각 시간 $t$에서 개체수 $\ell_t$에 대한 모델이 결정된다. 왜냐하면 식 (4.14)에서 $S_0(t) := Pr[T_0 > t]$를 계산할 수 있기 때문이다.

$$\Big(\ln S_0(t)\Big)' = -\mu_t \implies S_0(t) = \exp\big(-\int_{u=0}^{t} \mu_u dt\big)$$

각 생존모델에 따른 $S_0(t)$를 구해보자.

1. Makeham Model: $S_0(t) = \exp\big(-At - \frac{B}{\ln c}(c^t - 1)\big)$
2. De Moivre Model: $S_0(t) = 1 - \frac{t}{\omega}$
3. CFM Model: $S_0(t) = \exp(-\mu t)$
4. Gompertz Model: $S_0(t) = \exp\big(-\frac{B}{\ln c}(c^t - 1)\big)$
5. Weibel Model: $S_0(t) = \exp\big(-\frac{k}{n+1}t^{n+1}\big)\big)$
6. UDD(Uniform Distribution of Death)는 이자계산에서 단리와 같은 개념으로 예를 들어 나이 구간 $[n, n+1]$는 $\ell_{n+t} = \ell_n - \big(\ell_n - \ell_{n+1}\big)t, \ 0 \le t \le 1$로 계산하자는 말이다.

보험금의 현재가격, 연금의 현재가격에 대한 확실한 개념 정립을 위해서는 독자 스스로 보험금표와 연금표를 만들어보는 것이 무엇보다도 중요하다. 이 절에서는 연습을 위한 표준생존모델을 이용해서 표를 만들어보자. Makeham's Model

$$\mu_t = A + Bc^t, \quad A = 0.00022, B = 2.7 \times 10^{-6}, \quad c = 1.124$$

을 이용하여 보험료 표를 만어보자. 이 모델은 통계표로 주어지는 생명표와 근사하게 잡아서, 보험금, 보험료등 보험과 관련된 계산을 컴퓨터를 이용하여 편리하게 계산할 수 있어, 보험수학을 이해하는데 도움이 된다.

**도움말 4.16** [SUSM] Makeham's Model은 사망율 세기(force of mortality) $\mu_x = A + Bc^x$로 정한다. 이런 모델을 Standard Ultimate Survival Model(SUSM) 이라 한다.

1. 연습으로 $A = 0.00022,\ B = 2.7 \times 10^{-6},\ c = 1.124$를 사용하자
2. 선별기간을 정한 모델을 Standard Select Survival Model(SSSM)이라 한다. 연습으로 선별기간은 2년이고, 선별기간에서 사망율 세기를 다음과 같이 정하자:

$$\mu_{[x]+s} := \begin{cases} \left(\frac{9}{10}\right)^{2-s} \mu_{x+s}, & 0 \le s < 2 \\ \mu_{x+s}, & s > 2 \end{cases}$$

선택기간에서는 $\mu_{[x]+s} \le \mu_{x+s},\ 0 \le s \le 2.$

**도움말 4.17** [ $\ddot{a}_x$의 계산]

1. 생명표가 주어진 경우:
$\ddot{a}_x$는 생명표를 이용하여 컴퓨터를 써서 계산한다.

$$\ddot{a}_x = \sum_{k=0}^{\infty} v^k \frac{\ell_{x+k}}{\ell_x}, \quad v = \frac{1}{1+i} \tag{4.15}$$

2. Makeham's Model 에서 $\ddot{a}_x$ 계산:
앞에서 $A = 0.00022,\ B = 2.7 \times 10^{-6},\ c = 1.124, \ell_{20} = 100,000$로 해서 Makeham's Model 에 따른

$$_tp_x = \exp\Big(-At - \frac{Bc^x}{\ln c}(c^t - 1)\Big)$$
$$\ell_{20+t} = 100,000 \times \exp\big(-At - \frac{Bc^{20}}{\ln c}(c^t - 1)\big)$$

를 만들었기 때문에, 필요한 값을 쉽게 계산할 수 있다. 예를 들어 $\ddot{a}_{30}$을 계산하면

$$\ddot{a}_{30} = \sum_{k=0}^{90} v^k \frac{\ell_{k+30}}{\ell_{30}} = 19.38336, \quad v = \frac{1}{1+0.05}$$

지수함수는 아주 빠르게 증가하는 함수이기 때문에 합을 90까지만 계산해도 충분하다. 실제로 $30 + 90 = 120$이 되어 사람의 최대 생존기간이라 생각되기 때문이다.

**도움말 4.18** Makeham's Model에서 사망율 세기

$$
\begin{aligned}
\mu_x &= A + Bc^x,\ A = 0.00022,\ B = 2.7 \times 10^{-6},\ c = 1.124 \\
\mu_{[x]+s} &:= \begin{cases} \left(\frac{9}{10}\right)^{2-s} \mu_{x+s}, & 0 \le s \le 2 \\ \mu_{x+s}, & s > 2 \end{cases} \\
{}_t p_{[x]} &= \exp\left( - \int_{s=0}^{t} \mu_{[x]+s} ds \right) \\
p_{[x]} &\equiv {}_1 p_{[x]} \\
{}_1 p_{[x]+1} &\equiv p_{[x]+1} = \frac{{}_2 p_{[x]}}{{}_1 p_{[x]}}
\end{aligned}
$$

을 이용한 Standard Select Survival Model(SSSM)과,식 (4.15)을 이용하여 $\ddot{a}_x$를 생성할 수 있다. 이를 위해서 다음과 같은 도미노 관계식을 얻는다:

$$
\begin{aligned}
\ddot{a}_x &= \sum_{k=0}^{\infty} v^k {}_k p_x = 1 + v\, p_x \ddot{a}_{x+1} \\
\ddot{a}_{[x]} &= \sum_{k=0}^{\infty} v^k {}_k p_{[x]} \\
&= 1 + v\, {}_1 p_{[x]} + v^2 {}_2 p_{[x]} + v^3 {}_3 p_{[x]} + \cdots \\
&= 1 + v\, {}_1 p_{[x]} + v^2 {}_2 p_{[x]} \sum_{k=2}^{\infty} v^{k-2} {}_{k-2} p_{[x]+2} \\
&= 1 + v\, {}_1 p_{[x]} + v^2 {}_2 p_{[x]}\ \ddot{a}_{x+2} \\
\ddot{a}_{[x]} &= \sum_{k=0}^{\infty} v^k {}_k p_{[x]} = 1 + \sum_{k=1}^{\infty} v^k {}_k p_{[x]} = 1 + \sum_{k=1}^{\infty} v^k {}_1 p_{[x]}\, {}_{k-1} p_{[x]+1} \\
&= 1 + v\, {}_1 p_{[x]} \sum_{k=1}^{\infty} v^{k-1} {}_{k-1} p_{[x]+1} = 1 + v\, p_{[x]} \sum_{k=0}^{\infty} v^k {}_k p_{[x]+1} \\
&= 1 + v\ {}_1 p_{[x]} \ddot{a}_{[x]+1} \\
\ddot{a}_{[x]+1} &= \frac{\ddot{a}_{[x]} - 1}{v\, {}_1 p_{[x]}} \\
\ddot{a}_{[x]+1} &= 1 + v\, p_{[x]+1} \ddot{a}_{x+2}, \quad {}_1 p_{[x]+1} = \frac{{}_2 p_{[x]}}{{}_1 p_{[x]}}
\end{aligned}
$$

Makeham's Model 의 장점은 많은 보험 모델에 적합한 점도 있지만, ${}_t p_x$를 더 손볼 필요 없는 닫힌 형태로 표현되는 것이다. 실제로

$$
\begin{aligned}
\ln\left({}_t p_x\right) &= - \int_{s=0}^{t} \mu_{x+s} ds = - \int_{s=0}^{t} \left(A + Bc^{x+s}\right) ds = -At - \frac{Bc^x}{\ln c}\left(c^t - 1\right), \\
{}_t p_x &= \exp\left( -At - \frac{Bc^x}{\ln c}\left(c^t - 1\right) \right)
\end{aligned}
$$

실제 상황에서는 보험 가입자를 선별하기 때문에 특별관리기간을 둔다. 여기서는 특별관리기간을 2년으로 하자. 예를 들어 다음과 같은 방식으로 처음 2년간을 사망률의 세기를 작게 잡고, 2년이 지나면 전체와 같게 잡는 방식이다.

$$\mu_{[x]+s} := \begin{cases} \left(\frac{9}{10}\right)^{2-s} \mu_{x+s}, & 0 \le s < 2 \\ \mu_{x+s}, & s \ge 2 \end{cases} \tag{4.16}$$

선택기간이 있을 때, 계산 표현을 간단하게 하기 위하여 다음 함수를 생각하자.

$$\varphi([x],t) := \exp\Big(-\int_{s=0}^{t} \mu_{[x]+s} ds\Big), \quad 0 \le t \le 2$$

이함수를 이용하면 $A_x, A_{[x]}, A_{[x]+1}, \ddot{a}_x, \ddot{a}_{[x]+1}, A_{x:\overline{n}|}, A_{[x]:\overline{n}|}, A_{[x]+1:\overline{n}|}, \ddot{a}_{x:\overline{n}|}, \ddot{a}_{[x]:\overline{n}|}, \ddot{a}_{[x]+1:\overline{n}|}$을 계산할 때 필요한 함수들의 다음과 같이 정리할 수 있다.

$$\varphi([x],t) := \exp\Big(-\int_{s=0}^{t} \mu_{[x]+s} ds\Big), \quad 0 \le t \le 2$$

$${}_tp_{[x]} = \begin{cases} \varphi([x],t), & 0 \le t < 2 \\ \varphi([x],2) \times {}_{t-2}p_{x+2} \end{cases}$$

$${}_tp_{[x]+1} = \begin{cases} \frac{\varphi([x],1+t)}{\varphi([x],1)}, & 0 \le t < 1 \\ \frac{\varphi([x],2)}{\varphi([x],1)} {}_{t-1}p_{x+2}, & t \ge 1 \end{cases}$$

이제 필요한 값은 아주 자연스럽게 표현된다.

1. $A_x = \sum_{k=0}^{\infty} v^{k+1} {}_{k|}q_x$
2. $A_{[x]} = \sum_{k=0}^{\infty} v^{k+1} {}_{k|}q_{[x]}, \quad {}_{k|}q_{[x]} = {}_kp_{[x]} - {}_{k+1}p_{[x]}$
3. $A_{[x]+1} = \sum_{k=0}^{\infty} v^{k+1} {}_{k|}q_{[x]+1}, \quad {}_{k|}q_{[x]+1} = {}_kp_{[x]+1} - {}_{k+1}p_{[x]+1}$
4. $\ddot{a}_x = \sum_{k=0}^{\infty} v^k {}_kp_x$
5. $\ddot{a}_{[x]} = \sum_{k=0}^{\infty} v^k {}_kp_{[x]}$
6. $\ddot{a}_{[x]+1} = \sum_{k=0}^{\infty} v^k {}_kp_{[x]+1}$
7. $A_{x:\overline{n}|} = \sum_{k=0}^{n-1} v^{k+1} {}_{k|}q_x + v^n {}_np_x$
8. $A_{[x]:\overline{n}|} = \sum_{k=0}^{n-1} v^{k+1} {}_{k|}q_{[x]} + v^n {}_np_{[x]}$
9. $A_{[x]+1:\overline{n}|} = \sum_{k=0}^{n-1} v^{k+1} {}_{k|}q_{[x]+1} + v^n {}_np_{[x]+1}$
10. $\ddot{a}_{x:\overline{n}|} = \sum_{k=0}^{n-1} v^k {}_kp_x$
11. $\ddot{a}_{[x]:\overline{n}|} = \sum_{k=0}^{n-1} v^k {}_kp_{[x]}$
12. $\ddot{a}_{[x]+1:\overline{n}|} = \sum_{k=0}^{n-1} v^k {}_kp_{[x]+1}$
13. $\Big(\ln S_0(t)\Big)' = \frac{S_0'(t)}{S_0(t)} = -\mu_t = -A - Bc^t$ 로부터

$$
\begin{aligned}
{}_tp_0 &:= S_0(t) = Pr[T_0 > t] = \exp\Big(-At - \frac{B}{\ln c}(c^t - 1)\Big) \\
{}_tp_x &= \frac{{}_{x+t}p_0}{{}_xp_0} = \exp\Big(-At - \frac{Bc^x}{\ln c}(c^t - 1)\Big) \\
d\big({}_tp_x\big) &= \Big((-A - Bc^{x+t}\Big)\, {}_tp_x dt
\end{aligned}
$$

- $\bar{A}_x = \int_{t=0}^{\infty} e^{-\delta t} d\big({}_tp_x\big) \approx \int_{t=0}^{120} e^{-\delta t} d\big({}_tp_x\big)$
- $\ddot{a}_x = \sum_{k=0}^{\infty} v^k\, {}_kp_x \approx \sum_{k=0}^{120} v^k\, {}_kp_x$
- $A_x = 1 - d\ddot{a}_x$
- $\ddot{a}_x^{(m)} = \frac{1}{m}\frac{1-E[v^{K_x^{(m)}+\frac{1}{m}}]}{1-v^{\frac{1}{m}}} = \frac{1}{m}\sum_{k=0}^{\infty} v^{\frac{k}{m}}\, {}_{\frac{k}{m}}p_x \approx \frac{1}{m}\sum_{k=0}^{120m} v^{\frac{k}{m}}\, {}_{\frac{k}{m}}p_x.$
- $A_x^{(m)} = 1 - (1 - v^{\frac{1}{m}})\sum_{k=0}^{\infty} v^{\frac{k}{m}}\, {}_{\frac{k}{m}}p_x = 1 - \frac{d^{(m)}}{m}\sum_{k=0}^{\infty} v^{\frac{k}{m}}\, {}_{\frac{k}{m}}p_x$
- $A_x^{(m)} = 1 - d^{(m)}\ddot{a}_x^{(m)}.$

예를 들어 $A_x = 1 - d\ddot{a}_x$ 때문에 $A_x$와 $\ddot{a}_x$를 동시에 계산할 필요는 없지만 모두 계산하자. 식 $A_x = 1 - d\ddot{a}_x, A_{x:\overline{n}|} = 1 - d\ddot{a}_{x:\overline{n}|}$ 같은 것들은 계산결과가 맞는지 확인하는 도구로 쓰자. 지금까지 만든 함수를 SageMath를 이용하여 생명표, 연금표, 보험표를 만들어 문제풀이에 쓰기 위하여 부록에 표로 만들어 정리했다.

**보기 4.4** *부록의 표를 참고하여 다음에 답하여라.*

1. $\ddot{a}_{[40]}$
2. $\ddot{a}_{[40]+1}$
3. $\ddot{a}_{40}$
4. $\ddot{a}_{[40+1]}$
5. $\ddot{a}_{[40]+2}$
6. $\ddot{a}_{[40]+4}$
7. ${}_2p_{[40]}$
8. ${}_4p_{[40]}$
9. ${}_2p_{[40]+1}$

**풀이.** *부록의 표를 참고하면*

1. 18.4596
2. 18.3408
3. 18.4578
4. 18.3422
5. 18.2176
6. 17.9558
7. ${}_1p_{[x]} = \dfrac{\ddot{a}_{[x]} - 1}{v\ddot{a}_{[x]+1}}$ *로부터* $x = 40$*일 때를 생각하면* ${}_1p_{[40]} = \dfrac{18.4596 - 1}{v \times 18.3408} = 0.999552,\ v = \frac{1}{1+0.05}.$
   $\ddot{a}_{[x]+1} = 1 + v\,p_{[x]+1}\ddot{a}_{x+2}$ *로부터* ${}_1p_{[40]+1} = 0.999464.$ *따라서*
   $$ {}_2p_{[40]} = {}_1p_{[40]} \times {}_1p_{[40]+1} = 0.999552 \times 0.999464 = 0.999016 $$
8. ${}_4p_{[40]} = {}_2p_{[40]} \times {}_2p_{[40]+2} = {}_2p_{[40]} \times {}_2p_{42}$. $\ddot{a}_x = \sum_{k=0}^{\infty} v^k\, {}_kp_x = 1 + v\,p_x\ddot{a}_{x+1}$*로부터*
   ${}_1p_{42} = 0.999391,\ {}_1p_{43} = 0.999341.$ *이것으로부터* ${}_2p_{42} = {}_1p_{42} \times {}_1p_{43} = 0.998733.$
   *따라서* ${}_4p_{[40]} = 0.999016 \times 0.998733 = 0.99775.$

9. ${}_{2}p_{[40]+1} = {}_{1}p_{[40]+1} \times {}_{1}p_{[40]+2} = {}_{1}p_{[40]+1} \times {}_{1}p_{42} = 0.999464 \times 0.999391 = 0.998855$ .

**보기 4.5** *표준한계생존모델(SUSM)을 이용하여 $i = 5\%$로 가정하여, $x = 30, 40, 60$ 일 때 다음 값을 구하여라. 부록에 있는 표를 참고하라.*

1. $\bar{A}_x$
2. $A_x$

**풀이.** 무엇보다도 먼저 주어진 사망율 세기 $\mu_x$를 이용하여 ${}_tp_x$를 구하는 것이 중요하다.
$\mu_{x+t} = -\frac{\frac{d_tp_x}{dt}}{{}_tp_x}$ 로 부터

$${}_tp_x = \exp\left(-\int_0^t \mu_{x+s}ds\right)$$

$\mu_x = A + Bc^x$ 꼴 이므로 이 적분을 $x$의 식으로 깔끔하게 표현되지 않는다.

1. $\bar{A}_x = E[e^{-\delta T_x}] = \int_0^\infty e^{-\delta t}dF_x(t)dt = -\int_0^\infty e^{-\delta t}d_tp_x = -\left[e^{-\delta t}{}_tp_x\Big|_{t=0}^{\infty} - \delta\int_0^\infty e^{-\delta t}{}_tp_xdt\right.$
   $= 1 - \delta\int_0^\infty e^{-\delta t}{}_tp_xdt.$
   이 적분을 ${}_tp_x = \exp\left(-\int_0^t \mu_{x+s}ds\right)$을 이용하여 정확하게 계산하는 것은 큰 의미가 없다. 컴퓨터를 이용하여 근사값을 계산하면 다음과 같다.

| $x$ | $\bar{A}_x$ |
|---|---|
| 30 | 0.0788774 |
| 40 | 0.124039 |
| 60 | 0.297434 |

2. 먼저 ${}_{k|}q_x \equiv {}_{k|1}q_x = {}_kp_x - {}_{k+1}p_x$ 인 것에 주의하면, $Z = v^{K_x+1}$ 이므로

$$\begin{aligned}
E[Z] = A_x &= \sum_{k=0}^{\infty} v^{k+1}{}_{k|}q_x = \sum_{k=0}^{\infty} v^{k+1}\left({}_kp_x - {}_{k+1}p_x\right) = v\sum_{k=0}^{\infty} v^k{}_kp_x - \sum_{k=0}^{\infty} v^{k+1}{}_{k+1}p_x \\
&= v\sum_{k=0}^{\infty} v^k{}_kp_x - \sum_{k=1}^{\infty} v^k{}_kp_x = 1 - (1-v)\sum_{k=0}^{\infty} v^k{}_kp_x \\
&= 1 - (1-v)\ddot{a}_x = 1 - d\ddot{a}_x
\end{aligned}$$

따라서 먼저 $\ddot{a}_x$를 계산하고, $A_x = 1 - d\ddot{a}_x$를 이용하여 $A_x$를 계산하는 것이 좋다. 컴퓨터를 이용하여 근사값을 계산하면

| $x$ | $A_x$ |
|---|---|
| 30 | 0.0769828 |
| 40 | 0.121059 |
| 60 | 0.290282 |

## 4.7 확률변수의 평균값과 보험금, 보험료

보험금과 보험료의 관계는 내야 하는 보험료 = 받게될 보험금 이 성립하는 것이다. 그러나 실제 상황은 보험을 관리하고 운용하는 보험회사의 영업비용이 당연히 포함된다. 이것을 상징적으로 표현하면 "내야 하는 보험료 = 받게될 보험금 + 영업비용"이다. 이것을 내야하는 보험료는 받게 될 보험금보다 큰 것이 일반적인 현상이다.

> **도움말 4.19** 영업비용을 생각하지 않을 때, $A_x$와 $\ddot{a}_x$의 관계는 보험금과 보험료의 관계로
>
> $$\ddot{a}_x = \frac{1-A_x}{d}, \quad d = 1-v$$
>
> 에 해당한다. 이 관계를 기억하는 것은 보험금은 큰 돈이므로 대문자, 보험금은 나누어 작을 돈을 내기 때문에 소문자를 쓰는 것으로 생각하면 좋다.

**해설.** $A_x = 1-(1-v)\sum_{k=0}^{\infty} v^k {}_kp_x = 1-d\sum_{k=0}^{\infty} v^k {}_kp_x = 1-d\ddot{a}_x$.

**보기 4.6** *$x = 30$, 보장기간 종신, 보험료는 각각의 기간의 시작에, 생존하는 동안, 보험이 유지되는 동안 낸다. 다음과 같은 경우 매년 초에 납입하게 될 연납보험료를 구하라. 년이자율은 $i = 8\% \neq 5\%$로 하자. 계산의 편의를 위하여 도움말 4.16의 Standard Ultimate Survival Model은 쓴다. 따라서 선별구간은 없고, 또 영업비용도 무시한다. (이자율이 달라서 부록의 표를 쓸 수는 없고, 직접 계산해야 한다.)*

*1. 보험금 1을 사망과 동시에 지급할 때* *2. 보험금 1을 사망한 해 말에 지급할 때*

**풀이.** *지금 경우는 이자율이 $i = 8\% \neq 5\%$이므로 부록의 표를 쓸 수 없다. 보험료 납입기간이 보험유지기간인 것에 주의하자. 또 보험금이 즉시 지급되는 경우는 적분이 이용되는 것도 주의하자.*

1. *보험금 1을 사망과 동시에 지급할 때:*
   *보험금의 현재가격을 나타내는 확률변수는 $\overline{Z}_{30} = v^{T_{30}}$. 선별구간을 적용하지 않으므로 보험금의 현재가격은 $\bar{A}_{30}$로 표시하고, 매년 초에 납입하게 되는 보험료를 $\overline{P}_{30}$이라 두면 무엇보다도 먼저 $\bar{A}_{30} = P_{30} \times \ddot{a}_{30}$. 이 값을 계산하기 위하여 적분이 필요하다:*

$$\bar{A}_{30} = E[\overline{Z}_{30}] = E[v^{T_x}] = \int_{t=0}^{\infty} v^t dF_x(t) = -\int_{t=0}^{\infty} e^{-\delta t} d_t p_{30}$$

*이 적분을 계산하려면* ${}_tp_{30}$*을 알아야 한다.* ${}_tp_x$*는 다음과 같이 계산했다.*

$$\begin{aligned} \mu_x &= A + Bc^x \\ {}_tp_x &= \exp\Big(-\int_{s=0}^{t} \mu_{x+s} ds\Big) = \exp\Big(-At - \frac{Bc^x}{\ln c}(c^t - 1)\Big) \\ -d\big({}_tp_x\big) &= (A + Bc^{x+t})_t p_x \end{aligned}$$

*지금 계산을* $i = 8\% = 0.08$*이므로, 이것에 해당하는 이자율 세기는* $\delta = \ln(1+0.08) = 0.076961$. *SageMath를 이용하여 적분을 계산하면* $\bar{A}_{30} = 0.02364249$.

*보험료는 생존하는 동안만 내기 때문에*

$$\ddot{a}_{\overline{K_{30}+1|}} := 1 + v + v^2 + \cdots + v^{K_{30}} = \frac{1 - v^{K_{30}+1}}{1 - v}$$

$$\ddot{a}_{30} := E\big[\ddot{a}_{\overline{K_{30}+1|}}\big] = \frac{1 - E[v^{K_{30}+1}]}{1 - v} = \frac{1 - A_{30}}{d} = \sum_{k=0}^{\infty} v^k {}_kp_{30}$$

*SageMath를 이용하여 계산하면* $\ddot{a}_{30} = 13.192825$*으로 나타낸다. 따라서 보험료를* $\overline{P}_{30}$*으로 두면* $\overline{P}_{30}$*은 다음 식을 만족시켜야 한다:* $\bar{A}_{30} = \overline{P}_{30}\ddot{a}_{30}$ *따라서*

$$\overline{P}_{30} = \frac{\bar{A}_{30}}{\ddot{a}_{30}} = \frac{0.02364249}{13.192825} = 0.001792072$$

2. *보험금 1을 사망한 해 말에 지급할 때:*
   *지금 경우는* $A_{30} = \sum_{k=0}^{\infty} v^k {}_{k|}q_{30} = 0.022753702$*이고,* $A_{30} = P_{30} \times \ddot{a}_{30}$*을 만족시키면 된다. 따라서*

$$P_{30} = \frac{A_{30}}{\ddot{a}_{30}} = \frac{d}{1 - A_{30}} A_{30} = 0.0017247028$$

*예상했던 대로* $P_{30} < \overline{P}_{30}$*인 것을 확인할 수 있다.*

**보기 4.7** $\ell_x$*가 다음과 같이 주어졌다 하자.*

$$\ell_x = \begin{cases} 1000(1 - \frac{x}{120}), & 0 \le x \le 120, \\ 0, & x > 120 \end{cases}$$

*제품이 고장났을 때 즉시 보험금 1을 지급하는 보험이 있다. 이자율은* $i = 3\%$*로 한다.*

1. *출고 후* $x = 40$*일 때 기대수명을 구하여라.*
2. $x = 40$*일 때 종신보험에 가입했다. 이 보험금의 현재가격을 나타내는 확률변수를 쓰고, 평균값을 구하여라.*

3. $K_x = \lfloor T_x \rfloor$ 라 하자. 즉 $K_x$는 $T_x$의 정수부분이다. $t=0$ 부터 $K_{40}$까지 보험료 $P_{40}$를 낼 때, 낸 총 보험료의 현재가격을 표현하는 확률변수를 쓰고, 평균값을 구하여라.
4. 이 종신보험의 보험료 $P_{40}$ 는 다른 영업비용이 없다면 얼마가 이상적인가?

**풀이.** 지금 경우는 계산을 위한 $\ell_x$가 주어졌다. 따라서

$$ {}_tp_{40} = \frac{\ell_{40+t}}{\ell_{40}} = 1 - \frac{t}{80}, \quad dF_{40}(t) = -d\big({}_tp_{40}\big) = \frac{1}{80}dt, \quad 0 \le t < 80 \tag{4.17} $$

1. $E[T_{40}] = \int_{t=0}^{80} {}_tp_{40} dt = 40$
2. $\overline{Z}_{40} = e^{-\delta T_{40}}$ 이고, $\bar{A}_{40} = E\big[\overline{Z}_{40}\big] = E\big[e^{-\delta T_{40}}\big] = \int_{t=0}^{80} e^{-\delta t} dF_{40}(t) = \frac{1}{80}\int_0^{80} e^{-\delta t}dt \approx 0.383144$
3. 구하는 확률변수는 $P_{40}\big(1+v+\cdots+v^{K_{40}}\big) = P_{40}\frac{1-v^{K_{40}+1}}{1-v} = P_{40}\ddot{a}_{\overline{K_{40}+1}|}$. 이 확률변수의 평균값은

$$ P_{40}\ddot{a}_{40} := P_{40}E\big[\ddot{a}_{\overline{K_{40}+1}|}\big] = P_{40}\sum_{k=0}^{79} v^k {}_kp_{40} = P_{40}\sum_{k=0}^{79} v^k\big(1-\frac{k}{80}\big) \approx P_{40} \times 21.37217 $$

4. 보험료와 보험금의 평균값이 같아야 한다. $\bar{A}_{40} = P_{40}\ddot{a}_{40}$으로부터 $P_{40} = 0.0179272$.

**도움말 4.20** [보장기간이 $n$인 보험($n$-year Term Insurance)] 나이 $x$인 사람이 보장기간 $n$, 보험금 1, 보험료는 기간의 시작에, 최대 $n$회 내는 보험을 샀다. 보장기간 $(x, x+n)$에 보험금 지급사유가 발생하지 않았을 때, 아무것도 주지 않는 순수 보장성 보험임 경우

- 받게 되는 보험금의 현재가격을 나타내는 확률변수는 $Z_{x,n} := \begin{cases} v^{K_x+1}, & K_x < n \\ 0, & K_x > n \end{cases}$ 이고, 평균값은 $A^{1}_{x:\overline{n}|} := E\big[Z_{x,n}\big] = \sum_{k=0}^{n-1} v^{k+1}{}_{k|}q_x$
- $x+n$에 축하금 1이 있는 경우는 현재가격을 나타내는 확률변수는 $Z_{x,n}+E_{x,n}$

$$ v^{\min\{K_x+1,n\}} := Z_{x,n}+E_{x,n} = \begin{cases} v^{K_x+1}, & K_x < n \\ v^n, & K_x \ge n \end{cases} $$

이고, 평균값은 $A_{x:\overline{n}|} := E\big[v^{\min\{K_x+1,n\}}\big] = E\big[Z_{x,n}+E_{x,n}\big] = A^{1}_{x:\overline{n}|} + A_{x:\overset{1}{\overline{n}|}}$

**도움말 4.21** [기간이 정해진 연금, 보험료 ] 생존하는 동안, $t = x$부터 1년 간격으로 1씩, 최대 $n$회 지급하는 연금, 또 보험료의 현재가격을 나타내는 확률변수는

$$\ddot{a}_{\overline{\min\{K_x+1,n\}}|} := \begin{cases} 1+v+\cdots+v^{K_x}, & K_x < n \\ 1+v+\cdots+v^{n-1}, & K_x \geq n \end{cases} = \frac{1-v^{\min\{K_x+1,n\}}}{1-v}$$

로 나타낸다. 확률변수 $\ddot{a}_{\overline{\min\{K_x+1,n\}}|}$의 평균값은 $\ddot{a}_{x:\overline{n}|}$으로 나타낸다.

$$\ddot{a}_{x:\overline{n}|} = E\big[\frac{1-v^{\min\{K_x+1,n\}}}{1-v}\big] = \frac{1-E\big[v^{\min\{K_x+1,n\}}\big]}{1-v} = \frac{1-A_{x:\overline{n}|}}{1-v}$$

거래가 $\frac{k}{m}$에 일어날 때, $K_x^{(m)} = \frac{1}{m}\lfloor m \times T_x \rfloor$을 생각한다. 여기서 $K_x^{(m)}$은 $\frac{k}{m} \leq T_x < \frac{k}{m}+\frac{1}{m}$이 성립하는 $\frac{k}{m}$를 나타낸다. 다음에 익숙해지자. 거래가 $\frac{k}{m}$에 일어날 때: $K_x^{(m)} = \frac{1}{m}\lfloor m \times T_x \rfloor$을 생각한다. 여기서 $K_x^{(m)}$은 $\frac{k}{m} \leq T_x < \frac{k}{m}+\frac{1}{m}$이 성립하는 $\frac{k}{m}$를 나타낸다.

$$v^{\min\{K_x^{(m)}+\frac{1}{m},n\}} := Z_{x,n}^{(m)} + E_{x,n} = \begin{cases} v^{K_x^{(m)}+\frac{1}{m}}, & K_x^{(m)} < n \\ v^n, & K_x^{(m)} \geq n \end{cases}$$

**도움말 4.22** 1. 보험금 1을 $K_x^{(m)}+\frac{1}{m}$에 지급하는 종신보험의 경우, 받게되는 보험금의 현재가격을 나타내는 확률변수는 $Z_x^{(m)} := v^{K_x^{(m)}+\frac{1}{m}}$이고, 평균값은

$$A_x^{(m)} := E\big[Z_x^{(m)}\big] := \sum_{k=0}^{\infty} v^{\frac{k}{m}+\frac{1}{m}}\ {}_{\frac{k}{m}|\frac{1}{m}}q_x$$

2. 보장기간이 $n$이고 ,축하금이 없는 경우, 현재가격을 나타내는 확률변수는

$$Z_{x,n}^{(m)} := \begin{cases} v^{K_x^{(m)}+\frac{1}{m}}, & K_x^{(m)} < n \\ 0, & K_x^{(m)} \geq n \end{cases}$$

평균값은 $A_{x:\overline{n}|}^{1(m)} := E\big[Z_{x,n}^{(m)}\big] = \sum_{k=0}^{mn-1} v^{\frac{k}{m}+\frac{1}{m}}\ {}_{\frac{k}{m}|\frac{1}{m}}q_x$.

3. $x+n$에 축하금 1이 있는 경우, 현재가격을 나타내는 확률변수는 $Z_{x,n}^{(m)}+E_{x,n}$, 평균값은

$$A_{x:\overline{n}|}^{(m)} = E\big[Z_{x,n}^{(m)}+E_{x,n}\big] = A_{x:\overline{n}|}^{1(m)} + A_{x:\overline{n}|}^{\ \ 1} = \sum_{k=0}^{mn-1} v^{\frac{k+1}{m}}\ {}_{\frac{k}{m}|\frac{1}{m}}q_x + v^n\,{}_np_x$$

**도움말 4.23** 1. 연금 또는 보험료를 $\frac{1}{m}$ 간격으로 계산하는 것을 생각하자. 연금, 또는 보험료는 살아 있어야 계산하는 것이기 때문에, 이렇게 계산하는 의 현재가격을 나타내는 확률변수는

$$\ddot{a}_{\overline{K_x^{(m)}+1|}} := 1 + v^{\frac{1}{m}} + v^{\frac{2}{m}} + v^{K_x^{(m)}} = \frac{1 - v^{K_x^{(m)}}}{1 - v} = \frac{1 - v^{K_x^{(m)}+1}}{d}$$

2. $\ddot{a}_x^{(m)} = E\left[\ddot{a}_{\overline{K_x^{(m)}+1|}}\right] = \dfrac{1 - E[v^{K_x^{(m)}}]}{d} = \dfrac{1 - A_x^{(m)}}{d}.$

3. $\ddot{a}_{x:\overline{n|}}^{(m)} = \frac{1-A_{x:\overline{n|}}^{(m)}}{d^{(m)}} = \sum_{k=0}^{mn-1} \frac{1}{m} v^{\frac{k}{m}} \; {}_{\frac{k}{m}}p_x.$

**해설.** 보장기간이 $n$으로 정해진 보험의 경우는 , 보험지급 사유가 보장기간 $[x, x+n)$에 발생 했는지, 아니면 $[x+n, \infty)$에 발생했는 지가 중요하다.
보장기간 $n$, 연금지급 시기가 $\frac{1}{m}$ 간격일 때, 연금은 $\min\{K_x^{(m)}, n-\frac{1}{m}\}$까지 받을 수 있기 때문에, 현재가격을 나타내는 확률변수는

$$\ddot{a}^{(m)}_{\overline{\min\{K_x^{(m)}+\frac{1}{m},\ n\}|}} := \frac{1}{m} + \frac{1}{m}v^{\frac{1}{m}} + \frac{1}{m}v^{\frac{2}{m}} + \cdots + \frac{1}{m}v^{\min\{K_x^{(m)}, n-\frac{1}{m}\}} = \frac{1}{m}\frac{1 - v^{\min\{K_x^{(m)}+\frac{1}{m}, n\}}}{1 - v^{\frac{1}{m}}}$$

이 확률변수의 평균값은 $\ddot{a}_{x:\overline{n|}}^{(m)}$으로 나타내는데, $A_{x:\overline{n|}}^{(m)} := E\left[v^{\min\{K_x^{(m)}+\frac{1}{m}, n\}}\right]$에 주의하면 다음 표현을 얻는다.

$$\ddot{a}_{x:\overline{n|}}^{(m)} = \frac{1}{m}\frac{1 - A_{x:\overline{n|}}^{(m)}}{1 - v^{\frac{1}{m}}} = \frac{1 - A_{x:\overline{n|}}^{(m)}}{d^{(m)}}, \quad 1 - v^{\frac{1}{m}} = \frac{d^{(m)}}{m}.$$

**도움말 4.24** 다음 개념은 계산에 즐겨 사용된다.

1. 확률변수 $Z_x = v^{K_x+1}$에 대하여

$$\begin{aligned} E[Z_x] &= \sum_{k=0}^{\infty} v^{k+1}{}_{k|}q_x = \sum_{k=0}^{n-1} v^{k+1}{}_{k|}q_x + \sum_{k=n}^{\infty} v^{k+1}{}_{k|}q_x \\ &= \sum_{k=0}^{n-1} v^{k+1}\left({}_kp_x - {}_{k+1}p_x\right) + \sum_{k=n}^{\infty} v^{k+1}{}_{k|}q_x \\ &= 1 - v^n{}_np_x - (1-v)\sum_{k=0}^{n-1} v^k{}_kp_x + v^n{}_np_xA_{x+n} \\ &= 1 - v^n{}_np_x - (1-v)\sum_{k=0}^{n-1} v^k{}_kp_x + v^n{}_np_xE[Z_{x+n}] \end{aligned}$$

따라서 $\sum_{k=0}^{n-1} v^k{}_kp_x := a_{x:\overline{n}|} = \frac{1-A_x}{d} - v^n{}_np_x\frac{1-A_{x+n}}{d}, \quad d = 1-v.$

**해설.** 여기서 나타나는 $\sum_{k=0}^{n-1} v^k{}_kp_x$의 의미는 나이 $x$부터 최대 $n$회까지 매년 초에 1을 받게되는 연금의 현재가격을 나타낸다. 이것을 연금을 살아있어야 받는 것이기 때문에 $x=k$에 연금 1을 받을 확률은 ${}_kp_x$이다. 따라서 평균값은

$$1 + v_1p_x + v^2{}_2p_x + \cdots + v^{n-1}{}_{n-1}p_x = \sum_{k=0}^{n-1} v^k{}_kp_x := \ddot{a}_{x:\overline{n}|}$$

$Z_x = v^{K_x+1}$ 대신에, 확률변수 $v^{\min\{K_x+1,n\}}$을 썼다면 좀 간단한 관계를 얻는다.

$$A_{x:\overline{n}|} := E\left[v^{\min\{K_x+1,n\}}\right] = 1 - d\sum_{k=0}^{n-1} v^k{}_kp_x = 1 - d\ddot{a}_{x:\overline{n}|}$$

따라서 $a_{x:\overline{n}|} = \dfrac{1-A_{x:\overline{n}|}}{d}$.

**보기 4.8** *나이 $x$인 사람이 $t = 0,1,2,\cdots,n-1$까지는 $u$를 받고, $t = n, n+1, n+2, \cdots$에는 $w$를 받는 종신연금을 샀다. 받게되는 연금의 현재가격을 나타내는 확률변수와 평균값을 구하여라.*

**풀이.** *연금은 살아있는 동안 받는 것이기 때문에*

$$Y := \begin{cases} u\left(1+v+\cdots+v^{\min\{K_x,n-1\}}\right) = u\frac{1-v^{\min\{K_x+1,n\}}}{1-v} = u\ddot{a}_{\overline{\min\{K_x+1,n\}}|}, & K_x < n \\ u\left(1+v+v^2+\cdots+v^{n-1}\right) + w\left(v^n+v^{n+1}+\cdots+v^{K_x}\right), & K_x \geq n \end{cases}$$

*확률변수 $Y$를 다듬으면 $K_x \geq n$일 때,*

$$Y = u\left(1+v+v^2+\cdots+v^{n-1}\right)+w\left(v^n+v^{n+1}+\cdots+v^{K_x}\right) = w\ddot{a}_{\overline{K_x+1}|}+(u-w)\ddot{a}_n$$

*따라서* $Y := w\ddot{a}_{\overline{K_x+1}|}+(u-w)\ddot{a}_{\overline{\min\{K_x+1,n\}}|}$. *평균값은* $E[Y] = u\times\ddot{a}_x+(u-w)\times\ddot{a}_{x:\overline{n}|}$.

*공부를 위하여 확률변수 Y의 평균값을 다른 방법으로 구해보자. 약속에 따라*

$$\begin{aligned} E[Y] &= \sum_{k=0}^{n-1} uv^k{}_kp_x+\sum_{k=n}^{\infty} wv^k{}_kp_x = w\sum_{k=0}^{\infty} v^k{}_kp_x+(u-w)\sum_{k=0}^{n-1} v^k{}_kp_x \\ &= w\ddot{a}_x+(u-w)\ddot{a}_{x:\overline{n}|} \end{aligned}$$

**도움말 4.25** 1. 종신연금인 경우 $t=0,1,\cdots,n-1$ 까지는 매회 $u$를 받고, $t=n,n+1,\cdots$ 에는 $w$를 받는 연금의 현재가격을 나타내는 확률변수와 그 평균값은

$$\begin{aligned} {}_nM_{u,w} &:= \begin{cases} u(1+v+v^2+\cdots+v^{K_x}), & K_x<n \\ u(1+v+v^2+\cdots+v^{n-1})+w(v^n+v^{n+1}+\cdots+v^{K_x}), & K_x\ge n \end{cases} \\ &= w\times\ddot{a}_{\overline{K_x+1}|}+(u-w)\begin{cases} \ddot{a}_{\overline{K_x+1}|}, & K_x<n \\ \ddot{a}_{\overline{n}|}, & K_x\ge n \end{cases} \\ &= w\times\ddot{a}_{\overline{K_x+1}|}+(u-w)\ddot{a}_{\overline{\min\{K_x+1,n\}}|}, \end{aligned}$$

$$E[{}_nM_{u,w}] = w\times\ddot{a}_x+(u-w)\times\ddot{a}_{x:\overline{n}|} = u\ddot{a}_{x:\overline{n}|}+w\left(\ddot{a}_x-\ddot{a}_{x:\overline{n}|}\right)$$

2. 보장기간이 생존하는 동안 최대 $n$회 까지인 경우, $t=0,1,\cdots,D-1$ 까지는 매회 $u$를 받고, $t=D,D+1,\cdots,n-1$에는 $w$를 받는 연금의 현재가격을 나타내는 확률변수와 그 평균값은

$$\begin{aligned} {}_DM^n_{u,w} &:= \begin{cases} u(1+v+v^2+\cdots+v^{K_x}), & K_x<D \\ u(1+v+v^2+\cdots+v^{n-1})+w(v^n+v^{n+1}+\cdots+v^{\min\{K_x,n-1\}}), & K_x\ge D \end{cases} \\ &= w\times\ddot{a}_{\overline{\min\{K_x+1,n\}}|}+(u-w)\ddot{a}_{\overline{\min\{K_x+1,D\}}|}, \end{aligned}$$

$$E\left[{}_DM^n_{u,w}\right] = w\times\ddot{a}_{x:\overline{n}|}+(u-w)\times\ddot{a}_{x:\overline{D}|}$$

**해설.** 연금 받는 기간에 정해진 2번만 살펴보자. 확률변수는

$$
{}_nM^T_{u,w} := \begin{cases} u(1+v+\cdots+v^{K_x}), & K_x < n \\ u(1+v+\cdots+v^{n-1}) + w(v^n + v^{n+1} + \cdots + v^{\min\{K_x, T-1\}}), & n \le K_x < T \end{cases}
$$
$$
= w \begin{cases} \ddot{a}_{\overline{K_x+1}|}, & K_x < T \\ \ddot{a}_{\overline{T}|,i}, & K_x \ge T \end{cases} \quad + \quad (u-w) \begin{cases} \ddot{a}_{\overline{K_x+1}|}, & K_x < n \\ \ddot{a}_{\overline{n}|,i}, & K_x \ge n \end{cases}
$$
$$
= w \times \ddot{a}_{\overline{\min\{K_x+1,T\}}|} + (u-w)\ddot{a}_{\overline{\min\{K_x+1,n\}}|}
$$

따라서 평균값은 $E[{}_nM^T_{u,w}:] = w \times \ddot{a}_{x:\overline{T}|} + (u-w)\ddot{a}_{x:\overline{n}|}$

**보기 4.9** *나이 $x$인 사람이 $t = 0,1,2,\cdots,9$까지는 $u$ 을 납입하고, $t = 10,11,\cdots$ 에는 $w$를 납입한다. 보험료 납입은 생존하는 동안 최대 20라 하자. 납입금의 현재가격을 나타내는 확률변수와, 그 확률변수의 평균값을 구하라.*

**풀이.** *보험료는 최대 20회까지만 내는 것에 주의하면*

$$
\begin{cases} u(1+v+v^2+\cdots+v^{K_x}), & K_x < 10 \\ u\left(1+v+\cdots+v^{10}\right) + w\left(v^{11}+v^{12}+\cdots+v^{\min\{K_x,19\}}\right), & K_x \ge 10 \end{cases}
$$
$$
= \begin{cases} u(1+v+v^2+\cdots+v^{K_x}), & K_x < 10 \\ (u-w)\left(1+v+\cdots+v^{10}\right) + \\ \qquad +w\left(1+v+v^2+\cdots+v^{10}+v^{11}+v^{12}+\cdots+v^{\min\{K_x,19\}}\right), & K_x \ge 10 \end{cases}
$$
$$
= w \times \ddot{a}_{\overline{\min\{K_x+1,20\}}|} + (u-w)\begin{cases} 1+v+v^2+\cdots+v^{K_x}, & K_x < 10 \\ 1+v+v^2+\cdots+v^{10}, & K_x \ge 10 \end{cases}
$$
$$
= w \times \ddot{a}_{\overline{\min\{K_x+1,20\}}|} + (u-w)\ddot{a}_{\overline{\min\{K_x+1,10\}}|}
$$

*이 확률변수의 평균값은*

$$
E\left[w \times \ddot{a}_{\overline{\min\{K_x+1,20\}}|} + (u-w)\ddot{a}_{\overline{\min\{K_x+1,10\}}|}\right]
$$
$$
= w \times E\left[\ddot{a}_{\overline{\min\{K_x+1,20\}}|}\right] + (u-w)E\left[\ddot{a}_{\overline{\min\{K_x+1,10\}}|}\right]
$$
$$
= w \times \ddot{a}_{x:\overline{20}|} + (u-w)\ddot{a}_{x:\overline{10}|}
$$

**도움말 4.26** 보험 가입후 $n$년 이내에 사망하면 보험금 $a$를 지급하고, 그 이후에 사망하면 보험금 $b$를 사망한 해 말이 지급하는 것을 생각하자.

1. 종신보험의 경우, 보험금의 현재가격을 나타내는 확률변수와 평균값은

$$ {}_nQ_{a,b} = \begin{cases} a\ v^{K_x+1}, & K_x < n \\ b\ v^{K_x+1}, & K_x \geq n \end{cases} = bv^{K_x+1} + (a-b)Z_{x,n} = bZ_x + (a-b)Z_{x,n} $$

$$ E\left[{}_nQ_{a,b}\right] = bA_x + (a-b)A^1_{x:\overline{n}|} $$

2. 보장기간이 $T$로 제한된 경우, 보험금의 현재가격을 나타내는 확률변수와 평균값은

$$ {}_nQ^T_{a,b} = \begin{cases} a\ v^{K_x+1}, & K_x < n \\ b\ v^{K_x+1}, & n \leq K_x < T \\ 0, & K_x \geq T \end{cases} = bZ_{x,T} + (a-b)Z_{x,n}, $$

$$ E\left[{}_nQ^T_{a,b}\right] = bE[Z_{x,T}] + (a-b)E[Z_{x,n}] = bA^1_{x:\overline{T}|} + (a-b)A^1_{x:\overline{n}|} $$

**해설.** 먼저 확률변수 ${}_nQ_{a,b}$을 계산이 편하게 다듬어보자.

$$ \begin{aligned} {}_nQ_{a,b} &= \begin{cases} a\ \ v^{K_x+1}, & K_x < n \\ b\ \ v^{K_x+1}, & K_x \geq n \end{cases} = bv^{K_x+1} + (a-b)\begin{cases} v^{K_x+1}, & K_x < n \\ 0, & K_x \geq n \end{cases} \\ &= bZ_x + (a-b)Z_{x,n} \end{aligned} $$

따라서

$$ E[{}_nQ_{a,b}] = E\left[bZ_x + (a-b)Z_{x,n}\right] = bE[Z_x] + (a-b)E[Z_{x,n}] = bA_x + (a-b)A^1_{x:\overline{n}|} $$

같은 방식으로 ${}_nQ^T_{a,b}$를 이해할 수 있다. $E\left[{}_nQ^T_{a,b}\right] = bA^1_{x:\overline{T}|} + (a-b)A^1_{x:\overline{n}|}$.

**보기 4.10** *$x = 30$, 보험료 납입기간 $T = 30$년인 종신보험에 가입했다. 다음과 같은 조건 아래서 최초에 납입하게 될 연납보험료를 구하라.*
*이자율은 $i = 8\%$로 하고, Standard Ultimate Survival Model(SUSM)을 쓴다.*

- *보험금은 사망연도 말에 지급한다.*
- *사망 시점이 10년 이내이면 사망보험금을 1을,*
  *10년 초과이면 사망보험금 5를 지급.*
- *처음 10년 동안 매년 초에 납입하는 연납보험료는,*
  *그 후 20년 동안 매년 초에 납입하는 연납보험료의 $\frac{1}{2}$.*

**풀이.** 보험료와 보험금을 구별하자. $i = 8\% \neq 5\%$이므로 부록의 표를 쓸 수 없다. 예를 들어 보험료를 처음 $n$회는 $u$를 납입하고, $n+1$ 회차부터는 $w$를 납입할때, 납입하게되는 보험료의 현재가격의 평균은, 보험료는 살아 있어야 내는 것에 주의하면

$$\sum_{k=0}^{n-1} u v^k {}_k p_x + \sum_{k=n}^{\infty} w v^k {}_k p_x = w \sum_{k=0}^{\infty} v^k {}_k p_x + (u-w) \sum_{k=1}^{n-1} v^k {}_k p_x$$
$$= w\ddot{a}_x + (u-w)\ddot{a}_{x:\overline{n}|}$$

지급해야 할 보험금의 현재가격을 나타내는 확률변수는

$${}_{10}Q_{1,5} = \begin{cases} v^{K_x+1}, & K_x < 10 \\ 5v^{K_x+1}, & K_x \geq 10 \end{cases} = 5Z_x + (1-5)Z_{x,10}$$

따라서 지급해야 할 보험금의 현재가격의 평균값은

$$E[{}_{10}Q_{1,5}] = 5A_{30} + (1-5)A^{\ 1}_{30:\overline{10}|} = 5 \times 0.0227537 - 4 \times 0.00253714 = 0.10362$$

$x = 30$에 가입한 이 보험계약자로부터 보험회사가 받는 보험료의 현재가격을 나타내는 확률변수는, 연납보험료를 $P$라 두고 도움말 4.25을 활용하면 $x = 30, u = \frac{1}{2}P, w = P, n = 10, T = 30$ 에 해당하므로

$$E[{}_nM_{u,w}] = w\ddot{a}_{x:\overline{T}|} + (u-w)\ddot{a}_{x:\overline{n}|} = P\ddot{a}_{30:\overline{30}|} + (\frac{1}{2}P - P)\ddot{a}_{30:\overline{10}|}$$

따라서 구하는 보험료는

$$P = \frac{E[{}_{10}Q_{1,5}]}{\ddot{a}_{30:\overline{30}|} - \frac{1}{2}\ddot{a}_{30:\overline{10}|}} = \frac{5A_{30} - 4A^{\ 1}_{30:\overline{10}|}}{\ddot{a}_{30:\overline{30}|} - \frac{1}{2}\ddot{a}_{30:\overline{10}|}}$$

그런데 $A_{30:\overline{10}|} = 1 - d\ddot{a}_{30:\overline{10}|}$, $A_{30} = A^{\ 1}_{30:\overline{10}|} + v^{10}{}_{10}p_{30}A_{40}$ 을 생각하면, $A_{30}$, $A_{30:\overline{10}|}$, $\ddot{a}_{30:\overline{30}|}$ 을 계산하면 되지만, 여기서는 모두 계산하자. 이자율을 $i = 8\%$하여 계산하면

- $A_{30} = 0.0227537$
- $\ddot{a}_{30:\overline{30}|} = 12.0998$
- ${}_{10}p_{30} = 0.996099$
- $A^{\ 1}_{30:\overline{10}|} = 0.00253714$
- $\ddot{a}_{30:\overline{10}|} = 7.23703$

이 값을 대입하면 보험료 $P$는 $P = \dfrac{5A_{30} - 4A^{\ 1}_{30:\overline{10}|}}{\ddot{a}_{30:\overline{30}|} - \frac{1}{2}\ddot{a}_{30:\overline{10}|}} = 0.0122175.$

**보기 4.11** $x = 40$, 보험료 납입기간은 $n = 20$년 납 보장기간은 $T = 30$년이 보험에 가입했다. 다음과 같은 조건 아래서 받게되는 보험금의 평균값과, 최초에 납입하게 될 연납보험료를 구하라. 이자율은 $i = 5\%$로 하고, Standard Ultimate Survival Model(SUSM)을 쓴다.

- 보험금은 사망연도 말에 지급한다.
- 사망 시점이 10년 이내이면 사망보험금을 1을, 10년 초과이면 사망보험금 5를 지급.
- 처음 10년 동안 매년 초에 납입하는 연납보험료는 $2P$, 그 후 10년 동안 매년 초에 납입하는 연납보험료는 $P$이다.

**풀이.** 부록의 표를 참고하자. 보장기간이 $T=30$로 정해진 보험이다. $T_x \geq 30$이면 아무것도 받지 못한다.

- 받게되는 보험금을 나타내는 확률변수는 $x=40$으로 해서

$$\begin{cases} v^{K_x+1}, & K_x<10 \\ 5v^{K_x+1}, & 10\leq K_x<30 \\ 0, & K_x\geq 30 \end{cases}$$
$$=5\begin{cases} v^{K_x+1}, & K_x<30 \\ 0, & K_x\geq 30 \end{cases} + (1-5)\begin{cases} v^{K_x+1}, & K_x<10 \\ 0, & K_x\geq 10 \end{cases}$$
$$=5Z_{x,30}-4Z_{x,10}$$

따라서 보험금의 기대값은 $5A^{1}_{40:\overline{30}|}-4A^{1}_{40:\overline{10}|}$. 부록의 표를 참고하면 $A^{1}_{40:\overline{30}|}=0.0302225$, $A^{1}_{40:\overline{10}|}=0.00573196$. 이 값을 적용하면 $5A^{1}_{40:\overline{30}|}-4A^{1}_{40:\overline{10}|}=0.128185$.

- 내게 되는 보험료를 나타내는 확률변수:
먼저 납입기간이 살아있는 동안, 최대 $n=20$회까지인 것에 주의하자. 또 보험료는 11년 차부터, 즉 $T_x\geq 10$부터 반으로 줄어드는 것도 주의하자. $x=40$으로 하여

$$\begin{cases} 2P(1+v+v^2+\cdots+v^{K_x}), & K_x<10 \\ 2P(1+v+v^2+\cdots+v^9)+P\big(v^{10}+v^{11}+\cdots+v^{\min\{K_x,19\}}\big), & K_x\geq 10 \end{cases}$$
$$=\begin{cases} 2P(1+v+v^2+\cdots+v^{K_x}), & K_x<10 \\ P\big(1+v+\cdots+v^9+v^{10}+v^{11}+\cdots+v^{\min\{K_x,19\}}\big)+ & \\ \qquad +P(1+v+v^2+\cdots+v^9), & K_x\geq 10 \end{cases}$$
$$=\begin{cases} 2P\ddot{a}_{\overline{K_x+1}|}, & K_x<10 \\ P\ddot{a}_{\overline{\min\{K_x+1,20\}}|}+\ddot{a}_{\overline{10}|}, & K_x\geq 10 \end{cases}$$
$$=P\ddot{a}_{\overline{\min\{K_x+1,20\}}|}+(2P-P)\begin{cases} \ddot{a}_{\overline{K_x+1}|}, & K_x<10 \\ \ddot{a}_{\overline{10}|}, & K_x\geq 10 \end{cases}$$
$$=P\ddot{a}_{\overline{\min\{K_x+1,20\}}|}+(2P-P)\ddot{a}_{\overline{\min\{K_x+1,10\}}|}$$
$$:={}_{10}M^{20}_{2P,P}$$

평균값은 $E\left[{}_nM^{T}_{u,w}\right]=w\ddot{a}_{x:\overline{T}|}+(u-w)\ddot{a}_{x:\overline{n}|}$인 것을 생각하면

$$E\left[{}_{10}M^{20}_{2P,P}\right] = P\ddot{a}_{40:\overline{20}|} + (2P-P)\ddot{a}_{40:\overline{10}|} = P\left(\ddot{a}_{40:\overline{20}|} + \ddot{a}_{40:\overline{10}|}\right)$$

*$i = 5\%$로 계산해야 하는데, 부록의 표를 참고하면* $\ddot{a}_{40:\overline{20}|} = 12.9935$, $\ddot{a}_{40:\overline{10}|} = 8.08633$*이고, 따라서* $E\left[{}_{10}M^{20}_{2P,P}\right] = P \times 21.0798$.

- *보험료 $P$의 값은, 내는 돈과 받는 돈이 같아야 한다는 기본 원칙에 따라*

$$5A^{\;1}_{40:\overline{30}|} - 4A^{\;1}_{40:\overline{10}|} = 0.128185 = E\left[{}_{10}M^{30}_{2P,P}\right] = P \times 21.0798$$

*로부터* $P = \frac{0.128185}{21.0798} \approx 0.00608094$

**보기 4.12** *나이 $x$인 개체 수가* $\ell_x = 255\left(1 - \frac{x}{20}\right)$, $0 \le x \le 20$*으로 주어졌다.*
$x > 20$ *인 경우는* $\ell_x = 0$*이다. 이자율이 5%일 때* $\bar{A}_{10}, \bar{A}^{\;1}_{10:\overline{5}|}, A_{10:\overline{5}|}^{\;\;\;\;1}, \bar{A}_{10:\overline{5}|}$*을 구하여라.*

**풀이.** *기호가 대문자 $A$인 것을 보면 지급되는 보험금의 현재가격의 평균값을 계산하는 문제인 것을 알 수 있다. 또 $A$의 머리에 $^-$가 있는 것은 이자가 연속으로 계산되는 것을 알 수 있다.*
*지금 경우는*

$${}_tp_x = \begin{cases} \frac{\ell_{x+t}}{\ell_x} = 1 - \frac{t}{20-x}, & 0 \le t \le 20 \\ 0, & t > 20 - x \end{cases}$$

*로 쉬운 수식으로 표현된다. 따라서 적분변수가 $x$가 아니라 $t$인 것에 주의하면,*
$F_x(t) = 1 - S_x(t) = 1 - {}_tp_x$*이므로*

$$dF_x(t) = d\left(1 - {}_tp_x\right) = -d_tp_x = -d\left(1 - \frac{t}{20-x}\right) = \frac{1}{20-x}dt$$

- $\bar{A}_{10}$*의 계산:*
  *나이 10인 개체가, 보장기간이 가입 후 생존하는 동안인 종신보험에서 보험지급 사유 발생과 동시에 지급되는 보험금 1의 현재가격을 나타내는 확률변수* $\overline{Z}_{10} = v^{T_{10}}$*의 평균값을 나타낸다.*
  . *여기서* $\delta = \ln(1+i) = \ln(1+0.05)$*와* $dF_{10}(t) = \frac{1}{20-10}dt = \frac{1}{10}dt$*인 것을 이용하면,*

$$\begin{aligned} \bar{A}_{10} = E[\overline{Z}_{10}] = E[e^{-\delta T_{10}}] &= \int_{t=0}^{\infty} e^{-\delta t} dF_{10}(t) \\ &= \int_{t=0}^{20-10} e^{-\delta t}\frac{1}{10}dt = \frac{1}{10}\int_0^{10} e^{-\delta t}dt \\ &= \frac{1 - e^{-10\delta}}{10\delta} \approx 0.791321 \end{aligned}$$

  *이식에서 적분의 위끝 $\infty$가 갑자기 $20 - 10 = 10$으로 바뀐 것은 $x > 20$이면 $\ell_x = 0$이므로, $t > 10$이면 $F_{10}(t) \equiv 1$이고, 따라서 $dF_{10}(t) = 0dt$가 되기 때문이다.*

- $\bar{A}^{\,1}_{10:\overline{5}|}$의 계산:
  나이 10인 개체가 보장기간이 5년으로 제한된, 기간이 정해진 보험에서 보험지급사유 발생과 동시에 지급되는 보험금 1의 현재가격의 평균을 나타낸다. 예를 들어 나이가 $x$인 개체가 보장기간이 $n$인 보험에 가입했다면, 보장되는 기간은 $[x, x+n)$이다. 먼저 지급되는 보험금의 현재가격을 나타내는 확률변수는

$$\overline{Z}_{x,n} = \begin{cases} v^{T_x}, & T_x < n \\ 0, & T_x \geq n \end{cases} = \begin{cases} e^{-\delta T_x}, & T_x < n \\ 0, & T_x \geq n \end{cases}$$

  이 확률변수의 의미는 $T_x \geq n$이면 보험금을 지급하지 않는다, 즉 보험금이 0이라는 의미다. 지금 경우는 $x = 10, n = 5$인 경우다.

$$\begin{aligned} \bar{A}^{\,1}_{10:\overline{5}|} = E[\overline{Z}_{10,5}] &= \int_{t=0}^{5} e^{-\delta t} dF_{10}(t) + \int_{5}^{\infty} 0 dF_{10}(t) \\ &= \int_{0}^{5} e^{-\delta t} dF_{10}(t) = \int_{0}^{5} e^{-\delta t} \frac{1}{10} dt \\ &= \frac{1-e^{-5\delta}}{10\delta} \approx 0.443683 \end{aligned}$$

- $A_{10:\overline{5}|}^{\;\;\,1}$의 계산:
  나이 10인 개체가 보장기간이 5이고, 보장기간 $[10, 10+5)$ 동안 보험지급사유가 발생하지 않았을 때 보장기간 종료시점인 $10+5$에 지급되는 축하금 1의 현재가격의 평균값을 나타낸다. 축하금 1의 현재가격을 나타내는 확률변수는

$$E_{10,5} = \begin{cases} 0, & T_{10} < 5 \\ v^5, & T_{10} \geq 5 \end{cases}$$

  확률변수 $E_{10,5}$는 값이 2개 밖에 없는 것을 알아채자. 따라서

$$A_{10:\overline{5}|}^{\;\;\,1} = E[E_{10,5}] = 0 \times Pr[T_x < 5] + v^5 \times Pr[T_x \geq 5] = v^5 {}_5p_{10} \approx 0.391763$$

- $\bar{A}_{10:\overline{5}|}$ 의 계산:
  $\bar{A}_{10:\overline{5}|} = \bar{A}^{\,1}_{10:\overline{5}|} + A_{10:\overline{5}|}^{\;\;\,1}$이다. 이것은 보장기간이 5로 정해진 보험에서 보험금은 보험지급사유 발생과 동시에 1이 지급되고, 보장기간 안에 보험지급사유가 발생하지 않았으면 보장기간 끝인 $10+5$에 축하금 1을 지급되는 보험금의 현재가격을 나타내는 확률변수의 평균값을 나타낸다. 우선 현재가격을 나타내는 확률변수는

$$\overline{Z}_{x,n} + E_{x,n} = \begin{cases} v^{T_x}, & T_x < n, \\ v^n, & T_x \geq n \end{cases}$$

  에서 $x = 10, n = 5$인 경우다. 따라서

$$\bar{A}_{10:\overline{5}|} := E\left[\overline{Z}_{10,5} + E_{10,5}\right] = E[\overline{Z}_{10,5}] + E[E_{10,5}] = \bar{A}^{\,1}_{10:\overline{5}|} + A_{10:\overline{5}|}^{\;\;\,1}$$

따라서 $\bar{A}_{10:\overline{5}|} \approx 0.443683 + 0.391763 = 0.835446$ .

**도움말 4.27** 다음 기호에 익숙해지자.

$$A_x := \sum_{k=0}^{\infty} v^{k+1}{}_{k|}q_x = \sum_{k=0}^{n-1} v^{k+1}{}_{k|}q_x + \sum_{k=n}^{\infty} v^{k+1}{}_{k|}q_x.$$

$$A_x = A^{1}_{x:\overline{n}|} + v^n{}_np_x A_{x+n}, \quad A^{1}_{x:\overline{n}|} := \sum_{k=0}^{n-1} v^{k+1}{}_{k|}q_x,$$

$$\ddot{a}_x := \sum_{k=0}^{\infty} v^k{}_kp_x = \sum_{k=0}^{n-1} v^k{}_kp_x + \sum_{k=n}^{\infty} v^k{}_kp_x$$
$$= \ddot{a}_{x:\overline{n}|} + v^n{}_np_x\,\ddot{a}_{x+n},$$

$$\ddot{a}_{x:\overline{n}|} = \sum_{k=0}^{n-1} v^k{}_kp_x + \sum_{k=0}^{m-1} v^k{}_kp_x + \sum_{k=m}^{n-1} v^k{}_kp_x$$
$$= \ddot{a}_{x:\overline{m}|} + v^m{}_mp_x\,\ddot{a}_{x+m:\overline{n-m}|},$$

$${}_nE_x := v^n{}_np_x, \qquad A^{1}_{x:\overline{n}|} := \sum_{k=0}^{n-1} v^{k+1}{}_{k|}q_x, \qquad \ddot{a}_{x:\overline{n}|} := \sum_{k=0}^{n-1} v^k{}_kp_x,$$

$$A_{x:\overline{n}|} = A^{1}_{x:\overline{n}|} + A_{x:\overline{n}|}^{\;\;1}, \qquad A_{x:\overline{n}|}^{\;\;1} = {}_nE_x = v^n{}_np_x,$$

$$\ddot{a}_x = \frac{1-A_x}{d}, \qquad \ddot{a}_{x:\overline{n}|} = \frac{1-A_{x:\overline{n}|}}{d}$$

**보기 4.13** *나이 $x = 30$인 사람이 종신보험을 들었다. 보험료는 $t = 0,1,2,\cdots,29$에 $P$씩, 살아있는 동안 최대 $n = 30$회 납입하게 된다( $n = 30$년 납). 보험금은 사망년도 말에 지급한다.*
*문제에서 요구하는 것을 다음을 써서 표현하여라. 이자율은 $i$이고, $v = \frac{1}{1+i}$, $d = 1 - v$.*

- $i, v, d$
- ${}_{10}E_{30}$
- $A_{30:\overline{10}|}$
- $A_{30}$
- $A_{40}$
- $\ddot{a}_{30:\overline{30}|}$

1. ${}_{10}p_{30}, A^{1}_{30:\overline{10}|}, \ddot{a}_{30:\overline{10}|}, \ddot{a}_{\overline{10}|,i}$을 구하여라.
2. 사망 시기에 관계없이 보험금 1을 지급하고, 보험료는 $P$로 일정하고, 기간이 시작에 납입한다. 보험료 $P$를 주어진 자료을 이용하여 표현하여라.
3. 보험금이 $D = 10$년 이내에 사망하면 1을 , $D = 10$년 이후에 사망하면 보험금 5를 지급한다. 보험료는 처음 10회는 $P$, 그후는 $5P$일 때, $P$를 주어진 자료로 표현하여라.

**풀이.** $v = \frac{1}{1+i}, d = 1 - v = \frac{i}{1+i}$라 하자.

1. ${}_{10}p_{30} = \frac{v^{10}{}_{10}p_{30}}{v^{10}} = \frac{{}_{10}E_{30}}{v^{10}}$. $A^{\ 1}_{30:\overline{10}|} = A_{30:\overline{10}|} - A_{30:\overset{\ 1}{\overline{10}|}} = A^{\ 1}_{30:\overline{10}|} - {}_{10}E_{30}$. $\ddot{a}_{30:\overline{10}|} = \frac{1 - A_{30:\overline{10}|}}{d}$. $\ddot{a}_{\overline{10}|,i} = \frac{1-v^{10}}{i}$
2. 보험금의 현재가격을 나타내는 확률변수는 $Z_{30} = v^{K_{30}+1}$이고, 평균값은 $E[Z_{30}] = E[v^{K_{30}+1}] = A_{30}$. $n = 30$회 납입하는 보험료의 현재가격을 나타내는 확률변수는, 가입하는 순간부터, 보험료 $P$를 일정하게 살아있는 동안 , 최대 $n = 30$회를 내기 때문에

$$P\left(1 + v + v^2 + \cdots + v^{\min\{K_{30},29\}}\right) = P\ddot{a}_{\overline{\min\{K_{30}+1,30\}}|}$$

따라서 평균값은 $P \times E\left[\ddot{a}_{\overline{\min\{K_{30}+1,30\}}|}\right] = P\ddot{a}_{30:\overline{30}|}$. 이 식으로부터 보험료는 $P = \frac{A_{30}}{\ddot{a}_{30:\overline{30}|}}$.
3. 보험금의 현재가격을 나타내는 확률변수는

$${}_{10}Q_{1,5} = \begin{cases} v^{K_{30}+1}, & K_{30} < 10 \\ 5v^{K_{30}+1}, & K_{30} \geq 10 \end{cases} = 5Z_{30} + (1-5)Z_{30,10}$$

따라서 보험금의 현재가격을 나타내는 확률변수의 평균값은

$$E[{}_{10}Q_{1,5}] = 5A_{30} + (1-5)A^{\ 1}_{30:\overline{10}|}$$

직접 계산하면

$$\begin{aligned} E[{}_{10}Q_{1,5}] &= \sum_{k=0}^{9} v^{k+1}{}_{k|}q_{30} + 5\sum_{k=10}^{\infty} v^{k+1}{}_{k|}q_{30} = 5\sum_{k=0}^{\infty} v^{k+1}{}_{k}q_{30} - 4\sum_{k=0}^{9} v^{k+1}{}_{k|}q_{30} \\ &= 5A_{30} - 4A^{\ 1}_{30:\overline{10}|} \end{aligned}$$

$x = 30$에 가입한 이 보험계약자로부터 보험회사가 받는 보험료의 현재가격을 나타내는 확률변수는, 연납보험료를 $P$라 두고, 보험료를 최대 $n = 30$회까지 내는 것에 주의하여 도움말 4.25을 활용하면, $x = 30, n = 30, u = P, w = 5P, D = 10$ 에 해당하므로

$${}_{D}M^{n}_{P,5P} = 5P\ddot{a}_{\overline{\min\{K_{30}+1,30\}}|} + (P-5P)\ddot{a}_{\overline{\min\{K_{30}+1,10\}}|}$$

이고, 따라서 기대값은

$$E\left[{}_{D}M^{n}_{P,5P}\right] = 5P\ddot{a}_{30:\overline{30}|} + (P-5P)\ddot{a}_{30:\overline{10}|} = 5P\ddot{a}_{30} - 4P\ddot{a}_{30:\overline{10}|}$$

따라서 구하는 보험료는

$$P = \frac{5A_{30} - 4A^{\ 1}_{30:\overline{10}|}}{5\ddot{a}_{30:\overline{30}|} - 4\ddot{a}_{30:\overline{10}|}}$$

## 4.8 $\bar{a}_x, \bar{A}_x, \bar{a}_{x:\overline{n}|}, \bar{A}_{x:\overline{n}|}, \bar{A}^1_{x:\overline{n}|}$

나이 $x$인 사람이 보장기간이 $[x, x+n)$을 제한되고, 그러나 보장기간동안 연금을 일정한 비율 1로 연속적으로 지급한다면, 즉 continuous compounding으로 계산한다면, 시간구간 $[t, t+dt]$에 지급된 연금은

$$1 \times dt = dt$$

이다. 지급되는 연금의 현재가격을 나타내는 확률변수는

$$\int_{t=0}^{\min\{T_x,n\}} v^t dt = \int_{t=0}^{\min\{T_x,n\}} e^{-\delta t} dt = \frac{1 - v^{\min\{T_x,n\}}}{\delta}$$

이 식을 보면

$$\ddot{a}_{\overline{n}|} := 1 + v + v^2 + \cdots + v^{n-1} = \frac{1-v^n}{1-v} = \frac{1-v^n}{d}$$

가 생각난다. 다른 점은 적분을 써서 계산하는 점이다. 이런 점을 고려하여 이 확률변수를 $\bar{a}_{\overline{\min\{T_x,n\}}|}$으로 나타낸다. $a$의 머리에 있는 $^-$는 적분을 쓰는 것을 표시한다.

$$\bar{a}_{\overline{\min\{T_x,n\}}|} := \int_{t=0}^{\min\{T_x,n\}} v^t dt = \int_{t=0}^{\min\{T_x,n\}} e^{-\delta t} dt = \frac{1 - v^{\min\{T_x,n\}}}{\delta}$$

확률변수 $\bar{a}_{\overline{\min\{T_x,n\}}|}$의 평균값은 $\bar{a}_{x:\overline{n}|}$으로 나타낸다. 따라서

$$\bar{a}_{x:\overline{n}|} = E\Big[\frac{1 - v^{\min\{T_x,n\}}}{\delta}\Big] = \frac{1 - E[v^{\min\{T_x,n\}}]}{\delta}.$$

여기서 확률변수 $v^{\min\{T_x,n\}}$ 보장기간이 $n$ 축하금이 있는 보험에서 사망과 동시에 1을 지급하는 경우의 현재가격을 나타내는 확률변수다. 평균값 $E[v^{\min\{T_x,n\}}]$를 $\bar{A}_{x:\overline{n}|}$으로 나타냈다:

$$\begin{aligned}
E[v^{\min\{T_x,n\}}] &= \bar{A}_{x:\overline{n}|} \\
&= \int_{t=0}^{n} v^{\min\{T_x,n\}} dF_x(t) + \int_{t=n}^{\infty} v^{\min\{T_x,n\}} dF_x(t) \\
&= \int_{t=0}^{n} v^{\min\{T_x,n\}} dF_x(t) + v^n \int_{t=n}^{\infty} dF_x(t) \\
&= \int_{t=0}^{n} v^{\min\{T_x,n\}} dF_x(t) + v^n P[T_x \geq n] \\
&= \bar{A}^1_{x:\overline{n}|} + v^n {}_n p_x \\
&= \bar{A}^1_{x:\overline{n}|} + A_{x:\overset{1}{\overline{n}|}}
\end{aligned}$$

정리하면 $\bar{a}_{x:\overline{n}|} = \dfrac{1 - \bar{A}_{x:\overline{n}|}}{\delta}$.

1. 축하금이 없는 경우: 보장기간 동안 보험금 지급사유가 발생하지 않은 경우, 보장기간이 끝나면 아무런 혜택이 없는 순수보장성 보험의 경우는

$$\bar{Z}_{x,n} = \begin{cases} v^{T_x}, & T_x < n \\ 0, & T_x \geq n \end{cases}, \quad \text{보험금을 사망과 동시에 지급할 때}$$

$$Z_{x,n} = \begin{cases} v^{K_x+1}, & K_x < n \\ 0, & K_x \geq n \end{cases}, \quad \text{보험금을 사망한 해 말에 지급할 때}$$

2. 축하금이 있는 경우: 보장기간 동안 보험금 지급사유가 발생하면 즉시 보험금을 지급하고, 지급사유가 발생하지 않은 경우, 보장기간이 끝나는 $x+n$에 축하금(endowment) 1을 지급하는 축하금이 있는 보험인 경우는

$$v^{\min\{T_x,n\}} = \bar{Z}_{x,n} + E_{x,n} = \begin{cases} v^{T_x}, & T_x < n \\ v^n, & T_x \geq n \end{cases}$$

3. 축하금이 있는 경우: 보장기간 동안 보험금 지급사유가 발생한 해 말에 보험금을 지급하고, 지급사유가 발생하지 않은 경우, 보장기간이 끝나는 $x+n$에
축하금(endowment) 1을 지급하는 축하금이 있는 보험인 경우는

$$v^{\min\{K_x+1,n\}} = Z_{x,n} + Z^e_{x,n} == \begin{cases} v^{K_x+1}, & K_x < n \\ v^n, & K_x \geq n \end{cases}$$

확률변수 $\bar{Z}_{x,n}$의 평균은 적분으로 계산하기 때문에 $\bar{A}^1_{x:\overline{n}|}$로 나타내고, 확률변수 $Z_{x,n}$의 평균은 합으로 계산하기 때문에 $A^1_{x:\overline{n}|}$로 나타낸다. 확률변수 $\bar{Z}_{x,n}$의 분산은 $T_x < n$이면 $\bar{Z}_{x,n} = e^{-\delta T_x}$이고, $T_x \geq n$이면 $\bar{Z}_{x,n} \equiv 0$이므로

$$Var[\bar{Z}_{x,n}] = E[\bar{Z}_{x,n}{}^2] - E[\bar{Z}_{x,n}]^2 = E[\bar{Z}_{x,n}{}^2] - \left(\bar{A}^1_{x:\overline{n}|}\right)^2 = {}^2\bar{A}^1_{x:\overline{n}|} - \left(\bar{A}^1_{x:\overline{n}|}\right)^2$$

위 식에서

$$\bar{A}^1_{x:\overline{n}|} := \int_{t=0}^{n} e^{-\delta t} dF_x(t), \qquad {}^2\bar{A}^1_{x:\overline{n}|} := \int_{t=0}^{n} e^{-(2\delta)t} dF_x(t)$$

**도움말 4.28** [사망과 동시에 보험금 지급될 때] 보장기간이 $n$인 경우, 사망과 동시에 보험금 1이 지급될 때, 이 보험금을 현재가격을 나타내는 확률변수의 평균값은

1. 보험금 지급 사유가 없을 때, 아무런 혜택이 없는 순수보장성 보험의 경우 $T_x < n$일 때에만 보험금을 지급하기 때문에, 현재가격을 나타내는 확률변수는 $\overline{Z}_{x,n}$이고,

$$\bar{A}^1_{x:\overline{n}|} = E[\overline{Z}_{x,n}] = \int_{t=0}^{n} e^{-\delta t} dF_x(t), \quad \overline{Z}_{x,n} := \begin{cases} v^{T_x}, & T_x < n \\ 0, & T_x \geq n \end{cases}$$

2. 보험금 지급 사유가 없을 때, $x+n$에 축하금 1을 지급하는 축하금이 있는 보험의 경우 현재가격을 나타내는 확률변수는 $\overline{Z}_{x,n} + E_{x,n}$이고,

$$\bar{A}_{x:\overline{n}|} = E[\overline{Z}_{x,n} + E_{x,n}] = \int_{t=0}^{n} e^{-\delta t} dF_x(t) + v^n {}_np_x = \bar{A}^1_{x:\overline{n}|} + A_{x:\overline{n}|}^{\ \ 1}$$

3. 나이 $x$, 보장기간 $n$, 축하금이 없고, 보험금을 사유발생과 동시에 지급하는 경우 확률변수 $\overline{Z}_{x,n}$의 분산(variance)은

$$Var[\overline{Z}_{x,n}] = {}^2\bar{A}^1_{x:\overline{n}|} - \left(\bar{A}^1_{x:\overline{n}|}\right)^2.$$

이 식에서

$$\bar{A}^1_{x:\overline{n}|} := \int_{t=0}^{n} e^{-\delta t} dF_x(t), \qquad {}^2\bar{A}^1_{x:\overline{n}|} := \int_{t=0}^{n} e^{-(2\delta)t} dF_x(t)$$

4. $\bar{a}_{x:\overline{n}|} = \int_{t=0}^{n} e^{-\delta t} {}_tp_x dt.$

5. $\bar{A}_{x:\overline{n}|} = 1 - \delta \bar{a}_{x:\overline{n}|}, \quad \bar{a}_{x:\overline{n}|} = \dfrac{1 - \bar{A}_{x:\overline{n}|}}{\delta}.$

**해설.** 각각의 경우 사망보험금의 현재가격의 평균은 험금을 사망과 동시에 지급하는 경우 평균값을 $\bar{A}^1_{x:\overline{n}|}$로 나타내고,

$$\begin{aligned} \bar{A}^1_{x:\overline{n}|} &= \int_{t=0}^{n} v^t dF_x(t) = \int_{t=0}^{n} e^{-\delta t} dF_x(t) = -\int_{t=0}^{n} e^{-\delta t} \frac{d}{dt} {}_tp_x \ dt,, \quad v = e^{-\delta} \\ &= 1 - \delta \int_{t=0}^{n} e^{-\delta t} {}_tp_x dt - v^n {}_np_x, \end{aligned}$$

위 식에 나타나는 값 $v^n {}_np_x$를 특별한 이름이 있다. 보통 축하금(endowment)이라 부르고 $A_{x:\overline{n}|}^{\ \ 1}$ 또는 ${}_nE_x$ 등으로 표시한다. 즉 $A_{x:\overline{n}|}^{\ \ 1} := v^n {}_np_x := {}_nE_x$. 여기에 더해서 새로운 기호 $\bar{A}_{x:\overline{n}|}$을

$$\bar{A}_{x:\overline{n}|} := \bar{A}^1_{x:\overline{n}|} + A_{x:\overline{n}|}^{\ \ 1} = 1 - \delta \int_{t=0}^{n} e^{-\delta t} {}_tp_x dt.$$

여기서 $\bar{a}_{x:\overline{n}|} = \int_{t=0}^{n} e^{-\delta t} {}_tp_x dt$. 이 기호를 쓰면

$$\bar{A}^1_{x:\overline{n}|} = 1 - \delta \bar{a}_{x:\overline{n}|} - A_{x:\overline{n}|}^{\ \ 1}, \qquad \bar{A}_{x:\overline{n}|} = \bar{A}^1_{x:\overline{n}|} + \bar{A}_{x:\overline{n}|}^{\ \ 1}, \qquad \bar{A}_{x:\overline{n}|} = 1 - \delta \bar{a}_{x:\overline{n}|}.$$

**도움말 4.29**

1. 연금 1이 생존기간 동안 연속으로 지급될 때, 현재가격을 나타내는 확률변수는

$$\bar{a}_{\overline{T_x}|} := \int_{t=0}^{T_x} e^{-\delta t} dt = \frac{1-e^{-\delta T_x}}{\delta}$$

2. 확률변수 $\bar{a}_{\overline{T_x}|}$의 평균값은 $\bar{a}_x$로 나타내고,

$$\bar{a}_x := E[\bar{a}_{\overline{T_x}|}] = E\Big[\frac{1-e^{-\delta T_x}}{\delta}\Big] = \frac{1-E[e^{-\delta T_x}]}{\delta} = \frac{1-\bar{A}_x}{\delta}$$

3. 연금1을 연속으로, $\min\{T_x, n\}$까지 지급될 때, 현재가격을 나타내는 확률변수는

$$\bar{a}_{\overline{\min\{T_x,n\}}|} := \int_{t=0}^{\min\{T_x,n\}} e^{-\delta t} dt = \frac{1-e^{-\delta \min\{T_x,n\}}}{\delta}$$

4. 확률변수 $\bar{a}_{\overline{\min\{T_x,n\}}|}$의 평균값은 $\bar{a}_{x:\overline{n}|}$으로 나타내고,

$$\bar{a}_{x:\overline{n}|} := E\big[\bar{a}_{\overline{\min\{T_x,n\}}|}\big] = E\Big[\frac{1-e^{-\delta \min\{T_x,n\}}}{\delta}\Big] = \frac{1-E\big[e^{-\delta \min\{T_x,n\}}\big]}{\delta} = \frac{1-\bar{A}_{x:\overline{n}|}}{\delta} = \bar{a}_{x:\overline{n}|}$$

**도움말 4.30** 기간이 $n$으로 정해진 축하금이 있는 보험(endowment)에서 , 연속으로 계산할 때(continuous compounding) 보험금의 현재가격의 평균값은 다음 관계가 성립한다.

$$\bar{A}_{x:\overline{n}|} = \bar{A}^{1}_{x:\overline{n}|} + A_{x:\overset{1}{\overline{n}|}}, \qquad \bar{A}_{x:\overline{n}|} = 1-\delta \bar{a}_{x:\overline{n}|}$$

$$A_{x:\overline{n}|} := A^{1}_{x:\overline{n}|} + A_{x:\overset{1}{\overline{n}|}}, \qquad A_{x:\overline{n}|} = 1-d\ddot{a}_{x:\overline{n}|}$$

**도움말 4.31** 거래가 $\frac{k}{m}$에 일어날 때: $K_x^{(m)} = \frac{1}{m}\lfloor m \times T_x \rfloor$을 생각한다.
여기서 $K_x^{(m)}$은 $\frac{k}{m} \le T_x < \frac{k}{m} + \frac{1}{m}$이 성립하는 $\frac{k}{m}$를 나타낸다.

1. $\ddot{a}^{(m)}_{x:\overline{n}|}$과 $A^{(m)}_{x:\overline{n}|}$의 관계는 $\ddot{a}^{(m)}_{x:\overline{n}|} = \frac{1}{m}\dfrac{1-A^{(m)}_{x:\overline{n}|}}{1-v^{\frac{1}{m}}} = \dfrac{1-A^{(m)}_{x:\overline{n}|}}{d^{(m)}}, \quad 1-v^{\frac{1}{m}} = \dfrac{d^{(m)}}{m}$.
2. $\bar{a}_{x:\overline{n}|} = \lim_{m\to\infty} \ddot{a}^{(m)}_{x:\overline{n}|}$
3. $\bar{A}_{x:\overline{n}|} = \lim_{m\to\infty} A^{(m)}_{x:\overline{n}|}$
4. $\bar{a}_{x:\overline{n}|}$와 $\bar{A}_{x:\overline{n}|}$의 관계는 $\bar{a}_{x:\overline{n}|} = \dfrac{1-\bar{A}_{x:\overline{n}|}}{\delta}$

**도움말 4.32** 보장기간이 $n$인 연금에서, $\min\{T_x, n\}$ 동안 연속적으로 1은 지급하는 연금을 생각하자.

1. 연금의 현재가격을 나타내는 확률변수는
$$\bar{a}_{\overline{\min\{T_x,n\}}|} := \int_{t=0}^{\min\{T_x,n\}} v^t dt = \int_{t=0}^{\min\{T_x,n\}} e^{-\delta t} dt = \frac{1-v^{\min\{T_x,n\}}}{\delta}$$
평균값은 $\bar{a}_{x:\overline{n}|}$으로 나타낸다.
2. 보장기간이 $n$ 축하금이 있는 보험에서 사망과 동시에 1을 지급하는
축하금이 있는 보험의 현재가격을 나타내는 확률변수는 $v^{\min\{T_x,n\}}$로 나타내고,
그 평균값은 $\bar{A}_{x:\overline{n}|}$으로 나타낸다.
$$\bar{a}_{x:\overline{n}|} = E\left[\bar{a}_{\overline{\min\{T_x,n\}}|}\right] = E\left[\frac{1-v^{\min\{T_x,n\}}}{\delta}\right] = \frac{1-E\left[v^{\min\{T_x,n\}}\right]}{\delta} = \frac{1-\bar{A}_{x:\overline{n}|}}{\delta} = \bar{a}_{x:\overline{n}|}$$

**보기 4.14** $S_0(t) = \max\{(1-\frac{t}{20})^2, 0\}$ *일 때 다음 값을 구하여라.*

1. $A_{17}$
2. $\ddot{a}_{17}$
3. $A_{17:\overline{2}|}$
4. $A^{\,1}_{17:\overline{2}|}$
5. ${}_2E_{17}$
6. $\ddot{a}_{17:\overline{2}|}$

**풀이.** *먼저* ${}_tp_x$*를 표현하자.*

$$ {}_tp_x = \begin{cases} \frac{S_0(x+t)}{S_0(x)}, & 0 \le t < 20-x \\ 0, & t \ge 20-x \end{cases} = \begin{cases} \left(1 - \frac{t}{20-x}\right)^2, & 0 \le t < 20-x \\ 0, & t \ge 20-x \end{cases} $$

${}_kq_x = {}_kp_x - {}_{k+1}p_x$ 인 것을 생각하면

$$ A_{17} = \sum_{k=0}^{\infty} v^{k+1}{}_{k|}q_{17} = v \cdot \frac{5}{9} + v^2 \cdot \frac{1}{3} + v^3 \frac{1}{9} + 0 + 0 + \cdots = 0.927426 $$

*${}_tp_{17} = 0, t \ge 3$이기 때문에, 모든 계산을 항이 3개 뿐이고, 따라서 컴퓨터를 쓰지 않고, 손으로 계산할 수 있다.*

1. $A_{17} = 0.927426$
2. $\ddot{a}_{17} = 1.52406$
3. $A_{17:\overline{2}|} = 0.932225$
4. $A^{\,1}_{17:\overline{2}|} = 0.831444$
5. ${}_2E_{17} = 0.100781$
6. $\ddot{a}_{17:\overline{2}|} = 1.42328$

## 4.9 연습문제

**4.1** $i = 0.05, {}_{35}p_{30} = 0.85, A_{30} = 0.17, A_{65} = 0.5$라 하자. 다음 값을 구하여라.

*1.* $\ddot{a}_{30}$ *2.* $\ddot{a}_{65}$ *3.* $A^{\;1}_{30:\overline{35}|}$ *4.* $A_{30:\overline{35}|}$ *5.* $\ddot{a}_{30:\overline{35}|}$

**4.2** $v = 0.95, {}_{10}p_{25} = 0.996853, \ddot{a}_{25:\overline{15}|} = 10.7139, \ddot{a}_{35:\overline{5}|} = 4.52084$일 때, $A^{\;1}_{25:\overline{10}|}$을 구하여라.

**4.3** $S_0(t) = \max\{\left(1-\frac{t}{20}\right)^2, 0\}$일 때 다음 값을 구하여라.

*1.* $A_1$ *3.* $A_{1:\overline{2}|}$ *5.* ${}_1E_2$
*2.* $\ddot{a}_1$ *4.* $A^{\;1}_{1:\overline{2}|}$ *6.* $\ddot{a}_{1:\overline{1}|}$

**4.4** *나이 70인 사람이 사망 즉시 보험금 1이 지급되는 종신보험에 가입했다.*
*다음 조건에서 보험금의 현재가격의 기대값은 구하여라.*

*1.* *가입후 $t$에 사망했을 때 보험금은 $b_t = 10,000 - 4t^2$*
*2.* *이자율은 단리 2%*
*3.* *사망은 $\omega = 120$인 De Moivre의 법칙을 따른다.*

*만일 같은 조건에서 다만 계산을 복리 2%로 한다면, 지급되는 보험금의 현재가격의 기대값은 얼마인가?*

**4.5** *출고된지 $x$인 제품에 대해, 작동불능 상태가 되면 보험금 10 이 지급되는 종신보험에 가입했다. 계산의 편의를 위해서 이자율 세기 $\delta$와 사망률 세기 $\mu$는 상수로 가정한다.*

*1.* ${}_tp_x$*를 구하여라.*
*2.* $A_x$, $\bar{A}_x$*를 구하여라.*
*3.* $\ddot{a}_x$, $\bar{a}_x$*를 구하여라.*
*4.* *보험료는 구간의 시작에, 처음 10 회는 $2P$를 내고, 11회부터는 $P$를 제품 작동기간 동안 낸다. 보험금 10을 즉시 지급한다면 $P$의 값으로 얼마가 적절한가?*

5. 보험금은 사유가 발생한 구간 끝에 지급한다. 그런데 가입후 6 이내에 작동불능상태가 되면 보험금 5 지급하고, 6 이후에 작동불능이 되면 보험금 10을 지급한다.
보험료는 구간의 시작에, 처음 10 회는 $2P$를 내고, 11회부터는 $P$를 최대 20회까지 낸다.
받게되는 보험금의 기대값은 얼마인가? 지금 경우는 $P$의 값으로 얼마가 적절한가?

**4.6** 다음 조건을 적용하여 $\bar{A}_{x:\overline{3}|}$를 구하여라.

1. 이자율은 $i = 0.03$
2. $q_x = 0.1, q_{x+1} = 0.2, q_{x+2} = 0.3$
3. 각각의 연령 구간에서는 UDD(Uniform Distribution of Death)를 적용한다.

**4.7** 나이 $x = 20$인 사람이 보험료를 나이 $x = 20$에 한꺼번에 내고, 20년 지난 후 나이 40부터 매년 초에 1씩 받는 연금에 가입했다. 계산의 편의를 위하여 다음 가정을 하자.

- 이자율 $i = 5\%$
- $\ell_x = 80 - x$

다음 각각에 답하여라.

1. 첫 번째 연금을 받을 확률은 얼마인가?
2. 받게 될 연금의 현재가격의 총 합을 나타내는 확률변수를 구하여라.
3. 보험금을, 받게될 연금 총합을 나타내는 확률변수의 평균값으로 정하면, 가입과 동시에 한꺼번에 내야 할 보험료는 얼마인가?

**4.8** 나이 $x$인 사람이 보장기간이 $T = 30$년인 연금을 가입했다. 연금은 지금부터 지급된다. 따라서 연금은 1이 $x, x+1, x+2, x+2, \cdots, x+29$에 지급된다. 연금은 물론 생존했을 경우에만 지급된다. 이자율은 $i$로 일정하다.

1. 이 연금의 현재가격을 나타내는 확률변수를 $W_x$라 하자. $W_x$의 표현하여라.
2. 연금의 현재가격을 나타내는 확률변수의 $W_x$의 평균값을 구하여라.
3. 연금의 현재가격을 나타내는 확률변수의 $W_x$에 대하여, $E[W_x^2]$을 구하여라.
4. 연금의 현재가격을 나타내는 확률변수 $W_x$의 분산 $Var[W_x]$를 구하여라.
5. 이 상품의 보험료를 $n = 10$회 한도로 낸다면, 영업비용을 무시할 때 적절한 보험료는?

**4.9** *어떤 제품의 수명을 다음과 같다 하자. x의 단위는 년이다.*

$$\ell_x = \begin{cases} 1000(1-\frac{x^2}{400}), & 0 \le x \le 20 \\ 0, & x \ge 20 \end{cases}$$

*제품이 고장났을 때 즉시 보험금 1을 지급하는 보험이 있다. 이자율은 $i = 3\%$로 한다.*

1. *출고 후 5년 된 제품의 기대수명을 구하여라.*
2. *$x = 5$일 때 종신보험에 가입했다. 이 보험금의 현재가격을 나타내는 확률변수를 쓰고, 기대값을 구하여라.*
3. *$x = 5$일 때 종신보험에 가입하고, 보험료 $P_{5,10}$를 10회 한도로 내기로 했다면, 내게 되는 보험료의 현재가격을 표현하는 확률변수를 쓰고, 기대값을 구하여라.*
4. *이 종신보험의 보험료는 다른 영업비용이 없다면 얼마가 이상적인가?*

**4.10** *나이 $x = 40$인 사람이 종신보험에 가입한 경우와, 기간 $T = 20$년짜리 보험에 가입한 경우를 가정하여 다음 조건 아래서 보험금 $S_0 = 1$의 현재가격을 나타내는 확률변수의 평균값을 계산하여라. 표준한계생존모델(SUSM)을 써서 계산하자.*
*SUSM은 $\mu_x = A + Bc^x$, $A = 0.00022, B = 2.7 \times 10^{-6}, c = 1.124$를 적용한 모델이다.*

- *보험금은 처음 10년 이내에 사망하면 1을 지급하고, 그 이후에 사망하면 5를 지급하는 것으로 한다.*
- *보험금은 사망한 말에 지급한다.*
- *년이자율은 $i = 5\%$로 한다.*

## 4.10 연습문제 해설

해설 4.1

1. $\ddot{a}_{30} = \frac{1-A_{30}}{1-v} = 17.43$
2. $\ddot{a}_{65} = \frac{1-A_{65}}{1-v} = 10.5$
3. $A_{30} = A^{1}_{30:\overline{35}|} + v^{35}{}_{35}p_{30}A_{65}$.
   따라서 $A^{1}_{30:\overline{35}|} = 0.092$.
4. $A_{30:\overline{35}|} = A^{1}_{30:\overline{35}|} + v^{35}{}_{35}p_{30} = 0.247048$.
5. $\ddot{a}_{30:\overline{35}|} = \frac{1-A_{30:\overline{35}|}}{1-v} = 15.812$.

해설 4.2 $\ddot{a}_{25:\overline{10}|} = \frac{1-A_{25:\overline{10}|}}{1-v}$로부터 $A_{25:\overline{10}|} = 1 - d\ddot{a}_{25:\overline{10}|}$. 여기서 $d = 1 - v = 0.05$이고,

$$\ddot{a}_{25:\overline{15}|} = \sum_{k=0}^{14} v^k{}_kp_{25} = \sum_{k=0}^{9} v^k{}_kp_{30} + \sum_{k=10}^{14} v^k{}_kp_{30} = \ddot{a}_{25:\overline{10}|} + v^{10}{}_{10}p_{25}\ddot{a}_{35:\overline{5}|}$$

따라서 $\ddot{a}_{25:\overline{10}|} = \ddot{a}_{25:\overline{15}|} - v^{10}{}_{10}p_{25}\ddot{a}_{35:\overline{5}|} = 8.01839$. 그러므로 $A^{1}_{25:\overline{10}|} = A_{25:\overline{10}|} - v^{10}{}_{10}p_{25} = 0.00223$

해설 4.3 모두 손으로 계산할 수 있다.

1. $A_1 = 0.927426$
2. $\ddot{a}_1 = 1.52406$
3. $A_{1:\overline{2}|} = 0.932225$
4. $A^{1}_{1:\overline{2}|} = 0.831444$
5. ${}_2E_1 = 0.100781$
6. $\ddot{a}_{1:\overline{2}|} = 1.42328$

해설 4.4 사망은 $\omega = 120$인 De Moivre의 법칙을 따른다는 것은 $\ell_{x+t} = \omega - x - t$라는 말이다. 따라서

$${}_tp_{70} = \frac{\ell_{70+t}}{\ell_{70}} = \begin{cases} 1 - \frac{t}{50}, & 0 \le t < 50 \\ 0, & t \ge 50 \end{cases}$$

구간 $[t, t+dt]$에 사망할 확률은 $dF_{70}(t)$. 이때 받는 보험금 $b_t$의 현재가격을 나타내는 확률변수는 단리 2%로 계산하는 것에 주의하면 $\overline{Z}_{70} = \frac{b_t}{1+(0.02)T_{70}}$. 따라서 구하는 현재가격은

$$\begin{aligned} E[\overline{Z}_{70}] &= E\big[\frac{b_{T_{70}}}{1+(0.02)T_{70}}\big] = \int_{t=0}^{50} \frac{b_t}{1+(0.02)t} dF_{70}(t) \\ &= -\int_{t=0}^{50} \frac{b_t}{1+(0.02)t} d(1-\frac{t}{50}) = \int_{t=0}^{50} \frac{10000-4t^2}{50+t} dt \\ &= 4\int_0^{50} (50-t)dt = 2\big[-(50-t)^2\big|_{t=0}^{50} \\ &= 50,000 \end{aligned}$$

복리로 계산한다면 달라지는 것은 확률변수가 $\overline{Z}_{70} = v^{T_{70}}b_t, v = \frac{1}{1+0.02}$로 바뀌는 것 뿐이다.
이자율 세기를 $\delta = \ln(1+0.02)$라 두면

$$\begin{aligned} E[\overline{Z}_{70}] &= E\big[v^{T_{70}}b_t\big] = \int_{t=0}^{50} b_t e^{-\delta t} dF_{70}(t) = -\int_{t=0}^{50} (10000-4t^2)e^{-\delta t}(-\frac{1}{50})dt \\ &= \Big[\frac{2e^{-\delta t}}{25\delta^3}\Big(2+2\delta t+\delta^2(t^2-50^2)\Big)\Big|_{t=0}^{50} \\ &\approx 4730.05 \end{aligned}$$

해설 4.5 사망율 세기(force of mortality)가 상수 $\mu \equiv \mu$인 경우

$${}_tp_x = \exp\big(-\int_{s=0}^{t} \mu_s ds\big) = e^{-\mu t}$$

사망률 세기가 상수인 경우, ${}_tp_x$는 $x$에 따라 변하지 않는다. 따라서 보험금, 보험료가 가입 시기 $x$에 관계가 없다.

1. ${}_tp_x = e^{-\mu t}$.
2. 이자율 세기 $\delta$도 상수이므로 $\overline{Z}_x := v^{T_x} = e^{-\delta T_x}$, $Z_x = v^{K_x+1}$이라 두면
   - $\bar{A}_x = E[v^{T_x}] = \int_{t=0}^{\infty} e^{-\delta t} dF_x(t) = \mu \int_{t=0}^{\infty} e^{-(\delta+\mu)t} dt = \dfrac{\mu}{\delta+\mu}$
   - $A_x = E[v^{K_x+1}] = \sum_{k=0}^{\infty} v^{k+1}{}_{k|}q_x = \sum_{k=0}^{\infty} v^{k+1}\big({}_kp_x - {}_{k+1}p_x\big) = \dfrac{v(e^{\mu}-1)}{e^{\mu}-v}$
3. $A_x, \bar{A}_x$를 계산했기 때문에
   - $\ddot{a}_x = \dfrac{1-A_x}{1-v} = \dfrac{e^{\mu}}{e^{\mu}-v}$
   - $\bar{a}_x = \dfrac{1-\bar{A}_x}{\delta} = \dfrac{1}{\delta+\mu}$
4. 보험금이 1이 아니고, 10인 것에 주의하자. 우선 보험료를 나타내는 확률변수는

$$\begin{cases} 2P(1+v+\cdots+v^{K_x}), & K_x < 10 \\ P(v^{10}+v^{11}+\cdots+v^{K_x}), & K_x \geq 10 \end{cases} = P\ddot{a}_{\overline{K_x+1}|} + (2P-P)\ddot{a}_{\overline{\min\{K_x+1,10\}}|}$$

   따라서 보험료의 기대값은 $P\big(\ddot{a}_x + \ddot{a}_{x:\overline{10}|}\big)$. 보험금 10이 즉시 지급되기 때문에, $P$의 값은

$$P = \frac{10\bar{A}_x}{\ddot{a}_x + \ddot{a}_{x:\overline{10}|}}$$

   여기서 $\bar{A}_x = \frac{\mu}{\delta+\mu}, \ddot{a}_x = \frac{1-\bar{A}_x}{\delta} = \frac{1}{\delta+\mu}$로 간단히 표시되지만, $\ddot{a}_{x:\overline{n}|}$을 의미 없이 복잡한 식이 되는 것을 알자:

$$\ddot{a}_{x:\overline{n}|} = \sum_{k=0}^{n-1} v^k {}_kp_x = \frac{e^{\mu}\big(1-(ve^{-\mu})^n\big)}{e^{\mu}-v}$$

5. 지금은 보험금과, 보험료가 모두 복잡하다.
   - 보험금을 나타내는 확률변수:

$$\begin{cases} 5v^{K_x+1}, & K_x < 6 \\ 10v^{K_x+1}, & K_x \geq 6 \end{cases} = 10v^{K_x+1} + (5-10)\begin{cases} v^{K_x+1}, & K_x < 6 \\ 0, & K_x \geq 6 \end{cases} = 10v^{K_x+1} + (5-10)Z_{x,6}$$

     따라서 보험금의 기대값은 $10A_x + (5-10)A^{1}_{x:\overline{6}|}$.
   - 보험료를 나타내는 확률변수:

$$\begin{cases} 2P(1+v+\cdots+v^{K_x}), & K_x < 10 \\ P(v^{10}+v^{11}+\cdots+v^{\min\{K_x-1,19\}}), & K_x \geq 10 \end{cases} = P\ddot{a}_{\overline{\min\{K_x+1,20\}}|} + (2P-P)\ddot{a}_{\overline{\min\{K_x+1,10\}}|}$$

     따라서 보험금의 기대값은 $P \times \ddot{a}_{x:\overline{20}|} + (2P-P)\ddot{a}_{x:\overline{10}|}$.
   - 따라서 보험금의 적정 가격은

$$P = \frac{10A_x - 5A^{1}_{x:\overline{6}|}}{\ddot{a}_{x:\overline{20}|} + \ddot{a}_{x:\overline{10}|}}$$

해설 4.6 각각의 연령구간에서 UDD를 적용한다는 말은 예를 들어 나이구간 $[n, n+1]$는

$$\ell_{n+t} = \ell_n - \big(\ell_n - \ell_{n+1}\big)t,\ 0 \leq t \leq 1$$

로 계산하자는 말이다. 따라서 나이 $x$를 기준으로 생각하면, $n = n-x+x$로 써서

$${}_{n+t-x}p_x = \frac{\ell_{n+t}}{\ell_x} = \frac{\ell_n}{\ell_x}\Big(1 - \frac{\ell_n - \ell_{n+1}}{\ell_n}t\Big) = {}_{n-x}p_x(1-q_nt)$$

이 식에서 $q_n = \frac{\ell_n - \ell_{n+1}}{\ell_n}$. 또한 $x < y < z$일 때 다음 관계에 주의하자.

$$_{z-x}p_x = {}_{y-x}p_x\,{}_{z-y}p_y$$

이 식은 표현하려는 것보다 복잡하게 보인다. 그러나 $y, z$ 대신에 $x < x+t < x+t+s$처럼 표시하면

$$_{t+s}p_x = {}_t p_x\, {}_s p_{x+t} \tag{4.18}$$

$\bar{A}_{x:\overline{3}|}$는 사망과 동시에 보험금 1, 보장기간이 3이고, 보험지급사유가 없을 때 만기축하금 1을 지급하는 보험의 보험금의 현재가격이다. 보험금의 현재가격을 나타내는 확률변수는

$$\begin{cases} e^{-\delta T_x}, & 0 \le T_x < 3 \\ e^{-3\delta}, & T_x \ge 3 \end{cases} = \overline{Z}_{x,3} + E_{x,3}$$

따라서

$$\bar{A}_{x:\overline{3}|} = E[\overline{Z}_{x,3} + E_{x,3}] = E[\overline{Z}_{x,3}] + E[E_{x,n}] = \int_{t=0}^{3} e^{-\delta t} dF_x(t) + e^{-3\delta} Pr[T_x \ge 3] = -\int_{t=0}^{3} e^{-\delta t} d\,{}_t p_x + e^{-3\delta}\,{}_3 p_x$$

이 적분을 계산하기 위하여 $0 \le t \le 3$일 때 ${}_t p_x$를 $t$의 식으로 표현할 수 있으면 참 편리하겠다. 이것은 식 (4.18)을 $n = x, x+1, x+2$인 경우에 적용하면

$${}_t p_x = \begin{cases} {}_0 p_x(1 - q_x t), & 0 \le t < 1 \\ {}_1 p_x(1 - q_{x+1} t), & 1 \le t < 2 \\ {}_2 p_x(1 - q_{x+2} t), & 2 \le t < 3 \end{cases}$$

여기서 ${}_0 p_x = 1,\quad {}_1 p_x = 1 - q_1,\quad {}_2 p_x = {}_1 p_x\, {}_1 p_{x+1} = (1-q_1)(1-q_2)$인 것에 주의하면 주어진 적분은

$$-\int_{t=0}^{3} e^{-\delta t} d\,{}_t p_x = q_x \int_{t=0}^{1} e^{-\delta t} dt + (1-q_x) q_{x+1} \int_{t=1}^{2} e^{-\delta t} dt + (1-q_x)(1-q_{x+1}) q_{x+2} \int_{t=2}^{3} e^{-\delta t} dt$$

이제

$$\int_{t=n}^{n+1} e^{-\delta t} dt = e^{-n\delta} \frac{1-e^{-\delta}}{\delta}$$

에 주의하면 주어진 적분값은

$$\begin{aligned} &\frac{1-e^{-\delta}}{\delta}\Big(q_x + e^{-\delta}(1-q_x)q_{x+1} + e^{-2\delta}(1-q_x)(1-q_{x+1})q_{x+2}\Big) \\ &= 0.985365\Big(0.1 + 0.970874 \times 0.18 + 0.942596 \times 0.216\Big) \quad = 0.985365\Big(0.1 + 0.970874 \times 0.18 + 0.942596 \times 0.216\Big) \\ &= 0.985365 \times 0.478358 \\ &= 0.471357 \end{aligned}$$

축하금의 현재가격 평균은 $e^{-3\delta}\,{}_3 p_x = e^{-\delta}(1-q_x)(1-q_{x+1})(1-q_{x+2}) = 0.915142 \times 0.504 = 0.461231$. 드디어

$$\bar{A}_{x:\overline{3}|} = E[\overline{Z}_{x,3} + E_{x,3}] = -\int_{t=0}^{3} e^{-\delta t} d\,{}_t p_x + e^{-3\delta}\,{}_3 p_x = 0.471357 + 0.461231 = 0.932589$$

해설 4.7 지금 경우는 $\ell_x = 80 - x$가 주어져 있기 때문에 ${}_t p_x = 1 - \dfrac{t}{80-x}$ 이고, ${}_t p_{20} = 1 - \frac{t}{60}$.

1. 연금은 40부터 지급되기 때문에, 연금을 한 번이라도 받으려면 20년 이상 생존해야 한다. 따라서 구하는 확률은
$$Pr[T_{20} > 20] = {}_{20}p_{20} = 1 - \frac{20}{60} = \frac{2}{3}$$
2. 이자율이 $i = 4\%$이므로 기간 시작에 1을 받는 연금의 현재가격을 나타내는 확률변수는
$$\begin{cases} 0, & K_{20} < 20 \\ v^{20} + v^{21} + \cdots + v^{K_{20}}, & K_{20} \ge 20 \end{cases} = \ddot{a}_{\overline{K_{20}+1}|} + (0-1)\ddot{a}_{\overline{\min\{K_{20}+1,20\}}|}$$

이고, 평균값은 $\ddot{a}_{20} - \ddot{a}_{20:\overline{20}|}$. 이제

$$\ddot{a}_{20} = \sum_{k=0}^{\infty} v^k {}_kp_{20} = \sum_{k=0}^{59} v^k(1-\frac{k}{60}) = \sum_{k=0}^{59} v^k - \frac{1}{60}\sum_{k=0}^{59} kv^k = \ddot{a}_{\overline{40}|} - \frac{1}{60}(Ia)_{\overline{59}|}$$
$$= 16.1965$$

같은 방식으로 $\ddot{a}_{20:\overline{20}|} = \sum_{k=0}^{19} v^k {}_kp_{20} = 12.2002$. 정리하면 $\ddot{a}_{20} - \ddot{a}_{20:\overline{20}|} = 3.99634$.

3. 내는 돈과 받는 돈이 같아야 한다는 원칙에 따라, 영업비용을 무시하면 한꺼번에 낼 보험료는 3.99634.

해설 4.8

1. 연금 지급회수가 30회 한정된 것에 주의하자.

$$W_x := 1 + v + v^2 + \cdots + v^{\min\{K_x,29\}} = \frac{1 - v^{\min\{K_x+1,30\}}}{1-v} := \ddot{a}_{\overline{\min\{K_x+1,30\}}|}$$

2. $E[W_x] = E\left[\ddot{a}_{\overline{\min\{K_x+1,30\}}|}\right] = \ddot{a}_{x:\overline{30}|} = \frac{1-A_{x:\overline{30}|}}{1-v} = \frac{1-A_{x:\overline{30}|}}{d}$

3. $W_x^2 = \frac{1-2v^{\min\{K_x+1,30\}} + \left(v^{\min\{K_x+1,30\}}\right)^2}{d^2}$. 표현을 간단하게 하기 위하여 다음 기호를 쓰는 것이 보통이다:

$${}^2A_{x:\overline{30}|} := E\left[\left(v^{\min\{K_x+1,30\}}\right)^2\right] = {}^2A^{\ 1}_{x:\overline{30}|} + (v^{30})^2 {}_{30}p_x$$

여기서 ${}^2A^{\ 1}_{x:\overline{30}|} := \sum_{k=0}^{29} v^{2(k+1)} {}_{k|}q_x$. 결과를 정리하면

$$E[W_x^2] = \frac{1 - 2A_{x:\overline{30}|} + {}^2A_{x:\overline{30}|}}{d^2}, \quad d = 1 - v$$

4.

$$Var[W_x] = E[W_x^2] - E[W_x]^2 = \frac{1 - 2A_{x:\overline{30}|} + {}^2A_{x:\overline{30}|}}{d^2} - \left(\frac{1 - A_{x:\overline{30}|}}{d}\right)^2 = \frac{{}^2A_{x:\overline{30}|} - \left(A_{x:\overline{30}|}\right)^2}{d^2}$$

5. 보험료를 $P_{x:\overline{10}|}$라 하자. 생존하는 동안 $n = 10$회까지만 낸다면, 보험료를 나타내는 확률변수는

$$P_{x:\overline{10}|} \times W_{x,10} := P_{x:\overline{10}|}\left(1 + v + \cdots + v^{\min\{K_x,9\}}\right) = P_{x:\overline{10}|} \times \ddot{a}_{\overline{\min\{K_x+1,10\}}|}$$

내는 돈과 받는 돈이 같아야 하는 원칙에 따라

$$P_{x:\overline{10}|} = \frac{E\left[W_x\right]}{\ddot{a}_{x:\overline{10}|}} = \frac{1 - A_{x:\overline{30}|}}{d \times \ddot{a}_{x:\overline{10}|}} = \frac{1 - A_{x:\overline{30}|}}{1 - A_{x:\overline{10}|}}$$

해설 4.9

1. $\mathring{e}_5 := E[T_5]$를 구하는 문제다. ${}_tp_5 = \frac{\ell_{5+t}}{\ell_5} = \frac{16}{15}\left(1 - \frac{(5+t)^2}{400}\right)$에 주의하면

$$\mathring{e}_5 := E[T_5] = \int_{t=0}^{15} t dF_5(t) = \int_{t=0}^{15} {}_tp_5 dt = \frac{1}{375}\int_{t=0}^{15}\left(400 - (5+t)^2\right)dt = \frac{1}{375}\left[400t - \frac{1}{3}(5+t)^3\right|_{t=0}^{15} = 9$$

2. 보험금 1을 즉시 받기 때문에,

- 보험금의 현재가격을 나타내는 확률변수는 $\overline{Z}_5 := v^{T_5} = e^{-\delta T_x}$.
  여기서 이자율이 $i = 0.03$이고 $\delta = \ln(1+0.03)$, $v = \frac{1}{1+i}$.
- $\overline{Z}$의 평균값은 $\bar{A}_5 := E[\overline{Z}] = E[e^{-\delta T_5}]$. 주어진 조건과 부분적분법을 이용해서 이 값을 구해보자.

$$\begin{aligned}\bar{A}_5 &:= E[\overline{Z}] = E[e^{-\delta T_5}] = \int_{t=0}^{15} e^{-\delta t} dF_5(t) = -\int_{t=0}^{15} e^{-\delta t} d({}_tp_5) \\ &= \frac{2}{375}\int_{t=0}^{15} e^{-\delta t}(5+t)dt = \frac{2}{375}\Big[-\frac{e^{-\delta t}\big(1+\delta(5+t)\big)}{\delta^2}\Big|_{t=0}^{15} \\ &= 0.772044\end{aligned}$$

3.
$$P_{5,10}\big(1+v+v^2+\cdots+v^{\min\{K_5,9\}}\big) = P_{5,10}\frac{1-v^{\min\{K_5+1,9\}}}{1-v} = P_{5,10}\times \ddot{a}_{\overline{\min\{K_5+1,10\}}|}$$

이 확률변수의 평균값은 $P_{5,10}\times E\big[\ddot{a}_{\overline{\min\{K_5+1,10\}}|}\big] = P_{5,10}\times \ddot{a}_{5:\overline{10}|}$. 여기서

$$\ddot{a}_{5:\overline{10}|} = \sum_{k=0}^{9} v^k {}_kp_5 \approx 7.17189$$

따라서 내게되는 보험료의 평균값은 $P_{5,10}\times 7.17189$.

4. 보험금의 현재가격과, 낸 보험료의 현재가격이 같아야 이상적이다. 따라서 매년 시작에 내게 되는 보험료 $P_{5,10}$의 값은

$$P_{5,10} = \frac{\bar{A}_5}{\ddot{a}_{5:\overline{10}|}} \approx \frac{0.772044}{7.17189} = 0.107649$$

해설 4.10  많은 경우에 보험금의 현재가격을 나타내는 확률변수를 구체적으로 구하지 않고도 그 확률변수의 평균값은 자연스럽게 구할 수 있다. 그럼에도 여기서는 확률변수를 겉으로 들어나게 표현해보자. SUSM을 쓰고,

$$\mu_x = A+Bc^x,\quad A=0.00022,\ B=2.7\times 10^{-6},\ c=1.124$$
$${}_tp_x = \exp\big(-\int_{s=0}^{t}\mu_{x+s}ds\big) = \exp\Big(-At-\frac{Bc^x}{\ln c}(c^t-1)\Big),$$

이자율은 $i=5\%=0.05$로 계산한다.

1. 종신보험의 경우:
$x=40$으로 두자. 10년 이내는 지불금이 1이고, 10년 이후에는 지불금이 5인 것에 주의하면 보험금의 현재가격을 나타내는 확률변수는

$$\begin{cases} v^{K_x+1}, & K_x<10 \\ 5v^{K_x+1}, & K_x\geq 10\end{cases} = 5v^{K_x+1}+(1-5)Z_{x,n}$$

따라서 받게되는 보험금의 평균값은 $5A_x+(1-5)A^{1}_{x:\overline{10}|}$, $x=40$. 부록의 표를 참고하면

$$5A_{40}-4A^{1}_{40:\overline{10}|}\approx 5\times 0.121059-4\times 0.00573196 = 0.582368$$

이 값은 물론 $\sum_{k=0}^{9} v^{k+1}{}_{k|}q_{40}+5\sum_{k=10}^{\infty} v^{k+1}{}_{k|}q_{40}$ 과 같다.

2. 보장기간 $T=20$년인 축하금이 없는 보험의 경우:
현재가격을 나타내는 확률변수는

$$\begin{cases} v^{K_x+1}, & K_x<10 \\ 5v^{K_x+1}, & 10\leq K_x<20 \\ 0, & K_x\geq 20\end{cases} = 5Z_{x,20}+(1-5)Z_{x,10}$$

따라서

$$E\big[5Z_{x,20}+(1-5)Z_{x,10}\big] = 5A^{1}_{40:\overline{20}|}-4A^{1}_{40:\overline{10}|}$$

부록의 표를 이용하면

$$A^{1}_{40:\overline{20}|} = 0.014633,\quad A^{1}_{40:\overline{10}|} = 0.00573196$$

이고, 따라서 평균값은 0.0502374.

# 5 확률변수의 평균값 활용

## 5.1 확률변수의 평균값과 보험금, 보험료

보험료 계산은 전통적으로 톡특한 기호를 썼다. 여기서는 우선 자주 사용되는 기호를 나열하고, 보기에서 익숙해지도록 하자. 보험료는 손실확률변수의 평균값을 0으로 하는 값으로 결정한다.

> **도움말 5.1** 보험료가 공평하다는 것은, 다른 비용을 무시하면, 받게 될 보험금의 현재가격을 나타내는 확률변수의 평균값과, 내야할 보험료의 현재가격을 나타내는 확률변수의 평균값이 같은 것이다.
>
> 1. 가입 순간($t = 0$)의 순손실함수(net future loss)는 $L_0^n$로 표시하고
>
> $$L_0^n = \text{보험금 지출의 현재가격의 평균} - \text{보험료 수입의 현재가격 의 평균}$$
>
> 2. 가입 순간($t = 0$)의 총손실함수(gross future loss)는 $L_0^g$로 표시하고
>
> $$L_0^g = \text{보험금 지출} + \text{유지비용의 현재가격 평균} - \text{보험료 수입의 현재가격 의 평균}$$

**도움말 5.2** 나이 $x$인 사람에게 판매한 종신보험이 , 보험금 1은 사유가 발생한 해 말인 $K_x+1$ 에 지급하기로 했다. 특별한 말이 없으면 순손실함수(net future loss)를 생각한다. 보험금 1, 축하금 1인 경우를 생각한다.

1. 보험료는 보험기간 내내 각각의 기간의 시작에 납부하기로 할 때, 보험료 $P_x$는 $P_x = \dfrac{A_x}{\ddot{a}_x}$.
2. 보험료 납입기간이 $n$회까지인 경우, 년 보험료 ${}_nP_x$은 ${}_nP_x = \dfrac{A_x}{\ddot{a}_{x:\overline{n}|}}$.

**해설.**

1. 지출되는 보험금의 현재가격을 나타내는 확률변수는, 보험금이 $K_x+1$에 지급되는 경우 $Z_x := v^{K_x+1}$. 기간 시작마다 $P_x$ 씩 들어오는 보험료 수입의 현재가격을 나타내는 확률변수는, 보험료 납입기간이 종신인 경우

$$P_x(1+v+v+\cdots+v^{K_x}) = P_x\ddot{a}_{\overline{K_x+1}|}$$

따라서 $L_0^n := E\left[v^{K_x+1} - P_x\ddot{a}_{\overline{K_x+1}|}\right] = A_x - P_x\ddot{a}_x$이고, $P_x = \dfrac{A_x}{\ddot{a}_x}$.

2. 무엇보다도 먼저 ${}_nP_x$과 ${}_np_x$와 혼동하지 말아야 한다. 대문자인 경우 ${}_nP_x$는

   - 보험금은 1,
   - 보험금은 해당 연도 말에 지급,
   - 납인기간이 $n$인 종신보험

   에서 일정한 년보험료(Premium)를 나타낸다. 지금은 보험료 납입기간이 최대 $n$-회까지인 것에 주의하자. 손실함수는

$$v^{K_x+1} - {}_nP_x(1+v+v^2+\cdots+v^{\min\{K_x,n-1\}}) = Z_x - {}_nP_x\frac{1-v^{\min\{K_x+1,n\}}}{1-v} = Z_x - {}_nP_x \times \ddot{a}_{\overline{\min\{K_x+1,n\}}|}$$

   의 평균값이다. 따라서

$$L_0^n = E\left[Z_x - {}_nP_x \times \ddot{a}_{\overline{\min\{K_x+1,n\}}|}\right] = E\left[v^{K_x+1}\right] - {}_nP_x \times E\left[\ddot{a}_{\overline{\min\{K_x+1,n\}}|}\right] = A_x - {}_nP_x \times \ddot{a}_{x:\overline{n}|}$$

   따라서 ${}_nP_x = \dfrac{A_x}{\ddot{a}_{x:\overline{n}|}}$.

**도움말 5.3** 나이 $x$인 사람이 보장기간 $n$년인 보험에 가입했다. 보험료는 처음 $m(<n)$년차까지 낸다. 보험지급사유가 없을 때 지급되는 축하금(endowment)가 있는 경우와, 없는 경우를 생각하자. 보험금 1, 축하금 1인 경우를 생각한다.

1. 축하금(endowment)이 없는 경우에 년보험료를 ${}_mP^1_{x:\overline{n}|}$라 하면 ${}_mP^1_{x:\overline{n}|} = \dfrac{A^1_{x:\overline{n}|}}{\ddot{a}_{x:\overline{m}|}}$.
2. 축하금 $v^n{}_np_x = A_{x:\overline{n}|}^{\ \ 1}$에 해당하는 보험료 ${}_mP_{x:\overline{n}|}^{\ \ 1}$는 ${}_mP_{x:\overline{n}|}^{\ \ 1} = \dfrac{A_{x:\overline{n}|}^{\ \ 1}}{\ddot{a}_{x:\overline{m}|}}$.
3. 축하금(endowment)이 있는 년보험료를 ${}_mP_{x:\overline{n}|}$라 하면 ${}_mP_{x:\overline{n}|} = \dfrac{A_{x:\overline{n}|}}{\ddot{a}_{x:\overline{m}|}}$.
4. ${}_mP_{x:\overline{n}|} = {}_mP^1_{x:\overline{n}|} + {}_mP_{x:\overline{n}|}^{\ \ 1}$ .

**해설.**

1. 축하금이 없는 경우 지출되는 보험금의 현재가격을 나타내는 확률변수 $Z_{x,n}$은, 보험금을 $K_x+1$에 지급하는 경우,

$$Z_{x,n} := \begin{cases} v^{K_x+1}, & K_x < n \\ 0, & K_x \geq n \end{cases}$$

보험료 수입을 타나내는 확률변수는, 보험료를 기껏해야 $m(<n)$회 받기 때문에

$${}_mP^1_{x:\overline{n}|} \times \begin{cases} 1+v+\cdots+v^{K_x}, & K_x < m \\ 1+v+\cdots+v^m, & K_x \geq m \end{cases} = {}_mP^1_{x:\overline{n}|} \times \ddot{a}_{\overline{\min\{K_x+1,m\}}|}$$

보험료 수입의 현재가격을 나타내는 확률변수를 간단하게 표현하면 ${}_mP^1_{x:\overline{n}|} \times \ddot{a}_{\overline{\min\{K_x+1,m\}}|}$.
따라서 다음 식이 성립해야 한다:

$$0 = L_0^n = E\left[Z_{x,n} - {}_mP^1_{x:\overline{n}|} \times \ddot{a}_{\overline{\min\{K_x+1,m\}}|}\right] = A^1_{x:\overline{n}|} - {}_mP^1_{x:\overline{n}|} \times \ddot{a}_{x:\overline{m}|}$$

정리하면 ${}_mP^1_{x:\overline{n}|} = \frac{A^1_{x:\overline{n}|}}{\ddot{a}_{x:\overline{n}|}}$.

2. 축하금을 나타내는 확률변수는 $E_{x,n} := \begin{cases} 0, & K_x < n \\ v^n, & K_x \geq n \end{cases}$. 그런데 보험료 납입기간이 생존하는 동안 최대 $m$회 까지인 것을 생각하면, 축하금에 대한 보험료를 ${}_mP_{x:\overline{n}|}^{\ \ 1}$라 두면 손실을 나타내는 확률변수는

$$E_{x,n} - {}_mP_{x:\overline{n}|}^{\ \ 1} \times \ddot{a}_{\overline{\min\{K_x+1,m\}}|}$$

이것의 평균값은 $E\left[E_{x,n} - {}_mP_{x:\overline{n}|}^{\ \ 1} \times \ddot{a}_{\overline{\min\{K_x+1,m\}}|}\right] = E\left[E_{x,n}\right] - {}_mP_{x:\overline{n}|}^{\ \ 1} \times E\left[\ddot{a}_{\overline{\min\{K_x+1,m\}}|}\right] = A_{x:\overline{n}|}^{\ \ 1} - {}_mP_{x:\overline{n}|}^{\ \ 1} \times \ddot{a}_{x:\overline{m}|}$.
따라서 ${}_mP_{x:\overline{n}|}^{\ \ 1} = \dfrac{A^1_{x:\overline{n}|} + A_{x:\overline{n}|}^{\ \ 1}}{\ddot{a}_{x:\overline{m}|}} = \dfrac{A_{x:\overline{n}|}^{\ \ 1}}{\ddot{a}_{x:\overline{m}|}}$.

3. 축하금(endowment)이 있는 경우, 보장기간 $n$, 보험료 납입기간 $m$ 인 보험의 보험료를 ${}_mP_{x:\overline{n}|}$이라 두면 손실확률변수는

$$Z_{x,n} + E_{x,n} - {}_mP_{x:\overline{n}|} \times \ddot{a}_{\overline{\min\{K_x+1,n\}}|}$$

이 확률변수의 평균값은 $L_0^n := E\left[Z_{x,n} + E_{x,n} - {}_mP_{x:\overline{n}|} \times \ddot{a}_{\overline{\min\{K_x+1,m\}}|}\right] = A^1_{x:\overline{n}|} + A_{x:\overline{n}|}^{\ \ 1} - {}_mP_{x:\overline{n}|}\,\ddot{a}_{x:\overline{m}|}$.
따라서 년보험료는 ${}_mP_{x:\overline{n}|} = \dfrac{A^1_{x:\overline{n}|} + A_{x:\overline{n}|}^{\ \ 1}}{\ddot{a}_{x:\overline{m}|}} = \frac{A_{x:\overline{n}|}}{\ddot{a}_{x:\overline{n}|}}$.

4. ${}_mP_{x:\overline{n}|} = \frac{A_{x:\overline{n}|}}{\ddot{a}_{x:\overline{n}|}} = \frac{A^1_{x:\overline{n}|} + A_{x:\overline{n}|}^{\ \ 1}}{\ddot{a}_{x:\overline{n}|}} = \frac{A^1_{x:\overline{n}|}}{\ddot{a}_{x:\overline{n}|}} + \frac{A_{x:\overline{n}|}^{\ \ 1}}{\ddot{a}_{x:\overline{n}|}} = {}_mP^1_{x:\overline{n}|} + {}_mP_{x:\overline{n}|}^{\ \ 1}$

선택기간이 없는 경우 다음 관계가 성립하는 것을 보았다.

$$A_x := \sum_{k=0}^{\infty} v^{k+1}{}_{k|}q_x = \sum_{k=0}^{n-1} v^{k+1}{}_{k|}q_x + \sum_{k=n}^{\infty} v^{k+1}{}_{k|}q_x = A^1_{x:\overline{n}|} + v^n{}_np_xA_x = A_{x:\overline{n}|} + v^n{}_np_x\big(A_{x+n} - 1\big),$$

$$A_x = 1 - d \times \ddot{a}_x,$$

$$\ddot{a}_x = \sum_{k=0}^{\infty} v^k{}_kp_x = \sum_{k=0}^{n-1} v^k{}_kp_x + \sum_{k=n}^{\infty} v^k{}_kp_x = \ddot{a}_{x:\overline{n}|} + v^n{}_np_x\ddot{a}_{x+n},$$

$$A_{x:\overline{n}|} = 1 - d \times \ddot{a}_{x:\overline{n}|} = A^1_{x:\overline{n}|} + A_{x:\overset{1}{\overline{n}|}}$$

**도움말 5.4** [선택기간 2년이 있는 경우 $A_{[x]}, A_{[x]:\overline{n}|}, \ddot{a}_{[x]}, \ddot{a}_{[x]:\overline{n}|}$ 사이의 관계]

1. ${}_2p_{[x]} = {}_1p_{[x]} \times {}_1p_{[x]+1}$, ${}_2p_{[x]+1} = {}_1p_{[x]+1} \times {}_1p_{[x]+1+1} = {}_1p_{[x]+1} \times {}_1p_{x+2}$
2. $n \geq 2$이면 ${}_np_{[x]} = {}_2p_{[x]} \times {}_{n-2}p_{x+2}$
3. $A_{[x]} = A_{[x]:\overline{n}|}^{\;1} + v^n{}_np_{[x]}A_{x+n} = A_{[x]:\overline{n}|}^{\;1} + v^2{}_2p_{[x]} \times v^{n-2}{}_{n-2}p_{x+2} \times A_{x+n}$
4. $\ddot{a}_{[x]} = \ddot{a}_{[x]:\overline{n}|} + v^n{}_np_{[x]}\ddot{a}_{x+n} = \ddot{a}_{[x]:\overline{x}|} + v^2{}_2p_{[x]} \times v^{n-2}{}_{n-2}p_{x+2} \times \ddot{a}_{x+n}$
5. $A_{[x]} = 1 - d \times \ddot{a}_{[x]}$, $A_{[x]:\overline{n}|} = 1 - d \times \ddot{a}_{[x]:\overline{n}|}$
6. $\ddot{a}_{[x]:\overline{n}|} = \ddot{a}_{[x]} - v^n{}_np_{[x]}\ddot{a}_{x+n}$

**해설.** 모든 식이 예상한 대로다. 예를 들어

$$\ddot{a}_{[x]} = \sum_{k=0}^{\infty} v^k{}_kp_{[x]} = \sum_{k=0}^{n-1} {}_kp_{[x]} + \sum_{k=n}^{\infty} v^k{}_kp_{[x]} = \ddot{a}_{[x]:\overline{n}|} + v^n{}_np_{[x]}\ddot{a}_{x+n} = v^2{}_2p_{[x]} \times v^{n-2}{}_{n-2}p_{x+2} \times \ddot{a}_{x+n}$$

공부를 위해서, 식 $A_{[x]:\overline{n}|} = 1 - d \times \ddot{a}_{[x]:\overline{n}|}$을 살펴보자.

$$\begin{aligned}
A_{[x]:\overline{n}|} &= \sum_{k=0}^{n-1} v^{k+1}{}_{k|}q_{[x]} + v^n{}_np_{[x]} = \sum_{k=0}^{n-1} v^{k+1}\big({}_kp_{[x]} - {}_{k+1}p_{[x]}\big) + v^n{}_np_{[x]} \\
&= \sum_{k=0}^{n-1} v^{k+1}{}_kp_{[x]} - \sum_{k=0}^{n-1} v^{k+1}{}_{k+1}p_{[x]} + v^n{}_np_{[x]} = v\sum_{k=0}^{n-1} v^k{}_kp_{[x]} - \sum_{k=1}^{n} v^k{}_kp_{[x]} + v^n{}_np_{[x]} \\
&= 1 - (1-v)\sum_{k=0}^{n-1} v^k{}_kp_{[x]} \\
&= 1 - d \times \ddot{a}_{[x]:\overline{n}|}
\end{aligned}$$

**보기 5.1** *나이 $x=30$인 사람이 종신보험(Whole-Life insurance)을 샀다.*
*다음 각각의 경우 보험료와 보험금 사이의 관계를 구하여라. 과정에서 확률변수를 분명히 하라.*
*이자율은 $i=5\%$, 부록에 있는 표를 써서 답한다.*

1. *보험금 $S=100$는 사유 발생한 해 말에 지급하고, 보험료 $P$ 는 일정하고 보험기간 내내 납입한다. 보험료 $P$는 얼마가 적절한가?*
2. *보험금 $S=100$는 사유 발생한 해 말에 지급하고, 보험료 $P$ 는 일정하고 20년차까지 납입한다. 보험료 $P$는 얼마가 적절한가?*
3. *보험료는 보험기간 내내, 살아있는 동안 매년 100을 낼 때, 보험금 $S$는 얼마가 적절한가?*

**풀이.** 선택기간이 있을 때는 $x$ 대신에 $[x]$를 쓰는 것에 주의하자. 예를 들어 $Z_x:=v^{K_x+1}$ 대신에 $Z_{[x]}:=v^{K_{[x]}+1}$ 처럼 쓴다. 이것을 선택기간이 있다는 것을 강조하기 위한 것이고, $x$의 정수부분을 나타내는 것이 아닌 것은 문맥으로 판단할 수 있다. 시작부터 수를 대입하면 판을 보지 못하므로, 문자로 정리한 후 표에서 찾아 수를 대입한다.

1. *종신보험이고 보험금은 $K_{[x]}+1$에 지급하기 때문에, 지출되는 보험금 $S$에 대한 현재가격을 나타내는 확률변수는 $S\times Z_{[x]}=S\times v^{K_{[x]}+1}$. 보험료 $P_{[x]}$를 보험기간 내내 내고, 또 살아있는 동안만 내기 때문에, 보험료 수입의 현재가격을 나타내는 확률변수는*

$$P_{[x]}\left(1+v+v^2+\cdots+v^{K_{[x]}}\right)=P_{[x]}\frac{1-v^{K_{[x]}+1}}{1-v}=P_{[x]}\times\ddot{a}_{\overline{K_{[x]}+1}|}$$

*따라서 순 손실함수(net futuer loss function)는*

$$L_0^n=E\left[S\times v^{K_{[x]}+1}-P_{[x]}\times\ddot{a}_{\overline{K_{[x]}+1}|}\right]=S\times A_{[x]}-P_{[x]}\times\ddot{a}_{[x]}$$

*보험료는 확률변수 $L_0^n$를 0으로 하는 값이다. 표에서 $x=30$인 경우를 찾으면*

$$P_{[x]}=S\times\frac{A_{[x]}}{\ddot{a}_{[x]}}=S\frac{1-d\ddot{a}_{[x]}}{\ddot{a}_{[x]}}=S\left(\frac{1}{\ddot{a}_{[x]}}-d\right)=100\left(\frac{1}{19.3845}-0.045619\right)=0.396858$$

2. *종신보험이고, 보험금은 $K_{[x]}+1$ 에 지급되므로, 보험금의 현재가격을 나타내는 확률변수는 $S\times v^{K_{[x]}+1}$ . 그러나 보험료 수입의 현재가격을 나타내는 확률변수는 납입기간이 최대 20년차까지이고, 또 살아있어야 하기 때문에 내야 하는 보험료를 ${}_{20}P_{[x]}$라 하면*

$$\begin{aligned}{}_{20}P_{[x]}\times\left(1+v+v^2+\cdots+v^{\min\{K_{[x]},20-1\}}\right)&={}_{20}P_{[x]}\times\frac{1-v^{\min\{K_{[x]}+1,20\}}}{1-v}\\&={}_{20}P_{[x]}\times\ \ddot{a}_{\overline{\min\{K_{[x]}+1,20\}}|}\end{aligned}$$

*따라서 순 손실함수(net future loss function)는*

$$L_0^n=E\left[S\times v^{K_{[x]}+1}-{}_{20}P_x\ddot{a}_{\overline{\min\{K_{[x]}+1,20\}}|}\right]=S\times A_{[x]}-{}_{20}P_{[x]}\times\ddot{a}_{[x]:\overline{20}|}$$

*보험료 $_{20}P_{[x]}$는 $L_0^n$을 0으로 하는 값이다. 따라서, 부록의 표를 참고하여*

$$_{20}P_{[x]} = S\frac{A_{[x]}}{\ddot{a}_{[x]:\overline{20}|}} = 100\frac{A_{[30]}}{\ddot{a}_{[30]:\overline{20}|}} = 0.589865$$

3. *보험료가 100으로 결정되었다. 따라서 보험금 S를 결정하는 문제다. 보험금의 현재가격을 나타내는 확률변수는, 종신보험, 사유 발생 년도 말에 지급하는 것을 생각하면 $Sv^{K_x+1}$.*
   *보험료 수입의 현재가격을 나타내는 확률변수는, 보험료를 보험기간 내내, 살아있는 동안 내기 때문에*

$$100(1+v+v^2+\cdots+v^{K_x}) = 100\frac{1-v^{K_x+1}}{1-v} = 100\ddot{a}_{\overline{K_x+1}|}$$

   *따라서 다른 비용이 없다 가정할 때 순손실함수는*

$$L_0^n = E\left[S\times v^{K_x+1} - 100\ddot{a}_{\overline{K_x+1}|}\right] = S\times A_{[x]} - 100\ddot{a}_{[x]}$$

   *보험금 S는 확률변수 $L_0^n$의 현재가격을 0으로 하는 값이다. 따라서 $S = \frac{100\ddot{a}_{[x]}}{A_{[x]}} = 25197.9.$*

보장기간이 $n$인 보험을 생각하자. 보험금 $S$는 사망한 해 말에 지급한다. 보험료 납입기간이 보장기간과 같다 하자. 그러면 보험회사 입장에서 볼 때, 보험료 수입의 현재가격을 나타내는 확률변수는, 보험료는 기껏해야 $n$회 받기 때문에, 보험료를 $P^1_{x:\overline{n}|}$라 두면,

$$P^1_{x:\overline{n}|}\times\left(1+v+v^2+\cdots+v^{\min\{K_x,n-1\}}\right) = P^1_{x:\overline{n}|}\times\ddot{a}_{\overline{\min\{K_x+1,n\}}|}$$

확률변수 $\ddot{a}_{\overline{\min\{K_x+1,n\}}|}$의 평균값은 $\ddot{a}_{x:\overline{n}|}$으로 나타낸다. 따라서 보험료 수입의 기대값은

$$P^1_{x:\overline{n}|}\times E\left[\ddot{a}_{\overline{\min\{K_x+1,n\}}|}\right] = P^1_{x:\overline{n}|}\times\ddot{a}_{x:\overline{n}|}$$

여기서 $\ddot{a}_{\overline{\min\{K_x+1,n\}}|} = \dfrac{1-v^{\min\{K_x+1,n\}}}{1-v}$인 것을 생각하면

$$\ddot{a}_{x:\overline{n}|} = E\left[\ddot{a}_{\overline{\min\{K_x+1,n\}}|}\right] = \frac{1-E\left[v^{\min\{K_x+1,n\}}\right]}{1-v} = \frac{1-A_{x:\overline{n}|}}{1-v} = \frac{1-A_{x:\overline{n}|}}{d} = \ddot{a}_{x:\overline{n}|}$$

정의에 따라 계산하고, $_{k|}q_x = {}_kp_x - {}_{k+1}p_x$인 것에 주의하면

$$A_{x:\overline{n}|} := E\left[v^{\min\{K_x+1,n\}}\right] = \sum_{k=0}^{n-1} v^{k+1}\,{}_{k|}q_x + v^n\,{}_np_x$$

$$\ddot{a}_{x:\overline{n}|} = \sum_{k=0}^{n-1} v^k\,{}_kp_x = \frac{1-A_{x:\overline{n}|}}{d} = \ddot{a}_{x:\overline{n}|}$$

보장기간 끝인 $x+n$에 축하금이 없는 보험의 보험금 1의 현재가격을 나타내는 확률변수는

$$Z_{x,n} = \begin{cases} v^{K_x+1}, & K_x < n \\ 0, & K_x \geq n \end{cases}$$

확률변수 $Z_{x,n}$의 평균값은 $A^1_{x:\overline{n}|}$으로 나타낸다. 따라서

$$A^1_{x:\overline{n}|} := E[Z_{x,n}] = \sum_{k=0}^{n-1} v^{k+1}{}_{k|}q_x, \quad A_{x:\overline{n}|} = A^1_{x:\overline{n}|} + A_{x:\overset{1}{\overline{n}|}}, \quad A_{x:\overset{1}{\overline{n}|}} := v^n{}_np_x$$

받게 되는 보험금 $S$의 현재가격의 평균은 $S \times A^1_{x:\overline{n}|}$, $\quad A^1_{x:\overline{n}|} = A_{x:\overline{n}|} - v^n{}_np_x$.

만기축하금이 없고, 보장기간이 $n$인 보험에서 보험금 $S$와, 매년 초에 $n$회 한도로 납입하는 보험료 $P^1_{x:\overline{n}|}$와의 관계는

$$L_0^n := S \times A^1_{x:\overline{n}|} - P^1_{x:\overline{n}|} \times \ddot{a}_{x:\overline{n}|} = 0$$

으로부터 $P^1_{x:\overline{n}|} = S \times \frac{A^1_{x:\overline{n}|}}{\ddot{a}_{x:\overline{n}|}}$.

**보기 5.2** *[순수 보장성] 나이 $x$인 사람이 보험을 들었다. 부수적인 비용을 무시하고 보험금 $S$와 보험료 $P$의 관계를 다음 조건 아래서 구하여라.*

- *보장기간은 $n$이고, 보험료는 단위기간 시작에 낸다*
- *보험료는 $n$회, 아니면 생존기간 중 빠른 것을 내고,*
- *순수 보장성보험으로 보장기간이 끝나면 돌려받는 돈은 없다.*

**풀이.**

- *보험금 $S$가 지급되는 때는 $K_x+1$이다. 그런데 $K_x+1$ 보험금 1이 지급되는 경우 받게 될 보험금의 현재가격을 나타내는 확률변수는*

  $$Z_{x,n} = \begin{cases} v^{K_x+1}, & K_x < n \\ 0, & K_x \geq n \end{cases}$$

  *확률변수 $Z_{x,n}$의 평균값은 $A^1_{x:\overline{n}|}$으로 나타낸다. 따라서 축하금이 없고, 보험금이 $S$일 때, 보험금의 현재가격을 나타내는 확률변수 $S \times Z_{x,n}$의 평균값은 $S \times A^1_{x:\overline{n}|}$.*

- *보험료 $P^1_{x:\overline{n}|}$는 $n$ 회 까지 내든지, $n$ 회를 내지 못하는 경우는 기간 $n$ 이내에 죽는 경우다. 보험을 가입할 당시는 살아있었기 때문에 첫회 $P^1_{x:\overline{n}|}$는 항상 내게 된다. 따라서 $K_x < n$이라면 총 보험료 납입 회수는 $K_x+1$. 그러므로 보험료 납입회수는 $\min\{K_x+1,\ n\}$ 이고, 총 납입 보험료의 현재가격을 나타내는 확률변수는*

  $$P^1_{x:\overline{n}|}\left(1+v+v^2+\cdots+v^{\min\{K_x,n-1\}}\right) = P^1_{x:\overline{n}|} \times \frac{1-v^{\min\{K_x+1,n\}}}{1-v} = P^1_{x:\overline{n}|} \times \ddot{a}_{\overline{\min\{K_x+1,n\}}|}$$

- *확률변수* $\ddot{a}_{\overline{\min\{K_x+1,n\}}|} := \frac{1-v^{\min\{K_x+1,n\}}}{d}$ *의 평균값을* $\ddot{a}_{x:\overline{n}|}$*으로 나타내고,*

$$\ddot{a}_{x:\overline{n}|} = E\Big[\frac{1-v^{\min\{K_x+1,n\}}}{d}\Big] = \frac{1-E[v^{\min\{K_x+1,n\}}]}{d} = \frac{1-A_{x:\overline{n}|}}{d}$$

*따라서 만기에 선물처럼 돌려주는 돈(축하금, endowment)이 없는 순수 보장성 보험의 경우 보험료와 보험금의 관계는*

$$S \times A^{1}_{x:\overline{n}|} = P^{1}_{x:\overline{n}|} \times \ddot{a}_{x:\overline{n}|} \text{ 또는 } P^{1}_{x:\overline{n}|} = S \times \frac{A^{1}_{x:\overline{n}|}}{\ddot{a}_{x:\overline{n}|}}$$

**도움말 5.5** 다음 기호에 익숙해지자.

$$\ddot{a}_{x:\overline{n}|} := E\big[\ddot{a}_{\overline{\min\{K_x+1,n\}}|}\big] = \sum_{k=0}^{n-1} v^k {}_kp_x$$

$$A_{x:\overline{n}|} := E\big[v^{\min\{K_x+1,n\}}\big] = \sum_{k=0}^{n-1} v^{k+1} {}_{k|}q_x + v^n {}_np_x = A^{1}_{x:\overline{n}|} + A_{x:\overset{1}{\overline{n}|}},$$

$$A^{1}_{x:\overline{n}|} = \sum_{k=0}^{n-1} v^{k+1} {}_{k|}q_x, \quad A_{x:\overset{1}{\overline{n}|}} = v^n {}_np_x, \quad A^{1}_{x:\overline{n}|} = 1 - d\ddot{a}_{x:\overline{n}|} - A_{x:\overset{1}{\overline{n}|}}$$

보장기간이 $n$년이고 보험금 $S_0$인 보험에서, 보장기간 내에 지급사유가 발생하지 않았을 때에도, 보장기간이 끝나는 때에 축하금을 지급하는 상품을 개발할 필요가 있다. 예를 들어 나이 $x$인 가입자에게 보장기간 $n$년 동안 보험금 지급사유가 발생하지 않았을 때, 보장기간이 끝나는 $x+n$에 축하금 $S_1$를 지급하는 보험을 생각하자. 보험료 $P_{x:\overline{n}|}$은 매년 초에 1회 모두 $n$회 한도로 납입한다. 이때 보험금 $S_0$, 축하금 $S_1$에 대한 보험료 $P_{x:\overline{n}|}$, 보험기간 $n$과의 관계를 생각해보자. 축하금 $S_1$ 때문에 보험료가 올라가는 것이 예상된다.

- 보험료 수입:
보험회사 입장에서 볼 때, 보험료 수입의 현재가격을 나타내는 확률변수는,
보험료는 기껏해야 $n$회 받기 때문에, 보험료를 $P_{x:\overline{n}|}$이라 두면,

$$P_{x:\overline{n}|} \times \big(1 + v + v^2 + \cdots + v^{\min\{K_x,n-1\}}\big) = P_{x:\overline{n}|} \times \ddot{a}_{\overline{\min\{K_x+1,n\}}|}$$

확률변수 $\ddot{a}_{\overline{\min\{K_x+1,n\}}|}$의 평균값은 $\ddot{a}_{x:\overline{n}|}$으로 나타낸다. 따라서 보험료 수입의 기대값은

$$P_{x:\overline{n}|} \times E\big[\ddot{a}_{\overline{\min\{K_x+1,n\}}|}\big] = P_{x:\overline{n}|} \times \ddot{a}_{x:\overline{n}|}$$

여기서 $\ddot{a}_{\overline{\min\{K_x+1,n\}}|} = \dfrac{1-v^{\min\{K_x+1,n\}}}{1-v}$ 인 것을 생각하면

$$\ddot{a}_{x:\overline{n}|} = E\left[\ddot{a}_{\overline{\min\{K_x+1,n\}}|}\right] = \frac{1-E\left[v^{\min\{K_x+1,n\}}\right]}{1-v} = \frac{1-A_{x:\overline{n}|}}{1-v} = \frac{1-A_{x:\overline{n}|}}{d}$$

정의에 따라 계산하고, ${}_{k|}q_x = {}_kp_x - {}_{k+1}p_x$ 인 것에 주의하면

$$A_{x:\overline{n}|} := E\left[v^{\min\{K_x+1,n\}}\right] = \sum_{k=0}^{n-1} v^{k+1}\,{}_{k|}q_x + v^n\,{}_np_x$$

$$\ddot{a}_{x:\overline{n}|} = \sum_{k=0}^{n-1} v^k\,{}_kp_x = \frac{1-A_{x:\overline{n}|}}{d} = \ddot{a}_{x:\overline{n}|}$$

- 보험금이 $S_0$이고, 보장기간 끝인 $x+n$에 축하금 $S_1$이 있는 보험의 현재가격을 나타내는 확률변수는

$$S_0\times Z_{x,n} + S_1\times E_{x,n} = \begin{cases} S_0\times v^{K_x+1}, & K_x < n \\ S_1 v^n, & K_x \geq n \end{cases}$$

확률변수 $S_0\times Z_{x,n} + S_1\times E_{x,n}$ 의 평균값은

$$E[S_0\times Z_{x,n} + S_1\times E_{x,n}] = S_0E[Z_{x,n}] + S_1E[E_{x,n}] = S_0A^1_{x:\overline{n}|} + S_1A_{x:\overset{1}{\overline{n}|}}$$

- 보험금 $S_0$, 보장기간 $n$, 만기축하금 $S_1$ 인 $S_0, S_1, P_{x:\overline{n}|}$ 사이의 관계는

$$L_0^n := S_0A^1_{x:\overline{n}|} + S_1A_{x:\overset{1}{\overline{n}|}} - P_{x:\overline{n}|}\times\ddot{a}_{x:\overline{n}|} = 0$$

으로부터 $P_{x:\overline{n}|} = \frac{S_0A^1_{x:\overline{n}|}+S_1A_{x:\overset{1}{\overline{n}|}}}{\ddot{a}_{x:\overline{n}|}}$. 특히 $S_0 = S_1 = S$라면

$$P_{x:\overline{n}|} = S\frac{A^1_{x:\overline{n}|} + A_{x:\overset{1}{\overline{n}|}}}{\ddot{a}_{x:\overline{n}|}} = S\frac{A_{x:\overline{n}|}}{\ddot{a}_{x:\overline{n}|}} = S\frac{1-d\ddot{a}_{x:\overline{n}|}}{\ddot{a}_{x:\overline{n}|}} = S\left(\frac{1}{\ddot{a}_{x:\overline{n}|}} - d\right)$$

**도움말 5.6** [보장기간 $n$, 보험금 $S_0$, 축하금(Endowment) $S_1$이 있는 보험]

1. 지불하는 보험료 현재가격의 평균

$$P_{x:\overline{n}|} \times \ddot{a}_{x:\overline{n}|} = P_{x:\overline{n}|} \times E\left[\ddot{a}_{\overline{\min\{K_x+1,n\}}|}\right] = P_{x:\overline{n}|}\left(1 + v\,{}_1p_x + v^2\,{}_2p_x + \cdots + v^{n-1}\,{}_{n-1}p_x\right)$$

2. 받게 되는 보험금 현재가격의 기대값은

$$E[S_0 \times Z_{x,n} + S_1 \times E_{x,n}] = S_0 \times E[Z_{x,n}] + S_1 \times E[E_{x,n}] = S_0 A^1_{x:\overline{n}|} + S_1 A_{x:\overset{1}{\overline{n}|}}$$

특히 $S_0 = S_1 = S$로 정한 경우는, 받게되는 보험금의 현재가격의 기대값은 간단하게

$$E[S_0 \times Z_{x,n} + S_1 \times E_{x,n}] = S \times E[Z_{x,n}] + S \times E[E_{x,n}] = S\left(A^1_{x:\overline{n}|} + A_{x:\overset{1}{\overline{n}|}}\right) = S \times A_{x:\overline{n}|}$$

3. 순손실함수를 0으로 하는 보험료 $P_{x:\overline{n}|}$와 보험금 $S_0$, 축하금 $S_1$ 사이의 관계는

$$P_{x:\overline{n}|} = \frac{S_0 A^1_{x:\overline{n}|} + S_1 A_{x:\overset{1}{\overline{n}|}}}{\ddot{a}_{x:\overline{n}|}}$$

$S_0 = S_1 = S$인 경우는 $P_{x:\overline{n}|} = S\dfrac{A^1_{x:\overline{n}|} + A_{x:\overset{1}{\overline{n}|}}}{\ddot{a}_{x:\overline{n}|}} = S\dfrac{A_{x:\overline{n}|}}{\ddot{a}_{x:\overline{n}|}} = S\dfrac{1 - d\ddot{a}_{x:\overline{n}|}}{\ddot{a}_{x:\overline{n}|}} = S\left(\dfrac{1}{\ddot{a}_{x:\overline{n}|}} - d\right)$

**보기 5.3** *나이 $x = 50$인 사람이*

- *보장기간 $n = 20$년이고, 보험금은 10는 사유가 발생한 해 말에 지급한다.*
- *보장기간 내에 보험금 지급사유가 발생하지 않으면,*
  *기간이 끝나는 20년 째인 $50 + 20 = 70$에 축하금 5를 지급한다.*
- *보험료는 일정액 $X$를 매년 초에 총 $m = 10$한도로 납입한다.*

*다른 비용이 없다 가정하고 이자율은 $i = 5\%$이다. 보험료 $X$를 Standard Ultimate Survival Model, Standard Selected Survival Model 방식으로 부록에 표를 이용하여 다음 계산해보자.*

**풀이.**

*1. 선택기간이 없는 SUSM의 경우:*
*먼저 납입하는 보험료의 현재가격을 나타내는 확률변수와 평균을 계산하자.*
*납입하게 될 보험료 $X = P_{50:\overline{20}|}$의 현재가격을 나타내는 확률변수는, 보험료를 최대 $m = 10$회 내는 것에 주의하면*

$$P_{50:\overline{20}|}\left(1+v+v^2+\cdots+v^{\min\{K_{50},m-1\}}\right)=P_{50:\overline{20}|}\frac{1-v^{\min\{K_{50}+1,m\}}}{1-v}=P_{50:\overline{20}|}\times\ddot{a}_{\overline{\min\{K_{50}+1,m\}}|},$$

*납입하게 될 보험료를 나타내는 확률변수의 기대값은* $P_{50:\overline{20}|}\times\ddot{a}_{50:\overline{10}|}$.

*다음으로 받게되는 보험금의 현재가격을 타나내는 확률변수는,*
*보험금* $S_0=10$*, 축하금* $S_1=5$*, 보장기간* $n=20$*인 경우이므로*

$$10Z_{50,20}+5E_{50,20}=\begin{cases}S_0v^{K_{50}+1}, & K_{50}<n\\ S_1v^n, & K_{50}\geq n\end{cases}=\begin{cases}10v^{K_{50}+1}, & K_{50}<20\\ 5v^{20}, & K_{50}\geq 20\end{cases}$$

*보험금의 현재가격을 나타내는 확률변수의 평균값은*

$$E\left[10Z_{50,20}+5E_{50,20}\right]=10E[Z_{50,20}]+5E[E_{50,20}]=10A^{1}_{50:\overline{20}|}+5A_{50:\overline{20}|}^{\ \ \ \ 1}=5\left(2A_{50:\overline{20}|}+A^{1}_{50:\overline{20}|}\right)$$

*따라서 부록의 표를 참고하면*

$$P_{50:\overline{20}|}=\frac{10A^{1}_{50:\overline{20}|}+5A_{50:\overline{20}|}^{\ \ \ \ 1}}{\ddot{a}_{50:\overline{10}|}}=5\frac{2A_{50:\overline{20}|}+A^{1}_{50:\overline{20}|}}{\ddot{a}_{50:\overline{10}|}}\approx 0.26607$$

2. *선택기간이 2년인 SSSM의 경우:*
*생존확률만 달라지기 때문에 본질적으로 달라지는 것은 없다. 보험료는 약간 내려갈 것이 예상된다. 따라서 부록 표를 참고하면*

$$P_{[50]:\overline{20}|}=\frac{10A^{1}_{[50]:\overline{20}|}+5A_{[50]:\overline{20}|}^{\ \ \ \ \ \ 1}}{\ddot{a}_{[50]:\overline{10}|}}=5\frac{2A_{[50]:\overline{20}|}+A^{1}_{[50]:\overline{20}|}}{\ddot{a}_{[50]:\overline{10}|}}\approx 0.265798$$

**보기 5.4** *표 5.1는 선택기간 3년인 생명표의 일부이다. 다음을 구하여라.*
*이자율은* $i=3\%$*로 한다.*

1. ${}_2p_{42}$, ${}_2p_{[42]}$
2. ${}_3p_{42+1}$, ${}_3p_{[42]+1}$
3. $\ddot{a}_{42:\overline{2}|}$
4. $\ddot{a}_{[42]:\overline{2}|}$
5. ${}_4E_{42}$
6. ${}_4E_{[42]}$
7. $A_{42:\overline{4}|}$
8. $A_{[42]:\overline{4}|}$
9. $A^{1}_{42:\overline{4}|}$, $A^{1}_{[42]:\overline{4}|}$
10. $x=42$*일 때, 보장기간* $n=4$*년, 보험료 납부기간 최대* $m=2$*년, 보험금* $S_0=10$*, 축하금* $S_1=8$*인 보험을 들었다. 보험료* ${}_2P_{[42]:\overline{4}|}$*는 얼마가 적절한가? 보험료* ${}_2P_{42:\overline{4}|}$*는 얼마가 적절한가?*

표 5.1: *선택기간 3년인 생명표*

| $[x]$ | $\ell_{[x]}$ | $\ell_{[x]+1}$ | $\ell_{[x]+2}$ | $\ell_{x+3}$ | $x+3$ |
|---|---|---|---|---|---|
| 39 | 1008.5 | 1006.5 | 1003.7 | 1000.0 | 42 |
| 40 | 1005.6 | 1003.1 | 999.77 | 995.37 | 43 |
| 41 | 1002.0 | 999.06 | 995.09 | 989.83 | 44 |
| 42 | 997.80 | 994.24 | 989.51 | 983.23 | 45 |
| 43 | 992.74 | 988.49 | 982.84 | 975.38 | 46 |
| 44 | 986.70 | 981.63 | 974.91 | 966.03 | 47 |
| 45 | 979.50 | 973.46 | 965.47 | 954.93 | 48 |

**풀이.** *주의할 것은* $\ell_{[x]+k} = \ell_{x+k}, k \geq 3$. *따라서* ${}_tp_{[x]} = {}_3p_{[x]} \times {}_{t-3}p_{x+3} = \frac{\ell_{[x]+t}}{\ell_{[x]}} = \frac{\ell_{x+t}}{\ell_{[x]}}$, $t \geq 3$. *그러나* $t < 3$*이면* ${}_tp_{[x]} = \frac{\ell_{[x]+t}}{\ell_{[x]}}$. $i = 3\%$*이므로* $v = \frac{1}{1+i} = \frac{1}{1+0.03} = 0.970874$. $d = 1 - v$.

1. ${}_2p_{42} = \frac{\ell_{42+2}}{\ell_{42}} = \frac{989.83}{1000} = 0.98983$.
   ${}_2p_{[42]} = \frac{\ell_{[42]+2}}{\ell_{[42]}} = \frac{989.51}{997.80} = 0.991692$.
2. ${}_3p_{42+1} = \frac{\ell_{42+1+3}}{\ell_{42+1}} = \frac{\ell_{46}}{\ell_{43}} = \frac{983.23}{995.37} = 0.979917$.
   ${}_3p_{[42]+1} = \frac{\ell_{[42]+1+3}}{\ell_{[42]+1}} = \frac{\ell_{46}}{\ell_{[42]+1}} = \frac{975.38}{994.24} = 0.981031$
3. $\ddot{a}_{42:\overline{2}|} = \sum_{k=0}^{2-1} v^k {}_kp_{42} = 1 + v\frac{\ell_{43}}{\ell_{42}} = 1.96638$.
4. $\ddot{a}_{[42]:\overline{2}|} = \sum_{k=0}^{2-1} v^k {}_kp_{[42]} = 1 + v\frac{\ell_{[42]+1}}{\ell_{[42]}} = 1.96741$.
5. ${}_4E_{42} = v^4 {}_4p_{42} = v^4 \frac{975.38}{1000} = 0.866608$
6. ${}_4E_{[42]} = v^4 {}_4p_{[42]} = v^4 \frac{\ell_{46}}{\ell_{[42]}} = v^4 \frac{975.38}{977.80} = 0.86852$
7. $A_{42:\overline{4}|} := \sum_{k=0}^{4-1} v^{k+1} {}_kp_{42}$*를 이용해서 계산할 수도 있지만,*
   $A_{42:\overline{4}|} = 1 - d\,\ddot{a}_{42:\overline{4}|} = 1 - d \times 3.79918 = 0.889344$.
8. $A_{[42]:\overline{4}|} := \sum_{k=0}^{4-1} v^{k+1} {}_kp_{[42]}$*를 이용해서 계산할 수도 있지만,*
   $A_{[42]:\overline{4}|} = 1 - d\,\ddot{a}_{[42]:\overline{4}|} = 1 - d\,\ddot{a}_{[42]:\overline{4}|} = 1 - d \times 3.80395 = 0.889205$
9. $A^{\,1}_{42:\overline{4}|} = A_{42:\overline{4}|} - {}_4E_{42} = 0.0227364$.
10. $A^{\,1}_{[42]:\overline{4}|} = A_{[42]:\overline{4}|} - {}_4E_{[42]} = 0.0206859$.

10. *보험금의 현재가격을 나타내는 확률변수를 생각해보자.*
    *보험료 납부기간* $m = 2$, *보장기간* $T = 4$, *보험금* $S_0 = 10$, *축하금* $S_1 = 8$*인 경우이다.*

$$ {}_2P_{42:\overline{4}|}\text{의 경우 } {}_mQ^T_{S0,S_1} = \begin{cases} S_0 v^{K_x+1}, & K_x < T \\ S_1 v^T, & K_x \geq T \end{cases}, $$

$$ {}_2P_{[42]:\overline{4}|}\text{의 경우 } {}_mQ^T_{S0,S_1} = \begin{cases} S_0 v^{K_{[x]}+1}, & K_{[x]} < T \\ S_1 v^T, & K_{[x]} \geq T \end{cases} $$

*(1)* ${}_2P_{42:\overline{4}|}$*의 경우: 앞 계산결과를 적용하면*

$$
\begin{aligned}
{}_nQ^T_{S0,S_1} &= S_0 Z_{x,T} + S_1 E_{x,T} = 10 Z_{x,4} + 8 E_{x,4}, \\
E\left[{}_2Q^4_{10,8}\right] &= 10 A^{\ 1}_{42:\overline{4}|} + 8 A_{42:\overset{\ 1}{\overline{4}|}} = 7.16023
\end{aligned}
$$

*납입해야 할 보험료* ${}_2P_{42:\overline{4}|}$*를 나타내는 확률변수는, 보험료 납부기간이* $m = 2$*인 것에 주의하면*

$$
\begin{aligned}
&{}_mP_{x:\overline{T}|}\begin{cases} 1 + v_1 p_x, & K_x < m \\ 1 + v, & K_x \geq m \end{cases} = {}_2P_{42:\overline{4}|}\ \ddot{a}_{\overline{\min\{K_x+1,m\}}|}, \\
&\text{평균값 } {}_2P_{42:\overline{4}|} \times \ddot{a}_{42:\overline{2}|} = {}_2P_{42:\overline{4}|} \times 1.96637
\end{aligned}
$$

*따라서*

$$
{}_2P_{42:\overline{4}|} = \frac{E\left[{}_nQ^T_{S0,S_1}\right]}{\ddot{a}_{x:\overline{m}|}} = \frac{E\left[{}_2Q^4_{10,8}\right]}{\ddot{a}_{42:\overline{2}|}} = \frac{10 A^{\ 1}_{42:\overline{4}|} + 8 A_{42:\overset{\ 1}{\overline{4}|}}}{\ddot{a}_{42:\overline{2}|}} = \frac{7.16023}{1.96638} = 3.64133
$$

*(2)* ${}_2P_{[42]:\overline{4}|}$*의 경우: 앞 계산결과를 적용하면*

$$
\begin{aligned}
{}_nQ^T_{S0,S_1} &= S_0 Z_{[x],T} + S_1 E_{[x],T} = 10 Z_{[x],4} + 8 E_{[x],4}, \\
E\left[{}_2Q^4_{10,8}\right] &= 10 A^{\ 1}_{[42]:\overline{4}|} + 8 A_{[42]:\overset{\ 1}{\overline{4}|}} = 7.15502
\end{aligned}
$$

*납입해야 할 보험료* ${}_2P_{[42]:\overline{4}|}$*를 나타내는 확률변수는, 보험료 납부기간이*
$m = 2$*인 것에 주의하면*

$$
\begin{aligned}
&{}_mP_{[x]:\overline{T}|}\begin{cases} 1 + v_1 p_{[x]}, & K_{[x]} < m \\ 1 + v, & K_{[x]} \geq n \end{cases} = {}_2P_{[42]:\overline{4}|}\ \ddot{a}_{\overline{\min\{K_{[x]}+1,m\}}|}, \\
&\text{평균값 } {}_2P_{[42]:\overline{4}|} \times \ddot{a}_{[42]:\overline{2}|} = {}_2P_{[42]:\overline{4}|} \times 1.96741
\end{aligned}
$$

*따라서*

$$
{}_2P_{[42]:\overline{4}|} = \frac{E\left[{}_nQ^T_{S0,S_1}\right]}{\ddot{a}_{[42]:\overline{2}|}} = \frac{E\left[{}_2Q^4_{10,8}\right]}{\ddot{a}_{[42]:\overline{2}|}} = \frac{10 A^{\ 1}_{42:\overline{4}|} + 8 A_{42:\overset{\ 1}{\overline{4}|}}}{\ddot{a}_{[42]:\overline{2}|}} = \frac{7.15501}{1.96741} = 3.63677
$$

## 5.2 보험금, 보험료가 해마다 증가하는 경우

$t = K_x + 1$에 보험금,보험 또는 연금이 $K_x + 1$인 보험을 생각해보자. 먼저 지급해야 할 보험금의 현재가격을 나타내는 확률변수는 가입나이 $x$, 보장기간 $n$인 경우를 생각하면

$$ZI_{x,n} := \begin{cases} (K_x+1)v^{K_x+1}, & K_x < n \\ 0, & K_x \geq n \end{cases}$$

확률변수 $Z_{x,n}$의 평균값은 $(IA)^1_{x:\overline{n}|}$로 나타내자.

$$\begin{aligned}(IA)^1_{x:\overline{n}|} &= E\left[I_{x,n}\right] = vq_x + 2v^2\ {}_{1|}q_x + 3v^3\ {}_{2|}q_x + \cdots + nv^n\ {}_{n-1|}q_x \\ &= \sum_{k=0}^{n-1}(k+1)v^{k+1}\ {}_{k|}q_x\end{aligned}$$

다음으로 보험료가 첫번째 보험료 1로 시작해서, 단위기간이 지날 때마다 1씩 증가하는 경우를 생각하자. 보험료 납입기간은 생존하는 동안 최대 $m$회차까지 내는 경우를 생각한다. 보험료 수입의 현재가격을 나타내는 확률변수는

$$(I\ddot{a})_{\min\{K_x+1,n\}} := 1 + 2v + 3v^2 + \cdots + \min\{K_x, n-1\}v^{\min\{K_x,n-1\}} = \sum_{k=0}^{\min\{K_x,n-1\}}(k+1)v^k$$

여기서 $\sum_{k=0}^{n-1} v^k(k+1)$ 꼴의 합을 계산할 필요가 나타난다. 표현을 간단하게 하기 위하여 이 합을 $(I\ddot{a})_{\overline{n}|}$으로 나타내면

$$(I\ddot{a})_{\overline{n}|} := \sum_{k=0}^{n-1} v^k(k+1) = \sum_{k=0}^{n-1} v^k k + \sum_{k=0}^{n-1} v^k = \sum_{k=0}^{n-1} v^k k + \ddot{a}_{\overline{n}|}, \quad \ddot{a}_{\overline{n}|} = \frac{1-v^n}{1-v},$$

$$v(I\ddot{a})_{\overline{n}|} = v\sum_{k=0}^{n-1} v^k(k+1) = \sum_{k=0}^{n-1} v^{k+1}(k+1) = \sum_{k=1}^{n} v^k k = \sum_{k=0}^{n-1} v^k k + nv^n$$

따라서 $(1-v)(I\ddot{a})_{\overline{n}|} = \ddot{a}_{\overline{n}|} - nv^n, \quad (I\ddot{a})_{\overline{n}|} = \dfrac{\ddot{a}_{\overline{n}|} - nv^n}{1-v} = \dfrac{\ddot{a}_{\overline{n}|} - nv^n}{d}.$

**도움말 5.7**

$$(I\ddot{a})_{\overline{n}|} := 1+2v+3v^2+\cdots+nv^{n-1} = \sum_{k=0}^{n-1}(k+1)v^k = \sum_{k=1}^{n} kv^{k-1} = \frac{\ddot{a}_{\overline{n}|}-nv^n}{1-v} = \frac{\ddot{a}_{\overline{n}|}-nv^n}{d}$$

$$(Ia)_{\overline{n}|} := v+2v^2+3v^3+\cdots+nv^n = \sum_{k=1}^{n} kv^k = v\sum_{k=1}^{n} kv^{k-1} = \frac{\ddot{a}_{\overline{n}|}-nv^n}{i}$$

$$(I\ddot{a})_{\overline{n}|} = (1+i)(Ia)_{\overline{n}|} = 1+a_{\overline{n-1}|}+(Ia)_{\overline{n-1}|}$$

### 5.2.1 $ZI_x := (K_x+1)v^{K_x+1}$의 평균값 $(IA)_x := E\left[(K_x+1)v^{K_x+1}\right]$

확률변수 $IZ_x := (K_x+1)v^{K_x+1}$와 평균값 $(IA)_x := E\left[IZ_x\right] = \sum_{k=0}^{\infty}(k+1)v^{k+1}{}_{k|}q_x$은

$$\begin{aligned}
(IA)_x := E\left[IZ_x\right] &= \sum_{k=0}^{\infty}(k+1)v^{k+1}{}_{k|}q_x \\
&= \sum_{k=0}^{\infty} kv^{k+1}{}_{k|}q_x + \sum_{k=0}^{\infty} v^{k+1}{}_{k|}q_x = \sum_{k=1}^{\infty} kv^{k+1}{}_{k|}q_x + A_x \\
&= v\sum_{k=1}^{\infty} kv^k{}_1p_{x\,k-1|}q_x + A_c \\
&= v\,{}_1p_x \times (IA)_{x+1} + A_x
\end{aligned}$$

정리하면 $A_x = (IA)_x - v\,{}_1p_x(IA)_{x+1}$.

### 5.2.2 $(IA)^1_{x:\overline{n}|} = E\left[IZ_{x,n}\right]$

확률변수 $IZ_{x,n} := \begin{cases}(K_x+1)v^{K_x+1}, & K_x < n \\ 0, & K_x \geq n\end{cases}$ 보험금이 해마다 증가하고, 기간 $t=n$이 지나면 아무것도 보장하지 않는 경우, 받게되는 보험금의 현재가격을 나타내는 확률변수다. 이 확률변수의 평균값은

$$(IA)^1_{x:\overline{n}|} := E\left[IZ_{x,n}\right] = \sum_{k=0}^{n-1}(k+1)v^{k+1}{}_{k|}q_x = v\,{}_1p_x(IA)^{\;1}_{x+1:\overline{n-1}|} + A^1_{x:\overline{n}|}$$

정리하면 $A^1_{x:\overline{n}|} = (IA)^1_{x:\overline{n}|} - v\,{}_1p_x(IA)^{\;1}_{x+1:\overline{n-1}|}$.

### 5.2.3 $(IA)_{x:\overline{n}|}$

확률변수 $IZ_{x,n}+nv^nE_{x,n}$은 보험금이 해마다 증가하고, 보장구간 $(x,x+n)$에 지급사유가 발생하지 않으면 $t=x+n$에 축하금 $n$을 주는 보험의 현재가격을 나타내는 확률변수다. 잘 살펴보면

$$IZ_{x,n}+nv^nE_{x,n}=\begin{cases}(K_x+1)v^{K_x+1}, & K_x<n\\ nv^n, & K_x\geq n\end{cases}=\min\{K_x+1,n\}v^{\min\{K_x+1,n\}}$$

이 확률변수의 평균값은 $(IA)x:\overline{n}|$으로 표시하고,

$$(IA)_{x:\overline{n}|}:=E\left[\min\{K_x+1,n\}v^{\min\{K_x+1,n\}}\right]=\sum_{k=0}^{n-1}(k+1)v^{k+1}{}_{k|}q_x+nv^n{}_np_x=(IA)^{1}_{x:\overline{n}|}+nv^n{}_np_x$$

### 5.2.4 $(I\ddot{a})_x$와 $(Ia)_x$

보험료 또는 연금이 해마다 1씩 증가하는 경우를 생각해보자. 예를 들어 지금 1을 받고, $t=k$일 때 $k+1$을 받는 연금을 생각하자. 이렇게 받게되는 연금의 현재가격을 나타내는 확률변수는

$$1+2v+3v^2+\cdots+K_xv^{K_x-1}=\sum_{k=0}^{K_x-1}(k+1)v^k:=(I\ddot{a})_{\overline{K_x}|}$$

확률변수 $(I\ddot{a})_{\overline{K_x}|}$의 평균은 $(I\ddot{a})_x$로 나타내자.
여기서 $(I\ddot{a})_{\overline{n}|}=1+2v+3v^2+\cdots+nv^{n-1}=\dfrac{\ddot{a}_{\overline{n}|}-nv^n}{d}$인 것에 주의하면

$$(I\ddot{a})_{\overline{K_x}|}=\frac{1}{d^2}\left(1-\left(v^{K_x}+d\times K_x\times v^{K_x}\right)\right)$$

$$\begin{aligned}(I\ddot{a})_x&:=E\left[(I\ddot{a})_{\overline{K_x}|}\right]=\frac{1}{d^2}\left(1-\left(E[v^{K_x}]+dE\left[K_xv^{K_x}\right]\right)\right)\\&=\frac{1}{d^2}\left(1-(1-d)E[v^{K_x}]-dE\left[(K_x+1)v^{K_x}\right]\right)\\&=\frac{1}{d^2}(1-(A_x+d\times(IA)_x))\\&=\frac{\ddot{a}_x-(IA)_x}{d}\end{aligned}$$

또한 연금은 살아 있어야 받는 것에 주의하면, 계산 결과를 다음과 같이 정리할 수 있다:

$$(I\ddot{a})_x:=E\left[(I\ddot{a})_{\overline{K_x}|}\right]=\frac{\ddot{a}_x-(IA)_x}{d}=\sum_{k=0}^{\infty}(k+1)v^k{}_kp_x$$

$$(IA)_x:=E\left[(K_x+1)v^{K_x+1}\right]=v\left((I\ddot{a})_x-{}_1p_x\times(I\ddot{a})_{x+1}\right)$$

연금을 지금부터 받지 않고, 한 기간이 지난 뒤부터 받는 것을 생각하자. 연금이 해마다 1씩 증가하는 경우는 받게 되는 연금의 현재가격을 나타내는 확률변수는

$$(Ia)_{\overline{K_x}|} := v + 2v^2 + 3v^3 + \cdots + K_x v^{K_x} = \sum_{k=1}^{K_x} k v^k = v \sum_{k=0}^{K_x - 1} (k+1) v^k$$

따라서 $(Ia)_{\overline{K_x}|} = v \times (I\ddot{a})_{\overline{K_x}|}$. 확률변수 $(Ia)_{\overline{K_x}|}$의 평균값을 $(Ia)_x$로 나타내면 $(Ia)_x = v \times (I\ddot{a})_x$.
공부를 위하여 직접 계산해보면

$$\begin{aligned}
(Ia)_x &= E\left[(Ia)_{\overline{K_x}|}\right] = \sum_{k=0}^{\infty} (Ia)_{\overline{k+1}|} \times {}_{k|}q_x = \sum_{k=0}^{\infty} (Ia)_{\overline{k+1}|} \times \left({}_k p_x - {}_{k+1} p_x\right) \\
&= \sum_{k=0}^{\infty} (Ia)_{\overline{k+1}|} \times {}_k p_x - \sum_{k=0}^{\infty} (Ia)_{\overline{k+1}|} \times {}_{k+1} p_x = \sum_{k=0}^{\infty} (Ia)_{\overline{k+1}|} \times {}_k p_x - \sum_{k=1}^{\infty} (Ia)_{\overline{k}|} \times {}_k p_x \\
&= (Ia)_1 \times {}_0 p_x + \sum_{k=1}^{\infty} \left( (Ia)_{\overline{k+1}|} - (Ia)_{\overline{k}|} \right) {}_k p_x = v \times {}_0 p_x + \sum_{k=1}^{\infty} (k+1) v^{k+1} {}_k p_x \\
&= v \sum_{k=0}^{\infty} (k+1) v^k {}_k p_x = v \times (I\ddot{a})_x
\end{aligned}$$

### 5.2.5 $(I\ddot{a})_{x:\overline{n}|}$

지금 1을 받고, 매년 1씩 증가하는 연금을 생각하자. 최대 $n$회 받을 수 있다면 이렇게 받는 연금의 현재가격을 나타내는 확률변수는

$$1 + 2v + 3v^2 + \cdots + \min\{K_x + 1, n\} v^{\min\{K_x, n-1\}} := (I\ddot{a})_{\overline{\min\{K_x+1,n\}}|}$$

이 확률변수을 $(I\ddot{a})_{\min\{K_x+1,n\}}$으로 나타내자.

만일 $t = 1$부터 최대 $n$회 받는 연금의 현재가격을 나타내는 확률변수는

$$v + 2v^2 + \cdots + \min\{K_x + 1, n\} v^{\min\{K_x+1,n\}} := (Ia)_{\min\{K_x+1,n\}}$$

이 확률변수의 평균값을 $(Ia)_{x:\overline{n}|}$으로 나타내자. 정의에 따라 $(Ia)_{x:\overline{n}|} = v \times (I\ddot{a})_{x:\overline{n}|}$.

평균값 $(I\ddot{a})_{x:\overline{n}|} := E\left[(I\ddot{a})_{\min\{K_x+1,n\}}\right]$을 계산하면

$$\begin{aligned}(I\ddot{a})_{x:\overline{n}|} &:= E\left[(I\ddot{a})_{\min\{K_x+1,n\}}\right] = \sum_{k=0}^{n-1}(I\ddot{a})_{\overline{k+1}|} \times {}_{k|}q_x + (I\ddot{a})_n \times {}_np_x \\ &= \sum_{k=0}^{n-1}(I\ddot{a})_{\overline{k+1}|}\left({}_kp_x - {}_{k+1}p_x\right) + (I\ddot{a})_n \times {}_np_x = \sum_{k=0}^{n-1}(I\ddot{a})_{\overline{k+1}|} \times {}_kp_x - \sum_{k=1}^{n}(I\ddot{a})_{\overline{k}|} \times {}_kp_x + (I\ddot{a})_n \times {}_np_x \\ &= \sum_{k=0}^{n-1}\left((I\ddot{a})_{\overline{k+1}|} - (I\ddot{a})_{\overline{k}|}\right){}_kp_x \\ &= \sum_{k=0}^{n-1}(k+1)v^k{}_kp_x\end{aligned}$$

**보기 5.5** *지금부터 1을 받고 $t = n-1$까지 해마다 1씩 증가하고 $t \geq n$ 부터는 더이상 증가하지 않고 일정한 금액 $n$씩 받는 연금을 생각하자.*

- *이렇게 받는 연금의 현재가격을 나타내는 확률변수를 표현라.*
- *이 확률변수의 평균값을 구하라.*

**풀이.** *현재가격의 평균을 수식으로 쓰면*

$$1 + 2v + 3v^2 + \cdots + nv^{n-1} + nv^n + nv^{n+1} + \cdots = \sum_{k=0}^{n-1}(k+1)v^k + n\sum_{k=n}^{\infty}v^k$$

*위 식을 다듬으면*

$$\sum_{k=0}^{n-1}(k+1)v^k + n\sum_{k=n}^{\infty}v^k = \sum_{k=0}^{n-1}(k+1)v^k + nv^n{}_np_x - nv^n{}_np_x + nv^n\sum_{k=0}^{\infty}v^k$$

- *현재가격을 나타내는 확률변수는*

$$\begin{cases}1 + 2v + 3v^2 + \cdots + (K_x+1)v^{K_x}, & K_x < n \\ 1 + 2v + \cdots + nv^{n-1} + nv^n + nv^{n+1} + \cdots + nv^{K_x}, & K_x \geq n\end{cases}$$

  *이 확률변수를 다르게 표현하면*

$$(I\ddot{a})_{\min\{K_x,n\}} + n\left(\ddot{a}_{K_x+1} - \ddot{a}_{\min\{K_x+1,n\}}\right)$$

- *현재가격을 나타내는 확률변수의 평균값은*

$$E\left[(I\ddot{a})_{\min\{K_x,n\}} + n\left(\ddot{a}_{K_x+1} - \ddot{a}_{\min\{K_x+1,n\}}\right)\right] = (I\ddot{a})_x + n\left(\ddot{a}_x - \ddot{a}_{x:\overline{n}|}\right)$$

**보기 5.6** *보험금 $S$는 지급사유가 발생한 해 말에 지급한다. 보험료는 최대 20회 납입하고, 해마다 1씩 증가하는 보험을 생각하자. $x = 40$인 사람이 이런 종신보험을 살 때, 보험금 $S$의 값을 구하*

여라. 이자율은 $i = 5\%$를 적용한다. 따라서 $t = k, k = 0, 1, 2, \cdots, n-1$에 각각 $k+1$을 낸다. $t = n$부터 연금을 받지만 , 보험료 납입기간 안에 가입자가 사망하는 경우, 그동안 납입한 보험료의 원금을 돌려주는 상품을 생각하자. 가입자가 기간 $n$ 이전에 사망했을 때 돌려줘야 할 보험료의 현재가격을 나타내는 확률변수는

**풀이.** 보험금의 현재가격을 나타내는 확률변수는 $S \times Z_x = S \times v^{K_x+1}$, 보험료의 현재가격을 나타내는 확률변수는, 20년 이상 생존하면 보험료를 다 내는 것에 주의하면

$$\begin{cases} 1 + 2v + 3v^2 + 4v^3 + (K_x+1)v^{K_x}, & K_x < n \\ 1 + 2v + 3v^2 + \cdots + nv^{n-1}, & K_x \geq n \end{cases}$$
$$:= (I\ddot{a})_{\min\{K_x+1,n\}}$$

따라서 손실확률변수는 $S \times Z_x - (I\ddot{a})_{\min\{K_x+1,n\}}$이고 손실함수는

$$L_0^n := E\left[S \times Z_x - (I\ddot{a})_{\min\{K_x+1,n\}}\right] = S \times A_x - (I\ddot{a})_{x:\overline{n}|}$$

부록의 표에서 $x = 40$인 경우를 찾으면

$$S = \frac{(I\ddot{a})_{x:\overline{n}|}}{A_x} = \frac{(I\ddot{a})_{40:\overline{20}|}}{A_{40}} = 951.652$$

**보기 5.7** 나이 $x = 50$인 사람이 거치기간이 $D = 10$년인 종신보험을 샀다. 보험금은 $S_0$이고, 보험은 60부터 사망한 해 말에 지급된다. 구매자는 매년 초에 $P = 100$씩, $m = 10$년간 보험료를 내야한다. 만일 60이 되기 전에 사망하면, 낸 보험료 원금만 사망한 해 말에 돌려준다. 관리비용이 없을 때, 보험금 $S_0$는 얼마가 적절한가? ( Standard Ultimate Survival Model, 이자율은 년 5%로 계산한다.)

**풀이.** 먼저 $D = 10$년 이내에 사망하여 돌려주는 원금의 현재가격을 나타내는 확률변수를 구해보자. 1년 이내에 죽었다면 $P$, 2년 이내에 죽었다면 $2P$를 돌려주는 식이다. 따라서 돌려주는 원금을 나타내는 확률변수는 보험료 납입기간이 $m = 10$인 것에 주의하면

$$P \begin{cases} (K_x+1)v^{K_x+1}, & K_x < 10 \\ 0, & K_x \geq 10 \end{cases}$$

이고, 평균값은 SUSM을 적용하고, $x = 50$으로 $i = 5\%$, $n = 10$으로 계산하면 $(IA)^1_{x:\overline{n}|} = 0.0866559$이고,

$$P \times \sum_{k=0}^{10-1} (k+1)v^{k+1}{}_{k|}q_x = P \times (IA)^1_{50:\overline{10}|} \approx 8.66559.$$

관리비용이 없을 때, 나가는 돈과 들어오는 돈의 차이를 구해보자. 나가는 돈은 보험금 $S_0$와 $D = 10$ 이전에 사망했을 때 보험금이다. 들어오는 돈은 $m = 10$회 들어오는 보험료이다. $x = 50, D = 10, m = 10$이다. 나가는 돈과 들어오는 돈의 차이를 나타내는 확률변수를 ${}_0L_x$로 나타내면

$$\begin{aligned}
{}_0L_{50} &= P\begin{cases}(K_x+1)v^{K_x+1}, & K_x < n\\ 0, & K_x \geq n\end{cases}\\
&\quad + S_0\begin{cases}0, & K_x < D\\ v^{K_x+1}, & K_x \geq D\end{cases} - P \times \ddot{a}_{\min\{K_x+1,n\}}\\
&= P \times IZ_x + S_0\big(Z_x - Z_{x,D}\big) - P \times \ddot{a}_{\min\{K_x+1,n\}}\\
{}_0V_{50} &:= E\big[{}_0L_{50}\big] := L_{50}^0\\
&= P(IA)^1_{x:\overline{n}|} + S_0\big(A_x - A^1_{x:\overline{D}|}\big) - P \times \ddot{a}_{x:\overline{n}|}
\end{aligned}$$

보험금 $S_0$의 값은 ${}_0V_{50}$을 0으로 하는 값이다. 지금 경우

$$P = 100, A_{50} = 0.189308, \quad A^1_{50:\overline{10}|} = 0.014611, \quad \ddot{a}_{50:\overline{10}|} = 8.055$$

이므로

$$S_0 = P \times \frac{\ddot{a}_{x:\overline{n}|} - (IA)^1_{x:\overline{n}|}}{A_x - A^1_{x:\overline{D}|}} = 4561.24$$

**도움말 5.8** 1. 보험료가 처음 $P_1$에서 $u$ 년차부터 $P_2$로 증가하는 경우, 보험료 수입의 현재가격을 나타내는 확률변수는 , 보험료는 기간의 시작에, 생존하는 동안만 내는 것에 주의하면

$$\begin{cases} P_1\left(1+v+\cdots+v^{K_x}\right), & K_x < u, \\ P_1(1+v+v^2+\cdots+v^{u-1})+P_2\left(v^u+v^{u+1}+\cdots+v^{K_x}\right), & K_x \geq u \end{cases}$$
$$= P_2\ddot{a}_{\overline{K_x+1}|} + (P_1-P_2)\ddot{a}_{\overline{\min\{K_x+1,u\}}|}$$

2. 이 확률변수의 평균값은 $P_2\ddot{a}_x + (P_1-P_2)\ddot{a}_{x:\overline{u}|}$.
3. $(I\ddot{a})_x := \sum_{k=0}^{\infty}(k+1)v^k{}_kp_x$
4. $(Ia)_x := \sum_{k=1}^{\infty} kv^k{}_kp_x = (I\ddot{a})_x - a_x$.  $a_x = \sum_{k=1}^{\infty} v^k{}_kp_x$.
5. 특히 확률변수 $IZ_x := (K_x+1)v^{K_x+1}$의 평균값은 $(IA)_x$로 나타낸다. 따라서

$$(IA)_x = \sum_{k=0}^{\infty}(k+1)v^{k+1}{}_{k|}q_x = v \times (I\ddot{a})_x - (Ia)_x$$

**해설.** 확률변수 $P_1(1+v+v^2+\cdots+v^{u-1})+P_2\left(v^u+v^{u+1}+\cdots+v^{K_x}\right)$를 잘 이해하자. 이 확률변수를 다음과 같이 다듬자.

- $K_x \geq u$인 경우

$$\begin{aligned} & P_1(1+v+v^2+\cdots+v^{u-1})+P_2\left(v^u+v^{u+1}+\cdots+v^{K_x}\right) \\ &= P_1\frac{1-v^u}{1-v}+P_2\frac{v^u-v^{K_x+1}}{1-v} = P_1\frac{1-v^u}{1-v}+P_2\frac{v^n-1+1-v^{K_x+1}}{1-v} \\ &= P_2\frac{1-v^{K_x+1}}{1-v}+(P_1-P_2)\frac{1-v^{\min\{K_x+1,u\}}}{1-v} \\ &= P_2\ddot{a}_{\overline{K_x+1}|}+(P_1-P_2)\ddot{a}_{\overline{\min\{K_x+1,n\}}|} \end{aligned}$$

- $K_x < u$인 경우는

$$P_1(1+v+v^2+\cdots+v^{u-1})+P_2\left(v^u+v^{u+1}+\cdots+v^{K_x}\right) = P_1(1+v+v^2+\cdots+v^{K_x})$$

이 확률변수의 평균값은 $E\left[P_2\ddot{a}_{\overline{K_x+1}|}+(P_1-P_2)\ddot{a}_{\overline{\min\{K_x+1,n\}}|}\right] = P_2\ddot{a}_x+(P_1-P_2)\ddot{a}_{x:\overline{u}|}$.

## 5.3 보험료를 여러번 계산할 때

연금이나 보험료를 1년에 1번으로 계산하는 것은 편리하지만 현실적이 아니다. 때문에 예를 들어 1년에 12번, 즉 매달 계산하는 것을 생각할 필요가 있다.

**도움말 5.9** $[T_x, K_x, \lfloor mT_x \rfloor], K_x^{(m)}]$ 가입자의 나이를 $x$라 하자.

- $T_x$는 나이 $x$인 가입자의 남은 수명을 나타낸다.
- $K_x$는 나이 $x$인 가입자의 남은 수명 $T_x$의 정수부분을 나타낸다. 따라서 $K_x = \lfloor T_x \rfloor$.
- $\lfloor mT_x \rfloor$는 나이 $x$인 가입자의 남은 수명을 $m$등분 했을 때,$T_x$를 포함하는 구간의 번호를 나타낸다.
- $K_x^{(m)} = \frac{1}{m}\lfloor mT_x \rfloor$. 따라서 $K_x^{(m)} \leq T_x < K_x^{(m)} + \frac{1}{m}$

**해설.** 새로운 것은 $K_x^{(m)}$이다. 예를 들어 $T_x(\omega) = 5.8$이라 하자. 이경우

$$\lfloor 3T_x(\omega) \rfloor = \lfloor [17.4 \rfloor = 17, \quad K_x^{(3)}(\omega) = \frac{1}{3}\lfloor 3T_x(\omega) \rfloor = \frac{1}{3}\lfloor 3 \times 5.8 \rfloor = \frac{17}{3} = 17 \times \frac{1}{3}$$

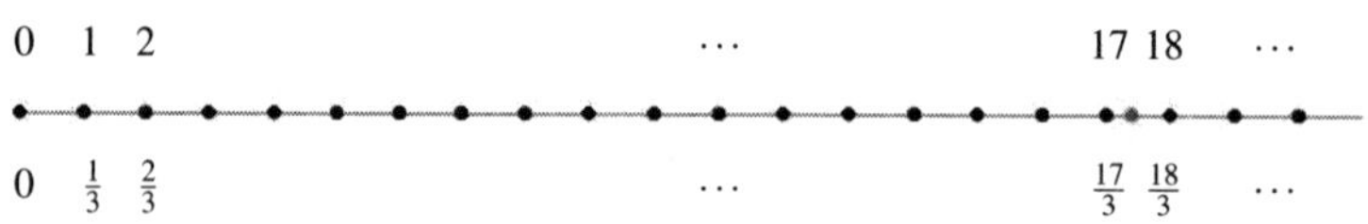


그림. 5.1: $K_x^{(3)}(\omega) = \frac{17}{3} \leq T_x(\omega) = 3.8 < \frac{18}{3} = K_x^{(3)}(\omega) + \frac{1}{3}$를 확인할 수 있다.

$t = 0, 1, 2, \cdots, n-1$에 각각 1씩 $n$회 받는 연금의 현재가격을

$$\ddot{a}_{\overline{n}|} = 1 + v + v^2 + \cdots + v^{n-1} = \frac{1-v^n}{1-v}$$

로 표시했다. 그런데 $t = k$에 1을 주던 것을

$$k,\ k + \tfrac{1}{m},\ k + \tfrac{2}{m},\ \cdots, k + \tfrac{m-1}{m}\text{에 각각 } \tfrac{1}{m}\text{씩}$$

$m$ 등분해서 주는 방식을 생각할 수 있다. 이렇게 하면 지급 주기가 $\frac{1}{m}$로 바뀌기 때문에 $\frac{1}{m}$ 동안의 이자율 $j_m$을 생각하야 하는데, $j_m$은

$$(1 + j_m)^m = 1 + i, \text{ 또는 } j_m = (1+i)^{\frac{1}{m}} - 1$$

로 결정된다. 이렇게 하면 , $v_m := \dfrac{1}{1+j_m}$으로 해서, 1년에 $m$회 받게되는 연금의 현재 가격은

$$\frac{1}{m} \times 1 + \frac{1}{m} \times v_m + \frac{1}{m} \times v_m^2 + \frac{1}{m} \times v_m^3 + \cdots + \frac{1}{m} \times v_m^{n \times m - 1} = \frac{1}{m} \times \frac{1 - v_m^{m \times n}}{1 - v_m}$$

여기서 $(1+j_m)^m = 1+i$에 주의하면 $v_m^m = v$.

$$\ddot{a}_{\overline{n}|}^{(m)} := \frac{1}{m} \times \frac{1 - v_m^{m \times n}}{1 - v_m} = \frac{1}{m} \times \frac{1 - v^n}{1 - v_m} = \frac{1 - v^n}{d^{(m)}}$$

위 식에서

$$\begin{aligned} d^{(m)} &= m(1 - v_m) = m\left(1 - \frac{1}{1+j_m}\right) = m\left(1 - \frac{1}{(1+i)^{\frac{1}{m}}}\right) = \frac{m\left((1+i)^{\frac{1}{m}} - 1\right)}{(1+i)^{\frac{1}{m}}} \\ &= \frac{i^{(m)}}{(1+i)^{\frac{1}{m}}} = \frac{i^{(m)}}{1 + \frac{1}{m} i^{(m)}} \end{aligned}$$

$$\begin{aligned} i^{(m)} &= m\left((1+i)^{\frac{1}{m}} - 1\right) = m \times j_m \\ d &= \frac{i}{1+i} \\ d^{(m)} &= m\left(1 - (1-d)^{\frac{1}{m}}\right) = m\left(1 - (1+i)^{-\frac{1}{m}}\right) \end{aligned}$$

**도움말 5.10** $d = \frac{i}{1+i}$, $\quad v = \frac{1}{1+i}$, $\quad j_m = (1+i)^{\frac{1}{m}} - 1 = \dfrac{i^{(m)}}{m}$.

1. $(1+i)(1-d) = 1$
2. $i^{(m)} = m\big((1+i)^{\frac{1}{m}} - 1\big)$
3. $d^{(m)} = m\big(1 - (1-d)^{\frac{1}{m}}\big) = m\big(1 - (1+i)^{-\frac{1}{m}}\big)$, $\quad \dfrac{d^{(m)}}{m} = \dfrac{\frac{i^{(m)}}{m}}{1 + \frac{i^{(m)}}{m}}$.
4. $\big(1 + \frac{i^{(m)}}{m}\big)\big(1 - \frac{d^{(m)}}{m}\big) = 1$
5. $\ddot{a}_{\overline{n}|} = 1 + v + v^2 + \cdots + v^{n-1} = \frac{1-v^n}{1-v} = \dfrac{1-v^n}{d}$
6. $\ddot{a}_{\overline{n}|,i}^{(m)} = \frac{1}{m} \times \ddot{a}_{\overline{mn}|,j_m} = \dfrac{1-v^n}{d^{(m)}}$

보험료를 매월 낸다는 것은 보험료를 $\frac{1}{12}$ 간격으로 내는 것으로 이해한다.
따라서 확률변수 $K_x^{(12)} = \dfrac{1}{12}\lfloor 12T_x \rfloor$를 생각해야 한다. 먼저 보험료 수입의 현재가격을 나타내는 확률변수를 생각하자.

년 보험료 $P$을 매월 $\frac{P}{12}$로 나누어 내고, 납입 기간이 $n$년 이라면

$$\frac{P}{12}\begin{cases}1+v^{\frac{1}{12}}+v^{\frac{2}{12}}+\cdots+v^{K_x^{(12)}}=\frac{1-v^{K_x^{(12)}+\frac{1}{12}}}{1-v^{\frac{1}{12}}}:=P\times\ddot{a}^{(12)}_{\overline{K_x^{(12)}+\frac{1}{12}}|}, & T_x<n\\ \frac{1-v^n}{1-v^{\frac{1}{12}}}:=P\times\ddot{a}^{(12)}_{\overline{n}|}, & T_x\geq n\end{cases}$$

$$=\begin{cases}P\times\ddot{a}^{(12)}_{\overline{K_x^{(12)}+\frac{1}{12}}|}, & T_x<n\\ P\times\ddot{a}^{(12)}_{\overline{n}|}, & T_x\geq n\end{cases}$$

$$=P\times\ddot{a}^{(12)}_{\min\{K_x^{(m)}+\frac{1}{12},n\}}$$

확률변수 $\ddot{a}^{(12)}_{\min\{K_x^{(m)}+\frac{1}{12},n\}}$의 평균값을 $\ddot{a}^{(12)}_{x:\overline{n}|}$로 나타낸다.

1년에 1을 $m$회로 나누어 $\frac{1}{m}$ 간격으로 $\frac{1}{m}$씩 나누어 , 생존해 있는 동안 내는 경우를 생각해보자. 이렇게 내는 돈의 현재가격을 나타내는 확률변수는 $\frac{k}{m}\leq T_x<\frac{k}{m}+\frac{1}{m}$ 을 만족시키는 $\frac{k}{m}=\frac{1}{m}\lfloor mT_x\rfloor:=K_x^{(m)}$인 것에 주의하면

$$\frac{1}{m}\left(1+v^{\frac{1}{m}}+v^{\frac{2}{m}}+\cdots+v^{K_x^{(m)}}\right)=\frac{1}{m}\frac{1-v^{K_x^{(m)}+\frac{1}{m}}}{1-v^{\frac{1}{m}}}=\frac{1-v^{K_x^{(m)}+\frac{1}{m}}}{d^{(m)}}:=\ddot{a}^{(m)}_{K_x^{(m)}+\frac{1}{m}}$$

확률변수 $\ddot{a}^{(m)}_{K_x^{(m)}+\frac{1}{m}}$의 평균값을 $\ddot{a}_x^{(m)}$로 나타낸다.

표현이 대단히 복잡하기 때문에, 표현을 간단하게 하기 위하여 다음 기호에 익숙해지자.

$$(1+i_m)^m=1+i,\qquad v_m=\frac{1}{1+i_m}=\left(\frac{1}{1+i}\right)^{\frac{1}{m}}=v^{\frac{1}{m}}$$

$$_kp_x^{(m)}:={}_{\frac{k}{m}}p_x,\qquad {}_kq_x^{(m)}:={}_kp_x^{(m)}-{}_{k+1}p_x^{(m)}={}_{\frac{k}{m}}p_x-{}_{\frac{k+1}{m}}p_x$$

$$\begin{aligned}\ddot{a}_x^{(m)}&=\frac{1}{m}\sum_{k=0}^{\infty}\frac{1-v^{\frac{k}{m}+\frac{1}{m}}}{1-v^{\frac{1}{m}}}\,{}_{\frac{k}{m}|\frac{1}{m}}q_x=\frac{1}{m}\sum_{k=0}^{\infty}\frac{1-v_m^{k+1}}{1-v_m}\,{}_{k|}q_x^{(m)}\\&=\frac{1}{m}\sum_{k=0}^{\infty}\frac{1-v_m^{k+1}}{1-v_m}\left({}_kp_x^{(m)}-{}_{k+1}p_x^{(m)}\right)\\&=\frac{1}{m}\sum_{k=0}^{\infty}\frac{1-v_m^{k+1}}{1-v_m}\,{}_kp_x^{(m)}-\frac{1}{m}\sum_{k=0}^{\infty}\frac{1-v_m^{k+1}}{1-v_m}\,{}_{k+1}p_x^{(m)}\\&=\frac{1}{m}\sum_{k=0}^{\infty}\frac{1-v_m^{k+1}}{1-v_m}\,{}_kp_x^{(m)}-\frac{1}{m}\sum_{k=1}^{\infty}\frac{1-v_m^{k}}{1-v_m}\,{}_kp_x^{(m)}\\&=\frac{1}{m}+\frac{1}{m}\sum_{k=1}^{\infty}v_m^k\,{}_kp_x^{(m)}=\frac{1}{m}\sum_{k=0}^{\infty}v_m^k\times{}_kp_x^{(m)}\end{aligned}$$

확률변수 $Z_x^{(m)} := v^{K_x^{(m)}+\frac{1}{m}}$의 평균값을 $A_x^{(m)}$로 나타내고, 따라서

$$\begin{aligned} A_x^{(m)} &= E\left[v^{K_x^{(m)}+\frac{1}{m}}\right] = \sum_{k=0}^{\infty} v^{\frac{k}{m}+\frac{1}{m}} \times {}_{\frac{k}{m}|\frac{1}{m}}q_x \\ &= \sum_{k=0}^{\infty} v_m^{k+1}\, {}_{k|}q_x^{(m)} = \sum_{k=0}^{\infty} v_m^{k+1}\left({}_kp_x^{(m)} - {}_{k+1}p_x^{(m)}\right) \\ &= \sum_{k=0}^{\infty} v_m^{k+1}\, {}_kp_x^{(m)} - \sum_{k=0}^{\infty} v_m^{k+1}\, {}_{k+1}p_x^{(m)} = \sum_{k=0}^{\infty} v_m^{k+1}\, {}_kp_x^{(m)} - \sum_{k=1}^{\infty} v_m^{k} \times {}_kp_x^{(m)} \\ &= v_m - (1-v_m)\sum_{k=1}^{\infty} v_m^k \times {}_kp_x^{(m)} = 1-(1-v_m)\sum_{k=0}^{\infty} v_m^k \times {}_kp_x^{(m)} \\ &= 1-(1-v_m)\times m \times \ddot{a}_x^{(m)} \\ &= 1 - d^{(m)} \times \ddot{a}_x^{(m)} \end{aligned}$$

**도움말 5.11** 확률변수 $Z_x^{(m)} := v^{K_x^{(m)}+\frac{1}{m}}$, 확률변수 $\ddot{a}^{(m)}_{\overline{K_x^{(m)}+\frac{1}{m}|}}$ 의 평균값.

1. $\ddot{a}_x^{(m)} = \frac{1}{m}\sum_{k=0}^{\infty} v_m^k\, {}_kp_x^{(m)}$: 확률변수 $\ddot{a}^{(m)}_{\overline{K_x^{(m)}+\frac{1}{m}|}}$ 의 평균값.
2. $A_x^{(m)} = \sum_{k=0}^{\infty} v_m^{k+1}\, {}_{k|}q_x^{(m)}$:
3. $A_x^{(m)} = 1 - d^{(m)} \times \ddot{a}_x^{(m)}, \qquad \ddot{a}_x^{(m)} = \dfrac{1-A_x^{(m)}}{d^{(m)}}$

**도움말 5.12**

$$(1+i_m)^m = 1+i, \qquad v_m = \frac{1}{1+i_m} = \left(\frac{1}{1+i}\right)^{\frac{1}{m}} = v^{\frac{1}{m}}$$

$${}_kp_x^{(m)} := {}_{\frac{k}{m}}p_x, \qquad {}_kq_x^{(m)} := {}_kp_x^{(m)} - {}_{k+1}p_x^{(m)} = {}_{\frac{k}{m}}p_x - {}_{\frac{k+1}{m}}p_x$$

1. $\ddot{a}_{x:\overline{n}|}^{(m)} = E\left[\ddot{a}_{\overline{\min\{K_x^{(m)}+\frac{1}{m},n\}}|}\right] = \sum_{k=0}^{mn-1} v_m^k\, {}_kp_x^{(m)}$ .
2. $A_{x:\overline{n}|}^{1\,(m)} := \sum_{k=0}^{nm-1} v_m^{k+1}\, {}_{k|}q_x^{(m)}, \quad A_{x:\overline{n}|}^{(m)} := A_{x:\overline{n}|}^{1\,(m)} + v^n \times {}_np_x, \quad \ddot{a}_{x:\overline{n}|}^{(m)} = \dfrac{1-A_{x:\overline{n}|}^{(m)}}{d^{(m)}}$

**해설.** 확률변수 $\ddot{a}_{\overline{\min\{K_x^{(m)}+\frac{1}{m},n\}}|} := \frac{1-v^{\min\{K_x^{(m)}+\frac{1}{m},n\}}}{d^{(m)}}$ 의 평균값은

$$\begin{aligned}\ddot{a}^{(m)}_{x:\overline{n}|} &= \sum_{k=0}^{mn-1}\frac{1-v^{\frac{k}{m}+\frac{1}{m}}}{d^{(m)}}\,{}_{k|}q_x^{(m)} + \frac{1-v^n}{d^{(m)}}\,{}_np_x = \frac{1}{d^{(m)}}\sum_{k=0}^{mn-1}{}_{k|}q_x^{(m)} - \frac{1}{d^{(m)}}\sum_{k=0}^{mn-1}v^{\frac{k}{m}+\frac{1}{m}}\,{}_{k|}q_x^{(m)} + \frac{1-v^n}{d^{(m)}}\,{}_np_x\\ &= \frac{1}{d^{(m)}}\left(1-{}_np_x\right) - \frac{1}{d^{(m)}}A^{1\,(m)}_{x:\overline{n}|} + \frac{1-v^n}{d^{(m)}}\,{}_np_x\\ &= \frac{1-{}_np_x - A^{1\,(m)}_{x:\overline{n}|} + (1-v^n)\,{}_np_x}{d^{(m)}}\\ &= \frac{1-A^{1\,(m)}_{x:\overline{n}|} - v^n\,{}_np_x}{d^{(m)}} = \frac{1-A^{(m)}_{x:\overline{n}|}}{d^{(m)}}\end{aligned}$$

**보기 5.8** *나이 $x$인 사람이 지금($t=0$)부터 $t=m-\frac{1}{12}$까지 매월 초($\frac{1}{12}$ 간격으로)에 보험료 $P$를 $12m$회 내고, $t=m$부터 매월 $X$씩 살아있는 동안 연금을 받기로 했다. $P$와 $X$와의 관계를 구하여라.*

**풀이.** *$x=m$ 부터 생존하는 동안 매월 지급되는 연금의 현재가격을 나타내는 확률변수는*

$$\begin{aligned}X&\begin{cases}0, & K_x^{(12)}<m\\ v^m+v^{m+\frac{1}{12}}+v^{m+\frac{2}{12}}+\cdots+v^{K_x^{(12)}}, & K_x^{(12)}\ge m\end{cases}\\ &= 12X\ddot{a}^{(12)}_{\overline{K_x^{(12)}+\frac{1}{12}}|} - 12X\ddot{a}^{(12)}_{\min\{K_x+\frac{1}{12},m\}}\end{aligned}$$

*이 확률변수의 평균값은 $12X\ddot{a}_x^{(12)}-12X\ddot{a}^{(12)}_{x:\overline{m}|}$. 보험료의 현재가격을 나타내는 확률변수의 평균은 $12P\ddot{a}^{(12)}_{x:\overline{m}|}$. 따라서 $P$와 $X$의 관계는*

$$12\ddot{a}^{(12)}_{x:\overline{m}|} = 12\ddot{a}_x^{(12)} - 12X\ddot{a}^{(12)}_{x:\overline{m}|},\quad P = X\frac{\ddot{a}_x^{(12)}-\ddot{a}^{(12)}_{x:\overline{m}|}}{\ddot{a}^{(12)}_{x:\overline{m}|}}.$$

**보기 5.9** *$x=45$세인 사람이 보장기간이 $T=20$년인 보험에 가입했다. 보험금 $S_0=3$억원은 죽은 해 말에 지급된다. $T=20$년동안 생존한 경우는 $x+20=65$년째 되는 때 선물처럼 보험금 $S_1=3$억을 지급한다. 보험료 납입기간은 $m=20$이고, 보험료 $P$를 매월 초에 내기로 했다면, 보험료는 다른 부수 비용을 무시하면 얼마가 적절한가?*
*(계산은 Standard Ultimate Survival Model을 쓴다. 단위 기간은 1년이고, 단위기간 동안의 이율을 5%로 한다. 부록의 표를 보고 답하여라.)*

**풀이.** *보험료의 현재가격을 나타내는 확률변수는* $x=45, T=20, m=12$*로 하여*

$$P\left(1+v^{\frac{1}{m}}+v^{\frac{2}{m}}+\cdots+v^{\min\{K_x^{(m)},T\}}\right)=P\frac{1-v^{\min\{K_x^{(m)}+\frac{1}{m},T\}}}{1-v^{\frac{1}{m}}}$$

$$=m\times P\frac{1-v^{\min\{K_x^{(m)}+\frac{1}{m},T\}}}{d^{(m)}}\quad=m\times P\times\ddot{a}^{(m)}_{\overline{\min\{K_x^{(m)}+\frac{1}{m},T\}}|}$$

*확률변수* $\ddot{a}^{(m)}_{\overline{\min\{K_x^{(m)}+\frac{1}{m},T\}}|}$*의 평균값은* $\ddot{a}^{(m)}_{x:\overline{T}|}$. *따라서 보험료 수입의 현재가격의 평균값은*

$$12P\ddot{a}^{(12)}_{[45]:\overline{20}|}=P\sum_{k=0}^{12T-1}v^{\frac{k}{12}}\,{}_{\frac{k}{12}}p^{(12)}_{[45]},\quad T=20$$

*지급될 보험금 1의 현재가격을 나타내는 확률변수는, 보험금이 사망한 해 말에 지급되므로* $S_0Z_{x,t}+S_1E_{x,T}$*이다.* $S_0=S_1=S=3$*억이므로, 지급될 보험금의 현재가격을 나타내는 확률변수는* $SZ_{x,T}+SE_{x,T}=S(Z_{x,T}+E_{x,T})=S\times v^{\min\{K_x+1,T\}}$*이고 평균값은*

$$S\times A_{[45]:\overline{20}|},\quad S=3\times10^8$$

*따라서*

$$P=S\times\frac{A_{45:\overline{20}|}}{12\ddot{a}^{(12)}_{[45]:\overline{20}|}}=S\times\frac{0.383851}{151.719}=S\times0.00253001\approx759,002$$

*보험료는 매월 75만 9천원 정도가 된다.*

## 5.4 Reserve ${}_t^nV_x$, 책임준비금

가입후 10년이 지나면 보험금 1을 받는 보험이 있다 하자. 이 보험의 가입 순간의 가치와, 9년이 지난 시점의 가치를 생각하면, 9년 지난 시점의 가치가 크다. 보험회사의 입장에서도 9년이 지난 시점에는 보험금이 지급될 가능성이 가입 시점보다 크다. 이런 점에서 가입후 시간이 $t$만 큼 지난 후의 손실함수 $L_t^n, L_t^g$를 생각할 필요가 있다.

앞에서는 net, gross는 줄여서 $n$, $g$로 표시했고, 따라서 $L^n, L^g$라는 기호를 써지만, 지금부터는 기호가 많이 나타나기 때문에 다른 것과 혼돈을 피하기 위하여 전체를 다 쓰도록 하자. 이에 따라서 좀 길지만 $L^{net}, L^{gross}$라는 기호를 쓴다. 보장기간은 $T$로 표현하자. 모든 것은 문맥에 따라 판단하기 때문에 $T_x$와 혼동되는 경우는 없다. 종신보험(whole life insurance)인 경우를 생각하자.

**도움말 5.13** 가입 나이 $x$, 가입 후 $t$ 년이 지난 시점에서 보험의 가치를 평가할 때 다음 기호가 자주 사용된다. 여기서 $T$는 보장기간을 표시한다. 이때 가장 중요한 점은 남은 생명을 나타내는 함수가 $T_x$에서 $T_{x+t}$로 바뀌는 것이다.

1. $_tL_x^{net} = v^{K_{x+t}} - P_x^{net} \times \ddot{a}_{\overline{K_{x+t}+1|}}$
   $_tL_x^{gross} = v^{K_{x+t}} + \text{기타 부수 비용} - P_x^{gross} \times \ddot{a}_{\overline{K_{x+t}+1|}}$
   그러나 net를 써야 할 지, gross를 써야 할 지는 문맥에 따라 판단하는 것이기 때문에 동시에 나타나지 않으면 $P_x^{net}, P_x^{gross}$ 대신에 간단하게 $P_x$로 쓰는 것이 보통이다.
2. $_tV_x^{net} = E\left[_tL_x^{net}\right] = A_{x+t} - P_x^{net}\ddot{a}_{x+t}$
3. $_tV_x^{gross} = E\left[_tL_x^{gross}\right] = A_{x+t} + E[\text{기타 부수 비용}] - P_x^{gross}\ddot{a}_{x+t}$
4. $_tV_x = E\left[_tL_x\right] = A_{x+t} - P_x\ddot{a}_x$ . net를 쓸지, gross를 쓸 지는 문맥에 따라 결정된다.

**해설.** 가입후 시간 $t$가 지났다면, 보험지급 사유가 발생할 가능성이 높아질 수도 있고, 또 만기 축하금이 있는 보험이라면 축하금을 지급해야 할 시간이 가까워진다. 때문에 보험계약을 이행하기 위한 책임이 증가한다. 따라서 $x+t$일 때 예상되는 지출을 나타내는 확률변수의 평균값과, 예상되는 수입을 나타내는 수입 을 나타내는 확률변수의 평균값을 계산해 볼 필요가 있다.

1. 나이 $x$에 보험에 가입해서, $t$년이 흐르면, 나이가 $x+t$가 된다. 따라서 생존함수가 $T_x$에서 $T_{x+t}$로 바뀐다. 따라서 종신보험이고, 보험료를 보험기간 내내 내는 경우
   - 지출되는 보험금의 $x+t$ 시점에서 가격을 나타내는 확률변수는 $Z_{x+t} := v^{K_{x+t}+1}$
   - $x+t$ 시점에서 보험료 수입 가격을 나나내는 학률변수는, 가입당시 보 험료를 $P_x$라 하면 보험료는 생존기간에만 내는 것이고, 계약 당시 보험료(premium)는 특별한 말이 없는 한 바뀌지 않는다.
   $$P_x\left(1+v+v^2+\cdots+v^{K_{x+t}}\right) = P_x\frac{1-v^{K_{x+t}+1}}{1-v} = P_x \times \ddot{a}_{\overline{K_{x+1}+1|}}$$
   - $x+t$ 시점에서 보험 유지에 필요한 부수적인 비용을 무시한 순손실확률변수(net future loss function)는, 보험금을 $S_0$라 하면,
   $$_tL_x^{net} = S_0 \times v^{K_{x+t}} - P_x^{net} \times \ddot{a}_{\overline{K_{x+t}+1|}}$$
   - 보험 유지에 필요한 비용을 고려한 것을 총손실확률변수(gross future loss function)라 한다:
   $$_tL_x^{gross} = S_0 \times v^{K_{x+t}} + \text{기타 부수 비용} - P_x^{gross} \times \ddot{a}_{\overline{K_{x+t}+1|}}$$
   그러나 어떤 손실활률변수를 의미하는지는 문맥을 통해서 판단할 수 있기 때문에, 표현을 간결하게 하기 위하여 종신보험이고, 보험료 납입기간이 계약기간 내내인 보험인 경우, 손실확률변수는 가입 당시 나이 $x$, 가입 후 지난시간 $t$ 만을 표시하여 $_tL_x$로 표시하는 경우가 많다.

**도움말 5.14** 보장기간 $T$, 보험료 납부기간 $n$, 보험료 $S_0$, 축하금 $S_1$을 생각하자.

1. 보험금 $S_0$, 축하금이 없는 경우, 축하금이 없는 순수보험료는 ${}_nP^1_{x:\overline{T}|} = S_0 \times \frac{A^1_{x:\overline{T}|}}{\ddot{a}_{x:\overline{n}|}}$.
2. $x+T$에 지급하는 축하금 $S_1$에 대한 보험료는 ${}_nP_{x:\overline{T}|}^{\ \ 1} = \frac{A_{x:\overline{T}|}^{\ \ 1}}{\ddot{a}_{x:\overline{n}|}}$.
3. 보험금 $S_0$, 축하금 $S_1$에 대한 보험료

$$S_0 \times {}_nP^1_{x:\overline{T}|} + S_1 \times {}_nP_{x:\overline{T}|}^{\ \ 1} = S_0 \frac{A^1_{x:\overline{T}|}}{\ddot{a}_{x:\overline{n}|}} + S_1 \frac{A_{x:\overline{T}|}^{\ \ 1}}{\ddot{a}_{x:\overline{n}|}}$$

특히 $S_0 = S_1 = S$일 때의 보험료는 $S\frac{A^1_{x:\overline{T}|} + A_{x:\overline{T}|}^{\ \ 1}}{\ddot{a}_{x:\overline{n}|}} = S\frac{A_{x:\overline{n}|}}{\ddot{a}_{x:\overline{n}|}}$.

**해설.** 보장기간 $T$가 지나면 아무런 혜택이 없는, 축하금이 없는 순수 보장성 보험을 생각하자. 이 경우 가입할 때 $x$ 시점에서 $K_x+1$에 지급될 보험금 $S_0 = 1$의 현재가격을 나타내는 확률변수는

$$Z_{x,T} := \begin{cases} v^{K_x+1}, & K_x < T \\ 0, & K_x \geq T \end{cases}$$

보험료 수입의 현재가격을 나타내는 확률변수는, 축하금이 없고, $S_0 = 1$에 대하여 납입기간 $n$ 동안 ${}_nP^1_{x:\overline{T}|}$를 납부해야 하므로

$${}_nP^1_{x:\overline{T}|} \times (1 + v + v^2 + \cdots + v^{\min\{K_x, n-1\}}) = {}_nP^1_{x:\overline{T}|} \times \ddot{a}_{\overline{\min\{K_x+1, n\}}|}$$

이 경우 보장기간이 끝나면 아무런 혜택이 없는 경우의 보험료 인것을 강조하기 위하여 보험금 1에 대한 보험료를 $P^1_{x:\overline{T}|}$이란 기호를 쓴다. 그러면 보험금 $S_0 = 1$에 대한 $t = 0$인 시점, 즉 가입 순간의 손실확률 변수를 ${}_0L^1_{x:\overline{T}|}$라 두면

$${}_0L^1_{x:\overline{T}|} := Z_{x,T} - {}_nP^1_{x:\overline{T}|}\ddot{a}_{\overline{\min\{K_x+1, n\}}|})$$

따라서 보험금 1에 대한 손실함수를 ${}^n_0V^1_{x:\overline{T}|} := E\left[{}_0L^1_{x:\overline{T}|}\right]$라 두면, 보험금이 $S_0 = 1$일 때는

$${}^n_0V^1_{x:\overline{T}|} = E[{}_0L^1_{x:\overline{T}|}] = E[Z_{x,T}] - E\left[{}_nP^1_{x:\overline{T}|}\left[\ddot{a}_{\overline{\min\{K_x+1, n\}}|}\right]\right) = A^1_{x:\overline{T}|} - {}_nP^1_{x:\overline{T}|}\ddot{a}_{x:\overline{n}|}$$

최초 보험료는 다른 비용을 생각하지 않으면 ${}_0V^1_{x:\overline{T}|} = 0$가 되어야 하므로 ${}_nP^1_{x:\overline{T}|} = \frac{A^1_{x:\overline{T}|}}{\ddot{a}_{x:\overline{n}|}}$.

**도움말 5.15** 보장기간 $T$, 보험료 납부기간 $n$, 보험료 $S_0$, 축하금 $S_1, t<n$인 경우를 생각하자. 시간이 $t$만큼 흐르면 보장기간도 $T-t$로 줄어들고, 보험료 납부기간도 $n-t$로 줄어든다.

1. $x+t$ 시점에서 보험금 $S_0=1$, 축하금이 없는, 즉 $S_1=0$인 보험의 가치는

$$ {}^{n}_{t}V^{1}_{x:\overline{T}|} = E\left[Z_{x+t,T-t} - {}_{n}P^{1}_{x:\overline{T}|}\ddot{a}_{\overline{\min\{K_{x+t},n-t-1\}}|}\right] = A^{\ 1}_{x+t:\overline{T-t}|} - {}_{n}P^{1}_{x:\overline{T}|}\ddot{a}_{x+t:\overline{n-t}|} $$

2. $x+t$ 시점에서 축하금 $S_1=1$에 대한 손실함수를 ${}^{n}_{t}V_{x:\overline{T}|}^{\ \ 1}$로 표현하면

$$ {}^{n}_{t}V_{x:\overline{T}|}^{\ \ 1} = A_{x+t:\overline{T-t}|}^{\qquad 1} - {}_{n}P_{x:\overline{T}|}^{\ \ 1}\ddot{a}_{x+t:\overline{n-t}|} $$

3. 보험금이 $S_0$, 축하금이 $S_1$인 경우 손실함수는 $S_0\times {}^{n}_{t}V^{1}_{x:\overline{T}|} + S_1\times {}^{n}_{t}V_{x:\overline{T}|}^{\ \ 1}$

$$ \begin{aligned} S_0&\left(A^{\ 1}_{x+t:\overline{T-t}|} - {}_{n}P^{1}_{x:\overline{T}|}\ddot{a}_{x+t:\overline{n-t}|}\right) + S_1\left(A_{x:\overline{T-t}|}^{\quad 1} - {}_{n}P_{x:\overline{T}|}^{\ \ 1}\ddot{a}_{x+t:\overline{n-t}|}\right) \\ &= \left(S_0A^{\ 1}_{x+t:\overline{T-t}|} + S_1A_{x+t:\overline{T-t}|}^{\qquad 1}\right) - \left(S_0\ {}_{n}P^{1}_{x:\overline{T}|} + S_1\ {}_{n}P_{x:\overline{T}|}^{\ \ 1}\right)\ddot{a}_{x+t:\overline{n-t}|} \end{aligned} $$

**해설.** $S_0=0, S_1=1$인 경우는

$$ {}_{0}L_{x:\overline{T}|}^{\ \ 1} := E_{x,T} - {}_{n}P_{x:\overline{T}|}^{\ \ 1}\ddot{a}_{\overline{\min\{K_x+1,n\}}|} $$

따라서

$$ {}^{n}_{0}V_{x:\overline{T}|}^{\ \ 1} = E[{}_{0}L_{x:\overline{T}|}^{\ \ 1}] = E[E_{x,T}] - E\left[{}_{n}P_{x:\overline{T}|}^{\ \ 1}\left[\ddot{a}_{\overline{\min\{K_x+1,n\}}|}\right]\right) = A_{x:\overline{T}|}^{\ \ 1} - {}_{n}P_{x:\overline{T}|}^{\ \ 1}\ddot{a}_{x:\overline{n}|} $$

최초 보험료는 다른 비용을 생각하지 않으면 ${}_{0}V_{x:\overline{T}|}^{\ \ 1}=0$가 되어야 하므로 ${}_{n}P_{x:\overline{T}|}^{\ \ 1} = \frac{A_{x:\overline{T}|}^{\ \ 1}}{\ddot{a}_{x:\overline{n}|}}$. 이제 시간이 $t$ 만큼 흘러 나이가 $x+t$가 된 시점에서 손실확률변수는 계산하면, 지급될 보험금 $S_0=1$의 $x+t$ 시점에서 가격을 나타내는 확률변수는, 나이가 $x$에서 $x+t$가 된 것에 주의하면 , 보장기간은 $T-t$만큼 남았다.

$$ Z_{x+t,T-t} = \begin{cases} v^{K_{x+t}+1}, & K_{x+t} < T-t \\ 0, & K_{x+t} \geq T-t \end{cases} $$

보험료 수입의 $x+t$에서 가격을 나타내는 확률변수는 , 축하금이 없는 경우에 보험료가 이미 ${}_{n}P^{1}_{x:\overline{T}|}$로 결정되었기 때문에,

$$ P^{1}_{x:\overline{T}|}\left(1+v+\cdots+v^{\min\{K_{x+1},n-t-1\}}\right) = P^{1}_{x:\overline{T}|}\ddot{a}_{\min\{K_{x+t}+1,n-t\}} $$

따라서 보험금 $S_0=1$에 대한 $x+t$ 시점에서 손실확률변수는

$$ {}_{t}L^{1}_{x:\overline{T}|} = Z_{x+t,T-t} - P^{1}_{x:\overline{T}|}\ddot{a}_{\min\{K_{x+t}+1,nT-t\}} $$

이고, 손실확률변수 ${}_{t}L^{1}_{x:\overline{T}|}$의 평균값은

$$ {}^{n}_{t}V^{1}_{x:\overline{T}|} := E\left[{}_{t}L^{1}_{x:\overline{T}|}\right] = A^{\ 1}_{x+t:\overline{T-t}|} - P^{1}_{x:\overline{T}|}\ddot{a}_{x+t:\overline{T-t}|} $$

나이 $x$인 사람이 보장기간 $T$, 보험료 납입기간 $n$인 보험금 $S_0$, 보장기간이 끝나는 $x+T$에 축하금처럼 $S_1$를 지급하는 보험을 생각하자. 이 경우 보험료는 당연히 $S_1=0$인 순수보장성 보험보다 올라간다. 축하금 $S_1=1$을 지급하기 위한 보험료를 $P_{x:\overline{T}|}^{\ \ 1}$이라 두면,
$t=0$인 시점에서 손실확률변수는

$$ {}_0L_{x:\overline{T}|}^{\ \ 1} = E_{x,T} - P_{x:\overline{T}|}^{\ \ 1}\ddot{a}_{\overline{\min\{K_x+1,n\}}|}, \quad E_{x,T} = \begin{cases} 0, & K_x < T \\ v^T, & K_x \ge T \end{cases} $$

확률변수 ${}_0L_{x:\overline{T}|}^{\ \ 1}$의 평균값을 ${}_0V_{x:\overline{T}|}^{\ \ 1}$으로 표시하고, 확률변수 $E_{x,T}$의 평균값은 $A_{x:\overline{T}|}^{\ \ 1}$으로 표시한다. 그러면 확률변수 ${}_0L_{x:\overline{T}|}^{\ \ 1}$의 평균은

$$ {}_0^nV_{x:\overline{T}|}^{\ \ 1} := E\left[{}_0L_{x:\overline{T}|}^{\ \ 1}\right] = A_{x:\overline{T}|}^{\ \ 1} - {}_nP_{x:\overline{T}|}^{\ \ 1}\ddot{a}_{x:\overline{n}|} $$

시각 $x+t$ 시점에서 순손실확률변수는 보험금이 $S_0$, 축하금이 $S_1$인 경우, 이제 나이가 $x+t$가 된 것을 주의하고, 보험료는 가입당시 결정된 것을 주의하면 $t<n$일 때는 아직도 보험료 수입이 있기 때문에

$$ S_0 \times Z_{x+t,T-t} + S_1 \times E_{x+t,T-t} - \left(S_0 \times {}_nP_{x:\overline{T}|}^1\ddot{a}_{\overline{\min\{K_{x+t},n-t-1\}}|} + S_1 \times {}_nP_{x:\overline{T}|}^{\ \ 1}\ddot{a}_{\overline{\min\{K_{x+t},n-t-1\}}|}\right) $$

이 확률변수의 평균값은 $S_0A_{x+t:\overline{T-t}|}^1 + S_1A_{x+t:\overline{T-t}|}^{\ \ \ \ 1} - \left(S_{0n}P_{x:\overline{T}|}^1 + S_{1n}P_{x:\overline{T}|}^{\ \ 1}\right)\ddot{a}_{x+t:\overline{n-t}|}$.

특히 $S_0 = S_1 = 1$로 같은 경우 위 값은 $A_{x+t:\overline{T-t}|} - {}_nP_{x:\overline{T}|}\ddot{a}_{x+t:\overline{n-t}|}$. 다음 기호에 익숙해지자.

$$ {}_nP_{x:\overline{T}|} = {}_nP_{x:\overline{T}|}^1 + {}_nP_{x:\overline{T}|}^{\ \ 1}, $$
$$ {}_t^nV_{x:\overline{T}|}^1 = E\left[Z_{x+t,T-t} - P_{x:\overline{T}|}^1\ddot{a}_{\overline{\min\{K_{x+t},n-t-1\}}|}\right] = A_{x+t:\overline{T-t}|}^1 - P_{x:\overline{T}|}^1\ddot{a}_{x+t:\overline{n-t}|}, $$
$$ {}_t^nV_{x:\overline{T}|}^{\ \ 1} = E\left[E_{x+t,T-t} - P_{x:\overline{T}|}^{\ \ 1}\ddot{a}_{\overline{\min\{K_{x+t},n-t-1\}}|}\right] = A_{x+t:\overline{T-t}|}^{\ \ \ \ 1} - P_{x:\overline{T}|}^{\ \ 1}\ddot{a}_{x+t:\overline{n-t}|} $$

**도움말 5.16**

1. ${}_t^nV_{x:\overline{T}|}^{\ \ 1} = E\left[E_{x+t,T-t} - {}_nP_{x:\overline{T}|}^{\ \ 1}\ddot{a}_{\overline{\min\{K_{x+t},n-t-1\}}|}\right] = A_{x+t:\overline{T-t}|}^{\ \ \ \ 1} - P_{x:\overline{T}|}^{\ \ 1}\ddot{a}_{x+t:\overline{n-t}|}$R.
2. ${}_t^nV_{x:\overline{T}|} = {}_t^nV_{x:\overline{T}|}^1 + {}_t^nV_{x:\overline{T}|}^{\ \ 1} = A_{x+t:\overline{T-t}|} - {}_nP_{x:\overline{T}|}\ddot{a}_{x+t:\overline{n-t}|}$
3. 그러나 $n \le t \le T$이면 보험료 수입이 없기 때문에 간단하다:

$$ {}_t^nV_{x:\overline{T}|}^1 = A_{x+t:\overline{T-t}|}^1, \qquad {}_t^nV_{x:\overline{T}|}^{\ \ 1} = A_{x+t:\overline{T-t}|}^{\ \ \ \ 1}, \qquad {}_t^nV_{x:\overline{T}|} = {}_tV_{x:\overline{T}|}^1 + {}_t^nV_{x:\overline{T}|}^{\ \ 1} = A_{x+t:\overline{T-t}|} $$

**도움말 5.17** 보장기간 $T$, 보험료 납입기간 $n$, 보험금 $S_0 = 1$, 축하금 $S_1 = 1$.

1. 종신보험의 경우:
   - $t < n$일 때: ${}^{n}_{t}V_x = A_{x+t} - {}_{n}P_x\ddot{a}_{x+t:\overline{n-t}|}$.
   - 그러나 $t \geq n$일 때: 더이상 보험료 수입이 없기 때문에 ${}^{n}_{t}V_x = A_{x+t}$
2. 보장기간이 $T$인 경우:
   - $t < n$인 경우:

$$ {}^{n}_{t}V^{1}_{x:\overline{T}|} := A^{1}_{x+t:\overline{T-t}|} - {}_{n}P^{1}_{x:\overline{T}|}\ddot{a}_{x+t:\overline{n-t}|}, \quad {}^{n}_{t}V_{x:\overset{1}{\overline{T}|}} := A_{x+t:\overset{1}{\overline{T-t}|}} - {}_{n}P_{x:\overset{1}{\overline{T}|}}\ddot{a}_{x+t:\overline{n-t}|} $$

   - $t \geq n$인 경우: 더이상 보험료 수입이 없기 때문에

$$ {}^{n}_{t}V^{1}_{x:\overline{T}|} = A^{1}_{x+t:\overline{T-t}|}, \quad {}^{n}_{t}V_{x:\overset{1}{\overline{T}|}} := A_{x+t:\overset{1}{\overline{T-t}|}}, \quad {}^{n}_{t}V_{x:\overline{T}|} = {}^{n}_{t}V^{1}_{x:\overline{T}|} + {}^{n}_{t}V_{x:\overset{1}{\overline{T}|}} $$

**도움말 5.18** 보장기간 $T$, 보험료 납입기간 $n$, 보험금 $S_0 = 1$, 축하금 $S_1 = 1$.

1. 종신보험이고 보험금 $S_0$인 경우:
   - $t < h$ 이면 $S_0 \times {}^{n}_{t}V_x = S_0 \times \left(A_{x+t} - {}_{n}P_x\ddot{a}_{x+t:\overline{n-t}|}\right)$
   - $t \geq h$이면 보험료 수입이 없기 때문에 $S_0 \times {}^{n}_{t}V_x = S_0 \times A_{x+t}$
2. 보장기간이 $T$, 보험금 $S_0$, 축하금 $S_1$인 경우:
   - $t < n$인 경우:

$$ \begin{aligned} S_0 \times {}^{n}_{t}V^{1}_{x:\overline{T}|} + S_1 \times {}^{n}_{t}V_{x:\overset{1}{\overline{T}|}} &= \left(S_0 \times A^{1}_{x+t:\overline{T-t}|} + S_1 \times A^{1}_{x+t:\overline{T-t}|}\right) \\ &\quad - \left(S_0 \times {}_{n}P^{1}_{x:\overline{T}|} + S_1 \times {}_{n}P_{x:\overset{1}{\overline{T}|}}\right)\ddot{a}_{x+t:\overline{n-t}|} \end{aligned} $$

   - $t \geq n$인 경우: 더이상 보험료 수입이 없기 때문에 $S_0 \times A^{1}_{x+t:\overline{T-t}|} + S_1 \times A^{1}_{x+t:\overline{T-t}|}$.

**보기 5.10** 나이 $x = 40$인 사람이 종신보험을 샀다. 보험금은 $S_0 = 100$이고, 보험금은 매년 5 씩 증가한다. 이자율은 년 5%이고, Standard Ultimate Survival Model을 적용하고, 보험금은 보험금 지급 사유가 발생한 년 말에 지급한다. 보험기간 동안 일정한 보험료 $P$를 내기로 할 때 $P$ 값을 구하여라. (부록의 표를 보고 답하여라.)

**풀이.** 보험금이 매년 5 씩 증가하는 것에 주의하자. 지급해야 할 보험금의 현재가격을 나타내는 확률변수는 $(S_0 + 5K_x)v^{K_x+1} = (100 + 5K_x)v^{K_x+1}$. 이 확률변수의 평균값은 , $x = 40, S_0 = 100$인 것에 주의하면

$$
\begin{aligned}
E\left[(S_0 + 5K_x)v^{K_x+1}\right] &= S_0 E\left[v^{K_x+1}\right] + 5E\left[K_x v^{K_x+1}\right] = \left(S_0 - 5\right)A_x + 5E\left[\left(K_x + 1\right)v^{K_x+1}\right] \\
&= \left(S_0 - 5\right)A_x + 5(IA)_x \\
&= 35.1769
\end{aligned}
$$

보험기간 내내 일정한 보험료 $P$를 내기로 한다면, 보험료 수입의 현재가격을 나타내는 확률변수는

$$P\left(1 + v + v^2 + \cdots + v^{K_x}\right) = P\frac{1 - v^{K_x+1}}{1 - v} = P\ddot{a}_{\overline{K_x+1}|}$$

따라서 보험료 수입의 현재가격을 나타내는 확률변수의 평균값은 $P\ddot{a}_{40}$. 따라서 보험료는

$$\left(S_0 - 5\right)A_x + 5(IA)_x = P\ddot{a}_x, \quad x = 40, S_0 = 100$$

가 성립해야 하므로, 부록에 있는 표를 쓰면

$$P = \frac{\left(S_0 - 5\right)A_x + 5(IA)_x}{\ddot{a}_x} = 1.90581$$

**보기 5.11** 나이 $x = 40$인 사람이 종신보험을 샀다. 보험금은 $S_0 = 100$이고, 보험금은 매년 5 씩 증가한다. 이자율은 년 5%이고, Standard Ultimate Survival Model을 적용하고, 보험금은 보험금 지급 사유가 발생한 년 말에 지급한다. 처음 $D = 10$년차 까지는 보험료가 $P$, $D = 10$ 이후에는 $2P$ 라 할 때 다음 값은?

- $P$.
- $t = 5$일 때 보험의 가치
- $t = 10$일 때 보험의 가치

**풀이.** 지금 경우도 보험금에 지출되는 비용의 평균값은 $\left(S_0 - 5\right)A_x + 5(IA)_x = 35.1769$로 같다.

- 그러나 보험료 수입의 현재가격을 나타내는 확률변수가 달라진다.
  $P_1 = P, P_2 = 2P, x = 40, D = 10$를 적용한 평균값은

$$E\left[P_2\ddot{a}_{\overline{K_x+1}|}+(P_1-P_2)\ddot{a}_{\overline{\min\{K_x+1,D\}}|}\right]=2P\times\ddot{a}_{40}-P\times\ddot{a}_{40:\overline{10}|}$$

식 $(S_0-5)A_x+5(IA)_x=35.1769=P(2\ddot{a}_{40}-\ddot{a}_{40:\overline{10}|})$가 성립해야한다. 부록의 표를 참고하면 $\ddot{a}_{40}=18.4578,\ \ddot{a}_{40:\overline{10}|}=8.08633$. 따라서

$$P=\frac{(S_0-5)A_x+5(IA)_x}{2\ddot{a}_{40}-\ddot{a}_{40:\overline{10}|}}=1.22018$$

- $t=5$에 나이가 $x+5=40+5$가 됐다. 보험료는 특별한 말이 없으면 변하지 않고, 다만 납입 회수가 줄어든다. 지급해야 할 보험금의 현재가격을 나타내는 확률변수는

$$(S_0+25+5K_{45})v^{K_{45}+1}=(S_0+25)v^{K_x+1}+5K_{45}v^{K_{45}+1}$$

이고, 평균값은 부록의 표를 참고하면

$$E\left[(S_0+25)v^{K_x+1}+5K_{45}v^{K_{45}+1}\right]=(S_0+20)A_{45}+5(IA)_{45}=44.6619$$

보험료 수입의 현재가격을 나타내는 확률변수는 이제 5년이 흐른 것을 생각하면 납입회수가 $10-5=5$회 남았다.

$$2P\times\ddot{a}_{\overline{K_{45}+1}|}+(P-2P)\times\ddot{a}_{\overline{\min\{K_{45}+1,5\}}|}=P\left(2\ddot{a}_{\overline{K_{45}+1}|}-\ddot{a}_{\overline{\min\{K_{45}+1,5\}}|}\right)$$

이고, 평균값은 $P(2\ddot{a}_{45}-\ddot{a}_{45:\overline{5}|})$ 앞에서 계산한 보험료 $P=1.22018$를 적용하고, 부록의 표를 이용하면 $x=45, S_0=100$일 때

$$A_{45}=0.151609,\quad (IA)_{45}=5.29376,\quad \ddot{a}_{45}=17.8162,\quad \ddot{a}_{45:\overline{5}|}=4.53868$$

따라서 ${}_5V_{40}=120A_{45}+5(IA)_{45}-P(2\ddot{a}_{45}-\ddot{a}_{45:\overline{5}|})=12.2599$.

- $t=10$일 때 계산하는 것은 보험료를 내기 직전에서 계산하는 것이다. 따라서 보험료는 $2P$가 된다. 나이는 $40+10=50$이 되었다. 보험금은 $S_0+5\times10=150$에서 시작해서 매년 5씩 오른다. 지급해야 할 보험금의 현재가격을 나타내는 확률변수는

$$(150+5K_{50})v^{K_{50}+1}=145v^{K_{50}+1}+5(1+K_{50})v^{K_{50}+1}$$

이 확률변수의 평균값은 $145A_{50}+5(IA)_{50}$.
보험료 수입을 나타내는 확률변수는 $D=10$이 지났기 때문에 $2P$가 된다. 따라서

$$2P(1+v+v^2+\cdots+v^{K_{50}})=2P\ddot{a}_{\overline{K_{50}+1}|}$$

*이 확률변수의 평균값은* $2P\ddot{a}_{50}$.

$A_{50} = 0.189308, \quad (IA)_{50} = 6.11677, \quad \ddot{a}_{50} = 17.0245$ *이고, 보험료* $P = 1.22018$*를 적용하면,* $t = 10$*일 때 보험의 가치는*

$$ {}_{10}V_{[40]}{}^{net} = 145A_{50} + 5(IA)_{50} - 2P \times \ddot{a}_{50} = 15.0311 $$

**보기 5.12** *나이* $x = 40$*인 사람이 종신보험을 샀다. 보험금은 처음* $D = 10$*년까지는 50,* $D = 10$ *년 이후는 100이다. 보험료는 보험기간 내내 낸다. Standard Ultimate Survival Model과 이자율은* $i = 5\%$*로 계산한다. 부록의 표를 보고 답하여라.*

1. *년 보험료를 구하라.*
2. $t = 5$*일 때 보험의 가치를 구하여라.*
3. $t = 15$*일 때 보험의 가치를 구하여라.*

*풀이과정에서 확률변수를 분명히 하여라.*

**풀이.**

1. *보험판매 단계에서 손실확률변수의 현재가격을 구하자. 들어오는 돈은 보험료이고, 나가는 돈은 보험금이다. 보험금이* $D = 10$*을 기점으로 2배가 되는 것에 주의하자. 이 상황을 고려하면 보험금의 현재가격을 표시하는 확률변수는*

$$ 50v^{K_x+1} + 50 \begin{cases} 0, & K_x < D, \\ v^{K_x+1}, & K_x \geq D \end{cases} \quad \text{또는} \quad 100v^{K_x+1} - 50 \begin{cases} v^{K_x+1}, & K_x < D, \\ 0, & K_x \geq D \end{cases} $$

*따라서 보험금의 현재가격을 나타내는 확률변수는*

$$ 100Z_x - 50Z_{x,D} $$

*보험료를* $P$*라 할 때, 보험료 수입의 현재가격 나타내는 확률변수는*

$$ P\left(1 + v + \cdots + v^{K_x}\right) = P\frac{1 - v^{K_x+1}}{1 - v} = P \times \ddot{a}_{\overline{K_x+1}|} $$

*그러므로 손실을 나타내는 확률변수는*

$$ {}_0L_x{}^{net} = 100Z_x - 50Z_{x,D} - P\ddot{a}_{\overline{K_x+1}|} $$

*따라서 손실확률변수의 평균값은*

$$ E\left[{}_0L_x{}^{net}\right] = 100A_x - 50A^{1}_{x:\overline{D}|} - P \times \ddot{a}_x $$

부록의 표을 참고하면

$$A_x = 0.120973, \quad v = 0.952381, \quad {}_{10}p_{[40]} = 0.992435, \ddot{a}_x = 18.4578$$

을 적용하면,

$$P = \frac{100A_x - 50A^{\,1}_{x:\overline{D}|}}{\ddot{a}_x} = 0.640345$$

2. 5년이 지났으므로 나이가 $x+5=40+5=45$가 되었고, 지급시기는 $10-5=5$년이 남았다. 따라서 손실을 나타내는 확률변수는

$${}_5L_x{}^{net} = 100Z_{x+5} - 50Z_{x+5,D-5} - P \times \ddot{a}_{\overline{K_{x+5}+1}|}, \quad x=40, D=10$$

따라서 ${}_5L_x{}^{net}$의 평균값은 보록의 표를 참고하면

$$A_{45} = 0.151609, \quad v = 0.952381, \quad {}_5p_{45} = 0.99538,$$
$$A^{\,1}_{45:\overline{5}|} = 0.00396656, \quad \ddot{a}_{45} = 17.8162$$

를 적용하면

$${}_5V_{[x]}{}^{net} = E[{}_5L_x{}^{net}] = 100A_{45} - 50A^{\,1}_{x+5:\overline{5}|} - P\ddot{a}_{45} = 3.55404$$

3. 15년이 지났기 때문에 나이는 55가 되었고, 보험금은 100이다. 따라서 손실확률변수의 현재 가격은 ${}_{15}L_{40}{}^{net} = 100Z_{55} - P\ddot{a}_{\overline{K_{55}+1}|}$ 이고, 부록 표를 이용하면 $A_{55} = 0.235244, \ddot{a}_{55} = 16.0599$ 이고, $P$는 이미 $P = 0.640345$ 로 계산했기 때문에

$${}_{15}V_{[40]}{}^{net} = E\left[{}_{15}L_{40}{}^{net}\right] = 100A_{55} - P\ddot{a}_{55} = 13.2406$$

**보기 5.13** $\ell_x = \max\{144-x^2, 0\}$을 생각하자. 따라서 ${}_tp_x := \begin{cases} \frac{144-(x+t)^2}{144-x^2}, & x+t<12 \\ 0, & x+t \geq 12 \end{cases}$. 이자율은 $i=3\%$로 계산하자. 다음 값을 계산하여라.

1. ${}^3_1V_6$
2. ${}^3_1V^{1}_{6:\overline{4}|}$
3. ${}^3_1V_{6:\overline{4}|}$
4. ${}^3_2V_{6:\overline{4}|}$
5. ${}^3_3V_{6:\overline{4}|}$
6. 보장기간 4,보험료 납입기간 3, 보험금 5, 축하금 2. 가입시기 $x=6$인 보험의 $t=1$년 후 가치.

**풀이.** $\ell_x \equiv 0, x \geq 12$이므로 간단한 계산기로 계산할 수 있다.

1. 이것은 $x = 6$일 때 보험금 $S_0 = 1$, 보험료 납입기간 $n = 3$인 종신보험을 들었을 때, 시간 $t = 1$ 이 지났을 때 보험의 가치를 구하는 문제다.
   먼저 가입 당시 보험료 ${}_3P_6$는

$$A_6 = {}_3P_6 \times \ddot{a}_{6:\overline{3}|}, \quad {}_3P_6 = \frac{A_6}{\ddot{a}_{6:\overline{3}|}} = \frac{0.894221}{2.55223} = 0.350369$$

   따라서 ${}^{3}_{1}V_6 = A_{6+1} - {}_3P_6 \times \ddot{a}_{6+1:\overline{3-1}|} = 0.910244 - 0.350369 \times 1.81758 = 0.273421$

2. 기호 ${}^{3}_{1}V^{1}_{6:\overline{4}|}$ 없이 상황을 말로 이해하는 것이 중요하다.
   나이 $x = 6$에 보장기간 $T = 4$년, 보험료 납부기간 $n = 3$, 보험금 $S_0 = 1$, 축하금 $S_1 = 0$인 보험에 들었을 때, 시간 $t = 1$인 지난 후 보험회사의 입장에서 보험의 가치(나가는 돈 − 들어오는 돈)를 구하는 문제다. 나가는 돈의 현재가격을 나타내는 확률변수는 이제 나이가 $x+1$가 되었고, 보장기간은 1년이 줄어 $T - 1 = 4 - 1 = 3$이 된 것에 주의하면

$$S_0 \times Z_{x+1,T-1} = Z_{x+1,T-1}$$

   가입당시 보험료를 ${}^{4}_{3}P_6{}^{1}$라 두면, 들어오는 돈의 현재가격을 나타내는 확률변수는

$${}^{4}_{3}P_6{}^{1} \times \ddot{a}_{\overline{\min\{K_{x+1}+1,n-1\}}|}$$

   들어오는 돈과 나가는 돈의 차이의 현재가격을 나타내는 확률변수는

$$Z_{x+1,T-1} - {}^{4}_{3}P_6{}^{1} \times \ddot{a}_{\overline{\min\{K_{x+1}+1,n-1\}}|}$$

   이 확률변수의 평균값은

$${}^{3}_{1}V^{1}_{6:\overline{4}|} = A^{\ 1}_{6+1:\overline{4-1}|} - {}^{4}_{3}P_6{}^{1} \times \ddot{a}_{6+1:\overline{3-1}|} = A^{1}_{7:\overline{3}|} - {}^{4}_{3}P_6{}^{1} \times \ddot{a}_{7:\overline{2}|}$$

   이제 ${}^{4}_{3}P_6{}^{1}$의 값이 필요하다. 이것은 축하금이 없는 보험인 것에 주의하면

$$A^{1}_{x:\overline{T}|} - {}^{T}_{n}P_x{}^{1} \times \ddot{a}_{\overline{\min\{K_x+1,n\}}|} = 0, \quad x = 6, T = 4, n = 3$$

   으로부터

$${}^{4}_{3}P_6{}^{1} = \frac{A^{1}_{6:\overline{4}|}}{\ddot{a}_{6:\overline{3}|}} = \frac{0.548139}{2.55223} = 0.214769$$

   다음으로 $A^{1}_{7:\overline{3}|} = \sum_{k=0}^{3-1} \nu^{k+1}{}_{k|}q_7 = 0.504999, \ddot{a}_{7:\overline{2}|} = 1 + \nu \times {}_1p_7 = 1 + \nu \times \frac{16}{19} = 1.81758.$
   따라서 ${}^{3}_{1}V^{1}_{6:\overline{4}|} = 0.504999 - 0.214769 \times 1.81758 = 0.114639.$

3. 기호 ${}^{3}_{1}V_{6:\overline{4}|}$ 없이 상황을 말로 이해하는 것이 중요하다.
나이 $x=6$에 보장기간 $T=4$년, 보험료 납부기간 $n=3$, 보험금 $S_0=1$, 축하금 $S_1=1$이 보험에 들었을 때, 시간 $t=1$인 지난 후 보험회사의 입장에서 보험의 가치(나가는 돈 − 들어오는 돈)를 구하는 문제다.
들어오는 돈과 나가는 돈의 차이는

$$ {}^{3}_{1}V_{6:\overline{4}|} = A_{6+1:\overline{4-1}|} - {}^{4}_{3}P_6 \times \ddot{a}_{6+1:\overline{3-1}|} = A_{7:\overline{3}|} - {}^{4}_{3}P_6 \times \ddot{a}_{7:\overline{2}|} $$

먼저 보험료 ${}^{4}_{3}P_6$는 보장기간 $T=4$, 보험료 납입기간 $n=3$, 보험금 $S_0=1$, 축하금 $S_1=1$이 있는 경우이므로 ${}^{4}_{3}P_6 = \dfrac{A_{6:\overline{4}|}}{\ddot{a}_{6:\overline{3}|}} = \dfrac{0.910115}{2.55223} = 0.356596.$
따라서 ${}^{3}_{1}V_{6:\overline{4}|} = 0.928854 - 0.356596 \times 1.81758 = 0.280712$

4. 가입 후 2년이 지났다. 보장기간은 $4-2=2$ 남았고, 보험료 수입은 $3-2=1$회 남았다. 따라서

$$ \begin{aligned} {}^{3}_{2}V_{6:\overline{4}|} &= A_{6+2:\overline{4-2}|} - {}^{4}_{3}P_6 \times \ddot{a}_{6+2:\overline{3-2}|} \\ &= A_{8:\overline{2}|} - {}^{4}_{3}P_6 \times \ddot{a}_{8:\overline{1}|} = \left(v + v^2 {}_1q_8\right) - 0.356596 \times 1 = 0.592009 \end{aligned} $$

5. 보험료 납입기간이 지났기 때문에 보험료 수입이 없고, 보장기간은 $4-3=1$이 남았다.
${}^{3}_{3}V_{6:\overline{4}|} = A_{6+3:\overline{4-3}|} = A_{9:\overline{1}|} = v = 0.970874.$

6. 보험금 $S_0=5$와 축하금 $S_1=2$가 다르기 때문에 조심해야 한다.

$$ \begin{aligned} S_0 \times {}^{3}_{1}V^{1}_{6:\overline{4}|} + S_1 \times {}^{3}_{1}V_{6:\overline{4}|}^{\ \ 1} &= 5 \times {}^{3}_{2}V^{1}_{6:\overline{4}|} + 2 \times \left({}^{3}_{1}V_{6:\overline{4}|} - {}^{3}_{1}V^{1}_{6:\overline{4}|}\right) \\ &= 5 \times 0.114639 + 2 \times (0.280712 - 0.114639) = 0.905341 \end{aligned} $$

**보기 5.14** 나이 $x=50$인 사람에게 종신보험(whole life insurance)을 판매했다. 보험금은 $S_0=1000$이다. 보험금은 사망한 해 말에 지급된다. 보험료 $X$는 계약이 유지되려면 살아있는 동안 매년 초에 내야한다. 계산은 이자율을 5%로 하고, 부록에 있는 표를 이용한다.

- $t=5$일 때 보험의 가치를 이자율은 년 5%, 영업비용은 무시하고 구하여라.
- $t=5$일 때 보험의 가치를 이자율은 년 5%, 년 보험료 $S_0 \times P_{50}$의 12.5%는 보험관리비를 추가하여 구하여라.

**풀이.** 주어진 상황을 확률변수로 표시하는 것부터 시작하는 것이 중요하다.

1. 영업비용이 없을 때, ${}_5V_{50}$을 구하는 문제다. $S_0=1000$인 종신보험이므로 보험료는

$$X \times \ddot{a}_{50} = S_0 A_{50}, \quad X = S_0 \times \frac{A_{50}}{\ddot{a}_{50}} = 11.1197$$

따라서 $t = 5$년이 흐른 후 보험 가치는

$$\begin{aligned} {}_5V_{50} &= E\left[S_0 \times Z_{50+5} - X \times \ddot{a}_{\overline{K_{50+5}+1|}}\right] \\ &= S_0 \times A_{50+5} - X \times \ddot{a}_{50+5} \\ &= S_0 \times A_{55} - 11.1197 \times \ddot{a}_{55} = 1000 \times 0.235244 - 11.1197 \times 16.0599 \\ &\approx 56.6627 \end{aligned}$$

2. 보험료의 일부( 12.5%)가 영업비용으로 쓰이기 때문에, 보험회사의 부담이 늘어난다. 왜냐하면 보험료 $S_0 \times P_{50}$은 영업비용 무시하고 계산한 값이기 때문이다. 때문에 손실함수는

$$\begin{aligned} &S_0 \times A_{55} - (1 - 0.125)X \times \ddot{a}_{55} \\ &= 1000 \times A_{55} - 0.875 \times 11.1197 \times \ddot{a}_{55} \\ &= 1000 \times 0.235244 - 0.875 \times 11.1197 \times 16.0599 \\ &= 78.9854 \end{aligned}$$

**보기 5.15** 나이 $x = 60$인 사람이 보장기간 $T = 20$년,보험료 납입기간 $n = 10$, 보험금 $S_0 = 1000$, 축하금 $S_1 = 100$인 보험에 가입했다. 보험금은 보장기간 안에는 사망하는 해 말에 지급된다. 계산은 이자율은 년 5%를 적용한 부록 표를 사용한다. 10년간 살아있는 동안 매년 초에 납부해야 할 보험료는 $P = 19$라 가정하자. 영업비용을 무시할 때,

$${}_0^{10}V_{60:\overline{20|}}, \ {}_5^{10}V_{60:\overline{20|}}, \ {}_{10}^{10}V_{60:\overline{20|}}, \ {}_{20}^{10}V_{60:\overline{20|}}$$

를 구하여라.

**풀이.** 먼저 기호의 의미를 살펴보자. ${}_t^nV_{x:\overline{T|}}$에서
$n$ 는 보험료 납입기간, $t$는 가입후 지난 시간, $x$는 가입연령, $T$은 보장기간이다.

1. ${}_0^{10}V_{60:\overline{20|}}$.
나가는 돈과 들어오는 돈의 차이를 구하는 것이다.
손실확률변수는 보장기간 20년에 조심하면

$${}_0L_{60}^{net} = S_0 \times Z_{60,20} + S_1 \times E_{60,20} - P \times \ddot{a}_{\min\{K_{60}+1,10\}}$$

이 확률변수 ${}_0L_{60}^{net}$ 의 평균값은

$$
\begin{aligned}
{}_{0}^{10}V_{60:\overline{20}|}^{net} &= S_0 \times A_{60:\overline{20}|}^{1} + S_1 \times A_{60:\overline{20}|}^{\ \ \ 1} - P \times \ddot{a}_{60:\overline{10}|} \\
&= 1000 \times 0.115322 + 107 \times 0.295076 - 19 \times 7.95555 \\
&\approx -6.32582
\end{aligned}
$$

*음수값이 나온 것은 영업비용을 무시할 때, 보험료 $P = 19$는 높게 결정되었다는 것을 말한다. 사실 영업비용을 무시할 때 적절한 보험료는 약 $P = 18.2$이다.*

2. ${}_{5}^{10}V_{60:\overline{20}|}$.
*보험판매 후 $t = 5$년이 지났다. 보험금을 지급할 가능성을 커졌고, 나이가 $60+5 = 65$가 되었고, 보험료 수입을 줄어든다. 보험료는 $n-5 = 5$회 더 받을 수 있다.*
*보장기간은 이제 $20-5 = 15$ 년이 남았다. 따라서 손실을 커진다. 이점을 고려하면 손실확률변수는*

$$
{}_{5}L_{60}^{net} = S_0 \times Z_{50+5,20-5} + S_1 \times E_{60+5,20-5} - P \times \ddot{a}_{\overline{\min\{K_{65}+1,5\}}|}
$$

*따라서 손실함수는*

$$
\begin{aligned}
{}_{5}^{10}V_{60:\overline{20}|}^{net} &= E[{}_{5}L_{60}^{gross}] \\
&= 1000 \times A_{65:\overline{15}|}^{1} + 100 \times A_{65:\overline{15}|}^{\ \ \ 1} - 19 \times \ddot{a}_{65:\overline{5}|} \\
&= 1000 \times 0.126623 + 100 \times 0.38478 - 19 \times 4.48888 \\
&\approx 79.8123
\end{aligned}
$$

3. *보험료 납부 기간이 지났기 때문에 보험료 수입이 없다. 보장기간은 $20-10 = 10$년 남았다.*

$$
\begin{aligned}
{}_{10}L_{60}^{net} &= S_0 \times A_{60+10:\overline{20-10}|}^{1} + S_1 \times A_{60+10:\overline{20-10}|}^{\ \ \ \ \ \ \ \ 1} \\
&= 1000 \times A_{70:\overline{10}|}^{1} + 100 \times A_{70:\overline{10}|}^{\ \ \ 1} = 1000 \times 0.125813 + 100 \times 0.509944 \\
&\approx 176.81
\end{aligned}
$$

4. *보장기간 $T = 20$이 지났기 때문에 줄 것도 없고, 받을 것도 없다. 따라서 ${}_{20}^{10}V_{60:\overline{20}|}^{net} = 0$.*

**보기 5.16** *나이 $x = 60$인 사람이 보장기간 $T = 20$년,보험료 납입기간 $n = 10$, 보험금 $S_0 = 1000$, 축하금 $S_1 = 100$인 보험에 가입했다. 보험금은 보장기간 안에는 사망하는 해 말에 지급된다. 계산은 이자율은 년 5%를 적용한 부록에 있는 표를 이용하자. 10년간 살아있는 동안 매년 초에 납부해야 할 보험료는 $P = 19$로 가정하자.*
*다음과 같은 영업비용을 생각하자.*

비용은 최초 보험료의 10%, 2번째 부터 보험료의 5%, 보험금을 지급할 때 7을 적용

이런 조건에서 ${}_0^{10}V_{60:\overline{20|}}{}^{gross}$, ${}_5^{10}V_{60:\overline{20|}}{}^{gross}$, ${}_{10}^{10}V_{60:\overline{20|}}{}^{gross}$, ${}_{20}^{10}V_{60:\overline{20|}}{}^{gross}$를 구하라.

**풀이.** 먼저 기호의 의미를 살펴보자. ${}_t^n V_{x:\overline{T|}}$에서
$n$ 는 보험료 납입기간, $t$는 가입후 지난 시간, $x$는 가입연령, $T$은 보장기간이다.

1. ${}_0^{10}V_{60:\overline{20|}}$을 구해보자.

   - 나가는 돈: 보험금을 지급할 때, 추가로 7이 나가는 것을 조심하면,
     가입과 동시에 $0.1 \times P$, 두번째 보험료부터 $0.05 \times P$, 보험금 지급할 때 $S_0 + 10$.
   - 들어오는 돈:
     살아있는 동안 10년간 매년 초에 받는 보험료 $P = 19$

   손실확률변수는 보장기간 20년에 조심하면

$$
\begin{aligned}
{}_0L_{60}^{gross} &= (S_0+7)Z_{60,20} + (S_1+7)E_{60,20} - P\big((1-0.1)+(1-0.05)v+ \\
&\quad + (1-0.05)v^2 + \cdots + (1-0.05)v^{\min\{K_{60},10-1\}}\big) \\
&= (S_0+7)Z_{60,20} + (S_1+7)E_{60,20} + 0.05 \times P - 0.95 \times P \times \ddot{a}_{\overline{\min\{K_{60}+1,10\}|}}
\end{aligned}
$$

   이 확률변수 ${}_0L_{60}^{gross}$의 평균값은

$$
\begin{aligned}
{}_0^{10}V_{60:\overline{20|}}{}^{gorss} &= (S_0+7)A^1_{60:\overline{20|}} + (S_1+7)A_{60:\overset{1}{\overline{20|}}} + 0.05 \times P - 0.95 \times P \times \ddot{a}_{60:\overline{10|}} \\
&= 1007 \times 0.115322 + 107 \times 0.295076 + 0.05 \times 19 - 0.95 \times 19 \times 7.95555 \\
&\approx 5.0547
\end{aligned}
$$

2. ${}_5^{10}V_{60:\overline{20|}}$를 구해보자. 보험판매후 5년이 지났다. 보험금을 지급할 가능성을 커졌고, 나이가 $60+5=65$가 되었고, 보험료 수입을 줄어든다. 보험료 수입의 $1-0.05=95\%$가 수입이고, 보험료도 5회 더 받을 수 있다.
   보장기간도 이제 $20-5=15$ 년이 남았다. 따라서 손실을 커진다. 이점을 고려하면 손실확률변수는

$$
\begin{aligned}
{}_5L_{60}^{gross} &= (S_0+7)Z_{50+5,20-5} + (S_1+7)E_{60+5,20-5} + \\
&\quad + 0.05 \times P - 0.95 \times P\ddot{a}_{\overline{\min\{K_{65}+1,5\}|}}
\end{aligned}
$$

   따라서 손실함수는

$$
\begin{aligned}
{}_{5}^{10}V_{60:\overline{20}|}^{gross} &= E[{}_{5}L_{60}^{gross}] \\
&= 1007 \times A^{\;1}_{65:\overline{15}|} + 107 \times A_{65:\overset{\;1}{\overline{15}|}} + 0.05 \times 19 - 0.95 \times 19 \times \ddot{a}_{65:\overline{5}|} \\
&= 1007 \times 0.126623 + 107 \times 0.38478 + \\
&\quad + 0.05 \times 19 - 0.95 \times 19 \times 4.48888 \\
&\approx 79
\end{aligned}
$$

*3. 보험료 납부 기간이 지났기 때문에 보험료 수입이 없다. 보장기간은* $20-10=10$*년 남았다.*

$$
\begin{aligned}
{}_{10}L_{60}^{gorss} &= (S_0+7)A^{\;1}_{60+10:\overline{20-10}|} + (S_1+7)A_{60+10:\overset{\;1}{\overline{20-10}|}} \\
&= 1007 \times A^{\;1}_{70:\overline{10}|} + 107 \times A_{70:\overset{\;1}{\overline{10}|}} \\
&= 1007 \times 0.125813 + 107 \times 0.509944 \\
&= 181.258
\end{aligned}
$$

*4. 보장기간* $T=20$*이 지났기 때문에 줄 것도 없고, 받을 것도 없다. 따라서* ${}_{20}^{10}V_{60:\overline{20}|}^{gross} = 0$.

## 5.5 생존함수 $\ell_x$를 이용한 표현 $D_x, M_x, R_x, N_x$

보험수학에서는 손으로 하기 어려운 계산량이 많은 문제가 즐비하다. 때문에 계산 때문에 개념을 놓치는 일이 없도록 복잡한 계산을 간단한 기호로 표시하는 방법을 쓴다. 다음 기호들은 컴퓨터가 없던 시절에 썼던 방법이다. 그렇지만 생명표가 예를 들어 Excel 형식으로 주어지면 적분을 계산하지 않아도 되기 때문에 요즘에도 아주 유용한 방식이다. 단지 표현을 정리한 것이기 때문에 새로운 개념은 없고, 합의기호 활용이라 생각하면 좋다.

**도움말 5.19** 나이 $x$인 가입자 전체의 수를 $\ell_x$라 하자. $d_x = \ell_x - \ell_{x+1}$이다. 따라서 $d_x$는 나이 $x$인 사람이 나이 $x+1$이 되기 전에 죽은 수이다. 다음 $D_x, M_x, N_x, R_x$는 보험계산을 이해하기 컴퓨터가 없던 시절에 자주 썼다.

1. $D_x := v^x \ell_x$라 정의하면 $A_{x:\overline{n}|}^{\ \ 1} := {}_nE_x := \dfrac{D_{x+n}}{D_x}$
2. $M_x := \sum_{k=0}^{\infty} v^{x+k+1} d_{x+k}$라 정의하면 $A_x := \dfrac{M_x}{D_x}$, $\quad A_{x:\overline{n}|}^{1} = \dfrac{M_x - M_{x+n}}{D_x}$
3. $R_x := \sum_{k=0}^{\infty} v^{x+k+1}(k+1) d_{x+k}$라 두면 $(IA)_x = \dfrac{R_x}{D_x} = \dfrac{\sum_{k=0}^{\infty} v^{x+1+k}(k+1) d_{x+k}}{D_x}$
4. $N_x := \sum_{k=0}^{\infty} D_{x+k} = \sum_{k=0}^{\infty} v^{x+k} \ell_{x+k}$라 두면 $N_x = D_x \ddot{a}_{x:\overline{n}|} + N_{x+n}$
5. $\ddot{a}_x = \dfrac{1-A_x}{1-v} = \dfrac{N_x}{D_x}$
6. ${}_nP_x = \dfrac{A_x}{\ddot{a}_{x:\overline{n}|}} = \dfrac{M_x}{D_x \ddot{a}_{x:\overline{n}|}}$. 이 기호는 특히 소문자로 표시된 ${}_np_x$와 혼동해서는 않된다.

**해설.**

1. $D_x := v^x \ell_x$: 이자율이 $i$이면 $v = \frac{1}{1+i}$이다. 나이 $x$인 가입자 전체의 수를 $\ell_x$라 할 때

$$D_x := v^x \ell_x$$

라는 기호를 쓰면 식이 간단해지는 경우가 많다. 예를 들어

$$A_{x:\overline{n}|}^{\ \ 1} := {}_nE_x := v^n {}_np_x = \frac{v^n \ell_{x+n}}{\ell_x} = \frac{v^{x+n} \ell_{x+n}}{v^x \ell_x} = \frac{D_{x+n}}{D_x}$$

2. $M_x := \sum_{k=0}^{\infty} v^{x+k+1} d_{x+k}$:
나이 $x$에 종신보험을 산 사람이, 사망한 해 말에 받게되는 보험금 1의 현재가격을 나타내는 확률변수는 $v^{K_x+1}$이고, 평균값은 $A_x := E\left[v^{K_x+1}\right]$로 나타낸다. 그런데 나이 $x$인 가입자 수를 $\ell_x$, 나이 $x$인 사람 중에서 $x+1$이 되기 전에 죽는 사람 수를 $d_x$로 나타내면

$$\begin{aligned}
A_x = E[v^{K_x+1}] &= \sum_{k=0}^{\infty} v^{k+1} {}_{k|}q_x = vq_x + v^2 {}_{1|}q_x + v^2 {}_{2|}q_x + \cdots \\
&= v\frac{d_x}{\ell_x} + v^2 \frac{\ell_{x+1}}{\ell_x}\frac{d_{x+1}}{\ell_{x+1}} + v^3 \frac{\ell_{x+2}}{\ell_x}\frac{d_{x+2}}{\ell_{x+2}} + \cdots \\
&= \frac{vd_x + v^2 d_{x+1} + v^3 d_{x+2} + \cdots}{\ell_x} = \frac{v^x\left(vd_x + v^2 d_{x+1} + v^3 d_{x+2} + \cdots\right)}{v^x \ell_x} \\
&= \frac{\sum_{k=0}^{\infty} v^{x+k+1} d_{x+k}}{D_x}
\end{aligned}$$

따라서 $M_x := \sum_{k=0}^{\infty} v^{x+k+1} d_{x+k}$ 라 정의하면

$$A_x = \frac{M_x}{D_x}, \quad A_{x:\overline{n}|}^{1} = \frac{M_x - M_{x+n}}{D_x}.$$

왜냐하면 합의기호 출발점을 바꾸면

$$\begin{aligned} M_x &:= \sum_{k=0}^{\infty} v^{x+1+k} d_{x+k} = \sum_{k=0}^{n-1} v^{x+n+1} d_{x+k} + \sum_{k=n}^{\infty} v^{x+1+k} d_{x+k} \\ &= \sum_{k=0}^{n-1} v^{x+1+k} d_{x+k} + \sum_{k=0}^{\infty} v^{x+n+1+k} d_{x+n+k} \\ &= \sum_{k=0}^{n-1} v^{x+1+k} d_{x+k} + M_{x+n} \end{aligned}$$

따라서 $\dfrac{M_x - M_{x+n}}{D_x} = \dfrac{M_x}{D_x} - \dfrac{M_{x+n}}{D_x} = A_x - A_{x:\overline{n}|}^{\,1} = A^{1}_{x:\overline{n}|}$.

3. $R_x$: 보험금이 1로 시작해서, 단위기간이 지날 때마다 1씩 증가하는 경우를 상상할 수 있다. 이 경우 현재가격을 나타내는 확률변수는 $IZ_x := v^{K_x+1}(K_x+1)$이고, 그 평균값은 $(IA)_x$로 나타냈다. 따라서

$$(IA)_x = E\left[(K_x+1)v^{K_x+1}\right] = vq_{+}2v^2{}_{1|}q_x + 3v^3{}_{2}q_x + \cdots = \sum_{k=0}^{\infty} v^{k+1}(k+1)_{k|}q_x$$

여기서

$${}_{k|}q_x = {}_kp_x q_{x+k} = \frac{\ell_{x+k}}{\ell_x}\frac{d_{x+k}}{\ell_{x+k}} = \frac{d_{x+k}}{\ell_x} = \frac{v^x d_{x+k}}{v^x \ell_x} = \frac{v^x d_{x+k}}{D_x}$$

따라서

$$(IA)_x = \frac{\sum_{k=0}^{\infty} v^{x+1+k}(k+1)d_{x+k}}{D_x} := \frac{R_x}{D_x}.$$

여기서 물론 $R_x := \sum_{k=0}^{\infty} v^{x+1+k}(k+1)d_{x+k}$.

4. $N_x := \sum_{k=0}^{\infty} v^{x+k}\ell_{x+k}$: 납입기간이 $n$인 종신보험을 생각하자. 사망한 해 말에 지급되는 보험금 1의 현재가격을 나타내는 확률변수는 $Z_x := v^{K_x+1}$이고, 내게 되는 보험료의 현재가격을 나타내는 확률변수는

$$\ddot{a}_{\overline{\min\{K_x+1,n\}}|} := 1 + v + v^2 + \cdots + v^{\min\{K_x,n-1\}} = \frac{1 - v^{\min\{K_x+1,n\}}}{1-v}$$

따라서 매년 초에 내야하는 보험료 ${}_nP_x$는 다음 식을 만족시켜야 한다:

$$A_x := E\left[v^{K_x+1}\right] = {}_nP_x \times \left[\ddot{a}_{\overline{\min\{K_x+1,n\}}|}\right] = {}_nP_x \times \ddot{a}_{x:\overline{n}|}$$

따라서 $A_x = \dfrac{M_x}{D_x}$이 것을 생각하면 ${}_nP_x = \dfrac{A_x}{\ddot{a}_{x:\overline{n}|}} = \dfrac{M_x}{D_x \ddot{a}_{x:\overline{n}|}}$. 여기서 $D_x = v^x\ell_x$인 것에 주의하여 $D_x\ddot{a}_{x:\overline{n}|}$를 더 계산하면

$$D_x \ddot{a}_{x:\overline{n}|} = v^x\ell_x \sum_{k=0}^{n-1} v^k{}_kp_x = v^x\ell_x \sum_{k=0}^{n-1} v^k \frac{\ell_{x+k}}{\ell_x} = \sum_{k=0}^{n-1} v^{x+k}\ell_{x+k}$$

따라서 $N_x := \sum_{k=0}^{\infty} v^{x+k}\ell_{x+k}$ 편리하고, , 합의기호의 출발점을 바꾸어

$$\begin{aligned} N_x &= \sum_{k=0}^{\infty} v^{x+k}\ell_{x+k} = \sum_{k=0}^{n-1} v^{x+k}\ell_{x+k} + \sum_{k=n}^{\infty} v^{x+k}\ell_{x+k} = D_x\ddot{a}_{x:\overline{n}|} + \sum_{k=0}^{\infty} v^{x+n+k}\ell_{x+n+k} \\ &= D_x\ddot{a}_{x:\overline{n}|} + N_{x+n}. \end{aligned}$$

5. $\ddot{a}_x = \dfrac{1-A_x}{1-v} = \dfrac{D_x - M_x}{(1-v)D_x} = \dfrac{N_x}{D_x}$. 왜냐하면

$$\begin{aligned} M_x &:= \sum_{k=0}^{\infty} v^{x+k+1} d_{x+k} = \sum_{k=0}^{\infty} v^{x+k+1}\left(\ell_{x+k} - \ell_{x+k+1}\right) = \sum_{k=0}^{\infty} v^{x+k+1}\ell_{x+k} - \sum_{k=0}^{\infty} v^{x+k+1}\ell_{x+k+1} \\ &= vN_x - \left(N_x - v^x\ell_x\right) = D_x - (1-v)N_x \end{aligned}$$

6. 의미가 분명하다.

**도움말 5.20** 다음과 같은 기호를

- $D_x = v^x \ell_x$
- $M_x := \sum_{k=0}^{\infty} v^{x+k+1} d_{x+k}$
- $R_x := \sum_{k=0}^{\infty} v^{x+1+k}(k+1) d_{x+k}$.
- $N_x = \sum_{k=0}^{\infty} v^{x+k} \ell_{x+k} = \sum_{k=0}^{\infty} D_{x+k}$

를 약속하면, 보험수학에서 자주 나타나는 익숙한 기호는 다음과 같이 표현된다.

1. $A^{\ 1}_{x:\overline{n}|} = v^n {}_n p_x = \frac{D_{x+n}}{D_x}$
2. $A_x = \frac{M_x}{D_x}, \quad \ddot{a}_x = \dfrac{1-A_x}{1-v} = \dfrac{D_x - M_x}{D_x(1-v)} = \dfrac{N_x}{D_x}$
3. $A^{1}_{x:\overline{n}|} = \frac{M_x - M_{x+n}}{D_x}$
4. $A_{x:\overline{n}|} = A^{1}_{x:\overline{n}|} + A_{x:\overset{\ 1}{\overline{n}|}} = \frac{M_x - M_{x+n}}{D_x} + \frac{D_{x+n}}{D_x}$
5. ${}_n P_x = \frac{A_x}{\ddot{a}_{x:\overline{n}|}} = \frac{M_x}{N_x - N_{x+n}}$
6. $D_x \ddot{a}_{x:\overline{n}|} = N_x - N_{x+n}$
7. $(IA)_x = E\left[(K_x+1)v^{K_x+1}\right] = \sum_{k=0}^{\infty} v^{k+1}(k+1)_{k|}q_x = \dfrac{R_x}{D_x}$

${}_t p_x$ 는 나이 $x$인 가입자가 앞으로 $t$년 이상 생존할 확률을 나타낸다. 예를 들어 나이 $x$인 가입자 전체의 수를 $\ell_x$, 나이 $x$인 사람이 나이 $x+1$이 되기 전에 죽는 사람 수를 $d_x := \ell_x - \ell_{x+1}$라 두면

$$ {}_t p_x = \frac{\ell_{x+t}}{\ell_x}, \quad {}_t q_x = 1 - {}_t p_x = \frac{\ell_x - \ell_{x+t}}{\ell_x}, \quad {}_{t|} q_x = {}_t p_x - {}_{t+1} p_x = \frac{\ell_{x+t} - \ell_{x+t+1}}{\ell_x} $$

${}_t p_x$ 는 나이 $x$인 가입자가 앞으로 $t$년 이상 생존할 확률을 나타낸다. 예를 들어 나이 $x$인 가입자 전체의 수를 $\ell_x$, 나이 $x$인 사람이 나이 $x+1$이 되기 전에 죽는 사람 수를 $d_x := \ell_x - \ell_{x+1}$라 두면 $D_x, M_x, N_x, R_x$를

$$ D_x := v^x \ell_x, \quad M_x := \sum_{k=0}^{\infty} v^{x+k+1} d_{x+k}, \quad N_x = \sum_{k=0}^{\infty} v^{x+k} \ell_{x+k}, $$
$$ R_x := \sum_{k=0}^{\infty} v^{x+1+k}(k+1) d_{x+k} $$

라 두면, 많은 식들을 간편하게 표현할 수 있다.

**도움말 5.21** 1. ${}_tp_x = \frac{\ell_{x+t}}{\ell_x} = \frac{D_{x+t}}{D_x v^t}$

2. ${}_{t|}q_x = {}_tp_x - {}_{t+1}p_x = \frac{\ell_{x+t}-\ell_{x+t+1}}{\ell_x} = \frac{vD_{x+t}-D_{x+t+1}}{D_x v^{t+1}} = \frac{v^x d_{x+t}}{D_x}$

3. ${}_{m|}A^1_{x:\overline{n}|} = v^m {}_mp_x \, A^{\;1}_{x+m:\overline{n}|}$,

${}_{m|}A^1_{x:\overline{n}|} = \frac{D_{x+m}}{D_x} \times \frac{M_{x+m}-M_{x+m+n}}{D_{x+m}} = A_{x:\overline{m}|}^{\;\;1} \, A^{\;1}_{x+m:\overline{n}|}$

4. $(IA)_x = \frac{R_x}{D_x}$

**해설.** 1., 2.은 즉시 알 수 있기 때문에 다른 것들을 보자.

3. 우선 ${}_{m|}A^1_{x:\overline{n}|}$에서 앞의 ${}_{m|}$은 보험금 지급시기가 $m$년 후부터, 즉 $x+m$부터 개시되는 것을 말한다. 보장기간이 $n$이고, 보험금이 $m$년 후부터, 사망한 해 말에 1이 지급되고, 축하금이 없는 기간이 정해진 보험(term insurance), 받게될 보험금의 현재가격을 나타내는 확률변수는

$$ {}_mQ^{m+n}_{0,1} := \begin{cases} 0, & K_x < m \\ v^{K_x+1}, & m \le K_x < m+n \\ 0, & K_x \ge m+n \end{cases} = Z_{x,m+n} + (0-1)Z_{x,m} $$

이 확률변수의 평균값을 ${}_{m|}A^1_{x:\overline{n}|}$으로 나타낸다. 따라서

$$ {}_{m|}A^1_{x:\overline{n}|} = E\left[{}_mQ^n_{0,1}\right] = A^1_{x:\overline{m+n}|} + (0-1)A^1_{x:\overline{m}|} $$

따라서

$$ \begin{aligned} {}_{m|}A^1_{x:\overline{n}|} &= A^1_{x:\overline{m+n}|} - A^1_{x:\overline{m}|} = \frac{M_x - M_{x+m+n}}{D_x} - \frac{M_x - M_{x+m}}{D_x} = \frac{M_{x+m} - M_{x+m+n}}{D_x} \\ &= \frac{D_{x+m}}{D_x} \times \frac{M_{x+m} - M_{x+m+n}}{D_{x+m}} \\ &= A_{x:\overline{m}|}^{\;\;1} \;\; A^{\;1}_{x+m:\overline{n}|} \end{aligned} $$

물론 아무런 기술 없이, 오로지 정의에 따라 다음 계산을 할 수 있다. ${}_{m|}A^1_{x:\overline{n}|}$의 계산이 $A^1_{x:\overline{n}|}$의 계산과 다른 점은 할인율에 $v^m$이 곱해지는 것과, ${}_{k|}q_x$대신에 ${}_{m+k|}q_x$을 쓰는 것 뿐이다. 말로 하면 ${}_{m+k|}q_x$는 나이 $x$인 사람이 $m+k$년 생존하고, 그 후 1년 이내에 사망할 확률이다. 일단 나이 $x$인 사람이 $m+k$년 생존하면 나이가 $x+m+k$이 된다. 그러므로 ${}_{m+k|}q_x = {}_mp_x \, {}_{k|}q_{x+m}$.

$$ \begin{aligned} {}_{m|}A^1_{x:\overline{n}|} &= \sum_{k=0}^{n-1} v^{m+k+1} {}_{m+k|}q_x = \sum_{k=0}^{n-1} v^{m+k+1} {}_mp_x \;\; {}_{k|}q_{x+m} \\ &= v^m {}_mp_x \sum_{k=0}^{n-1} v^{k+1} {}_{k|}q_{x+m} = v^m {}_mp_x \;\; A^{\;1}_{x+m:\overline{n}|} \\ &= A_{x:\overline{m}|}^{\;\;1} A^{\;1}_{x+m:\overline{n}|} \end{aligned} $$

4. $(IA)_x$는 세월이 가면, 지급액도 늘려서, 인플레이션을 보정해주는 보험으로 이해하면 좋다. 여기서는 $k$번째 지급액이 $k$가 되는 것을 생각한 것이다. 이런 상황을 표현하는 확률변수는 $(K_x+1)v^{K_x+1}$이다. 따라서

$$ \begin{aligned} (IA)_x &= E\left[(K_x+1)v^{K_x}\right] = \sum_{k=0}^{\infty} v^{k+1}(k+1)_{k|}q_x = \sum_{k=0}^{\infty} v^{k+1}(k+1)\frac{v^x d_{x+k}}{D_x} \\ &= \frac{\sum_{k=0}^{\infty} v^{x+k+1}(k+1)d_{x+k}}{D_x} \\ &= \frac{R_x}{D_x} \end{aligned} $$

**도움말 5.22** $\ell_x$, $d_{x+k} = \ell_{x+k} - \ell_{x+k+1}$이라 두자.

- $D_x := v^x \ell_x$
- $N_x = \sum_{k=0}^{\infty} v^{x+k} \ell_{x+k} = \sum_{k=0}^{\infty} D_{x+k}$
- $M_x := \sum_{k=0}^{\infty} v^{x+k+1} d_{x+k}$
- $R_x := \sum_{k=0}^{\infty} v^{x+1+k}(k+1) d_{x+k}$

를 쓰면 $\ddot{a}_x = \sum_{k=0}^{\infty} v^k {}_kp_x = \sum_{k=0}^{\infty} v^k \frac{\ell_{x+k}}{\ell_x} = \sum_{k=0}^{\infty} \frac{D_{x+k}}{D_x} = \frac{\sum_{k=0}^{\infty} D_{x+k}}{D_x} = \frac{N_x}{D_x}$이고,

1. $A_{x:\overline{n}|} = A^1_{x:\overline{n}|} + \frac{D_{x+n}}{D_x}$
2. $A^1_{x:\overline{n}|} = \frac{M_x}{D_x} - \frac{D_{x+n}}{D_x} = \frac{M_x - D_{x+n}}{D_x}$
3. $D_x \ddot{a}_{x:\overline{n}|} = N_x - N_{x+n}$
4. $\ddot{a}_{x:\overline{n}|} = \frac{N_x - N_{x+n}}{D_x}$.

**해설.**

1. $A_x = \frac{M_x}{D_x}$ , $A^1_{x:\overline{n}|} = \frac{M_x - M_{x+n}}{D_x}$ 와 $A_{x:\overline{n}|} = A^1_{x:\overline{n}|} + A_{x:\overline{n}|}^{\ \ 1}$으로부터

$$A_{x:\overline{n}|} = A^1_{x:\overline{n}|} + \frac{D_{x+n}}{D_x}, \qquad A^1_{x:\overline{n}|} = \frac{M_x}{D_x} - \frac{D_{x+n}}{D_x}$$

2. $\ddot{a}_{x:\overline{n}|} = 1 + v p_x + v^2 {}_2p_x + \cdots + v^{n-1} {}_{n-1}p_x = \sum_{k=0}^{n-1} v^k {}_kp_x$. 따라서

$$\begin{aligned} D_x \ddot{a}_{x:\overline{n}|} &= D_x \sum_{k=0}^{n-1} v^k {}_kp_x = D_x \sum_{k=0}^{n-1} v^k \frac{\ell_{x+k}}{\ell_x} = v^x \ell_x \sum_{k=0}^{n-1} v^k \frac{\ell_{x+k}}{\ell_x} = \sum_{k=0}^{n-1} v^{x+k} \ell_{x+k} \\ &= N_x - N_{x+n} \end{aligned}$$

3. $\ddot{a}_x = \sum_{k=0}^{\infty} v^k {}_kp_x = \sum_{k=0}^{\infty} v^k \frac{\ell_{x+k}}{\ell_x} = \sum_{k=0}^{\infty} \frac{D_{x+k}}{D_x} = \frac{\sum_{k=0}^{\infty} D_{x+k}}{D_x} = \frac{N_x}{D_x}$

**도움말 5.23** $E\left[(I\ddot{a})_{\overline{\min\{K_x+1,m\}}|}\right] = \dfrac{D_x \ddot{a}_{x:\overline{m}|} - \left(R_x - R_{x+m} - mM_{x+m} + mD_{x+m}\right)}{dD_x}$

**도움말 5.24** 보장기간이 $n$이고, 보험료 납입기간이 $m$인 보험을 생각하자.

1. 보험금이 1에서, 단위기간마다 1씩 증가하는 경우는 $K_x$에 받는 보험료가 $K_x+1$이다. 만기축하금이 없는 경우, 보험료는 $P=\dfrac{(IA)^{1}_{x:\overline{n}|}}{\ddot{a}_{x:\overline{m}|}}$.
2. $(IA)^{1}_{x:\overline{n}|}=\dfrac{R_x-nM_{x+n}-R_{x+n}}{D_x}$, $\quad (IA)_x=\sum_{k=0}^{\infty}(k+1)v^{k+1}{}_{k|}q_x=\dfrac{R_x}{D_x}$
3. $n$년 거치 $m$년 납인 단위기간당 연금 1에 대한 종신연금 보험료를 ${}_mP({}_{n|}\ddot{a}_x)$라 하면
$$ {}_mP({}_{n|}\ddot{a}_x)=\frac{v^n{}_np_x\ddot{a}_{x+n}}{\ddot{a}_{x:\overline{m}|}}=\frac{v^n\frac{D_{x+n}}{D_xv^n}\ddot{a}_{x+n}}{\ddot{a}_{x:\overline{m}|}}=\frac{N_{x+n}}{N_x-N_{x+m}} $$
4. 단위기간당 연금 1, 보장기간 $n$, 거치기간 $m$, 보험료 납부기간 $m$일 때 보험료를 $P({}_{m|}\ddot{a}_{x:\overline{n}|})$라 하면
$$ P({}_{m|}\ddot{a}_{x:\overline{n}|})=\frac{v^m{}_mp_x\ddot{a}_{x+m:\overline{n}|}}{\ddot{a}_{x:\overline{m}|}}=\frac{D_{x+m}\ddot{a}_{x+m:\overline{n}|}}{N_x-N_{x+m}}=\frac{N_{x+m}-N_{x+m+n}}{N_x-N_{x+m}} $$

**해설.** 보험금이나 보험료가 일정하지 않고 변해가는 경우는 손으로 계산하기는 힘든일이다. 컴퓨터가 활용되지만, 개념 이해를 위해서는 간단한 경우 손으로 계산해보는 것이 중요하다.

1. 보험금 1로 출발해서, 단위기간마다 1씩 증가하는 보험금. 만기 $n$년, 납입기간 $m$일 때. 축하금이 없는 경우 보험금 지출의 현재가격을 나타내는 확률변수 $Y_{x,n}$은 $K_x<n$인 경우 $Y_{x,n}=(K_x+1)v^{K_x+1}$이고, $K_x\geq n$인 경우 $Y_{x,n}=0$이다. 확률변수 $Y_{x,n}$의 평균값을 $(IA)^{1}_{x:\overline{n}|}$으로 나타내자. 따라서
$$ (IA)^{1}_{x:\overline{n}|}=E[Y_{x,n}]=\sum_{k=0}^{n-1}(k+1)v^{k+1}{}_{k|}q_x,\quad Y_{x,n}:=\begin{cases}(K_x+1)v^{K+x+1}, & K_x<n\\ 0, & K_x\geq n\end{cases} $$
보험금 수입의 현재가격을 나타내는 확률변수는, 보험료를 살아있으면 $m$회 까지만 받기 때문에
$$ \begin{cases}1+v+v^2+\cdots+v^{K_x}, & K_x<m\\ 1+v+\cdots+v^{m-1}, & K_x\geq m\end{cases}=\begin{cases}\frac{1-v^{K_x+1}}{1-v}, & K_x<m\\ \frac{1-v^m}{1-v}, & K_x\geq m\end{cases}=\ddot{a}_{\overline{\min\{K_x+1,m\}}|} $$
보험료 $P$는 다음 식을 만족시켜야 한다:
$$ 0=L_0^n=E\left[Y_{x,n}-P\ddot{a}_{\overline{\min\{K_x+1,m\}}|}\right]=(IA)^{1}_{x:\overline{n}|}-P\ddot{a}_{x:\overline{n}|} $$
따라서 $P=\frac{(IA)^{1}_{x:\overline{n}|}}{\ddot{a}_{x:\overline{m}|}}$. 이제
$$ {}_{k|}q_x={}_kp_xq_{x+k}=\frac{\ell_{x+k}}{\ell_x}\times\frac{\ell_{x+k}-\ell_{x+k+1}}{\ell_{x+k}}=\frac{d_{x+k}}{\ell_x} $$
여기서 $(IA)^{1}_{x:\overline{n}|}$을 더 계산해보자. 합의 출발점을 바꾸는 방법을 쓰면

$$\begin{aligned}
(IA)^1_{x:\overline{n}|} &= \sum_{k=0}^{n-1}(k+1)v^{k+1}{}_{k|}q_x = \sum_{k=0}^{\infty}(k+1)v^{k+1}{}_{k|}q_x - \sum_{k=n}^{\infty}(k+1)v^{k+1}{}_{k|}q_x \\
&= \sum_{k=0}^{\infty}(k+1)v^{k+1}{}_{k|}q_x - \sum_{k=0}^{\infty}(k+n+1)v^{k+n+1}{}_{k+n|}q_x \\
&= \sum_{k=0}^{\infty}(k+1)v^{k+1}{}_{k|}q_x - \sum_{k=0}^{\infty}(k+n+1)v^{k+n+1}{}_{k+n|}q_x \\
&= \frac{R_x}{D_x} - \sum_{k=0}^{\infty} v^{k+n+1}(k+n+1)\frac{d_{x+n+k}}{\ell_x} = \frac{R_x}{D_x} - \frac{nM_{x+n}+R_{x+n}}{D_x} \\
&= \frac{R_x - nM_{x+n} - R_{x+n}}{D_x}
\end{aligned}$$

위 식에서

$$(IA)_x = \sum_{k=0}^{\infty}(k+1)v^{k+1}{}_{k|}q_x = \frac{R_x}{D_x},$$

$$M_x := \sum_{k=0}^{\infty} v^{x+k+1}d_{x+k}, \quad R_x := \sum_{k=0}^{\infty} v^{x+k+1}(k+1)d_{x+k}$$

2. 1.에서 살펴보았다.
3. $n$년 거치 $m$년 납인 단위기간당 연금 1에 대한 종신연금인 경우 연금 지급시기가 $x+n$부터 시작되기 때문에 할인율에 $v^n$이 공통으로 곱해지는 것에 주의하자. 또 $[x, x+n)$에 죽으면 연금을 한번도 받지 못한다.

   • 연금의 현재가격을 나타내는 확률변수는 , $K_x \geq n$일 때 $K_x = n + K_{x+n}$인 것에 주의하면

$$\begin{aligned}
v^n + v^{n+1} + \cdots + v^{K_x} &= \frac{v^n - v^{K_x+1}}{1-v} = \frac{v^n - v^{n+K_{x+n}+1}}{1-v} \\
&= v^n \frac{1 - v^{K_{x+n}+1}}{1-v} = v^n \ddot{a}_{\overline{K_{x+n}}|}
\end{aligned}$$

   • 이 확률변수의 평균값: $v^n{}_np_x E\left[\ddot{a}_{\overline{K_{x+n}}|}\right] = v^n{}_np_x\, \ddot{a}_{x+n}$
   • 보험료 수입의 현재가격을 나타내는 확률변수는 1회 보험료를 ${}_mP({}_{n|}\ddot{a}_x)$라 두면

$$\begin{aligned}
{}_mP({}_{n|}\ddot{a}_x)\left(1 + v + \cdots + v^{\min\{K_x, m-1\}}\right) &= {}_mP({}_{n|}\ddot{a}_x)\frac{1 - v^{\min\{K_x+1, m\}}}{1-v} \\
&= {}_mP({}_{n|}\ddot{a}_x)\ddot{a}_{\overline{\min\{K_x, m\}}|}
\end{aligned}$$

   • $L_0^n = 0$가 되려면 평균값이 같아야 하므로 $v^n{}_np_x\ddot{a}_{x+n} = {}_mP({}_{n|}\ddot{a}_x)\,\ddot{a}_{x:\overline{m}|}$. 따라서

$${}_mP({}_{n|}\ddot{a}_x) = \frac{v^n{}_np_x\ddot{a}_{x+n}}{\ddot{a}_{x:\overline{m}|}} = \frac{v^n \frac{D_{x+n}}{D_x v^n}\ddot{a}_{x+n}}{\ddot{a}_{x:\overline{m}|}} = \frac{N_{x+n}}{N_x - N_{x+m}}$$

4. 단위기간당 연금 1, 보장기간 $n$, 거치기간 $m$, 보험료 납부기간 $m$ 일 때 보험료 $P({}_{m|}\ddot{a}_{x:\overline{n}|})$에서 3.과 다른 점은 연금지출을 나타내는 확률변수가 달라지는 것 뿐이다. 보험료 수입을 나타내는 확률변수는 같다. 이 경우 연금지출을 나타내는 확률변수는, 거치기간 $n$에 주의하면

$$\begin{aligned}
&{}_mp_x \times \begin{cases} v^m + v^{m+1} + v^{m+2} + \cdots + v^{K_{x+m}+n}, & K_{x+m} < n \\ v^m + v^{m+1} + \cdots + v^{m+n-1}, & K_{x+m} \geq n \end{cases} \\
&= v^m{}_mp_x\, \ddot{a}_{\overline{\min\{K_{x+m}, n\}}|}
\end{aligned}$$

평균값이 같아야 하는 것에 주의하면

$$P({}_{m|}\ddot{a}_{x:\overline{n}|}) = \frac{v^m{}_mp_x\, \ddot{a}_{x+m:\overline{n}|}}{\ddot{a}_{x:\overline{m}|}} = \frac{D_{x+m}\ddot{a}_{x+m:\overline{n}|}}{N_x - N_{x+m}} = \frac{N_{x+m} - N_{x+m+n}}{N_x - N_{x+m}}$$

보장기간이 $n$이고, 보험료 납입기간이 $m$인 보험에서 보험금 1로 출발해서, 단위기간마다 1씩 증가하는 경우, 즉 $K_x$에 받는 보험료가 $K_x+1$인 경를 생각하자. 이런 보험의 보험금 $S$는 얼마가 적절한가? $S$을 $D_x, M_x, N_x, R_x$로 표현해보자. 우선 보험료 수입의 현재가격을 나타내는 확률변수는

$$1+2v+3v^2+\cdots+(K_x+1)v^{\min\{K_x,m-1\}} = \sum_{k=0}^{\min\{K_x,m-1\}} v^k(k+1)$$
$$= (I\ddot{a})_{\overline{\min\{K_x+1,m\}}|}$$
$$= \frac{\ddot{a}_{\overline{\min\{K_x+1,m\}}|} - \min\{K_x+1,m\}v^{\min\{K_x+1,m\}}}{1-v}$$

정리하면

$$1+2v+3v^2+4v^3+\cdots+(K_x+1)v^{\min\{K_x,m-1\}}$$
$$= \frac{a_{\overline{\min\{K_x+1,m\}}|} - \min\{K_x+1,n\}v^{\min\{K_x+1,m\}}}{1-v}$$

따라서 보험금을 $S$라 할 때, 순손실함수 $L_0^n$은

$$L_0^n = E\left[Sv^{K_x+1} - \frac{\ddot{a}_{\overline{\min\{K_x+1,m\}}|} - \min\{K_x+1,m\}v^{\min\{K_x+1,m\}}}{1-v}\right]$$

확률변수 $\ddot{a}_{\overline{\min\{K_x+1,m\}}|}$ 의 평균값은 $\ddot{a}_{x:\overline{m}|}$으로 나타낸다. 즉 $\ddot{a}_{x:\overline{m}|} := E\left[\ddot{a}_{\overline{\min\{K_x+1,m\}}|}\right]$.

확률변수 $\min\{K_x+1,m\}v^{\min\{K_x+1,m\}}$ 의 평균값을 구해보자. 이것은 좀 복잡하다. 먼저

$${}_{k|}q_x = {}_kp_x q_{x+k} = \frac{\ell_{x+k}}{\ell_x} \times \frac{\ell_{x+k}-\ell_{x+k+1}}{\ell_{x+k}} = \frac{d_{x+k}}{\ell_x}$$

를 생각하여 합의기호의 출발점을 변경하는 방법을 쓰면

$$E\left[\min\{K_x+1,m\}v^{\min\{K_x+1,m\}}\right] = \sum_{k=0}^{m-1}(k+1)v^{k+1}{}_{k|}q_x + mv^m{}_mp_x$$
$$= \sum_{k=0}^{m-1}(k+1)v^{k+1}\frac{d_{x+k}}{\ell_x} + mv^m\frac{D_{x+m}}{D_xv^m}$$
$$= \frac{1}{D_x}\left(\sum_{k=0}^{m-1}(k+1)v^{x+k+1}d_{x+k} + mD_{x+m}\right)$$
$$= \frac{1}{D_x}\left(\sum_{k=0}^{m-1}v^{x+k+1}(k+1)d_{x+k} + mD_{x+m}\right)$$

여기서 $\sum_{k=0}^{m-1} v^{x+k+1}(k+1)d_{x+k}$을 주목하자.

$$R_x := \sum_{k=0}^{\infty} v^{x+k+1}(k+1)d_{x+k} = \sum_{k=0}^{m-1} v^{x+k+1}(k+1)d_{x+k} + \sum_{k=m}^{\infty} v^{x+k+1}(k+1)d_{x+k}.$$

합의 순서를 변경하면

$$\begin{aligned}\sum_{k=m}^{\infty} v^{x+k+1}(k+1)d_{x+k} &= \sum_{k=0}^{\infty} v^{x+k+n+1}(k+m+1)d_{x+k+m} \\ &= \sum_{k=0}^{\infty} v^{x+m+k+1}(k+1)d_{x+m+k} + m\sum_{k=0}^{\infty} v^{x+m+k+1}d_{x+m+k} \\ &= R_{x+m} + mM_{x+m}.\end{aligned}$$

이렇게 다음 중요한 관계식을 얻었다.

$$\sum_{k=0}^{m-1} v^{x+k+1}(k+1)d_{x+k} = R_x - R_{x+m} - mM_{x+m}$$

정리하면

$$\begin{aligned}E\left[\min\{K_x+1,m\}v^{\min\{K_x+1,m\}}\right] &= \frac{1}{D_x}\left(\sum_{k=0}^{m-1} v^{x+k+1}(k+1)d_{x+k} + mD_{x+m}\right) \\ &= \frac{1}{D_x}\left(R_x - R_{x+m} - mM_{x+m} + mD_{x+m}\right)\end{aligned}$$

이제

$$L_0^n = SA_x - \frac{D_x \ddot{a}_{x:\overline{m}|} - \left(R_x - R_{x+m} - mM_{x+m} + mD_{x+m}\right)}{dD_x}$$

따라서

$$S = \frac{N_x - N_{x+m} - \left(R_x - R_{x+m} - mM_{x+m} + mD_{x+m}\right)}{dM_x}$$

## 5.6 연습문제

모든 문제 풀이는 특별한 말이 없으면 부록의 표를 활용한다.

**5.1** *나이 $x = 40$, 보험금 $S_0 = 1$, 보험료 납입기간 $n = 20$인 종신보험을 샀다. 보험금은 죽은 해 말에 지급한다. 년이자율은 $i = 5\%$로 한다.*

1. *년 보험료를 구하여라.*
2. *${}^{20}_{19}V_{40}$을 구하라.*

**5.2** *나이 $x$인 사람이 보험금 $S_0 = 50$, 보험표 납입기간 $n = 20$인 종신보험을 샀다. . 보험금은 죽은 해 말에 지급한다. 다음 상황이 주어졌다.*

1. $i = 5\%$
2. $q_{x+19} = 0.00528801$
3. ${}_{20}P_x = 0.0117171$
4. ${}^{20}_{19}V_x = 0.32941$

*이 상황에서 나이 $x+20$인 사람에 대한, 보험금 1, 보험료 납입 종신인 종신보험에 대한 보험료 $P_{x+20}$을 구하라.*

**5.3** *나이 $x = 50$이 사람이 보험금 $S_0 = 1000$인 다음과 같은 보험을 샀다. $t = 10, 11$일 때 보험료를 내기 직전의 순수손실 확률변수의 평균값을 구하여라. 이자율은 $i = 5\%$로 계산한다.*

- *보장기간은 $T = 20$년*
- *보험료는 단위기간 초에*
- *보험금은 사망한 해 말에 지급한다.*
- *보험료는 생존기간 안에 최대 $n = 20$회*
- *보장기간 동안 생존하는 경우 20 년 되는 때 선물처럼 $S_1 = 1000$를 지급*

**5.4** *$x = 55$, 보험금 $S_0 = 50,000$, 보장기간은 $T = 10$, 보장기간동안 보험료는 매월 초에 낸다. 보험금은 사망과 동시에 지급된다. 생존모델 SSSM(Standard Select Survival Model) 과 UDD(Uniform Distribution of Death), $i = 5\%$를 적용하고, 유지비용은 최초 500과, 첫째 해의 월 보험료의 10%, 두 번째 해부터는 월 보험료의 1%로 하여 보험료를 계산하여라.*

**5.5** *$x = 30$, 보험금 $S_0 = 100,000$, 보장기간 $T = 25$인 보험이 있다. 보험료는 매년 초에 생존한 동안 최대 $n = 25$회 낸다. 보험금은 사망과 동시에 지급된다. $T = 25$년 이상 생존하게 되면 25*

*년차 말에 축하금으로 $S_1 = 100,000$을 지급한다.*
*보험 관리비는 최초에 2000, 첫 납입 보험료의 $\frac{1}{2}$, 그 다음부터 납입되는 보험료의 2.5%이다.*

1. *총 예상손실 확률변수를 써라*
2. *Standard Select Survival Model에 따라 5% 이자율을 적용하여 보험료를 산출하라.*

**5.6** *나이 $x = 50$인 사람이 거치기간이 $D = 10$년인 종신연금을 샀다. 따라서 연금은 $x + D = 60$부터 지급된다. 매년 지급되는 연금은 $S_0 = 10,000$이다. 구매자는 첫번째 연금을 받기까지 매년 11,900씩 $n = 10$년간 보험료를 내야한다. 만일 60이 되기 전에 사망하면, 낸 보험료 원금만 사망한 해 말에 돌려준다. Standard Select Survival Model, 이자율은 년 5%를 적용하고, 연금관리비용은 첫번째 보험료의 10%, 두번째 보험료부터는 보험료의 5%, 연금지급할 때마다 25, 10년 이내에 사망하여 원금을 돌려줄 때 100으로 하여 $t = 15$일 때, 연금 지급 직전, 연금 지급 직후 이 연금의 가치를 계산하여라.*

**5.7** *나이 $x = 50$인 사람이 거치기간이 $D = 10$년인 종신연금을 샀다. 따라서 연금은 60부터 지급된다. 매년 지급되는 연금은 10,000이다. 첫번째 연금을 받기까지 생존하는 동안 매년 11,900씩 10년간 보험료를 내야한다. 만일 60이 되기 전에 사망하면, 낸 보험료 원금만 사망한 해 말에 돌려준다. SSSM Model과, 이자율 년 5%을 적용하고, 연금관리비용은 첫번째 보험료의 10%, 두번째 보험료부터는 보험료의 5%, 연금지급할 때마다 25, 10년 이내에 사망하여 원금을 돌려줄 때 100을 적용한다. $t = 5$일 때, 연금지급 직전, 연금지급 직후 이 연금의 가치를 계산하여라.*

**5.8** *나이 $x = 40$인 사람이 보험금 $S_0 = 1,000$인 보험을 샀다. 다음 각각의 경우 $t = 15$일 때, 보험가격을 구하여라. 이자율은 $i = 5\%$로 하고, Standard Select Survival Model을 적용한다. 각각의 풀이에서 확률변수를 분명히 하여라.*

1. *종신보험이고, 보험료는 $n = 10$년차까지 매년 초에 낸다. 즉 $t = 0, 1, 2, \cdots, 8, 9$에 보험료를 낸다.*
2. *보장기간이 $T = 20$년, 만기축하금(endowment) $S_1 = 1000$이 있는 보험이고, 보험료는 $n = 10$년차까지 매년 초에 낸다. 즉 $t = 0, 1, 2, \cdots, 8, 9$에 보험료를 낸다.*
3. *보장기간이 $T = 30$년, 만기축하금(endowment) $S_1 = 1000$이 있는 보험이고, 보험료는 $n = 20$년차까지 매년 초에 낸다. 즉 $t = 0, 1, 2, \cdots, 18, 19$ 에 보험료를 낸다.*

**5.9** *나이 $x = 40$인 사람이 종신보험을 샀다. 보험금은 처음 10년까지는 50,000, 10년 이후는 100,000이다. 이자율은 5%이고, SSSM Model 을 적용한다. 보험료는 처음 $n = 10$년차까지 총 10회 각각의 기간의 시작에 낸다. 풀이과정에서 확률변수를 분명히 하고 다음을 구하여라.*

1. 년 보험료
2. $t = 5$일 때 보험의 가치
3. $t = 15$일 때 보험의 가치

**5.10** *모든 것을 손으로 계산할 수 있는 경우로 상수사력이 있다. 사력이 상수 $\mu_x \equiv \mu$인 제품을 생각하자. 이자율도 상수 $\delta$라 하자. 다음을 계산하여라.*

1. ${}_tp_x$
2. $\bar{A}_x$
3. $\bar{a}_x$
4. 보험금을 제품이 고장난 동시에 지급하고, 보험료를 연속으로 낼 때의 보험금 $\bar{P}(\bar{A}_x)$
5. 보험금을 제픔이 고장난 동시에 지급하고, 보험료를 기간 시작마다 낼 때의 보험금 $P(\bar{A}_x)$
6. ${}_t\bar{V}(\bar{A}_x)$
7. 지급해야 할 보험금의 현재가격이 보험료 수입의 현재가격의 평균보다 클 확률
8. 지급해야 할 보험금의 현재가격이 보험료 수입의 현재가격의 평균보다 클 확률이 0.5 이상 때 $\mu$와 $\delta$의 관계

**5.11** *나이 $x$인 사람이 보험금 $S_0 = 1$, 보험료 납입회수 $n = 20$인 보험을 샀다. 보험금은 사망한 해 말에 지급하고, 이자율은 $i$라 하자.*

- ${}_{20}P_x$은 나이 $x$인 사람이 $n = 20$년 납 보험에 들었을 때 보험료라 하자.
- ${}^{20}_{19}V_x$은 나이 $x$인 사람이 $n = 20$년 납 보험에 들었을 때, 이 보험의 $t = 19$일 때 보험료 ${}_{20}P_x$를 내기 직전의 보험 가치라 하자.

*보험료를 1년 단위로 $n = 20$회 낼 때, 즉 $t = 0, 1, 2, \cdots, 19$에 1씩 낼 때, 나이 $x + 20$인 사람이 보험금 1, 보험금 납입기간 종신인 종신보험에 대한 보험료 $P_{x+20}$을 $p_{x+19}$, ${}_{20}P_x$, ${}^{20}_{19}V_x$을 이용하여 표현하여라.*

**5.12** *나이 $x$인 사람이 종신보험에 들었다. 보험료는 보험기간 내내 내는 것으로 하자. 보험금 $S$는 사망년도 말에 지급한다. 이자율은 $i$라 하자. 만일*

$${}_kV_x + P_x = M, \quad {}_{k+1}V_x = N$$

*일 때 $P_{x+k}$는 얼마인가? ( 여기서 $P_x$는 나이 $x$인 사람의 종신보험료이다. 그러므로 $P_x = \frac{A_x}{\ddot{a}_x}$. )*

## 5.7 연습문제 해설

해설 5.1

1. 보험료 ${}_nP_x$는 손실확률변수의 평균값을 0으로 하는 값이다. 손실확률변수는

$$L_0^n = v^{K_x+1} - {}_nP_x\big(1+v+v^2+\cdots+v^{\min\{K_x,n-1\}}\big) = Z_x - {}_nP_x \times \ddot{a}_{\overline{\min\{K_x+1,n\}}|}$$

이 확률변수의 평균값은 $E[L_0^n] = A_x - {}_nP_x\ddot{a}_{x:\overline{n}|}$. 이제 $x=40, n=20$과 부록에 있는 표를 이용하면

$${}_{20}P_{40} = \frac{A_{40}}{\ddot{a}_{40:\overline{20}|}} = \frac{0.121059}{12.9935} = 0.00931692$$

2. $t=19$일 때, 나가는 돈의 현재가격을 나타내는 확률변수는 $Z_{x+19} := v^{K_{x+19}+1}$, 들어오는 돈의 현재가격을 나타내는 확률변수는 $t=19$일 때 받는 마지막 보험료 ${}_{20}P_{40}$이다. 따라서 현재가격을 나타내는 손실확률변수는

$$L_{19}^n = v^{K_{x+19}+1} - {}_{20}P_{40}$$

따라서 ${}^{20}_{19}V_{40} = E\left[v^{K_{x+19}+1} - {}_{20}P_{40}\right] = A_{x+19} - {}_{20}P_{40} = 0.278519 - 0.00931692 = 0.269203.$

해설 5.2 $t=19$일 때, 보험금 1에대한 나가는 비용의 현재가격을 나타내는 확률변수는 $Z_{x+19} := v^{K_{x+19}+1}$. 들어오는 돈은 $t=19$일 때, 마지막 보혐료 ${}_{20}P_x$ 뿐이다. 따라서 손실의 현재가격을 나타내는 확률변수는

$$L_{x+19}^n = v^{K_{x+19}+1} - {}_{20}P_x$$

여기서 보험금 1에 대한, 20년 납입하는 보혐료는 ${}_{20}P_x = \frac{A_x}{\ddot{a}_{x:\overline{20}|}}$. 이 값은 가정에서 ${}_{20}P_x = 0.0117171$. 따라서

$${}^{20}_{19}V_x = E[L_{x+19}^n] = A_{x+19} - \frac{A_x}{\ddot{a}_{x:\overline{20}|}} = A_{x+19} - 0.0117171 = 0.32941$$

따라서 $A_{x+19} = 0.341128$. 여기서

$$A_{x+19} = vq_{x+19} + vp_{x+19}A_{x+20}, \quad P_{x+20} = \frac{A_{x+20}}{\ddot{a}_{x+20}} = \frac{A_{x+20}}{1-A_{x+20}}d, \quad d = \frac{i}{1+i} = 0.047619$$

따라서 $A_{x+20}$의 값을 구해야 한다. 가정에서 $i=5\%$, $q_{x+19} = 0.00528801$ 이므로

$$A_{x+20} = \frac{A_{x+19} - vq_{x+19}}{vp_{x+19}} = 0.354772$$

따라서 $P_{x+20} = 0.0261828$.

해설 5.3

- 보험금 $P$는 축하금(endowment)가 있는 경우이다. 부록의 표를 참고하면 $\ddot{a}_{[50]:\overline{20}|} = 12.8428$.
  따라서 $S = S_0 = S_1 = 1000$이라 두면

$$P = \frac{S_0A^1_{x:\overline{n}|} + S_1A_{x:\overset{1}{\overline{n}|}}}{\ddot{a}_{x:\overline{n}|}} = S\frac{A_{x:\overline{n}|}}{\ddot{a}_{x:\overline{n}|}} = S\Big(\frac{1}{\ddot{a}_{[50]:\overline{20}|}} - d\Big) = 1000\big(0.0778647 - 0.047619\big) = 30.2456$$

- 제일 먼저 순수손실 확률변수를 표현하는 일이다. 보험회사에서 입장에서 보든지, 가입자 입장에서 보든지 결과는 같다. 보험가입자의 입장에서 보자. 들어오는 돈은 보험금이고, 나가는 돈은 보험료이다.
  따라서 $t=10,11$일 때의 손실은 $t=10$일 때는 잔여기간이 $20-10=10$, $t=11$일 때는 잔여기간이 $20-11=9$인 것에 주의하고, 이제 나이가 각각 60, 61이 되는 것을 고려하면,

$$L_{10}^n = 1000v^{\min\{K_{60}+1,10\}} - P\times\ddot{a}_{\overline{\min\{K_{60}+1,10\}}|}, \qquad L_{11}^n = 1000v^{\min\{K_{61}+1,9\}} - P\times\ddot{a}_{\overline{\min\{K_{61}+1,9\}}|}$$

- 따라서 각각의 경우 손실확률변수의 평균값은

$$E[L_{10}^n] = 1000A_{60:\overline{10}|} - P\times\ddot{a}_{60:\overline{10}|}, \qquad E[L_{11}^n] = 1000A_{61:\overline{9}|} - P\times\ddot{a}_{61:\overline{9}|}$$

- $A_{x:\overline{n}|}$과 $\ddot{a}_{x:\overline{n}|}$과의 관계 $A_{x:\overline{n}|} = 1 - d\ddot{a}_{x:\overline{n}|}$, $d = \frac{i}{1+i}$ 부록의 표를 써서 $\ddot{a}_{x:\overline{n}|}$의 값을 계산하면

$$\ddot{a}_{60:\overline{10}|} = 7.95555, \qquad \ddot{a}_{61:\overline{9}|} = 7.32823$$
$$A_{60:\overline{10}|} = 0.621164, \qquad A_{61:\overline{9}|} = 0.651037$$

따라서 $E[L^n_{10}] = 380.544$, $E[L^n_{11}] = 429.39$.

해설 5.4 보험금을 $S = 500,000$이라 두자. 월 보험료를 $P$라 두자.

- 보험회사의 보험료 수입 평균값을 보자. 월 보험료가 $P$이므로 1년에 내는 보험료는 $12P$. 따라서 보험회사의 보험료 수입은 $12P\ddot{a}^{(12)}_{55:\overline{10}|}$. 여기서 $\ddot{a}^{(m)}_{x:\overline{n}|}$의 의미는 $\frac{1}{m}$ 간격으로 1씩 생존기간과 $n - \frac{1}{m}$ 중 짧은 기간 동안 받는 연금의 현재가격의 평균이다. 즉

$$\ddot{a}^{(m)}_{x:\overline{n}|} = \frac{1}{m} + \frac{1}{m}v^{\frac{1}{m}}\,{}_{\frac{1}{m}}p_x + \frac{1}{m}v^{\frac{2}{m}}\,{}_{\frac{2}{m}}p_x + \cdots + \frac{1}{m}v^{\frac{nm-1}{m}}\,{}_{\frac{mn-1}{m}}p_x = \frac{1}{m}\sum_{k=0}^{mn-1} v^{\frac{k}{m}}\,{}_{\frac{k}{m}}p_x, \quad m = 12$$

- 보험회사의 유지 관리비 지출의 평균값을 보자.

$$500 + (0.1) \times (12P)\ddot{a}^{(12)}_{55:\overline{1}|} + \Big((0.01) \times 12P\ddot{a}^{(12)}_{55:\overline{10}|} - (0.01) \times (12P)\ddot{a}^{(12)}_{55:\overline{1}|}\Big)$$

정리하면 $500 + (0.09)12\ddot{a}^{(12)}_{55:\overline{1}|} + (0.01)12P\ddot{a}^{(12)}_{55:\overline{10}|}$.

- 보험금의 현재가격을 나타내는 확률변수는 $S \times \bar{A}^{\,1}_{55:\overline{10}|}$. 여기서 보험금이 사망과 동시에 지급될 때, 보장기간 $T$인 보험의 보험금의 현재가격의 평균값은

$$\bar{A}_{x:\overline{T}|} := \int_{t=0}^{T} v^{T_x}\,{}_tp_x\mu_{x+t}dt$$

- 따라서 보험금 지출의 평균값고, 보험료 수입의 평균값이 같아지는 $P$는

$$50,000\bar{A}_{55:\overline{10}|} + 500 + (0.09)12\ddot{a}^{(12)}_{55:\overline{1}|} + (0.01)12P\ddot{a}^{(12)}_{55:\overline{10}|} = 12P\ddot{a}^{(12)}_{55:\overline{10}|}$$

정리하면 $500 + 50,000\bar{A}^{\,1}_{55:\overline{10}|} = 12P\Big((0.99)\ddot{a}^{(12)}_{55:\overline{10}|} - (0.09)\ddot{a}^{(12)}_{55:\overline{1}|}\Big)$.

- 부록의 표를 이용하면

$$\bar{A}^{\,1}_{55:\overline{10}|} = 0.0253182, \qquad \ddot{a}^{(12)}_{55:\overline{10}|} = 7.83414, \qquad \ddot{a}^{(12)}_{55:\overline{1}|} = 0.977254$$

이 값을 이용하면 $P = 18.9871$.

해설 5.5 보험관리비, 즉 사업비를 비용으로 추가하면 된다.

1. 보험회사에서 나가는 돈은 보험금과 관리비다. 년 보험료를 $P$라 두자. 보험금은 $S = 100,000$ 이라 두자. $T = 25$이다. 그러면 보험회사에서 나가는 돈을 나타내는 확률변수는 , 보험료를 사유발생가 동시에 지급하고, 보험금과 축하금이 같은 것에 주의하면 주의하면

$$S \times v^{\min\{T_x,T\}} + 2000 + \frac{1}{2}P + (0.025)P\big(v + v^2 + \cdots + v^{\min\{K_x,T-1\}}\big)$$

이 식을 간단하게 정리하면

$$\begin{aligned} &S \times v^{\min\{T_x,T\}} + 2000 + \frac{1}{2}P + (0.025)P\big(v + v^2 + \cdots + v^{\min\{K_x,T-1\}}\big) \\ &= S \times v^{\min\{T_x,n\}} + 2000 + \frac{1}{2}P - (0.025)P + (0.025)P\big(1 + v + v^2 + \cdots + v^{\min\{K_x,T-1\}}\big) \\ &= S \times v^{\min\{T_x,n\}} + 2000 + (0.475)P + (0.025)P\ddot{a}_{\overline{\min\{K_x+1,T\}}|} \end{aligned}$$

그러므로 보험회사 손실을 나타내는 확률변수는

$$L^g_0 = Sv^{\min\{T_x,T\}} + 2000 + (0.475)P + (0.025)P\ddot{a}_{\overline{\min\{K_x+1,n\}}|}$$

1-1 . 확률변수 $v^{\min\{T_x,T\}}$의 평균은 $\bar{A}_{x:\overline{T}|}$으로 나타낸다. 보험료가 사망과 동시에 지급되는 것을 가정하기 때문에, $T_x$는 0과 같거나 큰 모든 실수가 될 수 있는 것을 가정하자. 그러면 $t$와 $t+dt$ 사이에 사망할 확률이 ${}_tp_x\mu_{x+t}dt$. 이 것에 주의하여 , 연습을 위해 계산해보면

$$\begin{aligned}
\bar{A}_{x:\overline{T}|} &= E[v^{\min\{T_x,T\}}] = \int_{t=0}^{T} v^t{}_tp_x\,\mu_{x+t}dt + v^n{}_np_x, \quad T=25,\ x=30 \\
&= -\int_{t=0}^{T} v^t\frac{d}{dt}{}_tp_x + v^T{}_Tp_x = 1 - v^T{}_Tp_x + \int_0^T {}_tp_x dv^t + v^T{}_Tp_x \\
&= 1+\ln v\int_{t=0}^{T} v^t{}_tp_x dt = 1+\ln v\int_{t=0}^{T} e^{-\delta t}{}_tp_x dx, \quad v=\frac{1}{1+i}=e^{-\delta} \\
&= 1+\ln v\,\bar{a}_{x:\overline{T}|} \\
&= 1-\delta\bar{a}_{x:\overline{T}|}
\end{aligned}$$

이것은 이미 알고 있는 $\bar{A}_{x:\overline{T}|} = 1-\delta\bar{a}_{x:\overline{T}|}$이다.

따라서 보험금으로 나가는 비용 확률변수의 평균은 $S\times\bar{A}_{x:\overline{T}|}$ 이고, $A_{x:\overline{T}|} = 1-\delta\bar{a}_{x:\overline{T}|}$

1-2 . 확률변수 $\ddot{a}_{\overline{\min\{K_x+1,T\}}|}$의 평균은 $\ddot{a}_{x:\overline{T}|}$으로 나타낸다. 우선

$$\ddot{a}_{\overline{\min\{K_x+1,T\}}|} = 1+v+v^2+\cdots+v^{\min\{K_x,T-1\}} = \frac{1-v^{\min\{K_x+1,T\}}}{d}$$

이므로

$$\ddot{a}_{x:\overline{n}|} = E[\ddot{a}_{\overline{\min\{K_x+1,T\}}|}] = \frac{1-E[v^{\min\{K_x+1,T\}}]}{d} = \frac{1-A_{x:\overline{T}|}}{d}$$

1-3 . 보험회사의 수입을 나타내는 확률변수는

$$P\left(1+v+v^2+\cdots+v^{\min\{K_x,T-1\}}\right) = P\frac{1-v^{\min\{K_x+1,T\}}}{d} = P\ddot{a}_{\overline{\min\{K_x+1,T\}}|}$$

따라서 총 손실 확률변수는

$$\begin{aligned}
L_0^g &= S\times v^{\min\{T_x,T\}} + Sv^T{}_Tp_x + 2000 + (0.475)P + (0.025)P\ddot{a}_{\overline{\min\{K_x+1,T\}}|} - P\ddot{a}_{\overline{\min\{K_x+1,T\}}|} \\
&= S\times v^{\min\{T_x,T\}} + Sv^T{}_Tp_x + 2000 + (0.475)P - (0.975)P\ddot{a}_{\overline{\min\{K_x+1,T\}}|}
\end{aligned}$$

2. 손실 확률변수 평균은 $E[L_0^g] = S\times\bar{A}_{x:\overline{T}|} + 2000 + (0.475)P - (0.975)P\ddot{a}_{x:\overline{T}|}$
여기서 구체적인 값 $x=30, T=25$를 대입하자. 부록에 있는 표를 이용하면

- $\ddot{a}_{30:\overline{25}|} = 14.7323$
- $\bar{A}_{30:\overline{25}|} = 0.298774$

보험금은 $S=100,000$. 따라서 보험료는 $P = \dfrac{100000\bar{A}_{30:\overline{25}|}+2000}{0.975\times14.7311-0.475} = 2295.48$.

해설 5.6 보험료를 내는 기간 $n=10$년이 지나면, 보험료는 더이상 생각할 필요가 없다. 선택기간 2년도 지났다. 때문에 연금을 받기 직전의 ${}_{15^-}V_{[50]}$은, 이제 나이가 65가 된 것을 생각하면 ${}_{15^-}V_{[50]} = 10,025\ddot{a}_{65} = 10,025\times13.5498 = 135837.$. 연금을 받은 직후의 가격은 ${}_{15^+}V_{[50]} = 10,025a_{65} = 10,025(\ddot{a}_{[65]}-1) = 135837.-10025 = 125812.$.

해설 5.7 보기 5.7를 참고하면 시간이 5년 지났기 때문에, 나이가 55가 되었고, 따라서 5년을 더 생존하면 보험금을 받기 시작한다. 또한 구입 후 2년이 지났기 때문에 선별관리대상에서 제외된다. 55세에서 60세 사이에 사망했을 때 돌려줘야할 납입보험료는 예를 들어 55에서 56에 죽으면 $6P$, 56에서 57에 죽으면 $7P$ 가 된다. 때문에 돌려줘야 할 보험금의 현재가격의 평균값은 $5PA^{1}_{55:\overline{5}|} + P(IA)^{1}_{55:\overline{5}|}$. 그러므로 보험의 가치는

$${}_5V_{[50]} = \left(5PA^{1}_{55:\overline{5}|} + P(IA)^{1}_{55:\overline{5}|}\right) + 100A^{1}_{55:\overline{5}|} + (10,000+25)v^5{}_5p_{55}\,\ddot{a}_{60} - (0.95)P\ddot{a}_{55:\overline{5}|}$$

Standard Select Survival Model과 이자율 5% 적용해서 필요한 값을 계산하면

- $A^{\,1}_{55:\overline{5}|} = 0.0106182$
- $(IA)^{\,1}_{55:\overline{5}|} = 0.0330242$
- $v^5 = 0.783526$
- ${}_5p_{55} = 0.987613$
- $\ddot{a}_{60} = 14.9041$
- $\ddot{a}_{55:\overline{5}|} = 4.52679$

이 값을 적용하면 ${}_5V_{[50]} = 65469.5$. 보험료 납입기간 10년을 강조하기 위하여 ${}_5V_{[50]}$ 대신에, ${}^{10}_{5}V_{[50]}$으로 표현할 수도 있다.

해설 5.8

1. 보험료를 $n = 10$년차까지 내는 것에 주의하자. 보험료의 현재가격을 나타내는 확률 변수는 나가는 돈은 보험금이고, 들어오는 돈은 보험료인데, $t = 15$에서는 들어오는 보험료는 없다. 따라서

$$L^n_{15} = 1000v^{K_{[40]+15}+1} = 1000v^{K_{55}+1}$$

그러므로 보험가격은 , 15년 후에는 특별관리기간은 지났고, $E[v^{K_{55}+1}] := A_{55}$인 것에 주의하면

$${}_{15}V_{[40]} := E[L^n_{15}] = 1000A_{[40]+15} = 1000A_{55} = 235.244$$

2. 보장기간은 $T = 20$년인데, 15년이 지났기 때문에, 보장기간은 5년 남있고, 보혐료 수입은 없다. 따라서 $t = 15$에서 손실확률변수는 만기 축하금이 있는 보험이므로

$$S_0 \times Z_{55,5} + S_1 \times E_{55,5} := \begin{cases} S_0 \times v^{K_{55}+1}, & K_{55} < 5 \\ S_1 \times v^5, & K_{55} \geq 5 \end{cases} = S \times v^{\min\{K_{55}+1,5\}}, \quad S = S_0 = S_1$$

따라서 현개가격의 평균값은, $E[v^{v^{\min\{K_{55}+1,5\}}}] := A_{55:\overline{5}|}$로 나타내는 것에 주의하면,

$${}_{15}V_{40:\overline{20}|} = 1,000E[v^{\min\{K_{55}+1,5\}}] = 1,000A_{55:\overline{5}|} = 784.439$$

3. 보장기간도 15년 남아있고, 보험료 수입도 $t = 15, 16, 17, 18, 19$ 가 남아있다. 나이는 55가 되었다.
손실을 나타내는 확률변수는

$$L^n_{15} = 1,000v^{\min\{K_{55}+1,15\}} - P\big(1 + v + v^2 + \cdots + v^{\min\{K_{55},4\}}\big) = 1,000v^{\min\{K_{55}+1,15\}} - P \times \ddot{a}_{\overline{\min\{K_{55}+1,5\}}|}$$

여기서 $P$는 년 보험료이고, $x = 40, n = 20, T = 30$를 적용한 확률변수

$$L^n_0 = 1,000v^{\min\{K_x+1,T\}} - P\big(1 + v + v^2 + \cdots + v^{\min\{K_x,n-1\}} = 1,000v^{\min\{K_x+1,T\}} - P \times \ddot{a}_{\overline{\min\{K_x+1,20\}}|}$$

의 평균값을 0으로 하는 값이다. 따라서 $P = 1000\frac{A_{[40]:\overline{30}|}}{\ddot{a}_{[40]:\overline{20}|}}$. 그러므로

$${}_{15}V_{[40]} = E[L^n_{15}] = 1000\Big(A_{55:\overline{15}|} - \frac{A_{[40]:\overline{30}|}}{\ddot{a}_{[40]:\overline{20}|}}\ddot{a}_{55:\overline{5}|}\Big)$$

Standard Select Survival Model과 이자율 5%를 적용하여 계산하면

- $A_{55:\overline{15}|} = 0.491288$
- $A_{[40]:\overline{30}|} = 0.242297$
- $\ddot{a}_{[40]:\overline{20}|} = 12.9947$
- $\ddot{a}_{55:\overline{5}|} = 4.52679$

이 값을 적용하면 ${}_{15}V_{[40]} = 406.882$

해설 5.9 보험료는 처음 $n = 10$년차까지 낸다. 때문에 보험료는 올라간다.

1. 보험판매 단계에서 손실확률변수의 현재가격을 구하자. 들어오는 돈은 보험료이고, 나가는 도는 보험금이다. 보험금이 $t = 10$을 기점으로 2배가 되는 것에 주의하자. 중요한 점은 $t = 10$을 기점으로 50,000이 추가되는 것으로 생각하는 것이다. 따라서 보험금의 현재가격을 표시하는 확률변수는 바뀌지 않는다.

$$100,000Z_{[40]} - 50,000Z_{[40],10}$$

보험료를 $P$라 할 때, 보험료 수입의 현재가격을 나타내는 확률변수는 보험료을 10차까지 받기 때문에 달라진다.

$$P\left(1+v+\cdots+v^{\min\{K_{[40]},10-1\}}\right)=P\frac{1-v^{\min\{K_{[40]}+1,10\}}}{1-v}=P\times\ddot{a}_{\overline{\min\{K_{[40]}+1,10\}}|}$$

이 확률변수의 평균값은 $P\times\ddot{a}_{[40]:\overline{10}|}$. 그러므로 현재가격을 나타내는 손실확률변수는

$$L_0^n=100,000Z_{[40]}-50,000Z_{[40],10}-P\times\ddot{a}_{\overline{\min\{K_{[40]}+1,10\}}|}$$

따라서 손실확률변수의 평균값은 $100000A_{[40]}-50000A^{\ \ 1}_{[40]:\overline{10}|}-P\times\ddot{a}_{[40]:\overline{10}|}$. 이것으로부터 보험료 $P$는

$$P=\frac{100000A_{[40]}-50000A^{\ \ 1}_{[40]:\overline{10}|}}{\ddot{a}_{[40]:\overline{10}|}}=1461.06$$

2. $t=5$ 부터 받을 수 있는 보험료는 최대 5회까지다. 따라서 현재가격을 나타내는 확률변수는

$$L_5^n=100,000v^{K_{45}+1}-50,000Z_{45,5}-P\left(1+v+v^2+\cdots+v^{\min\{K_{45},5-1\}}\right)$$

따라서 $L_5^n$의 평균값은 ${}_5V_{[40]}=E[L_5^n]=100,000A_{45}-50000A^{\ \ 1}_{45:\overline{5}|}-P\times\ddot{a}_{45:\overline{5}|}=8330.57$.
3. 15년이 지났기 때문에, 보험금은 100,000이다. 더구나 보험료 수입은 없다. 따라서 손실확률변수의 현재가격을 나타내는 확률변수는 $100,000v^{K_{55}+1}$ 이고, 평균값은 ${}_{15}V_{[40]}=100,000A_{55}=23524.4$.

해설 5.10

1. $-\frac{d}{{}_tp_x}{}_tp_x\equiv\mu$로부터 ${}_tp_x=e^{-\mu t}$. 상수사력의 경우 ${}_tp_x$는 $x$에 관계없는 것을 알 수 있다.
2. 고장과 동시에 지급하므로 적분을 해야한다. 보험금의 현재가격을 나타내는 확률변수는 $v^{-T_x}=e^{-\delta T_x}$. 따라서

$$\bar{A}_x:=\int_{t=0}^{\infty}v^t dF_x(t)=-\int_{t=0}^{\infty}e^{-\delta t}d_t p_x=\mu\int_{t=0}^{\infty}e^{-(\delta+\mu)t}dt=\frac{\mu}{\delta+\mu}$$

상수사력의 경우 $\bar{A}_x$도 $x$에 관계가 없고, $\mu,\delta$에 의해 완전히 결정된다.
3. 보험료를 연속으로 낸다면 적분을 써야 한다.

$$\bar{a}_x:=\int_{t=0}^{\infty}e^{-\delta t}{}_tp_x dt=\int_{t=0}^{\infty}e^{-(\delta+\mu)t}dt=\frac{1}{\mu+\delta}$$

상수사력의 경우 $\bar{a}_x$도 $x$에 관계가 없다. 특히 관계 $\bar{a}_x=\frac{1-\bar{A}_x}{\delta}$가 성립하는 것을 확인할 수 있다.
4. $\bar{P}(x)$는 지급해야 할 보험금의 현재가격을 나타내는 확률변수와 보험료 수입의 현재가격을 나타내는 확률변수의 평균이 같아지도록 하는 값이다. 따라서

$$\bar{A}_x=\bar{P}(\bar{A}_x)\times\bar{a}_x$$

따라서 $\bar{P}(\bar{A}_x)=\frac{\bar{A}_x}{\bar{a}_x}=\mu$. 상수사력, 상수 이력의 경우 보험료 $\bar{P}(\bar{A}_x)$도 $x$에 의존하지 않는 것을 볼 수 있다.
5. 보험료를 기간의 시작마다 낸다면 이것을 $\ddot{a}_x$로 표시하고

$$\ddot{a}_x:=\sum_{k=0}^{\infty}v^k{}_kp_x=\sum_{k=0}^{\infty}v^ke^{-\mu k}=\frac{1}{1-ve^{-\mu}}=\frac{e^{\mu}}{e^{\mu}-v}$$

따라서 $P(\bar{A}_x)=\frac{\bar{A}_x}{\ddot{a}_x}=\frac{\mu}{\delta+\mu}\frac{e^{\mu}-v}{e^{\mu}}$.
6. ${}_t\bar{V}(\bar{A}_x)$는 나이 $x$일 때 보험에 가입 후 $k$년이 흘렀을 때 보험의 가치다. 그런데 $\bar{A}_x,\bar{a}_x$가 $x$에 관계없기 때문에 모든 $x,t$에 대하여 ${}_t\bar{V}(\bar{A}_x)=0$.
7. 지급해야 할 보험금의 현재가격이 보험료 수입의 현재가격을 나타내는 확률변수의 평균값보다 큰 경우는 보험료를 얼마 내지 않고 보험지급사유가 발생하는 경우다. 보험회사의 손실이 발생하는 것으로 이해하면 된다. 지급해야 할 보험금의 현재가격은 $v^{T_x}$. 따라서 구하려는 확률은

$$Pr\left[v^{T_x}>\bar{a}_x\right]=Pr\left[v^{T_x}>\frac{1}{\delta+\mu}\right]=Pr\left[e^{-\delta T_x}>\frac{\mu}{1+\mu}\right]=Pr\left[T_x<\frac{1}{\delta}\ln\left(\frac{\mu}{\delta+\mu}\right)\right]$$

여기서 ${}_tp_x=e^{-\mu t}$인 것에 주의하면, 구하려는 확률은 $Pr[v^{T_x}>\bar{a}_x]=1-\exp\left(\frac{\mu}{\delta}\ln\left(\frac{\mu}{\delta+\mu}\right)\right)$.

8. 앞의 계산에서 $\exp\left(\frac{\mu}{\delta}\ln(\frac{\mu}{\delta+\mu})\right) \le 0.5$가 성립하면 된다. 따라서 $\frac{\mu}{\delta}\ln(\frac{\mu}{\delta+\mu}) \le \ln(0.5)$.

해설 5.11 우선 $P_{x+20}$는 나이 $x+20$인 사람의 보험료를 나타낸다. 이것은

$$A_{x+20} - P_{x+20}\ddot{a}_{x+20}$$

의 값을 0으로 하는 값이므로 $P_{x+20} = \frac{A_{x+20}}{\ddot{a}_{x+20}}$. 더구나

$$\ddot{a}_x = \frac{1-A_x}{d}, d = \frac{i}{1+i}$$

인 것에 주의하면 $A_{x+20}$의 다른 표현에 집중하면 된다. 다음으로 보험 가입후 19년차인 $t=19$를 생각하자.
이 순간은 지급해야 할 보험금의 가격에서 보험료 수입을 뺀 손실확률변수는 보험료 수입이 $t=19$의 ${}_{20}P_x$ 뿐이므로

$$v^{K_{x+19}+1} - {}_{20}P_x$$

이 확률변수의 평균값은 ${}^{20}_{19}V_x$로 나타낸다. 따라서

$${}^{20}_{19}V_x = E\left[v^{K_{x+19}+1} - {}_{20}P_x\right] = A_{x+19} - {}_{20}P_x = \left(vq_{x+19} + vp_{x+19}A_{x+20}\right) - {}_{20}P_x$$

위 식을 $A_{x+20}$에 대해서 정리하면

$$A_{x+20} = \frac{{}^{20}_{19}V_x + {}_{20}P_x - vq_{x+19}}{vp_{x+19}} = \frac{{}^{20}_{19}V_x + {}_{20}P_x - v(1-p_{x+19})}{vp_{x+19}}$$

그러므로 $P_{x+20} = \frac{A_{x+20}}{\ddot{a}_{x+20}} = \frac{A_{x+20}}{1-A_{x+20}}d,\ d = \frac{i}{1+i}$를 주어진 자료로 표시하였다.

해설 5.12 가입후 $k+1$년이 지난 후 보험 가치를 계산해보자. 손실확률변수는, 나이가 $x+k$가 된 것에 주의하면

$$v^{K_{x+k}+1} - P_x(1+v+v^2+\cdots+v^{K_{x+k}}) = v^{K_{x+k}+1} - P_x\ddot{a}_{\overline{K_{x+k}+1}|}=Z_{x+k} - P_x\ddot{a}_{\overline{K_{x+k}+1}|}$$

이 확률변수의 평균값을 ${}_kV_x$로 나타내고, 따라서

$${}_kV_x = E\left[v^{K_{x+k}+1} - P_x\ddot{a}_{\overline{K_{x+k}+1}|}\right] = A_{x+k} - P_x\ddot{a}_{x+k} = A_{x+k} - P_x\left(1 + vp_{x+k}\ddot{a}_{x+k+1}\right)$$

따라서 ${}_kV_x + P_x = A_{x+k} - P_x v p_{x+k}\ddot{a}_{x+k+1}$. 같은 생각으로 ${}_{k+1}V_x = A_{x+k+1} - P_x\ddot{a}_{x+k+1}$. 여기서

$$A_{x+k} = \sum_{m=0}^{\infty} v^{m+1}{}_{m|}q_{x+k} = vq_{x+k} + vp_{x+k}A_{x+k+1}, \quad \ddot{a}_{x+k} = \sum_{m=0}^{\infty} v^m{}_mp_{x+k} = 1 + vp_{x+k+1}\ddot{a}_{x+k+1}$$

정리하면

$$\begin{aligned}
M &= {}_kV_x + P_x = A_{x+k} - P_x v p_{x+k}\ddot{a}_{x+k+1} \\
&= \left(vq_{x+k} + vp_{x+k}A_{x+k+1}\right) - P_x v p_{x+k}\ddot{a}_{x+k+1} \\
&= vq_{x+k} + vp_{x+k}\left(A_{x+k+1} - P_x\ddot{a}_{x+k+1}\right) \\
N &= {}_{k+1}V_x = A_{x+k+1} - P_x\ddot{a}_{x+k+1}
\end{aligned}$$

그러므로

$$M - vp_{x+k}N = vq_{x+k} = v(1-p_{x+k})$$

따라서 $p_{x+k} = \frac{M-v}{v(N-1)},\ v = \frac{1}{1+i}$.

# 6 부록

Makeham's Model은 사망율 세기(force of mortality)를

$$\mu_x = A + Bc^x$$

꼴을 이용하는 모델이다. 여기서 상수 $A, B, c$의 값은 대상에 따라 조절하는데, 여기서는

$$A = 0.00022,\ B = 2.7 \times 10^{-6},\ c = 1.124$$

을 쓰기로 하자. Makeham's Model 의 장점은 많은 보험 모델에 적합한 점도 있지만, ${}_tp_x$를 더 손볼 필요 없는 닫힌 형태로 표현되는 것이다. 실제로

$$\ln\left({}_tp_x\right) = -\int_{s=0}^{t} \mu_{x+s} ds = -\int_{s=0}^{t} \left(A + Bc^{x+s}\right) ds = -At - \frac{Bc^x}{\ln c}\left(c^t - 1\right),$$
$${}_tp_x = \exp\left(-At - \frac{Bc^x}{\ln c}\left(c^t - 1\right)\right)$$

실제 상황에서는 보험 가입자를 선별하기 때문에 특별관리기간을 둔다. 여기서는 특별관리기간을 2년으로 하자. 예를 들어 다음과 같은 방식으로 처음 2년간을 사망률의 세기를 작게 잡고, 2년이 지나면 전체와 같게 잡는 방식이다.

$$\mu_{[x]+s} := \begin{cases} \left(\frac{9}{10}\right)^{2-s} \mu_{x+s}, & 0 \le s < 2 \\ \mu_{x+s}, & s \ge 2 \end{cases} \tag{6.1}$$

선택기간이 있을 때, 계산 표현을 간단하게 하기 위하여 다음 함수를 생각하자.

$$\varphi([x], t) := \exp\left(-\int_{s=0}^{t} \mu_{[x]+s} ds\right), \quad 0 \le t \le 2$$

이함수를 이용하면 $A_x, A_{[x]}, A_{[x]+1}, \ddot{a}_x, \ddot{a}_{[x]+1}, A_{x:\overline{n}|}, A_{[x]:\overline{n}|}, A_{[x]+1:\overline{n}|}, \ddot{a}_{x:\overline{n}|}, \ddot{a}_{[x]:\overline{n}|}, \ddot{a}_{[x]+1:\overline{n}|}$을 계산할 때 필요한 함수들의 다음과 같이 정리할 수 있다.

$$\varphi([x],t) := \exp\Big(-\int_{s=0}^{t} \mu_{[x]+s} ds\Big), \quad 0 \le t \le 2$$

$$ {}_t p_{[x]} = \begin{cases} \varphi([x],t), & 0 \le t < 2 \\ \varphi([x],2) \times {}_{t-2}p_{x+2} \end{cases}$$

$$ {}_t p_{[x]+1} = \begin{cases} \frac{\varphi([x],1+t)}{\varphi([x],1)}, & 0 \le t < 1 \\ \frac{\varphi([x],2)}{\varphi([x],1)} {}_{t-1}p_{x+2}, & t \ge 1 \end{cases}$$

이제 필요한 값은 아주 자연스럽게 표현된다.

1. $A_x = \sum_{k=0}^{\infty} v^{k+1}{}_{k|}q_x$
2. $A_{[x]} = \sum_{k=0}^{\infty} v^{k+1}{}_{k|}q_{[x]}, \quad {}_{k|}q_{[x]} = {}_kp_{[x]} - {}_{k+1}p_{[x]}$
3. $A_{[x]+1} = \sum_{k=0}^{\infty} v^{k+1}{}_{k|}q_{[x]+1}, \quad {}_{k|}q_{[x]+1} = {}_kp_{[x]+1} - {}_{k+1}p_{[x]+1}$
4. $\ddot{a}_x = \sum_{k=0}^{\infty} v^k{}_kp_x$
5. $\ddot{a}_{[x]} = \sum_{k=0}^{\infty} v^k{}_kp_{[x]}$
6. $\ddot{a}_{[x]+1} = \sum_{k=0}^{\infty} v^k{}_kp_{[x]+1}$
7. $A_{x:\overline{n|}} = \sum_{k=0}^{n-1} v^{k+1}{}_{k|}q_x + v^n{}_np_x$
8. $A_{[x]:\overline{n|}} = \sum_{k=0}^{n-1} v^{k+1}{}_{k|}q_{[x]} + v^n{}_np_{[x]}$
9. $A_{[x]+1:\overline{n|}} = \sum_{k=0}^{n-1} v^{k+1}{}_{k|}q_{[x]+1} + v^n{}_np_{[x]+1}$
10. $\ddot{a}_{x:\overline{n|}} = \sum_{k=0}^{n-1} v^k{}_kp_x$
11. $\ddot{a}_{[x]:\overline{n|}} = \sum_{k=0}^{n-1} v^k{}_kp_{[x]}$
12. $\ddot{a}_{[x]+1:\overline{n|}} = \sum_{k=0}^{n-1} v^k{}_kp_{[x]+1}$

예를 들어 $A_x = 1 - d\ddot{a}_x$ 때문에 $A_x$와 $\ddot{a}_x$를 동시에 계산할 필요는 없지만 모두 계산하자. 식 $A_x = 1 - d\ddot{a}_x, A_{x:\overline{n|}} = 1 - d\ddot{a}_{x:\overline{n|}}$ 같은 것들은 계산결과가 맞는지 확인하는 도구로 쓰자.

표 6.1: *Makeham's Model* 에 따른 생명표

| $x$ | $\ell_{[x]}$ | $\ell_{[x]+1}$ | $\ell_{x+2}$ | $x+2$ | $x$ | $\ell_{[x]}$ | $\ell_{[x]+1}$ | $\ell_{x+2}$ | $x+2$ |
|---|---|---|---|---|---|---|---|---|---|
| 18 | | | 100000 | 20 | 54 | 97987.03 | 97836.44 | 97651.21 | 56 |
| 19 | | | 99975.0 | 21 | 55 | 97807.07 | 97640.40 | 97435.17 | 57 |
| 20 | 99995.08 | 99973.75 | 99949.71 | 22 | 56 | 97607.84 | 97423.18 | 97195.56 | 58 |
| 21 | 99970.04 | 99948.40 | 99923.98 | 23 | 57 | 97387.05 | 97182.25 | 96929.59 | 59 |
| 22 | 99944.63 | 99922.65 | 99897.79 | 24 | 58 | 97142.13 | 96914.80 | 96634.14 | 60 |
| 23 | 99918.81 | 99896.43 | 99871.08 | 25 | 59 | 96870.22 | 96617.70 | 96305.75 | 61 |
| 24 | 99892.52 | 99869.70 | 99843.80 | 26 | 60 | 96568.13 | 96287.48 | 95940.60 | 62 |
| 25 | 99865.69 | 99842.38 | 99815.86 | 27 | 61 | 96232.34 | 95920.27 | 95534.43 | 63 |
| 26 | 99838.28 | 99814.41 | 99787.20 | 28 | 62 | 95858.91 | 95511.80 | 95082.53 | 64 |
| 27 | 99810.20 | 99785.70 | 99757.71 | 29 | 63 | 95443.51 | 95057.36 | 94579.73 | 65 |
| 28 | 99781.36 | 99756.17 | 99727.29 | 30 | 64 | 94981.34 | 94551.72 | 94020.33 | 66 |
| 29 | 99751.69 | 99725.70 | 99695.83 | 31 | 65 | 94467.11 | 93989.16 | 93398.05 | 67 |
| 30 | 99721.06 | 99694.18 | 99663.20 | 32 | 66 | 93895.00 | 93363.38 | 92706.06 | 68 |
| 31 | 99689.36 | 99661.48 | 99629.26 | 33 | 67 | 93258.63 | 92667.50 | 91936.88 | 69 |
| 32 | 99656.47 | 99627.47 | 99593.83 | 34 | 68 | 92551.02 | 91894.03 | 91082.43 | 70 |
| 33 | 99622.23 | 99591.96 | 99556.75 | 35 | 69 | 91764.58 | 91034.84 | 90133.96 | 71 |
| 34 | 99586.47 | 99554.78 | 99517.80 | 36 | 70 | 90891.07 | 90081.15 | 89082.09 | 72 |
| 35 | 99549.01 | 99515.73 | 99476.75 | 37 | 71 | 89921.62 | 89023.56 | 87916.84 | 73 |
| 36 | 99509.64 | 99474.56 | 99433.34 | 38 | 72 | 88846.72 | 87852.03 | 86627.64 | 74 |
| 37 | 99468.12 | 99431.02 | 99387.29 | 39 | 73 | 87656.25 | 86555.99 | 85203.46 | 75 |
| 38 | 99424.18 | 99384.82 | 99338.26 | 40 | 74 | 86339.55 | 85124.37 | 83632.89 | 76 |
| 39 | 99377.52 | 99335.62 | 99285.88 | 41 | 75 | 84885.49 | 83545.75 | 81904.34 | 77 |
| 40 | 99327.82 | 99283.06 | 99229.76 | 42 | 76 | 83282.61 | 81808.54 | 80006.23 | 78 |
| 41 | 99274.69 | 99226.72 | 99169.41 | 43 | 77 | 81519.30 | 79901.17 | 77927.35 | 79 |
| 42 | 99217.72 | 99166.14 | 99104.33 | 44 | 78 | 79584.04 | 77812.44 | 75657.16 | 80 |
| 43 | 99156.42 | 99100.80 | 99033.94 | 45 | 79 | 77465.70 | 75531.88 | 73186.31 | 81 |
| 44 | 99090.27 | 99030.10 | 98957.57 | 46 | 80 | 75153.97 | 73050.22 | 70507.19 | 82 |
| 45 | 99018.67 | 98953.40 | 98874.50 | 47 | 81 | 72639.81 | 70359.94 | 67614.60 | 83 |
| 46 | 98940.96 | 98869.96 | 98783.91 | 48 | 82 | 69916.06 | 67455.99 | 64506.50 | 84 |
| 47 | 98856.38 | 98778.94 | 98684.88 | 49 | 83 | 66978.12 | 64336.53 | 61184.88 | 85 |
| 48 | 98764.09 | 98679.44 | 98576.37 | 50 | 84 | 63824.72 | 61003.79 | 57656.68 | 86 |
| 49 | 98663.15 | 98570.40 | 98457.24 | 51 | 85 | 60458.83 | 57464.98 | 53934.73 | 87 |
| 50 | 98552.51 | 98450.67 | 98326.19 | 52 | 86 | 56888.53 | 53733.29 | 50038.65 | 88 |
| 51 | 98430.98 | 98318.95 | 98181.77 | 53 | 87 | 53128.02 | 49828.70 | 45995.64 | 89 |
| 52 | 98297.24 | 98173.79 | 98022.38 | 54 | 88 | 49198.45 | 45778.84 | 41841.05 | 90 |
| 53 | 98149.81 | 98013.56 | 97846.20 | 55 | 89 | 45128.71 | 41619.51 | 37618.56 | 91 |

표 6.2:

| $x$ | $\ddot{a}_{[x]}$ | $\ddot{a}_{[x]+1}$ | $\ddot{a}_{x+2}$ | $A_{[x]}$ | $A_{[x]+1}$ | $A_{x+2}$ |
|---|---|---|---|---|---|---|
| 30 | 19.3845 | 19.3089 | 19.2303 | 0.0769289 | 0.0805275 | 0.0842693 |
| 31 | 19.3098 | 19.2307 | 19.1484 | 0.0804862 | 0.0842544 | 0.0881722 |
| 32 | 19.2316 | 19.1487 | 19.0626 | 0.0842115 | 0.0881567 | 0.0922581 |
| 33 | 19.1496 | 19.0629 | 18.9728 | 0.0881121 | 0.0922419 | 0.0965346 |
| 34 | 19.0639 | 18.9731 | 18.8788 | 0.0921954 | 0.0965177 | 0.10101 |
| 35 | 18.9742 | 18.8792 | 18.7805 | 0.096469 | 0.100992 | 0.105691 |
| 36 | 18.8802 | 18.7809 | 18.6777 | 0.100941 | 0.105673 | 0.110588 |
| 37 | 18.782 | 18.6781 | 18.5701 | 0.105619 | 0.110568 | 0.115707 |
| 38 | 18.6793 | 18.5706 | 18.4578 | 0.110511 | 0.115687 | 0.121059 |
| 39 | 18.5718 | 18.4582 | 18.3403 | 0.115626 | 0.121037 | 0.126652 |
| 40 | 18.4596 | 18.3408 | 18.2176 | 0.120973 | 0.126628 | 0.132494 |
| 41 | 18.3422 | 18.2182 | 18.0895 | 0.12656 | 0.132469 | 0.138595 |
| 42 | 18.2197 | 18.0901 | 17.9558 | 0.132396 | 0.138568 | 0.144963 |
| 43 | 18.0917 | 17.9564 | 17.8162 | 0.13849 | 0.144935 | 0.151609 |
| 44 | 17.9581 | 17.8169 | 17.6706 | 0.144851 | 0.151578 | 0.15854 |
| 45 | 17.8188 | 17.6714 | 17.5189 | 0.151487 | 0.158507 | 0.165767 |
| 46 | 17.6734 | 17.5196 | 17.3607 | 0.158409 | 0.165731 | 0.173298 |
| 47 | 17.5219 | 17.3616 | 17.196 | 0.165625 | 0.173259 | 0.181142 |
| 48 | 17.364 | 17.1969 | 17.0245 | 0.173144 | 0.1811 | 0.189308 |
| 49 | 17.1995 | 17.0255 | 16.8461 | 0.180975 | 0.189262 | 0.197804 |
| 50 | 17.0284 | 16.8472 | 16.6606 | 0.189126 | 0.197753 | 0.206638 |
| 51 | 16.8503 | 16.6618 | 16.4678 | 0.197606 | 0.206583 | 0.215818 |
| 52 | 16.6651 | 16.4691 | 16.2676 | 0.206422 | 0.215758 | 0.225351 |
| 53 | 16.4728 | 16.269 | 16.0599 | 0.215582 | 0.225286 | 0.235244 |
| 54 | 16.273 | 16.0614 | 15.8444 | 0.225094 | 0.235173 | 0.245503 |
| 55 | 16.0658 | 15.8461 | 15.6212 | 0.234963 | 0.245425 | 0.256133 |
| 56 | 15.8509 | 15.623 | 15.3901 | 0.245195 | 0.256047 | 0.267137 |
| 57 | 15.6283 | 15.3921 | 15.1511 | 0.255795 | 0.267043 | 0.278519 |
| 58 | 15.3979 | 15.1532 | 14.9041 | 0.266767 | 0.278417 | 0.290282 |
| 59 | 15.1596 | 14.9064 | 14.6491 | 0.278114 | 0.29017 | 0.302426 |
| 60 | 14.9134 | 14.6516 | 14.3861 | 0.289838 | 0.302302 | 0.31495 |
| 61 | 14.6593 | 14.3889 | 14.1151 | 0.301939 | 0.314815 | 0.327852 |
| 62 | 14.3972 | 14.1182 | 13.8363 | 0.314417 | 0.327704 | 0.341127 |
| 63 | 14.1274 | 13.8397 | 13.5498 | 0.327269 | 0.340966 | 0.354772 |
| 64 | 13.8497 | 13.5535 | 13.2557 | 0.34049 | 0.354595 | 0.368777 |
| 65 | 13.5644 | 13.2597 | 12.9542 | 0.354074 | 0.368583 | 0.383133 |
| 66 | 13.2717 | 12.9586 | 12.6456 | 0.368015 | 0.382922 | 0.397828 |
| 67 | 12.9717 | 12.6505 | 12.3302 | 0.382301 | 0.397598 | 0.412848 |
| 68 | 12.6647 | 12.3355 | 12.0083 | 0.39692 | 0.412597 | 0.428176 |
| 69 | 12.351 | 12.0141 | 11.6803 | 0.411859 | 0.427902 | 0.443793 |
| 70 | 12.0309 | 11.6866 | 11.3468 | 0.427099 | 0.443495 | 0.459677 |
| 71 | 11.705 | 11.3536 | 11.0081 | 0.442621 | 0.459353 | 0.475804 |
| 72 | 11.3735 | 11.0155 | 10.6649 | 0.458405 | 0.475452 | 0.492147 |
| 73 | 11.0371 | 10.6729 | 10.3178 | 0.474424 | 0.491766 | 0.508677 |
| 74 | 10.6963 | 10.3264 | 9.9674 | 0.490653 | 0.508265 | 0.525362 |
| 75 | 10.3517 | 9.97676 | 9.61449 | 0.507061 | 0.524916 | 0.542167 |
| 76 | 10.004 | 9.62458 | 9.25981 | 0.523618 | 0.541687 | 0.559057 |
| 77 | 9.65395 | 9.27067 | 8.90416 | 0.540288 | 0.55854 | 0.575992 |
| 78 | 9.30225 | 8.91584 | 8.54841 | 0.557036 | 0.575436 | 0.592933 |
| 79 | 8.94973 | 8.56093 | 8.19341 | 0.573822 | 0.592337 | 0.609838 |
| 80 | 8.59722 | 8.20681 | 7.84008 | 0.590609 | 0.609199 | 0.626663 |

표 6.3:

| $x$ | $\ddot{a}_{x:\overline{5}\rvert}$ | $\ddot{a}_{x:\overline{10}\rvert}$ | $\ddot{a}_{x:\overline{15}\rvert}$ | $\ddot{a}_{x:\overline{20}\rvert}$ | $\ddot{a}_{x:\overline{25}\rvert}$ | $\ddot{a}_{x:\overline{30}\rvert}$ |
|---|---|---|---|---|---|---|
| 30 | 4.54312 | 8.0961 | 10.873 | 13.041 | 14.7303 | 16.0419 |
| 31 | 4.543 | 8.09556 | 10.8717 | 13.0384 | 14.7257 | 16.0344 |
| 32 | 4.54287 | 8.09494 | 10.8701 | 13.0354 | 14.7205 | 16.0261 |
| 33 | 4.54273 | 8.09425 | 10.8684 | 13.032 | 14.7147 | 16.0167 |
| 34 | 4.54256 | 8.09347 | 10.8665 | 13.0282 | 14.7081 | 16.0062 |
| 35 | 4.54238 | 8.0926 | 10.8643 | 13.024 | 14.7008 | 15.9944 |
| 36 | 4.54217 | 8.09162 | 10.8619 | 13.0192 | 14.6925 | 15.9812 |
| 37 | 4.54194 | 8.09052 | 10.8591 | 13.0138 | 14.6833 | 15.9663 |
| 38 | 4.54168 | 8.08928 | 10.8561 | 13.0078 | 14.6729 | 15.9497 |
| 39 | 4.54138 | 8.08789 | 10.8526 | 13.0011 | 14.6612 | 15.9311 |
| 40 | 4.54105 | 8.08633 | 10.8487 | 12.9935 | 14.6481 | 15.9102 |
| 41 | 4.54068 | 8.08457 | 10.8444 | 12.985 | 14.6335 | 15.8869 |
| 42 | 4.54026 | 8.0826 | 10.8394 | 12.9754 | 14.617 | 15.8607 |
| 43 | 4.53979 | 8.08038 | 10.8339 | 12.9647 | 14.5986 | 15.8315 |
| 44 | 4.53927 | 8.07789 | 10.8278 | 12.9526 | 14.578 | 15.7988 |
| 45 | 4.53868 | 8.07509 | 10.8208 | 12.9391 | 14.5548 | 15.7623 |
| 46 | 4.53801 | 8.07195 | 10.813 | 12.924 | 14.529 | 15.7216 |
| 47 | 4.53726 | 8.06842 | 10.8043 | 12.907 | 14.5 | 15.6761 |
| 48 | 4.53642 | 8.06446 | 10.7945 | 12.888 | 14.4676 | 15.6255 |
| 49 | 4.53548 | 8.06 | 10.7835 | 12.8667 | 14.4314 | 15.5691 |
| 50 | 4.53442 | 8.055 | 10.7711 | 12.8428 | 14.391 | 15.5065 |
| 51 | 4.53322 | 8.04939 | 10.7573 | 12.8161 | 14.3459 | 15.4369 |
| 52 | 4.53188 | 8.04309 | 10.7417 | 12.7862 | 14.2956 | 15.3598 |
| 53 | 4.53038 | 8.03601 | 10.7243 | 12.7527 | 14.2396 | 15.2745 |
| 54 | 4.52869 | 8.02808 | 10.7048 | 12.7154 | 14.1772 | 15.1801 |
| 55 | 4.52679 | 8.01917 | 10.683 | 12.6737 | 14.108 | 15.0761 |
| 56 | 4.52466 | 8.00918 | 10.6585 | 12.6271 | 14.0311 | 14.9616 |
| 57 | 4.52226 | 7.99797 | 10.6311 | 12.5752 | 13.9459 | 14.836 |
| 58 | 4.51957 | 7.98541 | 10.6005 | 12.5174 | 13.8516 | 14.6984 |
| 59 | 4.51655 | 7.97133 | 10.5663 | 12.4531 | 13.7475 | 14.5482 |
| 60 | 4.51316 | 7.95555 | 10.5281 | 12.3816 | 13.6328 | 14.3848 |
| 61 | 4.50936 | 7.93788 | 10.4855 | 12.3024 | 13.5066 | 14.2075 |
| 62 | 4.50509 | 7.91809 | 10.4379 | 12.2145 | 13.3683 | 14.0159 |
| 63 | 4.50029 | 7.89595 | 10.385 | 12.1174 | 13.217 | 13.8097 |
| 64 | 4.49492 | 7.87119 | 10.326 | 12.0101 | 13.052 | 13.5887 |
| 65 | 4.48888 | 7.84352 | 10.2605 | 11.892 | 12.8726 | 13.3528 |
| 66 | 4.48212 | 7.81261 | 10.1878 | 11.7622 | 12.6784 | 13.1024 |
| 67 | 4.47454 | 7.77811 | 10.1073 | 11.6199 | 12.4689 | 12.8377 |
| 68 | 4.46604 | 7.73964 | 10.0181 | 11.4643 | 12.2439 | 12.5594 |
| 69 | 4.45651 | 7.69678 | 9.91972 | 11.2949 | 12.0033 | 12.2682 |
| 70 | 4.44585 | 7.6491 | 9.81127 | 11.1109 | 11.7473 | 11.9652 |
| 71 | 4.43392 | 7.59609 | 9.69204 | 10.9118 | 11.4762 | 11.6515 |
| 72 | 4.42056 | 7.53726 | 9.5613 | 10.6974 | 11.1909 | 11.3282 |
| 73 | 4.40564 | 7.47206 | 9.41836 | 10.4675 | 10.892 | 10.9967 |
| 74 | 4.38895 | 7.39993 | 9.26257 | 10.2221 | 10.581 | 10.6582 |
| 75 | 4.37033 | 7.32028 | 9.09336 | 9.96164 | 10.259 | 10.3141 |
| 76 | 4.34954 | 7.2325 | 8.9103 | 9.68665 | 9.92766 | 9.9655 |
| 77 | 4.32638 | 7.13601 | 8.71309 | 9.39803 | 9.58868 | 9.61357 |
| 78 | 4.30058 | 7.03022 | 8.5016 | 9.09701 | 9.24378 | 9.2594 |
| 79 | 4.27189 | 6.91456 | 8.27596 | 8.78505 | 8.8947 | 8.904 |
| 80 | 4.24002 | 6.78852 | 8.03652 | 8.46388 | 8.54312 | 8.54835 |

표 6.4:

| $x$ | $\ddot{a}_{[x]:\overline{5}\vert}$ | $\ddot{a}_{[x]:\overline{10}\vert}$ | $\ddot{a}_{[x]:\overline{15}\vert}$ | $\ddot{a}_{[x]:\overline{20}\vert}$ | $\ddot{a}_{[x]:\overline{25}\vert}$ | $\ddot{a}_{[x]:\overline{30}\vert}$ |
|---|---|---|---|---|---|---|
| 30 | 4.54332 | 8.09653 | 10.8736 | 13.0418 | 14.7311 | 16.0428 |
| 31 | 4.54322 | 8.096 | 10.8723 | 13.0391 | 14.7265 | 16.0354 |
| 32 | 4.54309 | 8.0954 | 10.8708 | 13.0362 | 14.7214 | 16.0271 |
| 33 | 4.54296 | 8.09473 | 10.8691 | 13.0328 | 14.7156 | 16.0177 |
| 34 | 4.54281 | 8.09398 | 10.8672 | 13.0291 | 14.7091 | 16.0073 |
| 35 | 4.54263 | 8.09313 | 10.8651 | 13.0249 | 14.7018 | 15.9955 |
| 36 | 4.54244 | 8.09218 | 10.8627 | 13.0202 | 14.6936 | 15.9824 |
| 37 | 4.54222 | 8.09111 | 10.86 | 13.0149 | 14.6844 | 15.9676 |
| 38 | 4.54198 | 8.08991 | 10.8569 | 13.0089 | 14.6741 | 15.9511 |
| 39 | 4.54171 | 8.08856 | 10.8535 | 13.0022 | 14.6625 | 15.9325 |
| 40 | 4.5414 | 8.08705 | 10.8497 | 12.9947 | 14.6495 | 15.9118 |
| 41 | 4.54105 | 8.08534 | 10.8454 | 12.9863 | 14.635 | 15.8885 |
| 42 | 4.54066 | 8.08343 | 10.8406 | 12.9768 | 14.6187 | 15.8625 |
| 43 | 4.54022 | 8.08128 | 10.8352 | 12.9662 | 14.6004 | 15.8334 |
| 44 | 4.53973 | 8.07886 | 10.8291 | 12.9543 | 14.5799 | 15.8009 |
| 45 | 4.53918 | 8.07614 | 10.8223 | 12.9409 | 14.5569 | 15.7645 |
| 46 | 4.53856 | 8.07309 | 10.8146 | 12.9259 | 14.5312 | 15.724 |
| 47 | 4.53786 | 8.06967 | 10.806 | 12.9091 | 14.5024 | 15.6788 |
| 48 | 4.53708 | 8.06582 | 10.7964 | 12.8903 | 14.4703 | 15.6284 |
| 49 | 4.5362 | 8.0615 | 10.7856 | 12.8692 | 14.4343 | 15.5723 |
| 50 | 4.53521 | 8.05665 | 10.7734 | 12.8456 | 14.3942 | 15.5099 |
| 51 | 4.5341 | 8.0512 | 10.7598 | 12.8192 | 14.3494 | 15.4407 |
| 52 | 4.53285 | 8.04508 | 10.7445 | 12.7896 | 14.2994 | 15.364 |
| 53 | 4.53144 | 8.03822 | 10.7274 | 12.7565 | 14.2438 | 15.279 |
| 54 | 4.52987 | 8.03052 | 10.7082 | 12.7195 | 14.1819 | 15.1851 |
| 55 | 4.5281 | 8.02187 | 10.6867 | 12.6782 | 14.1131 | 15.0816 |
| 56 | 4.52611 | 8.01218 | 10.6627 | 12.6322 | 14.0367 | 14.9677 |
| 57 | 4.52387 | 8.0013 | 10.6358 | 12.5808 | 13.9521 | 14.8427 |
| 58 | 4.52137 | 7.98911 | 10.6057 | 12.5236 | 13.8585 | 14.7058 |
| 59 | 4.51855 | 7.97544 | 10.572 | 12.46 | 13.7551 | 14.5564 |
| 60 | 4.51539 | 7.96012 | 10.5344 | 12.3892 | 13.6412 | 14.3937 |
| 61 | 4.51183 | 7.94297 | 10.4925 | 12.3108 | 13.516 | 14.2174 |
| 62 | 4.50785 | 7.92376 | 10.4457 | 12.2239 | 13.3786 | 14.0268 |
| 63 | 4.50338 | 7.90227 | 10.3937 | 12.1277 | 13.2284 | 13.8216 |
| 64 | 4.49836 | 7.87823 | 10.3357 | 12.0216 | 13.0645 | 13.6018 |
| 65 | 4.49273 | 7.85136 | 10.2713 | 11.9047 | 12.8865 | 13.3672 |
| 66 | 4.48641 | 7.82135 | 10.1997 | 11.7762 | 12.6936 | 13.1182 |
| 67 | 4.47934 | 7.78785 | 10.1205 | 11.6354 | 12.4857 | 12.855 |
| 68 | 4.4714 | 7.75049 | 10.0328 | 11.4814 | 12.2623 | 12.5783 |
| 69 | 4.46251 | 7.70886 | 9.93598 | 11.3137 | 12.0235 | 12.2889 |
| 70 | 4.45255 | 7.66254 | 9.82927 | 11.1316 | 11.7693 | 11.9877 |
| 71 | 4.44141 | 7.61105 | 9.71195 | 10.9346 | 11.5004 | 11.676 |
| 72 | 4.42893 | 7.55389 | 9.58329 | 10.7224 | 11.2172 | 11.3549 |
| 73 | 4.41498 | 7.49052 | 9.44261 | 10.4949 | 10.9207 | 11.0256 |
| 74 | 4.39939 | 7.42041 | 9.28927 | 10.252 | 10.612 | 10.6896 |
| 75 | 4.38197 | 7.34297 | 9.1227 | 9.99423 | 10.2927 | 10.348 |
| 76 | 4.36254 | 7.25762 | 8.94248 | 9.72209 | 9.96412 | 10.0021 |
| 77 | 4.34086 | 7.16377 | 8.74829 | 9.43647 | 9.62802 | 9.65303 |
| 78 | 4.31672 | 7.06083 | 8.54002 | 9.13859 | 9.28614 | 9.30184 |
| 79 | 4.28985 | 6.94826 | 8.31778 | 8.8299 | 8.9402 | 8.94956 |
| 80 | 4.25999 | 6.82555 | 8.08191 | 8.51213 | 8.5919 | 8.59716 |

표 6.5:

| $x$ | $A_{x:\overline{5}\vert}$ | $A_{x:\overline{10}\vert}$ | $A_{x:\overline{15}\vert}$ | $A_{x:\overline{20}\vert}$ | $A_{x:\overline{25}\vert}$ | $A_{x:\overline{30}\vert}$ |
|---|---|---|---|---|---|---|
| 30 | 0.783661 | 0.614471 | 0.482236 | 0.378998 | 0.298557 | 0.236102 |
| 31 | 0.783667 | 0.614497 | 0.482301 | 0.379125 | 0.298778 | 0.236456 |
| 32 | 0.783673 | 0.614527 | 0.482374 | 0.379268 | 0.299025 | 0.236854 |
| 33 | 0.78368 | 0.614559 | 0.482456 | 0.379428 | 0.299302 | 0.2373 |
| 34 | 0.783688 | 0.614596 | 0.482548 | 0.379608 | 0.299614 | 0.237801 |
| 35 | 0.783696 | 0.614638 | 0.482651 | 0.379811 | 0.299964 | 0.238362 |
| 36 | 0.783706 | 0.614685 | 0.482767 | 0.380038 | 0.300356 | 0.238992 |
| 37 | 0.783717 | 0.614737 | 0.482898 | 0.380293 | 0.300797 | 0.239699 |
| 38 | 0.78373 | 0.614796 | 0.483045 | 0.38058 | 0.301292 | 0.24049 |
| 39 | 0.783744 | 0.614862 | 0.483209 | 0.380902 | 0.301847 | 0.241377 |
| 40 | 0.783759 | 0.614937 | 0.483394 | 0.381263 | 0.30247 | 0.242371 |
| 41 | 0.783777 | 0.61502 | 0.483602 | 0.381669 | 0.303168 | 0.243483 |
| 42 | 0.783797 | 0.615114 | 0.483836 | 0.382124 | 0.303951 | 0.244728 |
| 43 | 0.783819 | 0.61522 | 0.484098 | 0.382635 | 0.304828 | 0.24612 |
| 44 | 0.783844 | 0.615338 | 0.484392 | 0.383208 | 0.305811 | 0.247676 |
| 45 | 0.783873 | 0.615472 | 0.484723 | 0.383851 | 0.306912 | 0.249414 |
| 46 | 0.783904 | 0.615621 | 0.485094 | 0.384572 | 0.308145 | 0.251354 |
| 47 | 0.78394 | 0.615789 | 0.48551 | 0.385381 | 0.309524 | 0.253518 |
| 48 | 0.78398 | 0.615978 | 0.485978 | 0.386287 | 0.311066 | 0.255929 |
| 49 | 0.784025 | 0.61619 | 0.486502 | 0.387302 | 0.312789 | 0.258612 |
| 50 | 0.784075 | 0.616428 | 0.48709 | 0.388439 | 0.314714 | 0.261596 |
| 51 | 0.784132 | 0.616696 | 0.48775 | 0.389711 | 0.316862 | 0.264908 |
| 52 | 0.784196 | 0.616996 | 0.48849 | 0.391135 | 0.319257 | 0.26858 |
| 53 | 0.784268 | 0.617333 | 0.489319 | 0.392727 | 0.321925 | 0.272645 |
| 54 | 0.784348 | 0.617711 | 0.490247 | 0.394506 | 0.324893 | 0.277137 |
| 55 | 0.784439 | 0.618135 | 0.491288 | 0.396492 | 0.328192 | 0.28209 |
| 56 | 0.78454 | 0.618611 | 0.492452 | 0.398709 | 0.331854 | 0.287541 |
| 57 | 0.784654 | 0.619144 | 0.493756 | 0.401181 | 0.335911 | 0.293524 |
| 58 | 0.784782 | 0.619742 | 0.495213 | 0.403933 | 0.3404 | 0.300075 |
| 59 | 0.784926 | 0.620413 | 0.496842 | 0.406995 | 0.345357 | 0.307227 |
| 60 | 0.785087 | 0.621164 | 0.498661 | 0.410398 | 0.35082 | 0.315011 |
| 61 | 0.785269 | 0.622006 | 0.500692 | 0.414173 | 0.356827 | 0.323453 |
| 62 | 0.785472 | 0.622948 | 0.502956 | 0.418356 | 0.363415 | 0.332576 |
| 63 | 0.7857 | 0.624002 | 0.505478 | 0.422982 | 0.370621 | 0.342396 |
| 64 | 0.785956 | 0.625181 | 0.508284 | 0.428088 | 0.378478 | 0.352921 |
| 65 | 0.786244 | 0.626499 | 0.511403 | 0.433714 | 0.387018 | 0.364151 |
| 66 | 0.786566 | 0.627971 | 0.514865 | 0.439896 | 0.396266 | 0.376078 |
| 67 | 0.786927 | 0.629614 | 0.518701 | 0.446672 | 0.406242 | 0.388682 |
| 68 | 0.787332 | 0.631446 | 0.522945 | 0.454079 | 0.416957 | 0.401936 |
| 69 | 0.787785 | 0.633486 | 0.527632 | 0.462149 | 0.428415 | 0.4158 |
| 70 | 0.788293 | 0.635757 | 0.532797 | 0.470911 | 0.440606 | 0.430229 |
| 71 | 0.788861 | 0.638281 | 0.538474 | 0.480389 | 0.453513 | 0.445169 |
| 72 | 0.789497 | 0.641083 | 0.5447 | 0.490599 | 0.467102 | 0.460562 |
| 73 | 0.790208 | 0.644187 | 0.551507 | 0.501548 | 0.481332 | 0.476348 |
| 74 | 0.791002 | 0.647622 | 0.558925 | 0.513232 | 0.496145 | 0.492465 |
| 75 | 0.791889 | 0.651415 | 0.566983 | 0.525636 | 0.511477 | 0.508852 |
| 76 | 0.792879 | 0.655595 | 0.5757 | 0.538731 | 0.527254 | 0.525452 |
| 77 | 0.793982 | 0.66019 | 0.585091 | 0.552475 | 0.543396 | 0.542211 |
| 78 | 0.79521 | 0.665228 | 0.595162 | 0.566809 | 0.55982 | 0.559076 |
| 79 | 0.796576 | 0.670735 | 0.605907 | 0.581665 | 0.576443 | 0.576 |
| 80 | 0.798094 | 0.676737 | 0.617309 | 0.596958 | 0.593185 | 0.592936 |

표 6.6:

| $x$ | $A_{[x]:\overline{5}\vert}$ | $A_{[x]:\overline{10}\vert}$ | $A_{[x]:\overline{15}\vert}$ | $A_{[x]:\overline{20}\vert}$ | $A_{[x]:\overline{25}\vert}$ | $A_{[x]:\overline{30}\vert}$ |
|---|---|---|---|---|---|---|
| 30 | 0.783651 | 0.614451 | 0.482208 | 0.378963 | 0.298517 | 0.236058 |
| 31 | 0.783656 | 0.614476 | 0.482271 | 0.379089 | 0.298736 | 0.236411 |
| 32 | 0.783662 | 0.614505 | 0.482343 | 0.37923 | 0.298981 | 0.236807 |
| 33 | 0.783669 | 0.614537 | 0.482424 | 0.379389 | 0.299257 | 0.237251 |
| 34 | 0.783676 | 0.614572 | 0.482514 | 0.379567 | 0.299566 | 0.237749 |
| 35 | 0.783684 | 0.614613 | 0.482616 | 0.379767 | 0.299914 | 0.238308 |
| 36 | 0.783693 | 0.614658 | 0.48273 | 0.379992 | 0.300304 | 0.238935 |
| 37 | 0.783704 | 0.614709 | 0.482858 | 0.380245 | 0.300742 | 0.239638 |
| 38 | 0.783715 | 0.614766 | 0.483003 | 0.380528 | 0.301233 | 0.240426 |
| 39 | 0.783728 | 0.61483 | 0.483165 | 0.380847 | 0.301784 | 0.241308 |
| 40 | 0.783743 | 0.614903 | 0.483346 | 0.381204 | 0.302403 | 0.242297 |
| 41 | 0.783759 | 0.614984 | 0.483551 | 0.381606 | 0.303096 | 0.243404 |
| 42 | 0.783778 | 0.615075 | 0.48378 | 0.382056 | 0.303874 | 0.244643 |
| 43 | 0.783799 | 0.615177 | 0.484038 | 0.382562 | 0.304745 | 0.246029 |
| 44 | 0.783822 | 0.615292 | 0.484328 | 0.383129 | 0.305721 | 0.247578 |
| 45 | 0.783849 | 0.615422 | 0.484653 | 0.383766 | 0.306815 | 0.249308 |
| 46 | 0.783878 | 0.615567 | 0.485017 | 0.384479 | 0.308039 | 0.251239 |
| 47 | 0.783911 | 0.61573 | 0.485427 | 0.385279 | 0.309408 | 0.253392 |
| 48 | 0.783949 | 0.615913 | 0.485887 | 0.386176 | 0.31094 | 0.255792 |
| 49 | 0.783991 | 0.616119 | 0.486402 | 0.38718 | 0.312651 | 0.258462 |
| 50 | 0.784038 | 0.61635 | 0.486981 | 0.388305 | 0.314563 | 0.261431 |
| 51 | 0.784091 | 0.61661 | 0.487629 | 0.389564 | 0.316696 | 0.264728 |
| 52 | 0.78415 | 0.616901 | 0.488357 | 0.390973 | 0.319074 | 0.268382 |
| 53 | 0.784217 | 0.617228 | 0.489172 | 0.392549 | 0.321724 | 0.272428 |
| 54 | 0.784292 | 0.617594 | 0.490085 | 0.394309 | 0.324672 | 0.276898 |
| 55 | 0.784376 | 0.618006 | 0.491108 | 0.396275 | 0.327948 | 0.281827 |
| 56 | 0.784471 | 0.618468 | 0.492254 | 0.398469 | 0.331584 | 0.287251 |
| 57 | 0.784577 | 0.618986 | 0.493535 | 0.400915 | 0.335613 | 0.293205 |
| 58 | 0.784697 | 0.619566 | 0.494969 | 0.403638 | 0.34007 | 0.299723 |
| 59 | 0.784831 | 0.620217 | 0.496571 | 0.406669 | 0.344993 | 0.306839 |
| 60 | 0.784982 | 0.620947 | 0.49836 | 0.410036 | 0.350418 | 0.314584 |
| 61 | 0.785151 | 0.621763 | 0.500357 | 0.413772 | 0.356382 | 0.322983 |
| 62 | 0.785341 | 0.622678 | 0.502583 | 0.417911 | 0.362924 | 0.332059 |
| 63 | 0.785554 | 0.623701 | 0.505064 | 0.422489 | 0.370078 | 0.341827 |
| 64 | 0.785792 | 0.624846 | 0.507824 | 0.427543 | 0.37788 | 0.352296 |
| 65 | 0.786061 | 0.626126 | 0.510892 | 0.43311 | 0.386359 | 0.363465 |
| 66 | 0.786361 | 0.627555 | 0.514298 | 0.439229 | 0.395541 | 0.375325 |
| 67 | 0.786698 | 0.62915 | 0.518072 | 0.445935 | 0.405444 | 0.387858 |
| 68 | 0.787076 | 0.630929 | 0.522247 | 0.453265 | 0.416081 | 0.401034 |
| 69 | 0.787499 | 0.632911 | 0.526858 | 0.461252 | 0.427454 | 0.414816 |
| 70 | 0.787974 | 0.635117 | 0.53194 | 0.469924 | 0.439555 | 0.429156 |
| 71 | 0.788504 | 0.637569 | 0.537526 | 0.479304 | 0.452364 | 0.444001 |
| 72 | 0.789098 | 0.640291 | 0.543653 | 0.489409 | 0.46585 | 0.459292 |
| 73 | 0.789763 | 0.643308 | 0.550352 | 0.500245 | 0.479968 | 0.47497 |
| 74 | 0.790505 | 0.646647 | 0.557654 | 0.511808 | 0.494664 | 0.490972 |
| 75 | 0.791335 | 0.650335 | 0.565586 | 0.524084 | 0.509872 | 0.507237 |
| 76 | 0.79226 | 0.654399 | 0.574168 | 0.537044 | 0.525518 | 0.523709 |
| 77 | 0.793292 | 0.658868 | 0.583415 | 0.550644 | 0.541523 | 0.540332 |
| 78 | 0.794442 | 0.66377 | 0.593332 | 0.564829 | 0.557803 | 0.557055 |
| 79 | 0.795721 | 0.66913 | 0.603915 | 0.579529 | 0.574276 | 0.57383 |
| 80 | 0.797143 | 0.674974 | 0.615147 | 0.59466 | 0.590862 | 0.590611 |

표 6.7:

| $x$ | $\ddot{a}_{[x]+1:\overline{5}\rvert}$ | $\ddot{a}_{[x]+1:\overline{10}\rvert}$ | $\ddot{a}_{[x]+1:\overline{15}\rvert}$ | $\ddot{a}_{[x]+1:\overline{20}\rvert}$ | $\ddot{a}_{[x]+1:\overline{25}\rvert}$ | $\ddot{a}_{[x]+1:\overline{30}\rvert}$ |
|---|---|---|---|---|---|---|
| 30 | 4.54306 | 8.09567 | 10.8718 | 13.0386 | 14.7259 | 16.0347 |
| 31 | 4.54293 | 8.09506 | 10.8703 | 13.0356 | 14.7207 | 16.0263 |
| 32 | 4.54279 | 8.09438 | 10.8686 | 13.0322 | 14.7149 | 16.017 |
| 33 | 4.54263 | 8.09361 | 10.8667 | 13.0285 | 14.7084 | 16.0065 |
| 34 | 4.54245 | 8.09274 | 10.8645 | 13.0242 | 14.701 | 15.9947 |
| 35 | 4.54224 | 8.09177 | 10.8621 | 13.0195 | 14.6928 | 15.9815 |
| 36 | 4.54202 | 8.09068 | 10.8594 | 13.0141 | 14.6836 | 15.9667 |
| 37 | 4.54176 | 8.08945 | 10.8563 | 13.0081 | 14.6732 | 15.9501 |
| 38 | 4.54147 | 8.08807 | 10.8528 | 13.0014 | 14.6616 | 15.9315 |
| 39 | 4.54115 | 8.08652 | 10.849 | 12.9938 | 14.6485 | 15.9106 |
| 40 | 4.54078 | 8.08477 | 10.8446 | 12.9853 | 14.6339 | 15.8873 |
| 41 | 4.54037 | 8.08282 | 10.8398 | 12.9758 | 14.6175 | 15.8612 |
| 42 | 4.53991 | 8.08062 | 10.8343 | 12.9651 | 14.5991 | 15.832 |
| 43 | 4.53939 | 8.07814 | 10.8281 | 12.9531 | 14.5784 | 15.7993 |
| 44 | 4.53881 | 8.07537 | 10.8212 | 12.9396 | 14.5554 | 15.7629 |
| 45 | 4.53816 | 8.07225 | 10.8134 | 12.9245 | 14.5295 | 15.7222 |
| 46 | 4.53742 | 8.06875 | 10.8047 | 12.9076 | 14.5006 | 15.6768 |
| 47 | 4.5366 | 8.06481 | 10.795 | 12.8886 | 14.4683 | 15.6262 |
| 48 | 4.53567 | 8.06039 | 10.784 | 12.8673 | 14.4322 | 15.5699 |
| 49 | 4.53463 | 8.05543 | 10.7717 | 12.8435 | 14.3918 | 15.5074 |
| 50 | 4.53346 | 8.04986 | 10.7579 | 12.8169 | 14.3468 | 15.4379 |
| 51 | 4.53214 | 8.04361 | 10.7424 | 12.787 | 14.2966 | 15.3609 |
| 52 | 4.53067 | 8.03659 | 10.7251 | 12.7537 | 14.2407 | 15.2756 |
| 53 | 4.52901 | 8.02871 | 10.7057 | 12.7164 | 14.1784 | 15.1814 |
| 54 | 4.52714 | 8.01987 | 10.6839 | 12.6748 | 14.1093 | 15.0775 |
| 55 | 4.52505 | 8.00995 | 10.6596 | 12.6284 | 14.0325 | 14.9632 |
| 56 | 4.5227 | 7.99883 | 10.6323 | 12.5766 | 13.9475 | 14.8377 |
| 57 | 4.52006 | 7.98637 | 10.6018 | 12.519 | 13.8534 | 14.7003 |
| 58 | 4.51709 | 7.97239 | 10.5678 | 12.4548 | 13.7494 | 14.5503 |
| 59 | 4.51376 | 7.95673 | 10.5297 | 12.3836 | 13.6349 | 14.3871 |
| 60 | 4.51002 | 7.93919 | 10.4873 | 12.3045 | 13.509 | 14.21 |
| 61 | 4.50583 | 7.91956 | 10.4399 | 12.2169 | 13.3709 | 14.0187 |
| 62 | 4.50112 | 7.89758 | 10.3872 | 12.12 | 13.2199 | 13.8127 |
| 63 | 4.49584 | 7.87301 | 10.3285 | 12.0131 | 13.0552 | 13.592 |
| 64 | 4.48992 | 7.84554 | 10.2633 | 11.8952 | 12.8761 | 13.3565 |
| 65 | 4.48327 | 7.81487 | 10.1909 | 11.7658 | 12.6823 | 13.1064 |
| 66 | 4.47583 | 7.78063 | 10.1107 | 11.6238 | 12.4732 | 12.8421 |
| 67 | 4.46748 | 7.74244 | 10.0219 | 11.4687 | 12.2486 | 12.5642 |
| 68 | 4.45813 | 7.69991 | 9.92388 | 11.2997 | 12.0084 | 12.2735 |
| 69 | 4.44765 | 7.65257 | 9.81588 | 11.1161 | 11.7529 | 11.9709 |
| 70 | 4.43593 | 7.59996 | 9.69714 | 10.9176 | 11.4824 | 11.6577 |
| 71 | 4.42281 | 7.54156 | 9.56693 | 10.7038 | 11.1976 | 11.335 |
| 72 | 4.40815 | 7.47684 | 9.42457 | 10.4745 | 10.8993 | 11.0041 |
| 73 | 4.39176 | 7.40523 | 9.26941 | 10.2298 | 10.5889 | 10.6662 |
| 74 | 4.37346 | 7.32615 | 9.10088 | 9.96997 | 10.2676 | 10.3228 |
| 75 | 4.35304 | 7.239 | 8.91855 | 9.69571 | 9.93697 | 9.97485 |
| 76 | 4.33027 | 7.1432 | 8.72212 | 9.40787 | 9.59874 | 9.62366 |
| 77 | 4.30492 | 7.03815 | 8.51146 | 9.10765 | 9.25462 | 9.27026 |
| 78 | 4.27673 | 6.92329 | 8.2867 | 8.79654 | 8.90636 | 8.91567 |
| 79 | 4.2454 | 6.79812 | 8.04819 | 8.47626 | 8.55563 | 8.56086 |
| 80 | 4.21064 | 6.6622 | 7.79657 | 8.14874 | 8.20403 | 8.20679 |

표 6.8:

| $x$ | $\bar{a}_x$ | $\bar{a}_{x:\overline{5}\rvert}$ | $\bar{a}_{x:\overline{10}\rvert}$ | $\bar{a}_{x:\overline{15}\rvert}$ | $\bar{a}_{x:\overline{20}\rvert}$ | $\bar{a}_{x:\overline{25}\rvert}$ |
|---|---|---|---|---|---|---|
| 30 | 18.8793 | 4.43332 | 7.90028 | 10.6098 | 12.7248 | 14.3723 |
| 31 | 18.8045 | 4.43318 | 7.89967 | 10.6083 | 12.7219 | 14.3674 |
| 32 | 18.7263 | 4.43302 | 7.89898 | 10.6066 | 12.7188 | 14.362 |
| 33 | 18.6443 | 4.43283 | 7.89821 | 10.6048 | 12.7152 | 14.3558 |
| 34 | 18.5585 | 4.43263 | 7.89735 | 10.6027 | 12.7112 | 14.349 |
| 35 | 18.4687 | 4.4324 | 7.89637 | 10.6003 | 12.7066 | 14.3412 |
| 36 | 18.3747 | 4.43214 | 7.89527 | 10.5977 | 12.7016 | 14.3325 |
| 37 | 18.2764 | 4.43184 | 7.89404 | 10.5948 | 12.6959 | 14.3228 |
| 38 | 18.1736 | 4.43151 | 7.89266 | 10.5914 | 12.6895 | 14.3119 |
| 39 | 18.066 | 4.43115 | 7.89111 | 10.5877 | 12.6823 | 14.2996 |
| 40 | 17.9536 | 4.43073 | 7.88936 | 10.5835 | 12.6743 | 14.2859 |
| 41 | 17.8362 | 4.43026 | 7.8874 | 10.5788 | 12.6652 | 14.2705 |
| 42 | 17.7135 | 4.42974 | 7.88519 | 10.5735 | 12.6551 | 14.2532 |
| 43 | 17.5854 | 4.42915 | 7.88271 | 10.5676 | 12.6437 | 14.2338 |
| 44 | 17.4516 | 4.42849 | 7.87993 | 10.5609 | 12.6309 | 14.2121 |
| 45 | 17.3121 | 4.42775 | 7.8768 | 10.5534 | 12.6166 | 14.1878 |
| 46 | 17.1665 | 4.42691 | 7.87329 | 10.545 | 12.6005 | 14.1607 |
| 47 | 17.0147 | 4.42597 | 7.86935 | 10.5356 | 12.5825 | 14.1303 |
| 48 | 16.8566 | 4.42492 | 7.86492 | 10.525 | 12.5624 | 14.0963 |
| 49 | 16.6919 | 4.42373 | 7.85994 | 10.5131 | 12.5398 | 14.0583 |
| 50 | 16.5204 | 4.4224 | 7.85436 | 10.4998 | 12.5145 | 14.0159 |
| 51 | 16.3419 | 4.4209 | 7.84809 | 10.4849 | 12.4861 | 13.9686 |
| 52 | 16.1564 | 4.41922 | 7.84105 | 10.4681 | 12.4545 | 13.9159 |
| 53 | 15.9636 | 4.41733 | 7.83315 | 10.4494 | 12.4191 | 13.8572 |
| 54 | 15.7634 | 4.41521 | 7.82429 | 10.4283 | 12.3795 | 13.7919 |
| 55 | 15.5556 | 4.41283 | 7.81434 | 10.4048 | 12.3353 | 13.7194 |
| 56 | 15.3402 | 4.41016 | 7.80319 | 10.3785 | 12.2861 | 13.639 |
| 57 | 15.117 | 4.40715 | 7.79069 | 10.349 | 12.2312 | 13.55 |
| 58 | 14.8858 | 4.40378 | 7.77667 | 10.3161 | 12.1701 | 13.4516 |
| 59 | 14.6468 | 4.39999 | 7.76096 | 10.2793 | 12.1022 | 13.3431 |
| 60 | 14.3997 | 4.39574 | 7.74336 | 10.2382 | 12.0268 | 13.2236 |
| 61 | 14.1447 | 4.39097 | 7.72366 | 10.1924 | 11.9432 | 13.0923 |
| 62 | 13.8817 | 4.38562 | 7.70161 | 10.1413 | 11.8507 | 12.9485 |
| 63 | 13.6107 | 4.37961 | 7.67695 | 10.0844 | 11.7484 | 12.7915 |
| 64 | 13.3318 | 4.37287 | 7.64937 | 10.0212 | 11.6356 | 12.6205 |
| 65 | 13.0453 | 4.36532 | 7.61857 | 9.95096 | 11.5115 | 12.435 |
| 66 | 12.7511 | 4.35685 | 7.58418 | 9.87308 | 11.3753 | 12.2345 |
| 67 | 12.4496 | 4.34736 | 7.54582 | 9.78686 | 11.2262 | 12.0186 |
| 68 | 12.1409 | 4.33672 | 7.50307 | 9.69156 | 11.0635 | 11.7871 |
| 69 | 11.8254 | 4.32482 | 7.45549 | 9.58645 | 10.8865 | 11.5402 |
| 70 | 11.5034 | 4.31149 | 7.40258 | 9.47077 | 10.6947 | 11.278 |
| 71 | 11.1754 | 4.29658 | 7.34383 | 9.34376 | 10.4876 | 11.0011 |
| 72 | 10.8417 | 4.27992 | 7.27869 | 9.20472 | 10.265 | 10.7102 |
| 73 | 10.5029 | 4.2613 | 7.20657 | 9.05295 | 10.0268 | 10.4064 |
| 74 | 10.1595 | 4.2405 | 7.12689 | 8.88784 | 9.77325 | 10.0908 |
| 75 | 9.81226 | 4.21731 | 7.03902 | 8.70888 | 9.50474 | 9.76495 |
| 76 | 9.4617 | 4.19146 | 6.94235 | 8.51569 | 9.22202 | 9.43033 |
| 77 | 9.10858 | 4.16268 | 6.83626 | 8.30806 | 8.92612 | 9.08864 |
| 78 | 8.75367 | 4.13068 | 6.72017 | 8.08599 | 8.61835 | 8.74157 |
| 79 | 8.39777 | 4.09513 | 6.59351 | 7.84971 | 8.30028 | 8.39081 |
| 80 | 8.04173 | 4.05571 | 6.45582 | 7.59973 | 7.97373 | 8.03795 |

표 6.9:

| $x$ | $\bar{A}_x$ | $\bar{A}_{x:\overline{5}\vert}$ | $\bar{A}_{x:\overline{10}\vert}$ | $\bar{A}_{x:\overline{15}\vert}$ | $\bar{A}_{x:\overline{20}\vert}$ | $\bar{A}_{x:\overline{25}\vert}$ |
|---|---|---|---|---|---|---|
| 30 | 0.0788774 | 0.783697 | 0.614544 | 0.482348 | 0.379156 | 0.298774 |
| 31 | 0.082524 | 0.783704 | 0.614574 | 0.48242 | 0.379295 | 0.299011 |
| 32 | 0.0863431 | 0.783712 | 0.614607 | 0.482501 | 0.37945 | 0.299277 |
| 33 | 0.0903421 | 0.783721 | 0.614645 | 0.482591 | 0.379624 | 0.299576 |
| 34 | 0.0945285 | 0.783731 | 0.614687 | 0.482693 | 0.37982 | 0.299912 |
| 35 | 0.0989103 | 0.783743 | 0.614735 | 0.482807 | 0.38004 | 0.300289 |
| 36 | 0.103495 | 0.783755 | 0.614788 | 0.482936 | 0.380288 | 0.300713 |
| 37 | 0.108292 | 0.78377 | 0.614848 | 0.48308 | 0.380565 | 0.301188 |
| 38 | 0.113309 | 0.783786 | 0.614916 | 0.483242 | 0.380877 | 0.301721 |
| 39 | 0.118555 | 0.783804 | 0.614992 | 0.483424 | 0.381227 | 0.302319 |
| 40 | 0.124039 | 0.783824 | 0.615077 | 0.483629 | 0.38162 | 0.302989 |
| 41 | 0.129769 | 0.783847 | 0.615173 | 0.483859 | 0.382061 | 0.303742 |
| 42 | 0.135755 | 0.783872 | 0.61528 | 0.484117 | 0.382556 | 0.304585 |
| 43 | 0.142006 | 0.783901 | 0.615401 | 0.484407 | 0.383112 | 0.305529 |
| 44 | 0.148531 | 0.783933 | 0.615537 | 0.484732 | 0.383735 | 0.306588 |
| 45 | 0.15534 | 0.78397 | 0.615689 | 0.485097 | 0.384434 | 0.307773 |
| 46 | 0.162443 | 0.78401 | 0.615861 | 0.485508 | 0.385218 | 0.309099 |
| 47 | 0.169848 | 0.784056 | 0.616053 | 0.485968 | 0.386096 | 0.310583 |
| 48 | 0.177564 | 0.784108 | 0.616269 | 0.486484 | 0.387081 | 0.312241 |
| 49 | 0.185601 | 0.784165 | 0.616512 | 0.487064 | 0.388183 | 0.314094 |
| 50 | 0.193968 | 0.78423 | 0.616785 | 0.487713 | 0.389418 | 0.316163 |
| 51 | 0.202674 | 0.784303 | 0.61709 | 0.488442 | 0.3908 | 0.318471 |
| 52 | 0.211726 | 0.784385 | 0.617434 | 0.489259 | 0.392345 | 0.321043 |
| 53 | 0.221132 | 0.784478 | 0.617819 | 0.490174 | 0.394072 | 0.323906 |
| 54 | 0.230901 | 0.784581 | 0.618252 | 0.4912 | 0.396002 | 0.32709 |
| 55 | 0.241038 | 0.784697 | 0.618737 | 0.492348 | 0.398157 | 0.330627 |
| 56 | 0.251549 | 0.784828 | 0.619281 | 0.493633 | 0.400559 | 0.334549 |
| 57 | 0.262441 | 0.784974 | 0.619891 | 0.49507 | 0.403237 | 0.338892 |
| 58 | 0.273717 | 0.785139 | 0.620575 | 0.496677 | 0.406217 | 0.343693 |
| 59 | 0.285381 | 0.785324 | 0.621341 | 0.498473 | 0.40953 | 0.34899 |
| 60 | 0.297434 | 0.785531 | 0.6222 | 0.500477 | 0.413209 | 0.35482 |
| 61 | 0.309878 | 0.785764 | 0.623161 | 0.502713 | 0.417289 | 0.361224 |
| 62 | 0.322712 | 0.786025 | 0.624237 | 0.505205 | 0.421805 | 0.368238 |
| 63 | 0.335933 | 0.786318 | 0.625441 | 0.50798 | 0.426794 | 0.3759 |
| 64 | 0.349537 | 0.786647 | 0.626786 | 0.511065 | 0.432297 | 0.384242 |
| 65 | 0.36352 | 0.787016 | 0.628289 | 0.514491 | 0.438351 | 0.393293 |
| 66 | 0.377872 | 0.787429 | 0.629967 | 0.518291 | 0.444997 | 0.403077 |
| 67 | 0.392584 | 0.787892 | 0.631838 | 0.522498 | 0.452271 | 0.413611 |
| 68 | 0.407644 | 0.788411 | 0.633924 | 0.527147 | 0.46021 | 0.424904 |
| 69 | 0.423037 | 0.788991 | 0.636245 | 0.532276 | 0.468845 | 0.436952 |
| 70 | 0.438747 | 0.789642 | 0.638827 | 0.53792 | 0.478204 | 0.449744 |
| 71 | 0.454752 | 0.790369 | 0.641693 | 0.544116 | 0.488308 | 0.463254 |
| 72 | 0.471032 | 0.791182 | 0.644872 | 0.5509 | 0.499169 | 0.477446 |
| 73 | 0.487562 | 0.792091 | 0.64839 | 0.558305 | 0.51079 | 0.49227 |
| 74 | 0.504314 | 0.793105 | 0.652278 | 0.566361 | 0.523162 | 0.507667 |
| 75 | 0.521258 | 0.794237 | 0.656565 | 0.575092 | 0.536262 | 0.523567 |
| 76 | 0.538362 | 0.795498 | 0.661281 | 0.584518 | 0.550056 | 0.539893 |
| 77 | 0.555591 | 0.796902 | 0.666458 | 0.594648 | 0.564493 | 0.556564 |
| 78 | 0.572907 | 0.798464 | 0.672122 | 0.605483 | 0.579509 | 0.573497 |
| 79 | 0.590271 | 0.800198 | 0.678301 | 0.617011 | 0.595028 | 0.590611 |
| 80 | 0.607643 | 0.802121 | 0.685019 | 0.629208 | 0.61096 | 0.607827 |

표 6.10:

| $x$ | $(IA)_x$ | $(IA)^1_{x:\overline{5}\vert}$ | $(IA)^1_{x:\overline{10}\vert}$ | $(IA)^1_{x:\overline{15}\vert}$ | $(IA)^1_{x:\overline{20}\vert}$ | $(IA)^1_{x:\overline{25}\vert}$ |
|---|---|---|---|---|---|---|
| 30 | 3.65225 | 0.00440169 | 0.0162524 | 0.0372698 | 0.0715228 | 0.12619 |
| 31 | 3.75521 | 0.00460484 | 0.0171939 | 0.0398795 | 0.0773469 | 0.137711 |
| 32 | 3.85967 | 0.00483315 | 0.018252 | 0.0428111 | 0.0838863 | 0.150637 |
| 33 | 3.96552 | 0.00508975 | 0.0194408 | 0.0461042 | 0.0912279 | 0.165134 |
| 34 | 4.07266 | 0.00537813 | 0.0207767 | 0.0498031 | 0.0994691 | 0.18139 |
| 35 | 4.18098 | 0.00570222 | 0.0222776 | 0.0539573 | 0.108718 | 0.199614 |
| 36 | 4.29035 | 0.00606644 | 0.0239639 | 0.0586225 | 0.119097 | 0.220035 |
| 37 | 4.40062 | 0.00647576 | 0.0258584 | 0.063861 | 0.130742 | 0.242911 |
| 38 | 4.51165 | 0.00693574 | 0.0279867 | 0.0697426 | 0.143802 | 0.268526 |
| 39 | 4.62325 | 0.00745264 | 0.0303774 | 0.0763451 | 0.158447 | 0.297195 |
| 40 | 4.73526 | 0.00803349 | 0.0330627 | 0.0837558 | 0.174865 | 0.329264 |
| 41 | 4.84746 | 0.00868619 | 0.0360787 | 0.0920722 | 0.193263 | 0.365115 |
| 42 | 4.95966 | 0.00941959 | 0.0394658 | 0.101403 | 0.213873 | 0.405168 |
| 43 | 5.0716 | 0.0102436 | 0.0432692 | 0.11187 | 0.236951 | 0.44988 |
| 44 | 5.18306 | 0.0111695 | 0.0475395 | 0.123609 | 0.262781 | 0.499752 |
| 45 | 5.29376 | 0.0122097 | 0.0523335 | 0.136769 | 0.291676 | 0.555326 |
| 46 | 5.40343 | 0.0133783 | 0.0577146 | 0.151519 | 0.323979 | 0.617188 |
| 47 | 5.51176 | 0.0146911 | 0.0637535 | 0.168046 | 0.360069 | 0.685965 |
| 48 | 5.61844 | 0.0161657 | 0.0705295 | 0.186554 | 0.40036 | 0.762326 |
| 49 | 5.72314 | 0.017822 | 0.0781308 | 0.207274 | 0.445301 | 0.846977 |
| 50 | 5.8255 | 0.0196821 | 0.0866559 | 0.230456 | 0.495383 | 0.940658 |
| 51 | 5.92516 | 0.0217711 | 0.0962145 | 0.25638 | 0.551134 | 1.04413 |
| 52 | 6.02174 | 0.0241167 | 0.106928 | 0.285352 | 0.61312 | 1.15817 |
| 53 | 6.11484 | 0.0267501 | 0.118933 | 0.317705 | 0.681945 | 1.28354 |
| 54 | 6.20404 | 0.0297063 | 0.13238 | 0.353805 | 0.758246 | 1.42098 |
| 55 | 6.28893 | 0.0330242 | 0.147434 | 0.394051 | 0.842691 | 1.5712 |
| 56 | 6.36906 | 0.0367476 | 0.164279 | 0.438871 | 0.935967 | 1.7348 |
| 57 | 6.44399 | 0.040925 | 0.18312 | 0.488728 | 1.03877 | 1.91225 |
| 58 | 6.51327 | 0.0456108 | 0.204177 | 0.544117 | 1.1518 | 2.10387 |
| 59 | 6.57644 | 0.0508656 | 0.227697 | 0.605561 | 1.27572 | 2.30975 |
| 60 | 6.63303 | 0.0567567 | 0.253946 | 0.67361 | 1.41116 | 2.52966 |
| 61 | 6.6826 | 0.063359 | 0.283215 | 0.748832 | 1.55866 | 2.76304 |
| 62 | 6.72468 | 0.0707557 | 0.315818 | 0.831812 | 1.71865 | 3.00888 |
| 63 | 6.75883 | 0.0790391 | 0.352095 | 0.92313 | 1.89141 | 3.26567 |
| 64 | 6.78462 | 0.0883112 | 0.392409 | 1.02336 | 2.07699 | 3.53134 |
| 65 | 6.80163 | 0.0986847 | 0.437144 | 1.13303 | 2.27518 | 3.80319 |
| 66 | 6.80948 | 0.110284 | 0.486705 | 1.25263 | 2.48543 | 4.07787 |
| 67 | 6.8078 | 0.123244 | 0.541514 | 1.38256 | 2.7068 | 4.35137 |
| 68 | 6.79625 | 0.137716 | 0.602002 | 1.52307 | 2.93787 | 4.6191 |
| 69 | 6.77455 | 0.153861 | 0.668602 | 1.6743 | 3.17667 | 4.87597 |
| 70 | 6.74245 | 0.171857 | 0.74174 | 1.83612 | 3.42065 | 5.11658 |
| 71 | 6.69975 | 0.191894 | 0.821821 | 2.00817 | 3.66664 | 5.33542 |
| 72 | 6.64632 | 0.214179 | 0.90921 | 2.18976 | 3.91084 | 5.52722 |
| 73 | 6.58208 | 0.238929 | 1.00421 | 2.37981 | 4.14887 | 5.68725 |
| 74 | 6.507 | 0.266377 | 1.10705 | 2.57677 | 4.37584 | 5.81167 |
| 75 | 6.42117 | 0.296765 | 1.21782 | 2.77863 | 4.58652 | 5.89791 |
| 76 | 6.3247 | 0.330344 | 1.33647 | 2.9828 | 4.77558 | 5.94485 |
| 77 | 6.21781 | 0.367368 | 1.46276 | 3.18618 | 4.93783 | 5.95298 |
| 78 | 6.10081 | 0.408093 | 1.5962 | 3.38508 | 5.06858 | 5.92436 |
| 79 | 5.97407 | 0.452764 | 1.73602 | 3.57535 | 5.16401 | 5.86234 |
| 80 | 5.83806 | 0.501611 | 1.88112 | 3.75246 | 5.22147 | 5.77124 |

표 6.11:

| $x$ | $(I\ddot{a})_x$ | $(I\ddot{a})_{x:\overline{5}\vert}$ | $(I\ddot{a})_{x:\overline{10}\vert}$ | $(I\ddot{a})_{x:\overline{15}\vert}$ | $(I\ddot{a})_{x:\overline{20}\vert}$ | $(I\ddot{a})_{x:\overline{25}\vert}$ |
|---|---|---|---|---|---|---|
| 30 | 330.353 | 13.1835 | 41.258 | 77.0842 | 115.893 | 154.577 |
| 31 | 326.622 | 13.183 | 41.2539 | 77.0694 | 115.855 | 154.493 |
| 32 | 322.784 | 13.1825 | 41.2494 | 77.0528 | 115.811 | 154.399 |
| 33 | 318.84 | 13.1819 | 41.2443 | 77.034 | 115.763 | 154.293 |
| 34 | 314.788 | 13.1812 | 41.2385 | 77.013 | 115.708 | 154.174 |
| 35 | 310.628 | 13.1805 | 41.2321 | 76.9894 | 115.647 | 154.041 |
| 36 | 306.357 | 13.1797 | 41.2248 | 76.9628 | 115.578 | 153.892 |
| 37 | 301.977 | 13.1787 | 41.2166 | 76.933 | 115.5 | 153.724 |
| 38 | 297.486 | 13.1777 | 41.2075 | 76.8995 | 115.413 | 153.536 |
| 39 | 292.885 | 13.1765 | 41.1972 | 76.8619 | 115.316 | 153.325 |
| 40 | 288.172 | 13.1752 | 41.1856 | 76.8196 | 115.206 | 153.089 |
| 41 | 283.35 | 13.1737 | 41.1726 | 76.7722 | 115.083 | 152.824 |
| 42 | 278.417 | 13.172 | 41.158 | 76.7189 | 114.945 | 152.527 |
| 43 | 273.376 | 13.1701 | 41.1415 | 76.659 | 114.791 | 152.194 |
| 44 | 268.227 | 13.168 | 41.1231 | 76.5918 | 114.617 | 151.821 |
| 45 | 262.971 | 13.1656 | 41.1024 | 76.5164 | 114.422 | 151.404 |
| 46 | 257.612 | 13.163 | 41.0791 | 76.4317 | 114.204 | 150.937 |
| 47 | 252.15 | 13.16 | 41.053 | 76.3367 | 113.96 | 150.415 |
| 48 | 246.588 | 13.1566 | 41.0236 | 76.2301 | 113.686 | 149.832 |
| 49 | 240.93 | 13.1528 | 40.9906 | 76.1105 | 113.379 | 149.181 |
| 50 | 235.18 | 13.1486 | 40.9536 | 75.9764 | 113.036 | 148.455 |
| 51 | 229.34 | 13.1438 | 40.9121 | 75.826 | 112.652 | 147.646 |
| 52 | 223.416 | 13.1384 | 40.8655 | 75.6576 | 112.222 | 146.745 |
| 53 | 217.413 | 13.1324 | 40.8131 | 75.4688 | 111.743 | 145.743 |
| 54 | 211.335 | 13.1256 | 40.7544 | 75.2574 | 111.207 | 144.63 |
| 55 | 205.19 | 13.118 | 40.6885 | 75.0207 | 110.61 | 143.396 |
| 56 | 198.983 | 13.1094 | 40.6147 | 74.7559 | 109.944 | 142.029 |
| 57 | 192.722 | 13.0998 | 40.5319 | 74.4598 | 109.203 | 140.518 |
| 58 | 186.414 | 13.089 | 40.439 | 74.129 | 108.379 | 138.852 |
| 59 | 180.068 | 13.0769 | 40.335 | 73.7595 | 107.463 | 137.018 |
| 60 | 173.692 | 13.0633 | 40.2185 | 73.3472 | 106.448 | 135.004 |
| 61 | 167.296 | 13.0481 | 40.0881 | 72.8876 | 105.325 | 132.799 |
| 62 | 160.889 | 13.031 | 39.9422 | 72.3758 | 104.083 | 130.392 |
| 63 | 154.482 | 13.0118 | 39.779 | 71.8064 | 102.713 | 127.774 |
| 64 | 148.086 | 12.9902 | 39.5966 | 71.1737 | 101.206 | 124.936 |
| 65 | 141.711 | 12.9661 | 39.3929 | 70.4719 | 99.5513 | 121.873 |
| 66 | 135.37 | 12.939 | 39.1655 | 69.6944 | 97.7404 | 118.581 |
| 67 | 129.075 | 12.9086 | 38.912 | 68.8347 | 95.7645 | 115.06 |
| 68 | 122.837 | 12.8746 | 38.6296 | 67.886 | 93.616 | 111.316 |
| 69 | 116.668 | 12.8365 | 38.3154 | 66.8414 | 91.2887 | 107.357 |
| 70 | 110.583 | 12.7938 | 37.9662 | 65.6939 | 88.7783 | 103.196 |
| 71 | 104.592 | 12.7461 | 37.5787 | 64.437 | 86.083 | 98.8533 |
| 72 | 98.7097 | 12.6928 | 37.1494 | 63.0644 | 83.204 | 94.3522 |
| 73 | 92.9469 | 12.6331 | 36.6744 | 61.5705 | 80.146 | 89.7222 |
| 74 | 87.3161 | 12.5665 | 36.1501 | 59.9508 | 76.9176 | 84.997 |
| 75 | 81.829 | 12.4922 | 35.5725 | 58.2021 | 73.5318 | 80.2135 |
| 76 | 76.4969 | 12.4093 | 34.9378 | 56.3227 | 70.0064 | 75.4107 |
| 77 | 71.3302 | 12.317 | 34.2423 | 54.3133 | 66.3637 | 70.6284 |
| 78 | 66.3389 | 12.2144 | 33.4823 | 52.177 | 62.6304 | 65.9051 |
| 79 | 61.5319 | 12.1003 | 32.6548 | 49.9198 | 58.8372 | 61.2767 |
| 80 | 56.9172 | 11.9737 | 31.7571 | 47.551 | 55.0178 | 56.7753 |

표 6.12:

| $x$ | ${}_{5}p_x$ | ${}_{10}p_x$ | ${}_{15}p_x$ | ${}_{20}p_x$ | ${}_{25}p_x$ | ${}_{30}p_x$ |
|---|---|---|---|---|---|---|
| 30 | 0.992091 | 0.991036 | 0.989146 | 0.985764 | 0.979725 | 0.968984 |
| 31 | 0.991703 | 0.990514 | 0.988383 | 0.984572 | 0.977773 | 0.965691 |
| 32 | 0.991294 | 0.989954 | 0.987553 | 0.983262 | 0.975609 | 0.96203 |
| 33 | 0.990861 | 0.989352 | 0.986649 | 0.981818 | 0.97321 | 0.957957 |
| 34 | 0.990403 | 0.988702 | 0.985659 | 0.980224 | 0.970547 | 0.953425 |
| 35 | 0.989914 | 0.988 | 0.984576 | 0.978462 | 0.967589 | 0.948384 |
| 36 | 0.989392 | 0.987238 | 0.983386 | 0.976512 | 0.964301 | 0.942774 |
| 37 | 0.988833 | 0.986409 | 0.982077 | 0.974352 | 0.960644 | 0.936535 |
| 38 | 0.988231 | 0.985506 | 0.980634 | 0.971956 | 0.956577 | 0.929596 |
| 39 | 0.987583 | 0.984518 | 0.979042 | 0.969296 | 0.952053 | 0.921883 |
| 40 | 0.986881 | 0.983435 | 0.977283 | 0.966341 | 0.947018 | 0.913315 |
| 41 | 0.98612 | 0.982247 | 0.975335 | 0.963058 | 0.941417 | 0.903804 |
| 42 | 0.985293 | 0.980939 | 0.973177 | 0.959406 | 0.935186 | 0.893257 |
| 43 | 0.98439 | 0.979499 | 0.970784 | 0.955344 | 0.928257 | 0.881573 |
| 44 | 0.983403 | 0.977908 | 0.968128 | 0.950825 | 0.920556 | 0.868645 |
| 45 | 0.982322 | 0.976151 | 0.965177 | 0.945797 | 0.912 | 0.854365 |
| 46 | 0.981135 | 0.974205 | 0.961897 | 0.940203 | 0.902503 | 0.838616 |
| 47 | 0.979829 | 0.97205 | 0.95825 | 0.933981 | 0.891971 | 0.821283 |
| 48 | 0.978389 | 0.96966 | 0.954193 | 0.927061 | 0.880303 | 0.80225 |
| 49 | 0.976801 | 0.967006 | 0.949679 | 0.919369 | 0.867395 | 0.781404 |
| 50 | 0.975045 | 0.964059 | 0.944657 | 0.910824 | 0.853134 | 0.758641 |
| 51 | 0.973102 | 0.960783 | 0.93907 | 0.90134 | 0.837408 | 0.733864 |
| 52 | 0.97095 | 0.95714 | 0.932855 | 0.890821 | 0.820101 | 0.707 |
| 53 | 0.968562 | 0.953088 | 0.925943 | 0.879168 | 0.801095 | 0.677995 |
| 54 | 0.965911 | 0.948579 | 0.918261 | 0.866276 | 0.780279 | 0.646829 |
| 55 | 0.962967 | 0.943563 | 0.909727 | 0.852035 | 0.757548 | 0.613522 |
| 56 | 0.959695 | 0.937982 | 0.900253 | 0.836329 | 0.732808 | 0.578144 |
| 57 | 0.956056 | 0.931774 | 0.889747 | 0.819043 | 0.705982 | 0.540822 |
| 58 | 0.952008 | 0.924871 | 0.878109 | 0.800062 | 0.677019 | 0.501755 |
| 59 | 0.947505 | 0.917197 | 0.865232 | 0.779274 | 0.645898 | 0.461214 |
| 60 | 0.942495 | 0.908673 | 0.851008 | 0.756572 | 0.612639 | 0.419555 |
| 61 | 0.93692 | 0.89921 | 0.835321 | 0.731863 | 0.577311 | 0.377214 |
| 62 | 0.930719 | 0.888717 | 0.818056 | 0.705072 | 0.540044 | 0.334712 |
| 63 | 0.923824 | 0.877092 | 0.799098 | 0.676146 | 0.501032 | 0.292636 |
| 64 | 0.916159 | 0.86423 | 0.778334 | 0.645065 | 0.46055 | 0.251629 |
| 65 | 0.907644 | 0.850022 | 0.75566 | 0.611849 | 0.418951 | 0.212362 |
| 66 | 0.898192 | 0.834353 | 0.730981 | 0.576567 | 0.376671 | 0.175496 |
| 67 | 0.88771 | 0.817109 | 0.704222 | 0.539347 | 0.33423 | 0.141645 |
| 68 | 0.876099 | 0.798172 | 0.675331 | 0.500386 | 0.292215 | 0.111329 |
| 69 | 0.863252 | 0.777433 | 0.644288 | 0.459956 | 0.251267 | 0.084929 |
| 70 | 0.84906 | 0.754784 | 0.611111 | 0.418411 | 0.212056 | 0.0626526 |
| 71 | 0.833409 | 0.730134 | 0.575872 | 0.376186 | 0.175244 | 0.0445094 |
| 72 | 0.816183 | 0.703406 | 0.538697 | 0.333799 | 0.141441 | 0.0303085 |
| 73 | 0.797269 | 0.674549 | 0.499783 | 0.291838 | 0.111169 | 0.0196786 |
| 74 | 0.776552 | 0.643541 | 0.459402 | 0.250943 | 0.0848067 | 0.0121109 |
| 75 | 0.75393 | 0.610404 | 0.417906 | 0.211783 | 0.0625624 | 0.00701828 |
| 76 | 0.729308 | 0.575205 | 0.375732 | 0.175018 | 0.0444453 | 0.00380115 |
| 77 | 0.70261 | 0.538073 | 0.333397 | 0.141259 | 0.0302648 | 0.00190804 |
| 78 | 0.673785 | 0.499205 | 0.291486 | 0.111025 | 0.0196503 | 0.000879338 |
| 79 | 0.642813 | 0.45887 | 0.250641 | 0.0846973 | 0.0120935 | 0.000368145 |
| 80 | 0.609712 | 0.417422 | 0.211528 | 0.0624817 | 0.00700818 | 0.000138358 |

표 6.13:

| $x$ | ${}_5p_{[x]}$ | ${}_{10}p_{[x]}$ | ${}_{15}p_{[x]}$ | ${}_{20}p_{[x]}$ | ${}_{25}p_{[x]}$ | ${}_{30}p_{[x]}$ |
|---|---|---|---|---|---|---|
| 30 | 0.992135 | 0.991081 | 0.989192 | 0.985812 | 0.979778 | 0.969044 |
| 31 | 0.991747 | 0.990558 | 0.988429 | 0.984621 | 0.977825 | 0.965751 |
| 32 | 0.991338 | 0.989998 | 0.987599 | 0.98331 | 0.975662 | 0.96209 |
| 33 | 0.990905 | 0.989396 | 0.986695 | 0.981866 | 0.973263 | 0.958017 |
| 34 | 0.990446 | 0.988747 | 0.985705 | 0.980272 | 0.970599 | 0.953485 |
| 35 | 0.989958 | 0.988045 | 0.984622 | 0.97851 | 0.967641 | 0.948443 |
| 36 | 0.989436 | 0.987283 | 0.983432 | 0.97656 | 0.964353 | 0.942833 |
| 37 | 0.988877 | 0.986454 | 0.982123 | 0.9744 | 0.960696 | 0.936593 |
| 38 | 0.988275 | 0.98555 | 0.98068 | 0.972003 | 0.956629 | 0.929654 |
| 39 | 0.987627 | 0.984562 | 0.979088 | 0.969344 | 0.952104 | 0.92194 |
| 40 | 0.986925 | 0.98348 | 0.977328 | 0.966389 | 0.947069 | 0.913372 |
| 41 | 0.986164 | 0.982291 | 0.975381 | 0.963105 | 0.941468 | 0.903861 |
| 42 | 0.985336 | 0.980984 | 0.973223 | 0.959453 | 0.935237 | 0.893313 |
| 43 | 0.984433 | 0.979543 | 0.970829 | 0.955391 | 0.928307 | 0.881628 |
| 44 | 0.983447 | 0.977952 | 0.968173 | 0.950872 | 0.920605 | 0.8687 |
| 45 | 0.982365 | 0.976195 | 0.965222 | 0.945844 | 0.912049 | 0.854418 |
| 46 | 0.981178 | 0.974249 | 0.961942 | 0.94025 | 0.902552 | 0.838668 |
| 47 | 0.979872 | 0.972094 | 0.958294 | 0.934027 | 0.892019 | 0.821334 |
| 48 | 0.978433 | 0.969703 | 0.954237 | 0.927106 | 0.880351 | 0.8023 |
| 49 | 0.976844 | 0.96705 | 0.949724 | 0.919414 | 0.867441 | 0.781453 |
| 50 | 0.975089 | 0.964102 | 0.944702 | 0.910869 | 0.85318 | 0.758688 |
| 51 | 0.973146 | 0.960826 | 0.939114 | 0.901384 | 0.837454 | 0.73391 |
| 52 | 0.970993 | 0.957183 | 0.932898 | 0.890865 | 0.820145 | 0.707044 |
| 53 | 0.968605 | 0.953131 | 0.925986 | 0.879212 | 0.801138 | 0.678037 |
| 54 | 0.965954 | 0.948622 | 0.918304 | 0.866319 | 0.780322 | 0.646869 |
| 55 | 0.96301 | 0.943606 | 0.909769 | 0.852077 | 0.757589 | 0.61356 |
| 56 | 0.959737 | 0.938025 | 0.900295 | 0.83637 | 0.732847 | 0.57818 |
| 57 | 0.956098 | 0.931816 | 0.889789 | 0.819084 | 0.70602 | 0.540856 |
| 58 | 0.952051 | 0.924912 | 0.87815 | 0.800102 | 0.677055 | 0.501786 |
| 59 | 0.947547 | 0.917239 | 0.865273 | 0.779312 | 0.645933 | 0.461243 |
| 60 | 0.942537 | 0.908714 | 0.851047 | 0.756609 | 0.612672 | 0.419581 |
| 61 | 0.936962 | 0.899251 | 0.83536 | 0.731899 | 0.577342 | 0.377238 |
| 62 | 0.930761 | 0.888757 | 0.818094 | 0.705107 | 0.540073 | 0.334733 |
| 63 | 0.923864 | 0.877131 | 0.799135 | 0.676179 | 0.501059 | 0.292654 |
| 64 | 0.916199 | 0.864269 | 0.778371 | 0.645097 | 0.460575 | 0.251645 |
| 65 | 0.907684 | 0.85006 | 0.755695 | 0.611879 | 0.418973 | 0.212375 |
| 66 | 0.898232 | 0.834391 | 0.731015 | 0.576595 | 0.376692 | 0.175507 |
| 67 | 0.88775 | 0.817146 | 0.704255 | 0.539374 | 0.334248 | 0.141654 |
| 68 | 0.876137 | 0.798208 | 0.675363 | 0.500411 | 0.29223 | 0.111336 |
| 69 | 0.86329 | 0.777468 | 0.644318 | 0.459979 | 0.251281 | 0.0849343 |
| 70 | 0.849097 | 0.754819 | 0.61114 | 0.418431 | 0.212068 | 0.0626565 |
| 71 | 0.833446 | 0.730167 | 0.575899 | 0.376204 | 0.175253 | 0.0445122 |
| 72 | 0.81622 | 0.703438 | 0.538722 | 0.333815 | 0.141449 | 0.0303104 |
| 73 | 0.797304 | 0.674579 | 0.499807 | 0.291852 | 0.111175 | 0.0196798 |
| 74 | 0.776587 | 0.64357 | 0.459423 | 0.250956 | 0.0848112 | 0.0121117 |
| 75 | 0.753963 | 0.610431 | 0.417926 | 0.211793 | 0.0625658 | 0.0070187 |
| 76 | 0.72934 | 0.575231 | 0.37575 | 0.175026 | 0.0444477 | 0.00380139 |
| 77 | 0.702641 | 0.538098 | 0.333412 | 0.141266 | 0.0302665 | 0.0019082 |
| 78 | 0.673815 | 0.499227 | 0.2915 | 0.111031 | 0.0196513 | 0.00087939 |
| 79 | 0.642841 | 0.458891 | 0.250653 | 0.0847015 | 0.0120941 | 0.0003682 |
| 80 | 0.609739 | 0.417441 | 0.211538 | 0.0624848 | 0.0070086 | 0.00013837 |

표 6.14:

| $x$ | ${}_{5}p_{[x]+1}$ | ${}_{10}p_{[x]+1}$ | ${}_{15}p_{[x]+1}$ | ${}_{20}p_{[x]+1}$ | ${}_{25}p_{[x]+1}$ | ${}_{30}p_{[x]+1}$ |
|---|---|---|---|---|---|---|
| 30 | 0.991938 | 0.990752 | 0.988629 | 0.984831 | 0.978054 | 0.966012 |
| 31 | 0.991529 | 0.990192 | 0.987799 | 0.98352 | 0.97589 | 0.962349 |
| 32 | 0.991096 | 0.98959 | 0.986894 | 0.982076 | 0.97349 | 0.958275 |
| 33 | 0.990637 | 0.988941 | 0.985905 | 0.980481 | 0.970826 | 0.953742 |
| 34 | 0.990148 | 0.988238 | 0.984821 | 0.978719 | 0.967867 | 0.948699 |
| 35 | 0.989626 | 0.987476 | 0.98363 | 0.976769 | 0.964578 | 0.943087 |
| 36 | 0.989067 | 0.986647 | 0.982321 | 0.974608 | 0.960921 | 0.936846 |
| 37 | 0.988465 | 0.985743 | 0.980878 | 0.972211 | 0.956852 | 0.929904 |
| 38 | 0.987817 | 0.984755 | 0.979286 | 0.96955 | 0.952326 | 0.922189 |
| 39 | 0.987115 | 0.983672 | 0.977526 | 0.966595 | 0.94729 | 0.913618 |
| 40 | 0.986354 | 0.982483 | 0.975578 | 0.96331 | 0.941688 | 0.904105 |
| 41 | 0.985526 | 0.981176 | 0.973419 | 0.959658 | 0.935455 | 0.893554 |
| 42 | 0.984623 | 0.979735 | 0.971026 | 0.955595 | 0.928524 | 0.881865 |
| 43 | 0.983636 | 0.978144 | 0.968368 | 0.951075 | 0.92082 | 0.868934 |
| 44 | 0.982554 | 0.976386 | 0.965417 | 0.946046 | 0.912262 | 0.854648 |
| 45 | 0.981367 | 0.97444 | 0.962136 | 0.94045 | 0.902762 | 0.838894 |
| 46 | 0.98006 | 0.972284 | 0.958488 | 0.934226 | 0.892227 | 0.821556 |
| 47 | 0.978621 | 0.969893 | 0.95443 | 0.927304 | 0.880556 | 0.802517 |
| 48 | 0.977032 | 0.967239 | 0.949916 | 0.91961 | 0.867644 | 0.781664 |
| 49 | 0.975276 | 0.964291 | 0.944892 | 0.911063 | 0.85338 | 0.758892 |
| 50 | 0.973333 | 0.961014 | 0.939304 | 0.901576 | 0.837649 | 0.734108 |
| 51 | 0.971179 | 0.95737 | 0.933087 | 0.891055 | 0.820336 | 0.707235 |
| 52 | 0.968791 | 0.953317 | 0.926174 | 0.879399 | 0.801325 | 0.67822 |
| 53 | 0.96614 | 0.948808 | 0.918489 | 0.866504 | 0.780504 | 0.647044 |
| 54 | 0.963195 | 0.943791 | 0.909953 | 0.852258 | 0.757766 | 0.613726 |
| 55 | 0.959922 | 0.938208 | 0.900477 | 0.836548 | 0.733018 | 0.578336 |
| 56 | 0.956282 | 0.931999 | 0.889969 | 0.819258 | 0.706185 | 0.541002 |
| 57 | 0.952234 | 0.925094 | 0.878327 | 0.800272 | 0.677213 | 0.501921 |
| 58 | 0.94773 | 0.917418 | 0.865448 | 0.779478 | 0.646083 | 0.461367 |
| 59 | 0.942718 | 0.908892 | 0.851219 | 0.75677 | 0.612815 | 0.419694 |
| 60 | 0.937142 | 0.899427 | 0.835529 | 0.732055 | 0.577477 | 0.37734 |
| 61 | 0.93094 | 0.888931 | 0.81826 | 0.705257 | 0.540199 | 0.334823 |
| 62 | 0.924042 | 0.877303 | 0.799297 | 0.676324 | 0.501176 | 0.292733 |
| 63 | 0.916375 | 0.864438 | 0.778528 | 0.645234 | 0.460683 | 0.251713 |
| 64 | 0.907859 | 0.850227 | 0.755848 | 0.612009 | 0.419071 | 0.212433 |
| 65 | 0.898405 | 0.834554 | 0.731163 | 0.576718 | 0.37678 | 0.175555 |
| 66 | 0.88792 | 0.817306 | 0.704397 | 0.539489 | 0.334326 | 0.141692 |
| 67 | 0.876306 | 0.798365 | 0.675499 | 0.500518 | 0.292299 | 0.111366 |
| 68 | 0.863456 | 0.77762 | 0.644448 | 0.460077 | 0.251339 | 0.0849572 |
| 69 | 0.84926 | 0.754966 | 0.611263 | 0.41852 | 0.212117 | 0.0626734 |
| 70 | 0.833606 | 0.73031 | 0.576015 | 0.376284 | 0.175294 | 0.0445242 |
| 71 | 0.816377 | 0.703576 | 0.538831 | 0.333886 | 0.141482 | 0.0303185 |
| 72 | 0.797457 | 0.674711 | 0.499908 | 0.291914 | 0.111201 | 0.0196851 |
| 73 | 0.776736 | 0.643696 | 0.459516 | 0.251009 | 0.084831 | 0.0121149 |
| 74 | 0.754108 | 0.610551 | 0.41801 | 0.211839 | 0.0625804 | 0.0070206 |
| 75 | 0.72948 | 0.575344 | 0.375826 | 0.175064 | 0.0444581 | 0.0038024 |
| 76 | 0.702776 | 0.538203 | 0.333479 | 0.141296 | 0.0302735 | 0.00190868 |
| 77 | 0.673945 | 0.499325 | 0.291559 | 0.111054 | 0.0196559 | 0.0008796 |
| 78 | 0.642965 | 0.45898 | 0.250703 | 0.0847196 | 0.012097 | 0.00036827 |
| 79 | 0.609857 | 0.417523 | 0.21158 | 0.0624981 | 0.00701019 | 0.00013840 |
| 80 | 0.57469 | 0.375387 | 0.17485 | 0.0443997 | 0.00379677 | 0.00004607 |

# 참고문헌


1. S.J. GARRETT, Second Edition, *An Introduction to the Mathematics of Finance, A Deterministic Approach*, ELSEVIER, 2013.
   금융계산의 결정적인 면을 다뤘다. 확률적인 부분은 거의 다루지 않았다.
2. Jonh A. Rice, *Mathematical Statistics and Data Analysis*, Third Edition, Duxbury, an imprint of Thomson Books/Cole, 2007.
   확률변수와 기초적인 통계 개념이 잘 설명했다.
3. David C. M. Dickson, Mary R. Hardy & Howard R. Waters, *Accurial Mathematics for Life Contingent Risks*, Cambridge University Press, Cambridge, New York, 2009
   보험수학을 시작하기 적합한 책이다.
4. Vladimir I, Rotar, *Acturial Models, The Mathematics of Insurace*, Chapman & Hall/CRC, 2007
   많은 확률변수 개념이 필요하다. 보험수학 전반을 설명하고 있다.
5. Jonh Hull, *Options, futures et autres actifs dérivés, 10e édition*, Pearson France, 2017
   금융계산의 거의 모든 도구를 대학 수준으로 다뤘다.

# 찾아보기

# 금융계산

초판 1쇄 발행 | 2021년 08월 25일
초판 2쇄 발행 | 2022년 11월 10일

지은이 | 김준기
펴낸이 | 조승식
펴낸곳 | (주)도서출판 북스힐

등 록 | 1998년 7월 28일 제22-457호
주 소 | 서울시 강북구 한천로 153길 17
전 화 | (02) 994-0071
팩 스 | (02) 994-0073

홈페이지 | www.bookshill.com
이메일 | bookshill@bookshill.com

정가 25,000원

ISBN 979-11-5971-365-1

Published by bookshill, Inc. Printed in Korea.